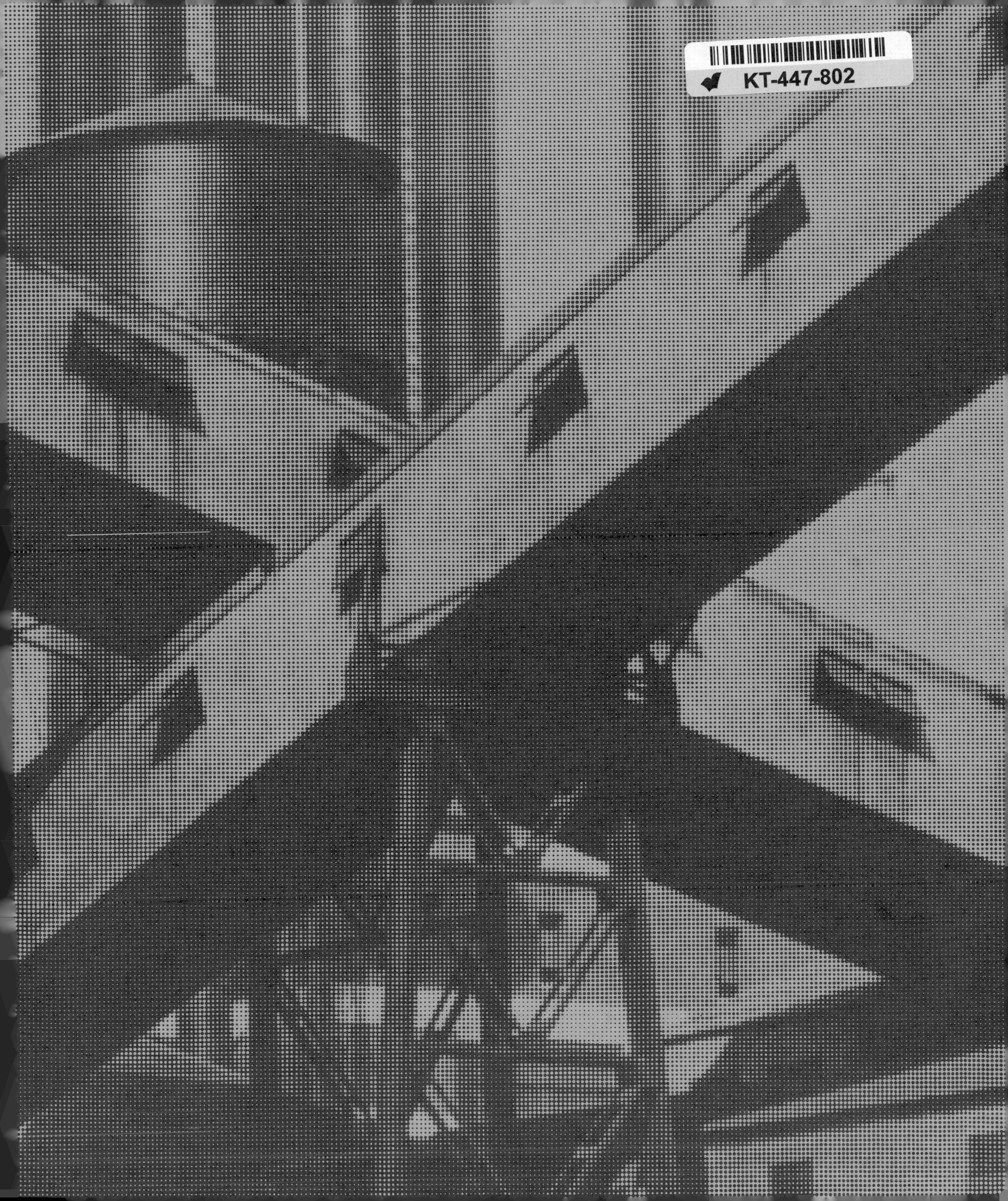

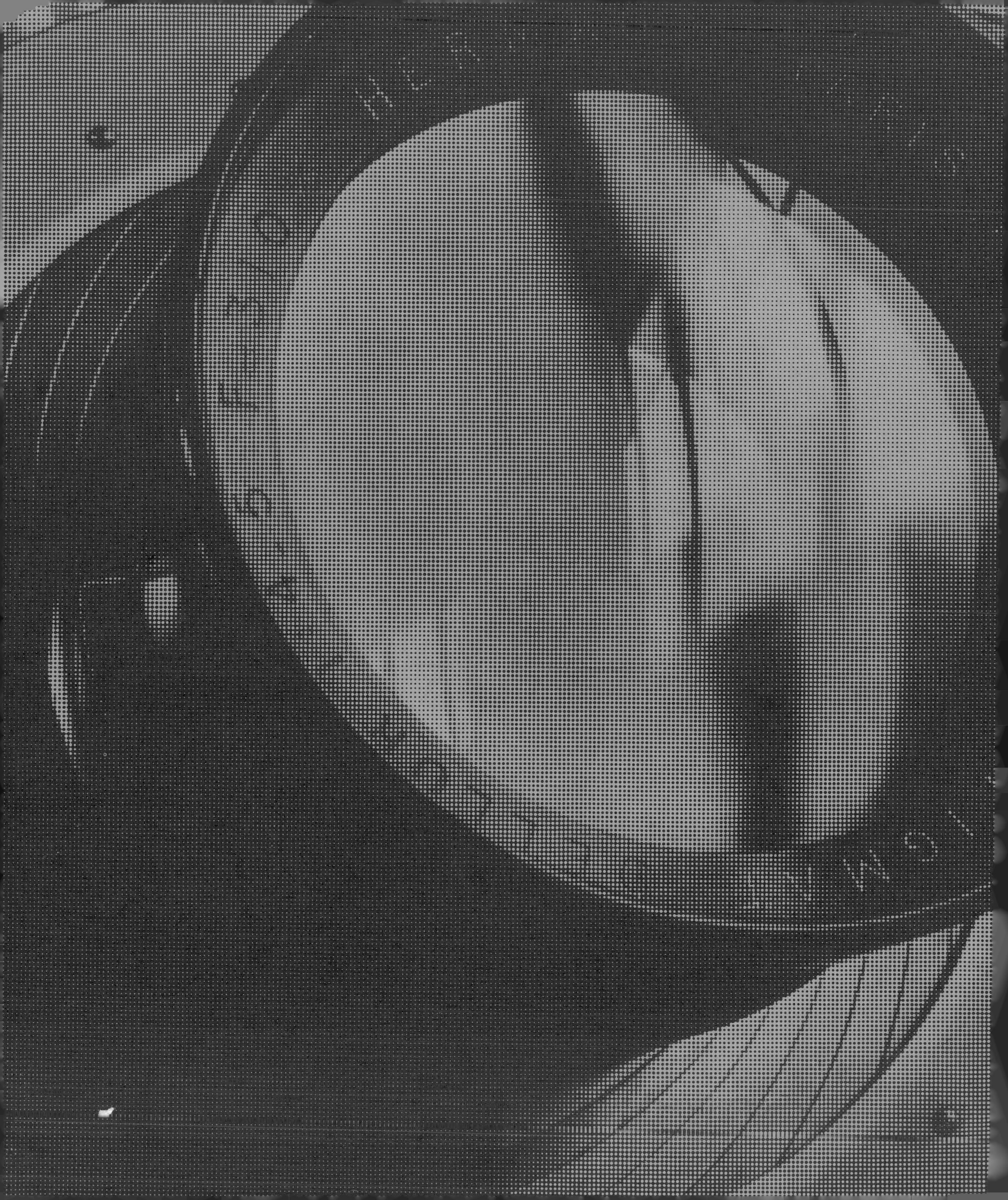

FOTOGRAFÍA PÚBLICA

Photography in Print 1919 — 1939

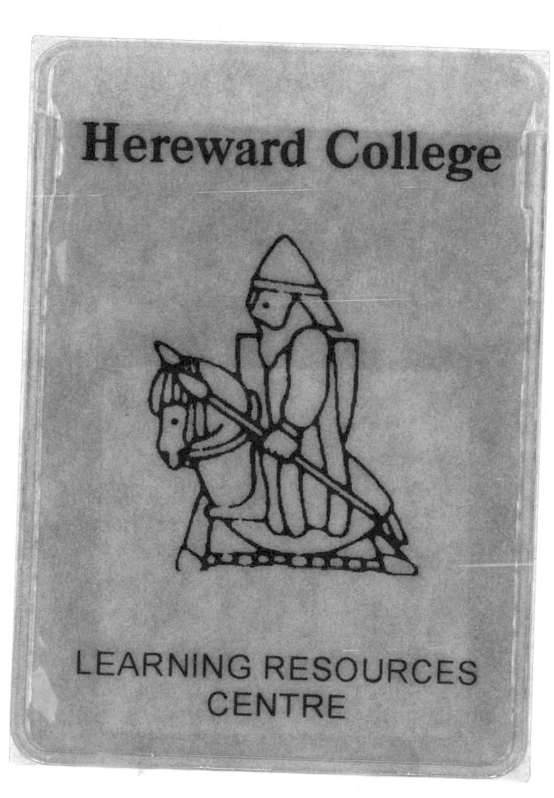

Exposición organizada por el:

Museo Nacional Centro de Arte Reina Sofía
(Del 27 de abril al 29 de junio)

Itinerancia:

Museo de Bellas Artes de Bilbao
(De septiembre a noviembre de 1999)

Centro Cultural La Rioja
(De febrero a marzo del 2000)

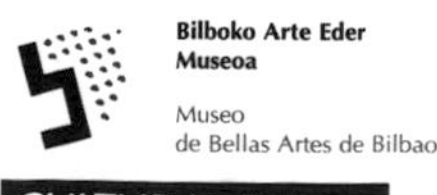

CULTURAL RIOJA
Gobierno de La Rioja
Ayuntamiento de Logroño
iberCaja

FOTOGRAFÍA PÚBLICA

Photography in Print 1919 — 1939

Museo
Nacional
Centro
de Arte
Reina
Sofía

Aldeasa

EXPOSICIÓN
EXHIBITION

Comisario Curator
Horacio Fernández

Coordinación Coordination
Christian Domínguez
Giulietta Speranza

Restauración Restoration
Pilar Hernández
Pilar García
Eugenia Gimeno

Diseño de montaje Layout Design
Llevore Asociados

Realización Layout Production
Alcoarte

Seguros Insurance
Nordstern

Transporte Transport
Urbano

BANDA SONORA
SOUNDTRACK
Pedro G. Romero

CATÁLOGO
CATALOGUE

Texto Essay
Horacio Fernández

Dirección de Arte Art Direction
Fernando Gutiérrez@Grafica

Coordinación editorial Text editing coordination
Carlos Ortega (MNCARS)

Diseño y maquetación Design and Layout
Grafica S.L.

Traducción Translation
Phil Kellie (Deletra S.L.)
Jennifer Beach (MNCARS-Textos Institucionales)

Realización y Producción Production
ALDEASA. Área Editorial
Ana Cela
Aurora de Rato
Amaya Lalanda
Fotomecánica Colour Reproduction
LUCAM
Impresión Printing
Tf Artes Gráficas
Encuadernación Book binding
Encuadernación Ramos

CRÉDITOS FOTOGRÁFICOS
PHOTO CREDITS

Joaquín Cortés (MNCARS)
Jim Frank-Merrill C. Berman Collection
Elaine Lustig Cohen
Tokyo Metropolitan Museum of Photography

I.S.B.N. 84-8026-125-0
I.S.B.N. 84-8003-135-2
N.I.P.O. 181-99-018-1
D.L.M-15336-1999

AGRADECIMIENTOS
ACKNOWLEDGEMENTS

El Museo Nacional Centro de Arte Reina Sofía desea manifestar su agradecimiento a los museos, instituciones y coleccionistas que han hecho posible esta exposición:
The Museo Nacional Centro de Arte Reina Sofía would like to thank all the museums, institutions, and collectors who have made this exhibition possible:

AHNSGC-Archivo Histórico Nacional-Sección Guerra Civil, Salamanca
BN-Biblioteca Nacional, Madrid
IVAM-Instituto Valenciano de Arte Moderno, Valencia
Centre Julio González
Tokyo Metropolitan Museum of Photography
Merrill C. Berman Collection
Juan Manuel Bonet
Juan José Lahuerta
Elaine Lustig Cohen
Juan Naranjo
Colección Gago-Doreste

Y a todos aquellos que han preferido permanecer en el anonimato.
And all those who have preferred to remain anonymous.

Asimismo agradecemos su valiosa ayuda durante el proceso de esta exposición a :
Likewise we would like to thank those who have given their valuable assistance during the organizational process:
Salvador Albiñana, Blanca Desantes, Inmaculada Díaz, Ángeles Dueñas, Ángel González García, Salvador Huertas, Miguel Jaramillo, Vicente Jarque, Kyoko Jimbo, Uschi Knauss, Antonio Majado, Patricia Molins, Akiko Okatsuka, Carlos Pérez, Araceli Sánchez-Piñol, Miguel Valle-Inclán, Miguel Zugaza.

La fotografía fue pública, es decir, fue de propiedad común, desde el mismo momento de su invención. Sin embargo, no adquirió su verdadera modernidad como arte reproducible y publicable masivamente hasta que, en el periodo de entreguerras de nuestro siglo, artistas y técnicos contribuyeron con sus obras a crear un estilo internacional. La fotografía, el fotomontaje o el fotograma fueron técnicas que permitieron descubrir y fijar un nuevo mundo, que durante los años veinte y treinta vivió algunos de sus mejores momentos pero también sus peores crisis, esas Guerras Mundiales con las que comienza y termina la exposición que ahora presenta el Museo Nacional Centro de Arte Reina Sofía.

En un tiempo bien distinto de aquella crispada época, pero todavía más influido que aquél por el desarrollo de las comunicaciones y la tecnología, la exposición Fotografía Pública Photography in Print muestra una suma de investigaciones formales, repletas de información y significados plurales, en las que la civilización urbana, la propaganda política o el cuerpo humano fueron temas de la creación artística al mismo nivel que la abstracción o la experimentación.

Para preparar la exposición ha sido necesario recopilar información y materiales de diferentes países, desde Japón hasta México, pasando por toda Europa y Estados Unidos. La pluralidad exhibida posee, sin embargo, un denominador común, la Nueva Visión, un estilo fotográfico del que nuestra mirada aún es deudora. Pero, a diferencia de entonces, cuando la curiosidad era la norma del público y la novedad era regla de la información, en la actualidad recibimos continuamente una abrumadora información visual que, en buena medida, se desecha al mismo tiempo que se consume. Con la exposición, el espectador actual podrá descubrir la prehistoria de su sensibilidad, y probablemente la encontrará más extremista, pero no menos rica y hasta es posible que más apasionante.

Quiero felicitar con estas líneas a todos aquellos que han colaborado en la realización de esta muestra. Con su trabajo y su generosidad nos han dado una ocasión para conocer un poco mejor nuestro siglo, nuestro tiempo.

Mariano Rajoy Brey
Ministro de Educación y Cultura

Photography was public, i.e. it was common property, from the very moment it was invented. However, it did not acquire its true modernity as a large-scale reproducible and publishable art until, during the inter-war period of this century, the work of artists and technicians contributed to the creation of an international style. Photography, photomontage and the photogram were techniques that allowed a new world to be discovered and established, the new world of modernity, which during the twenties and thirties experienced its best moments but also its worst crises - the two World Wars which begin and end the period covered by the exhibition now being shown at the Museo Nacional Centro de Arte Reina Sofía.

At a time so totally different from that turbulent period, yet so much more influenced by the development of communications and technology, Fotografía Pública Photography in Print shows a compilation of formal research replete with information and plural meanings, in which urban civilization, political propaganda or the human body were themes of artistic creation on a par with abstraction or experimentation.

The preparation of the exhibition has involved compiling information and material from different countries, from Japan to Mexico via the whole of Europe and the United States. This plurality possesses, however, a common denominator: The New Vision, a photographic style to which our eye is still in debt. But contrarily to that time when public curiosity was the norm and novelty in information the rule, we now continually receive an overwhelming quantity of visual information which, to a certain extent, is discarded at the same time it is consumed. In this exhibition, the spectator of today can discover the prehistory of his/her sensiblity, and will propably find it more extremist, though no less rich and possibly even more exciting.

I would like to congratulate all those who have collaborated on the organisation of the exhibition. With their work and generosity they have given us the opportunity to know our century, our time, a little better.

Mariano Rajoy Brey
Minister of Education and Culture

Desde su comienzo, la fotografía, además de servir para registrar información, fue un medio para la creación artística. Con el tiempo, la fotografía consiguió romper su dependencia de las artes plásticas tradicionales (la pintura, el grabado) hasta alcanzar su plenitud como lenguaje propio en la época de entreguerras. Durante aquellas dos décadas, tan difíciles como estimulantes, artistas de todo el mundo descubrieron la fotografía moderna y produjeron trabajos de gran calidad, tanto experimentales, es decir, artísticos, como funcionales, para la propaganda o la documentación.

Una de las principales características del periodo fue el uso a gran escala de los medios de comunicación de masas (revistas, carteles, libros, folletos) por los artistas, un fenómeno inédito en la historia del arte que puso en entredicho, entre otras cosas, el carácter minoritario del arte y su público. Un museo de arte del siglo que acaba tiene el deber de enfrentarse con una de las pocas ocasiones en que la alta cultura ha usado los canales de la baja cultura, pero manteniendo (y hasta superando) los más altos niveles de calidad. Además de coleccionar y mostrar las obras principales de la creación de nuestro tiempo en sus formatos habituales, el MNCARS demuestra de nuevo con Fotografía Pública Photography in Print su apertura a otros sistemas que forman una parte principal de dicha creación. Hay que señalar también la importancia de la sección española de esta muestra, por primera vez dispuesta en su contexto internacional.

Fotografía Pública Photography in Print es un proyecto ya antiguo del MNCARS. Durante su preparación, el museo ha adquirido fondos que ahora se exhiben por vez primera, en compañía de trabajos de colecciones públicas y privadas tan importantes como la de Merrill C. Berman, entre las privadas, y las de la Biblioteca y Archivo Histórico nacionales, el Instituto Valenciano de Arte Moderno y el Tokyo Metropolitan Museum of Photography, entre las públicas.

Hay que subrayar la labor del historiador Horacio Fernández, organizador de la exposición. Asimismo debe destacarse a Alberto Lievore, que ha recreado en el montaje el correspondiente espacio público, y Fernando Gutiérrez, que diseñó un cuidadoso catálogo cuyo punto de partida está situado en los trabajos que ahora mostramos. Por último, quiero resaltar la entusiasta labor de Miguel Valle Inclán y el personal del Centro de Documentación del Museo a favor de la muestra, así como la dedicación a ella de sus coordinadores, Christian Domínguez y Giulietta Speranza.

José Guirao Cabrera
Director del MNCARS

From the very beginning, photography, besides being used to record information, was a medium of artistic creation. As time passed, photography managed to free itself from dependence on the traditional arts (painting and engraving); it developed a language of its own, and reached its apogee in the inter-war years. During those two decades - which were as difficult as they were stimulating - artists across the world discovered modern photography and produced work of great quality, whether experimental (i.e. artistic), or functional - for propaganda or documentation.

One of the main characteristics of the period was the artists' use of mass media (magazines, posters, books, leaflets), an unknown phenomenon in the history of art which questioned, among other things, the minority character of art and its public. A 20th-century art museum has the duty to examine one of the few occasions in which high culture has used the channels of low culture while maintaining (and even surpassing) the highest levels of quality. Besides collecting and exhibiting the main works of contemporary creation in their usual formats, the MNCARS once more demonstrates with Fotografía Pública Photography in Print its receptiveness to other techniques which also form an important part of that same creation. The importance of the Spanish contribution, displayed for the first time in its international context, must also be pointed out.

Fotografía Pública Photography in Print has been a lengthy project. During its preparation the MNCARS has acquired works which are now exhibited for the first time, together with others from private collections as important as the Merrill C. Berman, and from public holdings like the Spanish National Library and Historical Archive, The Instituto Valenciano de Arte Moderno and The Tokyo Metropolitan Museum of Photography.

I would like to emphasize the work of the historian Horacio Fernández, curator of the exhibition; of Alberto Lievore, who has recreated in the installation the corresponding public space; and Fernando Gutiérrez, who has designed a catalogue whose point of departure is the works now in show. Finally, I would like to acknowledge the enthusiastic contribution of Miguel Valle Inclán and the staff of the Library and Archive of this Museum, as well as the dedication of the co-ordinators, Christian Domínguez and Giulietta Speranza.

José Guirao Cabrera
Director, MNCARS

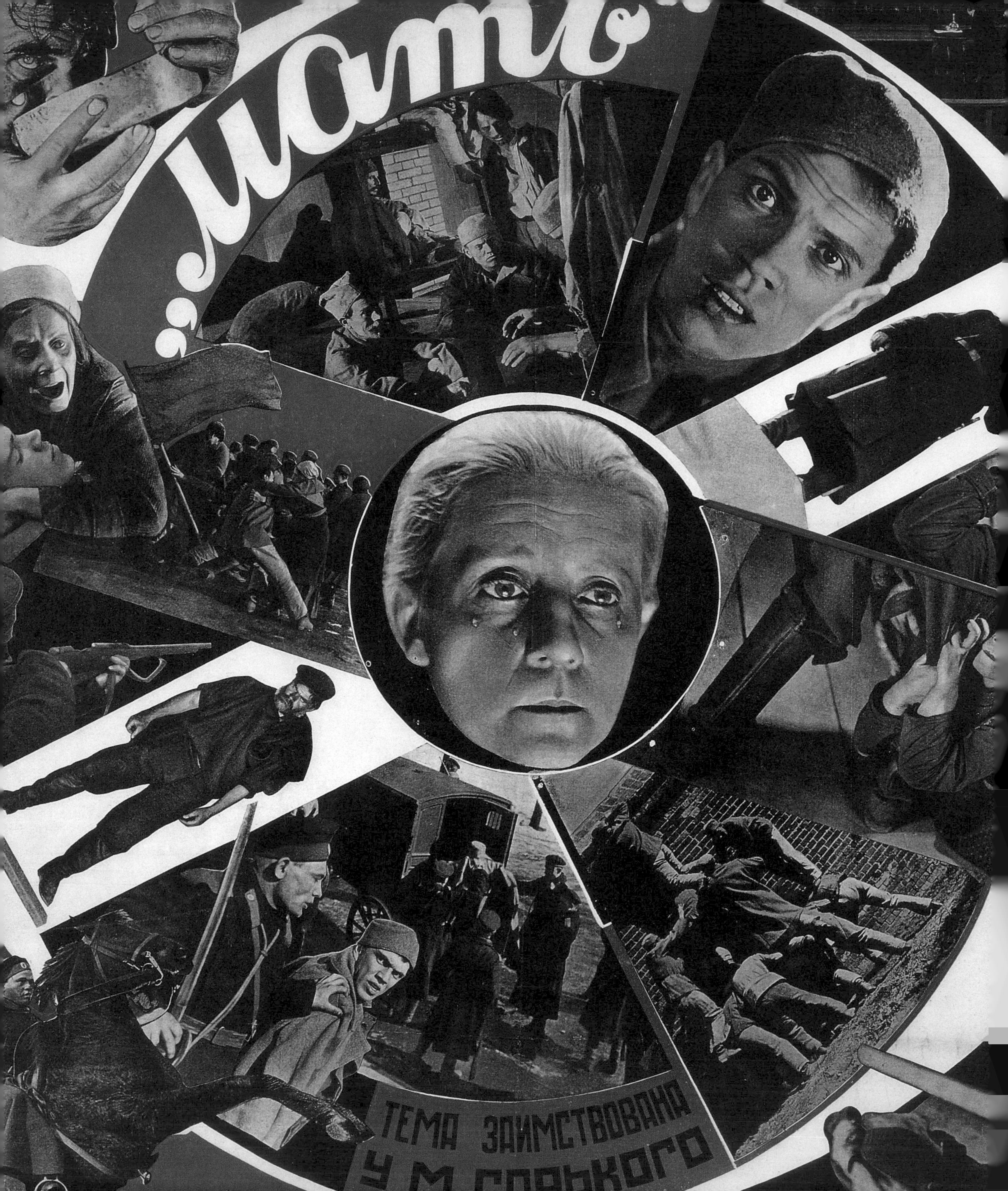
„мать"
ТЕМА ЗАИМСТВОВАНА
У М ГОРЬКОГО

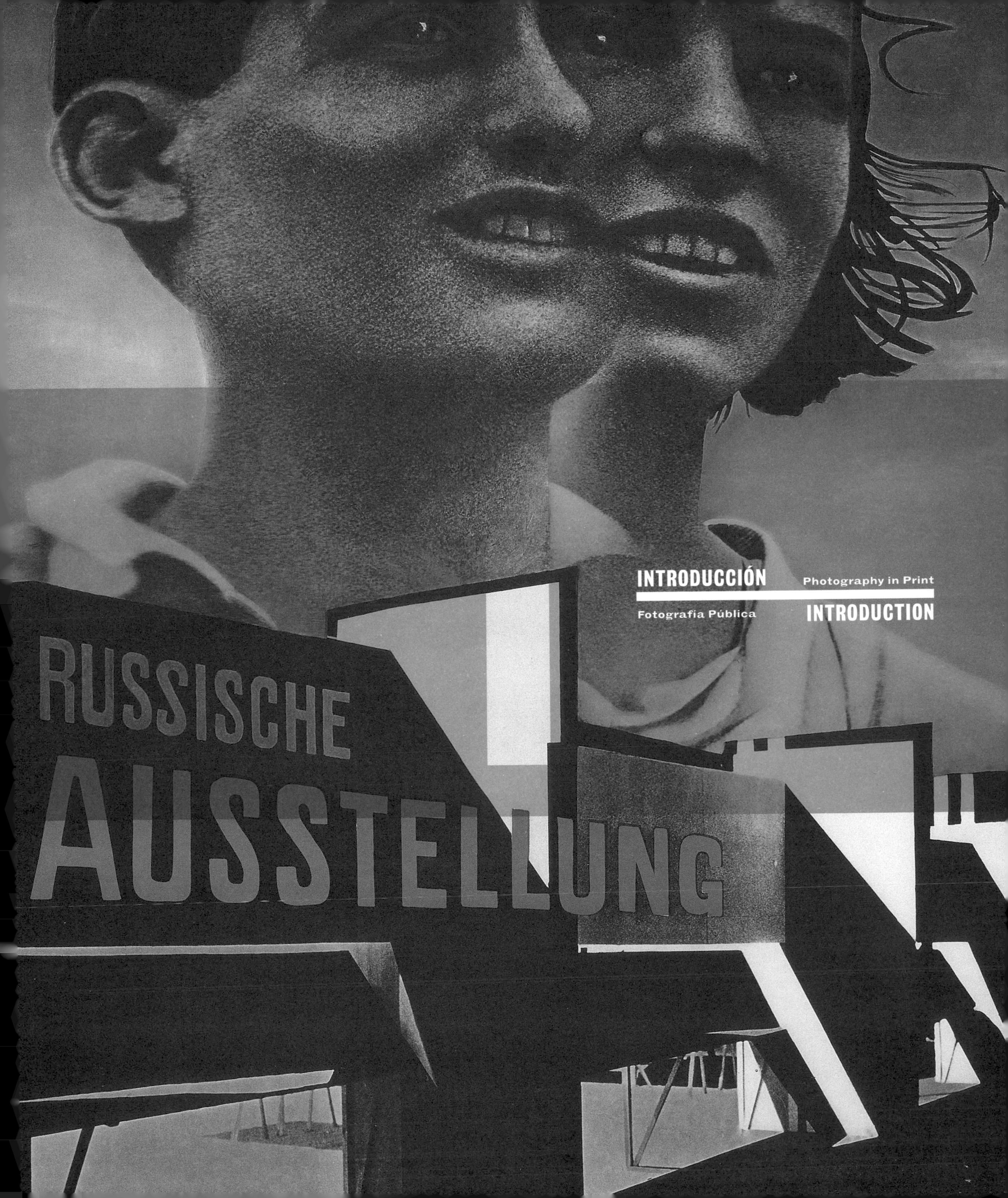

INTRODUCCIÓN

Fotografia Pública

Photography in Print

INTRODUCTION

Hacia 1918, el año en que acabó la Primera Guerra Mundial, los artistas que utilizaban el medio fotográfico exponían sus trabajos en muestras semejantes a los salones de pintura del siglo anterior y publicaban en revistas modestas, destinadas casi exclusivamente a ellos mismos, los fotógrafos de arte. Sus referencias estéticas eran las corrientes artísticas del cambio de siglo, que recreaban por medio de complicadas técnicas de impresión con las que intentaban traducir fotográficamente los valores de pinturas y estampas simbolistas o impresionistas. En el reducido medio de la fotografía artística las mejores fotografías eran las que más recordaban las artes plásticas, las menos fotográficas y hasta las "no fotográficas", como alguna vez se las llamó. Para ello, el fotógrafo no sólo elegía el tema y el encuadre, sino que intervenía en el proceso completo de realización de una fotografía, sobre todo en el enfoque y la impresión de las reproducciones, manipuladas con trucos de cocina fotográfica que remedaban, a base de preparados químicos, los secretos de oficio artesanales de los pintores y los grabadores.

Los fotógrafos artísticos, más conocidos, y no sin razones, como pictorialistas, carecían de cualquier preocupación por fijar el presente. La vida moderna, la ciudad, la técnica, el trabajo o la política no eran temas a los que prestaran atención. No debe olvidarse que los pictorialistas eran una minoría en el conjunto de los fotógrafos, que en su mayor parte no se planteaban siquiera la posibilidad de una competencia con los artistas. Su trabajo era funcional: registrar información con la mayor fidelidad posible, por medio de fotografías que debían ser documentos que demostraran la profesionalidad del fotógrafo, tanto en la exactitud como en la ausencia de manipulaciones, ya que las fotos tenían que parecer veraces para poder ser apreciadas.

Un sector de estos fotógrafos sin pretensiones artísticas, los aficionados, registraba documentos sobre sus experiencias y para su uso privado. Los fotógrafos profesionales trabajaban para el comercio, del que una parte importante y creciente tenía por destino las publicaciones ilustradas. En las revistas, las fotografías ocupaban un espacio cada vez mayor, en función del desarrollo de los procedimientos fotomecánicos, que determinaban las características de los trabajos que podían ser publicados.

Los reporteros registraban con sus cámaras lugares en los que había ocurrido un suceso que nunca aparecía en escena, ya que siempre llegaban tarde. Para saber qué había pasado en aquel lugar había que leer los textos que acompañaban las fotografías, siempre estáticas y, cuando había gente, estereotipadas y faltas de vida. Las reglas seguidas para componer las fotografías eran fijas, sobre todo en la elección del punto de vista, que debía ser el que mejor recreara la perspectiva única de la pintura desde el Renacimiento, una manera de ordenar la mirada a la que muchos pintores ya habían renunciado.

Hubo pocas excepciones. La principal fue Alfred Stieglitz, un norteamericano educado en Europa que había abandonado los estrechos círculos pictorialistas de Nueva York, su ciudad. En Camera Work, la revista que editó entre 1905 y 1917, Stieglitz publicó el trabajo de muchos pictorialistas, pero también el de otros fotógrafos que empezaban a creer y practicar, como le sucedía al propio Stieglitz, que la fotografía poseía un lenguaje propio, muy diferente del lenguaje de la pintura o el grabado. La claridad, precisión o variedad tonal de la fotografía no tenían que ser obstáculos para la creación.

A esta fotografía se la definió con un adjetivo, 'straight', que tiene la ventaja de ahorrar muchas palabras en la lengua inglesa. La fotografía merecería ese adjetivo cuando fuera directa, precisa, auténtica, pura, honrada, correcta, seria. Y para conseguirlo había que olvidarse de las otras artes y eliminar todo lo accesorio, como las manipulaciones en el proceso de impresión. El compromiso de honradez debía ser con las propias reglas del medio, con la técnica y el lenguaje fotográficos,

Around 1918, the year in which the First World War ended, artists who used the medium of photography exhibited their work in shows similar to those organised by the art galleries of the previous century, and were published in modest magazines of which they, the photographers, were almost the only readers. Their aesthetic references were the artistic movements prevailing at the turn of the century, which they re-created by means of complicated printing techniques that attempted to photographically translate the tonal values of Symbolist and Impressionist paintings and engravings. In the reduced world of artistic photography, the best photographs were those that most resembled the plastic arts, those that were the least photographic, or were even "non-photographic" as they have, on occasions been called. To achieve this, the photographer not only selected the subject and the setting, but also intervened in the complete process of the creation of the photograph. This was most evident in the focus and printing of the reproductions, which they manipulated with photographic 'cooking' tricks which, by using chemical preparations, imitated the trade secrets of the painters and engravers. The artistic photographers, understandably more often known as Pictorialists, were not the least interested in recording the present. Modern life, the cities, technological advances, and the world of work or politics were not subjects that merited their attention. It should not be forgotten that the pictorialists were a minority among the photographers of the time who, for the most part, would never have considered the possibility of competing with artists. The task of these photographers was purely functional; to record information as faithfully as possible. Their pictures had to be documents that demonstrated the professionalism of the photographer, both in the accuracy of the reproductions as well as in the absence of their manipulation. The photograph had to seem true-to-life to be fully appreciated.

One sector of these photographers, the amateurs, free from the burden of artistic pretensions, went about recording their experiences for their own, personal, enjoyment. The professional photographers however, worked on a commercial basis and a growing and ever more important destiny for their work was the illustrated press. As the photomechanical procedures that determined the characteristics of the photographs that could be published developed, so the photograph came to occupy increasingly more space in magazines.

These early photojournalists used their cameras to record the places where an incident had occurred, but the incident itself never appeared in the scene as they always arrived too late to capture it. To know what had happened one had to read the text that accompanied the photographs, which were always static and, even if they included people, stereotyped and lifeless. The rules to be followed when composing a photograph were firmly established, above all in the selection of the viewpoint. This had to be from the angle which would best re-create the only perspective that had existed in paintings since Renaissance times, and which was a way of organising the vision that many painters had begun to renounce.

There were only a few exceptions. One of these was Alfred Stieglitz, a North American who had been brought up in Europe and had later abandoned the Pictorialist circles of his native New York. In Camera Work, the magazine he edited from 1905 to 1917, Stieglitz published the work of many Pictorialists, but also that of other photo graphers who had started to believe and put this belief into practice, as would Stieglitz himself, that photography possessed its own language, a language very different from that of painting or engraving. The clarity, precision, or tonal variety of a photograph did not have to be obstacles to creativity. This type of photograph was defined with a simple adjective, 'straight', a word that accepts a multitude of interpretations. A straight photograph was direct, precise, authentic, pure, honourable, correct, even serious. It was achieved by forgetting other

DOBLE PÁGINA ANTERIOR PREVIOUS DOUBLE PAGE
1 — El Lissitzky, Kunstgewerbemuseum Zürich Russische Ausstellung, cartel, Zürich 1929, C. Berman Collection.
2 — S. Kozlovski, Mati (Madre), cartel, 1926, IVAM.
1 — El Lissitzky, Kunstgewerbemuseum Zürich Russische Ausstellung. Poster: Zürich 1929, C. Berman Collection.
2 — S. Kozlovski. Mati (Mother). Poster: 1926, IVAM.

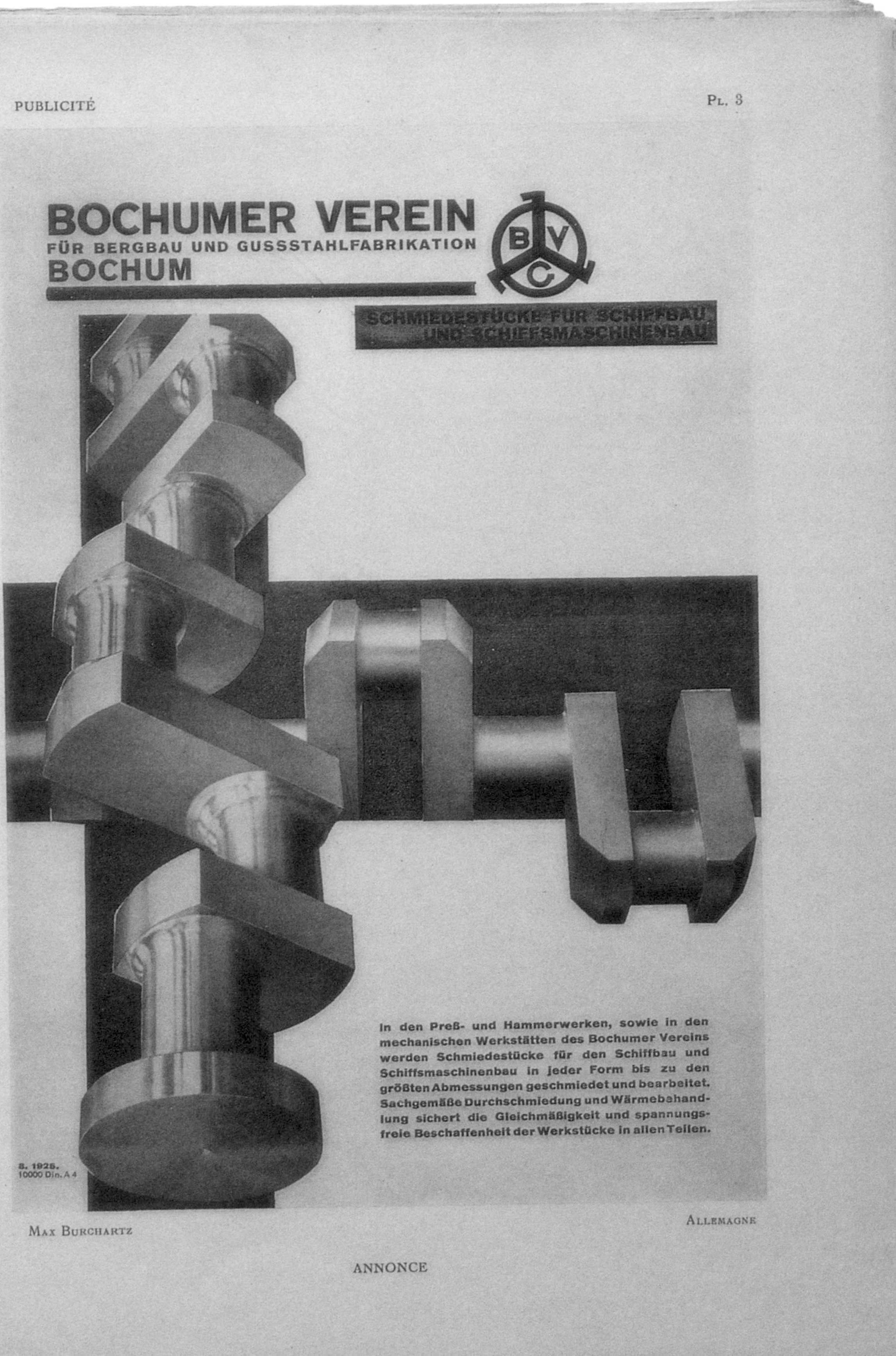

PUBLICITÉ PL. 3

BOCHUMER VEREIN
FÜR BERGBAU UND GUSSSTAHLFABRIKATION
BOCHUM

BVC

SCHMIEDESTÜCKE FÜR SCHIFFBAU
UND SCHIFFSMASCHINENBAU

In den Preß- und Hammerwerken, sowie in den mechanischen Werkstätten des Bochumer Vereins werden Schmiedestücke für den Schiffbau und Schiffsmaschinenbau in jeder Form bis zu den größten Abmessungen geschmiedet und bearbeitet. Sachgemäße Durchschmiedung und Wärmebehandlung sichert die Gleichmäßigkeit und spannungsfreie Beschaffenheit der Werkstücke in allen Teilen.

8. 1925.
10000 Din. A 4

MAX BURCHARTZ ALLEMAGNE

ANNONCE

3 — **Max Burchartz, anuncio en tipo foto, de Publicité. L'Art International d'aujourd'hui 12, éditions d'art Charles Moreau, París 1929, MNCARS.**
3 — Max Burchartz. Advertising in Typo-photo, from Publicité. L'Art International d'aujourd'hui 12, éditions d'art Charles Moreau, Paris 1929, MNCARS.

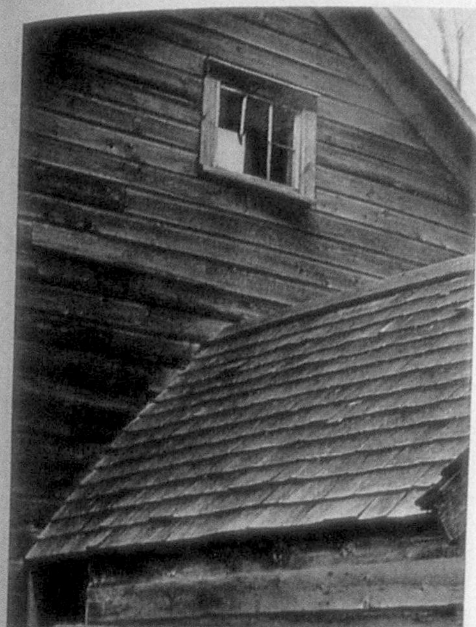

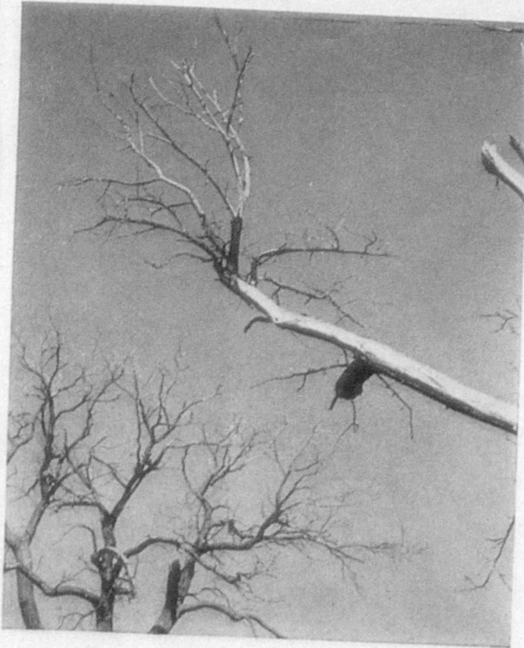

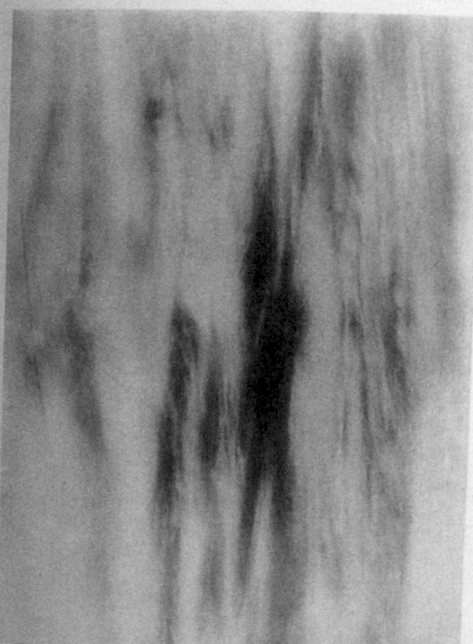

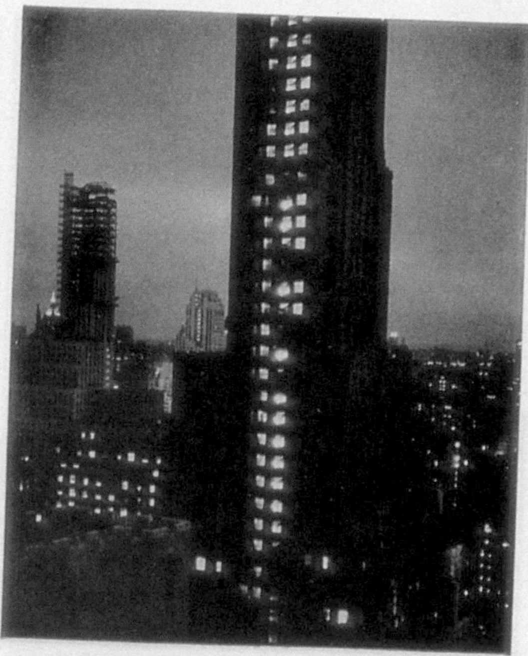

4 — **Alfred Stieglitz, fotografías, de America and Alfred Stieglitz. A Collective Portrait, Doubleday, Garden City, Nueva York 1934, colección particular.**
4 — Alfred Stieglitz. Photographs. From America and Alfred Stieglitz. A Collective Portrait. Doubleday, Garden City, New York 1934, Private collection.

limitados, pero llenos de posibilidades y distintos de las técnicas y lenguajes de las artes plásticas.

Cuando el fotógrafo tomara el camino 'directo' lo único determinante sería la capacidad de su visión para elegir y componer una imagen. Todo lo demás era un conjunto de problemas técnicos que debía resolver con la mayor calidad (igualmente técnica) disponible. Desechada la artesanía y el estudio de las obras de arte, el fotógrafo podía concentrar su atención en la mirada y descubrir sus propios temas, que debían ser tan nuevos como el medio utilizado. La ciudad, por ejemplo, como hacía Stieglitz, que había escogido muy pronto el camino directo. En 1919 ya no estaba solo. Paul Strand era uno de sus compañeros, al igual que Charles Sheeler, un pintor que también era fotógrafo. Pero fuera del círculo neoyorquino de Stieglitz la fotografía directa no era más que el título de un brillante artículo del crítico Sadakichi Hartmann, "A Plea for Straight Photography", publicado en 1904 sin obtener el eco merecido.

En la fotografía europea no existió ningún pionero comparable a Stieglitz. Para poder describir fotografías directas hubo que esperar hasta la mitad de la década de los veinte. La nueva fotografía empezó en campos distintos, el montaje y la experimentación, y sin la intervención de ningún fotógrafo profesional ni pictorialista. Llama la atención que no hubiera investigaciones fotográficas paralelas al desarrollo del arte de vanguardia durante los años diez, con la excepción a medias del futurismo, ya que las fotografías de Arturo Bragaglia, que recreaban el dinamismo futurista por medio de exposiciones múltiples, fueron condenadas por los líderes del movimiento. Sin embargo, a posteriori, un procedimiento de los pintores cubistas dio origen a una de las primeras innovaciones de la nueva fotografía, el fotomontaje: un collage en el que o bien una parte o bien todos los elementos encolados eran fotografías, casi siempre recortadas de revistas populares. Los dadaístas berlineses empezaron a usar esta técnica a finales de los años diez para recobrar la experiencia y la realidad, de las que se separaba velozmente un arte de vanguardia subjetivo, intelectual y elitista, cada vez más ambiguo en los significados y más abstracto en las formas. John Heartfield, Georg Grosz, Hanna Höch, Raoul Hausmann y sus compañeros mostraron en sus provocadoras ferias dadá recreaciones de los temas de la actualidad encontradas en los semanarios ilustrados, que declaraban sus fuentes creativas. A su vez, los dadaístas publicaban los collages fotográficos en panfletos inspirados en el diseño de las revistas populares y los anuncios publicitarios, comenzando así la rica relación entre la nueva fotografía y el nuevo diseño gráfico de los años siguientes.

La contribución del dadaísmo a la nueva fotografía no fue sólo el fotomontaje. Otro dadaísta, Christian Schad, descubrió en 1919 la fotografía sin cámara, obtenida por la exposición a la luz de un papel fotosensible parcialmente cubierto por objetos, que según su transparencia y el tiempo de la exposición, dejaban su impronta sobre el papel. Pero las fotografías sin cámara de Schad no fueron publicadas y pasaron inadvertidas. Tristan Tzara, que se hizo con las pruebas de Schad, publicó una en una revista en 1920, pero se le olvidó mencionar que se trataba de una fotografía. Poco tiempo después, en 1922, la fotografía sin cámara volvió a ser redescubierta, ya que en rigor era una invención de la misma edad que la fotografía y ya había sido practicada en el siglo pasado, al igual que el collage fotográfico.

El nuevo descubridor de la fotografía sin cámara fue Emmanuel Rudnitsky, un artista que se hacía llamar Man Ray. En 1919 vivía en Nueva York, donde frecuentaba tanto a Stieglitz como a los dadaístas de la ciudad, un pequeño grupo que giraba en torno a dos europeos de paso, Marcel Duchamp y Francis Picabia. Dos años más tarde Man Ray emigró a París y comenzó a ganarse la vida con la fotografía, en la que se había iniciado en Nueva York. Según Man Ray, el hallazgo de los

arts and eliminating the superfluous, such as manipulations in the printing processes. The honesty involved had to be with regard to the very rules of the medium, with the photographic technique and language, which were limited but full of possibilities, and distinct from the techniques and language of the plastic arts. Once a photographer had embarked upon a 'straight' course, the only factor of any relevance would be his or her vision in the selection and composition of the subject-matter. The rest was merely an assortment of technical difficulties that had to be surmounted with the best quality, equally technical, available. Having discarded the 'crafting' of pictures and the study of works of art, the photographer's attention could be concentrated on the scene, and on the discovery of his or her own subjects. The subjects had to be as new as the medium being used. The city, for example, was the preference of Stieglitz, who entered the world of straight photography in its early stages. By 1919 however, he was not alone, being joined by Paul Strand, and by Charles Sheeler, a painter and photographer. Outside Stieglitz's New York circle however, straight photography was nothing more than the title of a brilliant article by the critic Sadakichi Hartmann, "A Plea for Straight Photography", published in 1904 but never fully the object of the interest it deserved.

European photography had no pioneer comparable to Stieglitz, and it would not be until midway into the decade that straight photographs would receive recognition. The new photography originated in different fields, such as montage and experimentation, and did so without the intervention of any professional or Pictorialist photographer. There is a surprising absence of photographic investigation parallel to the development of avant-garde art during the first decade of this century, with the partial exception of Futurism, given that Arturo Bragaglia's photographs re-creating Futurist dynamism using multiple exposures were condemned by the leaders of the movement. A posteriori, however, a procedure used by the Cubist painters gave rise to the origin of one of the first innovations of the new photography, the photomontage. This is a collage in which part or all of the elements used for its creation were photographs, almost always cuttings from popular magazines. The Berlin Dadaists began using this technique in the late nineteen tens as a means of recovering experience and reality, and from these they rapidly extracted an avant-garde art that was subjective, intellectual and elitist, increasingly ambiguous in meaning and abstract in forms. In their provocative Dadaist exhibitions, John Heartfield, Georg Grosz, Hanna Höch, Raoul Hausmann and their colleagues exhibited re-creations of news items contained in the illustrated weeklies, giving an insight into their creative sources. The Dadaists, in turn, published these collages in pamphlets inspired in the design of popular magazines and advertisements, thus beginning the fruitful relationship between the new photography and the new graphic design of the years to come.

The contribution by Dadaism to the new photography was not, however, limited to photomontage. In 1919 another Dadaist, Christian Schad, discovered the cameraless photograph, obtained by exposing photosensitive paper, partially covered by objects, to the light. Depending on the transparency of the objects and the time of exposure, an impression was left on the paper. Schad's cameraless photos however were never published, and failed to receive any formal recognition. Tristan Tzara came into possession of Schad's proofs, and published one in a magazine in 1920, but omitted to mention that it was a photograph. Later, in 1922, the cameraless photo was rediscovered, but was in fact an invention of equal age to that of the photograph, it having been initially produced in the previous century, as had the first photographic collages. The new discoverer of the cameraless photograph was Emmanuel Rudnitsky, an artist who went under the name of Man Ray. In 1919 he was living in New York, where he often met with Stieglitz, as well as the city's Dadaists, a small group that revolved

'rayogramas', que es como denominó a las fotografías sin cámara, no fue más que una casualidad en el laboratorio. Sin embargo, la presencia del ubicuo Tristan Tzara en los primeros experimentos de Man Ray sugiere la posibilidad de que el nuevo encuentro no fuera tan casual. Pero, a diferencia de lo ocurrido con Schad, las fotografías sin cámara de Man Ray se publicaron enseguida como fotografías, antes incluso que un pequeño libro ilustrado con doce rayogramas, Les champs délicieux, publicado en diciembre de 1922 con prólogo de Tzara. La edición constaba de sólo cuarenta ejemplares, pero eso no fue obstáculo para que los rayogramas se difundieran de inmediato a los dos lados del Atlántico. Ya en abril, Jean Cocteau había descrito en una revista parisina el procedimiento y alabado la sorprendente belleza que con él se obtenía. En otoño se reproducían rayogramas en dos revistas neoyorquinas, una minoritaria, The Little Review, pero la otra, Vanity Fair, era una revista de moda que se podía encontrar en cualquier kiosco de prensa.

Unos meses antes, en julio, László Moholy-Nagy, un artista húngaro que vivía en Berlín, había publicado un artículo en una revista holandesa, De Stijl, en el que distinguía una capacidad doble de la técnica. El cine, el gramófono y la fotografía repetían lo que ya existe, pero también podían producir fenómenos nuevos y encontrar relaciones desconocidas. En otras palabras, podían ampliar la experiencia, una de las principales funciones de la actividad artística, que debía explorar para fines productivos lo que hasta entonces sólo se había utilizado para fines reproductivos. Como Moholy-Nagy no conocía aún los experimentos de Man Ray, sólo mencionaba en el artículo la posibilidad de experimentar con la luz por medios fotográficos, pero muy pronto comenzó él mismo a hacer fotografías sin cámara en colaboración con su esposa, Lucia Moholy. Durante el encuentro de artistas constructivistas y dadaístas celebrado en Weimar en septiembre, Moholy-Nagy vio (en manos de Tzara) los primeros rayogramas. Poco tenían que ver con las fotografías abstractas que Moholy-Nagy podía conocer entonces, como unos juegos de luces y sombras de Ira Martin publicados en Vanity Fair en 1921, posiblemente los recortes de revistas americanas con fotografías abstractas que Raoul Hausmann enseñaba a sus amigos en las tertulias berlinesas. El encuentro de Weimar reunió a artistas que pronto evolucionarían al diseño gráfico y la fotografía: los mencionados László Moholy-Nagy y Lucia Moholy, Max Burchartz, por entonces un pintor constructivista, Werner Gräff, que estudiaba ingeniería y acababa de salir de la Bauhaus, un centro de enseñanza artística que empezaba a cobrar prestigio, o Hans Richter, otro dadaísta berlinés que había realizado el año anterior su primera película abstracta. En Weimar también estuvo El Lissitzky, un arquitecto ruso formado en Alemania que había trabajado junto a Kasimir Malevich en los años anteriores en Vitebsk y era profesor en los VJUTEMAS, los Talleres superiores técnico-artísticos estatales, de Moscú. Desde finales de 1921 Lissitzky vivía en Berlín, donde había organizado la primera exposición de arte ruso de vanguardia que se vio en Europa. También editó ese año una revista con el escritor ruso Ilia Ehrenburg, de quien ilustró un libro de narraciones con figuras geométricas flotando en espacios sin gravedad y algunos fragmentos de fotografías. Eran los primeros ejemplos de una síntesis entre dos prácticas artísticas que parecían contradictorias, la abstracción constructivista y el montaje dadaísta, una síntesis decisiva en el desarrollo del arte, sobre todo del diseño gráfico, en los años siguientes. También eran los primeros collages fotográficos de Lissitzky, quien poco después empezó a hacer fotografías sin cámara.

En Berlín había entonces una activa colonia rusa. Uno de sus miembros era un ensayista que había tenido que abandonar la URSS por su militancia antibolchevique, Viktor Sklovski, que en los años anteriores había liderado el grupo formalista de Petrogrado. Sklovski defendía en sus ensayos que el arte era el conjunto de los procedimientos

around two visiting Europeans, Marcel Duchamp and Francis Picabia. Two years later Man Ray emigrated to Paris and began earning a living from photography, which he had taken up in New York. According to Man Ray, the discovery of his 'Rayographs' as he called these cameraless photographs, was a chance occurrence in the laboratory. However, the presence of the ubiquitous Tristan Tzara during Man Ray's first experiments suggests the possibility that the 're-encounter' was less than fortuitous. Nonetheless, contrary to Schad's experience, Man Ray's cameraless photographs were published immediately, as photographs, and even before the edition of a small book, illustrated with twelve Rayographs, Les champs délicieux, which was published in December 1922 with a prologue by Tzara. The edition was limited to only forty copies, but this was no obstacle to Rayographs being disseminated immediately on both sides of the Atlantic. Jean Cocteau had already described the procedure in a Paris magazine in the preceding month of April, praising the surprising beauty that could be achieved with its use. In autumn, Rayographs were reproduced in two New York magazines, one of minority interest, The Little Review, but the other, Vanity Fair, was a fashion magazine that could be found on any news-stand.

Some months earlier, in July, László Moholy-Nagy, a Hungarian artist living in Berlin, had published an article in a Dutch magazine, De Stijl, in which he discerned a double capacity for the technique. The cinema, gramophone, and photograph all repeated that which was already in existence, but they could also produce new phenomena and discover previously unknown relationships. In other words, they could amplify experience, one of the principal functions of artistic activity, which was obliged to explore for productive ends that which, until then, had been used for ends that were solely reproductive. As Moholy-Nagy knew nothing yet of Man Ray's experiments, he only briefly mentioned the possibility of experimenting with light and the photographic medium in his article. However, he soon began to make cameraless photographs himself, with the collaboration of his wife, Lucia Moholy. It was during the meeting of Constructivist and Dadaist artists, held in Weimar in September, that Moholy-Nagy first saw (in Tzara's hands) the early Rayographs. They would have had little in common with the abstract photographs that Moholy-Nagy was familiar with in those days, being more similar to the plays of light and shadows that Ira Martin published in Vanity Fair in 1921, possibly the cuttings from American magazines with abstract photos that Raoul Hausmann showed his friends during the Berlin gatherings. The Weimar meeting united artists who were soon to evolve into graphic designers and photographers, the aforementioned László Moholy-Nagy and Lucia Moholy, Max Burchartz, then a Constructivist painter, Werner Gräff, who was studying engineering and had just left the Bauhaus, a school of art that was becoming increasingly prestigious, and Hans Richter, another Berlin Dadaist who had made his first abstract film the year before. Also present at the Weimar was El Lissitzky, a Russian architect, brought up in Germany, who had worked with Kasimir Malevich in the preceding years in Vitebsk and was a teacher at the VIKHUTEMAS, the Higher State Art-technical Studios in Moscow. From the end of 1921, Lissitzky lived in Berlin, where he had organised the first exhibition of Russian avant-garde art to be seen in Europe. That year he also designed a magazine with the Russian writer Ilya Ehrenburg, for whom he illustrated a storybook with geometric figures floating in gravity-free space, together with some photographic fragments. These were the first examples of a synthesis between two artistic styles that seemed contradictory, Constructivist abstraction and Dadaist montage. In the years to come, this would prove to be a decisive combination in the development of art, above all in that of graphic design. They were also the first photographic collages to be produced by Lissitzky, who would soon go on to explore cameraless photographs.

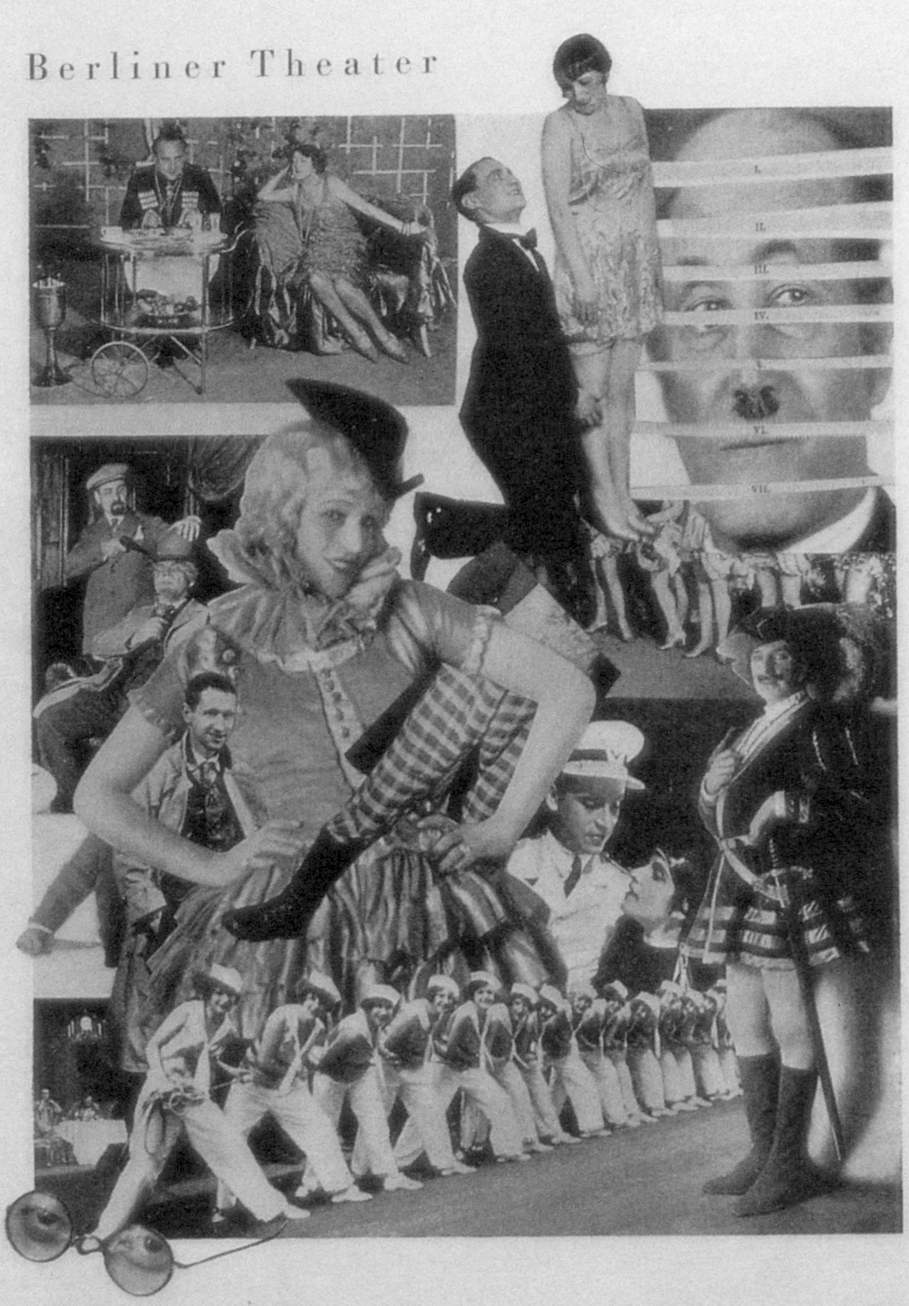

Die Besucher einer Berliner Premiere wollen Goethe, plus Dante, plus Brecht, plus Bruckner, plus Claudel; die Besucher der 50. Aufführung wollen das Dreimäderlhaus. Nun mach du in Berlin Theater.

172

5 — John Heartfield, fotomontaje, de Deutschland, Deutschland über alles. Ein Bilderbuch von Kurt Tucholsky und vielen fotografen, Malik Verlag, Berlin 1929, IVAM.

5 — John Heartfield. Photomontage, from Deutschland, Deutschland über alles. Ein Bilderbuch von Kurt Tucholsky und vielen fotografen. Malik Verlag, Berlin 1929, IVAM.

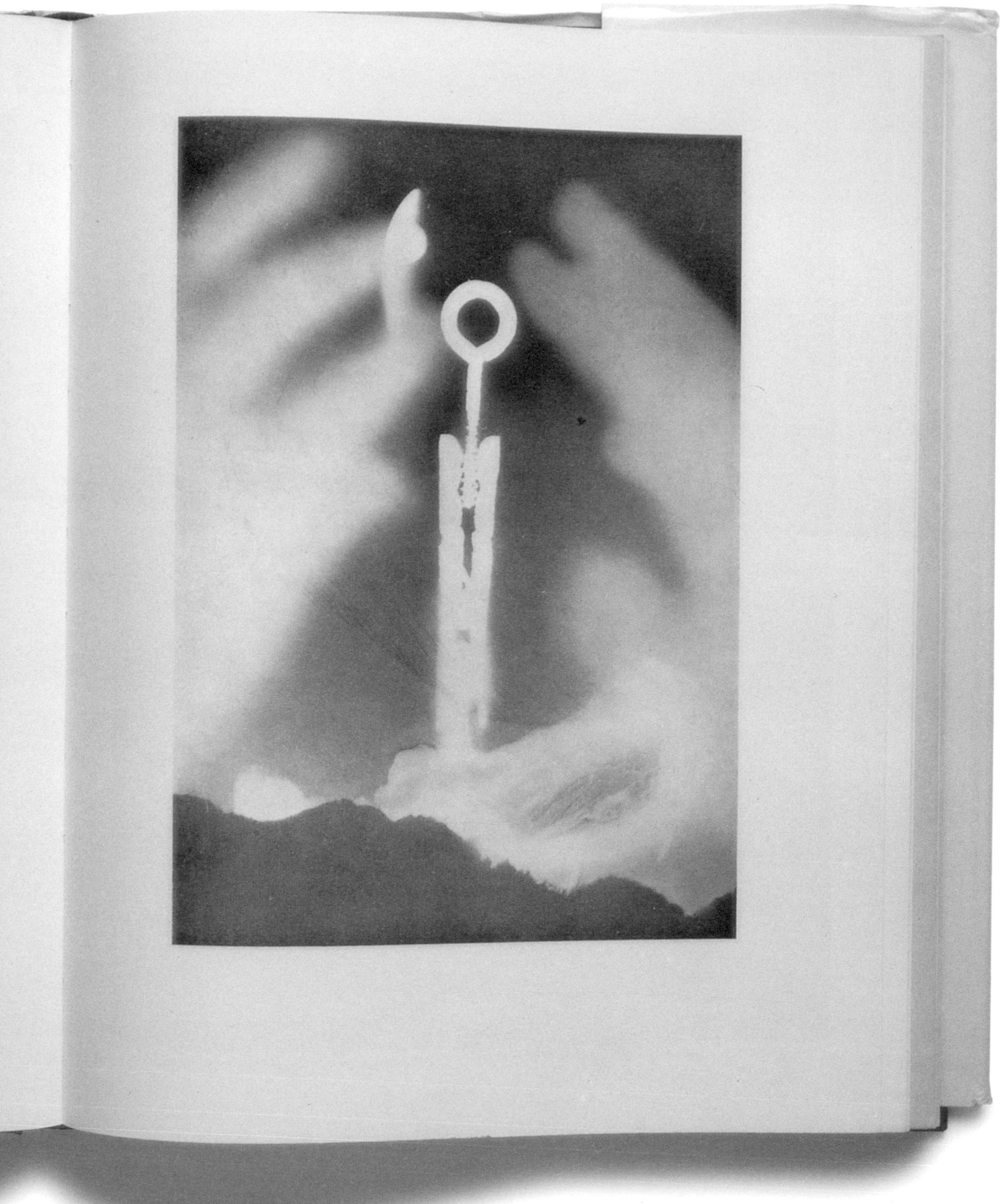

6 — Man Ray, fotograma, de *Minotaure* 10 (1936), MNCARS.
6 — Man Ray. Photogram, from *Minotaure* 10 (1936), MNCARS.

utilizados por el artista, de los que el principal debía ser la 'ostranenie' (extrañamiento, desfamiliarización, distanciamiento), pues su práctica hacía posible que lo conocido pudiera ser percibido como desconocido y así se superara el automatismo de la percepción y se ampliara la experiencia. El objetivo del arte debía ser la creación de formas que fueran obstáculos entre el sujeto perceptor y el objeto percibido, rompiendo las asociaciones y reacciones a las que el perceptor estaba acostumbrado. Formas ante las que la percepción receptiva fuera insuficiente, que activaran la mirada para hacerla capaz de ver en lugar de simplemente reconocer.

La 'ostranenie' no sólo era una técnica literaria, sino que también era válida para las artes plásticas y para la fotografía, tanto la que Moholy-Nagy llamaba productiva como la reproductiva. Los fotógrafos podían ponerla en práctica por medio de deformaciones, modos de percepción distintos a los acostumbrados, desplazamientos semánticos, cambios de contexto...

Sklovski difundió en Berlín sus ideas en debates públicos, artículos y libros que influirían decisivamente en la escena rusa y centroeuropea, en gran parte a través de Lissitzky, que se relacionó con él en Berlín y transmitió sus ideas a otros artistas, entre ellos Moholy-Nagy. Lissitzky interpretó en un montaje fotográfico de 1924, 'el constructor', la mirada activa propuesta por Sklovski: sobre el ojo de un autorretrato, Lissitzky superpuso una mano abierta con un compás, indicando que la mirada era al mismo tiempo instrumento técnico (mano) y razón (compás). Para registrar esa mirada activa había un ojo mecánico, la fotografía.

De vuelta a Rusia en 1924, Sklovski formó parte del grupo que editaba en Moscú la revista Lef, dirigida por el poeta Vladimir Maiakovski, que había conseguido la autorización para el retorno de Sklovski. El diseñador de la revista era Aleksandr Rodchenko, un constructivista de 33 años que había abandonado la pintura en 1922, convencido de haber culminado todas sus posibilidades. Rodchenko y su esposa, Varvara Stepanova, ya habían publicado collages fotográficos en la revista Kino-fot. Los primeros ilustraban un artículo del cineasta Lev Kule-chov sobre el montaje, tema que también trató Serguei M. Eisenstein, que entonces se dedicaba al teatro, en otro artículo, publicado en 1923 en Lef.

En 'Montaje de atracciones', Eisenstein proponía la ruptura del ilusionismo figurativo o narrativo mediante el uso de 'atracciones': elementos independientes de la acción o composición capaces de extrañar, agredir o sorprender al espectador, elegidos con una finalidad precisa. Entre los ejemplos que citaba Eisenstein de montaje de atracciones se encontraban los collages de Georg Grosz y las 'ilustraciones fotográficas' de Rodchenko, cada vez más interesado en la fotografía. Ese mismo año, 1923, Rodchenko diseñó un libro de Maiakovski, Pro eto, con montajes fotográficos que ilustraban y, a la vez, obstaculizaban la lectura del libro. Maiakovski había escrito un poema sobre sentimientos psicológicos aparentemente inmutables, pero tan sujetos a cambio como el orden social, transformado en Rusia por la guerra y la revolución. En los montajes, Rodchenko mezcló recortes de fotografías urbanas con retratos de la actriz Lili Brik, la protagonista, real y figurada, del poema. El resultado fue un conjunto de imágenes quebradas, llenas de rupturas de escala, saltos temporales, cambios de contexto y bastante humor, en el que los sentimientos individuales se convertían en públicos por medio de 'cosas reales', que es como describía Eisenstein las atracciones. En la cubierta de Pro eto, Rodchenko usó un retrato en primer plano de un rostro femenino con los ojos abiertos como platos. El título (Sobre esto) estaba impreso sobre la cabeza y la composición enfatizaba una mirada que se devolvía al lector, proponiendo así una lectura compleja del título. El libro trataba sobre ella y sobre lo que ella miraba, es decir, el mundo (real) del lector, algo que no podía hacer un dibujo, pero sí una fotografía.

There was at that time an active Russian colony in Berlin. One of its members was Viktor Shklovsky, a novelist who had been obliged to leave Russia due to his anti-Bolshevik activities and who had, in the preceding years, been leader of the Formalist group in Petrograd. Shklovsky held in his writings that art was a combination of the procedures used by the artist, foremost of which had to be the 'ostranenie' ("making it strange", defamiliarisation, or distancing) as this made it possible for the known to be perceived as the unknown. In this way the automatic reactions of perception could be overcome and, thus, the experience be amplified. The objective of art had to be the creation of forms that were obstacles between the perceiving subject and the object perceived, breaking the associations and reactions to which the perceiver was accustomed. Shapes for which receptive perception was insufficient, and that would activate the vision of the perceiver to make it capable of seeing, instead of simply recognising.

'Ostranenie' was not only a literary technique, but was also valid for the plastic arts, as well as for photography, so much so that Moholy-Nagy referred to the 'productive' as the 'reproductive'. Photographers were able to put this into practice by means of deformations, or ways of seeing things that were different from the customary, using semantic displacements, changes of context and so on.

Shklovsky expounded his ideas in Berlin in public debates, articles and books, which would decisively influence the Russian and central European scene, and they did so, to a large extent, through Lissitzky, whom Shklovsky met in Berlin and who passed on his ideas to other artists, among them Moholy-Nagy. In his photographic montage 'The Constructor', Lissitzky interpreted the active look proposed by Shklovsky; using a self-portrait, he superimposed an open hand bearing a compass above the eye, indicating that the look was, at the same time, a technical instrument (the hand) and the reason (the compass). To record this active look there was a mechanical eye, the photograph.

On his return to Russia, in 1924, Shklovsky became a member of the group that produced the magazine Lef, in Moscow. Lef was edited by the poet Vladimir Mayakovsky and it was he who had managed to obtain authorisation for Shklovsky's return. The designer of the magazine was Aleksandr Rodchenko, a 33 year-old Constructivist who had abandoned painting in 1922, convinced that its possibilities were exhausted. Rodchenko and his wife, Varvara Stepanova, had already published photographic collages in the magazine Kino-fot. The first of these illustrated an article by the film-maker Lev Kulechov on montage, a subject that would also be addressed by Sergei M. Eisenstein in another article published in Lef in 1923.

In "Montage of Attractions" Eisenstein proposed the breaking with figurative or narrative conjuring, by means of the use of attractions. These would be elements that were independent of the action or composition, capable of bewildering, striking, or surprising the spectator and chosen with a precise aim, the objective of the work. Among the examples of montage of attractions cited by Eisenstein were the collages of Georg Grosz, and the 'Photographic illustrations' by Rodchen-ko, who was becoming increasingly interested in photography. That year, in 1923, Rodchenko designed a book written by Mayakovsky, Pro eto, with photographic montages which both illustrated and, at the same time, obstructed the reading of the book. Mayakovsky had written a poem about psychological feelings that were apparently immutable, but were in fact as much subject to change as the social order. In his collages Rodchenko combined cuttings of urban photos and portraits of the actress Lily Brik, the real and figurative heroine of the poem. The result was a mixture of broken images, full of ruptured scales, sharp breaks, changes of context, and not a little humour, in which individual feelings were developed by means of the 'real

El artículo de Eisenstein ya indicaba que no era ningún secreto la relación entre los fotomontajes dadaístas berlineses y los montajes fotográficos de Rodchenko. Sin embargo, había importantes diferencias entre los fotomontajes que entonces hacía Heartfield en Berlín para la editorial Malik Verlag y los que hacía Rodchenko en Moscú. Heartfield componía sus montajes con ordenaciones visuales coherentes y homogéneas, para lo que procuraba suavizar las transiciones entre los elementos montados, lo que le obligaba a un cuidadoso retoque de las fotografías montadas. Sus intenciones eran narrativas y los significados debían quedar claros para el espectador. Eran "alteraciones conscientes del primer significado de una fotografía", una definición de fotomontaje del crítico Serguei Tretiakov, que no por azar se encuentra en el libro que publicó en 1936 sobre Heartfield. En cambio, los montajes de Rodchenko no recreaban espacios ilusionistas ni disimulaban los cortes de los elementos montados. Estaban hechos a partir de contrastes de formas, cambios de contexto, rupturas de escala, ángulos agudos y transiciones bruscas, buscando efectos de extrañamiento y lecturas que dieran complejidad a lo elemental. Las diferencias entre el fotomontaje constructivista soviético y el de Heartfield todavía serían mayores en el trabajo de otros montadores, como Gustav Klucis, que muchos años después, en 1931, se atribuiría la paternidad del montaje fotográfico en Rusia. Según Klucis, lo descubrió en 1919, sin tener conocimiento previo de los trabajos dadaístas, al incorporar unos recortes fotográficos a un cuadro suprematista. Sin entrar en cuestiones genealógicas, en las que hay competentes especialistas, si se aceptan las palabras de Klucis nos encontramos con una situación parecida a la de Christian Schad y la fotografía sin cámara: al no publicarse en su momento, los montajes de Klucis pasaron inadvertidos.

A partir de 1923 Klucis, Rodchenko, Lissitzky, Serguei Senkin, Valentina Kulagina, Natalia Pinus, Varvara Stepanova, Nicolai Prusakov, Vladimir y Georgii Sternberg, Nicolai Troshin, Alesei Gan y Salomon Telingater, entre otros muchos artistas que vivían en la Unión Soviética, utilizaron con frecuencia el montaje fotográfico. Las cubiertas de libros y revistas, los fotomurales y los carteles se llenaron de fotomontajes, que acabó siendo la técnica que mejor expresó la nueva cultura urbana e industrial, tanto en la URSS como en gran parte de Europa durante los años de entreguerras. Aunque haya diferencias entre los métodos de los fotomontadores, todos coincidieron en el uso de un procedimiento artístico con el que era posible el acceso al público, gracias a la reproducción técnica.

Pero la técnica no era sólo un instrumento que permitía la publicidad del trabajo de los artistas sin depender de las reglas del mercado artístico, también fue uno de los principales problemas de la cultura, la política y la economía de la época. Una cuestión que el arte no podía soslayar.

La estética maquinista se difundió en Europa en 1923, el año en que la inflación llegó en Alemania a sus cotas más altas. Aparecieron artículos como "Es kommt der neue Ingenieur" de Werner Gräff y "Maschinenästhetik" de Fernand Léger, publicados ese año en las revistas berlinesas G y Der Querschnitt, y libros como Vers une architecture de Le Corbusier, que defendía la arquitectura como máquina de vivir y estaba ilustrado con fotografías maquinistas. También cambió de orientación la Bauhaus, que contrató a Moholy-Nagy como profesor del curso preparatorio y durante el verano organizó una exposición con un título que se convirtió en el lema de la escuela: Kunst und Technik, eine neue Einheit. La unidad entre arte y técnica se concretaba en un modelo nuevo de artista-ingeniero que utilizaba las nuevas técnicas (cine, impronta, fotografía) como procedimientos artísticos, encontraba la forma a partir de la función y consideraba la construcción el fin del trabajo artístico. Había que creer en algo: en noviembre un dólar cambiaba por más de cuatro billones de marcos.

things', which is how Eisenstein described the attractions. In the cover of Pro eto, Rodchenko used the close-up portrait of a female face with open eyes as big as saucers. The title (About this) was printed on her head, and the composition emphasised a look that was returned to the reader, thus proposing a complex reading of the title. The book was about her, and about what she was looking at, in other words, the (real) world of the reader, something that a painting was unable to do, but a photograph could.

Eisenstein's article indicated that the relationship between the Berlin Dadaist photomontages and Rodchenko's photographic montages was now no longer a secret. There were however substantial differences between the photomontages that were then being produced by John Heartfield in Berlin for the publishers Malik Verlag, and those made by Rodchenko in Moscow. Heartfield composed montages with a coherent and homogeneous visual arrangement, and to bring this about tried to soften the transitions between the elements he used, which obliged him to carefully retouch the photographs he employed. His intentions were narrative and the meanings had to be absolutely clear to the spectator. His montages were "conscious alterations to the first meaning of a photograph", in the words of the critic Sergei Tretyakov which were published, and not by chance, in the book that he wrote on Heartfield in 1936. Rodchenko's montages, however, neither re-created illusionist spaces nor dissimulated the cuts in the fragments of photographs he pasted. They were made on the basis of their contrasts of forms, changes of context, ruptures of scale, acute angles and brusque transitions, seeking the effects of strangeness, and readings that injected complexity into the elemental. The differences between Soviet Constructivist photomontage and that created by Heartfield would become even greater in the work of other photomonteurs such as Gustav Klutsis who, many years later in 1931, would attribute himself with being the father of photographic montage in Russia. According to Klutsis, he discovered the technique in 1919, with no previous knowledge of the work of the Dadaists, by incorporating photographic cuttings into a Suprematist painting. Without entering into genealogical debates, an area with its own competent specialists, if we accept Klutsis' assertion we find ourselves in a situation similar to that of Christian Schad and the cameraless photograph. As they were not published in their day, Klutsis' montages went unnoticed.

From 1923 Klutsis, Rodchenko, Lissitzky, Sergei Senkin, Valentina Kulagina, Natalia Pinus, Varvara Stepanova, Nicolai Prusakov, Vladimir and Georgii Sternberg, Nicolai Troshin, Alesei Gan and Salomon Telingater, among many other artists who lived in the Soviet Union, all frequently used photographic montage. The covers of books and magazines, the photomurals and the posters were filled with photomontages. This would become the technique that would best express the new urban and industrial culture, as much in the Soviet Union as in a good part of Europe, during the inter-war years. Though there were differences in the methods used by the photomonteurs, they all coincided in the use of an artistic procedure with which, thanks to technical methods of reproduction, it was possible to accede to the public.

The technique was, however, not only an instrument by which the photographers could publicise their work without it being subject to the rules of the artistic market. It was also one of the foremost problems of the culture, politics and economics of the time. A situation that art could not ignore. Machinist aesthetics became more widely spread in Europe in 1923, the same year as when the inflation rate in Germany reached its peak. Articles appeared, such as "Es kommt der neue Ingenieur", by Werner Gräff, and "Maschinenästhetik", by Fernand Léger, published that year in the Berlin magazines G and Der Querschnitt. Books were published, such as Vers une architecture by Le Corbusier, which defended architecture as the machine of life, and

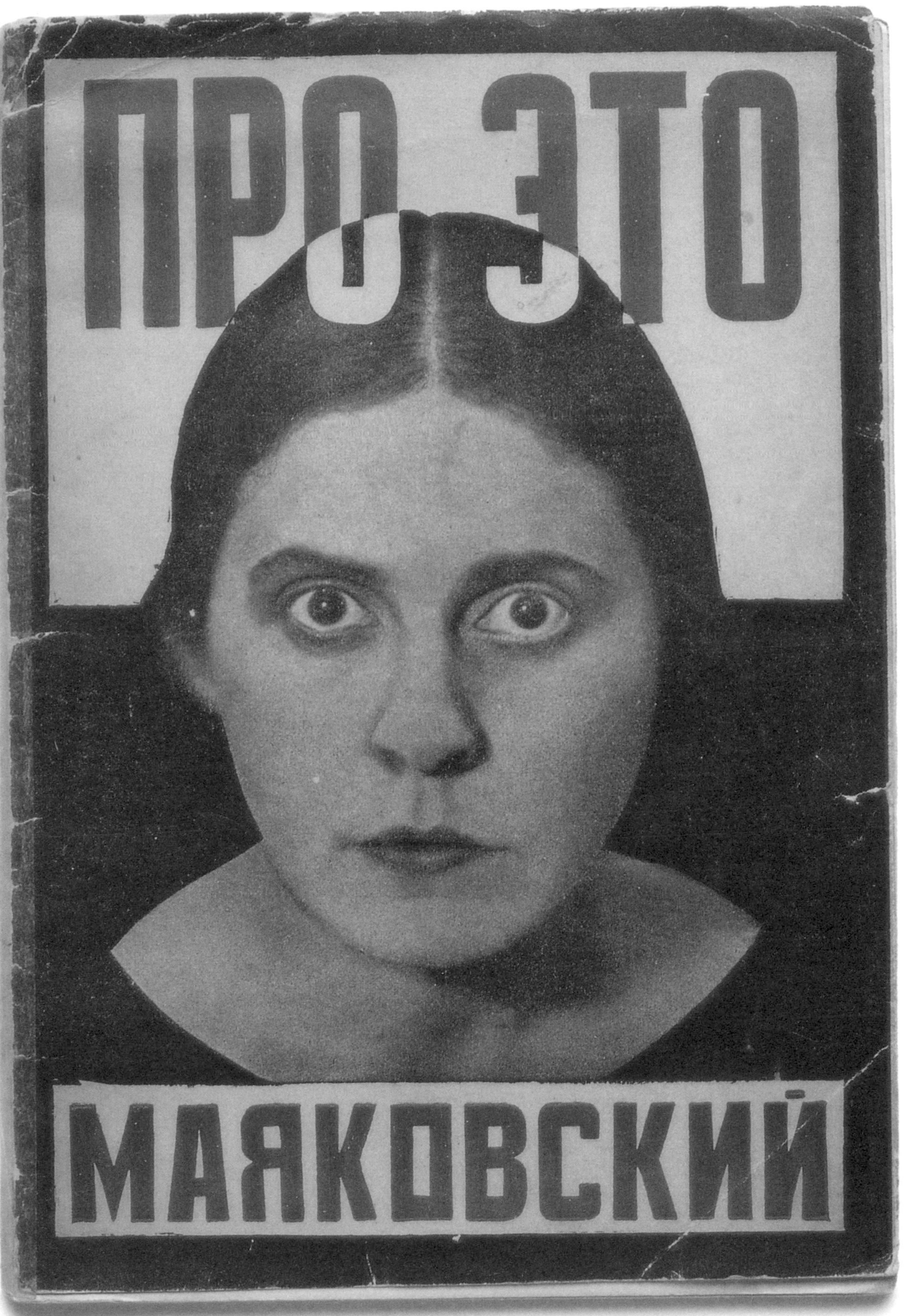

7 — Aleksandr Rodchenko, montaje, de Pro eto (Sobre esto) de Vladimir Maiakovski, Gosizdat, Moscú y Petrogrado 1923, IVAM.
7 — Aleksandr Rodchenko. Montage, from Vladimir Mayakovsky's Pro eto (About this), Gosizdat, Moscow and Petrograd 1923, IVAM.

8 — Hans Gunther, Technische Schönheit, cubierta, Orell Füssli, Zúrich y Leipzig 1929, Colección Gago-Doreste.
8 — Hans Gunther, Technische Schönheit. Cover, Orell Füssli, Zurich and Leipzig 1929. Gago-Doreste Collection.

La estética maquinista tenía su origen en la arquitectura, industria y cultura urbana de los Estados Unidos: rascacielos, silos de cemento, fábricas, máquinas, ingenieros, anuncios luminosos, coches, jazz, cine... Para los europeos era el futuro ("en el viejo mundo — decía Lissitzky en 1925 — las palabras 'América' y 'americano' despiertan ideas de algo ultraperfecto, racional, utilitario, universal. Todas esas nociones son extrañas a los viejos artistas europeos"), pero para los norteamericanos era un presente por lo menos discutible, que algunos fotógrafos, Stieglitz el primero, no celebraron. Pero otros sí, como Charles Sheeler y Paul Strand, que contribuyeron a la mitificación de la 'Machine Age'. En 1920 Sheeler había hecho una serie de vistas urbanas compuestas a partir de bandas verticales de diferentes texturas ensambladas por sombras duras y planas, que se titularon "Arquitectura cubista en Nueva York" cuando se publicaron en Vanity Fair al año siguiente. Eran fotografías de rascacielos neoyorquinos, pero en las que el motivo, la ciudad, no era más que la ocasión para la ejecución de un método formal, también aplicado en una película sobre Nueva York, Manhatta, rodada junto a Paul Strand, quien dio una vuelta de tuerca más al tema al empezar a retratar fragmentos de máquinas en 1922. Era un encuentro lógico, ¿qué podía ser mejor que una máquina para representar a las máquinas? En estas fotografías la técnica era a la vez procedimiento y tema, un motivo en el que la fotografía directa se encontraba con una representación nueva caracterizada por la precisión y el brillo, la forma derivada de la función, la objetividad científica y la ausencia de artesanía y sentimientos.

Las fotografías de máquinas de Strand se publicaron en una revista de vanguardia que pretendía unir la creación europea y norteamericana, Broom, con un texto del propio Strand sobre la fotografía y la técnica, el "nuevo Dios" del siglo XX, al que se dio el correspondiente culto en las fábricas, sin las catedrales del "nuevo Mesías", es decir, la maquinaria, en palabras de Henry Ford, un potentado de la industria. Pero el maquinismo fue algo más que una superstición o una moda. En la segunda mitad de la década de los veinte el desarrollo técnico e industrial parecía inagotable y nadie sospechaba la cercanía de la crisis económica de 1929 y la depresión correspondiente. En las revistas alemanas se publicaban artículos titulados "Schönheit der Technik" y la belleza de la técnica era alabada por los críticos de arte y retratada aplicadamente por los nuevos pintores realistas de la Neue Sachlichkeit, el título de una exposición que tuvo lugar en la Kunsthalle de Mannheim en 1925, en la que se mostraban pinturas realistas de temas nuevos, estrictamente contemporáneos: la ciudad moderna y sus habitantes, las máquinas de trabajar y de vivir. Pero la fotografía podía conseguir mejor que la pintura los fines de la nueva objetividad: imágenes limpias y claras de objetos llenos de detalles y líneas rígidas, objetos técnicos sacados de su contexto, percibidos con la frialdad de la técnica, sin intervención de la subjetividad de los artistas. Los fotógrafos que practicaron la nueva fotografía 'sachlich', objetiva, hacían registros precisos de cosas aisladas, descontextualizadas, que eran elegidas por sus características formales, sin atender a sus significados, utilidad o cualquier otra cualidad.

Para fotógrafos como Albert Renger-Patzsch, Hans Finsler, Hein Gorny, Aenne Biermann, Werner Mantz, Fritz Brill, Willi Zielke o Karl Blossfeldt, lo importante era destacar las formas precisas de las cosas, que en las fotografías parecían sólidas, perfectamente definidas y cerradas en sí mismas. Para obtener estos resultados, los fotógrafos podían disponer de casi todos los recursos de los pintores, además de los propios de su oficio: enfoque preciso, composición de la imagen geométrica, iluminación que subrayara los volúmenes y los contornos de los objetos, primeros planos para aislar la forma, puntos de vista que ofrecieran aspectos desconocidos de cosas comunes, impresión en papeles que destacaran el máximo de detalles. La industria propor-

was illustrated with Machinist photographs. The Bauhaus also changed its artistic orientation, hiring Moholy-Nagy as the preparation course teacher, and organising an exhibition during the summer, the title of which would become the school motto, Kunst und technik, eine neue Einheit. The unity between art and technology was solidified in a new model of artist-engineer who used the new techniques as artistic procedures, who found form on the basis of function, and who considered construction the ultimate aim of artistic work. They had to believe in something, in November the exchange rate reached one American dollar to more than four billion marks.

The origins of Machinist aesthetics lay in North American urban architecture, industry and culture: the skyscrapers, cement silos, factories, machines, engineering, luminous advertisements, cars, jazz, cinema and so on. For Europeans, this was the future. As Lissitzky put it, in 1925, "In the old world, the words America and American evoke ideas of something ultra-perfect, rational, useful, and universal. All of these notions are strange to the old European artists". But for the Americans it was the present, and a present that was, at the very least, dubious, and which some photographers, the first among them being Stieglitz, did not celebrate. Others, however, proliferated, such as Charles Sheeler and Paul Strand, who contributed to the "Machine Age" becoming legendary. Sheeler had produced a series of urban views, in 1920, made up from vertical strips of differing textures, arranged in hard and soft shadows, and which were entitled "Cubist Architecture in New York" when they were published in Vanity Fair the following year. They were photographs of New York skyscrapers, but the subject matter, the city, represented nothing more than the opportunity to employ a new, formal technique. A technique that he would also apply in the making of a film 'Manhatta', in collaboration with Paul Strand who, in turn, went on to give the subject another turn of the screw, in 1922, by taking detailed photographs of fragments of machines. It was a logical encounter. What better to represent machines, than a machine? In Strand's photographs, technique was both the procedure and the subject, a motif in which straight photography was faced with a new form of representation, characterised by precision and brightness, by form derived from function, by scientific objectivity and by the absence of 'craft' and sentiment.

Strand's machine photographs were published in Broom, a magazine which attempted to bring together European and North American creation, along with a text by him on photography and technique, "the new God" of the twentieth century. A god that was duly worshipped in the factories, the cathedrals of machinery - the "New Messiah" in the words of industrial tycoon Henry Ford. But Machinism was something more than a superstition or fashion. Industrial and technological development in the late twenties seemed inexhaustible, and nobody had the least suspicion of the imminent economic crisis of 1929, and the Depression that would follow. Articles entitled "Schönheit der Technik" were published in German Magazines, and the beauty of technology was praised by art critics, and devotedly depicted by the new Realist painters of the Neue Sachlichkeit, the exhibition which took place in the Kunsthalle in Mannheim, in 1925. This exhibition showed Realist paintings with new, different subjects, now strictly contemporary. These were usually the modern city and its inhabitants, the machines of work and life. But photography was more able than painting to achieve the aims of the New Objectivity: clean and clear images of objects, abounding in detail and hard lines; technical objects taken out of their context and perceived with the coldness of technique, and the absence of the artist's subjectivity. The photographers who adopted the new sachlich, or objective photography produced precise records of isolated objects, removed from their usual context, that were selected on the basis of their formal characteristics with no considera-

cionaba muchos objetos que podían fotografiarse de esta manera, tan clara y limpia como mecánica, sin intervención alguna de la subjetividad del fotógrafo, cuyo papel se limitaba a la elección del tema, quedando el resto a expensas de la técnica, que debía garantizar la objetividad de la imagen.

Los fotógrafos se dedicaron entonces a retratar máquinas tan relucientes como 'solteras', siempre en reposo y sin la presencia de los trabajadores que las hacían funcionar. Unas máquinas que parecían autosuficientes, con vida propia. Las revistas se llenaron de estas imágenes, los iconos de una época llena de optimismo y ajena a todas las preocupaciones, tan inconsciente que fue llamada, ya entonces, los años locos.

Un foto-libro de Albert Renger-Patzsch, Die Welt ist schön, y una carpeta de fotografías de Germaine Krull, Métal, publicados en Múnich y París casi al mismo tiempo, se convirtieron en 1928 en modelos de la fotografía maquinista. En el prólogo de Métal, el periodista Florens Fels daba fe de la rehabilitación del acero, diez años después de haber probado sobradamente su terrible poder en la Primera Guerra Mundial, que había sido descrita por el escritor Ernst Jünger como una sucesión de tempestades de acero. Las fotografías de Métal hacían justicia al título: fragmentos de máquinas sin usuarios ni destinatarios, elegidos para parecer abstracciones en vez de herramientas funcionales. Máquinas ajenas a la razón y por eso mismo estéticas.

Die Welt ist schön era más complejo. Aparte de máquinas, incluía animales, plantas, paisajes, arquitectura y objetos individuales ordenados en una secuencia de imágenes que intentaba demostrar que una mirada objetiva podía revelar una realidad distinta y sorprendente, formada tanto por la naturaleza como por la técnica, que tenían más en común de lo que podía parecer. En el prólogo, al escritor Carl Georg Heise le tocó justificar tal título: "No hay nada que esté desprovisto por completo de belleza", escribió. La objetividad de las fotografías se encargaba de demostrarlo.

Los dos libros fueron apreciados, pero también criticados. Sobre todo el de Renger-Patzsch. Aunque el escritor Thomas Mann lo alabó en el semanario de más circulación en Alemania, el Berliner Illustrirte Zeitung, el optimismo e idealismo del título predisponía en su contra, determinaba la lectura de las fotografías, por más materialistas que las creyera Renger-Patzsch o pudieran ser por sí mismas. Según Walter Benjamin, Renger-Patzsch "lograba que incluso la miseria, captada de una manera perfeccionada y a la moda, sea objeto de goce". Benjamin escribió su texto en 1934, cuando la belleza de la técnica había sido traducida al lenguaje de los nacionalsocialistas como 'romanticismo de acero'. En aquellos momentos una afirmación como el título del libro de Renger-Patzsch era una manifestación conservadora, además de una manifiesta falsedad. El mundo no era ni bello ni bueno y la fotografía no podía contribuir a una mixtificación tan evidente. La fotografía neo-objetiva, con toda su frialdad, distancia, descontextualización y aislamiento, había hecho realidad los deseos de un mundo tangible y sólido en unos tiempos en los que parecía que nada tenía esas características, ni siquiera el dinero. Pero esos deseos sólo se habían satisfecho en las páginas fotográficas de las revistas (y también en el cine), que generaban falsas experiencias de situaciones que antes de la generalización de la fotografía se hurtaban al consumo. Las fotografías habían sustituido a la experiencia a pesar de no serlo, habían conseguido pasar por experiencia gracias a la 'objetividad' de la máquina fotográfica, que también había evitado el cinismo, la resignación o el pesimismo que impregnaban los trabajos de los pintores y escritores de la nueva objetividad.

La amarga lección que daba la historia hizo que muchos fotógrafos se replantearan su trabajo. La fotografía documental se convirtió en los años treinta en el género preferido por los fotógrafos en todas

tion to their meaning, use, or any other quality. For photographers like Albert Renger Patzsch, Hans Finsler, Hein Gorny, Aenne Biermann, Werner Mantz, Fritz Brill, Willie Zielke or Karl Blossfeldt, the most important was to bring out the precise form of things that, in photographs, appeared solid, perfectly defined and closed in on themselves. To obtain these results, photographers could avail themselves of almost all the resources of the painters, in addition to those of their own profession. These included precise focussing, geometric composition of the image, illumination that underlined the volumes and shapes of the object, close-ups to isolate form, viewpoints that offered hitherto unknown aspects of everyday articles, and the printing on special paper that brought out the maximum from every detail. Industry provided numerous objects that lent themselves to being photographed in this clear, clean and mechanical way. The subjectivity of the photographer played no part whatsoever, his role being limited to the choice of subject, and the rest being a question of technique, which had to guarantee the objectivity of the image. Thus, photographers concentrated on taking photographs of machines, gleaming and lonely, never in operation nor accompanied by the workers that made them function. They were machines that seemed self-sufficient and to have there own lives. The magazines were filled with these pictures, the icons of an epoch full of optimism and far removed from worry, of an era that was so unaware that it was called, even in those years, the roaring twenties.

In 1928, a photo-book by Albert Renger-Patzsch, Die Welt ist schön, and a portfolio of photographs by Germaine Krull, Métal, published in Munich and Paris almost simultaneously, became models of Machinist photography. In the prologue to Métal, the journalist Florens Fels bore witness to the rehabilitation of steel, ten years after having had ample experience of its power in the First World War, described by Ernst Jünger as a 'succession of steel downpours'. The photographs in Métal lived up to the title. Fragments of machines with no operator or end-user, chosen to seem abstract rather than functional tools. They were machines without purpose, and for this very reason, aesthetic.

Die Welt ist Schön was more complicated. In addition to machines, it included animals, plants, landscapes, architecture, and ordinary objects, organised in a series of images that attempted to demonstrate that looking objectively at the photograph could reveal a different and surprising reality. A reality formed as much by nature as by technology, two concepts that had more in common than at first would seem likely. It fell to the author of the prologue, the writer Carl Georg Heise, to justify the title: "There is nothing that is absolutely devoid of beauty", he wrote, and the objectivity of the photography set about demonstrating that he was right. Both books were appreciated, but also criticised, above all that of Renger-Patzsch. Despite the writer Thomas Mann praising him in the highest-circulation weekly in Germany, the Berliner Illustrirte Zeitung, the optimism and idealism of the title weighed heavily against him, predetermining the reading of the photographs. In the words of Walter Benjamin, Renger-Patzsch "managed to make even misery, captured in a perfected and fashionable way, an object of enjoyment". Benjamin wrote this text in 1934, when the beauty of technology had been translated into the language of the National Socialists as 'the romanticism of steel'. In those years, a statement like that of the title of Renger-Patzsch's book was a conservative declaration, in addition to being a manifest falsehood. The world was neither beautiful nor good, and photography could not contribute to such evident misinformation. Neo-objective photography, with all its coldness, distance, lack of context, and isolation had made the wishes for a tangible and solid world come true, in a time when it seemed nothing possessed these characteristics, not even money. But these wishes were only granted in the photographic pages of magazines (and films), and these generated false experiences of all types of things

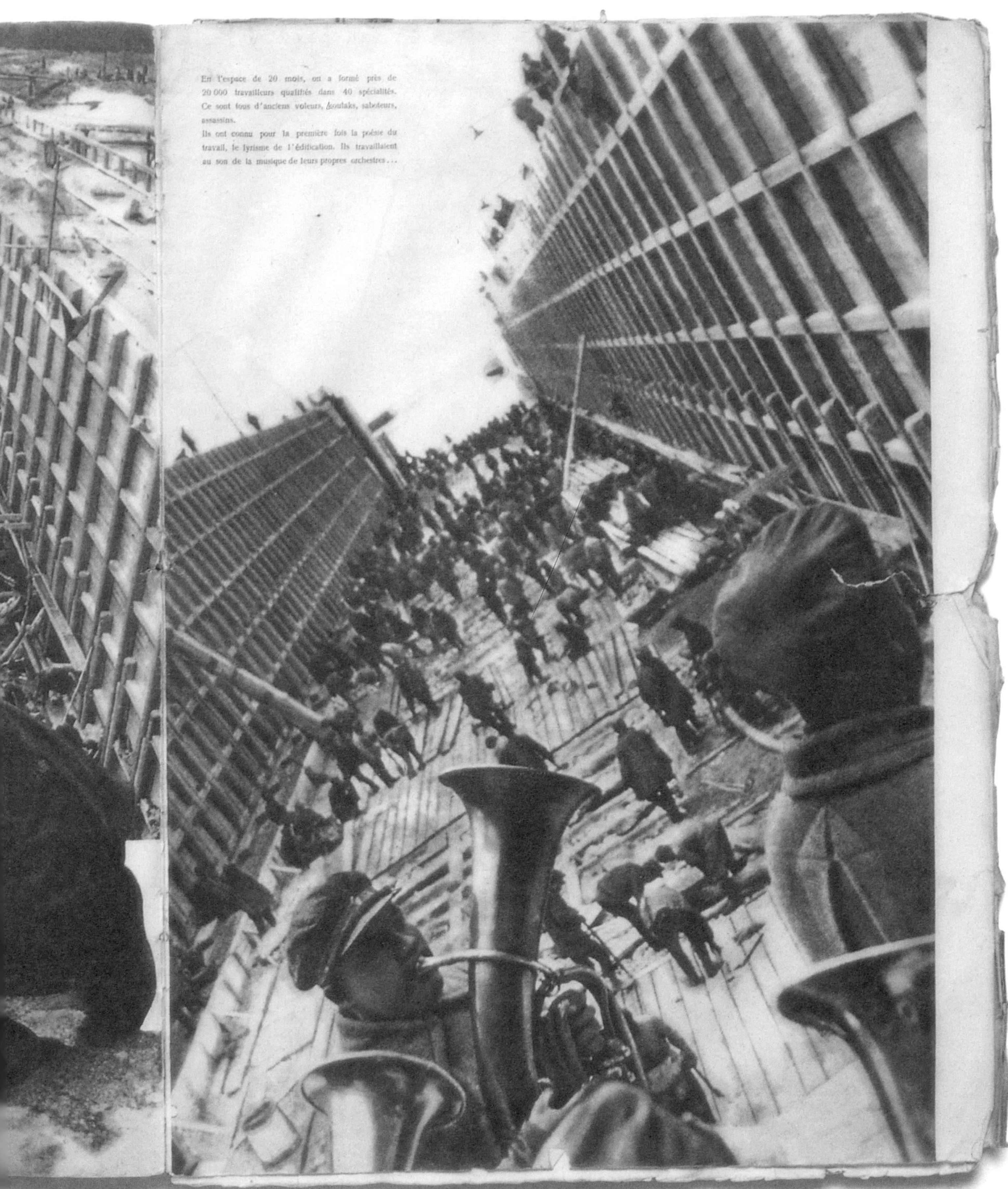

En l'espace de 20 mois, on a formé près de 20 000 travailleurs qualifiés dans 40 spécialités. Ce sont tous d'anciens voleurs, koulaks, saboteurs, assassins.

Ils ont connu pour la première fois la poésie du travail, le lyrisme de l'édification. Ils travaillaient au son de la musique de leurs propres orchestres…

9 — **Aleksandr Rodchenko, fotomontaje, de URSS en construction 12 (diciembre 1933), AHNSGC.**

9 — Aleksandr Rodchenko. Photomontage, from URSS en construction 12 (December 1933), AHNSGC.

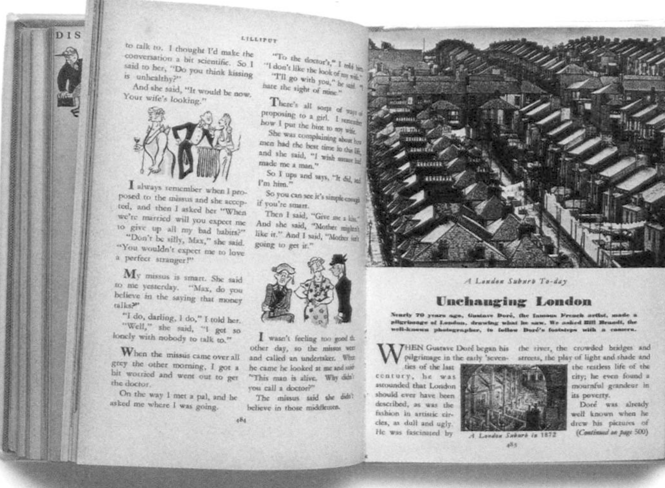
A London Suburb To-day

Unchanging London

Nearly 70 years ago, Gustave Doré, the famous French artist, made a pilgrimage of London, drawing what he saw. We asked Bill Brandt, the well-known photographer, to follow Doré's footsteps with a camera.

WHEN Gustave Doré began his pilgrimage in the early 'seventies of the last century, he was astounded that London should ever have been described, as was the fashion in artistic circles, as dull and ugly. He was fascinated by the river, the crowded bridges and streets, the play of light and shade and the restless life of the city; he even found a mournful grandeur in its poverty.

Doré was already well known when he drew his pictures of (Continued on page 500)

A London Suburb in 1872

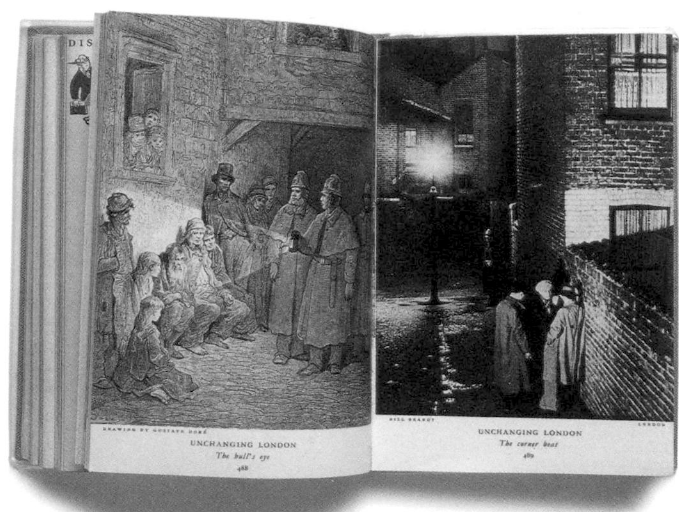
UNCHANGING LONDON
The bull's eye

UNCHANGING LONDON
The corner beat

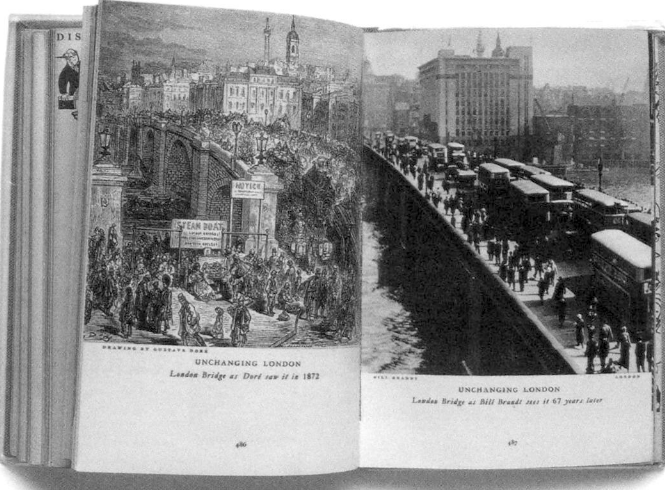
UNCHANGING LONDON
London Bridge as Doré saw it in 1872

UNCHANGING LONDON
London Bridge as Bill Brandt sees it 67 years later

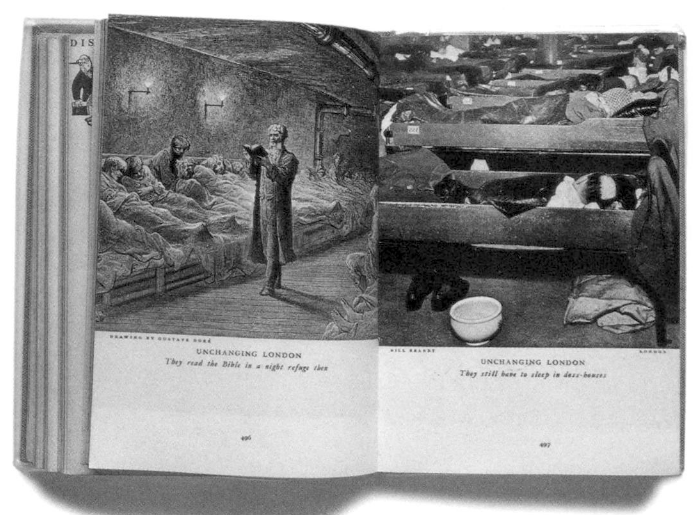
UNCHANGING LONDON
They read the Bible in a night refuge then

UNCHANGING LONDON
They still have to sleep in doss-houses

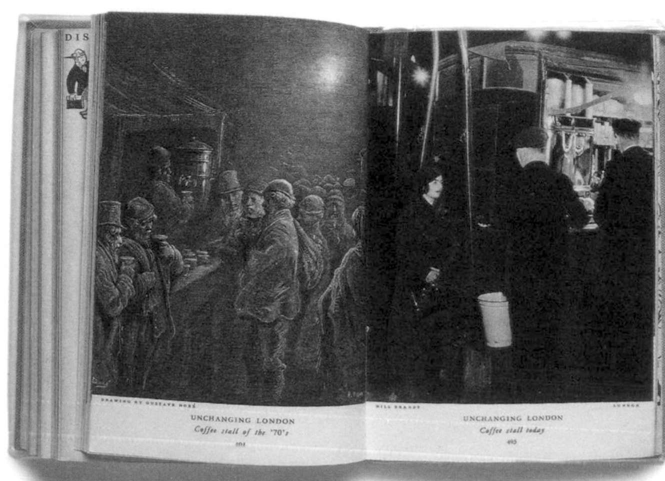
UNCHANGING LONDON
Coffee stall of the '70's

UNCHANGING LONDON
Coffee stall today

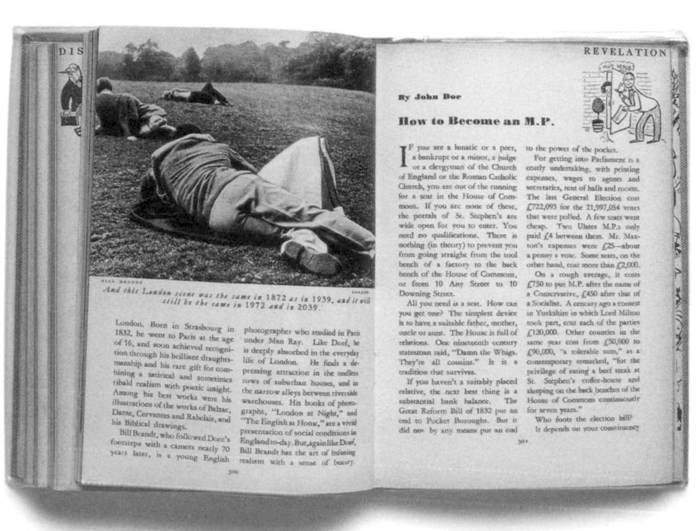
And this London scene was the same in 1872 as in 1939, and it will still be the same in 1972 and in 2039

REVELATION

By John Doe

How to Become an M.P.

10/15 — Bill Brandt, "Unchanging London", foto-serie, de Lilliput vol. 4, 23 (mayo 1939), colección particular.
10/15 — Bill Brandt, "Unchanging London". Photo-serie, from Lilliput vol. 4, 23 (May 1939). Private collection.

partes. Fue la época de los proyectos de documentación fotográfica: Farm Security Administration en Estados Unidos, Mass Observation en Reino Unido, Misiones Pedagógicas en España.

En la Unión Soviética, la Unión de fotógrafos proletarios rusos, la ROPF, había impuesto una fotografía narrativa, realista y accesible, y prohibido el uso de cualquier recurso que dificultara la accesibilidad o complicara la lectura, que debía ser única y exactamente la demandada por las autoridades políticas. Entre otros, Rodchenko había resistido, argumentando que los recursos de la nueva fotografía (perspectivas forzadas, transparencia visual, organización rítmica, ordenación geométrica, contracomposición en líneas diagonales, fotomontajes, fragmentaciones, mayor importancia a la alusión que a la descripción...) proporcionaban un conocimiento mucho más interesante y productivo que las fotografías narrativas de ROPF. "Cualquier club fotográfico –escribió en 1928– sabe qué hay que fotografiar, pero muy pocos saben cómo".

Rodchenko tuvo una oportunidad, un número de la revista SSSR na stroike dedicado a la construcción de un canal de más de doscientos kilómetros, el Belomorcanal, que debía unir el mar Blanco con el mar Báltico. Fue construido por presos políticos y comunes en condiciones de trabajo terribles, tanto por deficiencias técnicas (la construcción no fue dirigida por ingenieros, al fin y al cabo burgueses, sino por funcionarios policiales) como por el rigor de un clima casi ártico. El coste en vidas humanas del canal, que tardó veinte meses en construirse, no es conocido, pero se estima que pudo ser de unos doscientos cincuenta mil presos-obreros. Pero todo esto no se encuentra en la revista, maquetada por Rodchenko a partir de sus propias fotografías, en la que no faltan fotomontajes, contracomposiciones diagonales y otros recursos formalistas.

Uno de los fotomontajes muestra a un grupo de músicos delante de las paredes de madera del canal y decenas de presos trabajando. El pie de foto dice: "Durante veinte meses casi veinte mil trabajadores cualificados fueron entrenados en cuarenta empleos. Todos eran antiguos ladrones, bandidos, campesinos ricos, gamberros, asesinos. Por primera vez llegaron a ser conscientes de la poesía de su trabajo, el idilio de la construcción. Trabajaron con la música de sus propias orquestas". Aleksandr Solzhenitsin anotó en Archipiélago Gulag las declaraciones de uno de aquellos músicos, que recordaba lo que irritaban las orquestas a los trabajadores y cómo les insultaban. Los músicos eran presos también, pero estaban dispensados de los trabajos comunes, tenían camastros individuales y vestían uniformes militares.

Sklovski creía que las formas nuevas necesariamente creaban nuevos contenidos. Los fotógrafos se lo creyeron durante mucho tiempo y gastaron sus energías en derrocar las formas tradicionales, para terminar encontrándose con que tenían nuevas formas, pero los viejos contenidos seguían estando ahí. Bill Brandt, un fotógrafo que había aprendido a ser cínico y pesimista durante sus años de formación en la Alemania de Weimar, dejó más de un testimonio de la permanencia de las costumbres y las relaciones de poder, así como su resistencia a los cambios. La ciudad, la realización de lo nuevo y el lugar de la vida moderna, no era tan distinta de cómo había sido.

that, prior to the generalisation of the photograph, had failed to attract the consumer. Photographs had substituted experience, despite being merely images of it, but they had managed to do so thanks to the objectivity of the camera, which had also avoided the cynicism, resignation and pessimism that impregnated the works of the painters and writers of the new objectivity. The bitter lesson imparted by history made many photographers re-think their work. Documentary photography became in the thirthies the preferred genre for photographers everywhere. This was the era of the photographic documentation project, examples of which included the Farm Security Administration in the Unites States, Mass Observation in the United Kingdom, and Misiones Pedagógicas in Spain.

In the Soviet Union the Union of Proletariat Russian Photographers, the ROPF, had imposed a narrative, Realist and accessible photography, and prohibited the use of any resource that would hinder accessibility or complicate reading, which had to be unique, and exactly that which the political authorities demanded. Among others, Rod-chenko had resisted, arguing that the resources of the new photography (forced perspectives, visual transparency, rhythmic organisation, geometric ordering, counter-composition in diagonal lines, photomontage, fragmentation, giving greater importance to the illusion than to the description, and so on) provided much more interesting and productive knowledge than the ROPF's narrative photographs. As he wrote in 1928, "Any photography club knows what has to be photographed, but very few know how".

Rodchenko's opportunity came with an issue of the magazine SSSR na stroike, dedicated to the construction of a more than two hundred kilometre-long canal, the Belomorcanal, which was to link The White Sea to the Baltic. It was built by political and common prisoners, working under terrible conditions, due both to technical deficiencies (construction was not directed by engineers who were, after all, bourgeois, but by police officials) as well as to the rigour of an almost arctic climate. The cost in human lives of the canal, which took twenty months to build, remains unknown, but it is estimated that up to two hundred and fifty thousand prisoner-workers may have died. None of this, however, appears in the magazine, designed by Rodchenko using his own photographs, and in which there is no shortage of photomontages, diagonal counter-compositions and other Formalist resources. One of the photomontages shows a group of musicians in front of the wooden walls of the canal, and hundreds of prisoners at work. The photo's caption reads, "For twenty months, almost twenty thousand qualified workers were trained in forty trades. They were all ex-thieves, bandits, rich peasants, roughnecks and murderers. For the first time, they came to be conscious of the poetry of their work, the idyll of construction. They worked to the music of their own orchestras". Aleksandr Solzhenitsyn noted in Archipelago Gulag the comments of one of those musicians, who remembered how much the orchestras had irritated the workers, and how the workers had insulted them. The musicians were also prisoners, but were excused from communal work, slept in individual bunks, and wore military uniforms.

Shklovsky believed that the new forms necessarily created new contents. The photographers believed this for a long time, and used their energies in breaking down the traditional forms, only to find themselves with new forms, but the old contents still in their place. Bill Brandt, a photographer who had learnt to be cynical and pessimistic during his years of study in the Germany of the Weimar, left more than one testimony to the permanence of the customs and relationships of power, as well as its resistance to change. The city, the achievement of what was new, and the place of modern life were not so different from how they had always been.

La fotografía fue pública desde el principio. Desde que el miembro del Parlamento francés François Arago convenció a sus colegas del interés de hacer propiedad común los derechos del invento, en aquel momento en posesión del señor Daguerre. Argumentó que serviría a las necesidades de las bellas artes y la ciencia, así como que en un futuro no demasiado lejano tendría utilidad para todos, ya que su costo sería cada vez más pequeño y también se simplificaría su aprendizaje. La Cámara votó a favor de su propuesta y se aprobó una pensión para el propietario de los misterios fotográficos, revelados poco después en otra sesión pública.

Todo esto sucedió durante el verano de 1839. A partir de entonces, el secreto, la técnica, estuvo al alcance de cualquiera que tuviese unos pocos conocimientos de química. Arago se había comportado como lo habría hecho un ilustrado del siglo dieciocho: como la técnica puede mejorar las condiciones de vida de la gente, debe ser divulgada, pues no es razonable que permanezca en poder de unos pocos.

Si la técnica fotográfica no se hubiera hecho pública, sería muy diferente su historia. Seguramente se habría retrasado su difusión y es probable que también su desarrollo técnico. Es un caso poco frecuente en la historia de la tecnología. Aún hoy, la técnica está en poder de sus propietarios, que regulan el uso de sus secretos, sin que ningún Arago proponga las ventajas de hacerlos pasar al dominio público.

Transcurrió bastante tiempo antes de que la fotografía fuera pública de otra forma. Aunque no había demasiadas dificultades para hacer fotografías o mandar que se hicieran, su distribución estaba limitada por imperativos técnicos, ya que las artes gráficas no podían utilizar las fotografías en sus publicaciones. Era posible fotografiar casi cualquier cosa, pero no que la imagen resultante llegara a todos. El éxito de la prensa ilustrada en la segunda mitad del siglo pasado, que utilizaba fotografías para preparar los grabados que ilustraban sus páginas, impulsó las investigaciones de procesos fotomecánicos que permitieran imprimir a la vez fotografías y texto. Nuevas y sucesivas aplicaciones técnicas fueron consiguiendo que la fotografía se incorporara a los medios de comunicación e información. En la última década del siglo, algunos semanarios disponían de la tecnología necesaria para publicar fotografías, pero hubo que esperar hasta las vísperas de la Primera Guerra Mundial para que se generalizara un procedimiento en el que textos y fotografías pudieran imprimirse juntos, sobre los mismos cilindros de una rotativa. La nueva técnica, llamado rotograbado, se derivaba de otro sistema de impresión de fotografías, el huecograbado, que producía reproducciones (fotograbados) de excelente calidad, pero era complicado, oneroso e incompatible con la tipografía. Su falta de rentabilidad económica lo reducía a ediciones lujosas y de cortas tiradas, como ciertos libros o la revista Camera Work, que había publicado su último número en 1917 porque su editor, el fotógrafo neoyorquino Alfred Stieglitz, no podía hacerse cargo de sus costes. El rotograbado era más simple, más mecánico, compatible con la tipografía y, sobre todo, mucho más económico. En la década de los diez su uso se generalizó en las empresas editoriales, pero su gran época fueron los años de entreguerras, en Alemania hasta 1929 y luego en todo el mundo durante los treinta. A finales de los felices veinte, revistas como Berliner Illustrirte Zeitung, Müncher Illustrierte Presse, Die Illustrierte Zeitung, Die Wochenschau, Der Weltspiegel o Kölner Illustrierte Zeitung, casi todas creadas después de la Primera Guerra Mundial, editaban millones de ejemplares impresos en rotograbado cada semana, sin agotar el mercado. Hasta había sitio para un semanario de ideología comunista, AIZ, que imprimía en 1930 medio millón de ejemplares a la semana. El número de publicaciones no había dejado de crecer desde el final de la guerra y sólo detuvo su ritmo de crecimiento la crisis económica de 1929. Aún así, en 1931 se editaban en Alemania más de siete mil publicaciones periódicas, tres mil menos que en 1928, pero el doble que en 1923.

Photography was, from its very beginnings, public. From the moment the French Member of Parliament François Arago convinced his colleagues of the interest in declaring common property the rights of the invention, which at that time belonged to Mr. Daguerre. Arago argued that it would serve the necessities of fine arts and science, that in the not too distant future everyone would find a use for the device, as it would become increasingly less expensive, and that learning to use it would be simplified. The Chamber voted in favour of his proposition and a pension was granted to the owner of the mysterious photographs, which were revealed a little later in another public session.

This occurred in the summer of 1839. From that moment on, the secret, the technology, was available to anyone with a little knowledge of chemistry. Arago had behaved in the manner of an eighteenth century visionary. If technology could improve people's quality of life it should be disseminated, and it was unreasonable for such knowledge to remain in the hands of the few.

If photographic technology had not been made public, its history would have been very different. Its dissemination would certainly have been delayed as well, probably, as its technical development. The case is unusual in the history of technology. Even today, technology lies in the hands of its owners, who regulate the use of its secrets with little fear of a modern-day Arago proposing the advantages of it becoming public property.

Quite some time would pass before photography was made public in any other way. Though there were few difficulties in taking photographs, or having them taken, their distribution was limited for technical reasons, as the graphic arts were not yet able to use them in their publications. It was possible to photograph almost anything, but not arrange for the results to be seen. It was the success of the illustrated press late in the last century, and its use of photographs to prepare the prints illustrating its pages, that propelled the research into photo-mechanical processes which would enable the printing of text and photographs on the same page. New and successive technical applications finally permitted the photograph to be incorporated into the communication and information media. Some weeklies possessed the technology necessary to publish photographs in the eighteen nineties, but it was not until the eve of the First World War that a procedure to print text and photographs together, on the same printing press cylinder, would be generally in use. The new technique, named rotogravure, was derived from another method of printing photographs, photo-gravure, which produced reproductions of an excellent quality but was complicated, onerous and incompatible with typography. The lack of economic profitability reduced its use to luxury publications with limited editions, such as certain books and the magazine Camera Work, the last number of which was published in 1917 when its editor, the New York photographer Alfred Stieglitz, could no longer afford its cost. Rotogravure was simpler, more mechanical, compatible with typography and, above all, much more economical. Its use became wide-spread in the nineteen hundreds, but its heyday was the inter-war period, in Germany until 1929, and in the rest of the world throughout the thirties. In the late twenties, magazines such as Berliner Illustrirte Zeitung, Müncher Illustrierte Presse, Die Illustrierte Zeitung, Die Wochenschau, Der Weltspiegel and Kölner Illustrierte Zeitung, almost all created following the First World War, published millions of copies printed in rotogravure every week, and the market consumed them gladly. There was even room for a weekly devoted to Communist ideology, AIZ, with a circulation in 1930 of half a million copies a week. The number of publications had grown continuously since the end of the War and this rate of growth would not decrease until halted by the onset of the economic crisis of 1929. Even then, in 1931, more than seven thousand periodical publications were being edited, three thousand less than in 1928, but double those of 1923.

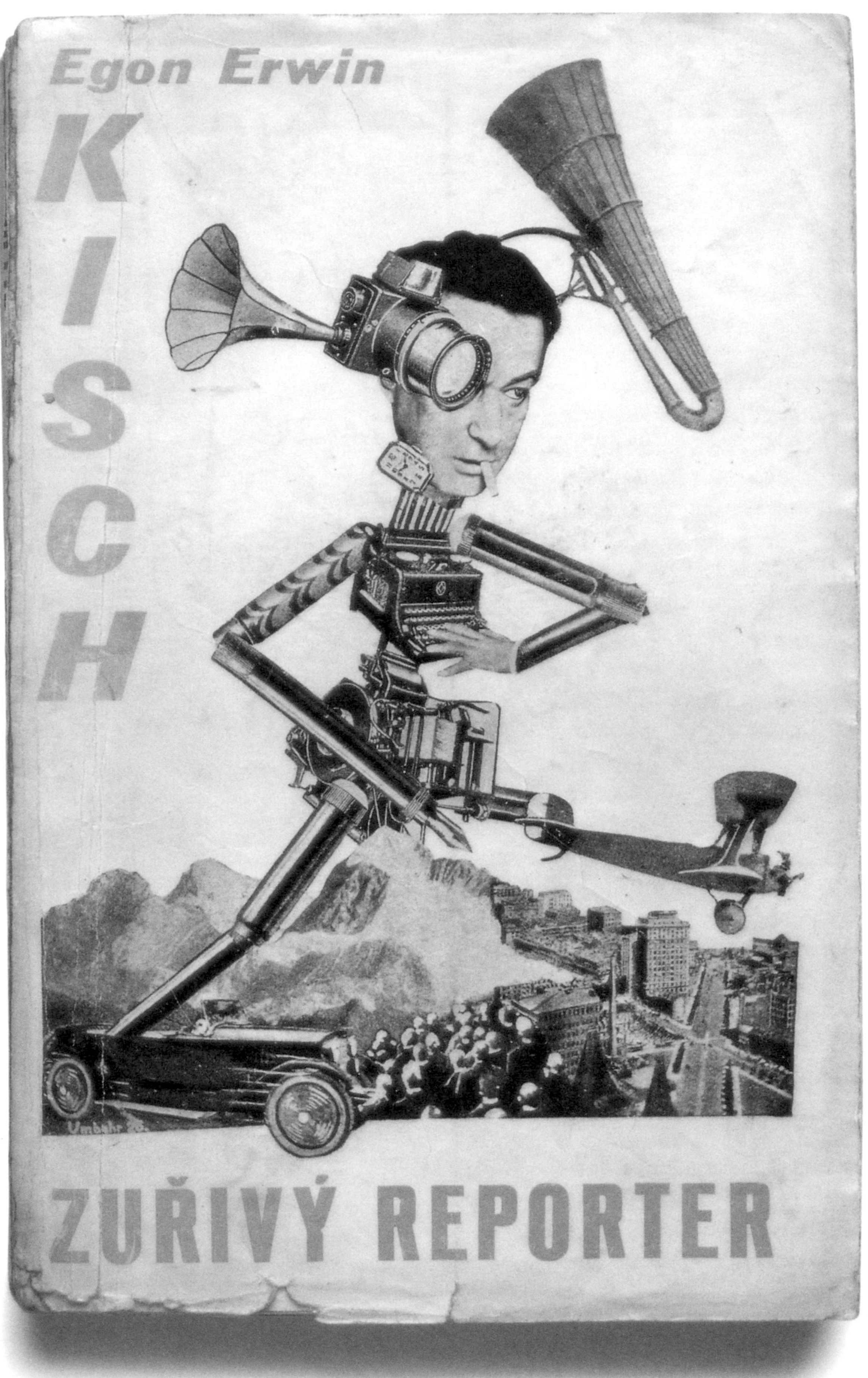

16 — Umbo, collage fotográfico, de Zurivy reporter (El reportero frenético) de Egon Erwin Kisch, Praga 1929, IVAM.
16 — Umbo. Photographic Collage, from Egon Erwin Kisch's Zurivy reporter (The Frantic Reporter), Prague 1929, IVAM.

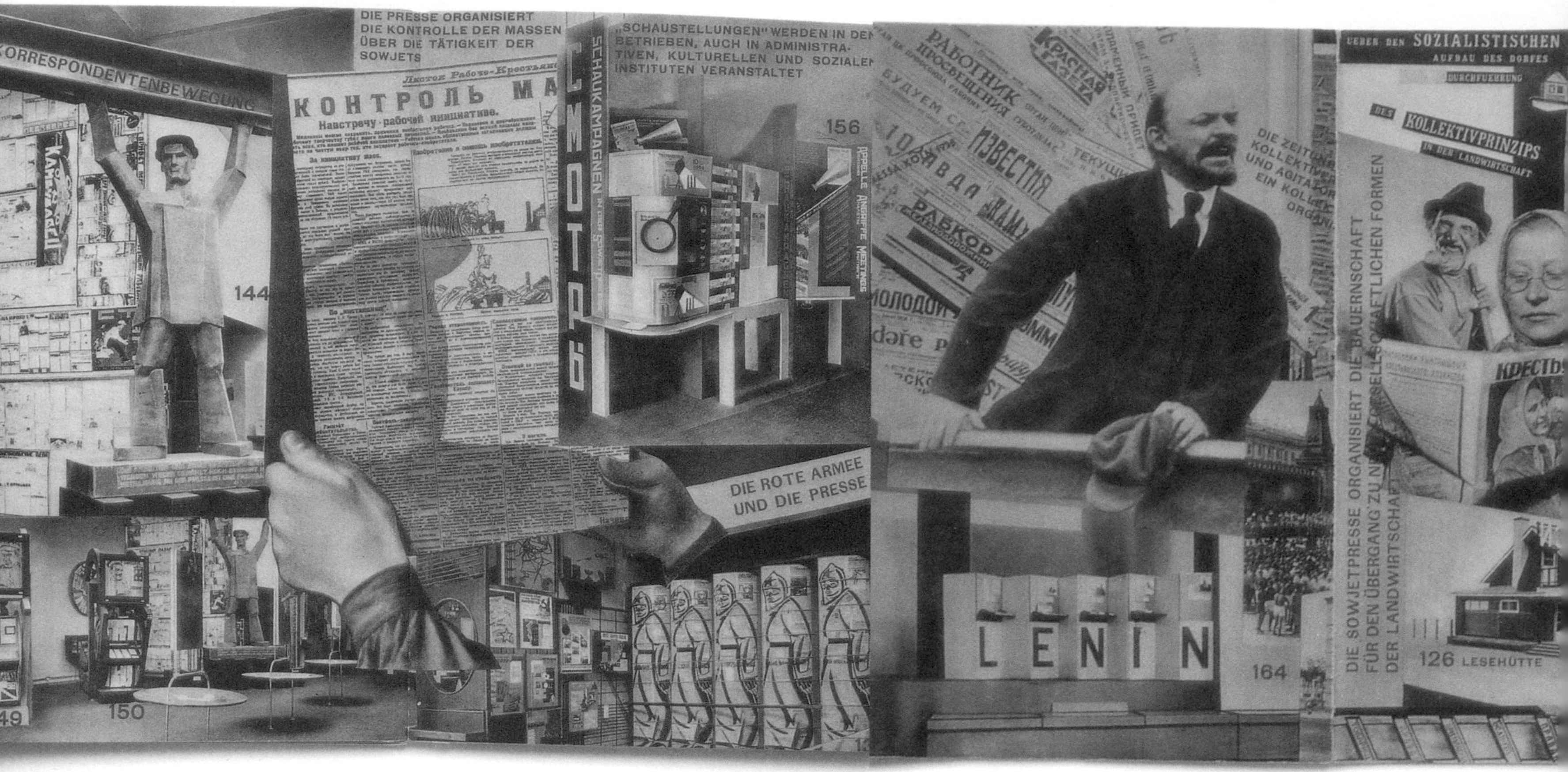

Esta enorme masa de publicaciones editaba todos los días un sin fin de fotografías. La cultura de masas se reducía a los periódicos y las revistas ilustradas, en las que casi todo lo que ocurría era reproducido. En apariencia era un fenómeno positivo, pero tenía inconvenientes: sustituía a la experiencia y obstaculizaba el conocimiento. El ensayista Siegfried Kracauer escribió en 1927 que "en las revistas ilustradas el público ve el mundo cuya percepción obstaculizan las mismas revistas ilustradas". Para Kracauer, las publicaciones habían creado una situación anómala e inédita, una especie de presente eterno, sin memoria ni autoconciencia: "nunca ha habido una época que supiera tan poco de sí misma con alguna certeza". El exceso de información amenazaba con anestesiar la existencia, acostumbrada por las revistas a la experiencia continua de todo tipo de sensaciones, del terror a la dicha, pero siempre ajenas. A pesar de ser necesariamente efímera, la moda, la máscara contemporánea que desecha todo el pasado y siempre tiene algún recambio para sustituirse a sí misma, es lo que mejor se advierte en las imágenes fotográficas. Los totalitarismos se sirvieron, tanto para la conquista del poder como para su mantenimiento en él, de estas perversiones de la información, que no han hecho sino crecer desde entonces.

En los felices años veinte los análisis de Kracauer no eran considerados más que juegos de ingenio de un agorero. El optimismo llenaba la publicidad, tanto para el consumo como para la propaganda política, de rostros tan sonrientes como inconscientes. Tuvo que llegar la Depresión económica para devolver el mundo a la realidad. Durante la década de los treinta no faltaron nuevos aldabonazos a la conciencia, como la conquista del poder en Alemania por los nacionalsocialistas en 1933 o la Guerra Civil en España tres años más tarde, para acabar con el inicio de una nueva Guerra Mundial.

Pero antes de que llegara la Depresión, la edición era un gran negocio que parecía inagotable. Y la publicidad se estaba convirtiendo día a día en otro. La magnitud de este mercado y la confianza en su crecimiento se pusieron de manifiesto en Pressa, una feria de muestras sobre artes gráficas, edición y publicidad celebrada en Colonia en la primavera de 1928. Los organizadores no escatimaron medios: más de cuarenta edificios se utilizaron para mostrar el estado de la industria de la comunicación. A lo largo de tres kilómetros se sucedían las secciones en las que se presentaban los últimos avances en artes gráficas, impresión y publicidad junto a un más que generoso despliegue de todo tipo de publicaciones de veinticuatro países.

Pressa no era una exposición de arte: lo que allí estaba en venta no eran las publicaciones, sino la técnica, las máquinas que habían producido aquella montaña de libros, revistas, carteles, periódicos y folletos, que se exhibían enmarcados como grabados o escalonados detrás de las lunas de las vitrinas.

Hubo una excepción, el pabellón de la Unión Soviética. En él se mostraban los mismos objetos que en las demás secciones, pero de otra manera. Por ejemplo, había un enorme mural que trataba de la función educativa de la prensa y cubría toda una pared con un montaje de fotografías y lemas compuestos con letras de gran tamaño. Seis cintas en continuo movimiento representaban las rotativas de las imprentas y enseñaban periódicos y carteles. Aún había más elementos dinámicos: luces intermitentes, proyecciones y otros elementos, algunos construidos en materiales nuevos. Cada elemento del montaje era al mismo tiempo, como las cintas rotativas, simbólico, informativo y funcional como medio de exposición. La propaganda de la Unión Soviética era uno de los contenidos de aquel espacio, pero no el único.

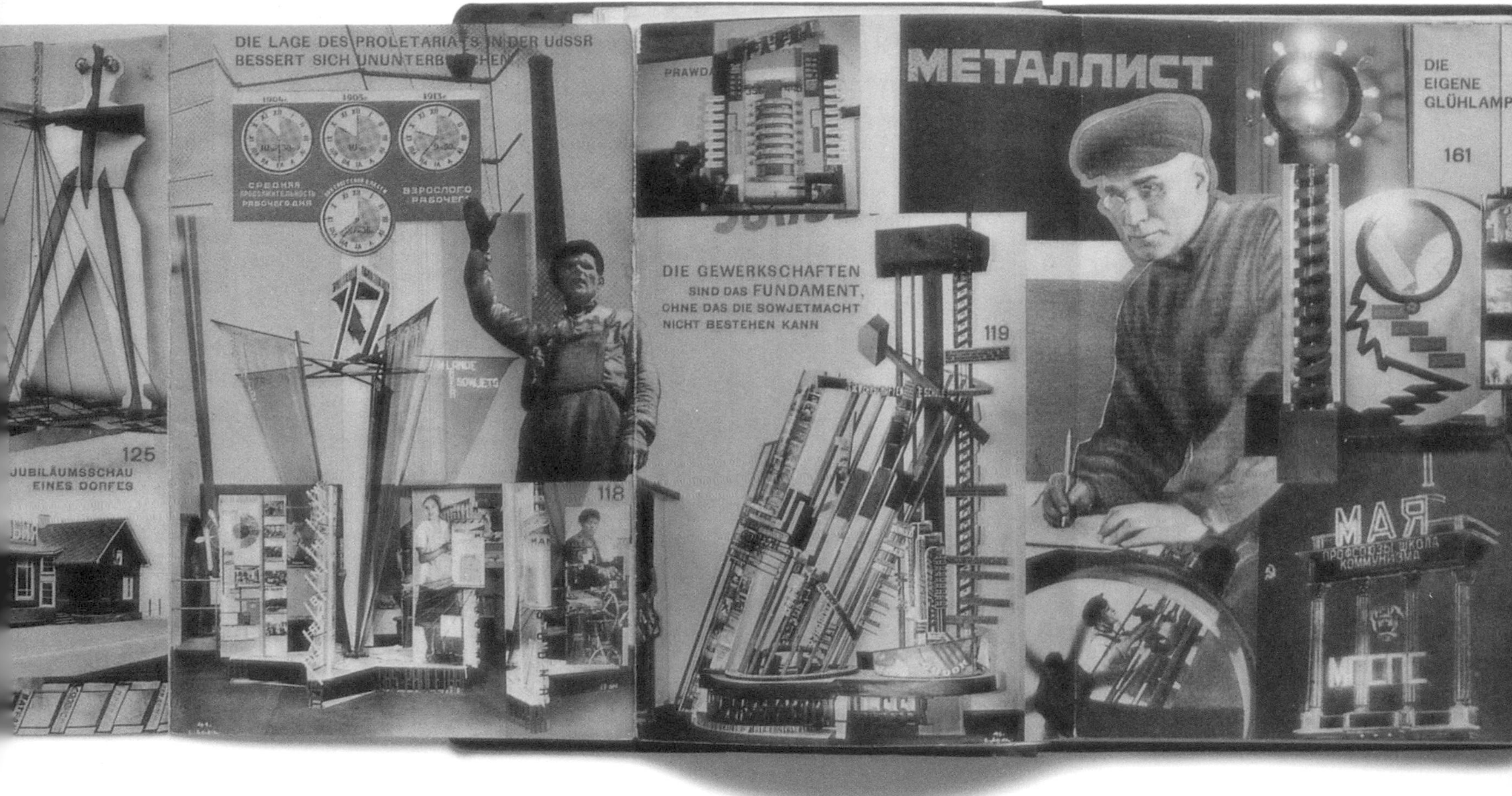

17 — El Lissitzky y Serguei Senkin, fotomontajes, del leporello Pressa Köln. Katalog des Sowjet-Pavillons auf der Internationales Presse-Ausstellung Köln, leporello, M. Dumont-Schanberg, Colonia 1928, IVAM.
17 — El Lissitzky and Sergei Senkin. Photomontages, from leporello Pressa Köln. Katalog des Sowjet-Pavillons auf der Internationales Presse-Ausstellung Köln, M. Dumont-Schanberg, Cologne 1928, IVAM.

This enormous mass of publications edited an endless number of photographs every day. The culture of the masses was reduced to newspapers and illustrated magazines in which almost everything that occurred in the world was reproduced. This was, apparently, a positive phenomenon, but it had its drawbacks, it substituted experience and hindered knowledge. The essayist Siegfried Kracauer wrote, in 1927, that, "In the illustrated magazines, the public sees the world, the perception of which is hampered by the very same illustrated magazines". In Kracauer's opinion the publications had created an anomalous and hitherto unknown situation, a kind of eternal present, with no memory or self-consciousness, "There has never been a time that knew so little about itself with such certainty", he would write. The excess of information threatened to anaesthetise existence, through the insistence of magazines in providing a continuous experience of all kinds of sensations, from terror to happiness, but always experienced by others. Despite being necessarily brief, it is fashion, that contemporaneous mask which sheds the past and never fails to find something new to take its place, which stands out most in photographs. The totalitarians took advantage of these perversions of information, on the increase ever since, both to gain power and then to retain it for themselves.

In the joyful twenties, Kracauer's analyses were considered nothing more than the ingenious games of a fortune-teller. Optimism filled the advertising of both consumer goods and political propaganda, with smiling faces that were as happy as they were oblivious. It would take the onset of the economic Depression before things would return to reality. The decade of the thirties was also not lacking in fresh tests of conscience, such as the coming to power of the National Socialists in Germany in 1933, or the Civil War in Spain three years later, and terminating with the outbreak of yet another World War.

But before the Depression, publishing was a great business that seemed inexhaustible. And with every day that passed, advertising was becoming another. The enormity of this market and the confidence in its growth were demonstrated in Pressa, a trade show dedicated to graphic arts, publishing and advertising, held in Cologne in the spring of 1928. The organisers did not skimp on the resources, employing more than forty buildings to exhibit the state of the communications industry. One section after another, along a stretch of three kilometres, demonstrated the latest advances in graphic arts, printing and advertising, together with a more than generous display of all kinds of publications from twenty-four different countries.

Pressa was not an art exhibition. It was not the publications that were on sale there, but the technology, the machines on which the piles of books, magazines, posters, newspapers and pamphlets, with their examples exhibited in frames, like engravings, or in stacks in window displays, had been produced.

There was one exception, the Soviet Union pavilion. They exhibited the same objects as the other sections, but in a different way. There was, for example, an enormous mural dedicated to the educational role of the press, which covered an entire wall with a montage of photographs and slogans made up of huge letters. Six belts in continuous motion represented printing presses and bore examples of newspapers and posters. And there were even more dynamic novelties: flashing lights, projections and other elements, some made of new materials. Each piece of the design was, at the same time and like the rotating belts, symbolical, informative and functional as a means of exhibition. Soviet Union propaganda was one of the contents of the space, but not the only one.

ALONES FANTASIA
desde $12.00
HNOS., Madero y Palma.

BOLSA DE HIELO

ión de una bolsa con hielo es
corriente en la práctica dia-
e elemento ha pasado a ser
le en los botiquines caseros.
, muchas personas desconocen
era correcta de utilizarla, y
, en lugar de obtener bene-
u aplicación, resultan seria-
dicadas.
de la piel, por congelación,
cirse, el accidente temible del
nte que puede y debe evitar-
do con algunas indicaciones

plicar una bolsa de hielo de-
a parte de piel sobre la cual
espolvoreándola bien con tal-
ndo sobre ella un pedazo de
e paño de dimensiones sufi-
cubrir extensamente la su-
rma.
onces debe colocarse la bolsa.
ón debe ser permanente, pero
vigilar de tiempo en tiempo
la piel, para suspender su ac-
r signo de alarma, pues pue-
ue, a pesar de la franela in-
tre ella y la bolsa, se produz-
ción peligrosa.
ignos ponen sobreaviso: en
el "enrojecimiento extrema-
enso" de toda la región, luego
derable, apreciable por el tac-
el endurecimiento de la piel
no helada.
do más avanzado, la piel en
color rojo intenso presenta
nco marmóreo, que viene a se-
iado tarde ya, el enfriamiento
ón, y que anticipa la apari-
a de una cáscara que, al eli-
jará una llaga de curación

médicos aconsejan aplicar la
lo con intervalos de descan-
tiempo así a que la piel reac-
ción del frío. Cada tres horas
permanente se aconseja sus-
hora.
cipio general, debe recordar-
e nunca se aplicará la bolsa
e sobre la piel y que ésta de-
r seca, pues la humedad con-
congelación de los tejidos por

ICIDAD TARDIA

ba yo solo y triste,
ndo mi honda pena
omo un hada buena,
ní te apareciste.

copa vaciar supiste
sado que envenena,
otra más llena
de amor me ofreciste.

, al ver que ya ha pasado
juventud florida
tiempo malgastado,

que te adoro, mi vida,
on el alma herida:
é tarde te he encontrado!

Juan B. UBAGO

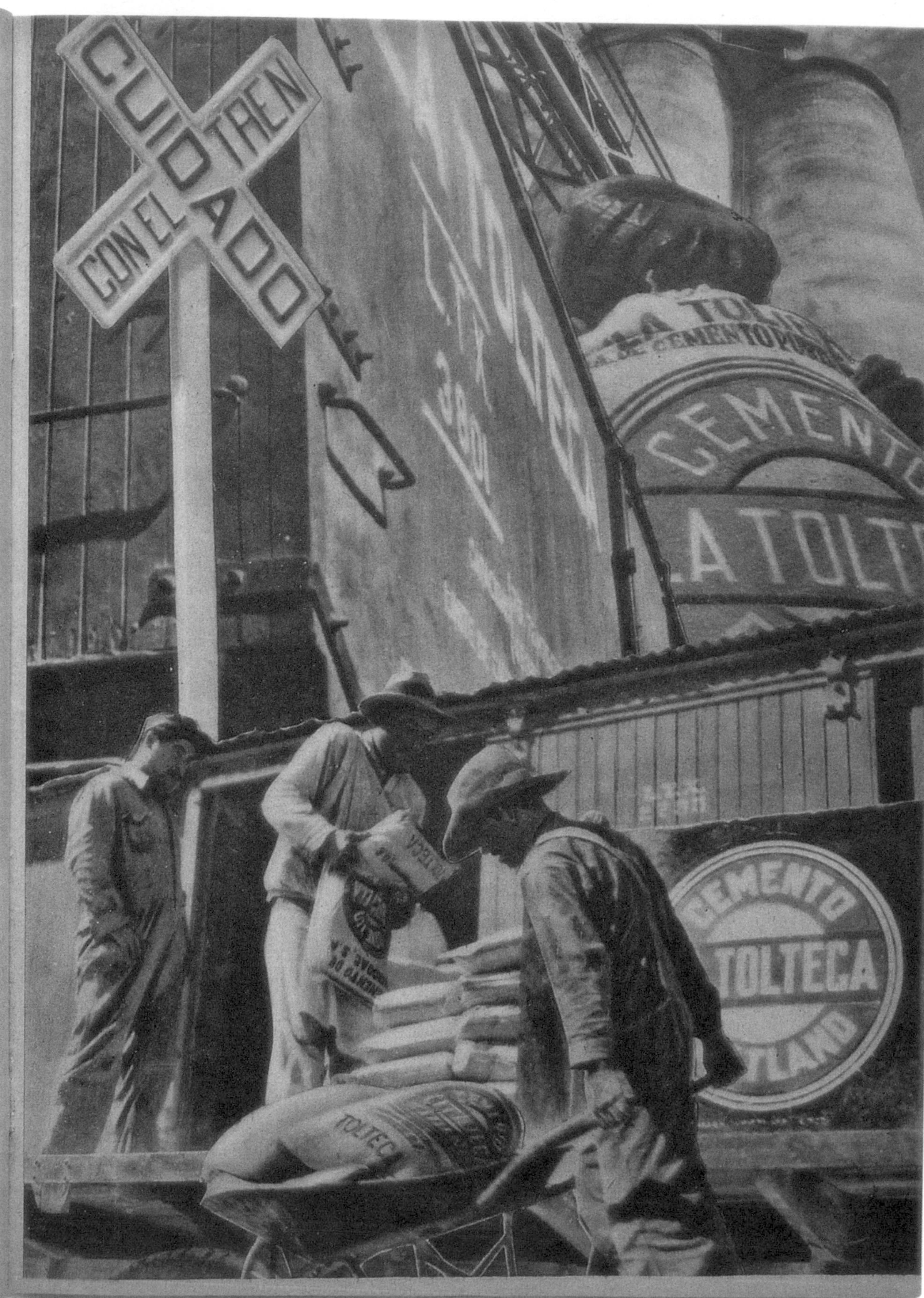

18 — Agustín Jiménez, fotomontaje, de El Universal Ilustrado 817 (5 de enero 1933), colección particular.
18 — Agustín Jiménez. Photomontage, from El Universal Ilustrado 817 (5 January 1933). Private collection.

Los autores del pabellón soviético en Pressa formaban una 'brigada de artistas' en la que se encontraban, entre otros, Nicolai Prusakov, Serguei Senkin, Gustav Klucis y El Lissitzky, quien dirigió el trabajo colectivo, premiado con la asistencia multitudinaria de visitantes y elogios en los artículos que trataban de la feria. Casi todos ellos comparaban la ventaja que el pabellón soviético llevaba a los demás. El tipógrafo Jan Tschichold escribió en 1931 que "en lugar de una aburrida sucesión de obras enmarcadas, conteniendo pesadas estadísticas, [Lissitzky] había producido un diseño nuevo y puramente visual de la exposición y sus contenidos", que parecía "un escenario en el que los visitantes podían reconocerse como actores".

Los visitantes no tenían que hacer grandes esfuerzos para representar el papel que debían desempeñar. Tanto daba que simpatizaran o no con la Unión Soviética. Para el habitante de una ciudad no era complicado adaptarse al espacio diseñado por Lissitzky. El contenido (las publicaciones expuestas) podía resultarle más o menos sorprendente o exótico, pero a la forma en que se mostraba ya estaba acostumbrado. Las máquinas, las fotografías, la tipografía de los anuncios publicitarios y las consignas políticas, los letreros luminosos, las proyecciones cinematográficas o los escaparates de los grandes almacenes formaban parte de la experiencia cotidiana en cualquier ciudad de mediano tamaño. Lo que era inédito era encontrarse aquello en un espacio de exposición. Su originalidad no se debía a un capricho: la ciudad era precisamente el lugar donde podían encontrarse las publicaciones que se mostraban en Pressa. Lo que sí era extravagante era la forma en que se exponía en los demás pabellones, con las publicaciones fuera de su contexto.

El trabajo de Lissitzky y su 'brigada de artistas' en aquella feria de muestras, tan comercial y profesional como una exposición de maquinaria agrícola, fue uno de los encuentros entre la industria y el arte moderno en los años de entreguerras. La industria poseía la técnica, pero necesitaba ayuda para saber qué demonios era lo moderno. Una firma de artes gráficas, Pelikan, había encargado en 1924 su publicidad a Lissitzky, quien compuso los anuncios con técnicas fotográficas como el montaje o el fotograma. Desde mediados de los años veinte Piet Zwart realizó algunos de sus trabajos más experimentales para una fábrica de cables, Nederlandsche Kabel Fabrik, y para el servicio de comunicaciones holandés, PTT. Paul Schuitema trabajaba en la época de Pressa para P. Berkel, una industria de Rotterdam que fabricaba básculas y máquinas cortadoras. La lista sería bastante larga: Max Burchartz tuvo entre sus clientes a la industria ferroviaria y de electrodomésticos, Agustín Jiménez hizo fotomontajes para una fábrica de cementos mexicana, al igual que Ibuka Akira para la empresa de cosméticos japonesa Shiseido, Charles Sheeler convirtió las factorías Ford en catedrales de la técnica, fotografías formalistas de André Kertész se utilizaron en la publicidad de una marca de cubiertos de mesa, Victor Keppler fotografió puestas en escena para una marca de tabaco, Josep Sala hizo composiciones geométricas para una joyería barcelonesa, Herbert Bayer trabajó para la industria de la confección, Ladislav Sutnar para una cooperativa, Xanti Schawinsky para una fábrica de máquinas de escribir, Herbert Matter para la Oficina suiza de turismo... Y los rusos, que no podían tener más patrón que el Estado, un generoso mecenas mientras se le obedeciera sin rechistar.

La teoría del nuevo diseño gráfico y publicitario, fue desarrollada, entre otros, por László Moholy-Nagy, el checo Karel Teige y, sobre todo, Jan Tschichold, quien publicó en 1928 el primer manual de referencia, Die neue Typographie. Para Tschichold, el nuevo diseño tipográfico tenía que hacer tabula rasa de toda la tradición tipográfica del pasado, es decir, debía ser ahistórica, además de técnica, funcional, universal y económica. Para la imagen, la nueva tipografía disponía del concepto de tipo-foto, que ya era de uso corriente en 1928.

The authors of the Soviet pavilion in Pressa formed an "artists' brigade", among whose members could be found Nicolai Prusakov, Sergei Senkin, Gustav Klutsis and El Lissitzky, who directed the collective work of the group. The "artists brigades" work was rewarded by the multitudinarious attendance of visitors to the pavilion and praise in the articles written about the show, almost all of which reflected how advanced the Soviet pavilion was in comparison to the rest. The typographer Jan Tschichold wrote, in 1931, that, "Instead of a boring succession of framed works containing heavy statistics, [Lissitzky] had produced a new and purely visual design of the exhibition and its contents", which seemed, "a scenario in which the visitors could recog nise themselves as actors".

The visitors did not have to make a great effort to play the role that they had been allocated. It was unimportant whether they sympathised with the Soviet Union or not, a city dweller found no complications in adapting to the space designed by Lissitzky. The content (the publications on display) could be more or less surprising or exotic, but the visitor was already accustomed to the way it was displayed. The ma chines, the photographs, the typography used in advertisements and political pamphlets, the illuminated billboards, cinema projections and department-store windows were now an everyday experience in any medium-sized city. The novelty lay in finding all this in an exhibition. But this originality was not due to a simple whim, the city was precisely the place where the publications exhibited in Pressa were to be found. The extravagance lay in the way these publications had been displayed, entirely out of context, in the other pavilions.

The work of Lissitzky and his "artists' brigade", in a trade fair as commercial and professional as an agricultural show, was one of the legendary encounters of industry and modern art of the inter-war years. Industry possessed the technology, but needed help to know what on earth was modern. Earlier, in 1924, the graphic arts firm Pelikan had commissioned their advertising to Lissitzky, who composed their advertisements using photographic techniques such as montage and photograms. From the mid-twenties, Piet Zwart produced some of his most experimental works for the cable company Nederlandsche Kabel Fabrik, and for the Dutch communications service, PTT. At the time of Pressa, Paul Schuitema was working for P. Berkel, a company that manufactured scales and cutting machines. The list could be rather long: Max Burchartz counted the electrical goods and railway industries among his clients, Agustín Jiménez produced photomontages for a Mexican cement factory, and Ibuka Akira did the same for the Japanese cosmetics company Shiseido. Charles Sheeler converted the Ford factories into cathedrals of technology, Formalist photographs by André Kertész were employed in the advertising for a make of cutlery, Victor Keppler photographed stagings for a brand of tobacco, Josep Sala produced geometric compositions for a Barcelona jeweller, Herbert Bayer worked for the dressmaking industry, Ladislav Sutnar for a co-operative, Xanti Schawinsky for a typewriter factory, Herbert Matter for the Swiss Tourist Office, and so on. Missing from the list are the Russians, who could have no other patron than the State, a generous Maecenas while obeyed without challenge.

The theory of the new graphic and advertising design was developed, among others, by László Moholy-Nagy, the Czech Karel Teige and, above all, by Jan Tschichold who, in 1928, published the first reference manual, Die neue Typografie. As far as Tschichold was concerned, the new typographic design had to make a clean sweep of hitherto typographical tradition and be ahistorical, as well as technical, functional, universal and economical. As for images, the new typography possessed the concept of typo-photo, already widely in use by 1928.

Typo-photo was the name given to the application of technology to graphic design. All images had to be photographs, and all text typo-

Tipo-foto era el nombre dado a la aplicación al diseño gráfico de la técnica: todas las imágenes debían ser fotográficas y todos los textos tipográficos, es decir, sin permitirse el uso de la ilustración o la rotulación. Para Moholy-Nagy, la tipo-foto era "la representación visual representada con la máxima exactitud" y Karel Teige la explicaba como el "aprovechamiento de todas las posibilidades ofrecidas por los descubrimientos técnicos del pasado o del futuro".

Las fronteras entre la alta cultura y la cultura vulgar nunca habían sido cruzadas, en uno y otro sentido, con tanta frecuencia como en los años de entreguerras. Algunos centros de enseñanza artística, como la Bauhaus o la Academia de La Haya, tenían en sus programas la publicidad y el diseño gráfico, que también disponía de numerosas publicaciones: Advertising Arts y PM Magazine en Nueva York, Publicité en París, Gebrauchsgraphik y Die Form en Berlín, Kokoku-kai en Tokio, Brigada judozhnikov en Moscú, Art & Industry, Commercial Art y Modern Publicity en Londres, y La publicità – l'ufficio moderno en Milán. Todas ellas eran internacionales.

Si ya es difícil justificar con algo más que con lugares de nacimiento la existencia de escuelas nacionales en bellas artes, más aún lo es en la nueva fotografía y el diseño de la época de entreguerras. Los artistas hicieron sus imágenes con procedimientos comunes que aplicaron por igual, se encontraran donde se encontraran. Las variantes de las fotografías no tienen su explicación en la nacionalidad de los fotógrafos, sino en sus diferentes miradas, que, ellas sí, determinan las fotografías tomadas. Por sí misma, la mirada es un medio artístico que puede estar más o menos educado en función del entrenamiento al que haya sido sometido.

No obstante, hay quien cree, como demuestran los catálogos de las bibliotecas, que hubo escuelas nacionales de fotografía y diseño moderno. Los hechos indican algo muy diferente. La nueva fotografía fue el estilo internacional en fotografía, una modernidad que no cabía bajo etiquetas nacionales ni dependía de fronteras, aunque no fuera independiente de los acontecimientos políticos, sobre todo en la década de los treinta. Basta con observar para convencerse de ello los orígenes de muchos de los fotógrafos y diseñadores que trabajaron en París en los años de entreguerras. Eli Lotar, desde 1923 en París, era rumano; François Kollar, que llegó en 1924, eslovaco; Philippe Halsmann, letón, emigró en 1931; Moï Ver, lituano, lo hizo en 1928; Chim, polaco, en 1933; y Jaroslav Rössler, checo, vivió en París entre 1927 y 1935. De origen austriaco eran las fotógrafas D'Ora, que se instaló en París en 1924, Ylla, que lo hizo en 1931, y Lisette Model, en Francia a partir de 1933. Nacieron en Rusia George Hoyningen-Huene, en París en 1920-29, Alexander Liberman, a partir de 1921, y Alexey Brodovitch, que dejó París en 1930. Entre los norteamericanos se encuentran Berenice Abbot, residente en París entre 1921 y 1929, Paul Outerbridge, entre 1925 y 1929, Walker Evans, entre 1926 y 1927, y Man Ray, desde 1921. De Alemania era Germaine Krull, en París desde 1926, así como Ilse Bing y Horst P. Horst, que llegaron en 1930. Tres años más tarde se refugiaron en París huyendo de la nueva Alemania nacionalsocialista Gisèle Freund, Hans Namuth, Georg Reissner y Gerda Taro. Hans Bellmer, también alemán, llegó en 1936. Finalmente, de origen húngaro fueron otros muchos fotógrafos: en 1923 emigró a París Ergy Landau, al año siguiente Brassaï, seguido en 1925 por André Kertész, Rogi André y Nora Dumas; Lucien Aigner y Emeric Feher se establecieron en 1926 y al año siguiente lo hizo André Steiner. Y en Budapest nació Robert Capa, quien tuvo como base de operaciones la capital de Francia entre 1933 y 1939.

También estuvo en París Mehemed Fehny Agha, un egipcio educado en Europa que había emigrado a Estados Unidos después de haber sido director de arte de revistas en París y Berlín. En 1930 vivía en Nueva York, dedicado como siempre a la dirección de arte y a la

graphical, in other words, the use of illustration or painting was forbidden. In Moholy-Nay's opinion, typo-photo was, "The visual representation, represented with the maximum exactness", and Karel Teige explained it as the, "Exploitation of all of the possibilities offered by the technological discoveries of the past or future".

The lines between higher culture and popular culture had never before been crossed, in one direction and the other, with such frequency as in the years between the wars. Some art schools, such as the Bauhaus, or the Academy in The Hague, included advertising and graphic design in their programmes, and these subjects were to be found in numerous magazines: Arts Advertising, and PM Magazine in New York, Publicité in Paris, Gebrauchsgraphik and Die Form in Berlin, Kokoku-kai in Tokyo, Brigada khudozhnikov in Moscow, Art & Industry, Commercial Art, and Modern Publicity in London, and La publicità-l'ufficio moderno in Milan. All were international.

If it is already difficult enough to justify, with little more than the artists' place of birth, schools of painting belonging to one nation or another, it will be even more difficult to do so in the case of the new photography and design of the inter-war years. The artists produced their images using the same procedures, which they applied equally, wherever they were. Variations in the photographs cannot be explained by the nationality of the photographers, but rather for their differences of vision, the real determining factor in the taking of the photograph. Vision is, in itself, an artistic medium that may be more or less enlightened, depending upon the training it has undergone.

Nonetheless, there are those who believe, as the library catalogues demonstrate, that these national schools of photography and modern design exist. The facts, however, demonstrate the contrary. The new photography was international style in photography, a modernity too huge for national labels or borders, though not independent from political events, above all during the thirties. If more evidence of this were necessary, a revision of the origins of some of the photographers and designers working in Paris between the Wars should suffice: Eli Lotar, in Paris from 1923, was Rumanian; François Kollar, who arrived in 1924, was Slovak; Philippe Halsmann, from Latvia, arrived in 1931; Moï Ver, a Lithuanian, in 1928; Chim, Polish, in 1933; and Jaroslav Rössler, a Czech, lived in Paris from 1927 to 1935. Austrian arrivals in Paris included the photographers D'Ora, who established herself there in 1924, Ylla, who did so in 1931, and Lisette Model, in France from 1933. Of Russian origin were George Hoyningen-Huene, who lived in Paris from 1920 to 1929, Alexander Liberman, from 1921, and Alexey Brodovitch, who left Paris in 1930. Among the North Americans were to be found Berenice Abbot, resident in Paris between 1921 and 1929, Paul Outerbridge, between 1925 and 1929, Walker Evans, between 1926 and 1927, and Man Ray, from 1921. Germaine Krull, in Paris from 1926, was from Germany, as were Ilse Bing and Horst P. Horst, who arrived in 1930. Three years later Paris would be the destination of those fleeing from the new National Socialist Germany, who included Gisèle Freund, Hans Namuth, Georg Reissner and Gerda Taro. Hans Bellmer, also German, arrived in 1936. Finally, there were many photographers of Hungarian origin: Ergy Landau emigrated to Paris in 1923 and Brassaï did so a year later, followed in 1925 by André Kertész, Rogi André and Nora Dumas; Lucien Aigner and Emeric Feher settled there in 1926, and so did André Steiner the following year. Budapest was the birthplace of Robert Capa, who used the capital city of France as his base of operations from 1933 to 1939.

Also in Paris at the time was an Egyptian named Mehemed Fehny Agha, who was raised in Europe but had emigrated to the United States, after having been art editor of magazines in Paris and Berlin. While living in New York in 1930 and dedicated, as always, to the publishing of art and advertising, he wrote an article in the New York maga-

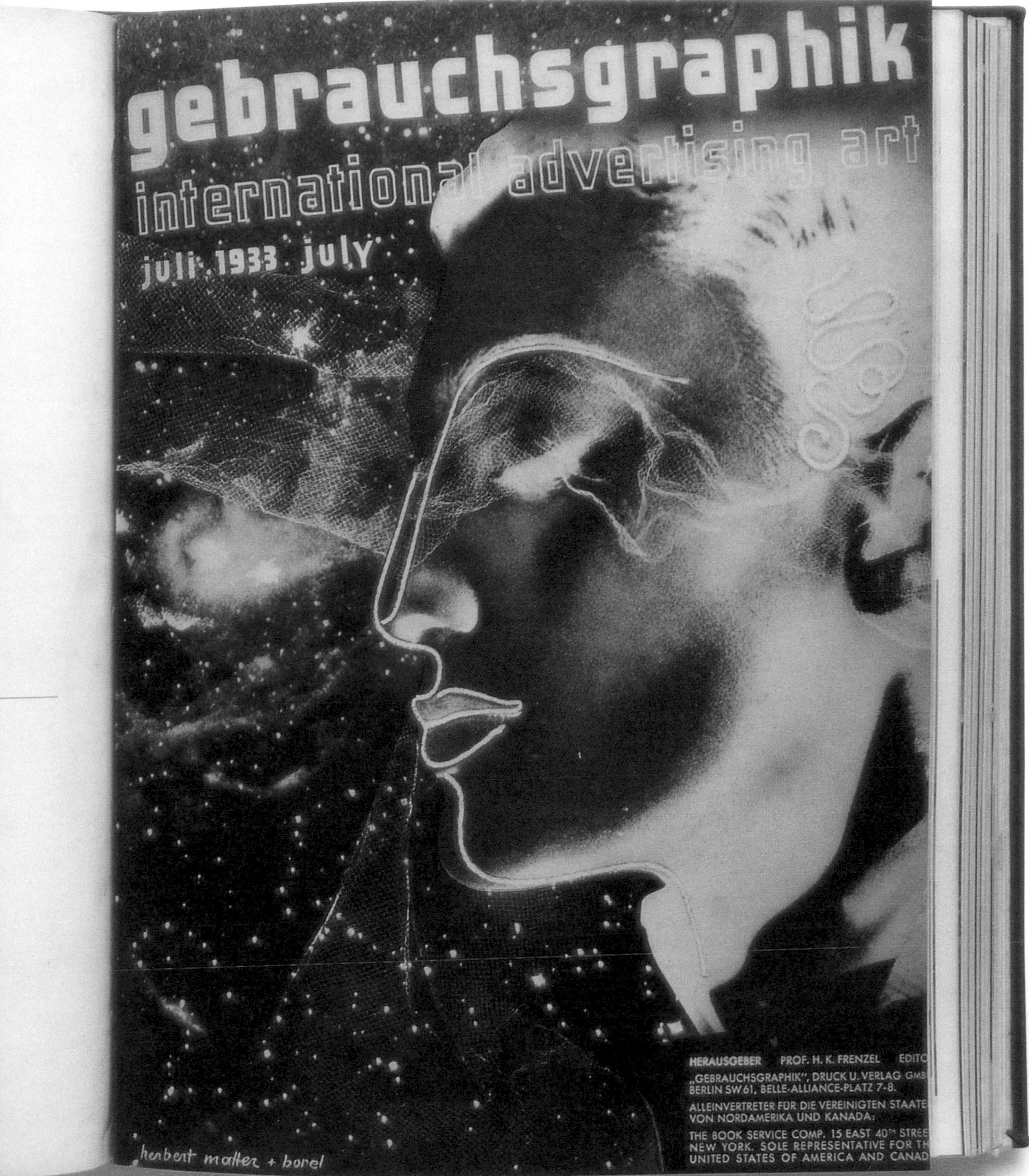

19 — Herbert Matter, fotomontaje, de Gebrauchsgraphik vol. 10, 7 (julio 1933), colección particular.
19 — Herbert Matter. Photomontage, from Gebrauchsgraphik vol. 10, 7 (July 1933). Private collection

Advertisement

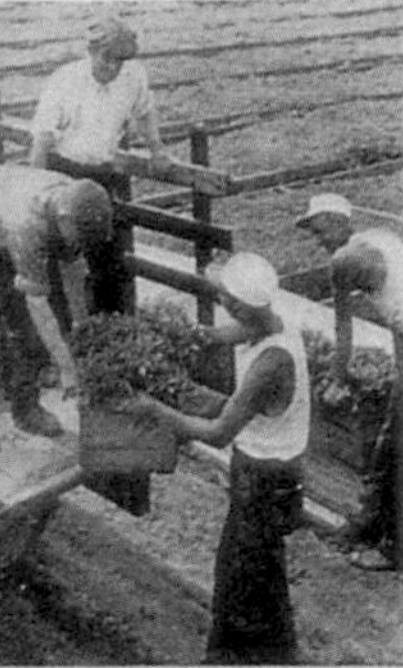

plants that are to bear the famous
ready for transplanting Only the
y looking sprouts are chosen for this
Above, Heinz farmers loading choice
their journey to the open fields.

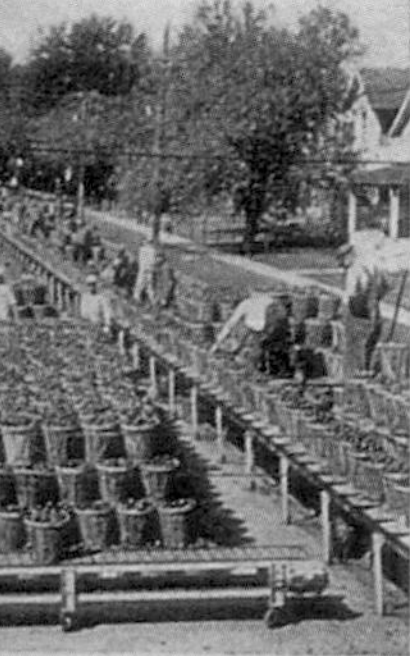

l-ripe from tip to stem—to near-by
efore the sun has reached its merid-
omatoes have been weighed, inspected,
washing, peeling, pressing, cooking.
, thoroughly mature, blemish-free.

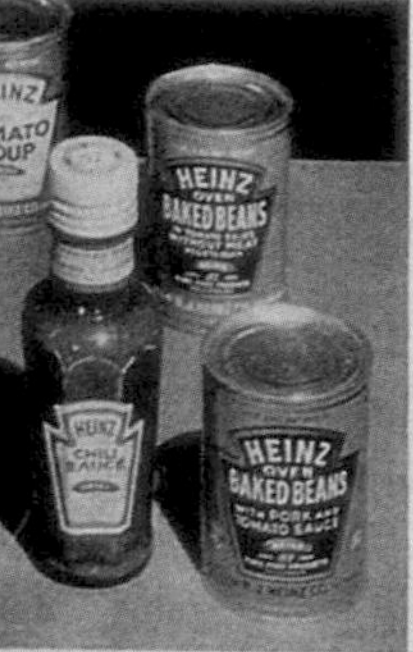

roducts made from the Aristocrat
. 2. Heinz tomato ketchup, world's
auce. 4. Heinz home-style cream of
l spaghetti (with tomato sauce and
ked beans in tomato sauce with and
r grocer's. Order a supply today!

LIFE

VOL. 2 NO. 7

FEB. 15, 1937

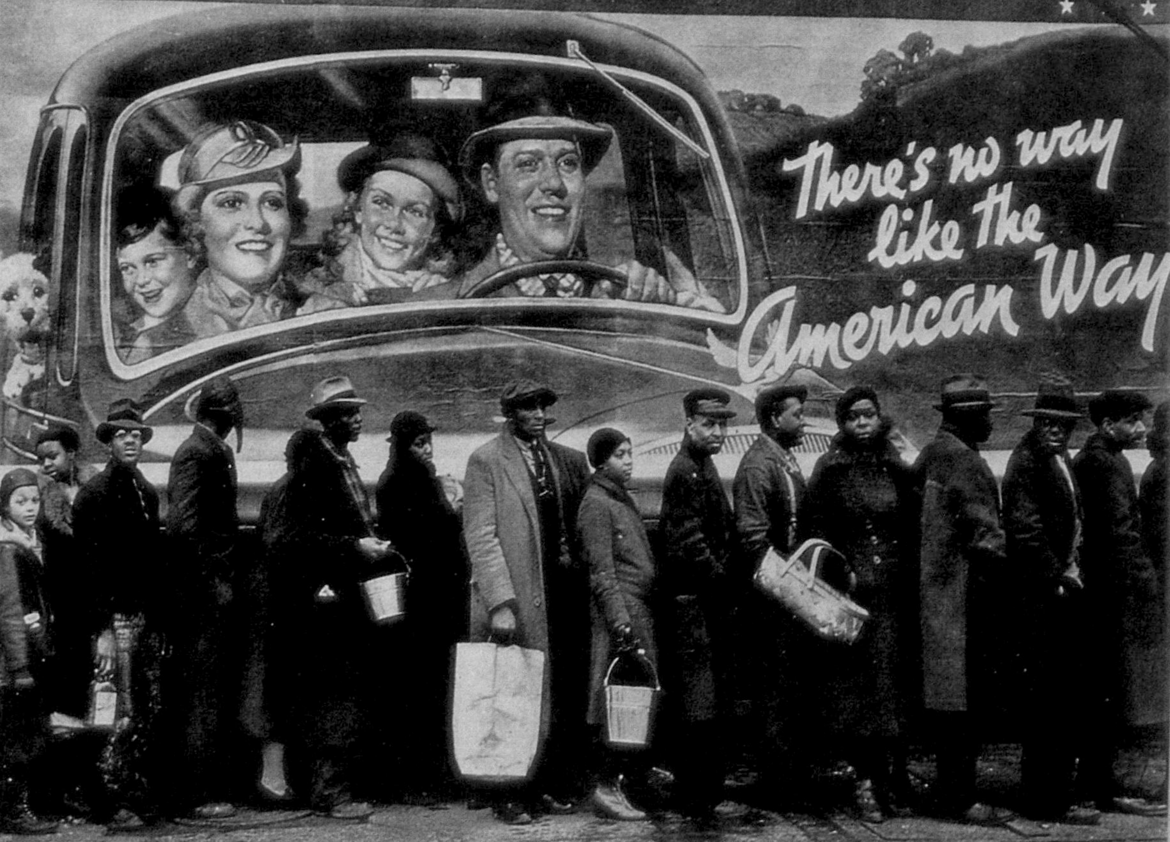

THE FLOOD LEAVES ITS VICTIMS ON THE BREAD LINE

FOOT by foot the Ohio Valley reappeared, as the Great Flood passed on down the Mississippi. Impatient refugees waded back to homes still sloshing in water. Clean-up crews worked day and night to remove the debris which made a ghastly mess of every street. Throughout the floodlands there were some 400 dead, but except for pneumonia and influenza there was little sickness, no epidemics.

The one flood problem which did not abate was that of relief. The water had cut off not only shelter but food and income. Lines formed outside each overworked relief agency. People came with baskets, bags, pails, or merely empty hands and hungry stomachs. Some of them, residents of the completely inundated Negro quarter of Louisville, appear in the picture above. They are inching past a sign erected before the flood as part of a propaganda campaign of the National Association of Manufacturers.

For the time being the Red Cross was bearing the brunt of relief. But soon most of the cost of relief and rehabilitation would shift back to the Government. It was going to take a lot of money to restore the American standard of living in the cities and towns of the Ohio Valley.

Page 9 LIFE Feb. 15

20 — Margaret Bourke-White, fotografía, de Life vol. 2, 7 (15 de febrero 1937), colección particular.
20 — Margaret Bourke-White. Photography, from Life vol. 2, 7 (15 February 1937). Private collection.

publicidad. En una revista neoyorquina, Advertising Arts, publicó un artículo titulado "¿Qué hace que una revista sea moderna?", en el que no podía evitar dar una descripción de lo moderno: "teorías vagabundas inventadas por españoles en Francia y exportadas a Alemania vía Rusia, devueltas a Francia vía Holanda y Suiza, para acabar en Dessau y ser enseñadas por profesores húngaros a estudiantes japoneses".

Horacio Fernández
Comisario

zine, Advertising Arts, entitled, "What makes a magazine modern?" He could not help but include a description of what, in his opinion, was modern: "Rambling theories, invented by Spaniards in France and exported to Germany by way of Russia, returned to France via Holland and Switzerland, to end up in Dessau being taught by Hungarian teachers to Japanese students".

Horacio Fernández
Curator

DOBLE PÁGINA SIGUIENTE NEXT DOUBLE PAGE
21 — P. Galadzhev, fotomontaje, de Odna minuta. 1.000 epizodov. 10.000 lits. 100.000 kilometrov (Un minuto. 1.000 episodios. 10.000 rostros. 100.000 kilómetros) de W. Groess, Sklad, Moscú 1922-23, Colección Lustig Cohen.
22 — Diseñador gráfico desconocido, fotomontaje, de A Picture of America. The Photostory of America - as it is - and as it migth be, de Charles Cross, Simon and Schuster, Nueva York 1932, colección privada.
21 — P. Galadzhev, Photomontage. From W. Groess's Odna minuta. 1.000 epizodov. 10.000 lits. 100.000 kilometrov (One minute. 1.000 episodes. 10.000 faces. 100.000 kilometres). Sklad, Moscow 1922-23. Lustig Cohen Collection.
22 — Unknown Graphic Designer, Photomontage. From Charles Cross's A Picture of America. The Photostory of America - as it is - and as it migth be, Simon and Schuster, New York 1932. Private collection.

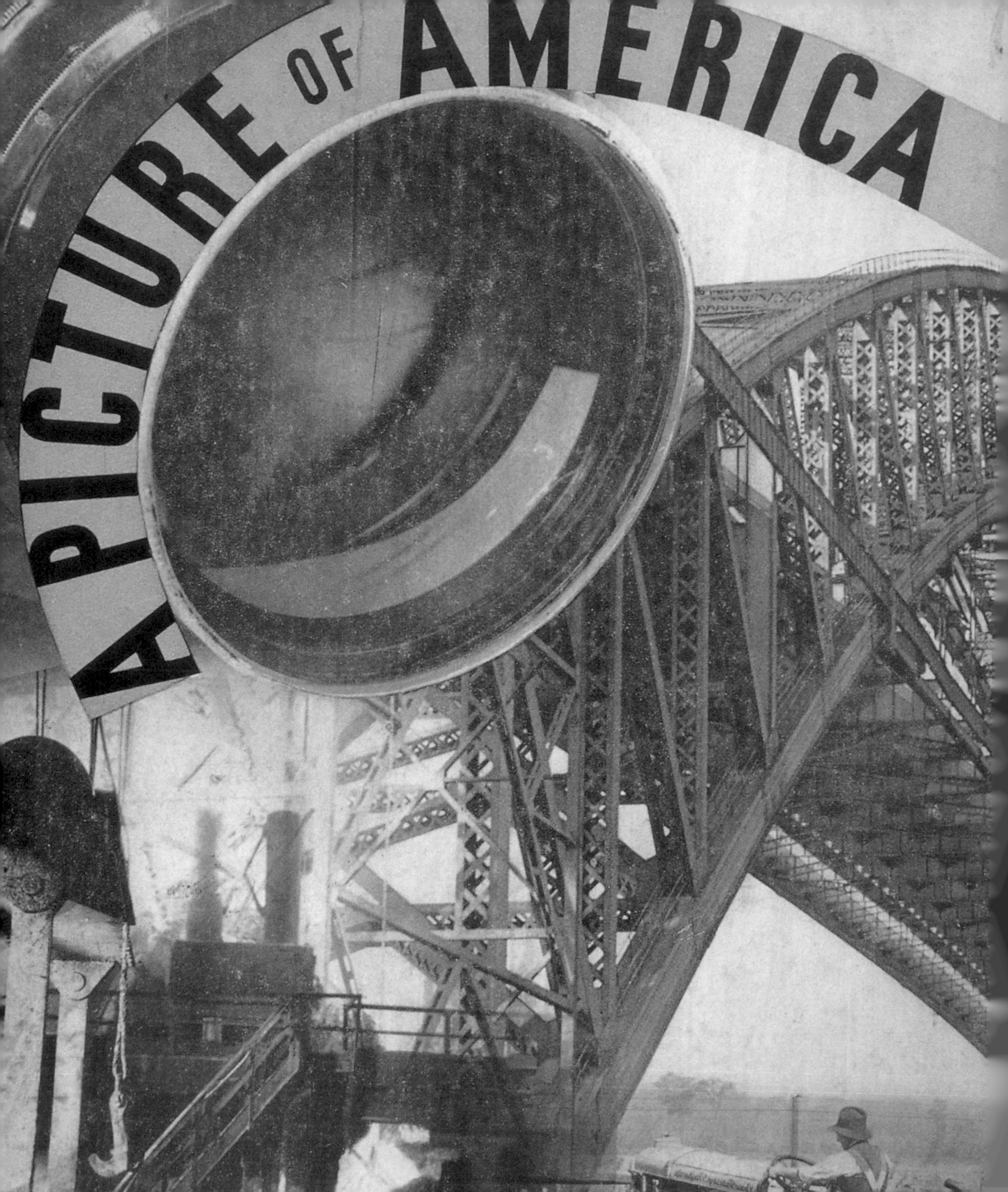
A PICTURE OF AMERICA

A–Z

Photography in Print

Fotografía Pública

BERENICE ABBOTT 1898 — 1992

FOTÓGRAFA. Entre 1918 y 1921 estudió escultura en Nueva York. Desde ese año vivió en Berlín y París, en donde acudió a los talleres de los escultores Antoine Bourdelle y Constantin Brancusi. Entre 1923-25 fue asistente de **Man Ray** y comenzó a hacer fotografías. A partir de entonces montó su propio estudio fotográfico y empezó una serie de retratos de escritores y pintores, que publicó en **Photographie** y **Variétés**. A través de Man Ray conoció en 1925 a Eugène **Atget**, a quien visitó y fotografió. Al fallecer Atget en 1927, Abbot adquirió con la ayuda del galerista Julien Lévy una parte de sus fotografías, que en 1929 llevó de vuelta a Estados Unidos. En Nueva York abrió un estudio de retrato y preparó un foto-libro urbano a la manera de Atget, libro que publicaría en 1939. Expuso sus fotos urbanas en 1934 (Julien Lévy Gallery) y 1935 y 1937 (Museum of the City of New York). Desde 1935 dio clases en la New School for Social Research. También publicó sus fotografías en revistas como **Fortune** o **Life**.

► B. Abbot, Changing New York, Nueva York 1939; Berenice Abbot Photographs, Nueva York 1970; H. O'Neal, Berenice Abbot American Photographer, Nueva York 1982.

PHOTOGRAPHER. Berenice Abbot studied sculpture in New York between 1918 and 1921, and from then on lived between Berlin and Paris, where she assisted at the studios of sculptors Antoine Bourdelle and Constantin Brancusi. During 1923-5 she worked as assistant to **Man Ray** and started taking photographs. She then set up her own photographic studio and began a series of portraits of writers and painters, which were published in **Photographie** and **Variétés**. Through Man Ray, in 1925, she met Eugène **Atget**, whom she visited and photographed. When Atget died in 1927 Abbott, with the help of gallery-owner Julian Lévy acquired a number of his photographs and took them with her on her return to the United States. Once in New York she opened a portrait studio and prepared an urban photo-book on New York, in the style of Atget, which would be published in 1939. She exhibited her urban photos in 1934 (Julien Lévy Gallery), 1935 and 1937 (Museum of the City of New York). From 1935 she gave classes in the New School for Social Research. She also published photographs in magazines such as **Fortune** and **Life**.

► B. Abbot, Changing New York, New York 1939; Berenice Abbot Photographs, New York 1970; H. O'Neal, Berenice Abbot American Photographer, New York 1982.

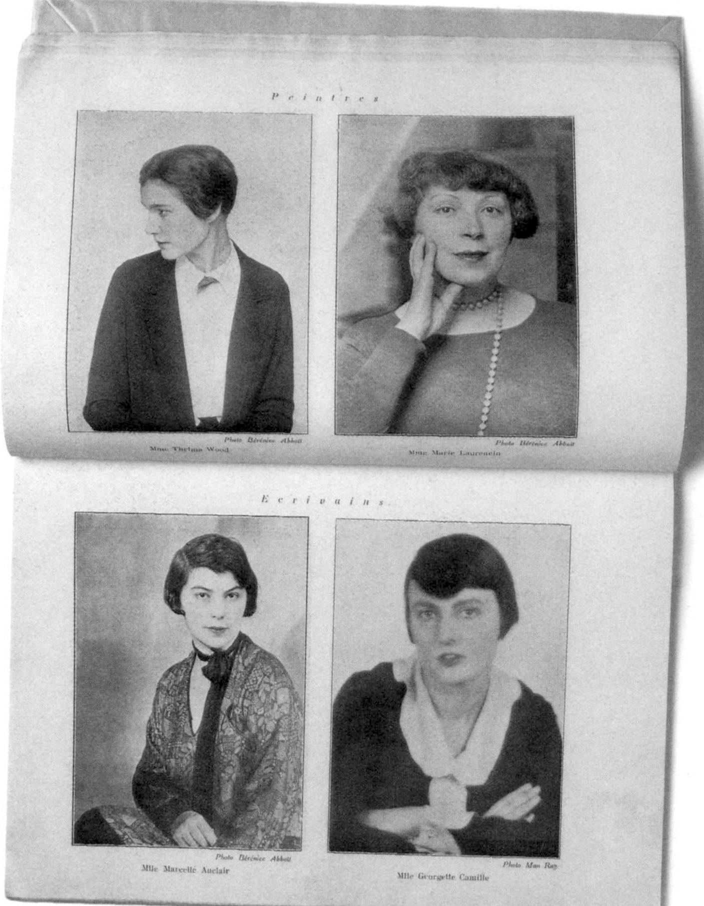

23

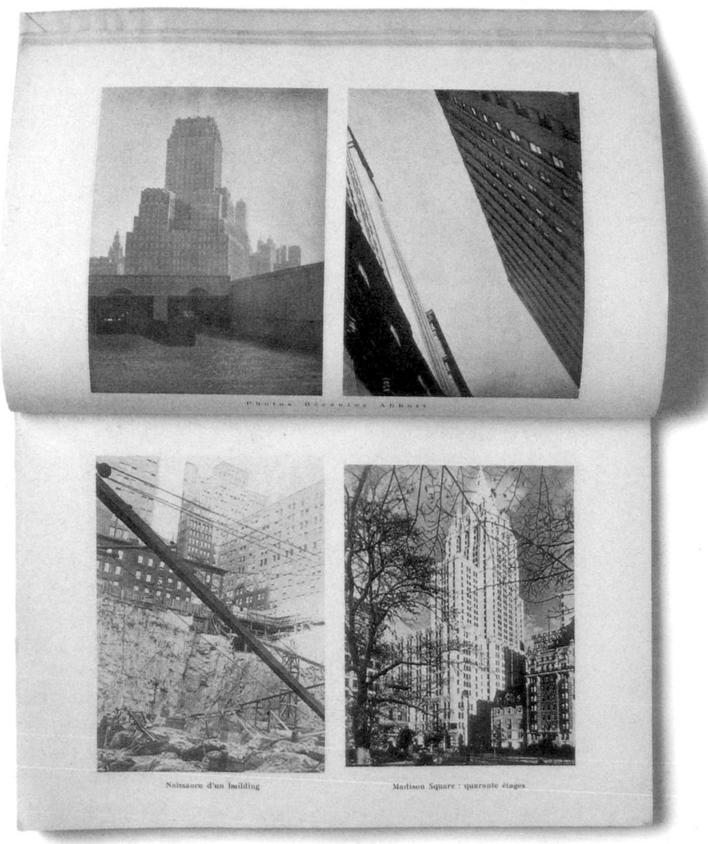

24

ABBOT
23 — Varietés vol. 1, 6 (15 de octubre 1928), fotografías de Berenice Abbot y Man Ray, MNCARS.
24 — Varietés vol. 2, 4 (15 de agosto 1929), fotografías de Berenice Abbot, MNCARS.
23 — Varietés vol. 1, 6 (15 October 1928) Photographs by Berenice Abbot and Man Ray, MNCARS.
24 — Varietés vol. 2, 4 (15 August 1929) Photographs by Berenice Abbot, MNCARS.

AC Barcelona 1931 — 1937

AC (Arquitectura Contemporánea) fue una revista de arquitectura y urbanismo subtitulada 'Documentos de actividad contemporánea'. Fue el órgano del GATEPAC, una asociación de arquitectos funcionalistas. Diseñada por los arquitectos Josep Torres Clavé y Josep Lluis Sert, publicó muchas fotografías y fotomontajes, casi siempre sin identificación de los autores. Entre ellos se encuentran Josep Sala, José Manuel Aizpurúa, Margaret Michaelis, Siegfried Giedion, John Havinden, Edmund Kesting, Umbo o Raoul Hausmann.

AC (Contemporary Architecture) was an architecture and urban design magazine, subtitled 'Documents of Contemporary Activity', and was the organ of the GATEPAC, an association of Functionalist architects. It was designed by the architects Josep Torres Clavé and Josep Lluis Sert, and published numerous photographs and photomontages, almost always without identifying their authors. These included Josep Sala, José Manuel Aizpurúa, Margaret Michaelis, Siegfried Giedion, John Havinden, Edmund Kesting, Umbo, and Raoul Hausmann.

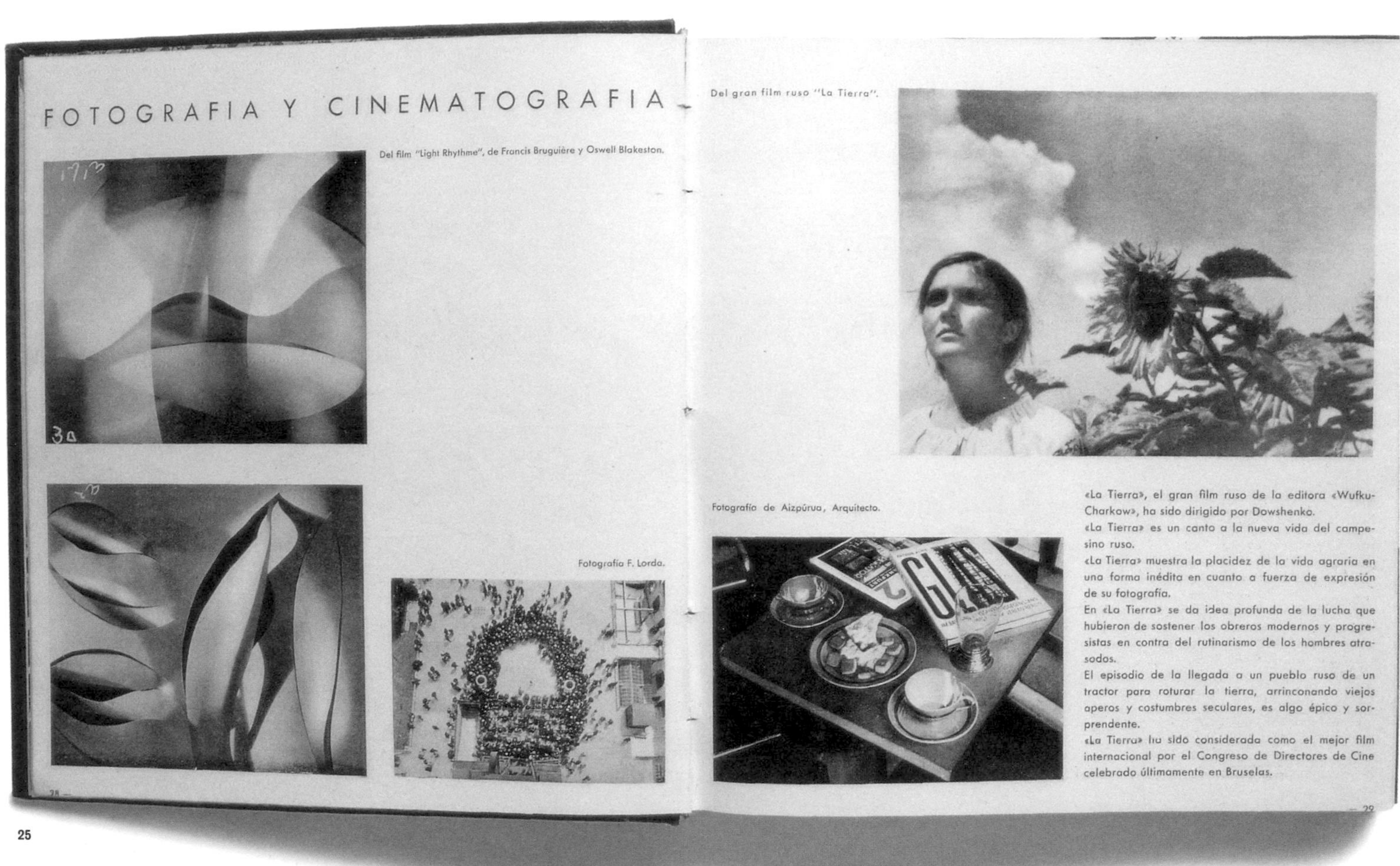
FOTOGRAFIA Y CINEMATOGRAFIA

Del film "Light Rhythms", de Francis Bruguière y Oswell Blakeston.

Fotografía F. Lorda.

Del gran film ruso "La Tierra".

Fotografía de Aizpúrua, Arquitecto.

«La Tierra», el gran film ruso de la editora «Wufku-Charkow», ha sido dirigido por Dowshenko.

«La Tierra» es un canto a la nueva vida del campesino ruso.

«La Tierra» muestra la placidez de la vida agraria en una forma inédita en cuanto a fuerza de expresión de su fotografía.

En «La Tierra» se da idea profunda de la lucha que hubieron de sostener los obreros modernos y progresistas en contra del rutinarismo de los hombres atrasados.

El episodio de la llegada a un pueblo ruso de un tractor para roturar la tierra, arrinconando viejos aperos y costumbres seculares, es algo épico y sorprendente.

«La Tierra» ha sido considerada como el mejor film internacional por el Congreso de Directores de Cine celebrado últimamente en Bruselas.

28

29

25

AC
25 — AC vol. 1, 1 (primer trimestre de 1931), fotografías de José Manuel Aizpurúa y otros, colección particular.
25 — AC vol. 1, 1 (first quarter, 1931) Photographs by José Manuel Aizpurúa and others. Private collection.

AIZ Berlín, Praga, París 1925 — 1939

El Arbeiter-Illustrierte Zeitung fue un semanario ilustrado fundado por Willi Münzenberg como alternativa de izquierda a revistas populares como Berliner Illustrirte Zeitung, que alcanzaron en los años veinte una difusión enorme en Alemania. De orientación comunista, AIZ concedía gran importancia a la ilustración fotográfica, utilizando con frecuencia fotomontajes, sobre todo desde la incorporación en 1930 de John **Heartfield**, quien publicó en la revista más de doscientos fotomontajes. AIZ publicó también fotomontajes de Karel Vanek y fotografías documentales, muchas remitidas por fotógrafos aficionados de clase obrera, a los que se dedicaba otra revista de Münzenberg, Der Arbeiter-Fotograf. En 1933, a la llegada de los nacionalsocialistas al poder en Alemania, la revista empezó a editarse en Praga, donde en 1936 pasó a llamarse VI (Volks Illustrierte). Dos años más tarde, en octubre de 1938, dejó de publicarse. En París, la nueva sede de la redacción, reapareció fugazmente (siete números) a principios de 1939.

▸ David Evans, John Heartfield: Arbeiter-Illustrierte Zeitung / Volks Illustrierte 1930-38, Nueva York 1992.

The Arbeiter-Illustrierte Zeitung was an illustrated weekly, founded by Willi Münzenberg as a leftist alternative to popular maga-zines such as Berliner Illustrirte Zeitung that had reached enormous circulation figures in Germany in the twenties. AIZ presented the communist viewpoint, and conceded great importance to photographic illustration, often using photomontages, above all follow-ing the incorporation of John **Heartfield** into the staff in 1930. He published more than two hundred photomontages in the magazine. AIZ also published photomontages by Karel Vanek, as well as documentary photographs, many of which were submitted by amateur, working class photographers, to whom Münzenberg dedicated another magazine, Der Arbeiter-Fotograf. When the National Socialists came to power in Germany, in 1933, publication of the magazine was moved to Prague where, in 1936, its name was changed to VI (Volks Illustrierte). It ceased publication two years later, in October 1938, reappearing briefly (seven numbers) in Paris, where the new headquarters had been established, at the beginning of 1939.

▸ David Evans, John Heartfield: Arbeiter-Illustrierte Zeitung/Volks Illustrierte 1930 -38, New York 1992.

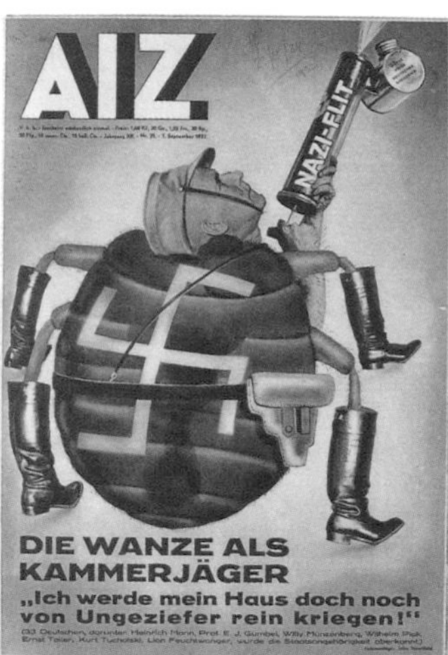

26

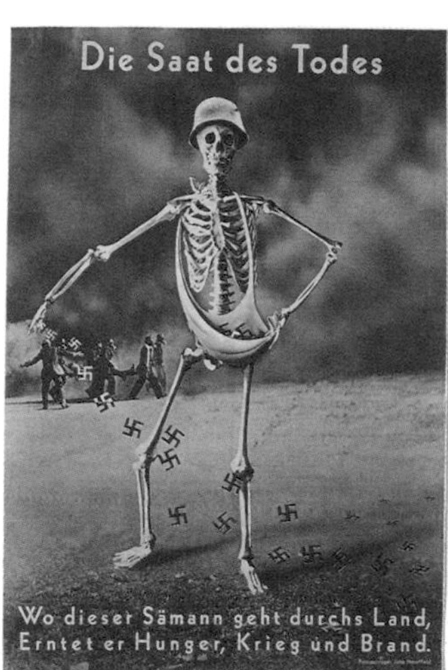

27

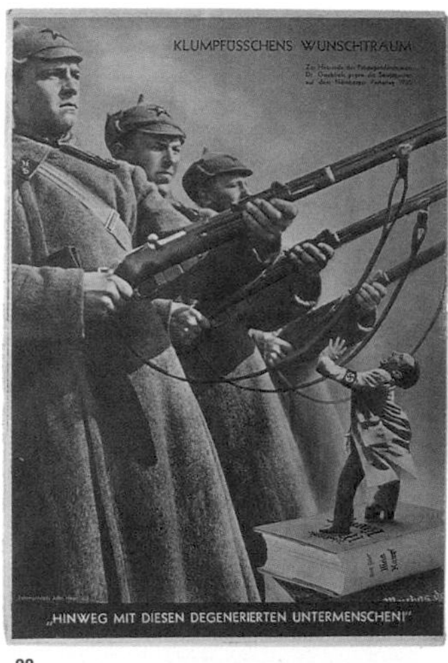

28

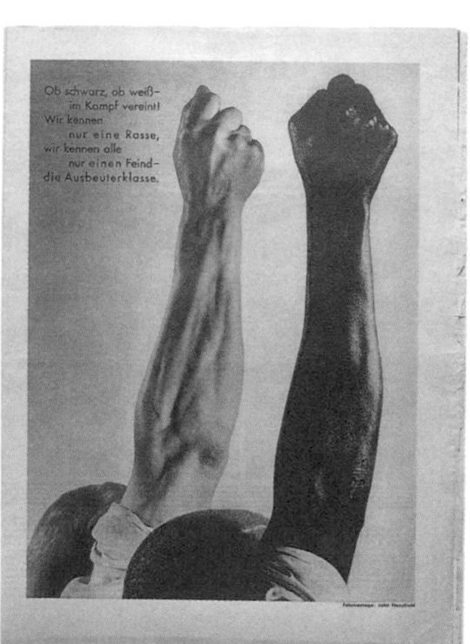
29

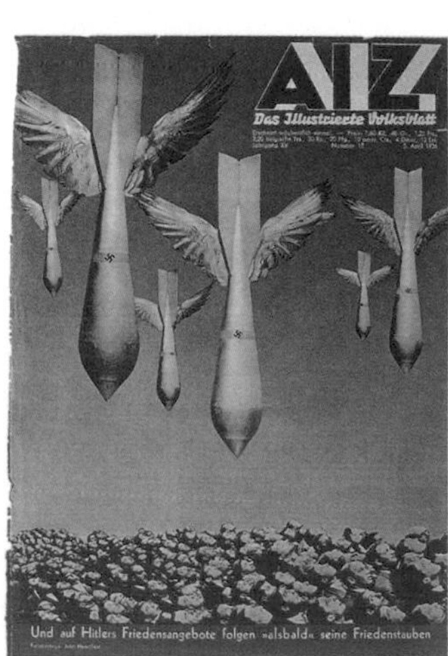

30

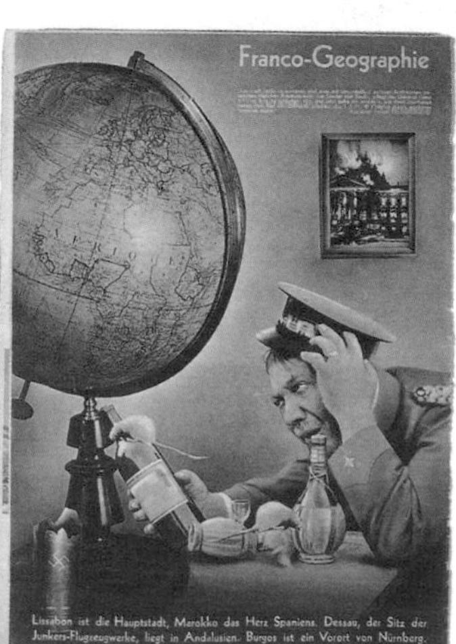

31

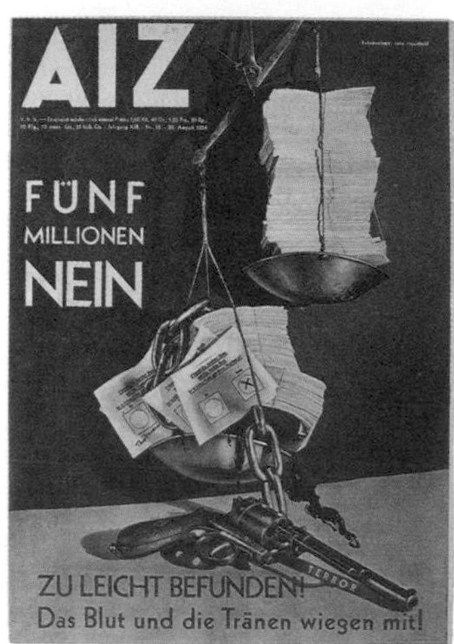

32

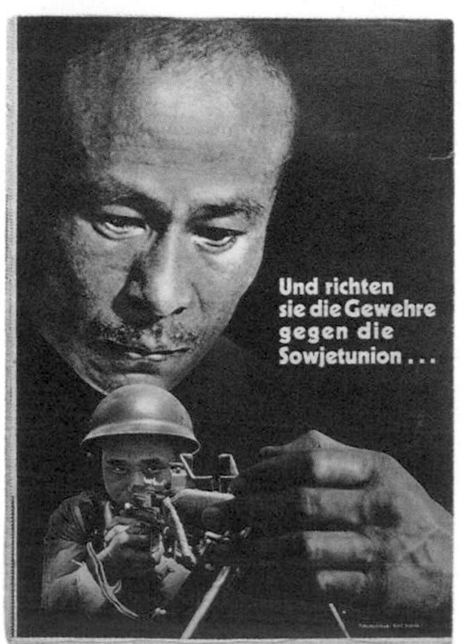

33

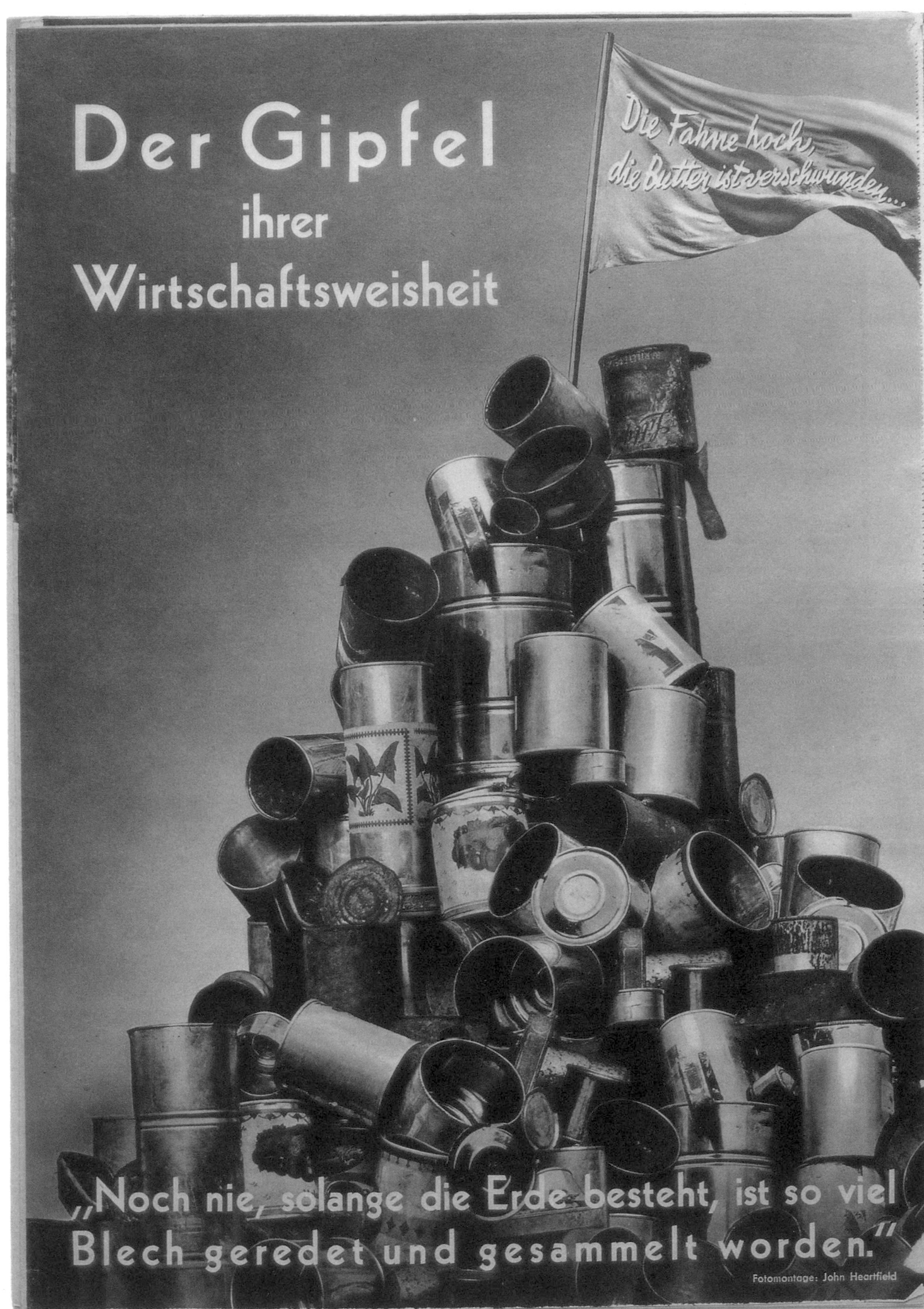

34

AIZ

26 — AIZ vol. 12, 35 (7 de septiembre 1933), fotomontaje de J. Heartfield, IVAM.
27 — VI 15 (14 de abril 1937), fotomontaje de John Heartfield, IVAM.
28 — AIZ vol. 14, 39 (26 de septiembre 1935), fotomontaje de J. Heartfield, IVAM.
29 — AIZ vol. 10, 26 (1931), fotomontaje de John Heartfield, IVAM.
30 — AIZ vol. 15, 15 (5 de abril 1936), fotomontaje de John Heartfield, IVAM.
31 — VI vol. 1, 7 (30 de septiembre 1936), fotomontaje de John Heartfield, IVAM.
32 — AIZ vol. 13, 35 (30 de agosto 1934), fotomontaje de J. Heartfield, IVAM.
33 — VI 15 (14 de abril 1937), fotomontaje de Karel Vanek, IVAM.
34 — VI 17 (28 de abril 1937), fotomontaje de John Heartfield, IVAM.

26 — AIZ vol. 12, 35 (7 September 1933) Photomontage by John Heartfield, IVAM.
27 — VI 15 (14 April 1937) Photomontage by John Heartfield, IVAM.
28 — AIZ vol. 14, 39 (26 September 1935) Photomontage by John Heartfield, IVAM.
29 — AIZ vol. 10, 26 (1931) Photomontage by John Heartfield, IVAM.
30 — AIZ vol. 15, 15 (5 April 1936) Photomontage by John Heartfield, IVAM.
31 — VI vol. 1, 7 (30 September 1936) Photomontage by John Heartfield, IVAM.
32 — AIZ vol. 13, 35 (30 August 1934) Photomontage by John Heartfield, IVAM.
33 — VI 15 (14 April de 1937). Photomontage by Karel Vanek, IVAM.
34 — VI 17 (28 April 1937) Photomontage by John Heartfield, IVAM.

ALEMANIA

En 1919 los dadaístas berlineses descubrieron el fotomontaje, un procedimiento artístico que servía para luchar contra el poder. John **Heartfield,** Georg Grosz, Raoul Hausmann o Hanna **Höch** lo emplearon para derrocar el antiguo orden, tambaleante durante los primeros cinco años de la República de Weimar, en los que la situación social y política empeoraba a un ritmo semejante al del incremento de la inflación. Sin embargo, contra todo pronóstico, en 1924 comenzó un lustro de crecimiento económico y aparente estabilidad política.

El desarrollo de las técnicas fotomecánicas cambió la industria editorial, que publicó libros sobre todo tipo de temas ilustrados con fotografías. Los foto-libros, compuestos por fotografías independientes del texto, se convirtieron en una especialidad de las editoriales alemanas. Las revistas populares ilustradas (Berliner Illustrirte Zeitung, Die Dame, Die Wochenschau, Münchner Illustrierte Presse, Uhu) alcanzaban enormes tiradas. La demanda de fotógrafos, la fascinación por la técnica y el deseo de objetividad que había hecho volver a los pintores al realismo, llenaron las publicaciones de fotografías, tanto documentales (género en el que destacaron Alfred Eisenstaedt, Tim Gidal, Felix H. Man, Martin **Munkacsi,** Erich **Salomon,** Friedrich Seidenstucker, **Umbo,** Wolfgang **Weber** o Paul **Wolff**) como de procedimientos de la nueva visión fotográfica, que también se encuentran en otras revistas como **Der Querschnitt,** Das Kunstblatt, Das neue Frankfurt o Die Form, así como revistas populares de izquierda (**AIZ**) en las que prosiguió su lucha contra el sistema Heartfield, acompañado de otros fotomontadores como Karel Vanek o Paul **Urban**.

En las revistas, los libros y la publicidad (difundida por la revista **Gebrauchsgraphik**), se generalizó el nuevo diseño gráfico, uno de cuyos principales conceptos era la unión de tipografía y fotografía, la tipo-foto, sobre la que escribieron Jan **Tschichold** y László **Moholy-Nagy.** Además de ellos, en la tipo-foto destacaron Willi **Baumeister,** Herbert **Bayer,** Max **Bittrof,** Max **Burchartz,** Walter **Dexel,** Hermann **Eidenbanz,** Werner Gräff, Helmut Kurtz, Hans y Grete **Leistikow,** Hans **Richter,** Kurt Schwitters y Georg **Trump.** Muchos de ellos formaron parte del **ring neue werbegestalter** y fueron profesores en escuelas de artes aplicadas. En la Bauhaus, la más importante de estas escuelas, fueron profesores fotógrafos y diseñadores como Josef Albers, Bayer, Moholy-Nagy, Walter **Peterhans** y Joost Schmidt. Algunos estudiantes de la Bauhaus se convirtieron en fotógrafos y diseñadores reconocidos, como Horacio Coppola, Alfred **Ehrhardt,** Andreas **Feininger,** Werner David Feist, Walter **Funkat,** Florence **Henri,** Grit **Kallin,** Gyorgy **Kepes,** Moï Ver, **ringl + pit** (Ellen Auerbach y Grete Stern), Xanti Schawinsky, Hinnerk Schepper, Stefan Schwarz o Umbo.

La industria, que se desarrolló de forma extraordinaria entre 1924-29, subvencionaba el 'Deutsche Werkbund', cuya misión era mostrar los avances industriales, para lo que organizó exposiciones como Kunst der Werbung en 1931, dedicada a la publicidad, o **Film und Foto** dos años antes, muestra internacional que consagró la nueva fotografía.

Los fotógrafos modernos (Bayer, Aenne **Biermann,** Karl **Blossfeldt,** Fritz **Brill,** Ehrhardt, Feininger, Frank Fiedler, Hans **Finsler,** Hein **Gorny,** Heinz **Hajek-Halke,** Werner Mantz, Erich **Mendelsohn,** Moholy-Nagy, Robert Petschow, Albert **Renger-Patzsch,** Franz Roh, August Sander, Sasha **Stone,** Umbo, Willy Zielke) publicaban en revistas, foto-libros y antologías fotográficas, como **fotoauge** o el anuario **Das deutsche Lichtbild**, al igual que muchos otros fotógrafos que aparecen en los catálogos de las numerosas exposiciones que siguieron a Film und Foto, como Mario Bucovich, Hugo Erfurth, Errell, Hannes **Flach,** Arvid Gutschow, Erna Lendvai-Dircksen, Helmar **Lerski,** Herbert **List,** Ernst Oehme, Erich y Hans **Retzlaff,** Hans Saebens o Yva.

La crisis económica de principios de los años treinta acabó con el progreso económico y la estabilidad política. En enero de 1933 los nacionalsocialistas, con Adolf Hitler a la cabeza, consiguieron el poder. A partir de entonces las técnicas de la nueva fotografía y diseño se utilizaron en la propaganda del nuevo régimen y se toleró su uso en las revistas y la publicidad. Sin embargo, muchos fotógrafos y diseñadores fueron perseguidos como 'artistas degenerados'. Burchartz, Edmund Kesting, Alice Lex-Nerlinger, Roh, Yva o Sander sufrieron represalias. Muchos otros abandonaron Alemania: Auerbach, Bayer, Marianne Breslauer, Coppola, Eisenstaedt, Feininger, Feist, Gidal, John Gutmann, Hausmann, Heartfield, Kurt Hutton, Lotte Jacobi, Kepes, Heinz Loew, Man, Mantz, Elli Marcus, Margaret **Michaelis,** Moholy-Nagy, Lucia Moholy, Moï Ver, Munkacsi, Hans Namuth, Peterhans, Walter Reuter, Richter, Salomon, Anton Stankowski, Stern, Stone, Tschichold... Pero la industria no se paró por eso. En los nuevos foto-libros que publicaron Retzlaff, Lendvai-Dircksen, Wolff o Heinrich Hoffmann, el fotógrafo oficial del régimen, la fotografía servía para exaltar la técnica, la patria, el ejército y la raza aria. Los deseos de los dadaístas se habían cumplido, pero al contrario.

MAKS ALPERT 1899 — 1980

FOTÓGRAFO. Comenzó su actividad fotográfica en Odessa en 1914, donde residió hasta principios de los años veinte. En Moscú desde entonces, Alpert publicó sus fotografías en periódicos como Pravda o Rabotskaia gazeta y las expuso en Moscú en 1928 y 1931, así como en Stuttgart en **Film und Foto**. Su reportaje de 1931 'Un día en la vida de una familia obrera moscovita', realizado en colaboración con Arkadij **Shaijet** y Solomon Tules, se convirtió en el modelo de la fotografía narrativa y no formalista defendida por los fotógrafos de **ROPF**. En la revista **SSSR na stroike** aparecen con frecuencia sus fotografías.

► M. Alpert, Bespokoinaia profesia, Moscú 1962; Roman Karmen, ed., Maks Alpert, Moscú 1974.

PHOTOGRAPHER. Maks Alpert began taking pictures in Odessa in 1914, where he lived until the early twenties. From then on he lived in Moscow and published photographs in newspapers such as Pravda or Rabotskaia gazeta, and exhibited them in Moscow in 1928 and 1931, as well as in Stuttgart, in **Film und Foto**. His 1931 illustrated report "A day in the life of a working class Muscovite family", made in collaboration with Arkadikh **Shaikhet** and Solomon Tules became the model of narrative, non-formalist photography defended by the **ROPF** photographers. His photographs appear frequently in the magazine **SSSR na stroike**.

► M. Alpert, Bespokoinaia profesia, Moscow 1962; Roman Karmen, ed., Maks Alpert, Moscow 1974.

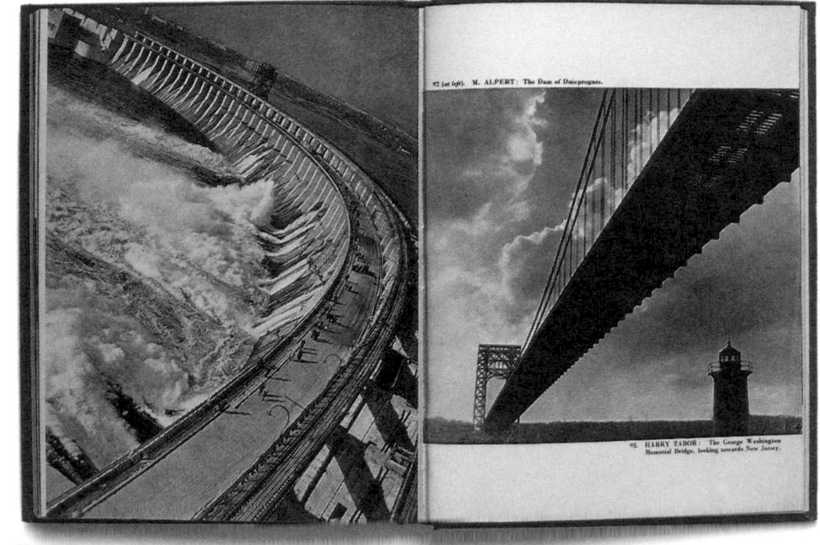

35

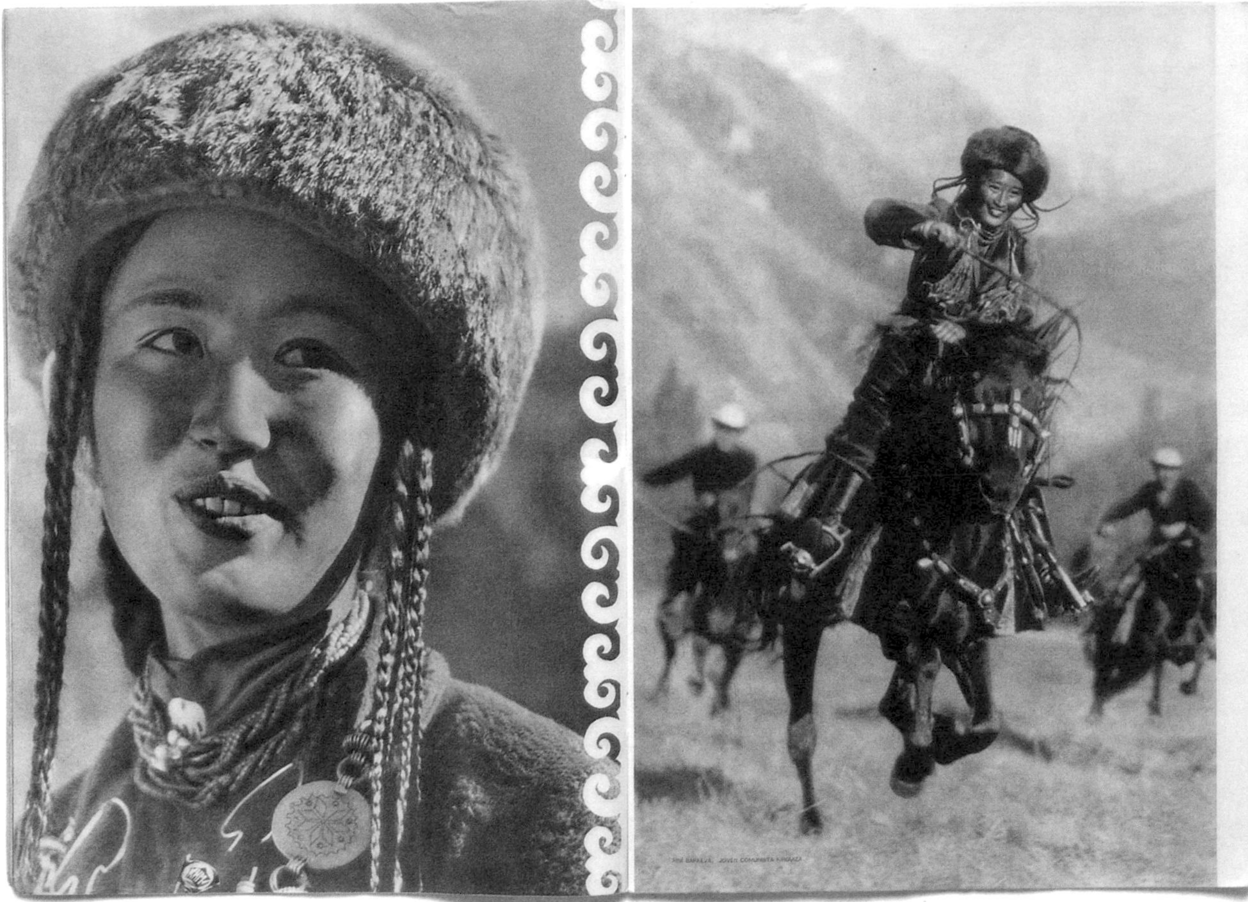

36

ALPERT

35 — Modern Photography 1935-36, fotografías de Maks Alpert y Harry Tabor, The Studio, Londres y Nueva York 1935, MNCARS.

36 — URSS en construcción 3 (marzo 1938), fotografías de Maks Alpert, montaje de Solomon Telingater, AHNSCG.

35 — Modern Photography 1935-36, Photographs by Maks Alpert and Henry Tabor, The Studio, London and New York 1935, MNCARS.

36 — URSS en construcción 3 (March 1938) Photographs by Maks Alpert, montage by Solomon Telingater. AHNSCG.

MANUEL ÁLVAREZ BRAVO 1904

FOTÓGRAFO. Nacido en ciudad de México, se dedicó desde 1925 a la fotografía, al principio como aficionado. En 1930 comenzó a publicar sus fotografías en Mexican Folkways, donde cubrió la ausencia de Tina **Modotti**, recién expulsada de México. Por entonces hacía una fotografía cercana a la fotografía objetiva, que había conocido en revistas, anuarios y foto-libros europeos. Algunas de estas fotos se publicaron en las revistas Contemporáneos y Sur en 1931. Ese mismo año ganó un concurso con una imagen abstracta, que se publicó en Tolteca y Nuestro México. Su primera exposición individual tuvo lugar en la galería Posada, que dirigía Emilio **Amero**, en 1932. Para entonces había descubierto la obra de Eugène **Atget** y empezaba a fotografiar detalles urbanos, publicados en revistas ilustradas como el semanario Imagen. En 1934 rodó una película y fue profesor de fotografía en la Escuela de Bellas Artes de México, donde ya había enseñado unos meses en 1929 y 1933. Al año siguiente conoció a Henri **Cartier-Bresson**, con quien expuso en México y Nueva York al año siguiente. La estancia de André Breton en México en 1938 le permitió exponer en París y México en 1939, así como ver publicadas sus fotografías en revistas mexicanas y europeas, como **Minotaure**.

▸ Manuel Álvarez Bravo Fotografías, cat. Sociedad de arte moderno, México 1945; Manuel Alvarez Bravo, cat. Museum of Modern Art, Nueva York 1997; Mexicana. Fotografía moderna en México 1923—1940, cat. IVAM, Valencia 1998.

PHOTOGRAPHER. Born in Mexico City, he first took up photography as an amateur in 1925. In 1930 he began publishing photographs in Mexican Folkways, where he covered the absence of Tina **Modotti** who had recently been expelled from Mexico. At that time his photography approached the objective style that he had discovered in European magazines, annuals and photographic books. Some of these photographs were published in the magazines Contemporáneos and Sur, in 1931. That same year he won a competition with an abstract photograph, which was published in Tolteca and Nuestro México. His first individual exhibition took place in the Posada gallery, owned by Emilio **Amero**, in 1932. He had discovered, by then, the work of Eugène **Atget**, and began to take photographs of urban details, which were published in illustrated magazines such as the weekly Imagen (1933). In 1934 he made a film and became a teacher of photography at the Mexico School of Fine Arts, where he had previously been teaching for some months in 1929 and 1933. The following year he met Henri **Cartier-Bresson**, with whom he exhibited a year later in Mexico and New York. André Breton's stay in Mexico in 1938 enabled Álvarez Bravo to exhibit in Mexico and New York in 1939, as well as to see his photographs published in Mexican and European magazines, such as **Minotaure**.

▸ Manuel Álvarez Bravo Fotografías, cat. Sociedad de arte moderno, Mexico 1945; Manuel Álvarez Bravo, cat. Museum of Modern Art, New York 1997; Mexicana. Fotografía moderna en México 1923-1940, cat. IVAM, Valencia 1998.

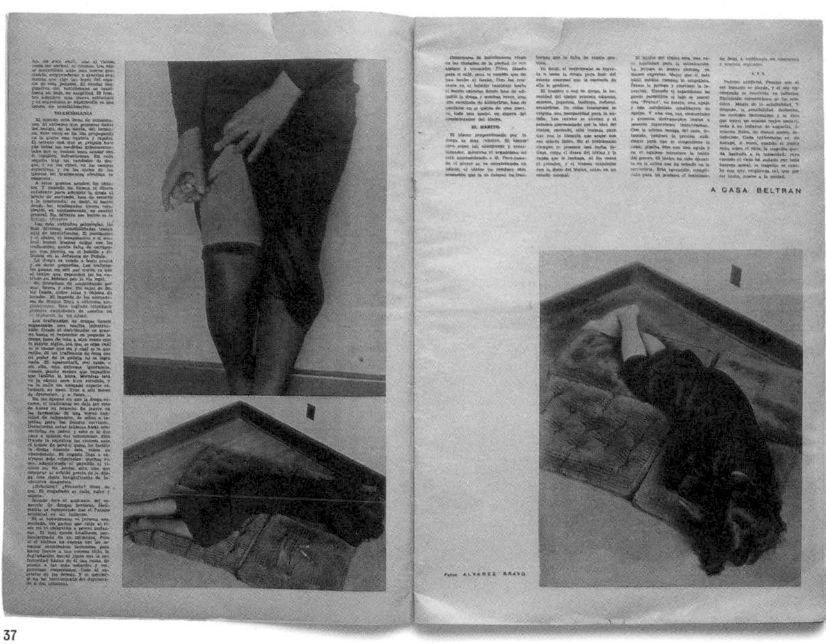
A CASA BELTRAN

37

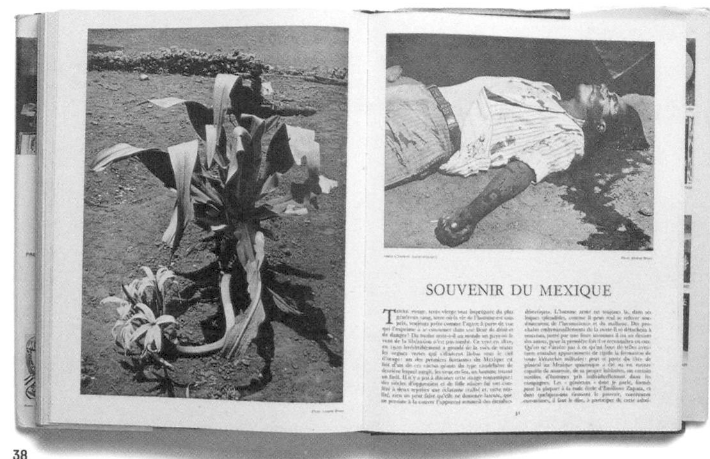
SOUVENIR DU MEXIQUE

38

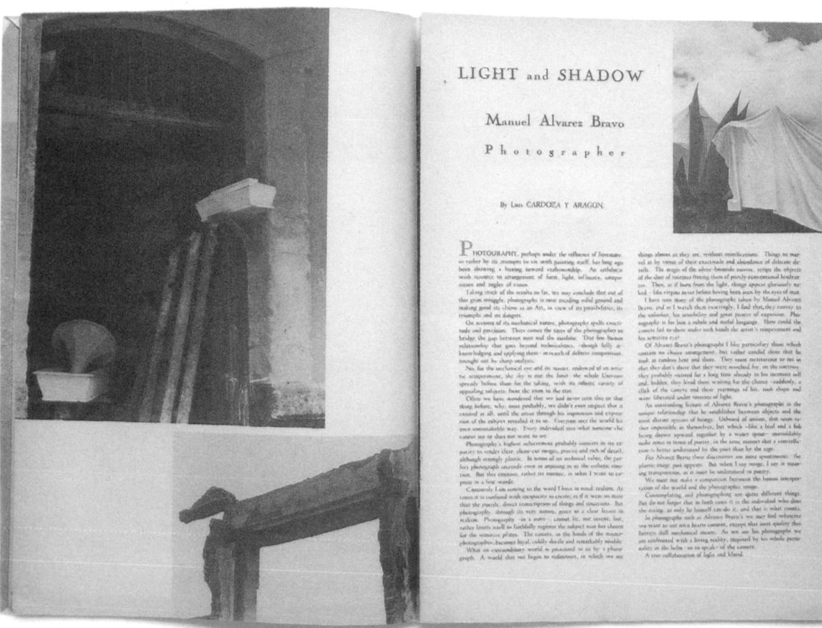
LIGHT and SHADOW

Manuel Alvarez Bravo

Photographer

By Luis CARDOZA Y ARAGON

39

ÁLVAREZ BRAVO

37 — Imagen vol. 1, 7 (11 de agosto 1933), fotografías de Manuel Álvarez Bravo, colección particular.
38 — Minotaure 12-13 (1939), fotografías de Manuel Álvarez Bravo, MNCARS.
39 — Mexican Art & Life 6 (abril 1939), fotografías de Manuel Álvarez Bravo, colección particular.
37 — Imagen vol. 6 (11 August 1933) Photographs by Manuel Álvarez Bravo. Private collection.
38 — Minotaure 12-13 (1939) Photographs by Manuel Álvarez Bravo, MNCARS.
39 — Mexican Art & Life 6 (April 1939) Photographs by Manuel Álvarez Bravo. Private collection.

AMERO

40 — El Universal Ilustrado 815 (22 de diciembre 1932), fotogramas y montajes de Emilio Amero, colección particular.
40 — El Universal Ilustrado 815 (22 December 1932) Photograms and montages by Emilio Amero. Private collection.

EMILIO AMERO 1901 — 1976

FOTÓGRAFO. Desde 1909 vivió en ciudad de México, donde estudió en la Escuela de Bellas Artes. Durante los primeros años veinte se dedicó a la pintura de murales y la litografía. En 1925 viajó a La Habana y Nueva York, donde residió hasta 1930 y trabajó como ilustrador de revistas. A finales de la década comenzó a dedicarse a la fotografía y el cine experimentales. En 1930 retornó a México, donde expuso sus fotografías neoyorquinas, que se reprodujeron en revistas ilustradas y también en publicaciones de vanguardia, como Contemporáneos, pero sin éxito: sus fotomontajes, abstracciones y fotogramas, técnica en la que fue pionero en América, chocaban con el gusto fotográfico del momento, más acostumbrado a la fotografía exacta de Edward **Weston**, Tina **Modotti** o Manuel **Álvarez Bravo**. Antes de retornar a Nueva York en 1934, abrió una efímera galería de arte, Posada, en la que expuso fotografías suyas y de Álvarez Bravo. De nuevo en Nueva York, se dedicó a la enseñanza artística, el grabado y la fotografía, mostrando su obra en la galería Julien Lévy en 1935. Entre 1938-39 viajó por México para preparar un foto-libro, luego no publicado, aunque sí editó una carpeta con algunas fotos del libro en 1940, año en el que retornó a Estados Unidos definitivamente.

▸ Amero Picture Book Photographs of Mexico, Nueva York 1940; Mexicana. La fotografía moderna en México 1923-1940, cat. IVAM, Valencia 1998.

PHOTOGRAPHER. Emilio Amero lived from 1909 in Mexico City and studied at the San Carlos School of Fine Arts. He spent the early twenties painting murals and working with lithography. In 1925 he travelled to Havana and New York, where he lived until 1930, working as a magazine illustrator. Towards the end of the decade, he began to take an interest in experimental photography and film. He returned to Mexico in 1930 and exhibited his New York photographs, which were reproduced in illustrated magazines as well as in avant-garde publications such as Contemporáneos, but with little success. His photomontages, abstracts and photograms, using techniques in which he was a pioneer in America, clashed with the photographic taste of the period, more accustomed to the straight photography of Edward **Weston**, Tina **Modotti**, or Manuel **Álvarez Bravo**. Before returning to New York in 1934 he opened a short-lived art gallery, Posada, in which he exhibited his own photographs and those of Álvarez Bravo. Once again in New York, he took up art teaching, engraving and photography, exhibiting his work in the Julien Lévy gallery in 1935. In the years 1938-39 he travelled around Mexico preparing a photo-book which would eventually remain unpublished, though an album with some of the photographs from the book was published in 1940, the year in which he returned to live permanently in tho United States.

▸ Amero Picture Book Photographs of Mexico, New York 1940; Mexicana. La fotografía moderna en México 1923-1940, cat. IVAM, Valencia 1998.

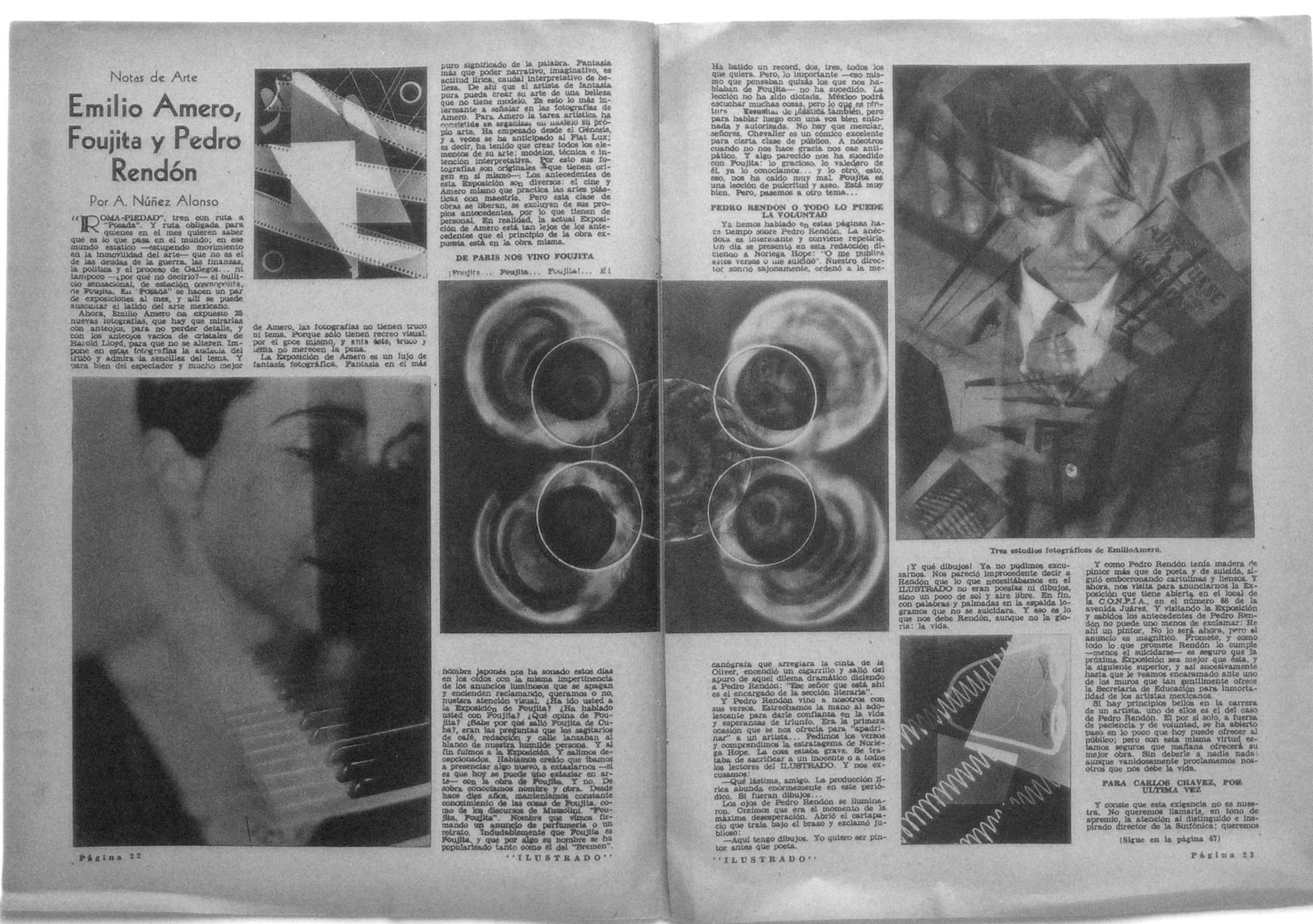

Notas de Arte

Emilio Amero, Foujita y Pedro Rendón

Por A. Núñez Alonso

"ROMA-PIEDAD", tren con ruta a "Posada". Y ruta obligada para quienes en el mes quieren saber qué es lo que pasa en el mundo; en ese mundo estático —estupendo movimiento en la inmovilidad del arte— que no es el de las deudas de la guerra, las finanzas, la política y el proceso de Gallegos... ni tampoco —¿por qué no decirlo?— el bullicio sensacional, de estación cosmopolita, de Foujita. En "Posada" se hacen un par de exposiciones al mes, y allí se puede auscultar el latido del arte mexicano.

Ahora, Emilio Amero ha expuesto 25 nuevas fotografías, que hay que mirarlas con anteojos, para no perder detalle, y con los anteojos vacíos de cristales de Harold Lloyd, para que no se alteren. Impone en estas fotografías la audacia del trucó y admira la sencillez del tema. Y para bien del espectador y mucho mejor de Amero, las fotografías no tienen truco ni tema. Porque sólo tienen recreo visual, por el goce mismo, y ante éste, truco y tema no merecen la pena.

La Exposición de Amero es un lujo de fantasía fotográfica. Fantasía en el más puro significado de la palabra. Fantasía más que poder narrativo, imaginativo, es actitud lírica, caudal interpretativo de belleza. De ahí que el artista de fantasía pura pueda crear su arte de una belleza que no tiene modelo. Es esto lo más interesante a señalar en las fotografías de Amero. Para Amero la tarea artística ha consistido en organizar en modelo su propio arte. Ha empezado desde el Génesis, y a veces se ha anticipado al Fiat Lux; es decir, ha tenido que crear todos los elementos de su arte: modelos, técnica e intención interpretativa. Por esto sus fotografías son originales —que tienen origen en sí mismo—. Los antecedentes de esta Exposición son diversos: el cine y Amero mismo que practica las artes plásticas con maestría. Pero esta clase de obras se liberan, se excluyen de sus propios antecedentes, por lo que tienen de personal. En realidad, la actual Exposición de Amero está tan lejos de los antecedentes que el principio de la obra expuesta está en la obra misma.

DE PARIS NOS VINO FOUJITA

¡Foujita... Foujita... Foujita!... El hombre japonés nos ha sonado estos días en los oídos con la misma impertinencia de los anuncios luminosos que se apagan y encienden reclamando, queramos o no, nuestra atención visual. ¿Ha oído usted a la Exposición de Foujita? ¿Ha hablado usted con Foujita? ¿Qué opina de Foujita? ¿Sabe por qué salió Foujita de Cuba?, eran las preguntas que los sagitarios de café, redacción y calle lanzaban al blanco de nuestra humilde persona. Y al fin fuimos a la Exposición. Y salimos decepcionados. Habíamos creído que íbamos a presenciar algo nuevo, a extasiarnos —si es que hoy se puede uno extasiar en arte— con la obra de Foujita. Y no. De sobra conocíamos nombre y obra. Desde hace [illegible] años, manteníamos constante conocimiento de las cosas de Foujita, como de los discursos de Mussolini. "Foujita, Foujita". Nombre que vimos firmando un anuncio de perfumería o un retrato. Indudablemente que Foujita es Foujita, y que por algo su nombre se ha popularizado tanto como el del "Bremen".

Página 22 "ILUSTRADO"

Ha batido un record, dos, tres, todos los que quiera. Pero, lo importante —eso mismo que pensaban quizás los que nos hablaban de Foujita— no ha sucedido. La lección no ha sido dictada. México podrá escuchar muchas cosas, pero lo que es pintura [illegible] de plástica también, pero para hablar luego con una voz bien entonada y autorizada. No hay que mezclar, señores. Chevalier es un cómico excelente para cierta clase de público. A nosotros cuando no nos hace gracia nos cae antipático. Y algo parecido nos ha sucedido con Foujita: lo gracioso, lo valedero de él, ya lo conocíamos... y lo otro, esto, eso, nos ha caído muy mal. Foujita es una lección de pulcritud y aseo. Está muy bien. Pero, pasemos a otro tema...

PEDRO RENDON O TODO LO PUEDE LA VOLUNTAD

Ya hemos hablado en estas páginas hace tiempo sobre Pedro Rendón. La anécdota es interesante y conviene repetirla. Un día se presentó en esta redacción diciendo a Noriega Hope: "O me publica estos versos o me suicido". Nuestro director sonrió socarronamente, ordenó a la mecanógrafa que arreglara la cinta de la Oliver, encendió un cigarrillo y salió del apuro de aquel dilema dramático diciendo a Pedro Rendón: "Ese señor que está ahí es el encargado de la sección literaria".

Y Pedro Rendón vino a nosotros con sus versos. Estrechamos la mano al adolescente para darle confianza en la vida y esperanzas de triunfo. Era la primera ocasión que se nos ofrecía para "apadrinar" a un artista... Pedimos los versos y comprendimos la estratagema de Noriega Hope. La cosa estaba grave. Se trataba de sacrificar a un inocente o a todos los lectores del ILUSTRADO. Y nos excusamos:

—Qué lástima, amigo. La producción lírica abunda enormemente en este periódico. Si fueran dibujos...

Los ojos de Pedro Rendón se iluminaron. Creímos que era el momento de la máxima desesperación. Abrió el cartapacio que traía bajo el brazo y exclamó jubiloso:

—Aquí tengo dibujos. Yo quiero ser pintor antes que poeta.

Tres estudios fotográficos de EmilioAmero.

¡Y qué dibujos! Ya no pudimos excusarnos. Nos pareció improcedente decir a Rendón que lo que necesitábamos en el ILUSTRADO no eran poesías ni dibujos, sino un poco de sol y aire libre. En fin, con palabras y palmadas en la espalda logramos que no se suicidara. Y eso es lo que nos debe Rendón, aunque no la gloria: la vida.

Y como Pedro Rendón tenía madera de pintor más que de poeta y de suicida, siguió emborronando cartulinas y lienzos. Y ahora, nos visita para anunciarnos la Exposición que tiene abierta en el local de la C.O.N.F.I.A., en el número 68 de la avenida Juárez. Y visitando la Exposición y sabidos los antecedentes de Pedro Rendón no puede uno menos de exclamar: He ahí un pintor. No lo será ahora, pero el anuncio es magnífico. Promete, y como todo lo que promete Rendón lo cumple —menos el suicidarse— es seguro que la próxima Exposición sea mejor que ésta, y la siguiente superior, y así sucesivamente hasta que le veamos encaramado ante uno de los muros que tan gentilmente ofrece la Secretaría de Educación para inmortalidad de los artistas mexicanos.

Si hay principios bellos en la carrera de un artista, uno de ellos es el del caso de Pedro Rendón. El por sí solo, a fuerza de paciencia y de voluntad, se ha abierto paso en lo poco que hoy puede ofrecer al público; pero con esta misma virtud estamos seguros que mañana ofrecerá su mejor obra. Sin deberle a nadie nada: aunque vanidosamente proclamemos nosotros que nos debe la vida.

PARA CARLOS CHAVEZ, POR ULTIMA VEZ

Y conste que esta exigencia no es nuestra. No queremos llamarle, en tono de apremio, la atención al distinguido e inspirado director de la Sinfónica; queremos

(Sigue en la página 47)

"ILUSTRADO" Página 23

MAURICIO AMSTER 1907 — 1980

DISEÑADOR GRÁFICO. Nacido en Lvov (entonces Polonia, en la actualidad Ucrania), estudió en Viena y Berlín, donde se especializó en artes gráficas. En 1930 llegó a Madrid llamado por el diseñador Mariano Rawicz y se dedicó a la producción de cubiertas de libros y al diseño de publicaciones. Buen conocedor de la nueva tipografía y el arte de vanguardia centroeuropeo, utilizó con frecuencia el fotomontaje en sus trabajos editoriales, sobre todo en la revista Catolicismo, de la que fue director artístico entre 1933 y 1936. Durante la Guerra Civil trabajó en el Ministerio de Instrucción Pública del gobierno de la República, para el que produjo carteles y, sobre todo, la Cartilla escolar antifascista (1937), una publicación pedagógica ilustrada con fotomontajes. Tras la derrota de la República se exilió en Chile, donde prosiguió su labor editorial.

▸ Mauricio Amster tipógrafo, cat. IVAM, Valencia 1997.

GRAPHIC DESIGNER. Born in Lvov (then Poland, currently in the Ukraine) Amster studied in Vienna and Berlin, where he specialised in graphic arts. He arrived in Madrid in 1930, inspired by the designer Mariano Rawicz, and took up the production of book covers and publication design. Well-versed in the new methods of typography and central European avant-garde art, he frequently used photomontages in his publishing, above all in the magazine Catolicismo, of which he was artistic director between 1933 and 1936. During the Civil War he worked in the Ministry of Public Instruction of the Republican Government, producing posters and, in particular, the pedagogical publication illustrated with photomontages, The Cartilla escolar antifascista (1937). Following the defeat of the Republic he sought exile in Chile, where he continued his publishing work.

▸ Mauricio Amster tipógrafo, cat. IVAM, Valencia 1997.

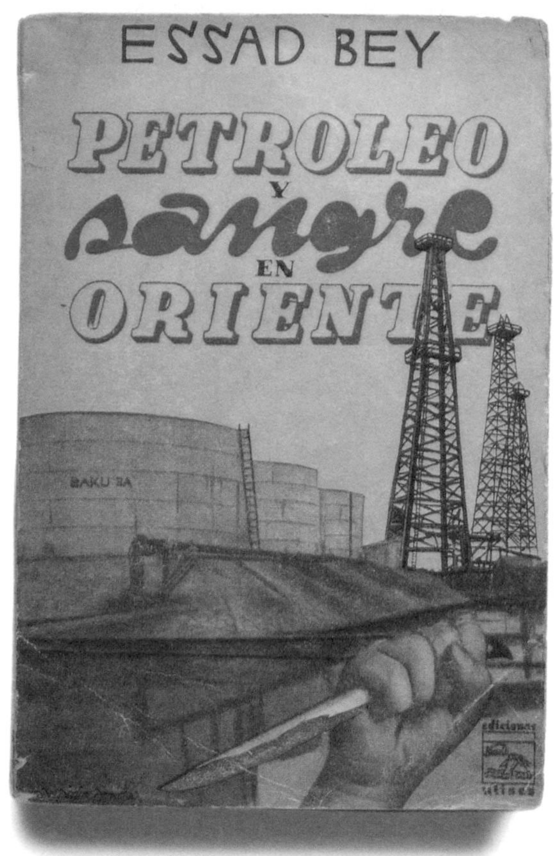

41

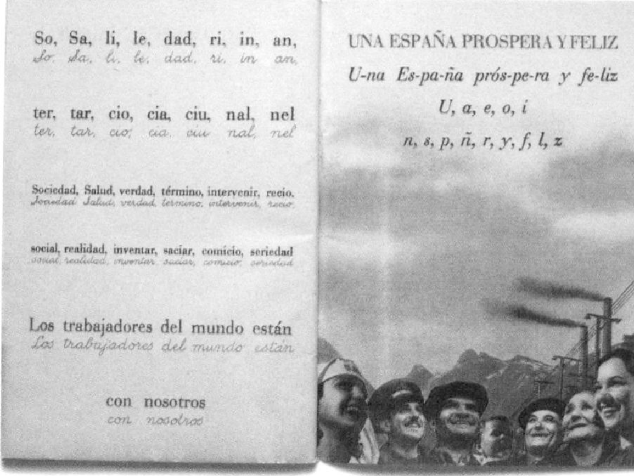
So, Sa, li, le, dad, ri, in, an,
ter, tar, cio, cia, ciu, nal, nel
Sociedad, Salud, verdad, término, intervenir, recio.
social, realidad, inventar, saciar, comicio, seriedad
Los trabajadores del mundo están
con nosotros

UNA ESPAÑA PROSPERA Y FELIZ
U-na Es-pa-ña prós-pe-ra y fe-liz
U, a, e, o, i
n, s, p, ñ, r, y, f, l, z

42

To, ta, dos, das, los, las, es,
as, fuer, zos, zas, ven, van, cer,
cir, car, cor, cur
Tajo, tabaco, fuerte, fuero, fuego, cerca, circo,
venganza, venta, vanguardia, corte, curva,
Cervantes, Cartagena
La retaguardia debe colaborar con
la vanguardia

LUCHAMOS POR NUESTRA CULTURA
Lu-cha-mos por nues-tra cul-tu-ra
L-u-ch-a-m-o-s p-o-r n-u-e-s-t-r-a c-u-l-t-u-r-a
u, a, o, e
L, ch, m, s, p, r, n, t, c, l

43

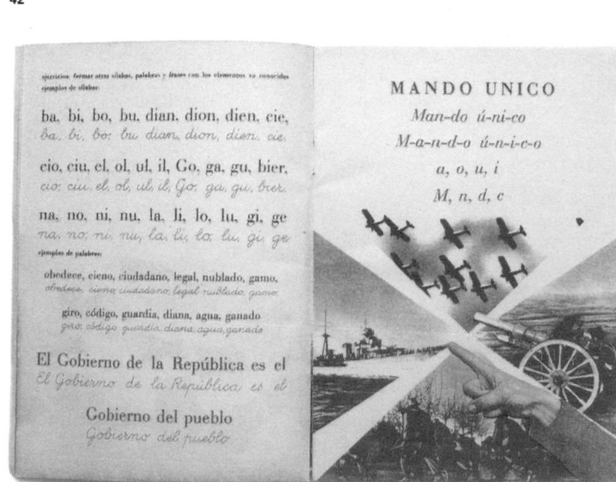
ba, bi, bo, bu, dian, dion, dien, cie,
cio, ciu, el, ol, ul, il, Go, ga, gu, bier,
na, no, ni, nu, la, li, lo, lu, gi, ge
obedece, cieno, ciudadano, legal, nublado, gamo,
giro, código, guardia, diana, agua, ganado
El Gobierno de la República es el
Gobierno del pueblo

MANDO UNICO
Man-do ú-ni-co
M-a-n-d-o ú-n-i-c-o
a, o, u, i
M, n, d, c

44

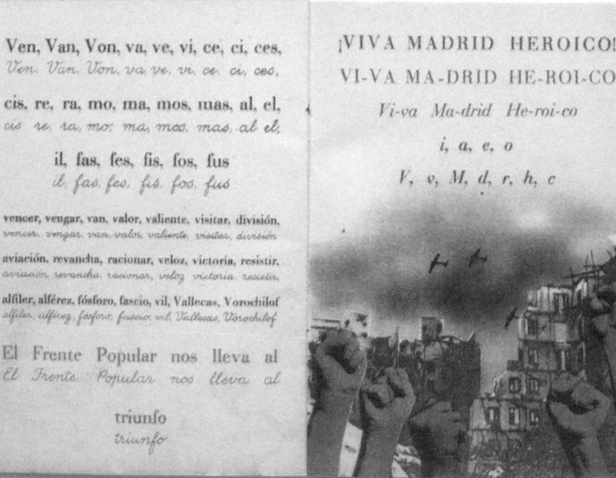
Ven, Van, Von, va, ve, vi, ce, ci, ces,
cis, re, ra, mo, ma, mos, mas, al, el,
il, fas, fes, fis, fos, fus
vencer, vengar, van, valor, valiente, visitar, división,
aviación, revancha, racionar, veloz, victoria, resistir,
alfiler, alférez, fósforo, fascio, vil, Vallecas, Voroshilof
El Frente Popular nos lleva al
triunfo

¡VIVA MADRID HEROICO!
VI-VA MA-DRID HE-ROI-CO
Vi-va Ma-drid He-roi-co
i, a, e, o
V, v, M, d, r, h, c

45

AMSTER
41 — Essad Bey, Petróleo y sangre en Oriente, cubierta, fotomontaje de Mauricio Amster, Ulises, Madrid 1931, colección particular.
42/45 — Cartilla escolar antifascista, fotografías de José Val del Omar y José Calandín; diseño y montajes de Mauricio Amster, Ministerio de Instrucción Pública y Bellas Artes, Valencia, abril 1937, AHNSGC.
41 — Essad Bey, Petróleo y sangre en Oriente. Cover, photomontage by Mauricio Amster, Ulises, Madrid 1931. Private collection.
42/45 — Cartilla escolar antifascista. Photographs by José Val del Omar and José Calandín. Design and montages by Mauricio Amster, Ministerio de Instrucción Pública y Bellas Artes, Valencia, April 1937. AHNSGC.

ARTS ET MÉTIERS GRAPHIQUES
46 — Publicité 1937, cubierta, Arts et métiers graphiques, Paris 1937, MNCARS.
47 — Publicité 1938, cubierta, Arts et métiers graphiques, Paris 1938, MNCARS.
48 — Arts et métiers graphiques vol. 3, 16 (15 de marzo 1930), fotografías de László Moholy-Nagy y Lucia Moholy, IVAM.
46 — Publicité 1937, cover, Arts et métiers graphiques, Paris 1937, MNCARS.
47 — Publicité 1938, cover, Arts et métiers graphiques, Paris 1938, MNCARS.
48 — Arts et métiers graphiques vol. 3, 16 (15 March 1930) Photographs by László Moholy-Nagy and Lucia Moholy, IVAM.

ARTS ET MÉTIERS GRAPHIQUES París 1927 — 1939

Revista profesional de artes gráficas repleta de ilustraciones, que prestó atención a la nueva fotografía: André **Kertész**, **Brassaï**, Pierre **Boucher**, Herbert **Matter** o Emmanuel Sougez, entre otros, publicaron en sus páginas. También publicó textos sobre la nueva fotografía de Waldemar George y Pierre Mac Orlan, y un texto de Jan **Tschichold** sobre el nuevo diseño gráfico. Dirigida por Charles Peignot, la editorial que publicaba la revista (y compartía su nombre) editó el anuario **Photographie**, la revista para aficionados Photo-ciné-graphie desde 1933, y el anuario Publicité a partir de 1936, una masiva antología de carteles, folletos, anuncios y demás producción publicitaria.

A highly illustrated graphic arts magazine for professionals, Arts was always full of pictures that focused on the new style of photography. André **Kertész**, **Brassaï**, Pierre **Boucher**, Herbert **Matter**, and Emmanuel Sougez, among others, had their work published on its pages. It also published texts on the new photography by Waldemar George and Pierre MacOrlan, as well as an article by Jan **Tschichold** on the new movements in design of the time. Produced by Charles Peignot, the publishers that edited the magazine (and shared its name) also published the **Photographie** annual and, from 1933, the magazine for amateur photographers Photo-ciné-graphie. It was, from 1936, publisher of the annual Publicité, a massive anthology of posters, pamphlets, advertisements and other elements of graphic advertising.

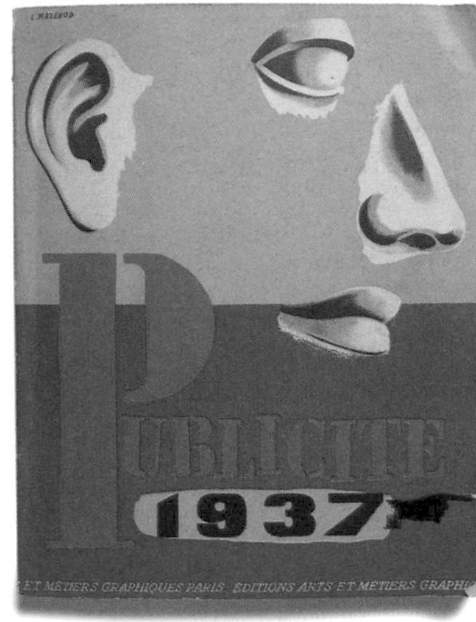

46

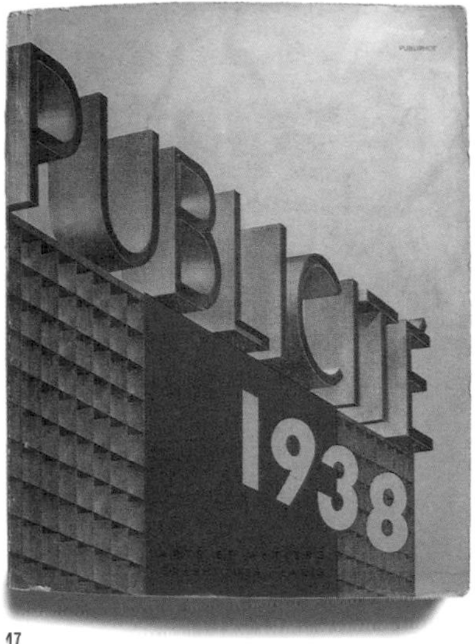

47

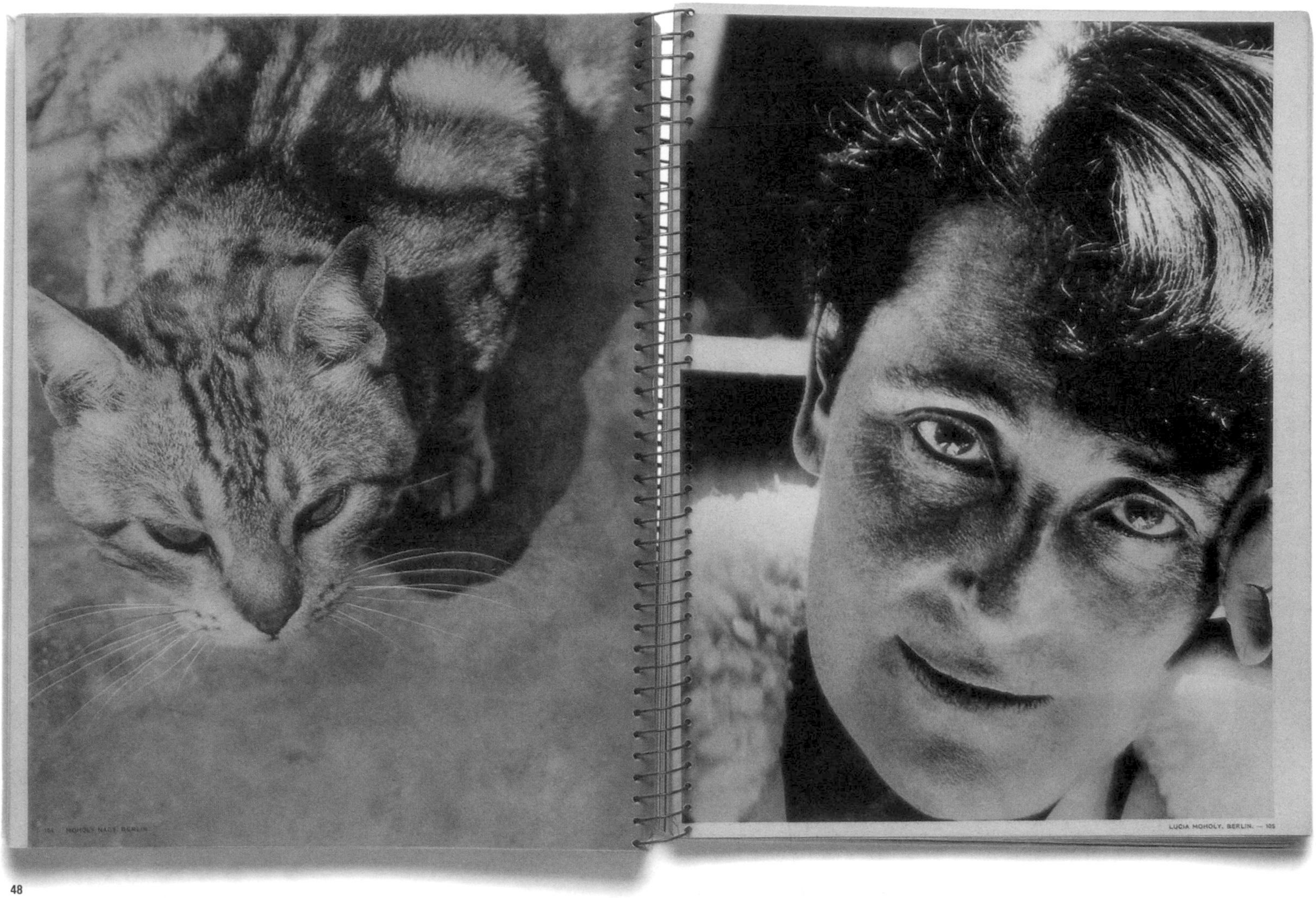

48

EUGÈNE ATGET 1856 — 1927

FOTÓGRAFO. Empezó a hacer fotografías en 1888. Desde entonces hizo un sistemático inventario fotográfico de la ciudad de París. Con este material elaboró álbumes, algunos adquiridos por el Musée Carnavalet y la Biblioteca Nacional de París. Sus fotografías fueron descubiertas por **Man Ray** y, a través de él, por Berenice **Abbot**, quien, con la ayuda del galerista neoyorquino Julien Lévy, adquirió una gran parte del legado Atget tras su fallecimiento en 1927. La colección Abbot-Levy de fotografías de Atget fue la base de la primera publicación sobre el fotógrafo, un foto-libro editado en 1930 en tres ediciones que alcanzó gran difusión. Las fotografías de Atget aparecieron a finales de los años veinte en muchas publicaciones, como **fotoauge**, La Révolution Surréaliste, **Variétés**, Le Crapouillot, **Photographie** o L'Art vivant, y fueron expuestas en **Film und Foto**.

▶ Atget photographe de Paris, París 1930; id, Nueva York, 1930; Eugène Atget Lichtbilder, París y Leipzig 1930; J. Szarkowski y M. Morris Hambourg, The Work of Atget, Nueva York 1981-85; Atget Paris, París 1992.

PHOTOGRAPHER. Atget began taking photographs in 1888. From that year on he made a systematic photographic inventory of the city of Paris. He made up photo albums with this material, some of which were acquired by the Musée Carnavalet and the National Library in Paris. His photographs were discovered by **Man Ray** and, through him, by Berenice **Abbott** who, with the help of the New York gallery owner Julien Lévy, managed to obtain a large part of the Atget photographic legacy, following his death in 1927. The Abbot-Levy collection would subsequently be the basis for the first publication on Atget, a photo-book edited in 1930 in three editions which became highly popular. Atget's photographs appeared in many publications towards the end of the twenties, such as **fotoauge**, La Révolution Surréaliste, **Variétés**, Le Crapouillot, **Photographie** and L'Art vivant, and were exhibited in **Film und Foto**.

▶ Atget photographe de Paris, Paris 1930; idem, New York, 1930; Eugène Atget Lichtbilder, Paris and Leipzig 1930; J. Szarkowski and M. Morris Hambourg, The Work of Atget, New York 1981-85; Atget Paris, Paris 1992.

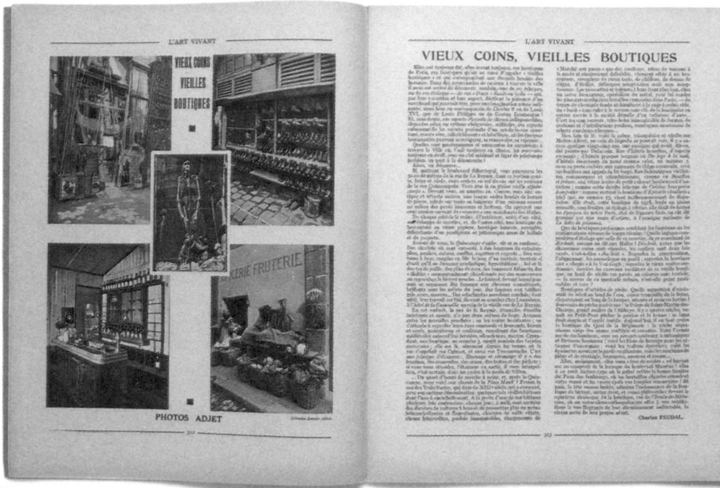

49

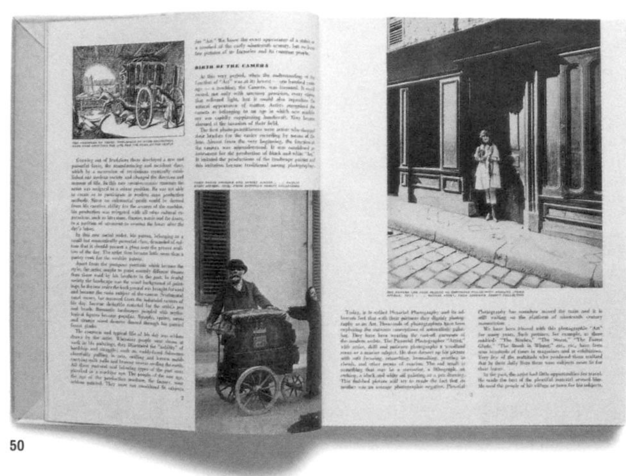

50

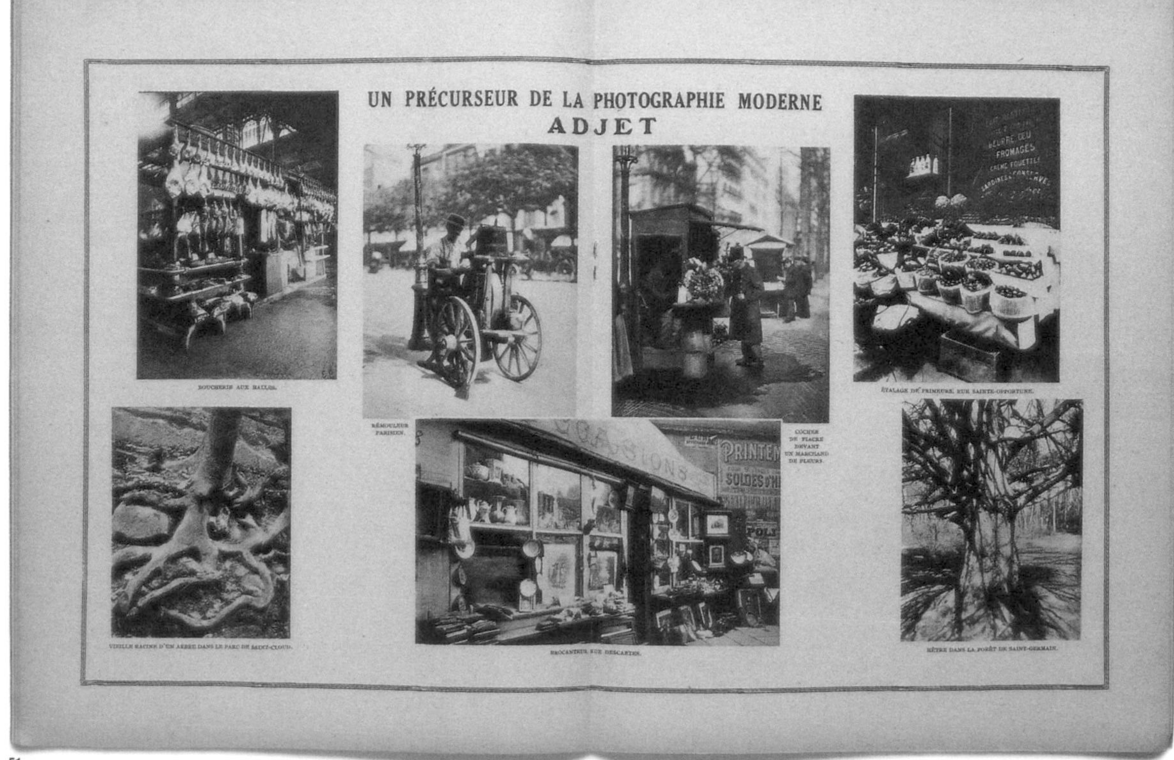

51

ATGET
49 — L'Art vivant vol. 5, 104 (15 de abril 1929), fotografías de Eugène Atget, Colección Juan Naranjo.
50 — Miniature Camera Work, fotografías de Eugène Atget, Morgan & Lester, Nueva York 1938, colección particular.
51 — L'Art vivant vol. 5, 97 (1 de enero 1929), fotografías de Eugène Atget, Colección Juan Naranjo.
49 — L'Art vivant vol. 5, 104 (15 April 1929) Photographs by Eugène Atget. Juan Naranjo Collection.
50 — Miniature Camera Work, Photographs by Eugène Atget, Morgan & Lester, New York 1938. Private collection.
51 — L'Art vivant vol. 5, 97 (1 January 1929) Photographs by Eugène Atget. Juan Naranjo Collection.

WILLI BAUMEISTER 1889 — 1955

PINTOR Y DISEÑADOR GRÁFICO. Desde 1919 se dedicó a la tipografía, la escenografía y la pintura, que había estudiado en Stuttgart, ciudad en la que nació y desarrolló casi toda su carrera. Fue miembro del **ring neue werbegestalter** desde 1927 y profesor de diseño gráfico en la Städelschule de Francfort entre 1928-33, año en el que fue despedido por las autoridades nacionalsocialistas.

► Wolfgang Kermer, ed, Willi Baumeister, Typographie und Werbegestaltung, Stuttgart 1985.

PAINTER AND GRAPHIC DESIGNER. From 1919, Baumeister worked in typography, scenography and painting, which he had studied in Stuttgart, the city in which he was born and spent most of his professional life. He was a member of the **ring neue werbegestalter** from 1927 and a teacher of graphic design at the Städelschule in Frankfurt between 1928 and 1933, the year in which he was dismissed by the National Socialist authorities.

► Wolfgang Kermer, ed. Willi Baumeister, Typographie und Werbegestaltung, Stuttgart 1985.

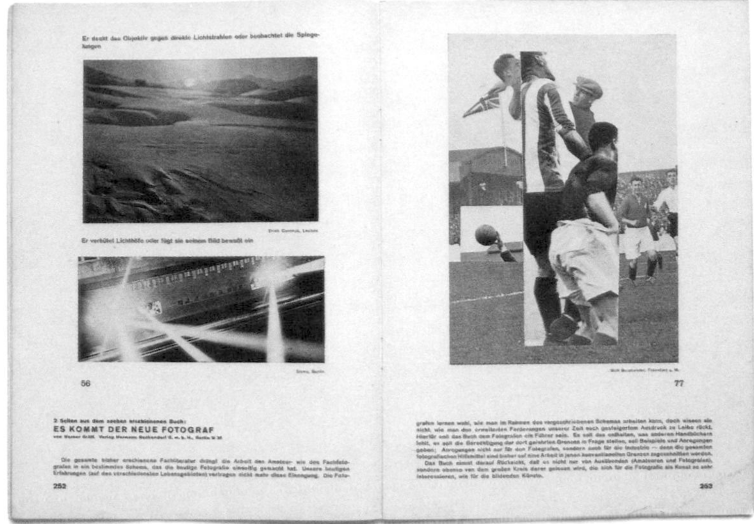

52

53

BAUMEISTER
52 — Die Form vol. 4, 10 (15 de mayo 1929), fotografías de Erich Czermak y Sasha Stone, fotomontaje de Willi Baumeister, IVAM.
53 — Das neue Frankfurt vol. 5, 4/5 (abril-mayo 1931), cubierta, diseño de Willi Baumeister, IVAM.
52 — Die Form vol. 4, 10 (15 May 1929) Photographs by Erich Czermak and Sasha Stone, photomontage by Willi Baumeister. IVAM.
53 — Das neue Frankfurt vol. 5, 4/5 (April/May 1931) Cover, design by Willi Baumeister. IVAM.

HERBERT BAYER 1900 — 1985

DISEÑADOR GRÁFICO Y FOTÓGRAFO. Estudió entre 1921 y 1923 en la Bauhaus, donde fue profesor en el departamento de artes gráficas y publicidad desde 1925 hasta 1928. Tras dejar la Bauhaus trabajó en Berlín como fotógrafo, pintor y diseñador gráfico en el estudio publicitario Dorland y en revistas como Die neue Linie y Vogue, de cuya edición berlinesa fue director de arte en 1928-29. También diseñó montajes de exposiciones, algunas con fotomurales. Fue uno de los diseñadores publicitarios más influyentes de los años treinta, con una utilización magistral de la fotografía, la tipo-foto y el fotomontaje en carteles, folletos y otras publicaciones. Su trabajo se reseñó con frecuencia en las revistas especializadas, como Gebrauchsgraphik, que le dedicó varios artículos. Sus fotografías del puente transbordador de Marsella se publicaron en Das Illustrierte Blatt y otras revistas. También hizo naturalezas muertas geométricas y fotomontajes enigmáticos, asimismo reproducidos con frecuencia. Como fotógrafo expuso en Film und Foto y otras muchas muestras internacionales de fotografía en la década de los treinta. En 1938 emigró a Nueva York, donde continuó su trabajo como diseñador gráfico y publicitario.

▸ Herbert Bayer, Photographic Works, Arco Center for Visual Arts, Los Angeles 1977; A.A. Cohen, Herbert Bayer The Complete Work, Cambridge, Mass. 1984.

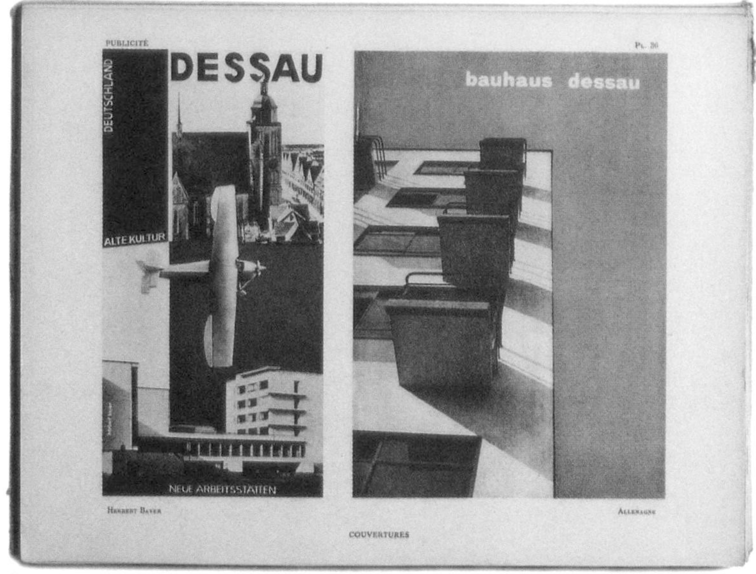

54

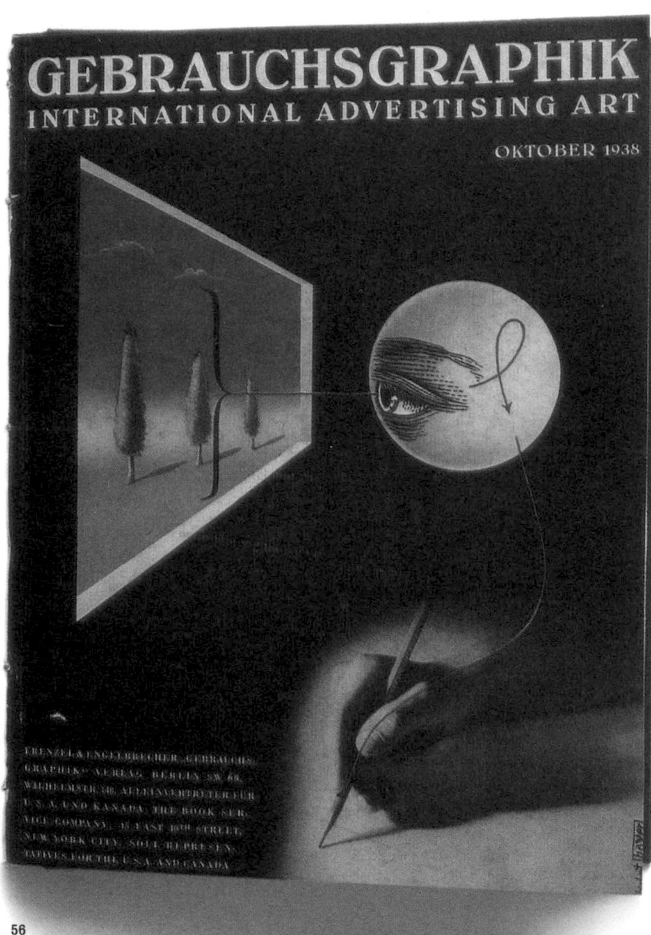

56

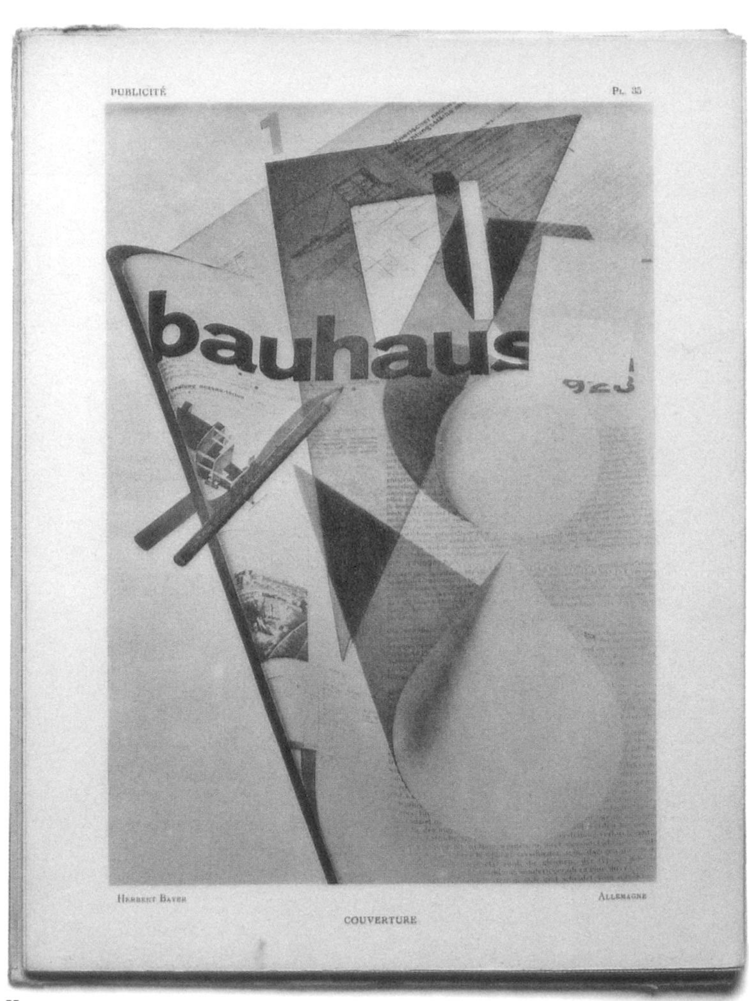

55

BAYER

54/55 — Publicité, L'Art international d'aujourd'hui 12, trabajos de la Bauhaus de Herbert Bayer, Éditions d'art Charles Moreau, París 1929, MNCARS.
56 — Gebrauchsgraphik vol. 15, 10 (octubre de 1938), cubierta, diseño de Herbert Bayer, colección particular.
57 — Gebrauchsgraphik vol. 15, 6 (junio de 1938), páginas publicitarias, diseño de Herbert Bayer, colección particular.
58 — Gebrauchsgraphik vol. 16, 4 (abril de 1938), páginas publicitarias, diseño de Herbert Bayer, colección particular.

54/55 — Publicité, L'Art international d'aujourd'hui 12, Works from the Bauhaus by Herbert Bayer, Éditions d'art Charles Moreau, Paris 1929. MNCARS.
56 — Gebrauchsgraphik vol. 15, 10 (October 1938) Cover, design by Herbert Bayer. Private collection.
57 — Gebrauchsgraphik vol. 15, 6 (June 1938) Publicity pages, design by Herbert Bayer. Private collection.
58 — Gebrauchsgraphik vol. 16, 4 (April 1938) Publicity pages, design by Herbert Bayer. Private collection.

HERBERT BAYER 1900 — 1985

GRAPHIC DESIGNER AND PHOTOGRAPHER. Herbert Bayer studied at the Bauhaus from 1921 to 1923, where he was also a teacher in the department of graphic arts and advertising, from 1925 to 1928. After leaving the Bauhaus he worked in Berlin as a photographer, painter and graphic designer in the Dorland advertising studio, as well as for magazines such as Die neue Linie and Vogue, of which he was art editor for the German edition in 1928-29. He also designed exhibitions, some with photomurals. He was one of the most influential advertising designers of the thirties, with a masterly use of photography, typo-photo and photomontage, in posters, pamphlets and other publications. His work was frequently reviewed in specialised magazines such as Gebrauchsgraphik, which featured him in several articles. His photographic work covering the Marseille transporter bridge was published in Das Illustrierte Blatt, and other magazines. Bayer also produced geometric still lifes and enigmatic photomontages, which were also repeatedly published. His photographs were exhibited in Film und Foto and many other international photographic exhibitions in the decade of the thirties. He emigrated to New York in 1938, where he continued his work as graphic and publicity designer.

▸ Herbert Bayer, Photographic Works, Arco Center for Visual Arts, Los Angeles 1977; A.A. Cohen, Herbert Bayer The Complete Work, Cambridge, Mass. 1984.

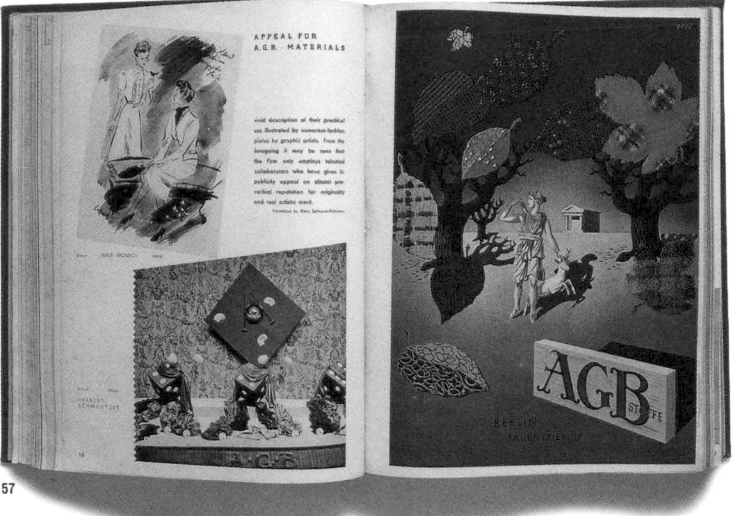

57

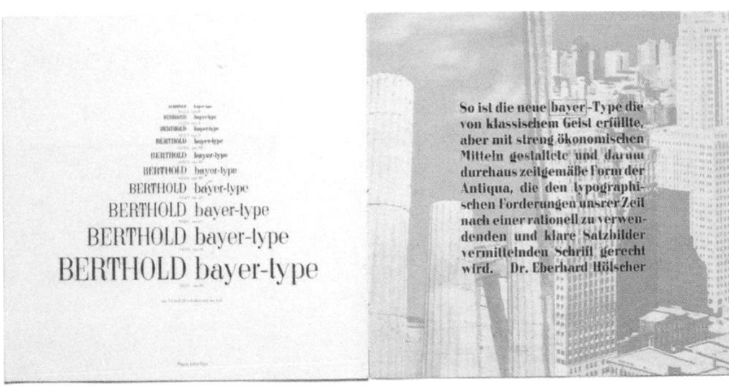
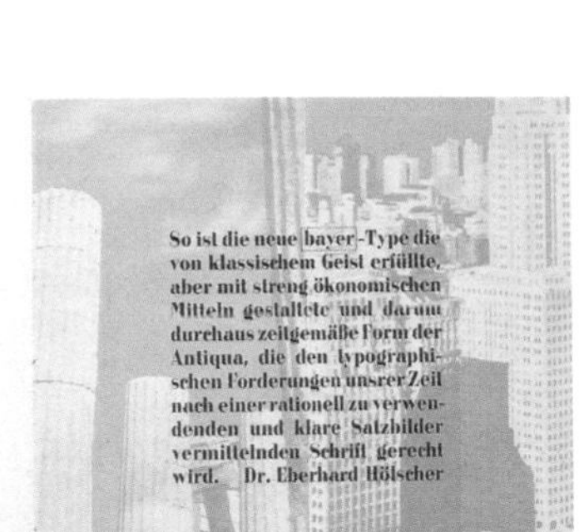

59

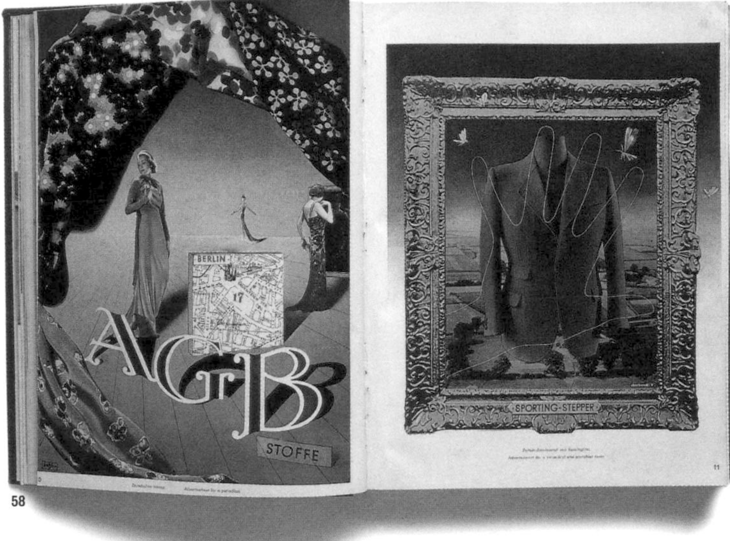

58

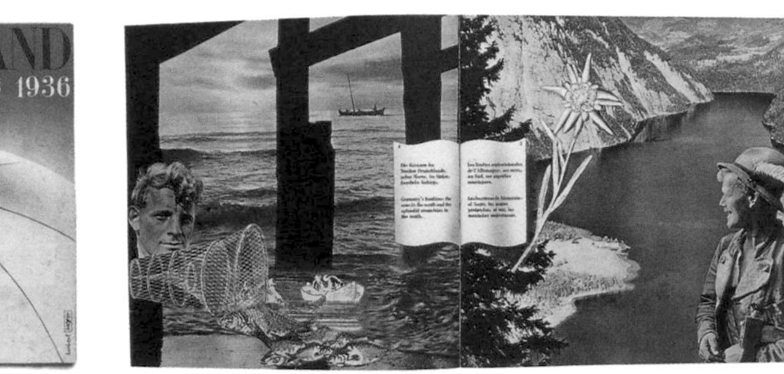

60

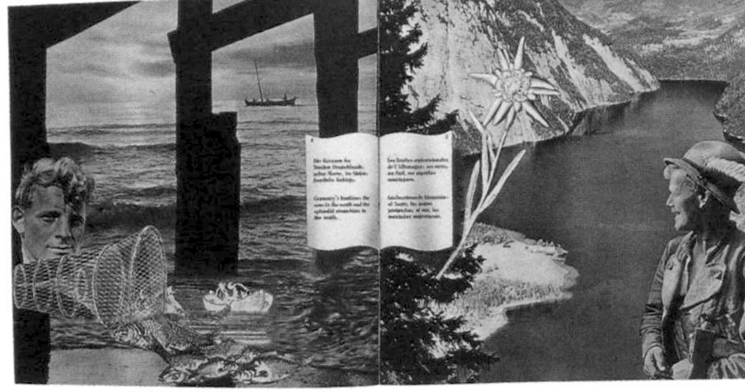

61

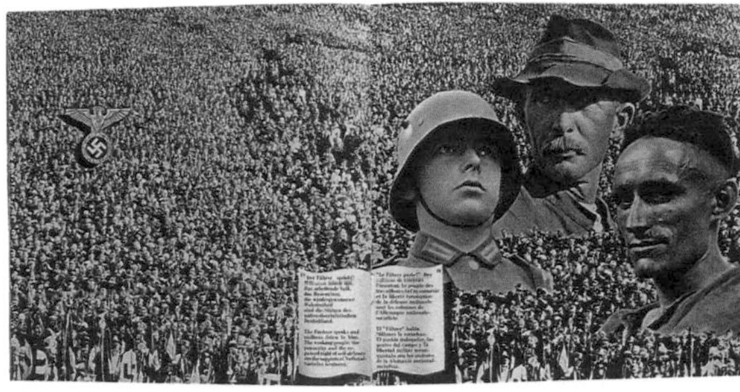

62

BAYER
59 — Berthold Bayer-type, folleto tipográfico, diseño y fotomontajes de Herbert Bayer, Berlín 1933, IVAM.
60/64 — Deutschland Ausstellung, catálogo de exposición, diseño y fotomontajes de Herbert Bayer, Berlín 1936, colección particular.
59 — Berthold Bayer-type. Typographical leaflet, design and photomontages by Herbert Bayer, Berlin 1933, IVAM.
60/64 — Deutschland Ausstellung. Exhibition catalogue, design and photomontages by Herbert Bayer, Berlin 1936. Private collection.

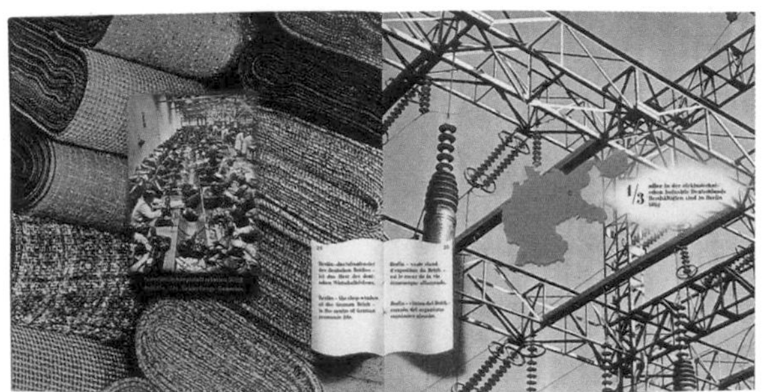

63

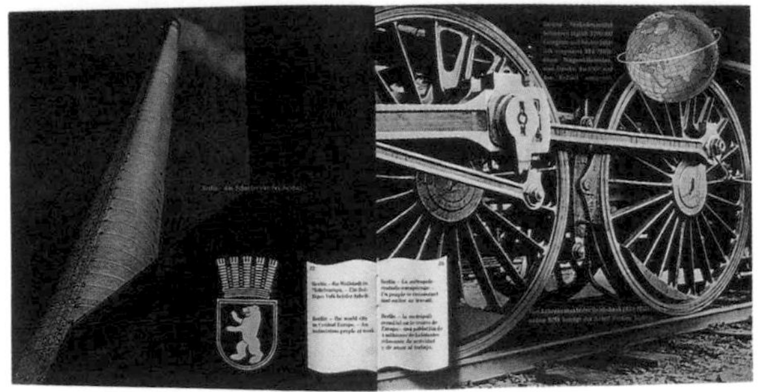

64

LESTER BEALL 1903 — 1969

DISEÑADOR GRÁFICO Y CARTELISTA. Estudió en la Lane Technical School y la universidad de Chicago, donde se doctoró en 1926 en historia del arte, con lo que logró un conocimiento del arte europeo de vanguardia que luego aplicó al diseño gráfico. Desde 1926 trabajó en Chicago como diseñador independiente hasta que en 1935 estableció un estudio en Nueva York. Entre 1938-40 diseñó veinte revistas para la editorial McGraw Hill y entre 1937-41 produjo carteles para la Rural Electrification Administration, caracterizados por su simplicidad geométrica, los colores planos y sus potentes imágenes, a menudo fotográficas. Diseñó también revistas y folletos. En 1937 hizo una exposición individual en el Museum of Modern Art de Nueva York.

GRAPHIC DESIGNER AND POSTER-MAKER. Beall studied at the Lane Technical School in Chicago and in 1926 obtained his doctorate in the history of art at the University of Chicago. He would later apply his knowledge of European avant-garde art gained during his studies to graphic design. He worked in Chicago as an independent designer from 1926 until, in 1935, he set up a studio in New York. Between 1938-40 he designed twenty magazines for the publishers McGraw Hill and from 1937 to 1941 he produced posters for the Rural Electrification Administration. These posters were characterised by their geometric simplicity, flat colours and powerful images, which were often photographic. He also designed magazines and pamphlets and, in 1937, was the subject of an individual exhibition at the Museum of Modern Art in New York.

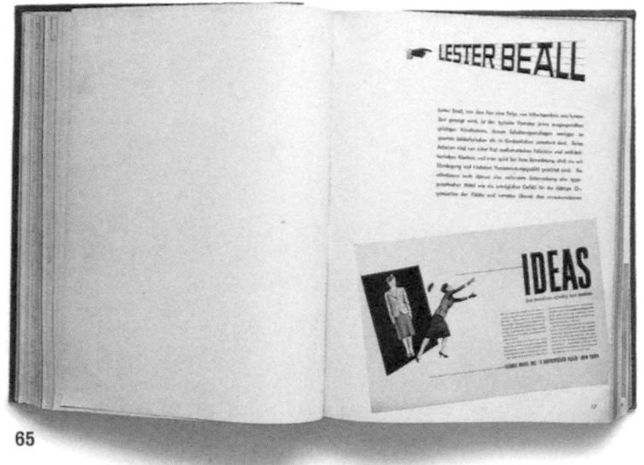

65

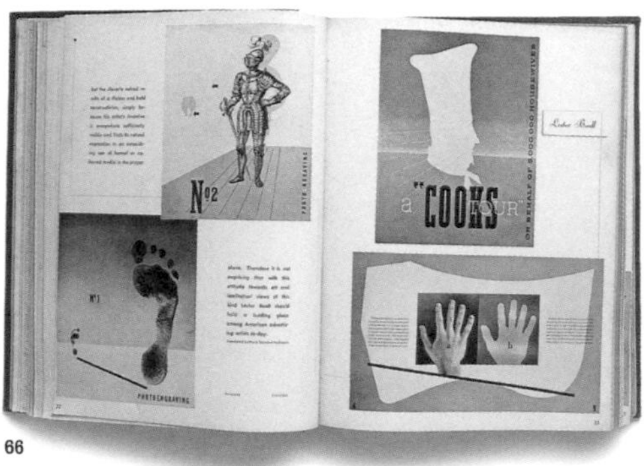

66

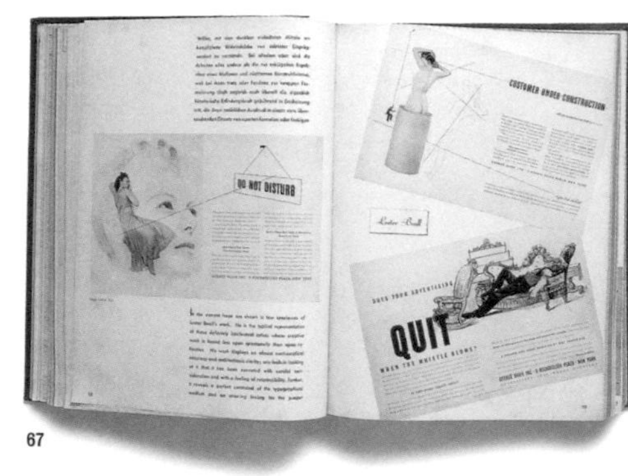

67

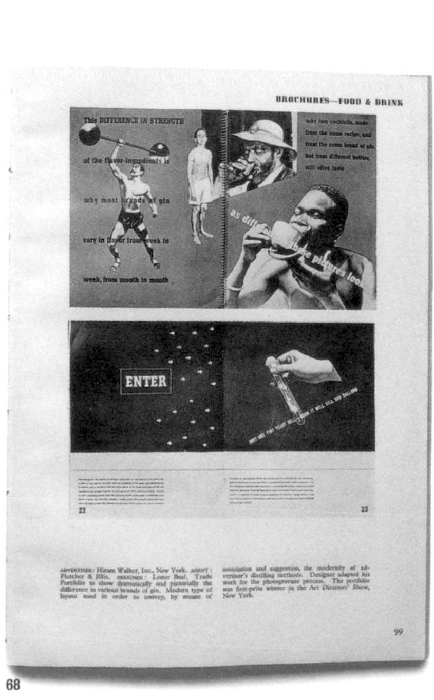

68

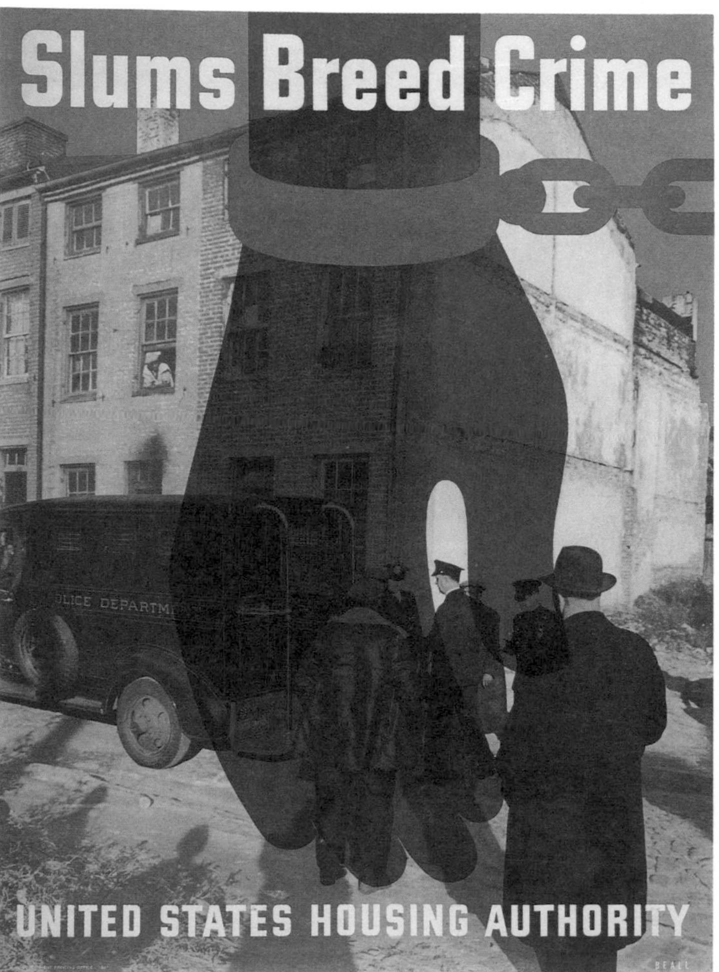

69

BEALL
65/67 — Gebrauchsgraphik vol. 16, 4 (abril 1939), diseños de Lester Beall, colección particular.
68 — Modern Publicity 1937-38, The Studio, Londres y Nueva York 1938, MNCARS.
69 — Lester Beall, Slums Breed Crime. United States Housing Authority, cartel, Merrill C. Berman Collection.
65/67 — Gebrauchsgraphik vol. 16, 4 (April 1939) Design by Lester Beall. Private collection.
68 — Modern Publicity 1937-38, The Studio, London and New York 1938, MNCARS.
69 — Lester Beall, Slums Breed Crime, United States Housing Authority. Poster, Merrill Berman Collection.

CECIL BEATON 1904 — 1980

FOTÓGRAFO, ESCENÓGRAFO. Estudió historia y arquitectura en Cambridge. Se formó como fotógrafo entre 1922-25. Especializado en retratos y moda, publicó sus fotografías desde 1928 en Vogue y Vanity Fair, así como en Lilliput y Life, a finales de los treinta. Publicó foto-libros con sus fotografías, montajes y dibujos.

► Cecil Beaton, The Book of Beauty, Londres 1930; Cecil Beaton's Scrapbook, Nueva York y Londres 1937; Cecil Beaton's New York, Londres 1938; James Danziger, ed, Beaton, Londres 1980; Hugo Vickers, Cecil Beaton; The Authorized Biography, Londres 1985.

PHOTOGRAPHER, SCENOGRAPHER. Beaton studied history and architecture at Cambridge, and trained as a photographer in the years 1922-25. A specialist in portraits and fashion, his photographs have been published in Vogue and Vanity Fair since 1928, as they were in Lilliput and Life in the late thirties. He also published photo-books containing his photographs, montages and drawings.

► Cecil Beaton, The Book of Beauty, London 1930; Cecil Beaton's Scrapbook, New York and London 1937; Cecil Beaton's New York, London 1938; James Danziger, ed. Beaton, London 1980; Hugo Vickers, Cecil Beaton; The Authorized Biography, London 1985.

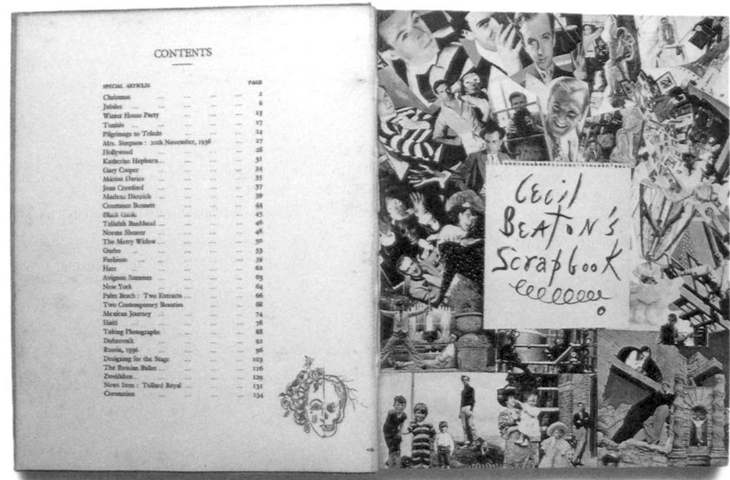

70

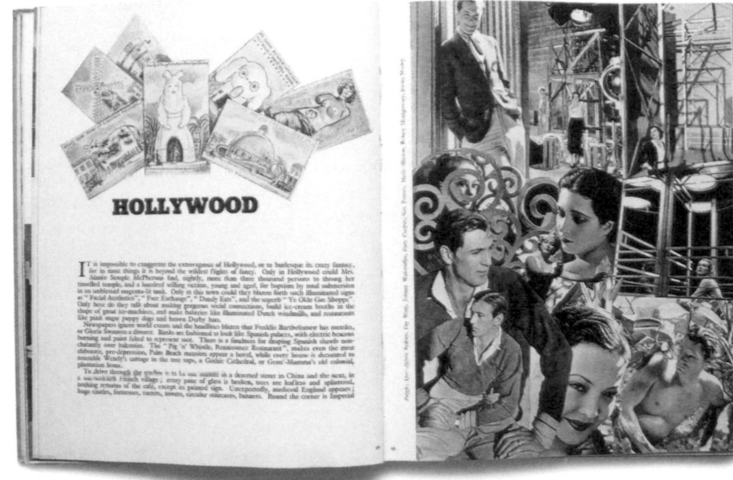

71

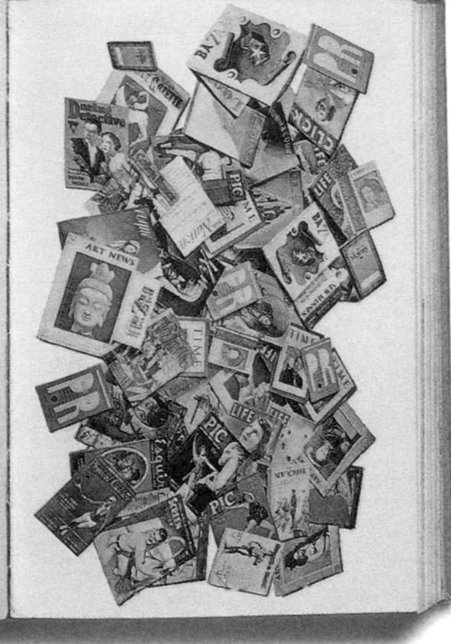

72

73

BEATON

70/71 — Cecil Beaton, Cecil Beaton's Scrapbook, fotografías y montajes de Cecil Beaton, B.T. Batsford, Londres 1937, MNCARS.
72 — Cecil Beaton, Cecil Beaton's New York. Illustrated from drawings by the Author and from photographs by the Author and others, J.B. Lippincott Co., Filadelfia y Nueva York 1938, colección particular.
73 — Lilliput vol. 4, 19 (enero 1939), fotografías de Cecil Beaton, colección particular.

470/71 — Cecil Beaton, Cecil Beaton's Scrapbook. Photographs and montages by Cecil Beaton, B.T. Batsford, London 1937, MNCARS.
72 — Cecil Beaton, Cecil Beaton's New York. Illustrated from drawings by the Author and from photographs by the Author and others. J.B. Lippincott Co., Philadelphia and New York 1938. Private collection.
73 — Lilliput vol. 4, 19 (January 1939) Photographs by Cecil Beaton. Private collection.

HANS BELLMER 1902 — 1975

Nacido en Katowize (Polonia), durante sus estudios de ingeniería en la Universidad Técnica de Berlín recibió clases de dibujo de Georg Grosz y conoció a John Heartfield, y trabajó luego en Malik Verlag como diseñador gráfico. En 1933 construyó una muñeca articulada, que utilizó como modelo de fotografías fetichistas, publicadas en 1934 como libro y en la revista Minotaure. En 1938 se trasladó a París, en donde participó en las actividades del grupo surrealista.

▸ H. Bellmer, Die Puppe. Erinnerungen zum Thema Puppe, Karlsruhe 1934; La poupée, París 1936; Hans Bellmer photographe, cat. Centre G. Pompidou, París 1984; Carl Haenlein, ed, Hans Bellmer Photographien, Hannover 1984.

Bellmer was born in Katowize (Poland). While studying engineering at the Technische Hochschule in Berlin he took drawing classes with Georg Grosz and met John Heartfield. Bellmer went on to work for Malik Verlag as a graphic designer. In 1933 he built an articulated doll which he used as a model in fetish photographs, published in 1934 in book form and a year later in the magazine Minotaure. He moved to Paris in 1938 where he took part in the activities of the Surrealist group.

▸ H. Bellmer, Die Puppe. Erinnerungen zum Thema Puppe, Karlsruhe 1934; La poupée, Paris 1936; Hans Bellmer photographe, cat. Centre G. Pompidou, Paris 1984. Carl Haenlein, ed. Hans Bellmer Photographien, Hanover 1984.

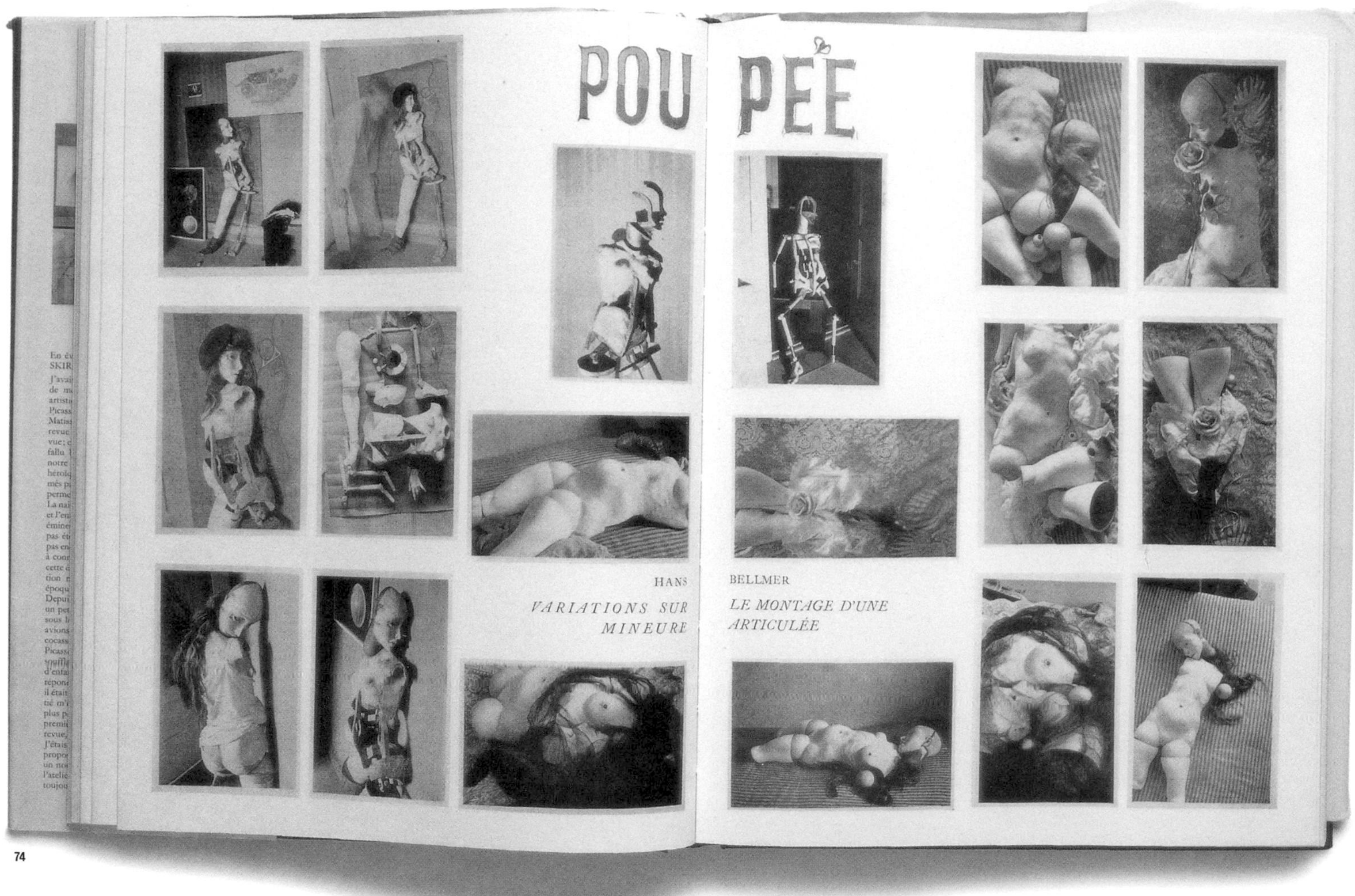

74

BELLMER
74 — Minotaure 6 (1934), fotografías de Hans Bellmer, MNCARS.

74 — Minotaure 6 (1934) Photographs by Hans Bellmer, MNCARS.

AENNE BIERMANN 1898 — 1933

FOTÓGRAFA. Estudió música hasta que en 1922 comenzó a dedicarse a la fotografía. A partir de 1929 sus fotos se publicaron en numerosas revistas como Das Kunstblatt, Variétés, Die Form, Das Werk, Das neue Frankfurt o los anuarios Photographie y Modern Photography. En 1930 publicó un foto-libro, diseñado por Jan Tschichold y con un importante texto del historiador de arte y fotógrafo Franz Roh.

► Aenne Biermann Photographien 1925-1933, Berlín 1987.

PHOTOGRAPHER. Biermann was a student of music until, in 1922, she took up photography. From 1929 her photographs were published in numerous magazines, such as Das Kunstblatt, Variétés, Die Form, Das Werk, Das neue Frankfurt, and the annuals Photographie and Modern Photography. In 1930 she published a photo-book designed by Jan Tschichold, which included an important article written by the art and photography historian Franz Roh.

► Aenne Biermann Photographien 1925-1933, Berlin 1987.

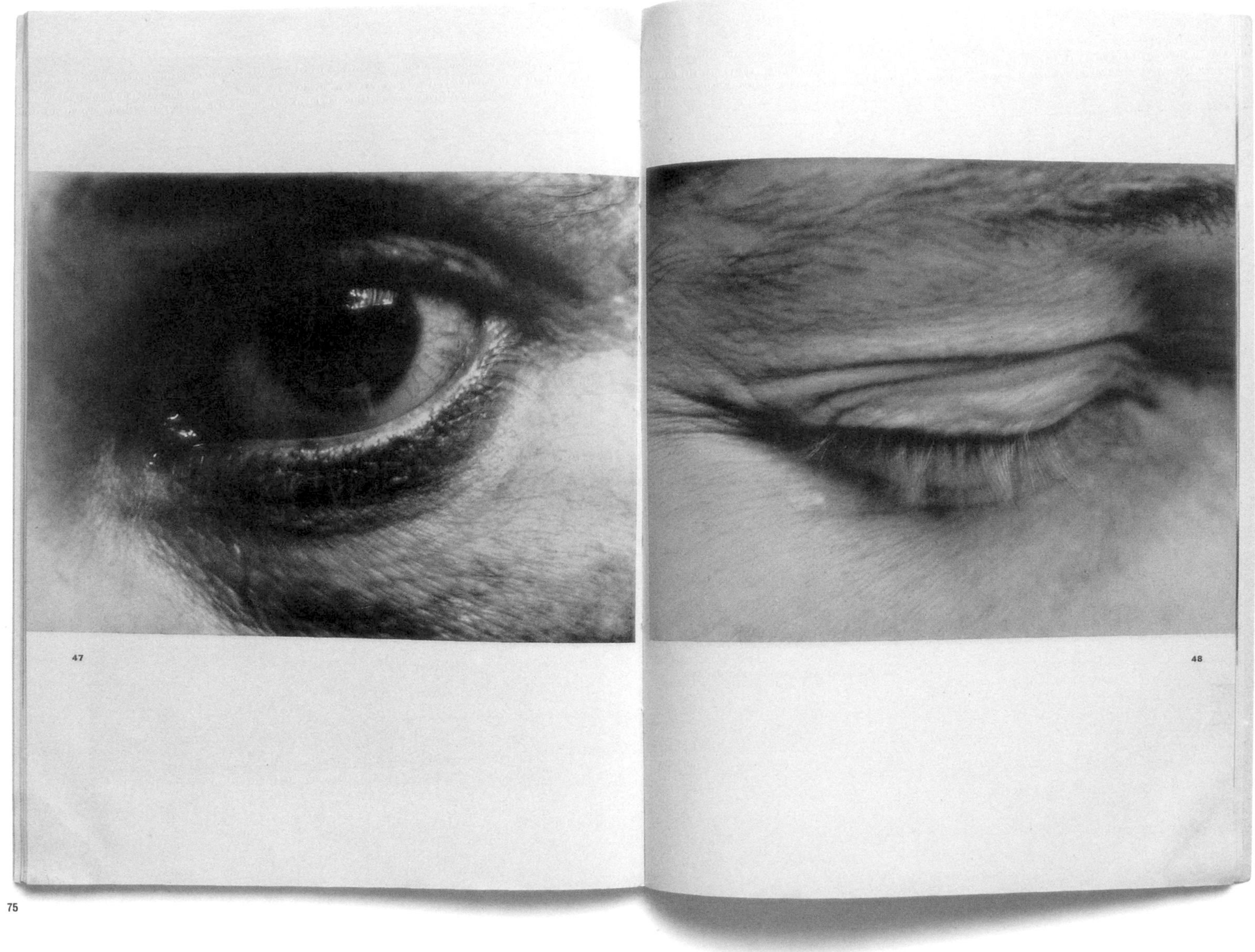

75

BIERMANN

75 — Aenne Biermann, 60 Fotos. 60 Photos. 60 Photographies, Fototek 2, Klinkhardt & Biermann, Berlín 1930, MNCARS.

75 — Aenne Biermann, 60 Fotos. 60 Photos. 60 Photographies. Fototek 2, Klinkhardt & Biermann, Berlin 1930, MNCARS.

JOSEPH BINDER 1898 — 1972

DISEÑADOR GRÁFICO, PINTOR. Nacido en Viena, estudió pintura en la Escuela de Artes Decorativas. En 1924 abrió un estudio de diseño gráfico en Viena. Durante los años treinta se dedicó a la publicidad, hizo carteles y diseñó cubiertas de revistas en tipo-foto. También escribió un libro técnico, Colour in Advertising (Londres 1934). Emigró en 1935 a los Estados Unidos y al año siguiente abrió un nuevo estudio en Nueva York, donde continúo su trabajo.

► Carla Binder, Joseph Binder, ein Gestalter seiner Umwelt. Plakate, Werke graphischer und freier Kunst, Viena 1976.

GRAPHIC DESIGNER, PAINTER. Born in Vienna, Binder studied painting in the Kunstgewerbeschule and, in 1924, opened a studio in Vienna. During the thirties he worked in advertising, making posters and designing magazine covers in typo-photo. He also wrote a technical book, Colour in Advertising (London 1934). He emigrated to the United States in 1935 and, the following year, opened a new studio in New York, where he continued his work.

► Carla Binder, Joseph Binder, ein Gestalter seiner Umwelt. Plakate, Werke graphischer und freier Kunst, Vienna 1976.

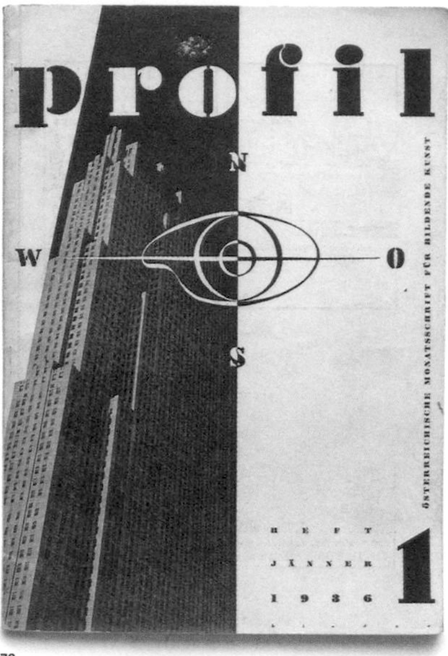

76

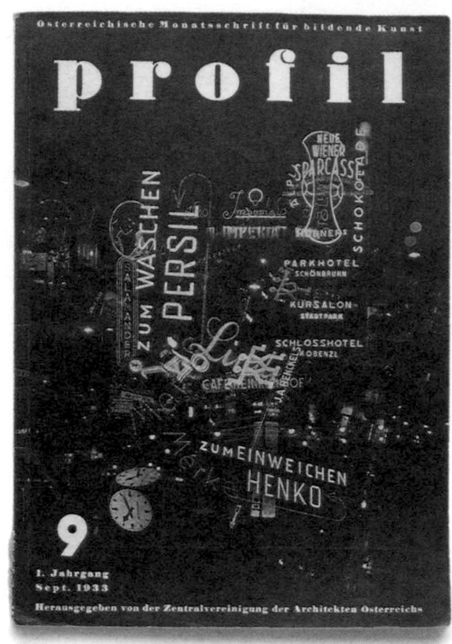

77

MAX BITTROF 1890 — 1972

DISEÑADOR GRÁFICO. En 1919 se instaló en Francfort, donde desarrolló su carrera de diseñador, publicista y tipógrafo. Fue miembro fundador del Bund deutscher Gebrauchsgraphiker en 1923.

► Friedrich Friedl, "Max Bittrof", Eye 9 (1993).

GRAPHIC DESIGNER. Bittrof moved to Frankfurt in 1919, where he pursued his career as designer, publicist and typographer. He was a founder member of the Bund deutscher Gebrauchsgraphiker, in 1923.

► Friedrich Friedl, "Max Bittrof", Eye 9 (1993).

BITTROF
AUG. OSTERRIETH
FRANKFURT A. MAIN
OFFSET-DRUCK
WIR DRUCKEN
PLAKATE
PROSPEKTE
KATALOGE
ETIKETTEN
GEGR. 1831
GRAPHISCHER GROSSBETRIEB
AUGUST OSTERRIETH
Frankfurt·M·Zeil 116·Tel.Hansa 7905/07

78

BINDER

76 — Profil vol. 3, 1 (enero 1936), cubierta de Joseph Binder, Colección Juan Naranjo.
77 — Profil vol. 1, 9 (septiembre 1933), Colección Juan Naranjo.
76 — Profil vol. 3, 1 (January 1936) Cover by Joseph Binder. Juan Naranjo Collection.
77 — Profil vol. 1, 9 (September 1933) Juan Naranjo Collection.

BITTROF

78 — Gebrauchsgraphik vol. 5, 12 (diciembre 1928), cartel de Max Bittrof, colección particular.
78 — Gebrauchsgraphik (Berlin) vol. 5, 12 (December 1928) Poster by Max Bittrof. Private collection.

KARL BLOSSFELDT 1865 — 1932

FOTÓGRAFO Y BIÓLOGO. En 1928 publicó un foto-libro sobre preparaciones botánicas, fotos en las que trabajó sistemáticamente entre 1900-32. Sus imágenes de fragmentos de plantas disecadas y ampliadas son una versión técnica de la naturaleza que se publicó en muchas revistas y anuarios fotográficos en los años treinta.

► K. Blossfeldt, Urformen der Kunst. Photographische Pflanzenbilder, Berlín 1928; Wundergarten der Natur, Berlín 1932. Karl Blossfeldt Fotografien 1900-1932, cat. Rheinischen Landesmuseum, Bonn 1976. Karl Blossfeldt, Colonia 1994.

PHOTOGRAPHER AND BIOLOGIST. Blossfeldt published a photobook on botanical preparations in 1928, working systematically on the photographs it contained between 1900 and 1932. Its magnifications of dissected plants are a technical version of the naturalistic photographs that were being published in many magazines and photographic annuals during the thirties.

► K. Blossfeldt, Urformen der Kunst. Photographische Pflanzenbilder, Berlin 1928; Wundergarten der Natur, Berlin 1932. Karl Blossfeldt Fotografien 1900-1932, cat. Rheinischen Landesmuseum, Bonn 1976. Karl Blossfeldt, Cologne 1994.

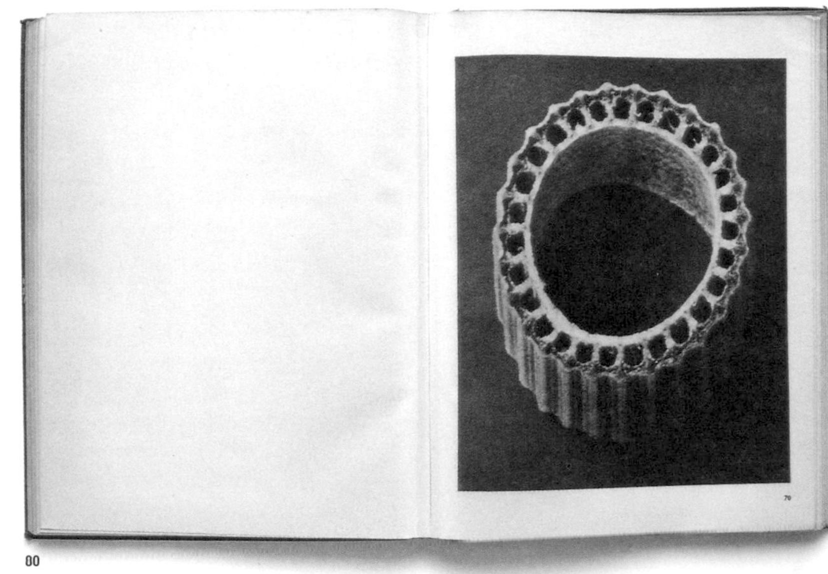

00

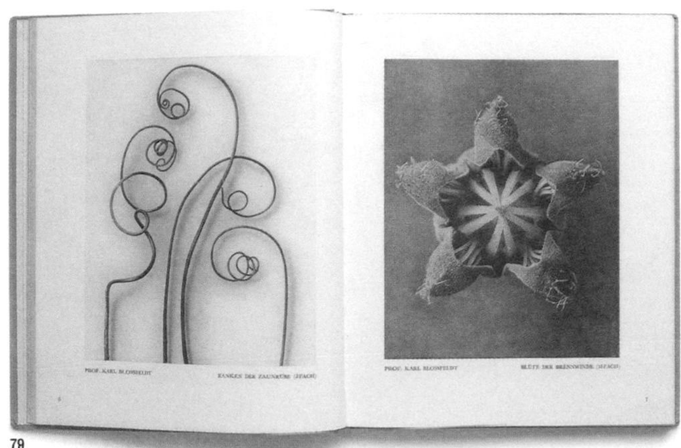

79

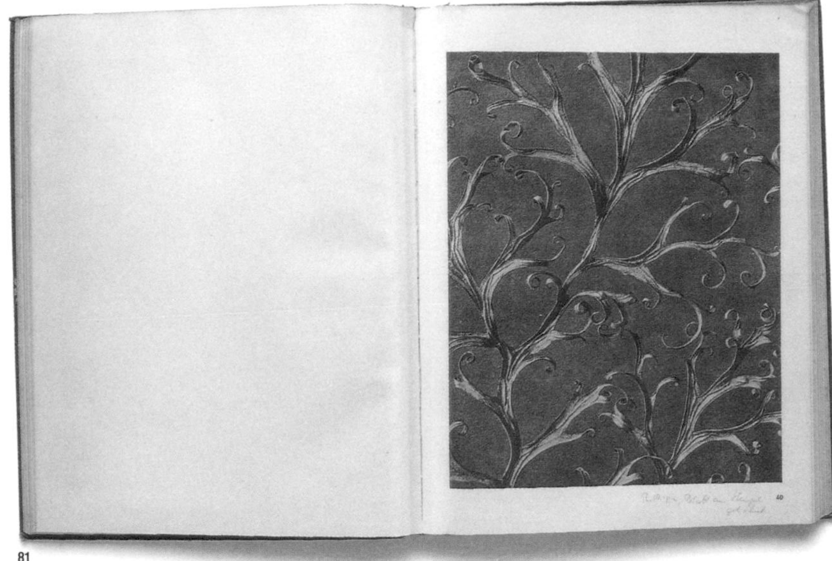

81

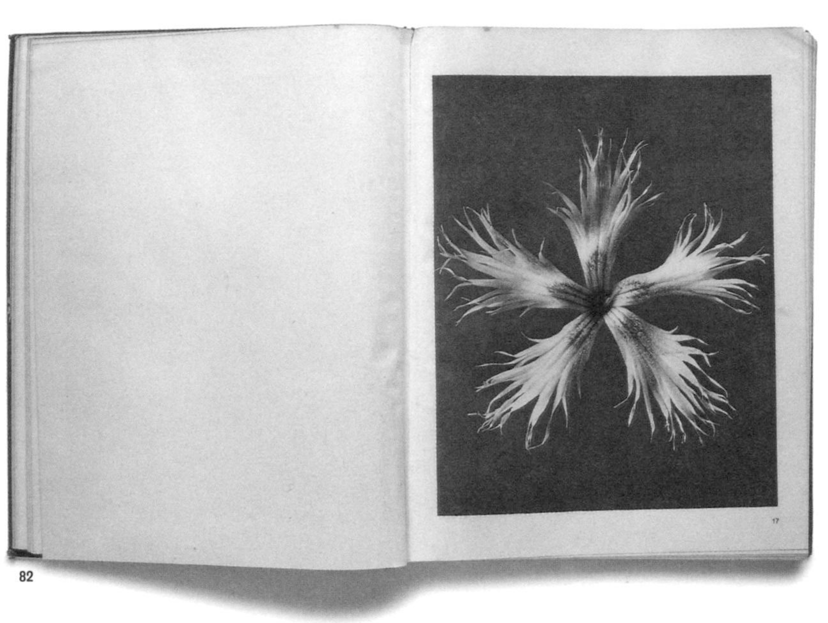

82

BLOSSFELDT
79 — Das deutsche Lichtbild 1930, fotografías de Karl Blossfeldt, Robert & Bruno Schultz, Berlín 1931, colección particular.
80/82 — Karl Blossfeldt, Wunder in der Natur. Bild-Dokumente schöner Pflanzenformen, 120 fotografías, Pantheon-Verlag für Kunstwissenschaft, H. Schmidt & C. Gunther, Leipzig 1942, [reedición de Urformen der Kunst], Colección Juan Naranjo.
79 — Das deutsche Lichtbild 1930. Photographs by Karl Blossfeldt, Robert & Bruno Schultz, Berlin 1931. Private collection .
80/82 — Karl Blossfeldt, Wunder in der Natur. Bild-Dokumente schöner Pflanzenformen, 120 photographs, Pantheon-Verlag für Kunstwissenschaft, H. Schmidt & C. Gunther, Leipzig 1942, [re-edition by Urformen der Kunst]. Juan Naranjo Collection .

ERWIN BLUMENFELD 1897 — 1969

FOTÓGRAFO. Nacido en Berlín, vivió las actividades del grupo dadaísta berlinés a finales de la Primera Guerra Mundial, y publicó collages fotográficos con el nombre de Bloomfield. Trasladado a Amsterdam, desde 1922 hasta 1935 fue fotógrafo aficionado. En los primeros treinta comenzó a fotografiar desnudos femeninos con técnicas experimentales (solarización, copia en negativo, combinación positivo-negativo, reticulaciones). En 1936 se trasladó a París y abrió un estudio, en el que se dedicó al retrato y la moda. Publicó en revistas como Verve, Photographie, Lilliput, Votre Beauté o Vogue, que le contrató en 1938. Al año siguiente se trasladó a Nueva York para trabajar en Harper's Bazaar.

▸ Erwin Blumenfeld, Meine 100 besten Fotos, Berna 1979; Spiegelbeeld, Amsterdam 1980; Dada, collages e fotografie 1916-1930, Milán 1989; Fotografie 1933-1968, Milán 1989.

PHOTOGRAPHER. Born in Berlin, Blumenfeld lived the activities of the Berlin Dadaist group during the final stages of the First World War, publishing photographic collages under the name of Bloomfield. He moved to Amsterdam, and from 1922 to 1935 practised amateur photography. At the beginning of the thirties he began to take female nude photographs, using experimental techniques (solarization, negative copy, positive-negative combination, and reticulation). He moved to Paris in 1936 and opened a studio in which he concentrated on portrait and fashion photography. His work was published in magazines such as Verve, Photographie, Lilliput, Votre Beauté and Vogue, the magazine that hired him in 1938. The following year he moved to New York, being contracted onto the staff of Harper's Bazaar.

▸ Erwin Blumenfeld, Meine 100 besten Fotos, Bern 1979; Spiegelbeeld, Amsterdam 1980; Dada, collages e fotografie 1916-1930, Milan 1989; Fotografie 1933-1968, Milan 1989.

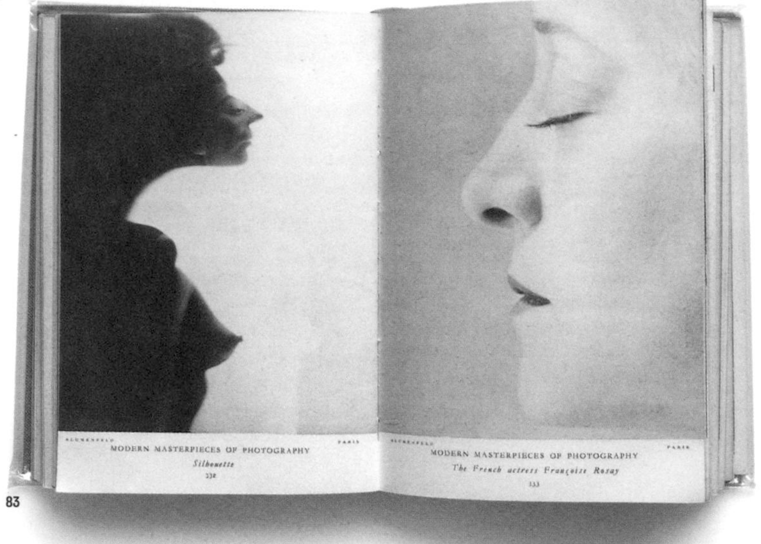

83

84

BLUMENFELD
83 — Lilliput vol. 3, 15 (septiembre 1938), fotografías de Blumenfeld, colección particular.
84 — Lilliput vol. 3, 13 (julio 1938), fotografías de Blumenfeld, colección particular.
83 — Lilliput vol. 3, 15 (September 1938) photographs by Blumenfeld. Private collection.
84 — Lilliput vol. 3, 13 (July 1938) photographs by Blumenfeld. Private collection.

PIERRE BOUCHER 1908

FOTÓGRAFO, FOTOMONTADOR. Nació en París, donde estudió en la Escuela de artes aplicadas. En 1931 publicó sus fotos por primera vez en Photographie. En 1934 comenzó a trabajar en el estudio de fotografía publicitaria de Réne Zuber, donde se especializó en tipo-foto. Desde el año siguiente se interesó por la fotografía experimental (distorsiones, fotomontajes, fotogramas, solarizaciones) e hizo fotos con las que ilustró un libro técnico de Marcel Natkin en 1938. También fue autor de desnudos. Sus fotografías se encuentran en revistas como Art et Médecine, Paris-Magazine, Le Document, Revue Ford, Vu o Regards.

▸ Fumée, folleto publicitario, París 1930; M. Natkin, Truquages en photographie, París 1938.

PHOTOGRAPHER AND PHOTOMONTEUR. Boucher was born in Paris, where he studied at the School of Applied Arts. His photographs were first published in 1931 in Photographie. In 1934 he started work in the Réne Zuber advertising studio, where he specialised in typo-photo. His interest in experimental photography (distortions, photomontage, photograms, and solarization) began the following year, when he took the photos with which he illustrated a technical book by Marcel Natkin, in 1938. He also took nude photographs. His pictures may be found in magazines such as Art et Médecine, Paris-Magazine, Le Document, Revue Ford, Vu and Regards.

▸ Fumée, brochure, Paris 1930; M. Natkin, Truquages en photographie, Paris 1938.

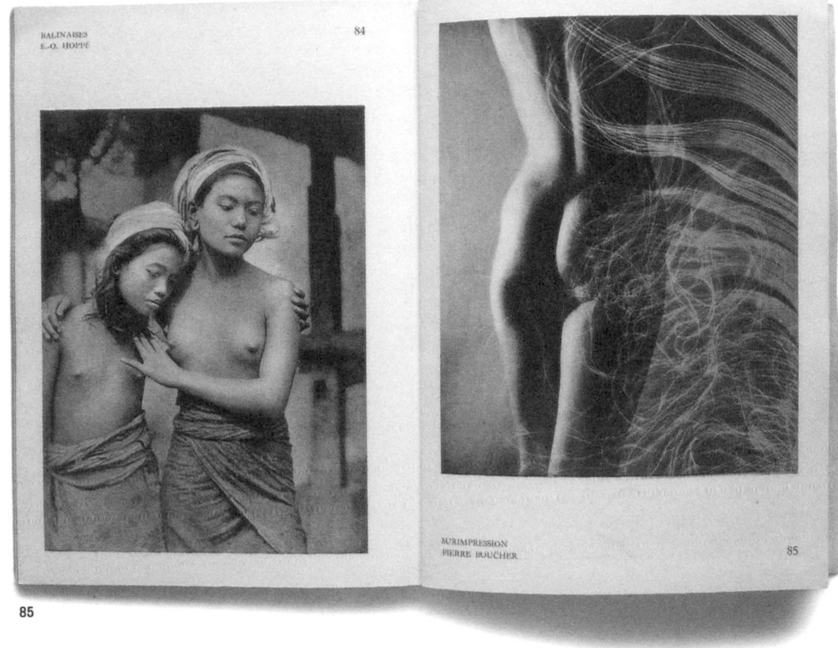

85

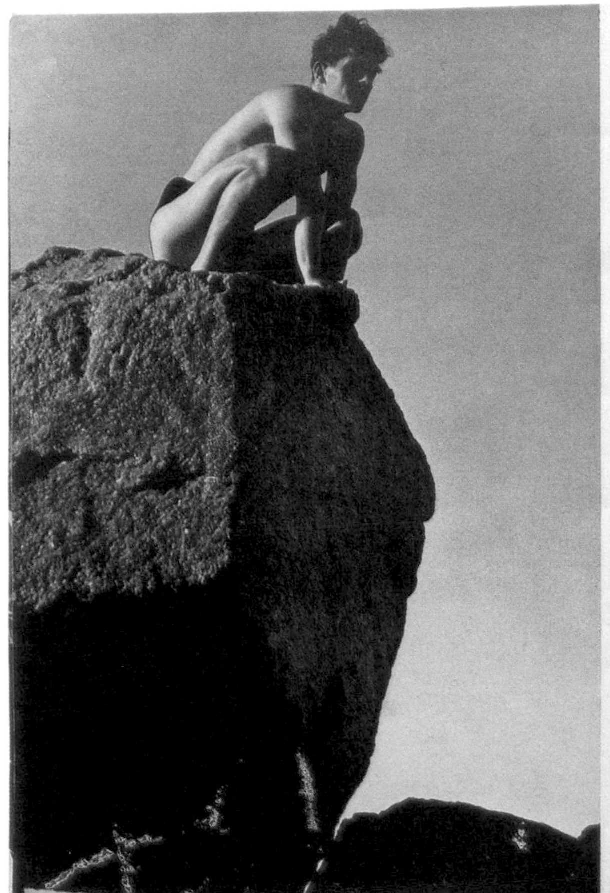
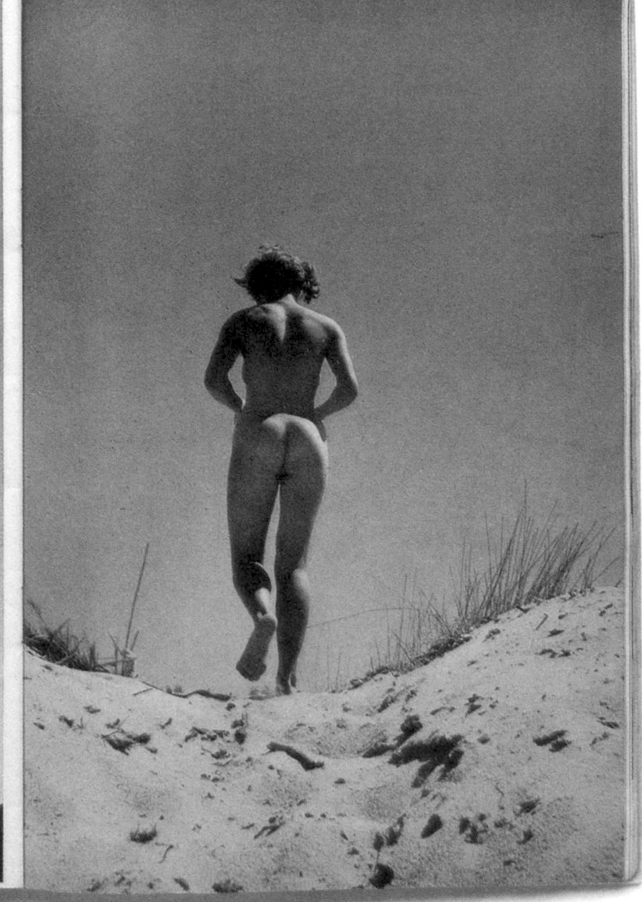

86

BOUCHER

85 — Nus. La beauté de la femme, Album du premier salon international de nu photographique 1933, fotomontaje de Pierre Boucher, Masclet, París 1933, colección particular, Barcelona.
86 — Paris-Magazine 38 (octubre 1934), fotografías de Pierre Boucher, colección particular.

85 — Nus. La beauté de la femme, Album du premier salon international de nu photographique 1933 Photomontage by Pierre Boucher, Masclet, Paris 1933. Private collection, Barcelona.
86 — Paris-Magazine 38 (October 1934) Photographs by Pierre Boucher. Private collection.

MARGARET BOURKE-WHITE 1904 — 1971

FOTÓGRAFA. En 1922 estudió en la escuela de fotografía de Clarence H. White en Nueva York. En 1927 se trasladó a Cleveland, donde residió hasta 1930. Ese año comenzó a hacer fotografías para Fortune y se dedicó a la fotografía industrial y publicitaria. Sus fotografías industriales, entre las máximas realizaciones de la estética maquinista, se publicaron en foto-libros como The Story of Steel (Nueva York 1928). Por encargo de Fortune, viajó a Alemania para fotografiar la nueva industria europea en 1930 y luego a la URSS, a donde volvió en los años siguientes. Con las fotografías hechas en la URSS publicó nuevos foto-libros, Eyes in Russia (Nueva York 1931) y USSR Photographs (Nueva York 1934). Dedicada a la fotografía documental y humanista, desde 1934 hizo reportajes en Estados Unidos mostrando las condiciones de vida de los campesinos empobrecidos por la Depresión económica en un estilo parecido al de los fotógrafos de la FSA. Fruto de esos reportajes fue un foto-libro en colaboración con el escritor Erskine Caldwell, You Have Seen Their Faces (Nueva York 1937). Desde 1936 trabajó para Life.

▸ M. Bourke-White, Portrait of Myself, Nueva York 1963; J. Silverman, For All the World See: The Life of Margaret Bourke-White, Nueva York 1983; V. Goldberg, Margaret Bourke-White, Nueva York 1988.

PHOTOGRAPHER. Margaret Bourke-White studied at the Clarence H. White School of photography and, in 1927, moved to Cleveland, where she lived until 1930. It was in that year that she started taking photos for Fortune and took up industrial and advertising photography. Her industrial photographs, considered among the most impressive of the machinist aesthetic, were published in photo-books such as The Story of Steel (New York 1928). She travelled to Europe in 1930, commissioned by Fortune to photograph the new European industry and, later, to the USSR, where she would return on various occasions during the following years. The photographs she took in the Soviet Union were published in new photo-books, Eyes in Russia (New York 1931) and USSR Photographs (New York 1934). From 1934 she concentrated on documentary and Humanist photography and produced photo essays in the United States which showed the conditions of life of rural Americans, impoverished by the economic Depression, in a style similar to that used by the FSA photographers. Fruit of these essays was the photo-book, produced in collaboration with the writer Erskine Caldwell, You Have Seen Their Faces (New York 1937). She worked for Life magazine from 1936.

▸ M. Bourke-White, Portrait of Myself, New York 1963; J. Silverman, For All the World to See: The Life of Margaret Bourke-White, New York 1983; V. Goldberg, Margaret Bourke-White, New York 1988.

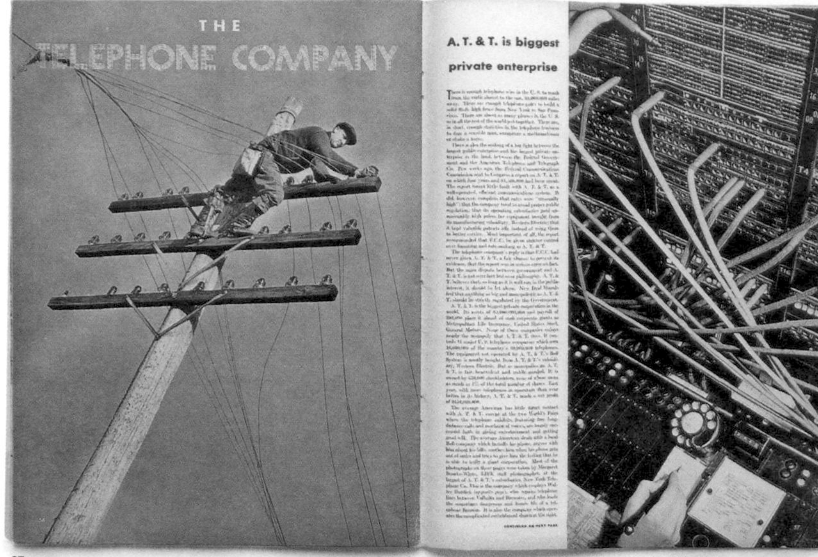

87

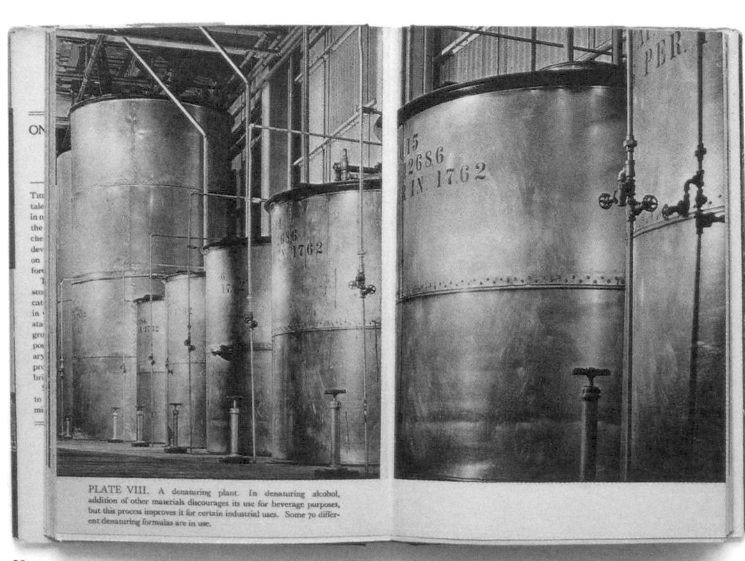

88

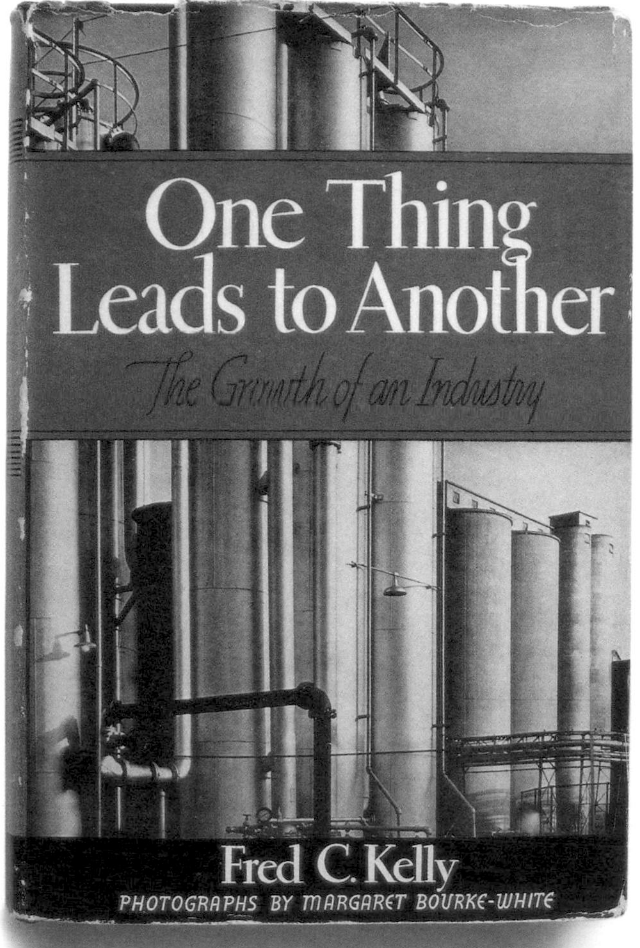

89

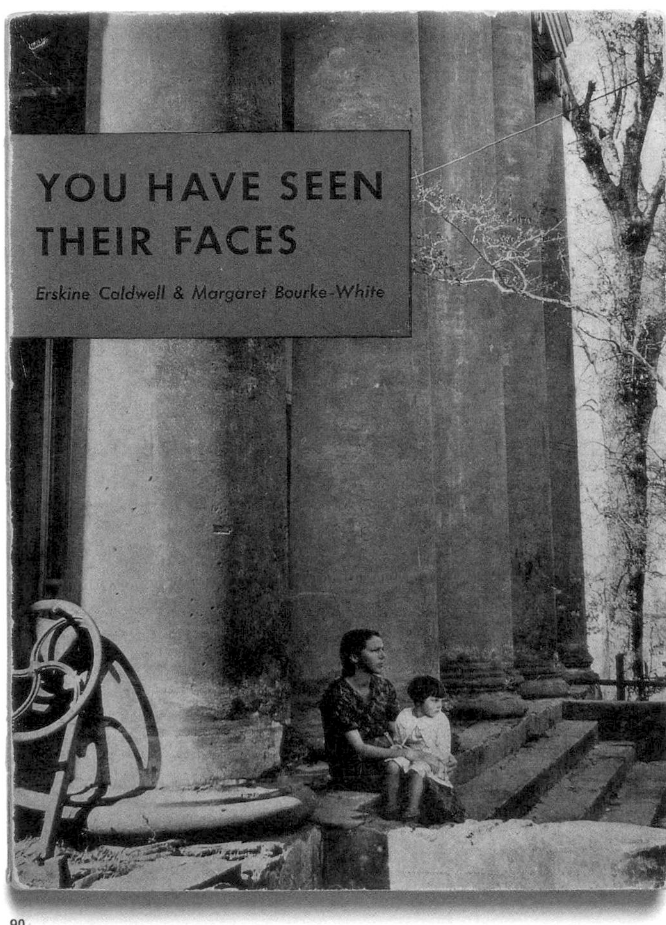

90

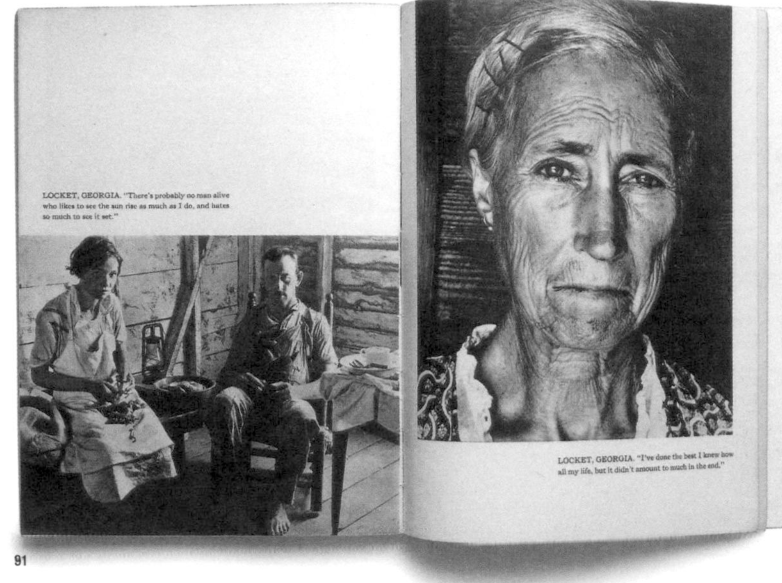

91

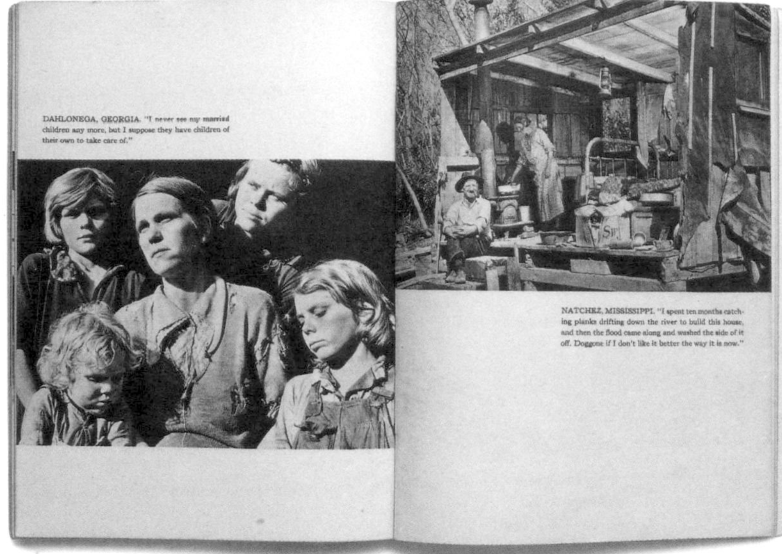

92

93

BOURKE-WHITE
87 — Life vol. 7, 3 (17 de julio 1939), fotografías de Margaret Bourke-White, colección particular.
88/89 — Fred C. Kelly, One thing leads to another. The Growth of an industry, fotografías de Margaret Bourke-White, Houghton Mifflin Co, Boston y Nueva York 1936, MNCARS.
90/93 — Erskine Caldwell y Margaret Bourke-White, You Have Seen Their Faces, Viking (Modern Age Books), Nueva York 1937, colección particular.
87 — Life vol. 7, 3 (17 July 1939) Photographs by Margaret Bourke-White. Private collection.
88/89 — Fred C. Kelly, One Thing Leads to Another. The Growth of an Industry. Photographs by Margaret Bourke-White, Houghton Mifflin Co., Boston and New York 1936, MNCARS.
90/93 — Erskine Caldwell and Margaret Bourke-White, You Have Seen Their Faces, Viking (Modern Age Books), New York 1937. Private collection.

BILL BRANDT 1904 — 1983

FOTÓGRAFO. Nacido en Hamburgo, se educó en Alemania y Suiza. En 1929-30 fue ayudante de **Man Ray** en París. Se instaló en Inglaterra en 1931, pero sin abandonar la vida nómada que hasta entonces llevaba. A mediados de los años treinta publicó sus fotos en **Minotaure** y D'Ací i d'Allà, así como en el anuario **Photographie**. En la segunda mitad de la década se dedicó a la fotografía documental, que publicó en revistas como Weekly Illustrated, Verve, News Chronicle, The Bystander, **Lilliput** o **Picture Post**. En 1936 apareció su primer foto-libro, The English at Home, en el que exponía una visión amarga de la sociedad británica, mostrando tanto su estricta división de clases como la escasa voluntad de los británicos para superarla.

▸ Bill Brandt, A Nigth in London, París, Londres y Nueva York 1938; London in the Thirties, Nueva York 1984; Bill Brandt Photographs 1928-1983, Londres 1993.

PHOTOGRAPHER. Brandt was born in Hamburg and studied in Germany and Switzerland. He was assistant to **Man Ray** in Paris in 1929. He moved to England in 1931, but without renouncing the nomadic life he had led until then. In the mid-thirties he published photographs in **Minotaure** and D'Açí i d'Allà, as well as in the annual **Photographie**. In the late thirties he specialised in documentary photography, which was published in Weekly Illustrated, Verve, News Chronicle, The Bystander, **Lilliput** and **Picture Post**. His first photobook, The English at Home, appeared in 1936 and depicted a bitter view of British society, showing not only the strict class distinctions, but also the lack of any desire, on the part of the British, to overcome them.

▸ Bill Brandt, A Night in London, Paris, London and New York 1938; London in the Thirties, New York 1984; Bill Brandt Photographs 1928-1983, London 1993.

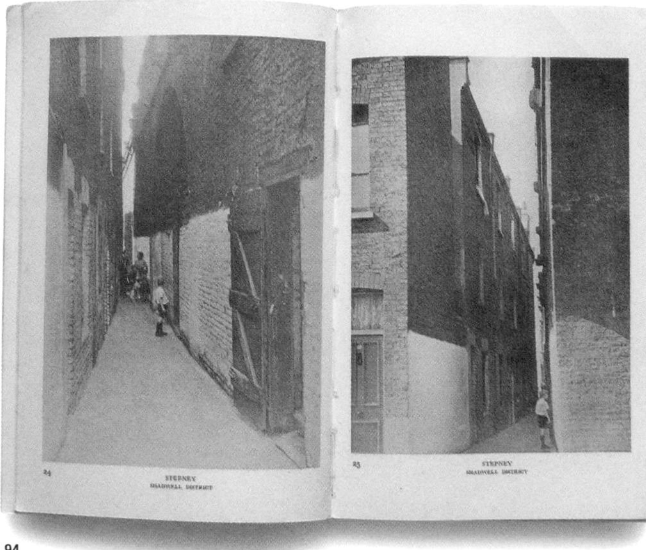

94

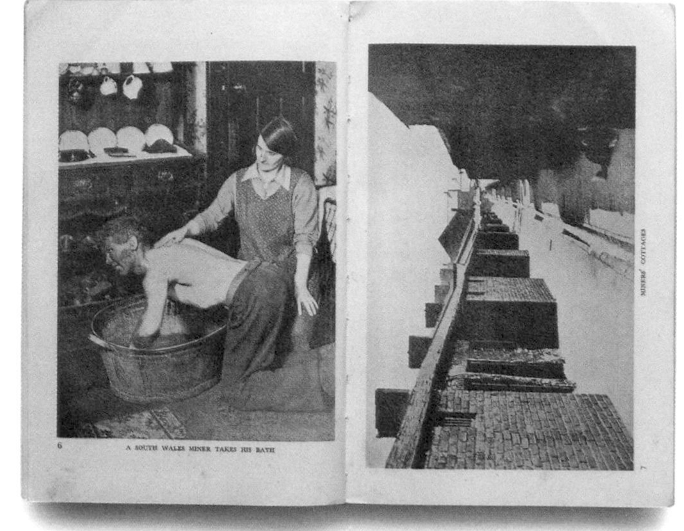

95

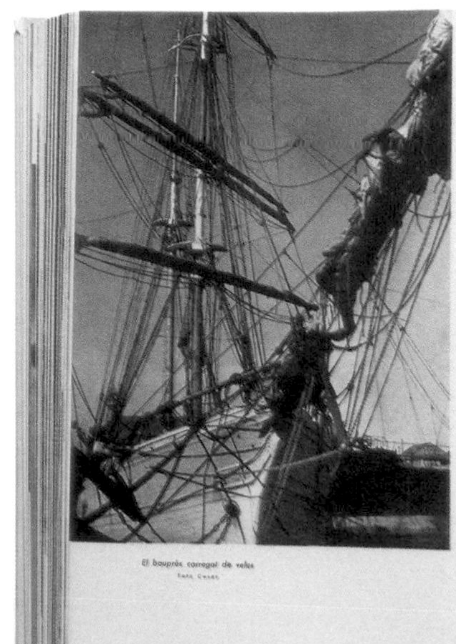

això, no excita tant la imaginació com el port. Res no fa somniar tant com passejar-hi. És la invitació al viatge més temptadora, més torbadora que pot oferir-se a l'esperit insatisfet. • ¿Hi passegeu vora el capvespre, quan el cel pren les seves coloracions més radiants o inefables, [illegible] al somni? Sempre hi trobareu algun solitari, i veureu contemplar l'horitzó àvidament, entre els pals, les xemeneies, els cabrestants, les grues i les veles. Què fa? Què mira? Què veu? Les perspectives del somni s'obren davant dels seus ulls. Veu països meravellosos, on tot és bell i la vida fàcil i serena, on floreixen totes les voluptats, on els fruits d'or, els fruits més dolços poden abastar-se sense esforç, on totes les dones — divinitats de marbre, d'eben o de bronze — són amables, i tenen els ulls més torbadors, i les sedes més sumptuoses fan més seductora llur nuesa. Paradisos del món, on tots els desigs són satisfets, on la voluptat pot adormir-se sadollada, on l'home acaba per no desitjar res i viure en la calma dolça d'un déu • Però si aneu al port en nit tancada, us adonareu que si res ni cap lloc no desvetlla tantes il·lusions i tantes esperances, que si res no atreu tant vers la riquesa o vers l'amor o vers l'infinit, enlloc tampoc no s'aboquen tants de desenganys i de fracassos, tants de crims i de repulsives turpituds. És el port de les grans ciutats el lloc per on entra la xusma dels altres països, el lloc també per on s'escola i neteja la

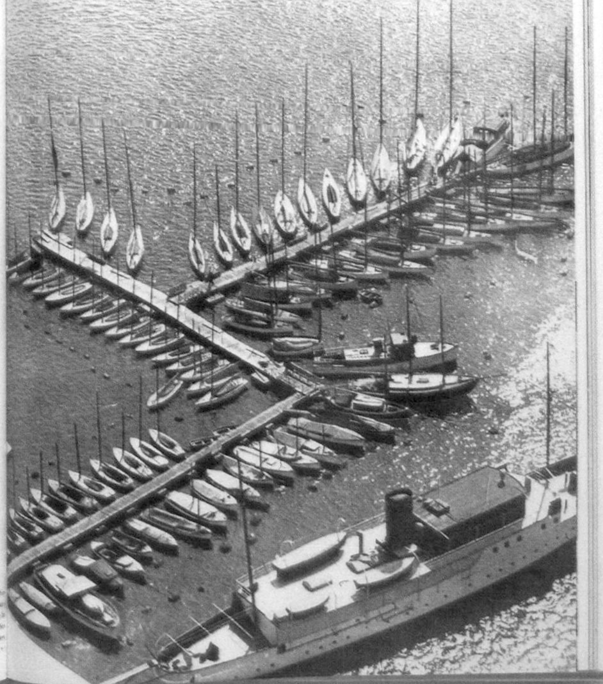

La flotilla del Club
de Barcelona — nota
tiva i somrient enmig de
gravetat dels transat
i dels vaixells

96

BRANDT
94/95 — George Orwell, The road to Wigan Pier, fotografías de Bill Brandt, Victor Gollanz Ltd, Left Book Club, Londres 1937, AHNSGC.
96 — D'Ací i d'Allà 178 (octubre 1934), fotografía de Bill Brandt, MNCARS.
94/95 — George Orwell, The Road to Wigan Pier. Photographs by Bill Brandt, Victor Gollanz Ltd., Left Book Club, London 1937, AHNSGC.
96 — D'Açí i d'Allà 178 (October 1934) Photography by Bill Brandt, MNCARS.

BRASSAÏ 1899 — 1984

FOTÓGRAFO. Gyula Halasz estudió en la Academia de Arte de Budapest. En 1920 se instaló en Berlín y cuatro años después en París, donde fue pintor y periodista. A través de André Kertész, empezó en 1926 a dedicarse a la fotografía. En 1930 ya era un fotógrafo profesional independiente que publicaba sus fotos tanto en revistas populares como de vanguardia con el seudónimo de Brassaï. Colaboró con los surrealistas y con Picasso. En 1933 publicó un influyente foto-libro, Paris de nuit. Sus fotografías aparecen en muchas revistas de los años treinta, como Minotaure, Verve, Picture Post, Lilliput, Coronet, Plaisirs de France, Paris-Magazine, Détective, Paris Soir o Harper's Bazaar.

▶ Brassaï, Volupté de Paris, París s.f.; Brassaï, cat. Museum of Modern Art, Nueva York 1968; Le Paris secret des années trente, París 1976.

PHOTOGRAPHER. Born Gyula Halasz, he studied at the Budapest Academy of Art. He moved to Berlin in 1920 and, four years later, to Paris, where he was a painter and journalist. He was introduced to photography in 1926 by André Kertész, and by 1930 was already a free lance professional photographer, his pictures being published in both popular magazines and avant-garde publications, under the pseudonym Brassaï. He collaborated with the Surrealists, and with Picasso, and in 1933 published a highly influential photo-book, Paris de nuit. His photographs appeared in many thirties magazines, such as Minotaure, Verve, Picture Post, Lilliput, Coronet, Plaisirs de France, Paris-Magazine, Détective, Paris Soir and Harper's Bazaar.

▶ Brassaï, Volupté de Paris, Paris n.d.; Brassaï, cat. Museum of Modern Art, New York 1968; Le Paris secret des années trente, Paris 1976.

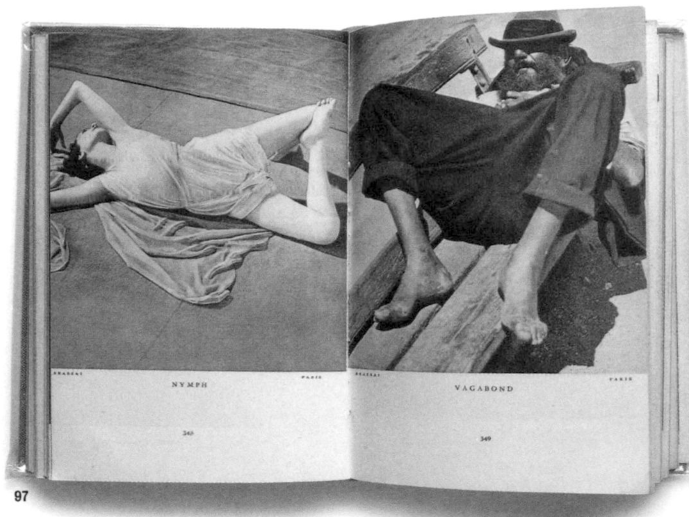

97

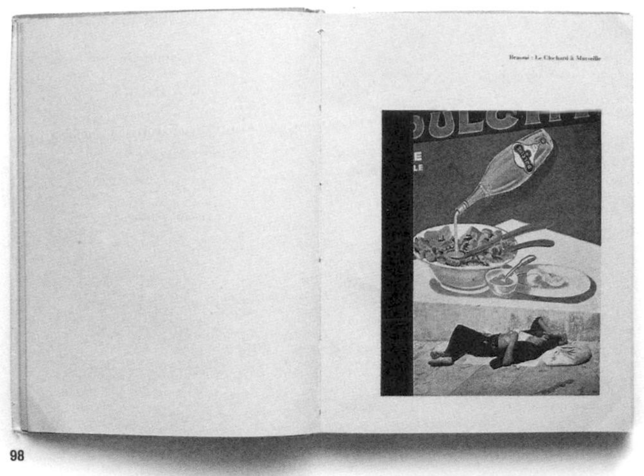

98

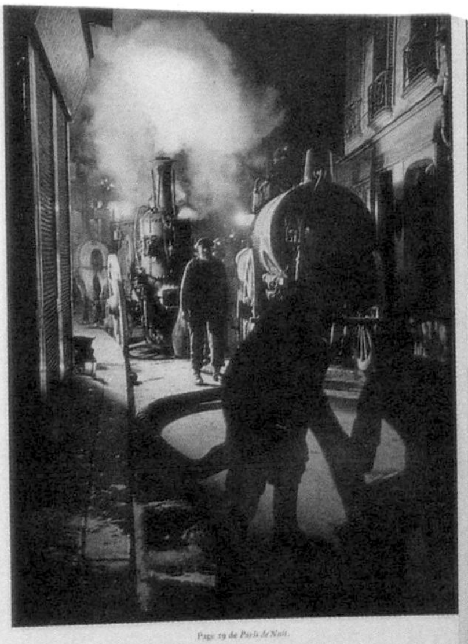

99

BRASSAÏ
97 — Lilliput vol. 3, 15 (septiembre 1938), fotografías de Brassaï, colección particular.
98 — Transition 26 (1937), fotografía de Brassaï, IVAM.
99 — Brassaï, "Technique de la photographie de nuit. A propos de l'album Paris de nuit", Arts et métiers graphiques vol. 6, 33 (15 de enero 1933), IVAM.
100/103 — Brassaï, Paris de nuit, Arts et métiers graphiques, Paris 1933, colección particular.

97 — Lilliput vol.3, 15 (September 1938) photographs by Brassaï. Private collection.
98 — Transition 26 (1937) Photographs by Brassaï, IVAM.
99 — Brassaï, "Technique de la photographie de nuit. A propos de l'album Paris de nuit", Arts et métiers graphiques vol.6, 33 (15 January 1933) IVAM.
100/103 — Brassaï, Paris de nuit, Arts et métiers graphiques, Paris 1933. Private collection.

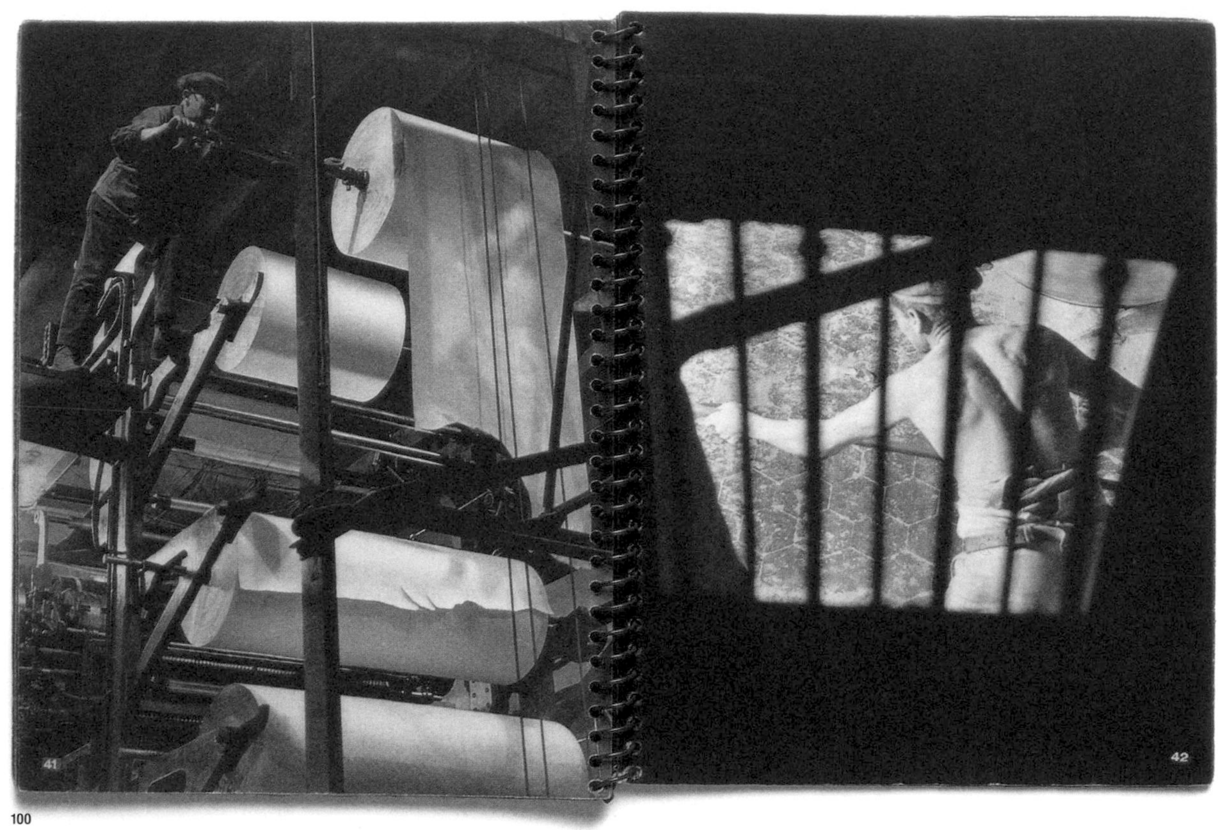

100

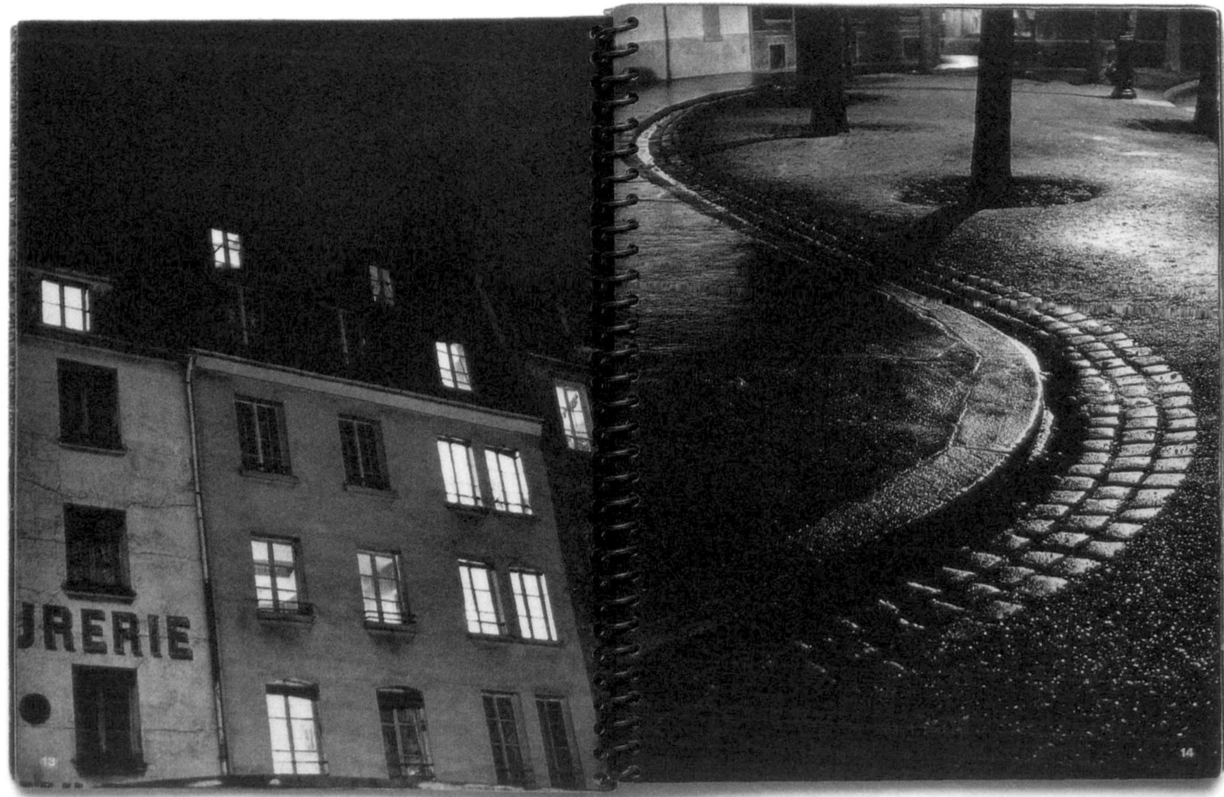

101

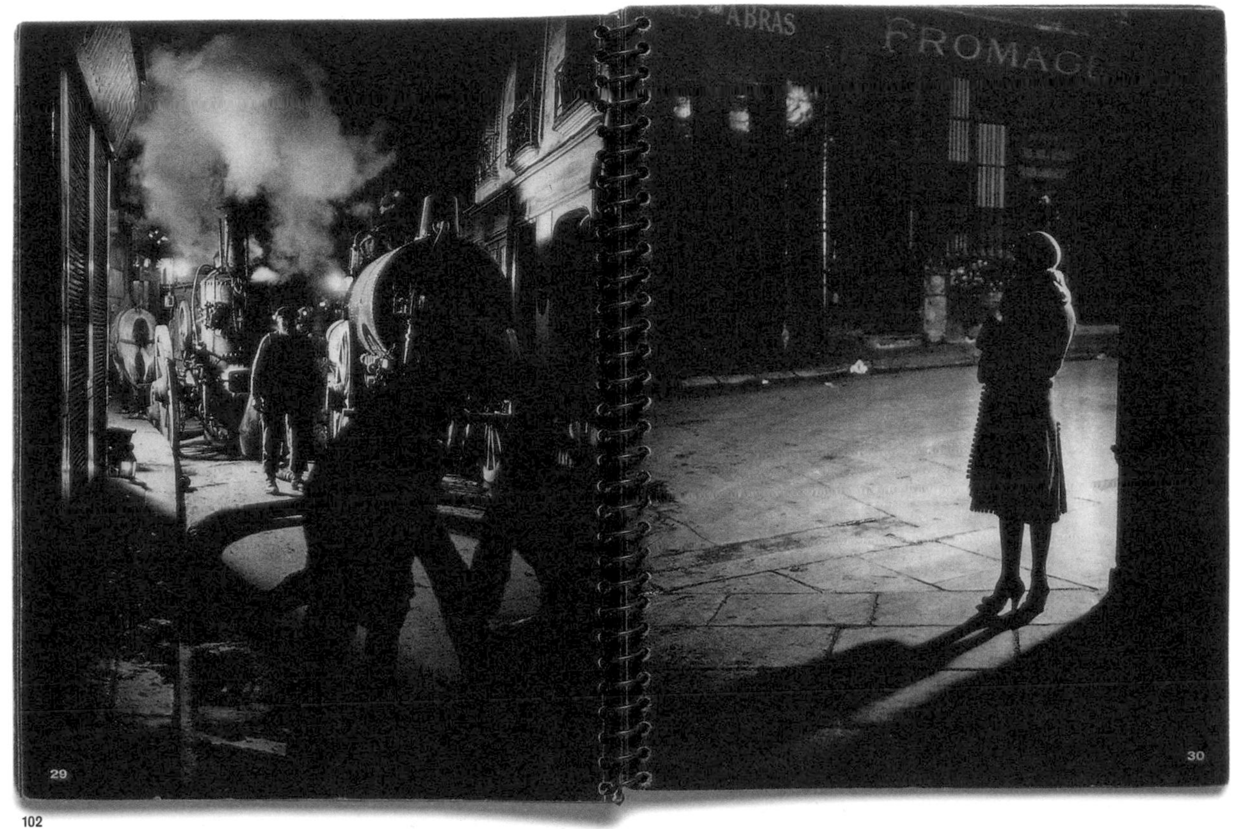

102

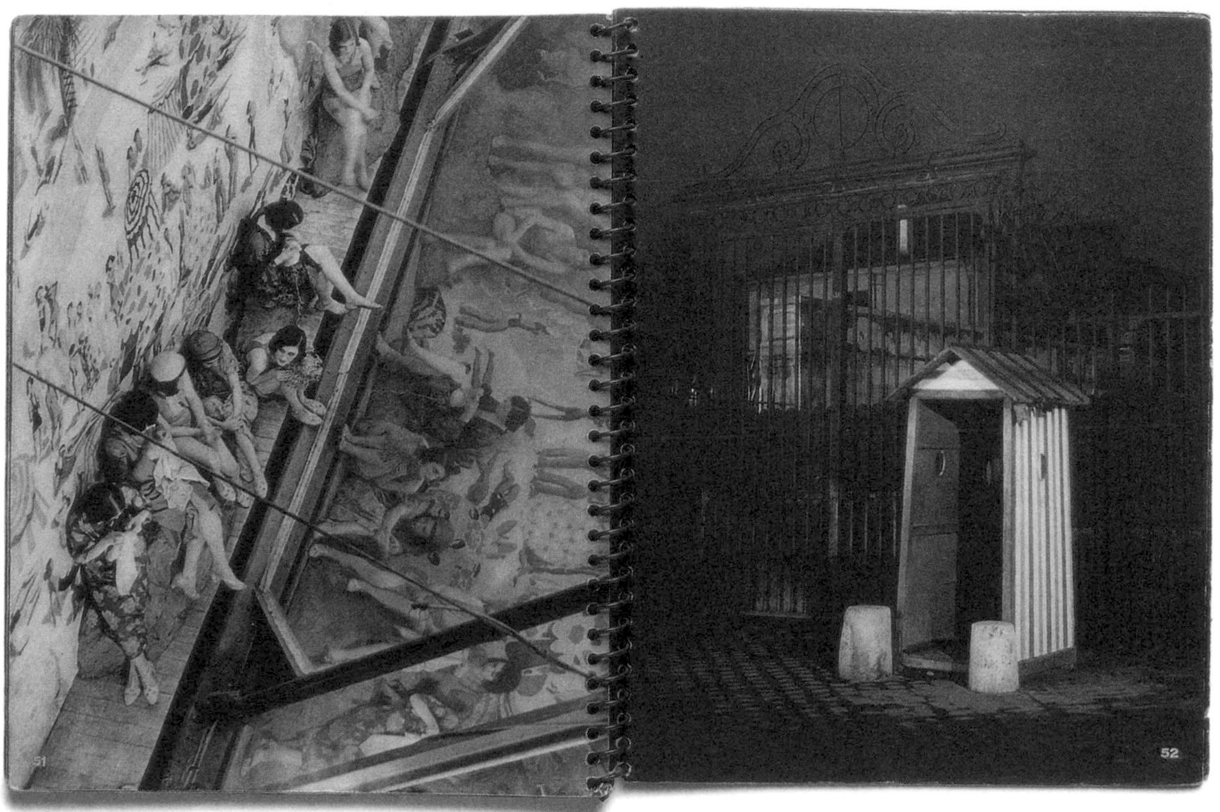

103

BRIGADA JUDOZHNIKOV Moscú 1931 — 1932

La Federación de trabajadores soviéticos de las artes plásticas se fundó en junio de 1930 para unir los dispersos y enfrentados grupos de artistas, diseñadores y arquitectos que había en la URSS en esas fechas. Brigada Judozhnikov (Brigada de los artistas), una cuidada revista de artes plásticas, arquitectura y diseño gráfico, fue su portavoz. La revista contenía textos teóricos (entre otros, de Gustav **Klucis** y **El Lissitzky**) y numerosas ilustraciones: montajes, fotografías (Boris **Ignatovich**), carteles, diseños gráficos... Nicolai Sedelnikov, El Lissitzky, Mecheslav Dobrokovski o Vladimir y Georgi **Sternberg** diseñaron sus cubiertas. En abril de 1932 la Federación fue disuelta por decreto, al igual que los demás grupos intelectuales de la URSS, y la revista dejó de publicarse.

The Federation of Soviet Spatial Art Workers was founded in June 1930 in an attempt to unite the dispersed and confronted groups of artists, designers and architects practising in the USSR at that time. Brigada khudozhnikov (Artists Brigade) a carefully prepared magazine featuring plastic arts, architecture and graphic design, was its media representation. The magazine contained theoretical texts (among others, by Gustav **Klutsis** and **El Lissitzky**) and numerous illustrations: montages, photographs (Boris **Ignatovich**), posters, graphic designs, etc. Nicolai Sedelnikov, El Lissitzky, Mecheslav Dobrokovski, or Vladimir and Georgi **Sternberg** designed the covers. The Federation was dissolved by decree in April 1932, as were other intellectual groups in the USSR, and the magazine ceased publication.

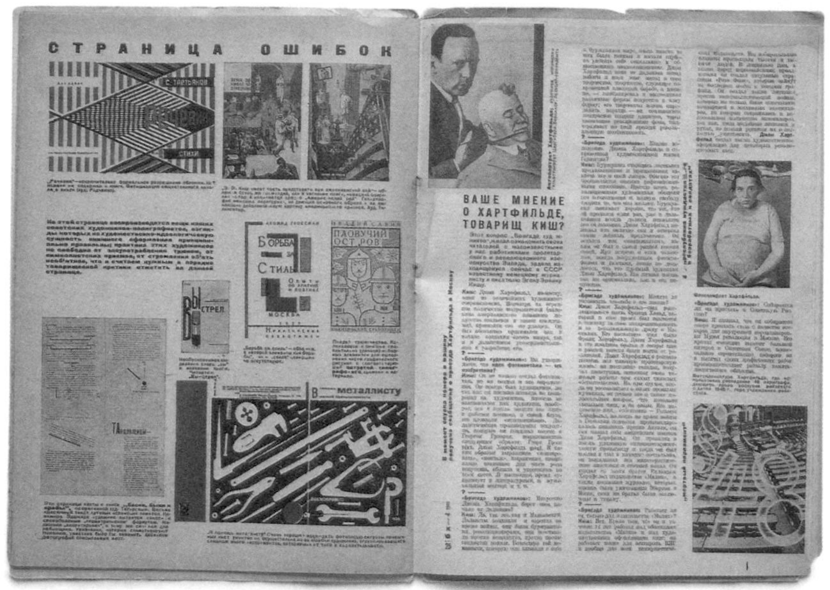
СТРАНИЦА ОШИБОК

ВАШЕ МНЕНИЕ О ХАРТФИЛЬДЕ, ТОВАРИЩ КИШ?

105

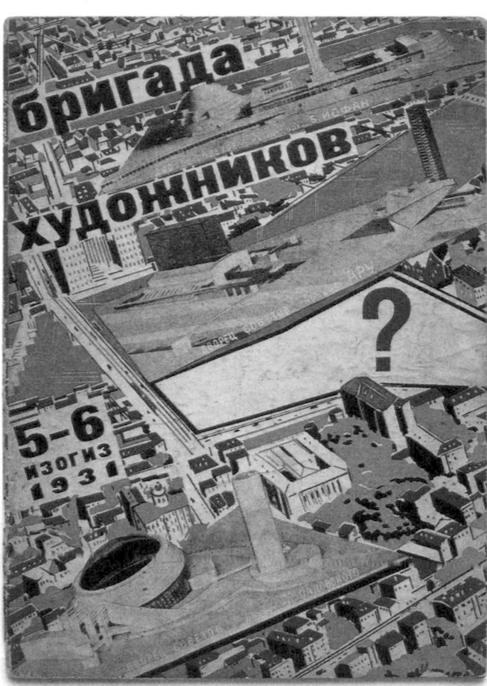
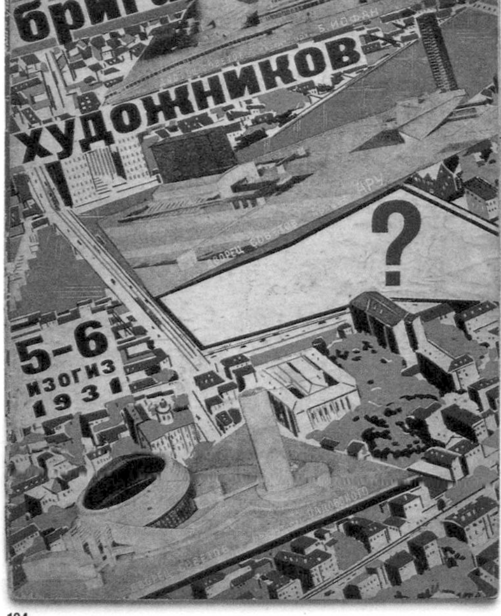

104

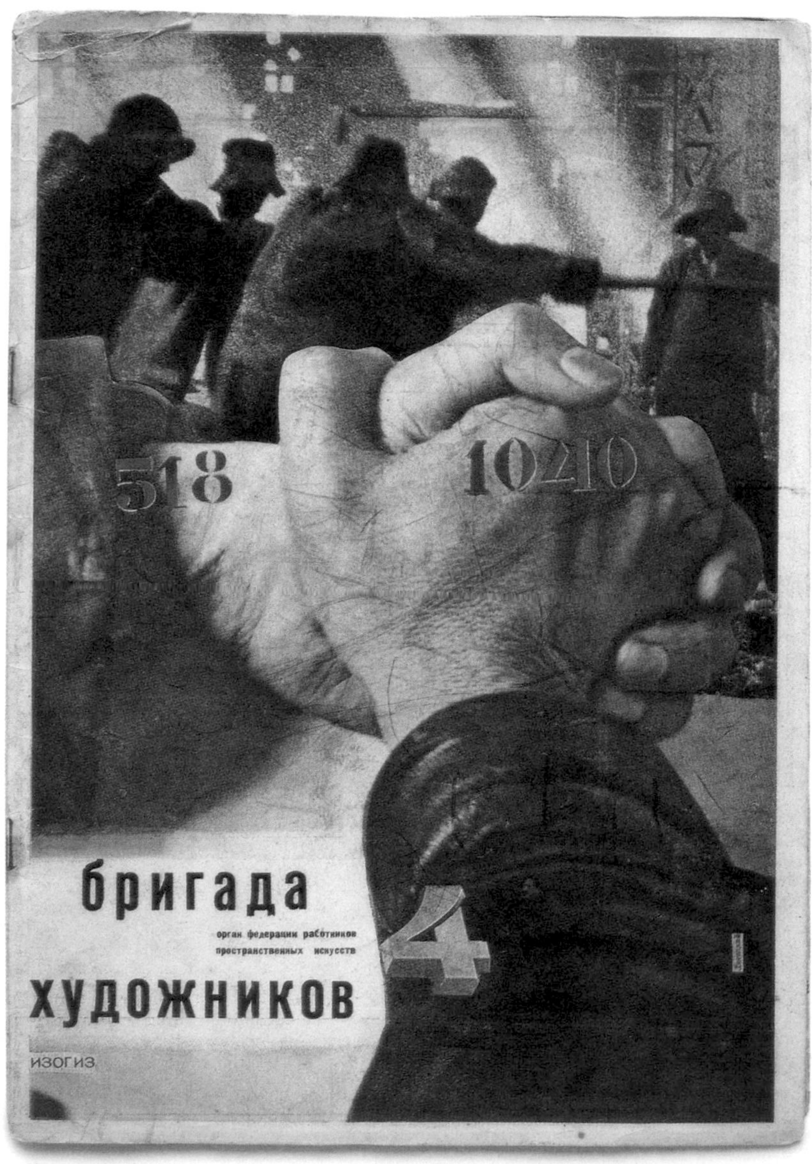

106

BRIGADA
104 — Brigada judozhnikov 5/6 (1931), cubierta, fotomontaje de Mecheslav Dobrokovski, IVAM.
105 — Brigada judozhnikov 4 (1931), IVAM.
106 — Brigada judozhnikov 4 (1931) cubierta, fotomontaje de El Lissitzky, IVAM.
104 — Brigada khudozhnikov 5/6 (1931) Cover, photomontage by Mecheslav Dobrokovski, IVAM.
105— Brigada khudozhnikov 4 (1931) IVAM.
106 — Brigada khudozhnikov 4 (1931) Cover, photomontage by El Lissitzky, IVAM.

FRITZ BRILL 1904

FOTÓGRAFO. Estudió entre 1926 y 1929 artes gráficas en la Escuela de Artes Decorativas de Berlín. Fue ayudante de Herbert Bayer en el estudio publicitario Dorland. En 1932 creó su propio estudio de fotografía publicitaria, a la que se dedicó el resto de la década.
PHOTOGRAPHER. Brill studied graphic arts from 1926 to 1929 at the Kunstgeberweschule in Berlin, and later became assistant to Herbert Bayer in the Dorland advertising studio. In 1932 he established his own studio of advertising photography, to which he dedicated the rest of the decade.

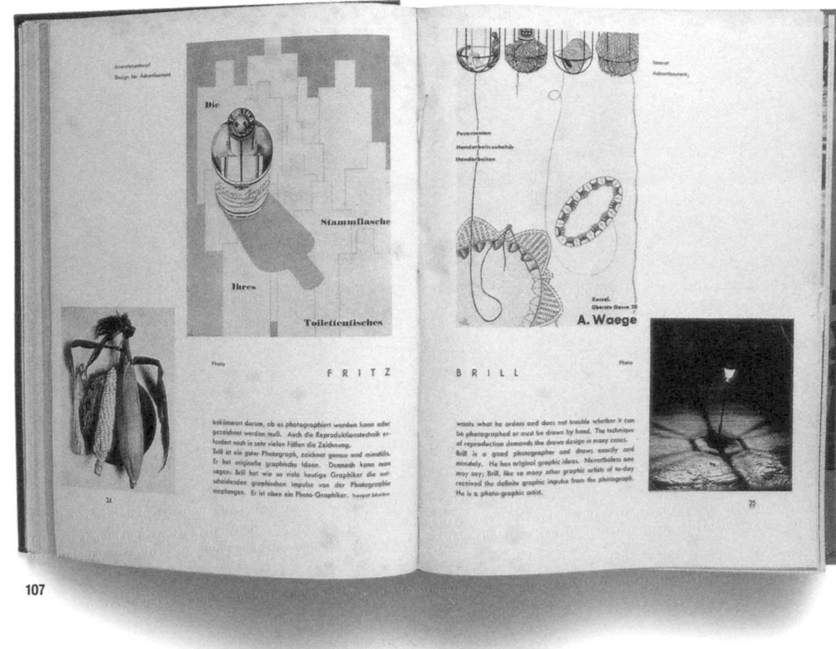

107

ALEXEY BRODOVITCH 1898 — 1971

DISEÑADOR GRÁFICO. Nacido en Rusia, trabajó en París como diseñador gráfico, escenógrafo, publicitario e ilustrador antes de emigrar a Estados Unidos en 1930. Desde ese año hasta 1938 fue director del departamento de diseño publicitario del Philadelphia College of Art y trabajó como diseñador para agencias publicitarias neoyorquinas. En 1934 fue nombrado director artístico de la revista Harper's Bazaar, cargo que desempeñó 25 años. Encargó trabajos a fotógrafos como Man Ray y Henri Cartier-Bresson, y diseñadores como Herbert Bayer. Su influencia como diseñador, fotógrafo y maestro cambió la escena editorial norteamericana.

► Alexey Brodovitch and his Influence, Filadelfia 1972; Allen Porter y Georges Tourdjman, Alexey Brodovitch, París 1982; Andy Grunberg, Brodovitch, Nueva York 1989.

GRAPHIC DESIGNER. Born in Russia, Brodovitch worked in Paris as a graphic, theatrical and advertising designer, as well as illustrator, before emigrating to the United States in 1930. Until 1938 he was director of the advertising design department at the Philadelphia College of Art, and worked as a designer for New York advertising agencies. In 1934 he was appointed artistic editor of the magazine Harper's Bazaar, a post which he held for 25 years. He commissioned work to photographers such as Man Ray and Henri Cartier-Bresson, and designers like Herbert Bayer. His influence as a designer, photographer and teacher changed the publishing scene in North America.

► Alexey Brodovitch and his Influence, Philadelphia 1972; Allen Porter and Georges Tourdjman, Alexey Brodovitch, Paris 1982; Andy Grunberg, Brodovitch, New York 1989.

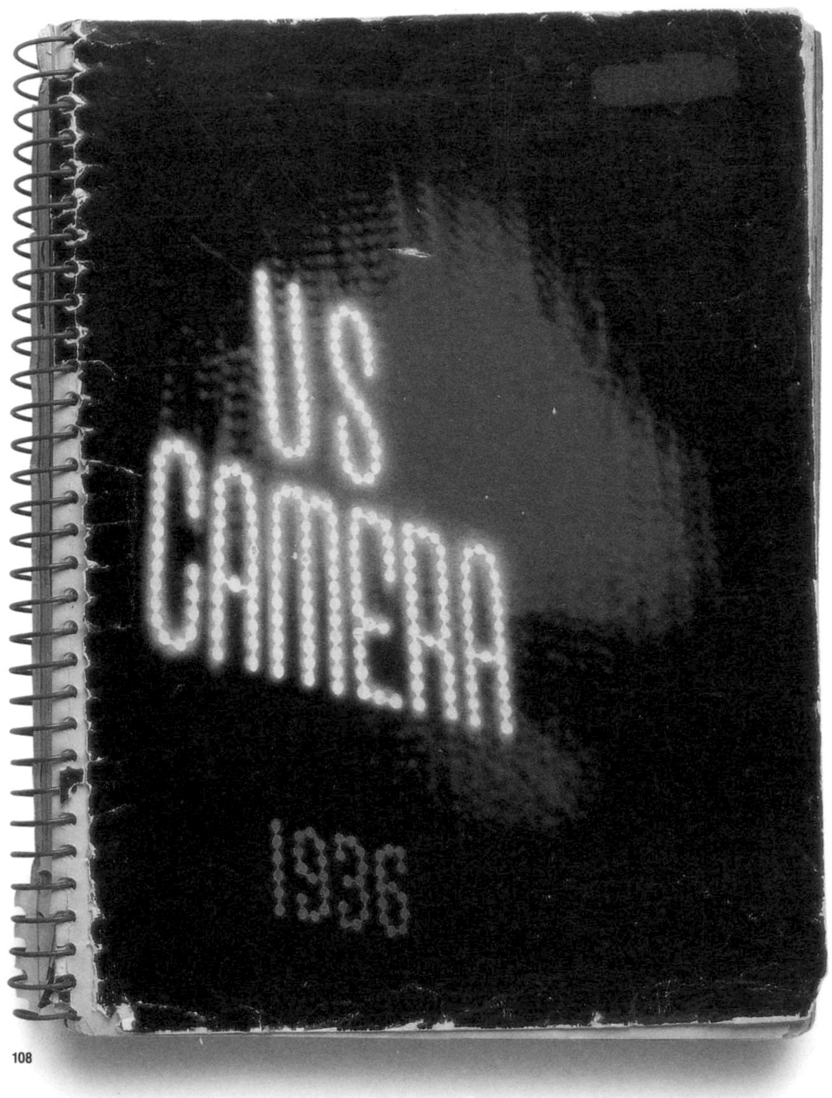

108

BRILL
107 — Gebrauchsgraphik vol. 19, 2 (febrero 1933), fotografías de Fritz Brill, colección particular.
107 — Gebrauchsgraphik vol.19, 2 (February 1933) Photographs by Fritz Brill. Private collection.

BRODOVITCH
108— U.S. Camera Annual 1936, cubierta, diseño de Alexey Brodovitch, Nueva York 1936, colección particular.
108— U.S. Camera Annual 1936. Cover, design by Alexey Brodovitch, New York 1936. Private collection.

ANTON BRUEHL 1900 — 1982

FOTÓGRAFO. Nacido en Australia, estudió ingeniería. En 1929 emigró a Estados Unidos. Estudió fotografía con Clarence H. White en 1924-25. Desde 1927 su estudio neoyorquino produjo fotografías de moda y publicidad para revistas como House and Gardens, Vogue o Vanity Fair, entre otras muchas. En los años treinta fue director de color de la editorial Condé Nast. También publicó varios foto-libros y una carpeta de colotipos sobre México, a donde viajó en 1932. Su fotografía se mostró en Europa, en Film und Foto.

► A. Bruehl, Pictorial Photography in America, Nueva York 1929; Photographs of Mexico, Nueva York 1933; Color Shells, Nueva York 1935; P.T. Frankl, Form and Re-Form: A Practical Handbook of Modern Interiors, Nueva York 1930; T. Lowell, Magic Dials: The Story of Radio and Television, Nueva York 1939.

PHOTOGRAPHER. Born in Australia, Bruehl first studied engineering. In 1929 he emigrated to the United States and studied photography under Clarence H. White in 1924-25. From 1927 Bruehl's New York studio produced fashion and advertising photographs for magazines such as House and Garden, Vogue and Vanity Fair, among many others. In the thirties he was colour editor with the publishers Condé Nast. He also published several photo-books and a collection of collotypes on Mexico, where he travelled in 1932. His photography was shown in Europe, in Film und Foto.

► A. Bruehl, Pictorial Photography in America, New York 1935; Photographs of Mexico, New York 1933; Color Shells, New York 1935; P.T. Frankl, Form and Re-Form: A Practical Handbook of Modern Interiors, photographs A. Bruehl, New York 1930; T. Lowell, Magic Dials: The Story of Radio and Television, photographs A. Bruehl, New York 1939.

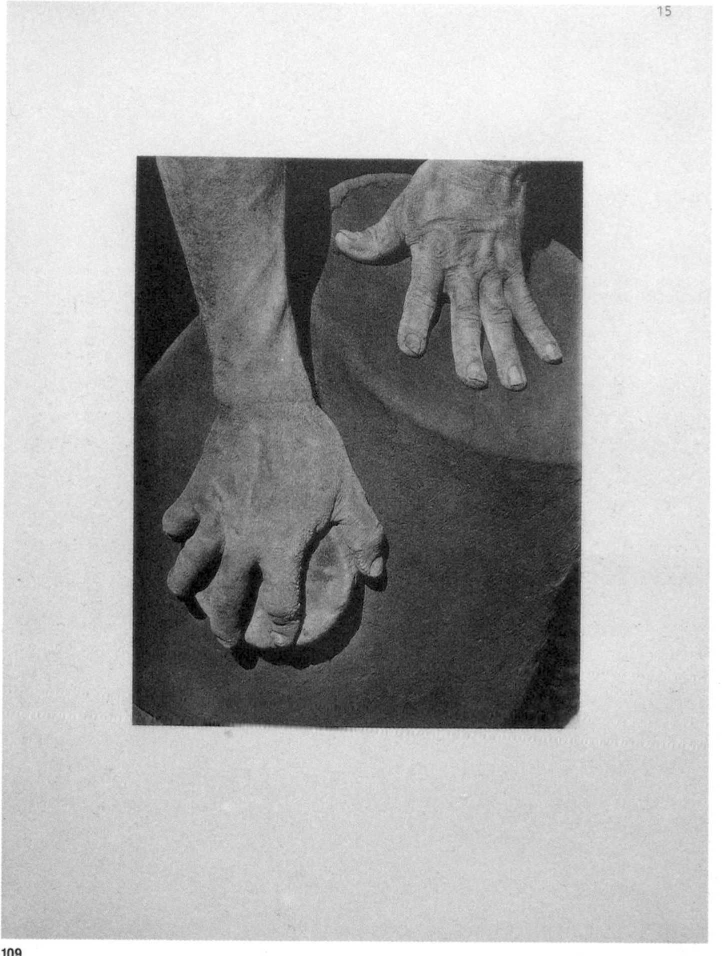

109

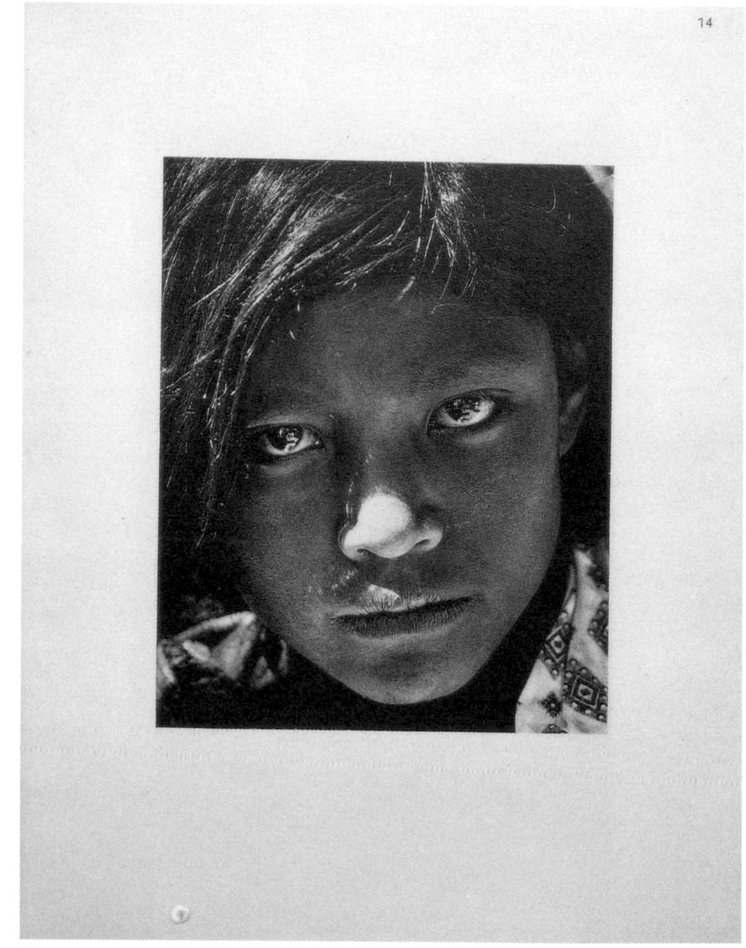

110

BRUEHL

109/110 — Anton Bruehl, Photographs of Mexico, carpeta, 25 fototipias (colotipos), Delphic Studios, Nueva York 1933, MNCARS.
111 — U.S. Camera Annual 1936, fotografías de Anton Bruehl, Nueva York 1936, colección particular.
112 — U.S. Camera Annual 1936, fotografía de Anton Bruehl y Ferdinand Bourges, Nueva York 1936, colección particular.

109/110 — Anton Bruehl, Photographs of Mexico, Portfolio of 25 collotypes, Delphic Studios, New York 1933, MNCARS.
111 — U.S. Camera Annual 1936. Photographs by Anton Bruehl, New York 1936. Private collection.
112 — U.S. Camera Annual 1936. Photography by Anton Bruehl and Ferdinand Bourges, New York 1936. Private collection.

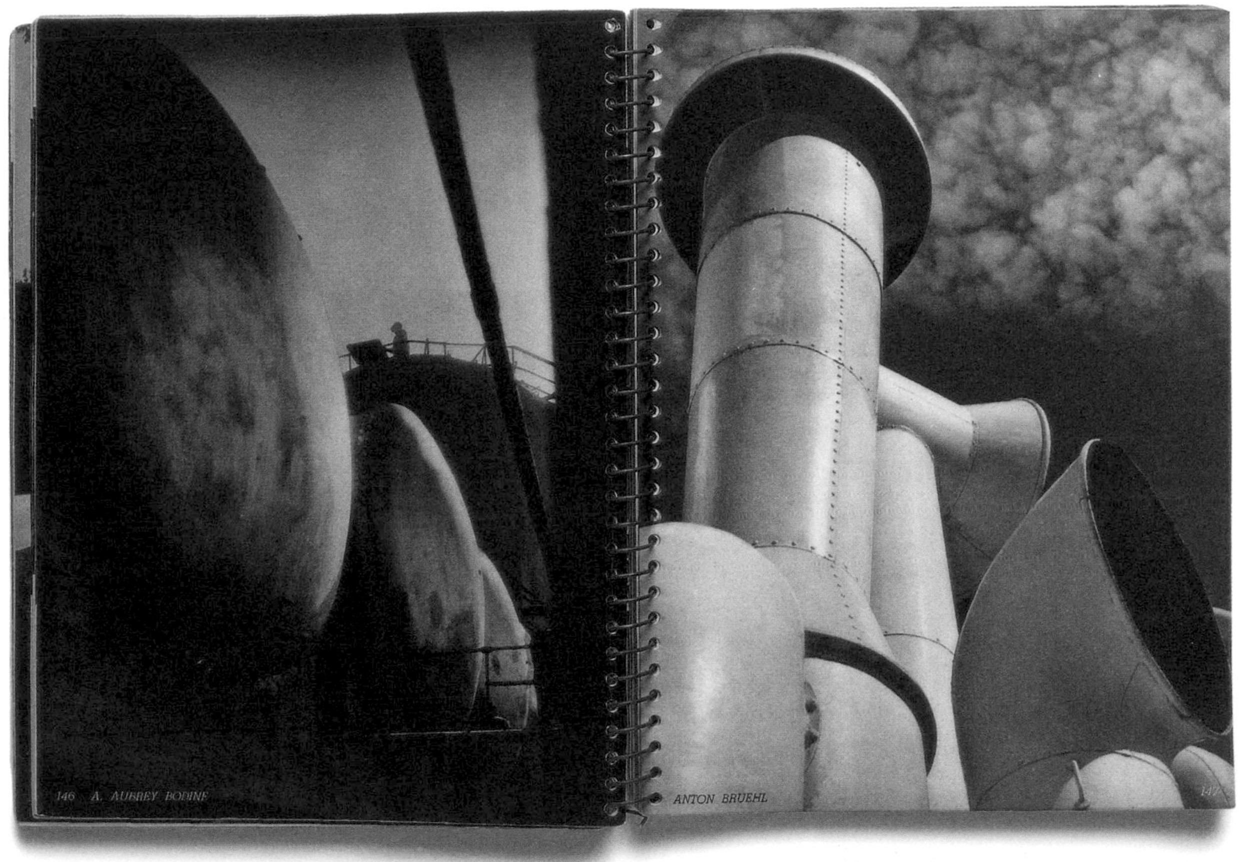

111

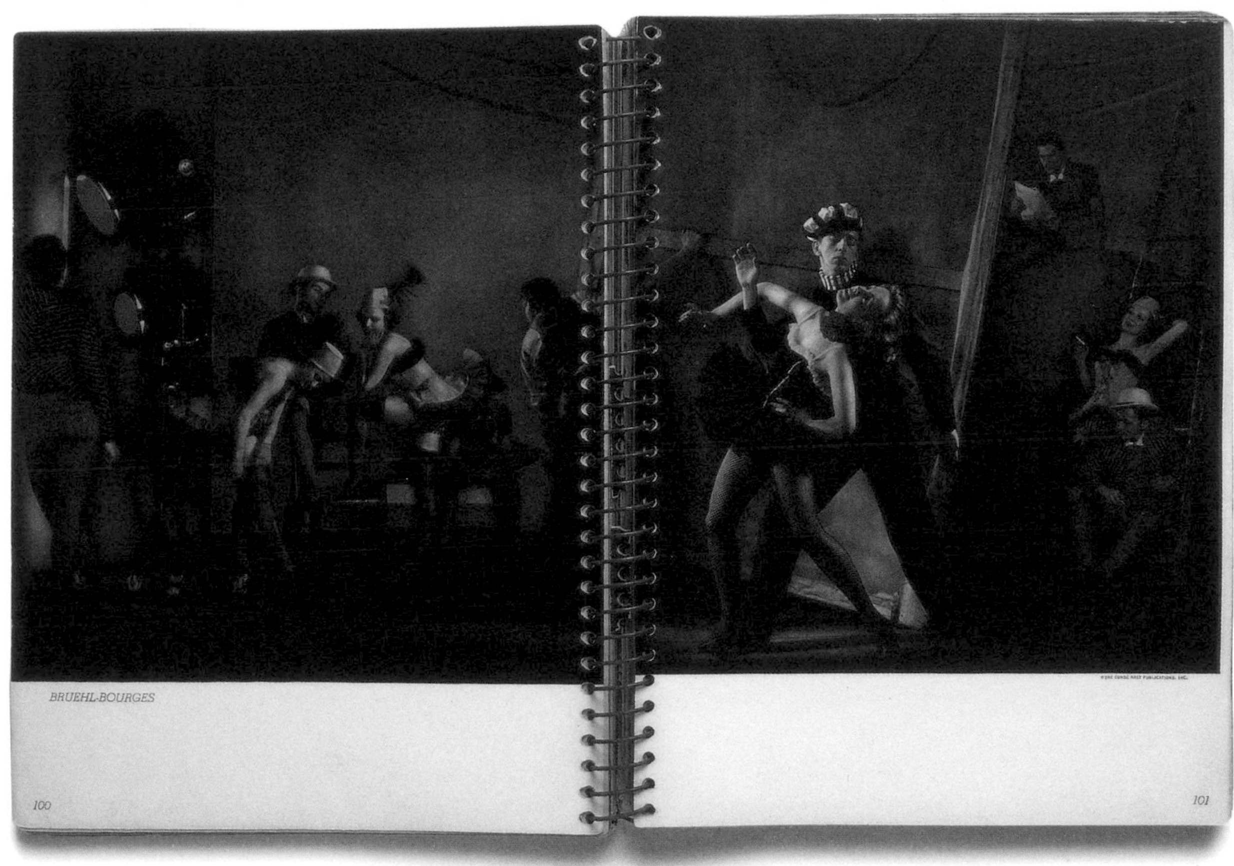

112

FRANCIS JOSEPH BRUGUIÈRE 1879 — 1945

FOTÓGRAFO EXPERIMENTAL. Nacido en San Francisco, su interés por la fotografía artística se despertó tras su primera visita a Nueva York en 1905, donde conoció a Alfred **Stieglitz** y Frank Eugene. En 1906 abrió en San Francisco su propio estudio. Se trasladó a Nueva York en 1919 y publicó sus retratos en **Vogue**, Harper's Bazaar y Vanity Fair. Entre 1919-27 fue el fotógrafo oficial del Theatre Guild. Desde 1912 trabajaba con la exposición múltiple y otras técnicas experimentales. Entre 1923-25 realizó abstracciones luminosas, es decir, formas moduladas por la luz. Desde 1928 prosiguió en Londres sus experimentos fotográficos, expuestos en **Film und Foto**. En 1930 hizo una película abstracta con el escritor Oswell Blakeston, de quien ilustró un libro con abstracciones y fotomontajes. También colaboró con el diseñador y cartelista Edward McKnight **Kauffer** en diseño publicitario. En 1940 abandonó la fotografía.

▸ Photographics Designs of Francis Bruguière, Londres 1929; L. Sieveking, Beyond this Point, Londres 1929; O. Blakeston, Few Are Chosen, Londres 1931; E. Leigh-Bennet, Match Making, Londres s.f. (ca. 1930); James Enyeart, Bruguière His Photographs and His Life, Nueva York 1977.

EXPERIMENTAL PHOTOGRAPHER. Born in San Francisco, Bruguière's interest in artistic photography was awoken following his first visit to New York in 1905, where he met Alfred **Stieglitz** and Frank Eugene. He opened his own studio in San Francisco in 1906. In 1919 he moved to New York and published portraits in **Vogue**, Harper's Bazaar and Vanity Fair. He was official photographer to the Theatre Guild between 1919 and 1927. He worked from 1912 with multiple exposure and other experimental techniques. Between 1923 and 1925 he made luminous abstractions using shapes modulated by light. From 1928 he continued his photographic experiments in London, the results being published in **Film und Foto**. In 1930 he made an abstract film with the writer Oswell Blakeston, for whom he also illustrated a book with abstracts and photomontages. He also collaborated with the designer and poster designer Edward McKnight **Kauffer** in advertising design. Bruguière abandoned photography in 1940.

▸ Photographic Designs of Francis Bruguière, London 1929; L. Sieveking, Beyond this Point, London 1929; O. Blakeston, Few Are Chosen, London 1931; E. Leigh-Bennet, Match Making, London n.d. (approx. 1930); James Enyeart, Bruguière: His Photographs and His Life, New York 1977.

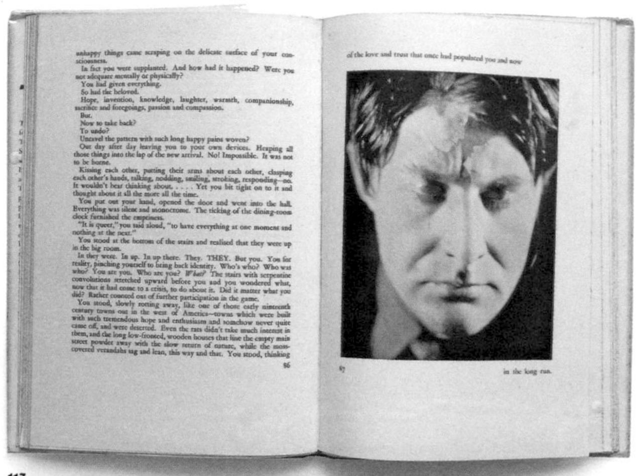

113

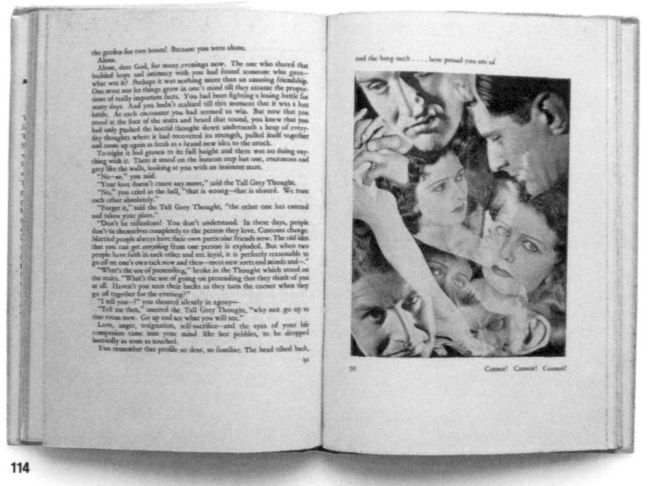

114

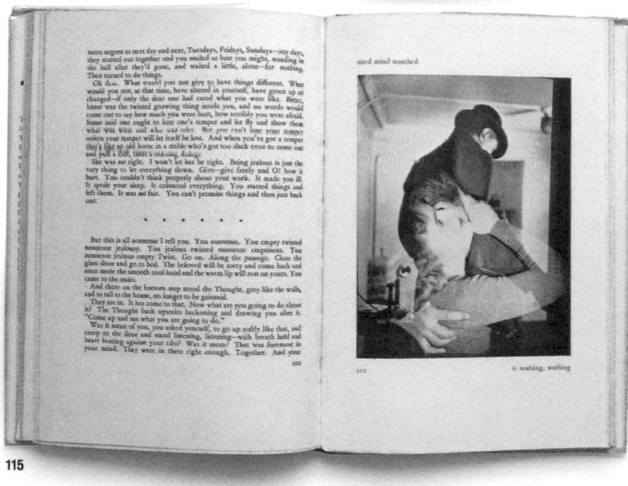

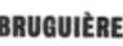

115

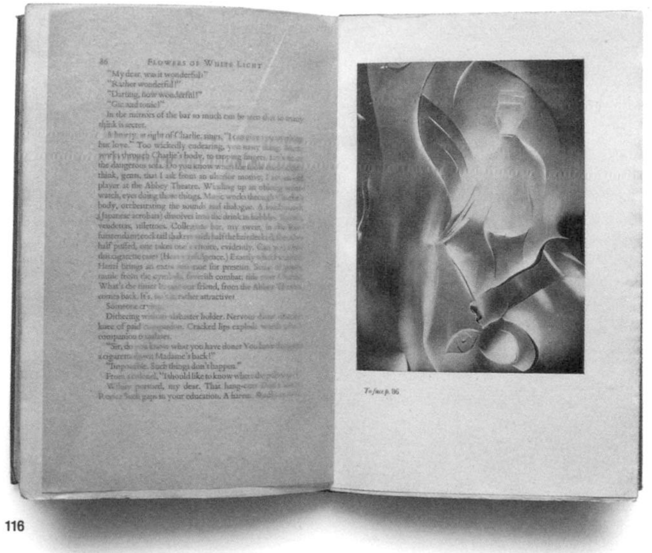

116

BRUGUIÈRE

113/115 — Lance Sieveking, Beyond this Point, fotografías y montajes fotográficos de Francis J. Bruguière, Duckworth, Londres 1929, colección particular.
116 — Oswell Blakeston y Francis J. Bruguière, Few are Chosen. Studies in the Theatrical Lighting of Life's Theatre, fotografías de F.J. Bruguière, Eric Partridge, Londres 1931, MNCARS.

113/115 — Lance Sieveking, Beyond this Point, Photographs and Photographic Montages by Francis J. Bruguière, Duckworth, London 1929. Private collection.
116 — Oswell Blakeston and Francis J. Bruguière, Few are Chosen. Studies in the Theatrical Lighting of Life's Theatre. Photographs by F.J. Bruguière, Eric Partridge, London 1931, MNCARS.

WIM BRUSSE 1910 — 1978

DISEÑADOR GRÁFICO, FOTOMONTADOR. Nació en Rotterdam. Estudió en la Academia de Bellas Artes de La Haya en 1928-33, donde tuvo como profesores a Paul **Schuitema** y Gerard **Kiljan**. Tras sus estudios fue ayudante de Schuitema y trabajó como diseñador gráfico, haciendo publicidad y encargos editoriales en los que utilizó el fotomontaje. Junto a Dick **Elffers** diseñó en 1939 el número sobre diseño gráfico de la revista De 8 en Opbouw. Fue también fotógrafo y organizó la exposición Foto'37 (Amsterdam 1937), cuyo catálogo publicó la revista Prisma der kunsten.

▶ K. Broos y F. Bool, Die Nieuwe Fotografie in Nederland, Amsterdam 1989; A.W. Purvis, Dutch Graphic Design 1918-1948, Nueva York 1992.

GRAPHIC DESIGNER, PHOTOMONTEUR. Brusse was born in Rotterdam and studied at the Academy of Fine Arts in The Hague, where his teachers were Paul **Schuitema** and Gerard **Kiljan**. On finishing his studies he became assistant to Schuitema and worked as a graphic designer, producing publicity and publishing projects in which he made great use of photomontage. In 1939 he designed, together with Dick **Elffers**, the number devoted to graphic design of the magazine De 8 en opbouk. He was also a photographer, and organised the Foto'37 exhibition (Amsterdam 1937), whose catalogue was published in the magazine Prisma der kunsten.

▶ K. Broos and F. Bool, Die Nieuwe Fotografie in Nederland, Amsterdam 1989; A.W. Purvis, Dutch Graphic Design 1918-1948, New York 1992.

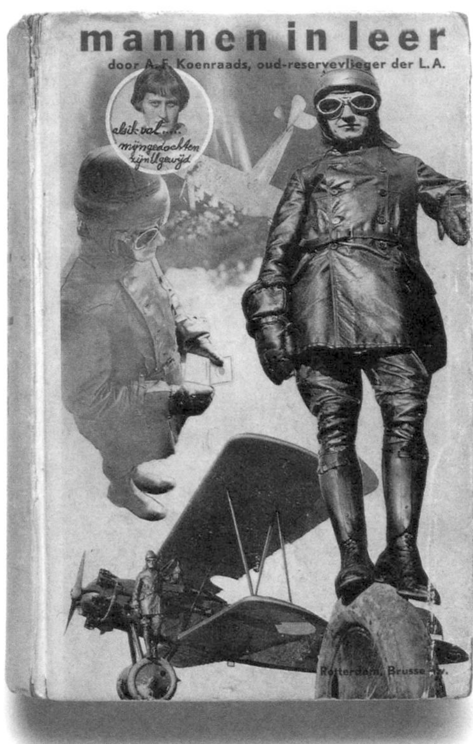

117

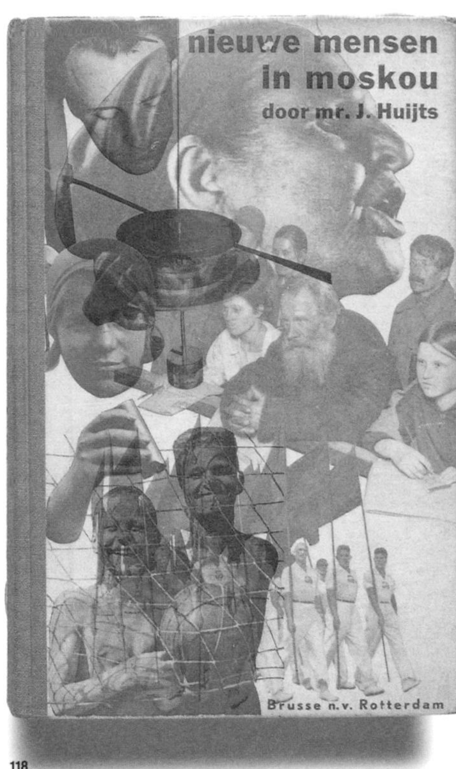

118

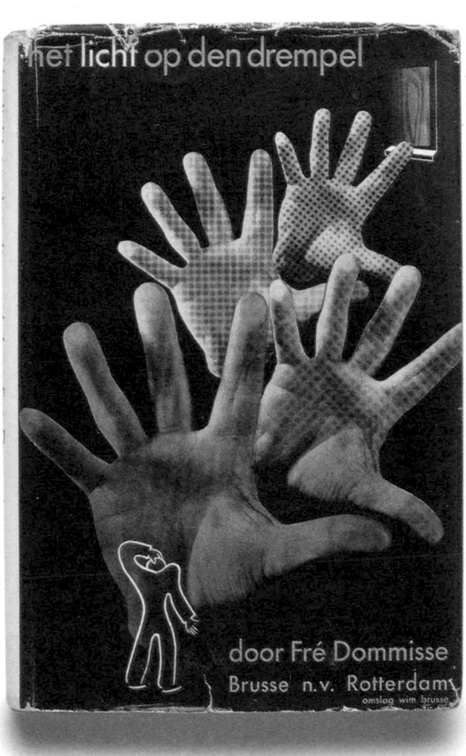

119

BRUSSE
117 — A.F. Koenraads, Mannen in Leer. Roman van een militair vlieger, cubierta, fotomontaje de Wim Brusse, Brusse, Rotterdam 1935, IVAM.
118 — J. Huijts, Nieuwe mensen in Moskou, cubierta, fotomontaje de Wim Brusse, Brusse, Rotterdam 1935, IVAM.
109 — Fré Domisse, Het licht op den drempel, sobrecubierta, fotomontaje de Wim Brusse, Brusse, Rotterdam 1937, IVAM.

117 — A.F. Koenraads, Mannen in Leer. Roman van een militair vlieger. Cover, photomontage by Wim Brusse, Brusse, Rotterdam 1935. IVAM.
118 — J. Huijts, Nieuwe mensen in Moskou. Cover, photomontage by Wim Brusse, Rotterdam 1935. IVAM.
119 — Fré Domisse, Het licht op den drempel. Book-jacket. Photomontage by Wim Brusse, Brusse, Rotterdam 1937. IVAM.

MAX BURCHARTZ 1887 — 1961

DISEÑADOR GRÁFICO, FOTOMONTADOR, CARTELISTA. Entre 1906-1908 estudió en Düsseldorf, Munich y Berlín. Tras acabar la Primera Guerra Mundial se estableció en Hannover, donde conoció a Kurt Schwitters y El Lissitzky, y luego en Weimar, donde se relacionó con los artistas de la Bauhaus. En 1924 fundó con Johannes Canis un estudio de diseño gráfico, Werbebau, en Bochum, donde publicó una revista en la que expuso sus ideas sobre el diseño gráfico, la publicidad y los carteles. Utilizó la fotografía en sus trabajos gráficos, sobre todo en relación con la tipografía, es decir, la tipofoto. Fue miembro del ring neue werbegestalter y se publicó su trabajo en la antología de los nuevos diseñadores Gefesselter Blick (1930). Entre 1926 y 1933 fue profesor de diseño, fotografía y publicidad en la Folkwangschule de Essen, ciudad en la que siguió trabajando como diseñador tras su expulsión de la escuela por las nuevas autoridades nacionalsocialistas.

▸ "Max ist endlich auf dem richtigen Weg", Francfort y Baden 1993.

GRAPHIC DESIGNER, PHOTOMONTEUR, POSTER DESIGNER. Burchartz studied in Dusseldorf, Munich and Berlin between 1906 and 1908. Following the end of the First World War he established himself in Hanover, where he met Kurt Schwitters and El Lissitzky. Later he moved to the Weimar, where he mixed with artists from the Bauhaus. In 1922 he founded, with Johannes Canis, the graphic design studio Werbebau in Bochum, where he published a magazine in which he expressed his ideas on graphic design, advertising, and posters. He used photography in his graphic designs, above all in connection with typography, or typo-photography. He was a member of the ring neue werbegestalter, and his work was published in the anthology of the new designers Gefesselter Blick (1930). From 1926 to 1933 he taught design, photography and advertising at the Folkwangschule in Essen, the city in which he continued working as a designer following his expulsion from the school by the new National Socialist authorities.

▸ "Max ist endlich auf dem richtigen Weg", Frankfurt and Baden 1993.

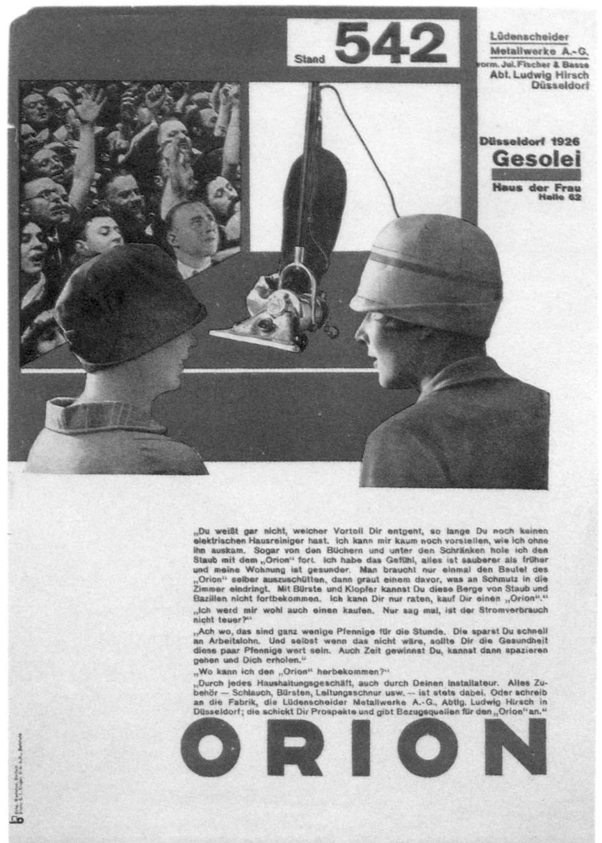

120

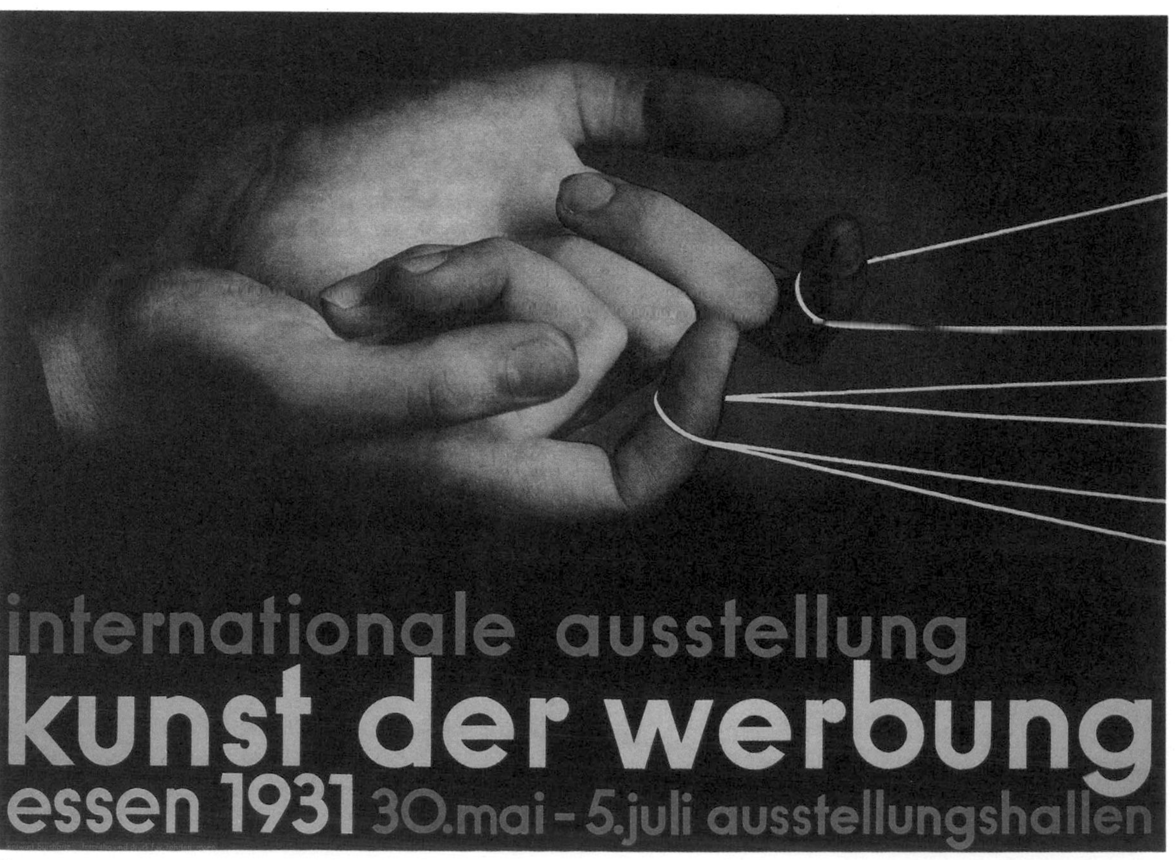

121

BURCHARTZ

120 — Max Burchartz, Orion, hoja publicitaria, Bochum 1926, IVAM.

121 — Max Burchartz, internationale ausstellung kunst der werbung, essen 1931, cartel, litografía, 1931, Merrill C. Berman Collection.

120 — Max Burchartz, Orion. Advertising leaflet, Bochum 1926. IVAM.

121 — Max Burchartz, internationale ausstellung kunst der werbung, Essen 1931. Poster, lithograph, 1931, Merrill C. Berman Collection.

CAHUN

122 — Claude Cahun, Aveux non avenus, collages fotográficos de Claude Cahun y Moore (Suzanne Malherbe), introducción Pierre Mac Orlan, Éditions du Carrefour, París 1930, IVAM.

122 — Claude Cahun, Aveux non avenus. Photographic collages by Claude Cahun and Moore (Suzanne Malherbe), introduction by Pierre MacOrlan, Éditions du Carrefour, Paris 1930. IVAM.

CLAUDE CAHUN 1894 — 1954

FOTÓGRAFA. Lucie Schwob adoptó el seudónimo de Claude Cahun hacia 1917. Se instaló en París en los primeros años veinte con su compañera y colaboradora Suzanne Malherbe. Antes de dedicarse a la fotografía publicó artículos feministas y relatos. En 1929 publicó en la revista Bifur una de sus fotografías, un autorretrato, y al año siguiente un relato autobiográfico ilustrado con fotomontajes, Aveux non avenus. Ese mismo año se incorporó al surrealismo a través de André Breton y René Crevel. En los años treinta participó en exposiciones surrealistas.

▸ Lise Deherme, Le coeur de pic, París 1937; Claude Cahun photographe, cat. Musée d'Art Moderne, París 1995.

PHOTOGRAPHER. Lucie Schwob adopted the pseudonym Claude Cahun around the year 1917. She established herself in Paris in the early twenties together with her companion and collaborator Suzanne Malherbe. Before taking up photography she published feminist articles and stories. In 1929 the magazine Bifur published one of her photographs, a self-portrait, and the following year an autobiographical story illustrated with photomontages, Aveux non avenus. That same year she was introduced to Surrealism, through André Breton and René Crevel. In the thirties she participated in Surrealist exhibitions.

▸ Lise Deherme, Le coeur de pic, Paris 1937; Claude Cahun photographe, cat. Musée d'Art Moderne, Paris 1995.

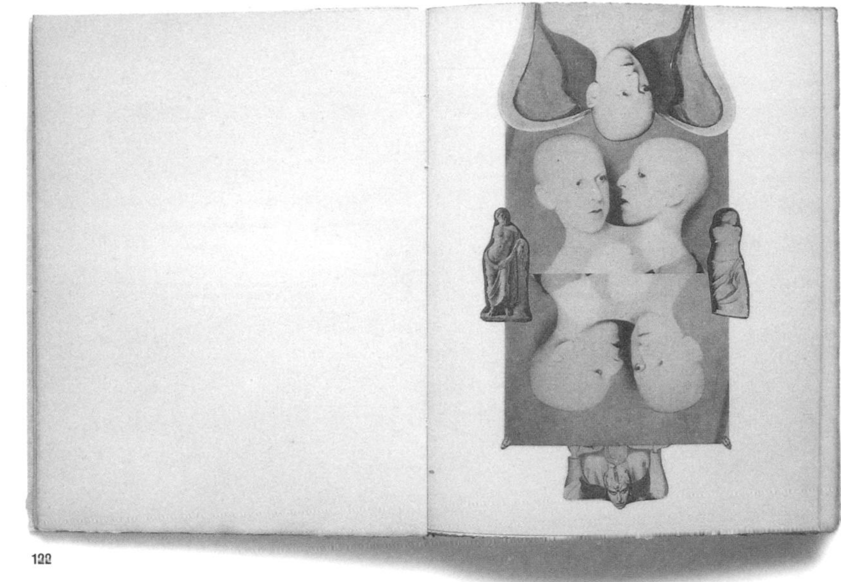

122

CAMPO GRAFICO Milán 1933 — 1939

Subtitulada 'Rivista di estetica i de tecnica grafica', Campo grafico fue la principal publicación italiana sobre diseño gráfico moderno. Dirigida hasta 1935 por Attilio Rossi, en la revista publicaron fotografías y fotomontajes Luigi Veronesi, Horacio Coppola y Grete Stern, entre otros. Publicó dos números dedicados a la fotografía, con textos sobre fotomontaje, tipo-foto y fotografía publicitaria de Rossi, Veronesi, Coppola y Carlo Dradi.

▸ Campo grafico 1933-1939, Milan 1983.

Subtitled 'Rivista di estetica i di tecnica grafica', Campo grafico was the leading publication of modern graphic design in Italy. Directed, until 1935, by Attilio Rossi, it published photographs and photomontages by Luigi Veronesi, Horacio Coppola and Grete Stern, among others. Campo grafico edited two numbers dedicated to photography, with texts by Rossi, Veronesi, Coppola and Carlo Dradi on photomontage, typo-photo and advertising photography.

▸ Campo grafico 1933-1939, Milano 1983.

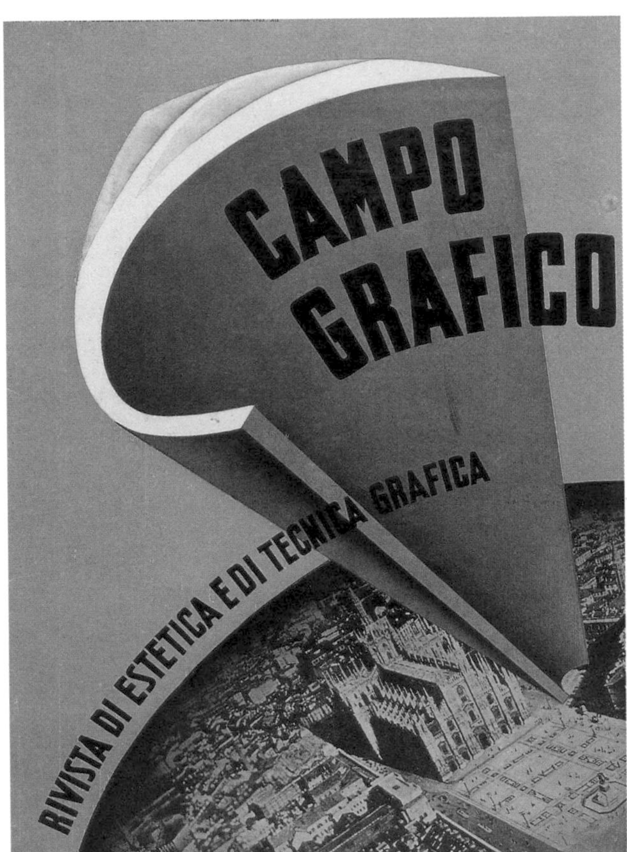

123

CAMPO
123 — Campo grafico 11 (1933), cubierta, fotomontage de Battista Pallavera, MNCARS.
123 — Campo grafico 11 (1933). Cover. Photomontage by Battista Pallavera. MNCARS.

ROBERT CAPA 1913 — 1954

FOTOPERIODISTA. Ernö Friedmann nació en Budapest, donde comenzó a hacer fotografías hacia 1930. En 1931-33 estudió política en Berlín y empezó a dedicarse al periodismo gráfico, trabajando para la agencia DEPHOT. En 1933 se instaló en París, donde trabajó con otros fotoperiodistas como Chim, Hans Namuth y Gerda Taro, junto a la que inventó en 1936 el 'nom de guerre' Robert Capa. Publicó sus fotos en semanarios como Weekly Illustrated, Vu o Regards. En 1936-37 fotografió la Guerra Civil española y en 1938 trabajó en China y de nuevo en España. Sus fotografías también se publicaron en Match, Life y Ce Soir, entre otras muchas revistas. En 1939 emigró a Estados Unidos.

► Robert Capa, Gerda Taro, Chim, Death in the Making, Nueva York 1938; R. Whelan, Robert Capa. A Biography, Lincoln 1985.

PHOTOJOURNALIST. Ernö Friedmann was born in Budapest, where he started taking photographs around 1930. From 1931 to 1933 he studied politics in Berlin, and took up graphic journalism, working for the DEPHOT agency. He moved to Paris in 1933, where he worked with other photojournalists, including Chim, Hans Namuth and Gerda Taro. It was with Gerda Taro in 1936 that he invented the 'nom de guerre' Robert Capa. His photos were published in weeklies such as Weekly Illustrated, Vu and Regards. He took photographs of the Spanish Civil War in 1936-37, and in 1938 worked in China and, once again, in Spain. Capa's photographs were also published in Match, Life and Ce Soir, among many other magazines. He emigrated to the United States in 1939.

► Robert Capa, Gerda Taro, Chim, Death in the Making, New York 1938; R. Whelan, Robert Capa. A Biography, Lincoln 1985.

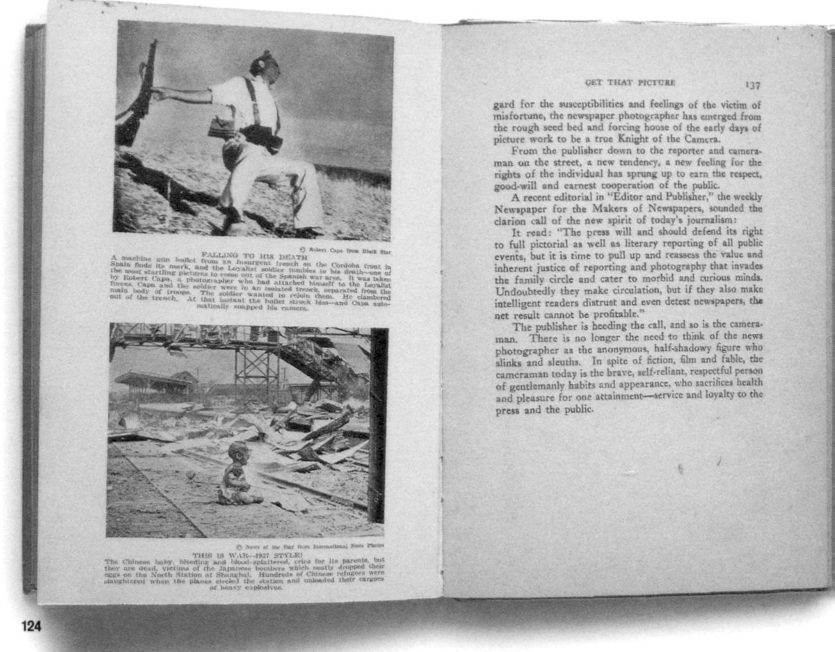

© Robert Capa from Black Star

FALLING TO HIS DEATH

A machine gun bullet from an insurgent trench on the Cordoba front in Spain finds its mark, and the Loyalist soldier tumbles to his death—one of the most startling pictures to come out of the Spanish war area. It was taken by Robert Capa, a photographer who had attached himself to the Loyalist forces. Capa and the soldier were in an isolated trench, separated from the main body of troops. The soldier wanted to rejoin them. He clambered out of the trench. At that instant the bullet struck him—and Capa automatically snapped his camera.

© News of the Day from International News Photos

THIS IS WAR—1937 STYLE!

The Chinese baby, bleeding and blood-splattered, cries for its parents, but they are dead, victims of the Japanese bombers which neatly dropped their eggs on the North Station at Shanghai. Hundreds of Chinese refugees were slaughtered when the planes circled the station and unloaded their cargoes of heavy explosives.

GET THAT PICTURE 137

gard for the susceptibilities and feelings of the victim of misfortune, the newspaper photographer has emerged from the rough seed bed and forcing house of the early days of picture work to be a true Knight of the Camera.

From the publisher down to the reporter and cameraman on the street, a new tendency, a new feeling for the rights of the individual has sprung up to earn the respect, good-will and earnest cooperation of the public.

A recent editorial in "Editor and Publisher," the weekly Newspaper for the Makers of Newspapers, sounded the clarion call of the new spirit of today's journalism:

It read: "The press will and should defend its right to full pictorial as well as literary reporting of all public events, but it is time to pull up and reassess the value and inherent justice of reporting and photography that invades the family circle and cater to morbid and curious minds. Undoubtedly they make circulation, but if they also make intelligent readers distrust and even detest newspapers, the net result cannot be profitable."

The publisher is heeding the call, and so is the cameraman. There is no longer the need to think of the news photographer as the anonymous, half-shadowy figure who slinks and sleuths. In spite of fiction, film and fable, the cameraman today is the brave, self-reliant, respectful person of gentlemanly habits and appearance, who sacrifices health and pleasure for one attainment—service and loyalty to the press and the public.

124

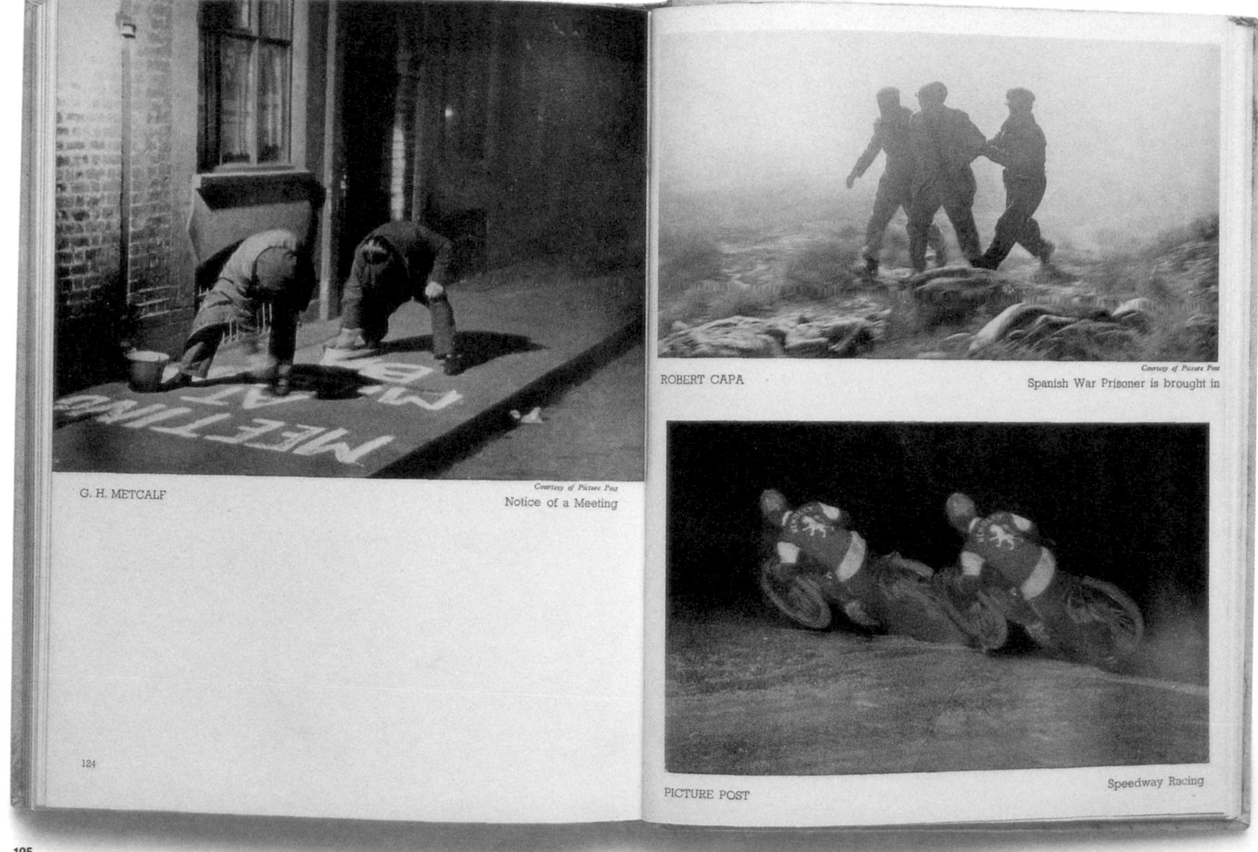

G. H. METCALF

Courtesy of Picture Post

Notice of a Meeting

124

ROBERT CAPA

Courtesy of Picture Post

Spanish War Prisoner is brought in

PICTURE POST

Speedway Racing

125

CAPA

124 — J. Ezickson, Get that Picture! The Story of the News Cameraman, fotografía de Robert Capa, National Library Press, Nueva York 1938, colección particular.

125 — Modern Photography 1939-40, fotografías de G.H. Metcalf, Robert Capa y Picture Post, The Studio, Londres y Nueva York 1939, MNCARS.

124 — J. Ezickson, Get that Picture! The Story of the News Cameraman. Photography by Robert Capa, National Library Press, New York 1938. Private collection.

125 — Modern Photography 1939-40. Photographs by G.H. Metcalf, Robert Capa and Picture Post, The Studio, London and New York 1939, MNCARS.

HENRI CARTIER-BRESSON 1908

FOTÓGRAFO. Entre 1922-28 estudió pintura, los dos últimos años en el taller de André Lhote junto a Dora Maar y Florence **Henri**. A principios de los treinta se dedicó a la fotografía, iniciando una vida nómada. Sus primeras exposiciones fueron en 1932, en Madrid (donde publicó sus fotos en Luz y Octubre, así como en Gaceta de arte) y Nueva York. Desde 1933 usó una cámara Leica, que le permitió registrar lo que, años más tarde, llamaría 'momentos decisivos'. En México en 1934, expuso con Manuel **Álvarez Bravo** al año siguiente y publicó fotografías en revistas populares. La exposición se repitió en Nueva York con un nuevo fotógrafo, Walker **Evans**. Durante su estancia neoyorquina se dedicó al cine con Paul Strand, rodando documentales en Francia (1936) y España (1937). Sus fotografías narrativas se encuentran en los semanarios ilustrados (Match, **Vu**, Regards, **Picture Post**, **Life**), pero también en revistas lujosas como Verve.

▸ Henri Cartier-Bresson: The Early Work, cat. Museum of Modern Art, Nueva York 1987.

PHOTOGRAPHER. Cartier-Bresson studied painting from 1922 to 1928, the last two of these years in the studio of André Lhote, alongside Dora Maar and Florence **Henri**. He took up photography at the beginning of the thirties and initiated his nomadic life. His first exhibitions were in 1932, in Madrid (where his photos were published in Luz and Octubre, as well as in Gaceta de Arte) and in New York. From 1933 he used a Leica camera which enabled him to record what, years later, he would call 'decisive moments'. In Mexico from 1934, he exhibited with Manuel **Álvarez Bravo** in 1935 and his photographs were published in popular magazines. The exhibition was repeated in New York with a different photographer, Walker **Evans**. During his stay in New York he entered the world of cinema with Paul Strand, filming documentaries in France (1936) and Spain (1937). His narrative photos are to be found in illustrated weeklies (Match, **Vu**, Regards, **Picture Post**, and **Life**) as well as in deluxe magazines, such as Verve.

▸ Henri Cartier-Bresson: The Early Work, cat. Museum of Modern Art, New York 1987.

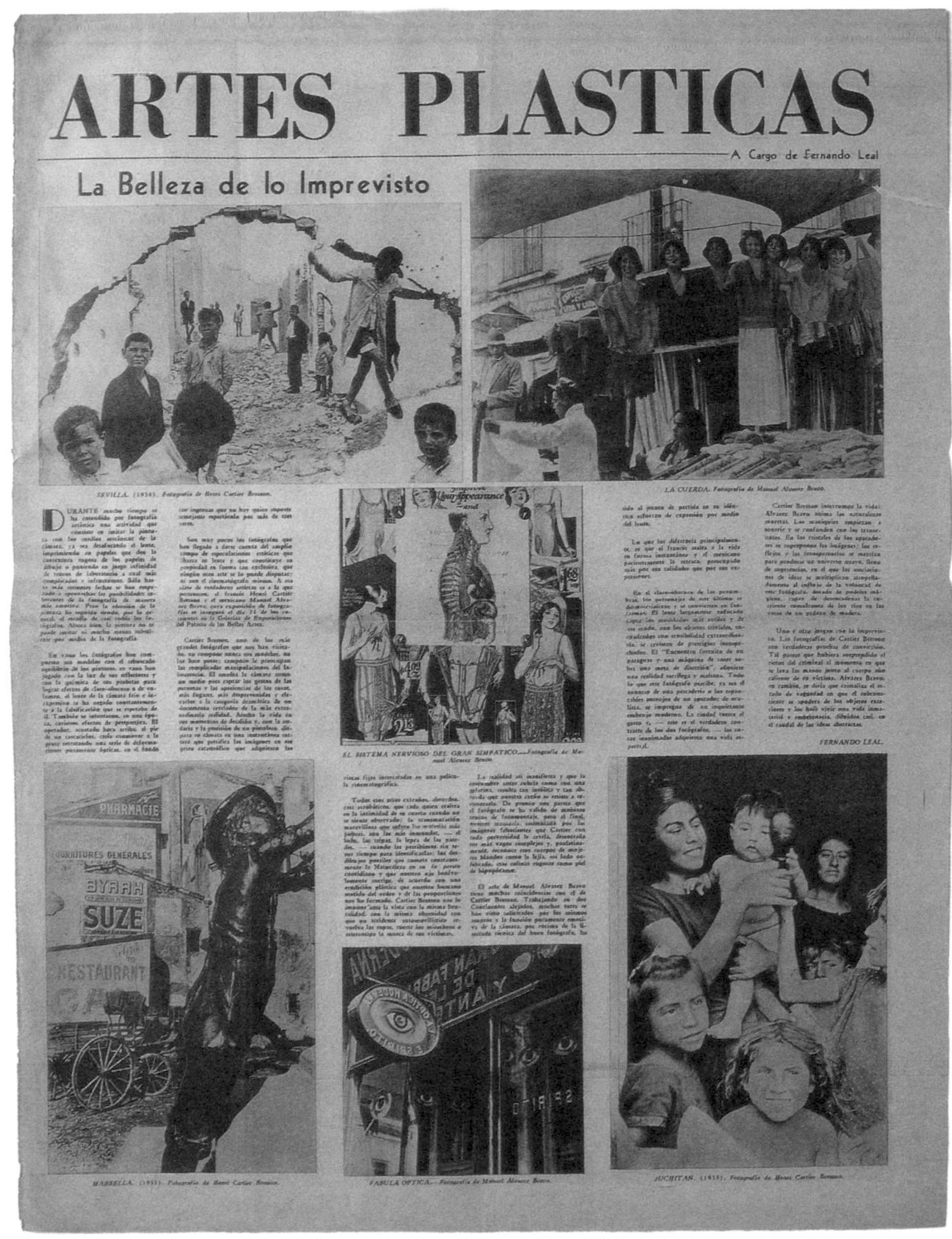

ARTES PLASTICAS

A Cargo de Fernando Leal

La Belleza de lo Imprevisto

SEVILLA. (1934). Fotografía de Henri Cartier Bresson.

LA CUERDA. Fotografía de Manuel Alvarez Bravo.

EL SISTEMA NERVIOSO DEL GRAN SIMPATICO.—Fotografía de Manuel Alvarez Bravo.

FERNANDO LEAL.

MARSELLA. (1933). Fotografía de Henri Cartier Bresson.

FABULA OPTICA.—Fotografía de Manuel Alvarez Bravo.

JUCHITAN. (1935). Fotografía de Henri Cartier Bresson.

CARTIER-BRESSON
126 — El Nacional (17 de marzo 1935), fotografías de Henri Cartier-Bresson y Manuel Álvarez Bravo, colección particular.
126 — El Nacional (17 March 1935). Photographs by Henri Cartier-Bresson and Manuel Álvarez Bravo. Private collection.

126

GABRIEL CASAS 1892 — 1973

FOTÓGRAFO, FOTOMONTADOR. Nació en Barcelona, donde comenzó a fotografiar. Entre 1914 y 1917 trabajó en Argentina. De vuelta a Barcelona, montó un estudio y, unos años más tarde, una galería fotográfica. En 1929 fue uno de los fotógrafos oficiales de la Exposición internacional y colaboró con su órgano periodístico, Barcelona gráfica, donde publicó sus primeros fotomontajes. En 1933 hizo carteles políticos con fotomontajes, técnica que también aplicó en cubiertas de libros. Durante la Guerra Civil publicó fotografías en Nova Iberia e hizo carteles. Tras la victoria del ejército de Franco en 1939, sufrió represalias.

▸ Les avantguardes fotogràfiques a Espanya, cat. Fundació La Caixa, Barcelona 1997.

PHOTOGRAPHER, PHOTOMONTEUR. Casas was born in Barcelona, where he first took up photography, working from 1914 to 1917 in Argentina. On his return to Barcelona he established his own studio and, some years later, a photographic gallery. He was one of the official photographers to the International Exposition in 1929 and collaborated with its magazine, Barcelona gràfica, in which his first photomontages were published. In 1933 he produced political posters using photomontage, a technique he also applied in the design of book covers. During the Spanish Civil War he published photographs in Nova Iberia and made posters. Following the victory of Franco's army in 1939 he was the victim of reprisals.

▸ Les avantguardes fotogràfiques a Espanya, cat. Fundació La Caixa, Barcelona 1997.

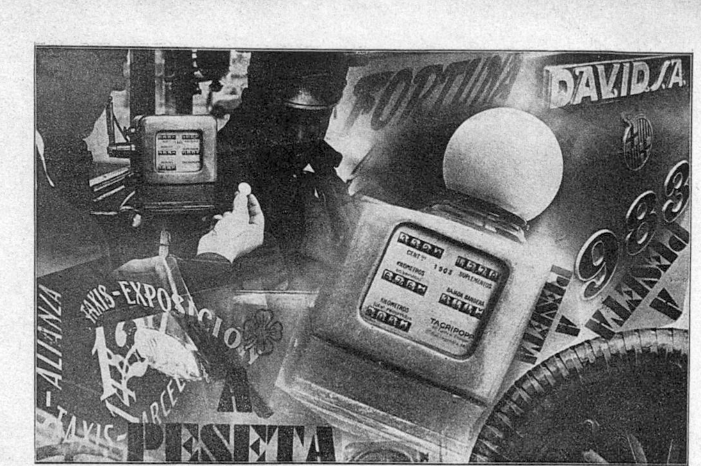

La zarabanda de los taxis antes del arreglo de las tarifas, vista por Casas

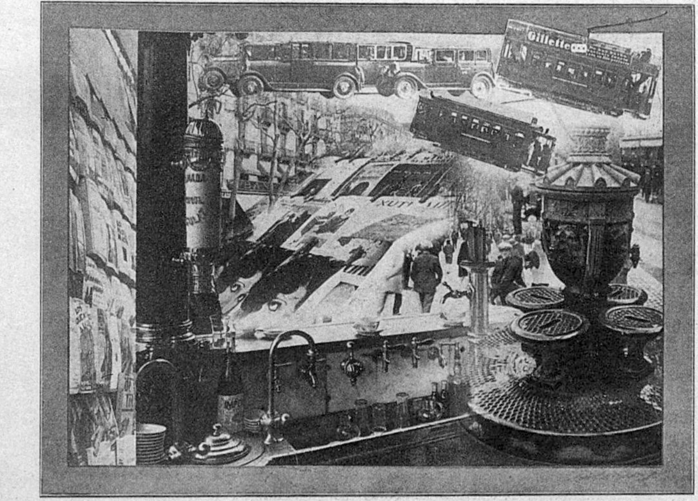

La Rambla de Canaletas, vista por Casas

127

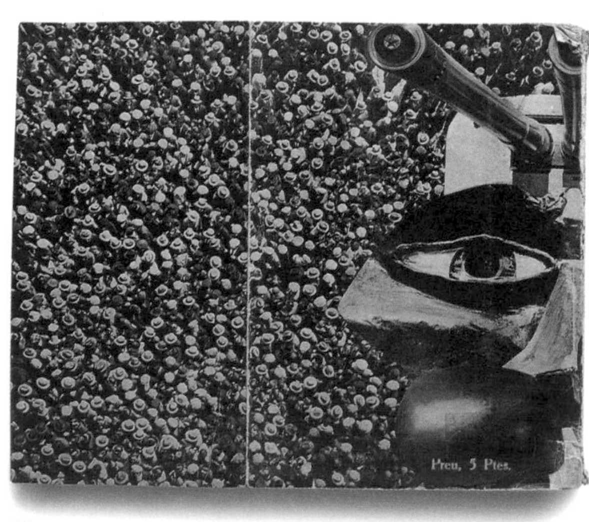

128

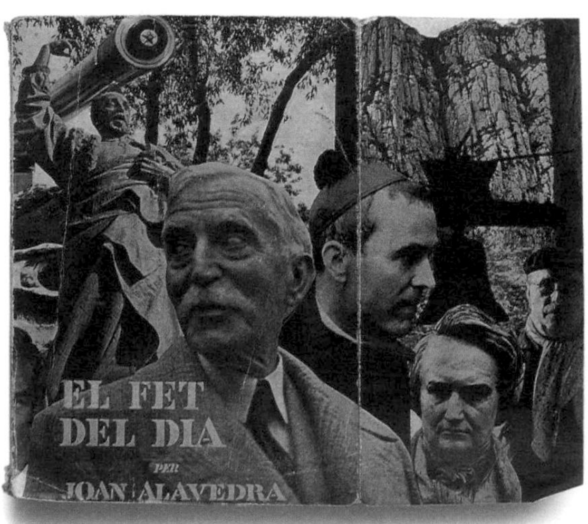

129

CASAS
127 — Barcelona gràfica vol. 2, 58 (16 de abril 1930), fotomontajes de Gabriel Casas, colección particular.
128/129 — Joan Alavedra, El fet del dia, cubiertas, fotomontaje de Gabriel Casas, editorial Horta, Barcelona 1935, AHNSGC.
130 — D'Açí i d'Allà vol. 20, 162 (junio 1931), fotomontaje de Gabriel Casas, Colección Juan Naranjo.
127 — Barcelona gràfica vol.2, 58 (16 April 1930) Photomontages by Gabriel Casas. Private collection.
128/129 — Joan Alavedra, El fet del dia, Covers, photomontage by Gabriel Casas, ed. Horta, Barcelona 1935, AHNSGC.
130 — D'Açí i d'Allà vol.20, 162 (June 1931) Photomontage by Gabriel Casas. Juan Naranjo Collection.

CATALA
131 — Claror 5 (julio 1935), fotomontaje de Pere Català Pic, colección particular, Barcelona.
131 — Claror 5 (July 1935) Photomontage by Pere Català Pic. Private collection, Barcelona.

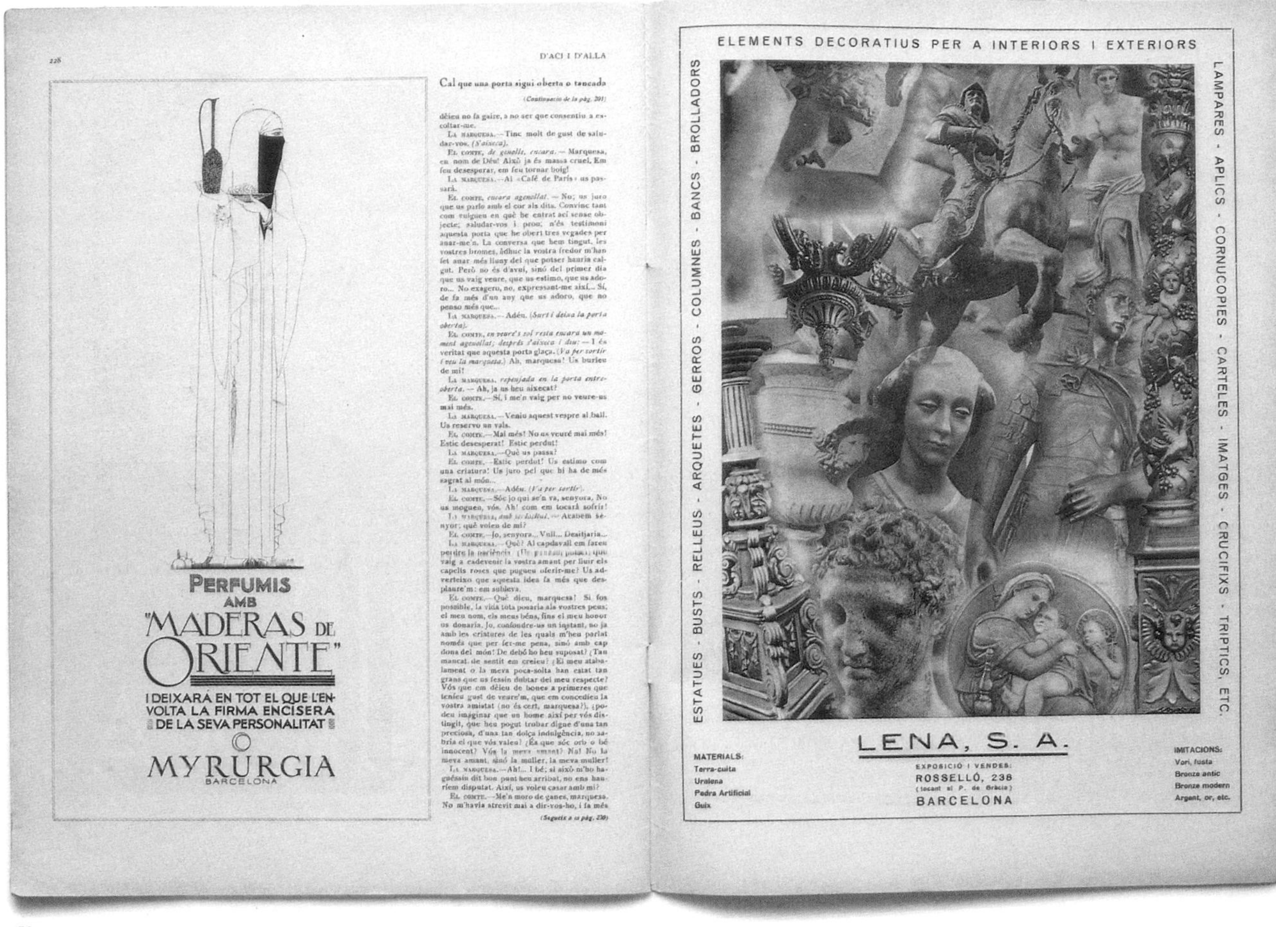

130

PERE CATALÀ PIC 1889 — 1971

FOTÓGRAFO PUBLICITARIO. En 1931 se instaló en Barcelona y comenzó su dedicación a la fotografía publicitaria, sobre la que publicó artículos en las revistas Mirador, Revista Ford, Butlletí del Seminari de Publicitat y Publi-graff. Durante estos años hizo fotomontajes publicitarios que se publicaron en Crónica, Claror, D'Ací i d'Allà y otras revistas. También escribió comentarios fotográficos para Mirador y un libro sobre fotografía y publicidad. Durante la Guerra Civil, aparte de producir carteles y fotomontajes, se ocupó de las publicaciones del Departamento de Propaganda de la Generalitat catalana.

▸ Visions útils. Pere Català Pic y Josep Sala, cat. Fundació La Caixa, Barcelona 1994.

ADVERTISING PHOTOGRAPHER. Català settled in Barcelona in 1931 and began his dedication to advertising photography, about which he published articles in the magazines Mirador, Revista Ford, Butlletí del Seminari de Publicitat, and Publi-graff. During these years he produced publicity photomontages which were published in Crónica, Claror, D'Aci i d'Allà, and many other magazines. He also wrote photographic critiques for Mirador and a book on photography and advertising. During the Spanish Civil War he was responsible for the publications issued by the Propaganda Department of the Catalan organ of government, the Generalitat, as well as producing posters and photomontages.

▸ Visions útils. Pere Català Pic y Josep Sala, cat. Fundació La Caixa, Barcelona 1994.

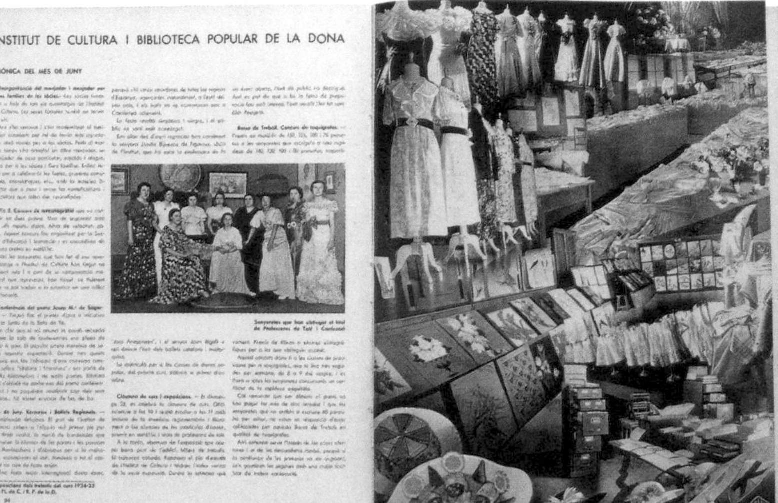

131

CHECOSLOVAQUIA

La nueva fotografía en Checoslovaquia comenzó en los primeros veinte con la sociedad Devetsil, formada por artistas, arquitectos y poetas entre los que destacaban Karel **Teige** y Jindrich **Styrsky,** autores de collages fotográficos a los que denominaban 'poemas en imágenes'. Influenciados por el constructivismo ruso y alemán, Styrsky pasó del 'poetismo' al fotomontaje y Teige, que también practicó esta técnica, a la nueva tipografía. Las revistas de Devetsil, como **ReD,** propagaron el fotomontaje, el nuevo diseño y la fotografía moderna. Otros fotomontadores que publicaron sus trabajos en revistas y libros fueron Otakar Mrkvicka, Cyril Bouda, Vilém Szpyk y Toyen, que colaboró con frecuencia con Styrsky. En cuanto a los diseñadores gráficos que usaron la fotografía, el fotomontaje y la tipo-foto, los más importantes fueron Teige, Zdenek **Rossmann** y Ladislav **Sutnar,** pero también hubo otros, como Frantisek Zelenka o Frantisek Muzika. Todos ellos diseñaron revistas, libros, publicidad y carteles, lo que hace que la producción editorial checa de la época sea una de las más interesantes y creativas de los años de entreguerras.

Los fotógrafos pictorialistas más conocidos de los años veinte fueron Frantisek Drtikol, que utilizaba en sus desnudos los modelos del art déco y el simbolismo, y D.J. Ruzicka, que trabajó en Estados Unidos y Checoslovaquia. El activo club checo de fotógrafos aficionados, CKFA, mostraba en sus exposiciones las creaciones pictorialistas, publicadas en la revista Fotograficky obzor. En 1924 se fundó un nuevo grupo, la Sociedad fotográfica checa, que empezó a difundir la nueva fotografía. Los fundadores del grupo fueron los fotógrafos Adolf Schneeberger, Josef Sudek, que se había dado a conocer en las exposiciones pictorialistas, y Jaromír **Funke,** quien junto a Jaroslav Rössler, fue el pionero de la fotografía experimental en Checoslovaquia. En 1922 Rössler y Funke ya hacían composiciones geométricas y fotografías abstractas, y de 1926 son los primeros fotogramas de Funke. Rössler vivió gran parte de su carrera en Francia, Funke fue profesor de fotografía, influyendo en los nuevos fotógrafos, y Sudek se dedicó a la fotografía publicitaria para la editorial Druzstevní práce, fundada en 1922, en la que también trabajó Sutnar como diseñador.

En **Film und Foto** la representación checa estuvo formada por los arquitectos Bohuslav Fuchs y Josef Hausenblas, que expusieron fotografías arquitectónicas y fotomontajes, el fotógrafo y fotomontador Evzen Markalous, Rossmann y Teige. Al año siguiente, la exposición Nová ceska fotografie presentó en Praga una muestra semejante a la de Stuttgart, con fotógrafos aficionados y profesionales juntos y fotografías sin autor, científicas o periodísticas. Entre los fotógrafos representados estaban Funke, Rössler, Markalous, Sudek, Ladislav E. Berka, Jiri Lehovec y Eugen Wiskovsky.

En los años treinta Teige y, sobre todo, Styrsky y Toyen derivaron hacia el surrealismo en sus diseños gráficos, fotomontajes y (Styrsky) series fotográficas. También Funke realizó series de fotografías urbanas. Otros fotógrafos activos en los años treinta fueron Jan Lauschmann, Ada Novak, Stanislav Halas, el fotoperiodista Karel Hajek, Otakar Lenhart, que se dedicó a partir de 1934 a la fotografía experimental, Vaclav Zykmund, Bohumil Nemec, autor tanto de fotografía experimental como de documental, al igual que Jaroslav Nohel, que además fue influenciado por el surrealismo, Hugo Taborsky, que hizo fotomontajes, y el fotógrafo documental y social Karel Kasparik. El anuario Ceskoslovenská fotografie y las revistas Fotograficky obzor y Fotografie publicaron sus fotografías, que también aparecieron en otras muchas revistas, como **Zijeme,** Panorama, Stavba, Gentlemen, Levá Fronta o Stredisko, que destacan asimismo por su cuidado diseño gráfico.

CZECHOSLOVAKIA

The new photography began in Czechoslovakia in the early twenties, with the Devetsil society, made up of artists, architects and poets. Among these were Karel **Teige** and Jindrich **Styrsky,** authors of photographic collages which they called 'poems in images'. Influenced by Russian and German Constructivists, Styrsky passed from 'poetism' to photomontage and Teige, who also practised the technique, to the new typography. The Devetsil magazines, of which **ReD** was one, popularised photomontage, the new design, and the new, modern photography. Other photomonteurs whose work was published in books and magazines included Otakar Mrkvicka, Cyril Bouda, Vilém Szpyk, and Toyen, who frequently worked in collaboration with Styrsky. The most relevant graphic designers to have employed photography, photomontage and photo-typo were Teige, Zdenek **Rossmann** and Ladislav **Sutnar,** but there were others, such as Frantisek Zelenka and Frantisek Muzika. They all designed magazines, books, advertising and posters, making Czech publication production one of the most interesting and creative of the inter-war years.

The most notable of the twenties Pictorialist photographers were Frantisek Drtikol, who used art Deco models, as well as symbolism, in his nudes, and D.J. Ruzicka, who worked in the United States and Czechoslovakia. The Czech amateur photography club, CKFA, was extremely active, showing Pictorialist creations in its exhibitions and publishing them in its magazine Fotograficky obzor. In 1924 a new group, The Czech Photographic Society, was formed, and began to publish the new photography. Founders of the group were the photographers Adolf Schneeberger, Josef Sudek, who had made a name for himself in the Pictorialist exhibitions, and Jaromír **Funke** who, together with Jaroslav Rössler, was a pioneer of experimental photography in Czechoslovakia. Rössler and Funke had already produced geometric compositions and abstract photographs in 1922, and Funke's first photograms date from 1926. Rössler spent a good deal of his professional career in France, Funke was a photography teacher and a heavy influence on new photographers, and Sudek dedicated himself to advertising photography for the publishers Druzstevní práce, founded in 1922 and for which Sutnar also worked, as a designer.

The Czech representation at **Film und Foto** was made up of the architects Bohuslav Fuchs and Josef Hausenblas, who exhibited architectural photographs and photomontages, together with the photographer and photomonteur Evzen Markalous, as well as Rossmann and Teige. The following year, the Nová ceska fotografie presented an exhibition similar to that of Stuttgart, with amateur and professional photographers side by side, as well as scientific, newspaper and anonymous photographs. Among the photographers to be exhibited were Funke, Rössler, Markalous, Sudek, Ladislav E. Berka, Jiri Lehovec and Eugen Wiskovsky.

In the thirties Teige and, above all, Styrsky drifted into Surrealism in their graphic designs, photomontages and, in the case of Styrsky, photographs-in-series. Funke also took a number of urban photos-in-series. Other photographers active in the thirties included Jan Lauschmann, Ada Novak, Stanislav Halas, the photojournalist Karel Hajek, Otakar Lenhart, who took up experimental photography from 1934, Vaclav Zykmund, Bohumil Nemec, author of both experimental and documentary photography, as was Jaroslav Nohel, who was also influenced by Surrealism, Hugo Taborsky, who produced photomontages, and the documentary and society photographer Karel Kasparik. Their photographs were published in the Ceskoslovenská fotografie annual, as well as in the magazines Fotograficky obzor and Fotografie, and in many others, such as **Zijeme,** Panorama, Stavba, Gentlemen, Levá Fronta and Stredisko, all of which were notable for their immaculate graphic design.

LE CORBUSIER 1867 — 1965

ARQUITECTO, ESCRITOR, PINTOR. Charles Édouard Jeanneret, Le Corbusier desde 1917, fue uno de los artistas que definieron la modernidad en los años veinte, tanto en su trabajo como arquitecto como en su labor ensayística y publicista. En la revista L'Esprit Nouveau, que dirigió junto a Amédée Ozenfant, difundió la estética de la máquina a través de artículos, ilustrados con montajes de fotografías, que recogió en 1923 en el libro Vers une architecture. También dirigió montajes de exposiciones e hizo fotomontajes.

ARCHITECT, WRITER, PAINTER. Charles Édouard Jeanneret, Le Corbusier was, from 1917, one of the artists who defined that which was modern in the twenties, not only in his architecture, but also in his work as a writer and advertising designer. He spread the machinist aesthetic through his articles in the magazine L'Esprit Nouveau, which he directed together with Amédée Ozenfant. These articles were illustrated with photographic montages that he published in the book Vers une architecture, in 1923. He also directed the mounting of exhibitions, and produced photomontages.

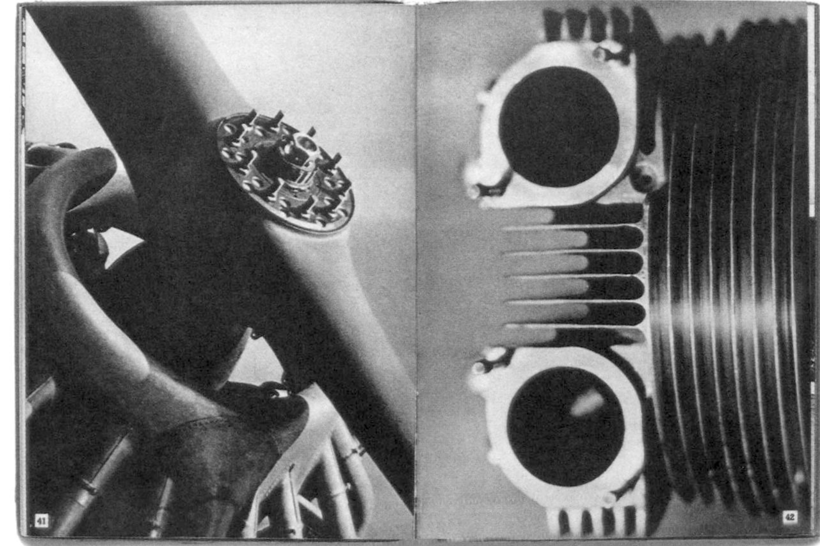

132

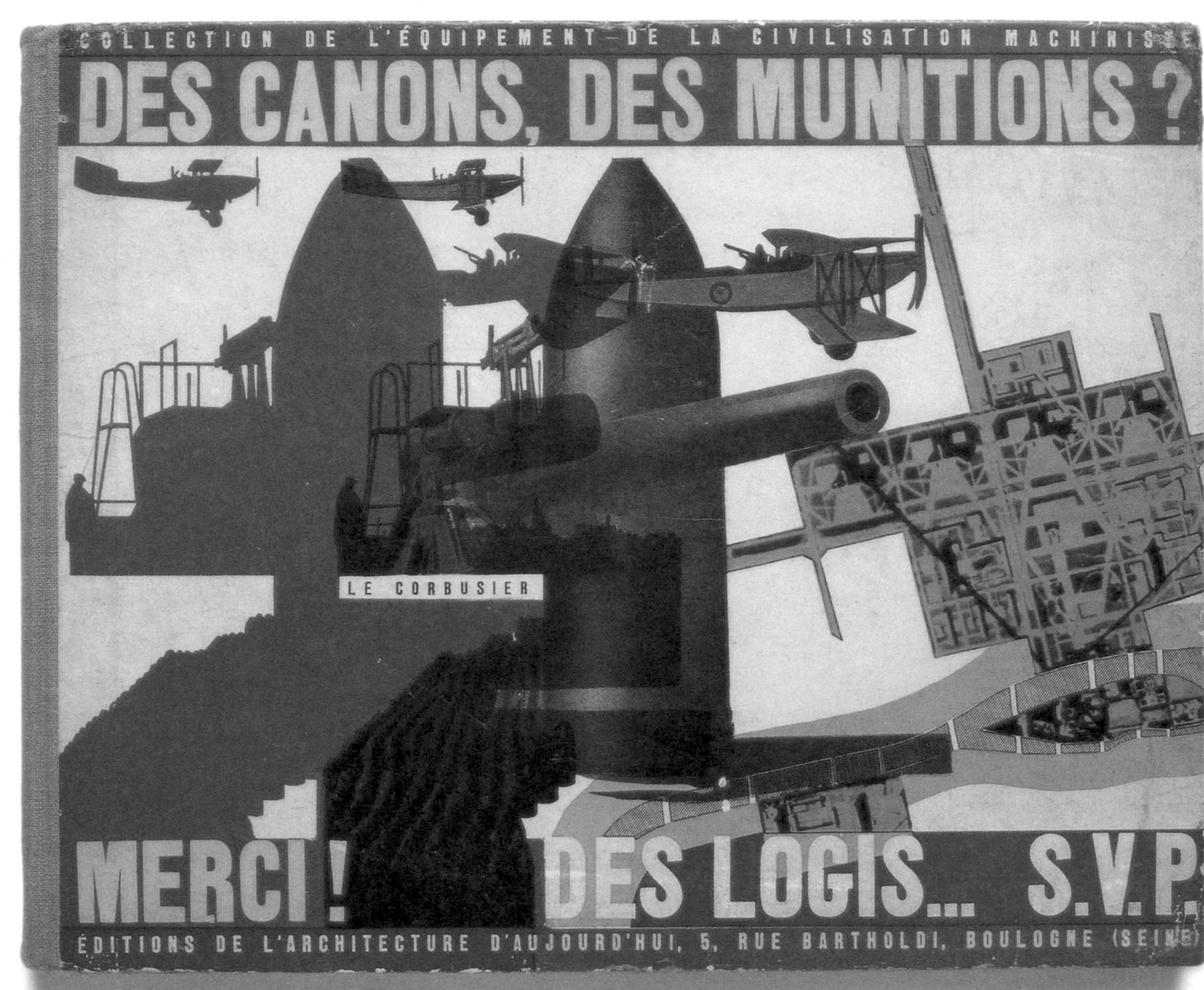

133

CORBUSIER
132 — Le Corbusier, Aircraft, The Studio, Londres y Nueva York s.f, colección particular, Barcelona.
133 — Le Corbusier, Des canons, des munitions? Merci! Des logis... SVP, L'Architecture d'aujourd'hui, Boulogne 1938, IVAM.
132 — Le Corbusier, Aircraft, The Studio, London and New York, n.d.. Private collection, Barcelona.
133 — Le Corbusier, Des canons, des munitions? Merci! Des logis... SVP, L'Architecture d'aujourd'hui, Bologna 1938, IVAM.

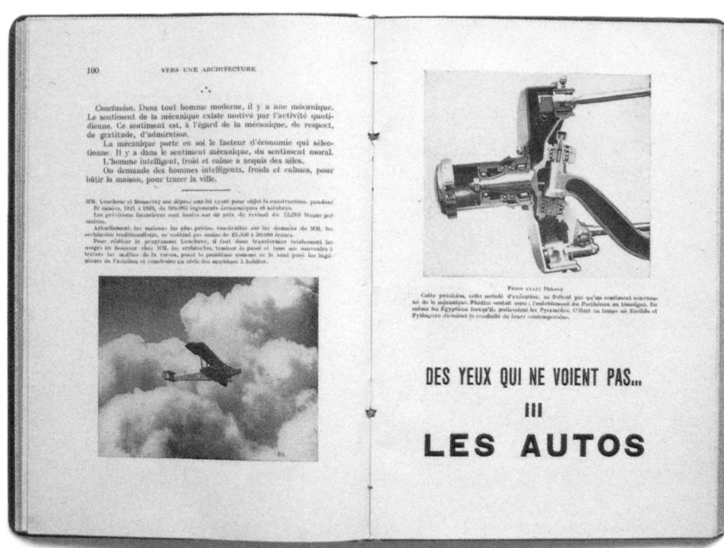

100 VERS UNE ARCHITECTURE

Conclusion. Dans tout homme moderne, il y a une mécanique. Le sentiment de la mécanique existe motivé par l'activité quotidienne. Ce sentiment est, à l'égard de la mécanique, de respect, de gratitude, d'admiration.

La mécanique porte en soi le facteur d'économie qui sélectionne. Il y a dans le sentiment mécanique, du sentiment moral.

L'homme intelligent, froid et calme a acquis des ailes.

On demande des hommes intelligents, froids et calmes, pour bâtir la maison, pour tracer la ville.

DES YEUX QUI NE VOIENT PAS...

III

LES AUTOS

134

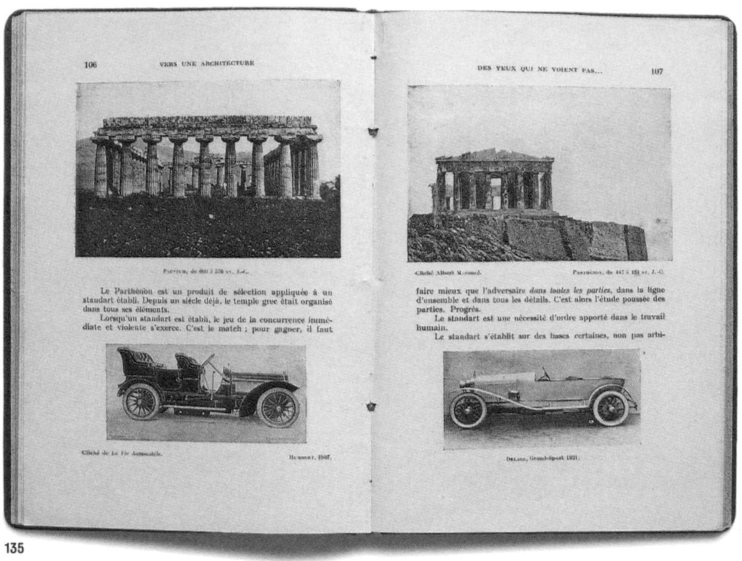

106 VERS UNE ARCHITECTURE

Le Parthénon est un produit de sélection appliquée à un standart établi. Depuis un siècle déjà, le temple grec était organisé dans tous ses éléments.

Lorsqu'un standart est établi, le jeu de la concurrence immédiate et violente s'exerce. C'est le match ; pour gagner, il faut

DES YEUX QUI NE VOIENT PAS... 107

faire mieux que l'adversaire *dans toutes les parties*, dans la ligne d'ensemble et dans tous les détails. C'est alors l'étude poussée des parties. Progrès.

Le standart est une nécessité d'ordre apporté dans le travail humain.

Le standart s'établit sur des bases certaines, non pas arbi-

135

IMOGEN CUNNINGHAM 1883 — 1976

FOTÓGRAFA. Estudió química en Seattle y en la Universidad Técnica de Dresde (1909), donde desarrolló una variante del papel de platino. Volvió a Seattle en 1910 y abrió su primer estudio, que trasladó en 1919 a San Francisco. En 1929 participó en la creación del grupo 'f.64' junto a Edward Weston y Ansel Adams. Durante estos años realizó exposiciones en Nueva York, San Francisco y Stuttgart, en Film und Foto. Entre 1932-35 publicó sus fotografías en Vanity Fair.

▸ Margery Mann, ed, Imogen Cunningham Photographs 1910-1973, Seattle y Londres 1974.

PHOTOGRAPHER. Cunningham studied chemistry in Seattle (U.S.A.) and at the Technische Hochschule in Dresden (1909), where she developed a variety of aluminium foil. She returned to Seattle in 1910 and opened her first studio, which she moved, in 1919, to San Francisco. In 1929 she participated in the creation of the 'f.64' group, together with Edward Weston and Ansel Adams. During these years she exhibited in New York, San Francisco and in Film und Foto, in Stuttgart. Her photographs were published in Vanity Fair from 1932 to 1935.

▸ Margery Mann, ed. Imogen Cunningham Photographs 1910-1973, Seattle and London 1974.

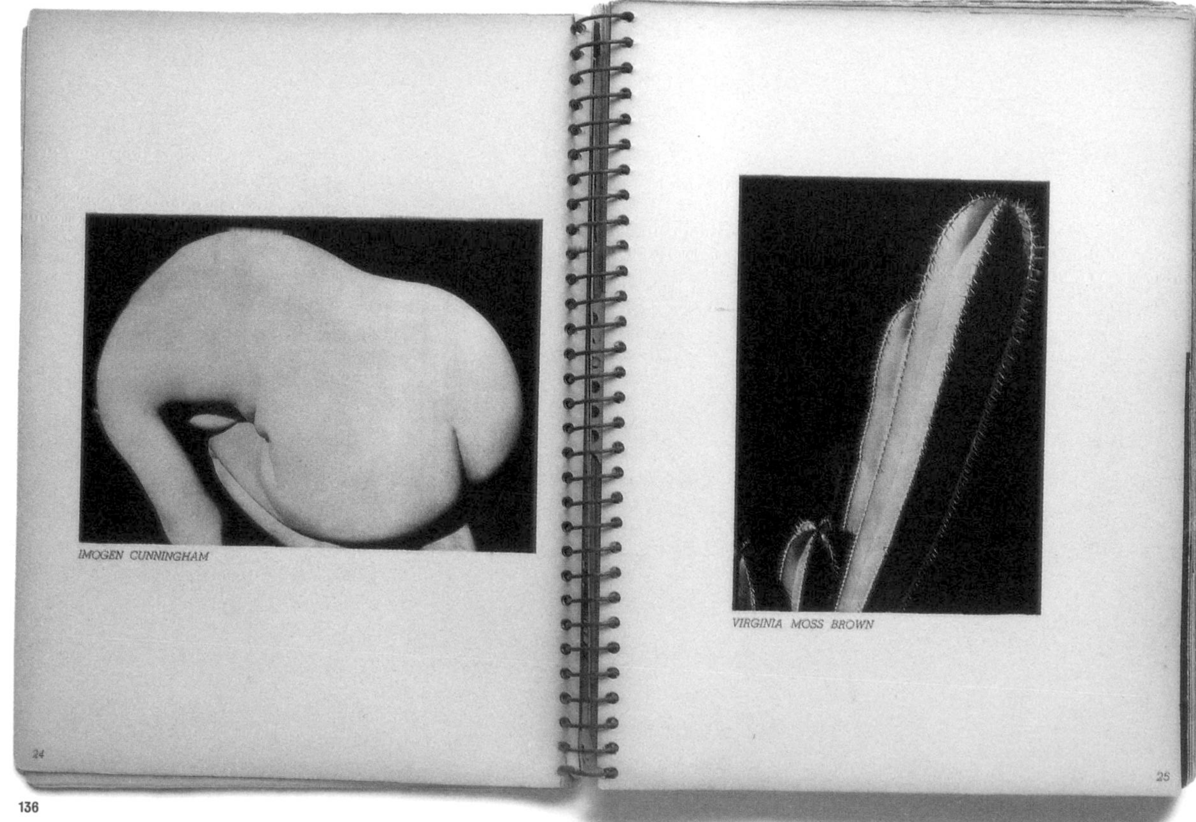

136

CORBUSIER
134/135 — Le Corbusier, Vers une architecture, G. Crès et Cie, París s.f. (1923), colección particular.
134/135 — Le Corbusier, Vers une architecture, G. Crès et Cie, Paris n.d. (1923) Private collection.

CUNNINGHAM
136 — U.S. Camera Annual 1936, fotografías de Imogen Cunnigham y Virginia Moss Brown, Nueva York 1936, colección particular.
136 — U.S. Camera Annual 1936. Photographs by Imogen Cunningham and Virginia Moss Brown, New York 1936. Private Collection.

DAIESH Moscú 1929

Revista quincenal ilustrada dirigida por M. Kostelovskaia y destinada a un público popular en la que primaba la imagen sobre el texto y se publicaron ensayos fotográficos editados por sus autores, según el concepto de foto-serie de Aleksandr Rodchenko. Los principales fotógrafos de Daiesh fueron Rodchenko y Boris Ignatovich, quienes publicaron foto-series sobre temas urbanos, fabriles o laborales. Otros colaboradores fueron Dmitri Debabov, Roman Karmen y los pintores Aleksandr Deineka y Dmitri Moor. Muchas de las cubiertas eran también de Rodchenko. Debido a sus costes de producción, la revista tuvo corta vida, sólo catorce números.

Daesh was a fortnightly magazine published by M. Kostelovskaia and aimed at the general public, in which pictures took precedence over text. It published photographic essays edited by their authors, in accordance with Aleksandr Rodchenko's concept of photos in series. Rodchenko and Boris Ignatovich were the principal photographers for Daesh, and published photos in series on themes such as urban life, production, or labour issues. Other collaborators included Dimitri Debabov, Roman Karmen and the painters Aleksandr Deineka and Dmitri Moor. Many of the covers were also the work of Rodchenko. Owing to production costs the magazine enjoyed a very short life, only fourteen issues.

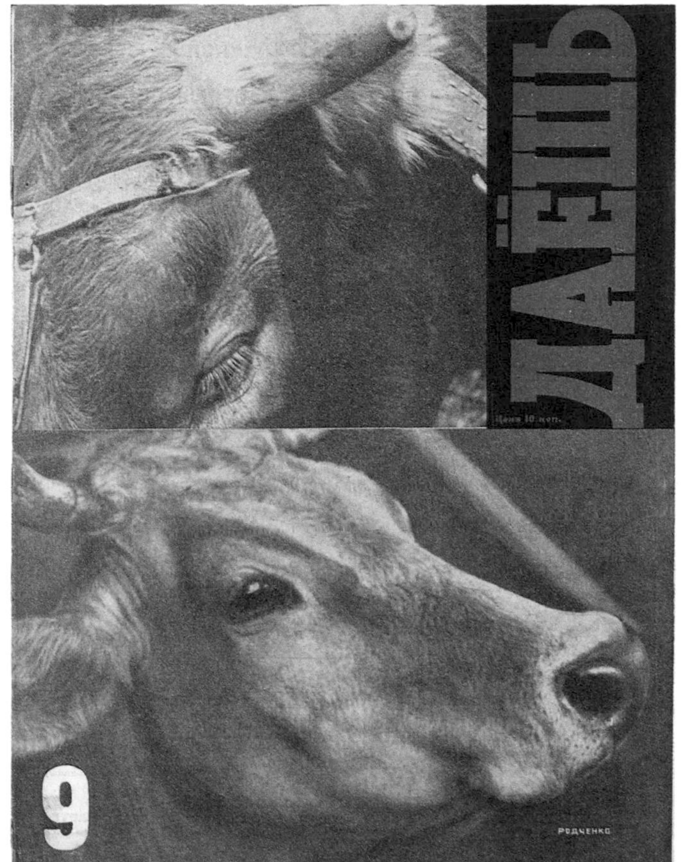

137

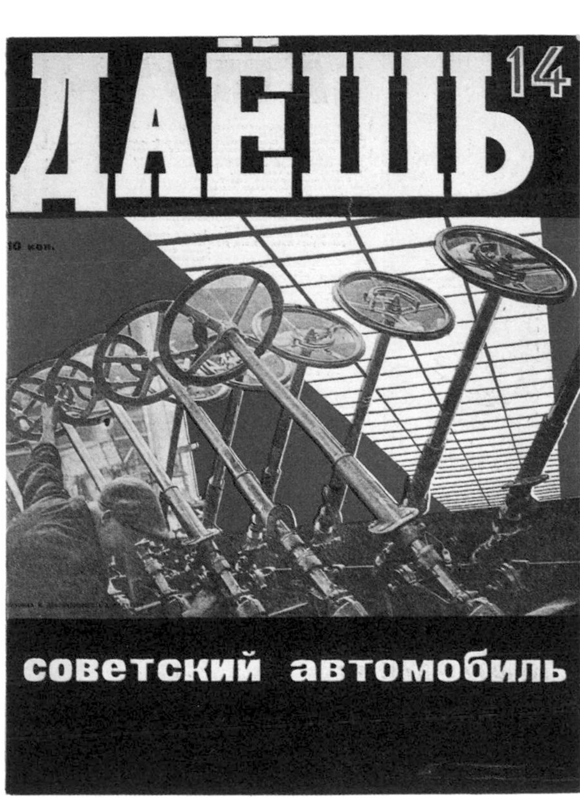

138

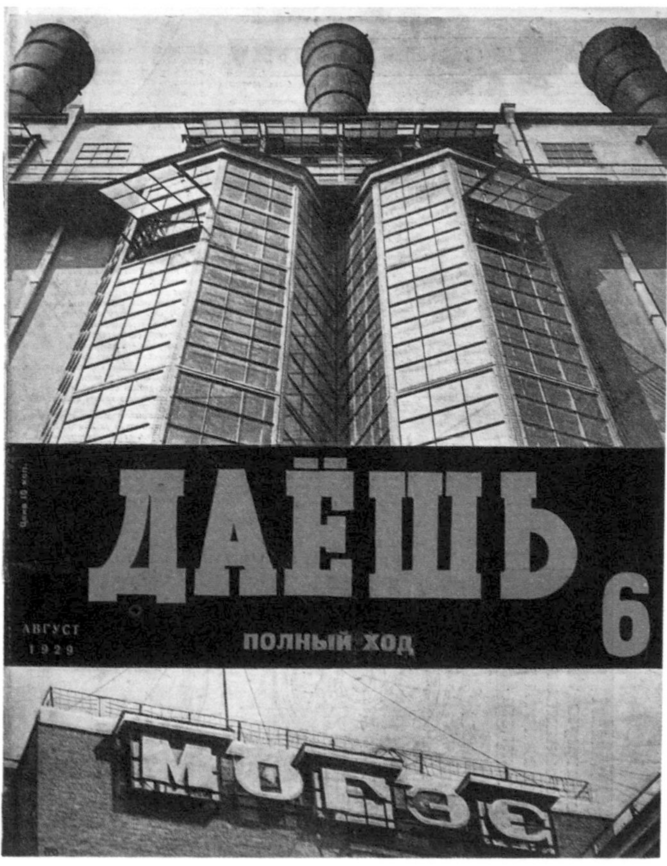

139

DAIESH

137 — Daiesh 9 (1929), cubierta, fotografía y diseño de Aleksandr Rodchenko, Merrill C. Berman Collection.

138 — Daiesh 14 (1929), cubierta, fotografía de Aleksandr Rodchenko, diseño Mecheslav Drobokovski, Merrill C. Berman Collection.

139 — Daiesh 6 (1929), cubierta, fotografía y diseño de Aleksandr Rodchenko, Merrill C. Berman Collection.

137 — Daesh 9 (1929) Cover, photography and design by Aleksandr Rodchenko, Merrill C. Berman Collection.

138 — Daesh 14 (1929) Cover, photography by Aleksandr Rodchenko, design by Mecheslav Drobokovski, Merrill C. Berman Collection.

139 — Daesh 6 (1929) Cover, photography and design by Aleksandr Rodchenko, Merrill C. Berman Collection.

DAS DEUTSCHE LICHTBILD Berlín 1927 — 1938

Anuario fotográfico editado en Berlín por los hermanos Bruno y Robert Schultz. En las 150-180 páginas fotográficas de cada uno de sus tomos se publicó una antología de la fotografía que entonces se hacía en Alemania. Las imágenes, reproducidas con una cuidada fotomécanica, se complementaban con textos técnicos y críticos, publicidad de la industria fotográfica y detalladas fichas con explicaciones técnicas de cada una de las fotografías. Su éxito comercial hizo que en los años siguientes se editaran otros muchos anuarios dedicados a la nueva fotografía: **Photographie**, Modern Photography, Photography Year Book, US Camera, Ceskoslovenska fotografie, etc.

Das Deutsche Lichtbild was a photographic annual published by the brothers Bruno and Robert Schultz. In the 150-180 photographic pages of each volume could be found an anthology of the photography that was being produced in Germany at that time. The pictures, carefully reproduced using photomechanical processes, were complemented with technical texts and critiques, advertising by the photographic industry and detailed descriptions containing technical explanations regarding each of the photographs published. The commercial success of Das Deutsche Lichtbild resulted in the publication of many other annuals dedicated to the new style of photography: **Photographie**, Modern Photography, Photography Year Book, U.S. Camera, Ceskoslovenska fotografie, etc.

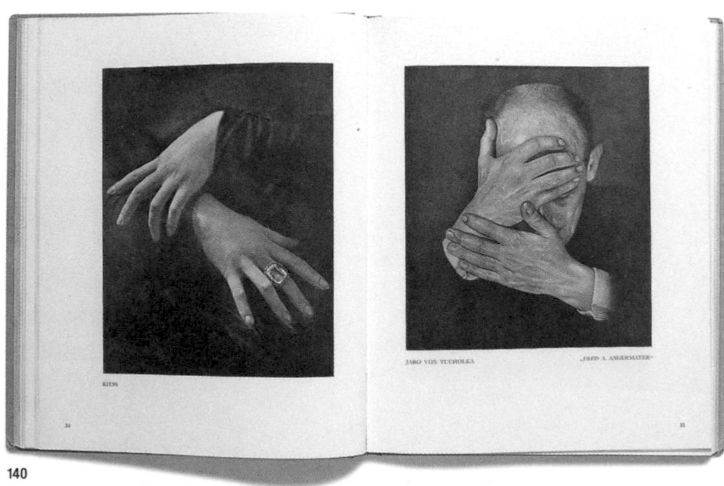

140

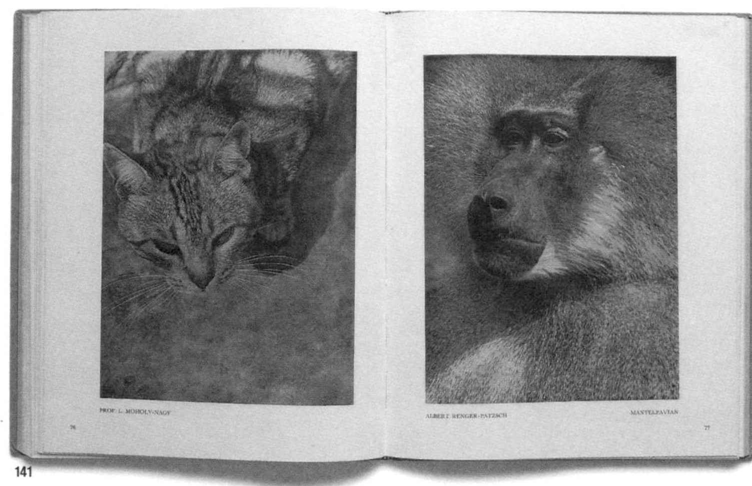

141

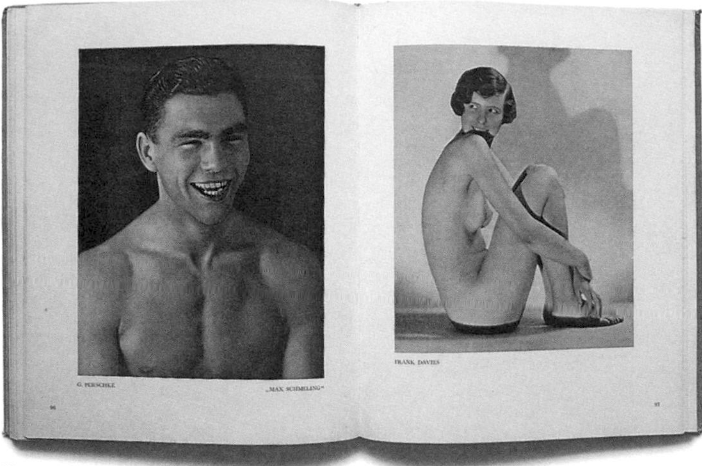

142

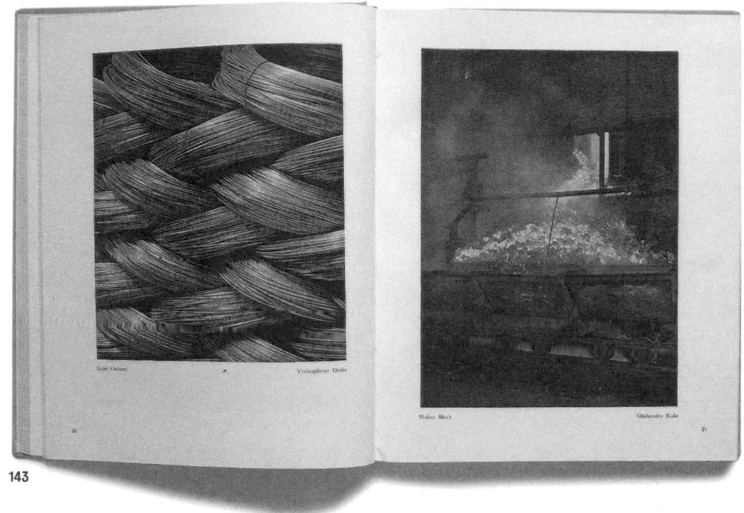

143

DAS DEUTSCHE LICHTBILD

140 — Das deutsche Lichtbild 1930, fotografías de Riess y Jaro von Tucholka, Robert & Bruno Schultz Verlag, Berlín 1930, colección particular.

141 — Das deutsche Lichtbild 1930, fotografías de László Moholy-Nagy y Albert Renger-Patzsch, Robert & Bruno Schultz Verlag, Berlín 1930, colección particular.

142 — Das deutsche Lichtbild 1931, fotografías de G. Perschke y Frank Davis, Robert & Bruno Schultz Verlag, Berlín 1931, MNCARS.

143 — Das deutsche Lichtbild 1938, fotografías de Ernst Oehme y Walter Block, Robert Schultz Verlag, Berlín 1938, colección particular.

144 — Das deutsche Lichtbild 1931, fotografías de Friedrich Frank Bauer, Robert & Bruno Schultz Verlag, Berlín 1931, MNCARS.

145 — Das deutsche Lichtbild 1930, fotografías de Erhard Dörner y Minya Dührkoop, Robert & Bruno Schultz Verlag, Berlín 1930, colección particular.

146 — Das deutsche Lichtbild 1930, fotografías de H. Killian Impekoven y Hans Windisch, Robert & Bruno Schultz Verlag, Berlín 1930, colección particular.

147 — Das deutsche Lichtbild 1931, fotografías de Arvid Gutschow, Robert Schultz Verlag, Berlín 1931, MNCARS.

DAS DEUTSCHE LICHTBILD

140 — Das deutsche Lichtbild 1930 Photographs by Riess and Jaro von Tucholka, Robert & Bruno Schultz Verlag, Berlin 1930. Private Collection.

141 — Das deutsche Lichtbild 1930 Photographs by László Moholy-Nagy and Albert Renger-Patzsch, Robert & Bruno Schultz Verlag, Berlin 1930. Private Collection.

142— Das deutsche Lichtbild 1931 Photographs by G. Perschke and Frank Davis, Robert & Bruno Schultz Verlag, Berlin 1931, MNCARS.

143 — Das deutsche Lichtbild 1938 Photographs by Ernst Oehme and Walter Block, Robert Schultz Verlag, Berlin 1938. Private Collection.

144 — Das deutsche Lichtbild 1931, Photographs by Friedrich Frank Bauer, Robert & Bruno Schultz Verlag, Berlin 1931, MNCARS.

145 — Das deutsche Lichtbild 1930, Photographs by Erhard Dörner and Minya Dührkoop, Robert & Bruno Schultz Verlag, Berlin 1930, Private Collection.

146 — Das deutsche Lichtbild 1930, Photographs by H. Killian Impekoven and Hans Windisch, Robert & Bruno Schultz Verlag, Berlin 1930, Private Collection.

147 — Das deutsche Lichtbild 1931, Photographs by Arvid Gutschow, Robert Schultz Verlag, Berlin 1931, MNCARS.

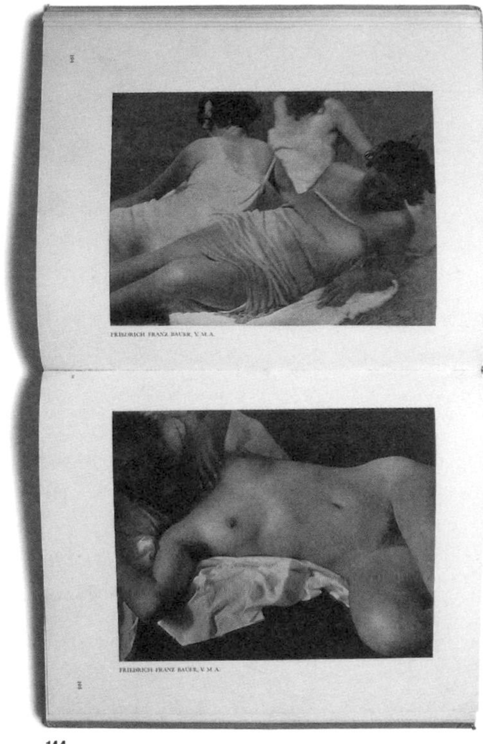

144

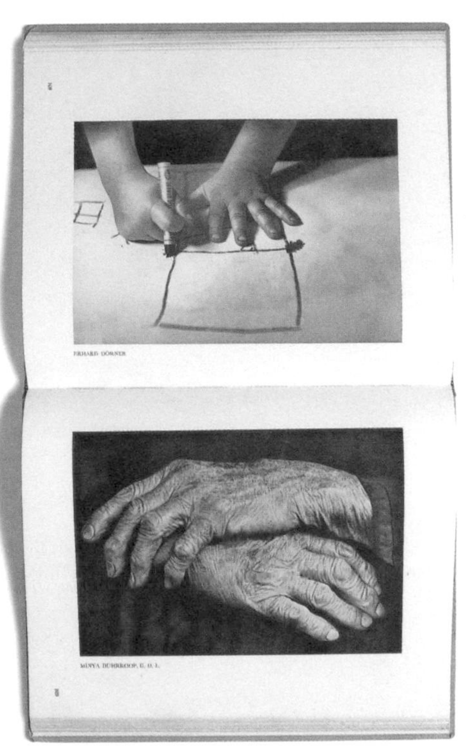

145

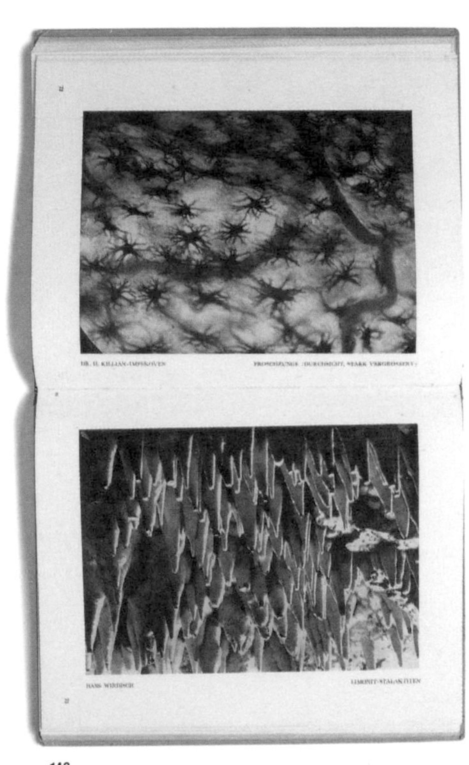

146

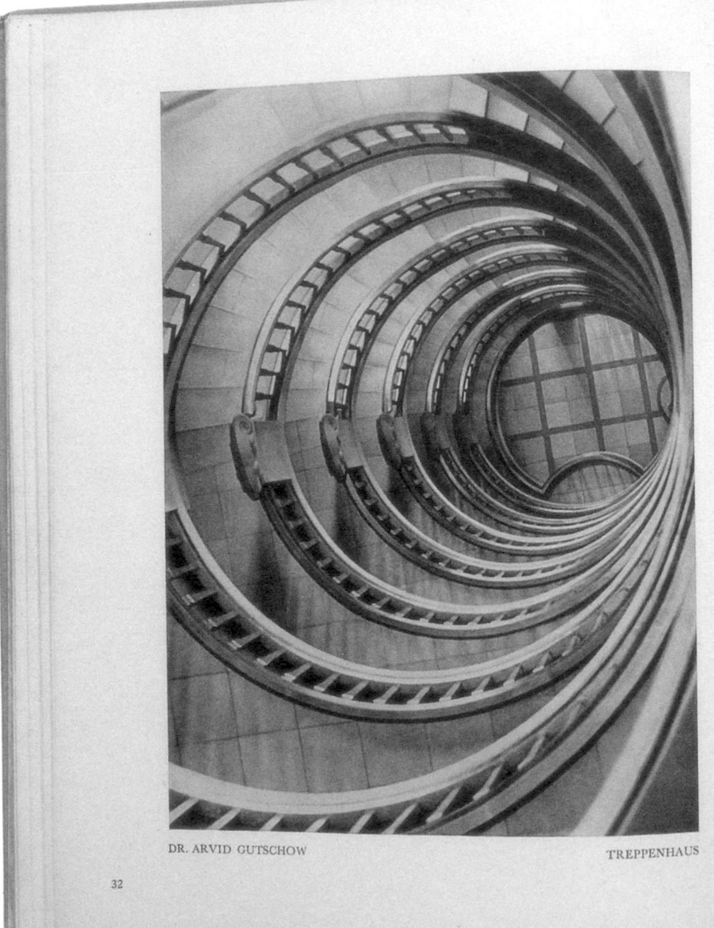

DR. ARVID GUTSCHOW TREPPENHAUS

32

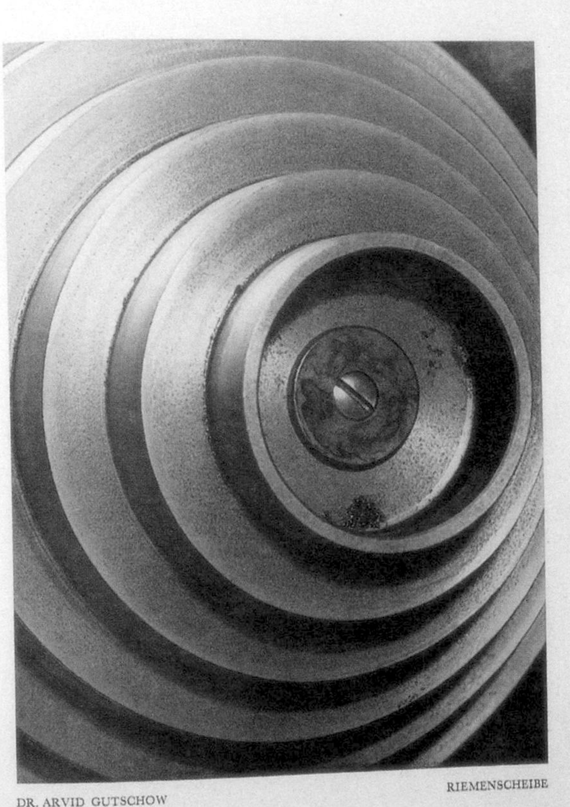

DR. ARVID GUTSCHOW RIEMENSCHEIBE

33

147

DE 8 EN OPBOUW Amsterdam 1929 — 1941

Opbouw (Construcción) fue una asociación de arquitectos fundada en 1920 en Rotterdam que defendían la arquitectura moderna funcional y el constructivismo y contaba entre sus miembros a Mart Stam, J.J.P. Oud y Cornelis van Eesteren. Piet **Zwart** y Paul **Schuitema**, diseñadores gráficos cercanos a sus tesis, también formaron parte del grupo. Junto a otra sociedad de arquitectos denominados 'De Acht' (Los ocho) editaron la revista De 8 en Opbouw, que diseñó Schuitema y fue uno de los trabajos más Influyentes del nuevo diseño gráfico holandés, utilizando técnicas como el fotomontaje, la tipo-foto, las sobreimpresiones, la nueva tipografía y el uso expresivo de la fotografía. En 1936 editó un Fotografie-nummer, y en junio de 1939 Dick **Elffers** y Wim **Brusse** diseñaron un Grafies-nummer en el que se repasaba el diseño holandés, con intervenciones de Gerard **Kiljan**, Schuitema, Henny Cahn y Zwart.

Opbouw (construction) was an association of architects, founded in Rotterdam in 1920, which defended the modern, functional architecture and Constructivism of the time. Among its members were Mart Stam, J.J.P. Oud and Cornelis van Eesteren. Piet **Zwart** and Paul **Schuitema**, graphic designers who followed the line of this thesis, also formed part of the group. Together with another group of architects, known as 'De Acht' (the eight), they published the magazine De 8 en Opbouw. Designed by Schuitema, it was one of the most influential works of the new Dutch graphic design, with photomontage, typo-photo, overprinting, new typography and expressive use of photography. In 1936 it published a Fotografie-nummer and in June 1939 Dick **Elffers** and Wim **Brusse** designed a Grafies-nummer which reviewed Dutch design, with contributions by Gerard **Kiljan**, Schuitema, Henny Cahn and Zwart.

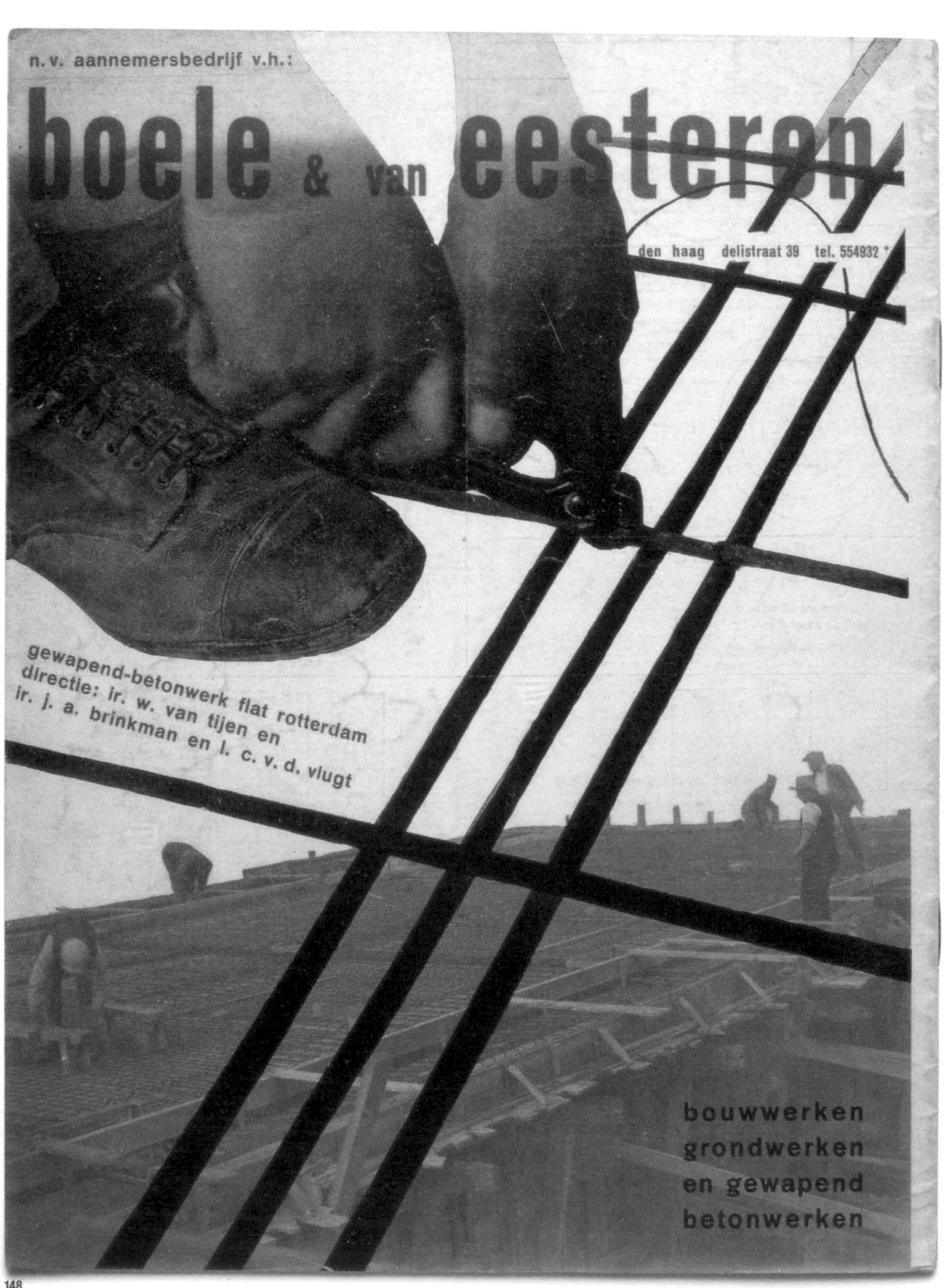

148

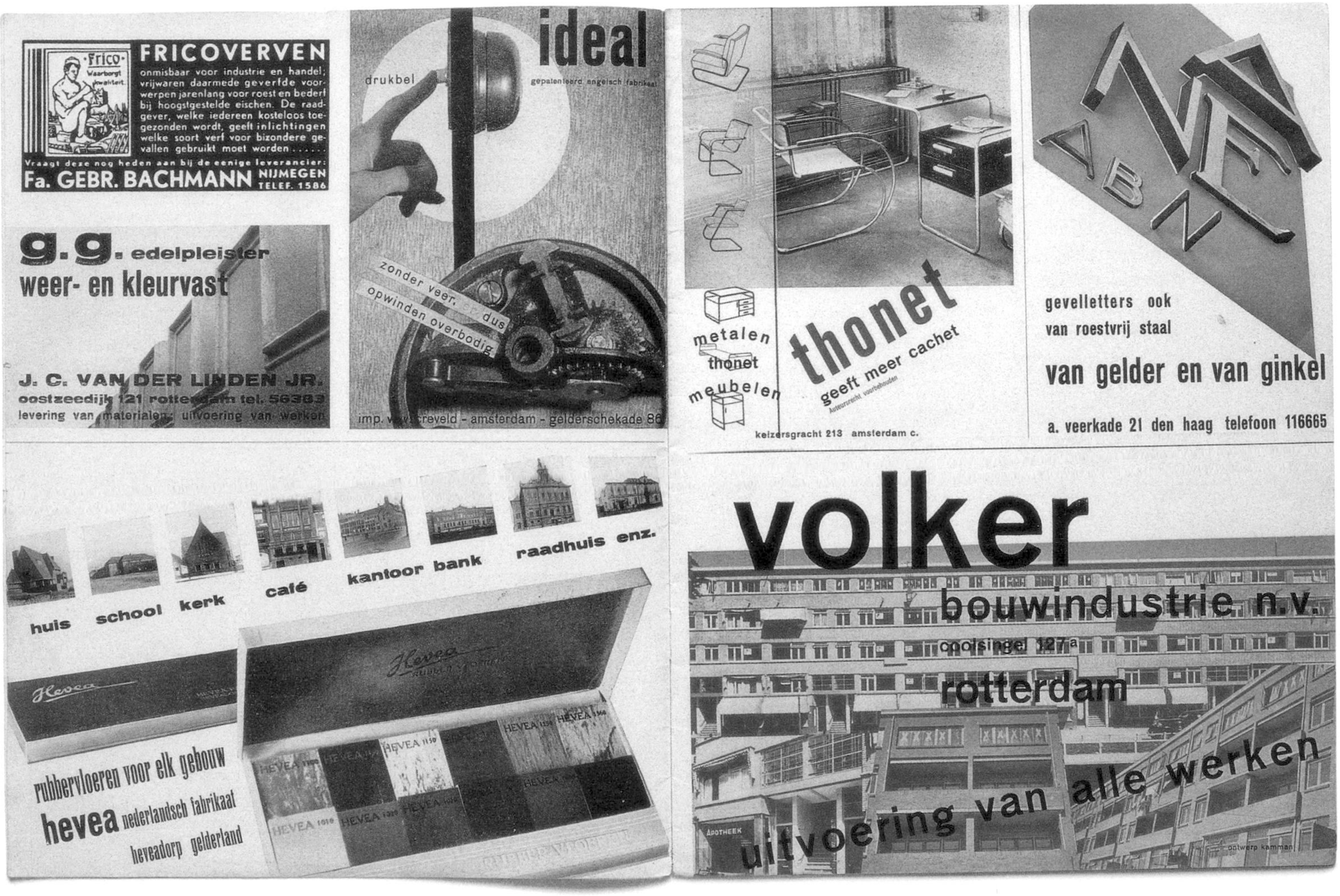

149

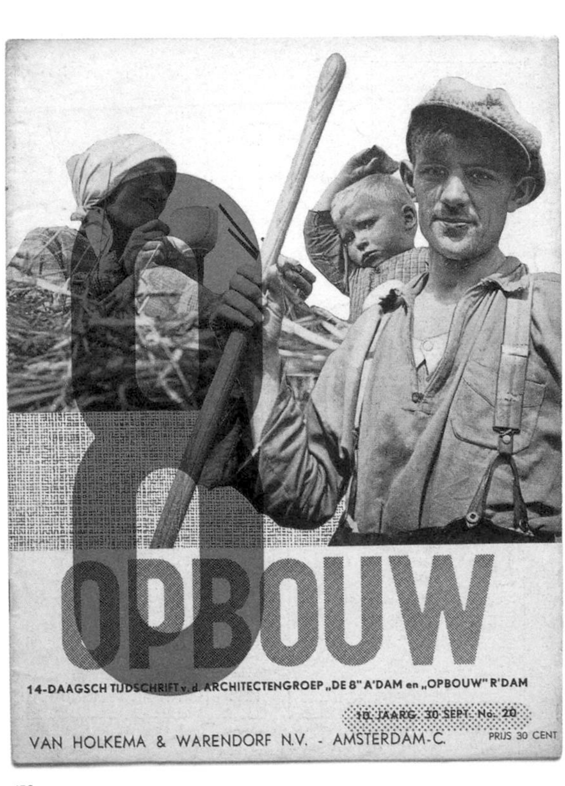

150

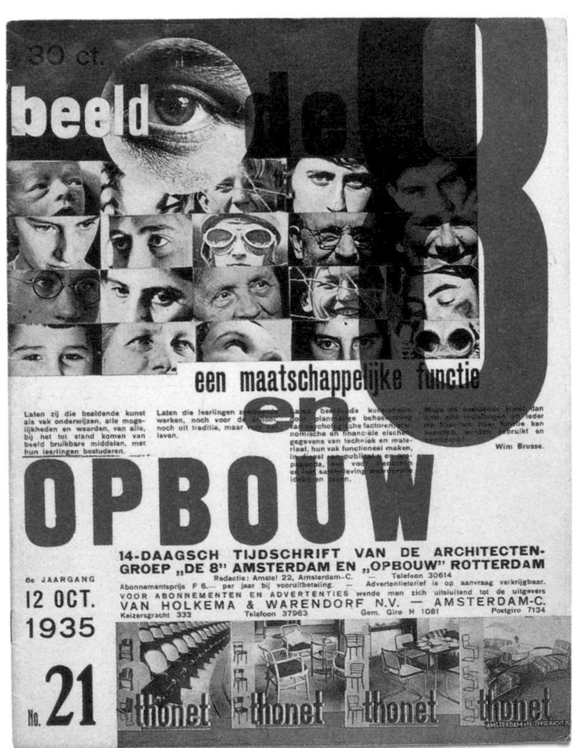

151

DE 8 EN OPBOUW

148 — De 8 en Opbouw, vol. 5, 26 (31 de diciembre 1934), contracubierta, diseño de Paul Schuitema, IVAM.
149 — De 8 en Opbouw , vol. 5, 26 (31 de diciembre 1934), doble página publicitaria, diseño de Paul Schuitema y otros, IVAM.
150 — De 8 en Opbouw vol. 10, 20 (30 de septiembre 1939), cubierta, diseño de Paul Schuitema, IVAM.
151 — De 8 en Opbouw vol. 6, 21 (12 de octubre 1935), cubierta, diseño de Paul Schuitema, IVAM.

148 — De 8 en Opbouw vol. 5, 26 (31 December 1934) Back cover, design by Paul Schuitema. IVAM.
149 — De 8 en Opbouw vol. 5, 26 (31 December 1934) Double advertising page, design by Paul Schuitema and others. IVAM.
150 — De 8 en Opbouw vol. 10, 20 (30 September 1939) Cover, design by Paul Schuitema. IVAM.
151 — De 8 en Opbouw vol. 6, 21 (12 October 1935) Cover, design by Paul Schuitema. IVAM.

WALTER DEXEL 1890 — 1973

DISEÑADOR GRÁFICO, CARTELISTA, PINTOR. Estudió historia del arte en la universidad de Múnich. Entre 1916-28 se instaló en Jena, donde organizó exposiciones. Como diseñador gráfico, Dexel hizo publicidad y carteles. Entre 1919 y 1923 tuvo contacto con la Bauhaus. En 1927 organizó una exposición de publicidad. Desde 1928 fue profesor de diseño gráfico en Magdeburgo, puesto del que fue expulsado por los nacionalsocialistas en 1935.

► Friedrich Friedl, Walter Dexel-Neue Reklame, Düsseldorf 1987.

GRAPHIC DESIGNER, POSTER DESIGNER, PAINTER. Dexel studied history of art at the University of Munich and, from 1916 to 1928, lived in Jena, where he organised exhibitions. Dexel's graphic design work included publicity and posters, and between 1919 and 1923 he had contacts with the Bauhaus. In 1927 he organised an advertising exhibition. He became a teacher of graphic design in Magdeburg in 1928, post from which he was dismissed by the National Socialists in 1935.

► Friedrich Friedl, Walter Dexel-Neue Reklame, Düsseldorf 1987.

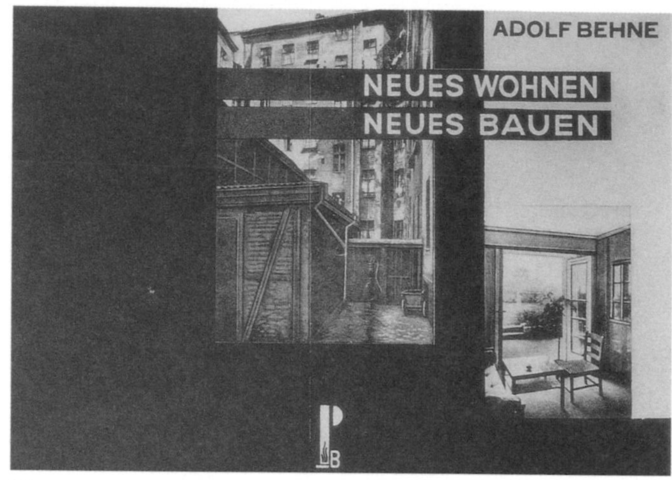

152

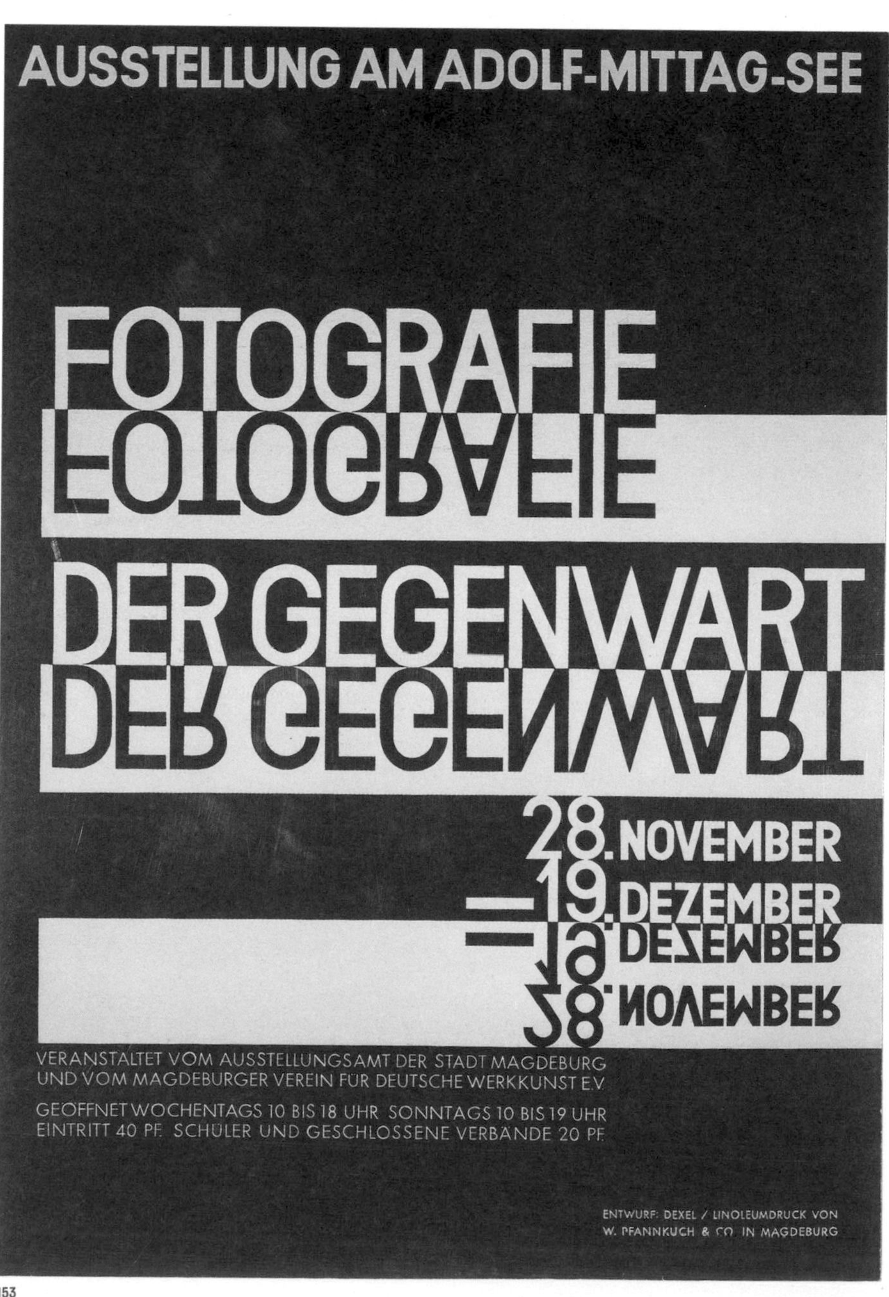

153

DEXEL
152 — Publicité, L'Art international d'aujourd'hui 12, fotomontaje de Walter Dexel, Éditions d'art Charles Moreau, París 1929, MNCARS.
153 — Walter Dexel, Fotografie der Gegenwart. Ausstellung am Adolf-Mittag-See, cartel, Magdeburgo 1929, Merrill C. Berman Collection.
152 — Publicité, L'Art international d'aujourd'hui 12. Photomontage by Walter Dexel, Éditions d'art Charles Moreau, Paris 1929. MNCARS.
153 — Walter Dexel, Fotografie der Gegenwart. Ausstellung am Adolf-Mittag-See. Poster, Magdeburg 1929, Merrill C. Berman Collection.

CESAR DOMELA 1900 — 1992

DISEÑADOR, FOTOMONTADOR, PINTOR. Nacido en Amsterdam, viajó por Europa entre 1923 y 1928, dedicado a la pintura abstracta. En 1927-33 vivió en Berlín, donde abrió un estudio e hizo trabajos publicitarios en fotomontaje. Su trabajo como diseñador gráfico fue reconocido con la invitación a formar parte del **ring neue werbegestalter** y su inclusión en Gefesselter Blick, la antología de los nuevos diseñadores que los hermanos Rasch publicaron en 1930. En 1931 organizó la exposición Fotomontage en Berlín, en la que reunió trabajos de **El Lissitzky**, Aleksandr **Rodchenko**, Gustav **Klucis**, John **Heartfield**, Raoul Hausmann, Hanna **Höch**, Jan **Tschichold**, László **Moholy-Nagy**, Friedrich Vordemberge-Gildewart y Piet **Zwart**, entre otros. Domela diseñó el cartel de la exposición, así como el catálogo. En 1933, a la llegada de los nacionalsocialistas al poder en Alemania, emigró a París y redujo su actividad fotográfica, aunque todavía haría algún cartel en fotomontaje sobre la Guerra Civil española. A partir de 1939 abandonó la fotografía.

► Kees Broos y Flip Bool, Domela, La Haya 1980; Cesar Domela, Milán 1996.

DESIGNER, PHOTOMONTEUR, PAINTER. Domela was born in Amsterdam and travelled around Europe between 1923 and 1928, devoting his time to abstract painting. He lived in Berlin from 1927 to 1933, where he opened a studio and produced advertising work in photomontage. His work as a graphic designer was recognised with the invitation to form part of the "**ring neuer werbegestalter**" and his inclusion in Gefesselter Blick, the anthology of new designers that the Rasch brothers published in 1930. In 1931 he organised the Fotomontage exhibition in Berlin, in which he gathered together works by **El Lissitzky**, Aleksandr **Rodchenko**, Gustav **Klutsis**, John **Heartfield**, Raoul Hausmann, Hanna **Höch**, Jan **Tschichold**, László **Moholy-Nagy**, Friedrich Vordemberge-Gildewart and Piet **Zwart**, among others. Domela designed the poster for the exhibition, as well as the catalogue. In 1933, with the coming to power of the National Socialists in Germany, he emigrated to Paris and his photographic activities diminished, though he would still create the occasional poster in photomontage on the Spanish Civil War. He abandoned photography in 1939.

► Kees Broos and Flip Bool, Domela, The Hague 1980; Cesar Domela, Milan 1996.

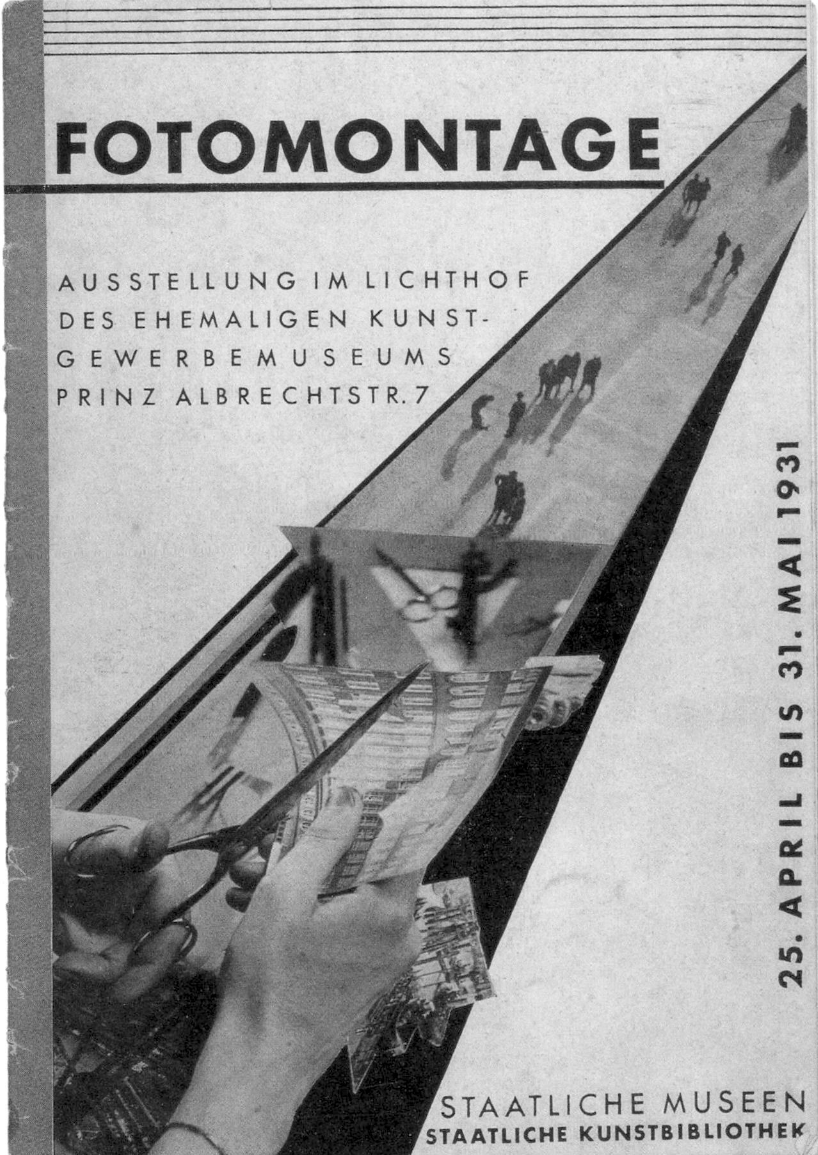

154

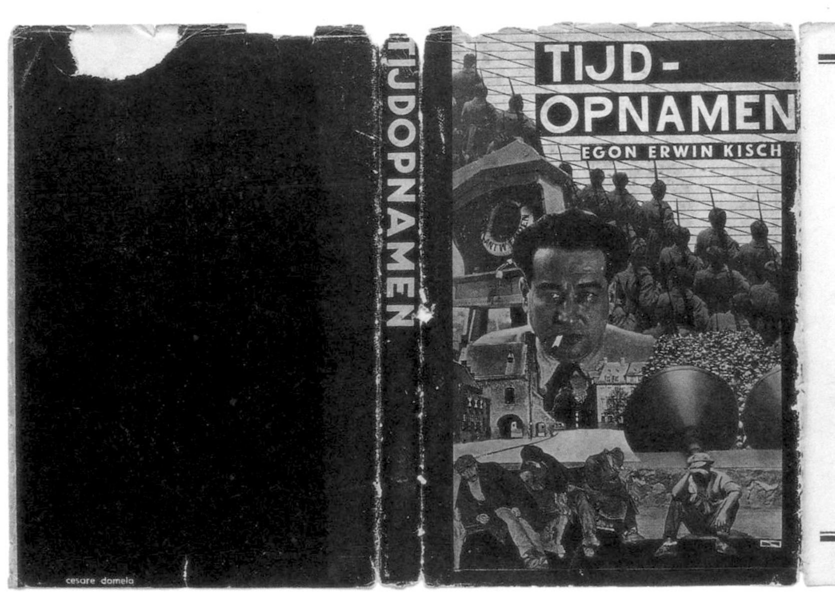

155

DOMELA

154 — Cesar Domela, Fotomontage, cartel, ofsset, Berlín 1931, Merrill C. Berman Collection.

155 — Egon Erwin Kisch, Tijdopnamen. Ein bundel reportages, sobrecubierta, fotomontaje de Cesar Domela, De Baanbreker, La Haya 1931, IVAM.

154 — Cesar Domela, Fotomontage. Poster, offset, Berlin 1931. Merrill C. Berman Collection.

155 — Egon Erwin Kisch, Tijdopnamen. Ein bundel reportages. Book-jacket, photomontage by Cesar Domela, De Baanbreker, The Hague 1931. IVAM.

DOMON KEN 1909 — 1990

FOTÓGRAFO. Trabajó con Natori Yonosuke en su agencia-estudio fotográfico 'Nippon Kobo' desde 1935. Publicó fotografías en Photo-Times. Desde mediados de los años treinta se dedicó a la fotografía documental, pero también hizo carteles y fotomontajes, como los fotomurales del pabellón japonés en la Feria mundial de Nueva York de 1939.

PHOTOGRAPHER. Domon Ken worked with Natori Yonosuke in the photographic agency-studio 'Nippon Kobo' from 1935 and published his photographs in Photo Times. He concentrated on documentary photography in the mid-thirties, but also produced posters and photomontages, such as the photomurals he created for the Japanese Pavilion at the New York World's Fair, in 1939.

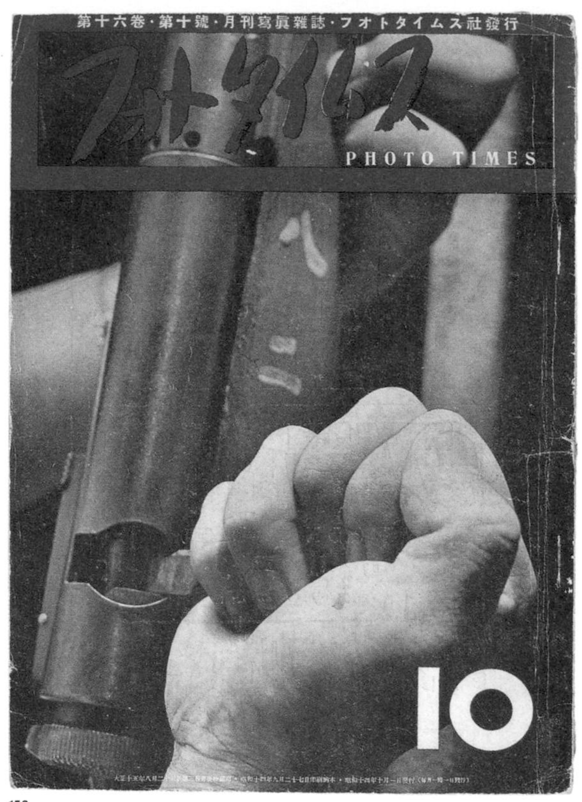

156

ALFRED EHRHARDT 1901 — 1984

FOTÓGRAFO. Estudió en la Bauhaus en 1927-28. Dedicado a la enseñanza artística en Hamburgo, en 1933 se exilió en Dinamarca. En 1935 volvió a Alemania y empezó a dedicarse exclusivamente a la fotografía, actividad que había comenzado en los años veinte. Hizo fotografías formalistas de temas como el paisaje y los animales, así como fotografías microscópicas y macroscópicas, que reunió en foto-libros. Desde 1937 se dedicó también al cine.

▸ A. Ehrhardt, Das Watt, Hamburgo 1937; Die Kurische Nehrung, Hamburgo 1938; Island, Hamburgo 1939; Die Melodie des Lebens, Leipzig 1939.

PHOTOGRAPHER. Ehrhardt studied at the Bauhaus in 1927-28, and taught art in Hamburg until, in 1933, he sought exile in Denmark. He returned to Germany in 1935 and began working solely with photography, an activity he had taken up in the twenties. He took Formalist photos of subjects such as the countryside and animals, as well as micro- and macro-photos, which he published in photobooks. From 1937 he was also active in film.

▸ A. Ehrhardt, Das Watt, Hamburg 1937; Die Kurische Nehrung, Hamburg 1938; Island, Hamburg 1939; Die Melodie des Lebens, Leipzig 1939.

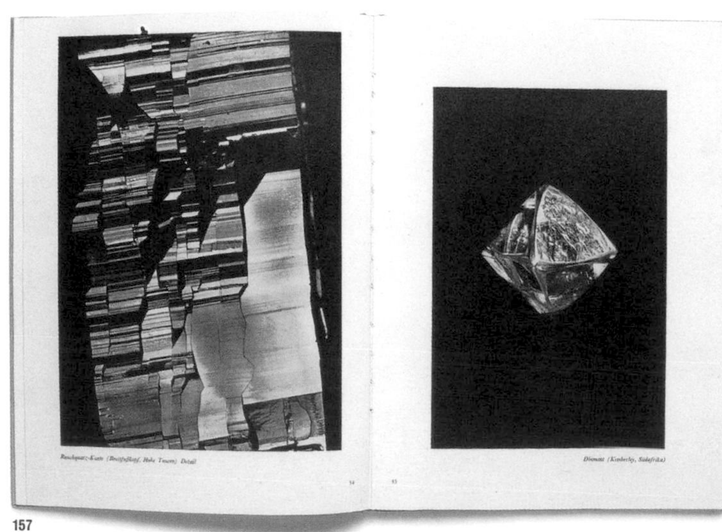

157

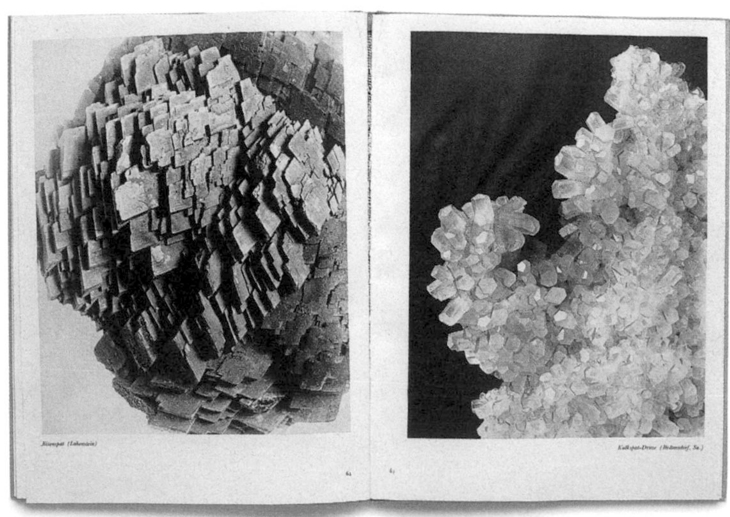

158

HERMANN EIDENBANZ 1902 — 1993

DISEÑADOR GRÁFICO. Educado en Zúrich, trabajó como diseñador en Berlín entre 1923 y 1926. Desde ese año hasta 1932 fue profesor de artes gráficas en la Escuela de artes decorativas de Magdeburgo. En 1932 abrió un estudio en Basilea y diseñó carteles y exposiciones.

GRAPHIC DESIGNER. Eidenbanz grew up in Zurich and worked as a designer in Berlin from 1923 to 1926, when he became a teacher of graphic arts at the Kunstgewerbeschule in Magdeburg. In 1932 he opened a studio in Basle, and designed posters and exhibitions.

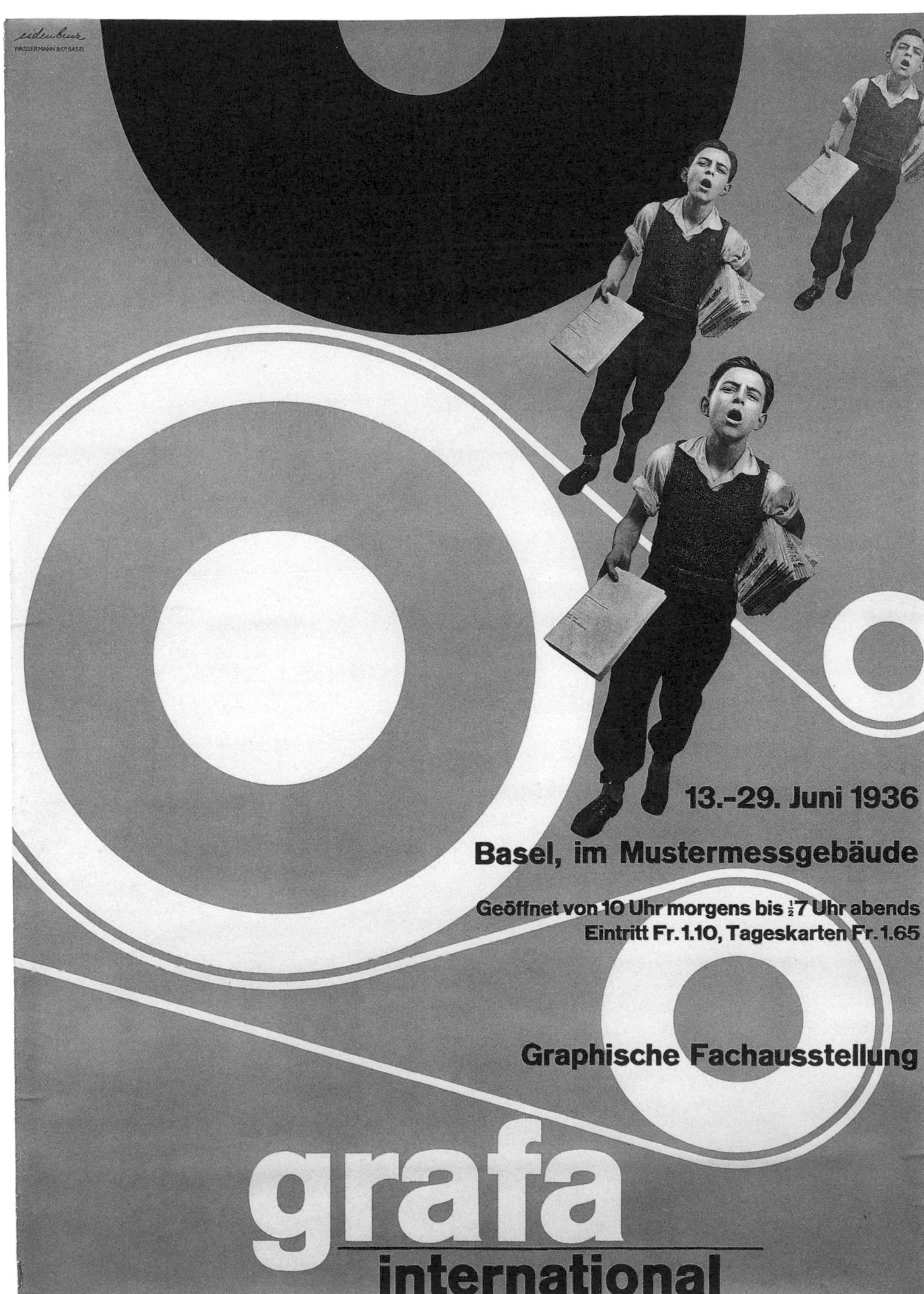

159

DOMON
156 — Photo Times vol. 16, 10 (octubre 1939), cubierta, fotografía de Domon Ken, Tokyo Metropolitan Museum of Photography.
156 — Photo Times vol. 16, 10 (October 1939). Cover, photography by Domon Ken, Tokyo Metropolitan Museum of Photography.

EHRHARDT
157/158 — Alfred Ehrhardt, Kristalle, 64 fotografías, Ellermann, Hamburgo 1939, MNCARS.
157/158 — Alfred Ehrhardt, Kristalle, 64 Photographs, Ellermann, Hamburg 1939. MNCARS.

EIDENBANZ
159 — Hermann Eidenbenz, grafa international, cartel, 1936, Colección Lustig Cohen.
159 — Hermann Eidenbanz, grafa international. Poster. 1936. Lustig Cohen Collection.

DICK ELFFERS 1910 — 1990

DISEÑADOR GRÁFICO, FOTOMONTADOR, PINTOR. Nació en Rotterdam, donde estudió a partir de 1927 en la Academia de Bellas Artes. Piet **Zwart** y Gerard **Kiljan** fueron sus profesores. Trabajó en en el estudio de Paul **Schuitema** en 1931-34 y en el de Zwart en 1934-37. Desde sus tiempos de estudiante realizó fotomontajes para cubiertas de libros y revistas. Participó en la exposición Foto'37, en cuyo catálogo publicó un artículo sobre sus maestros. Junto a Wim **Brusse** editó en 1939 el número sobre diseño gráfico de la revista **De 8 en Opbouw**.

► N.A. Douwes Dekker, Dick Elffers, Typographie and Posters, La Haya 1968; Max Bruinsma, Een leest heeft drie voeten: Dick Elffers en de Kunsten, Amsterdam 1989.

GRAPHIC DESIGNER, PHOTOMONTEUR, PAINTER. Elffers was born in Rotterdam where, from 1927, he studied at the Academy of Decorative and Industrial Arts. His teachers included Piet **Zwart** and Gerard **Kiljan**. He went on to work first in the Paul **Schuitema** studio (1931-34) and later in that of Zwart (1934-37). From his early days as a student he produced photomontages for book covers and magazines. He participated in the Foto'37 exhibition, publishing an article on his teachers in its catalogue. In 1939 he published, with Wim **Brusse**, the issue of **De 8 en Opbouw** devoted to graphic design.

► N.A. Douwes Dekker, Dick Elffers, Typographie and Posters. The Hague 1968; Max Bruinsma, Een leest heeft drie voeten: Dick Elffers en de Kunsten, Amsterdam 1989.

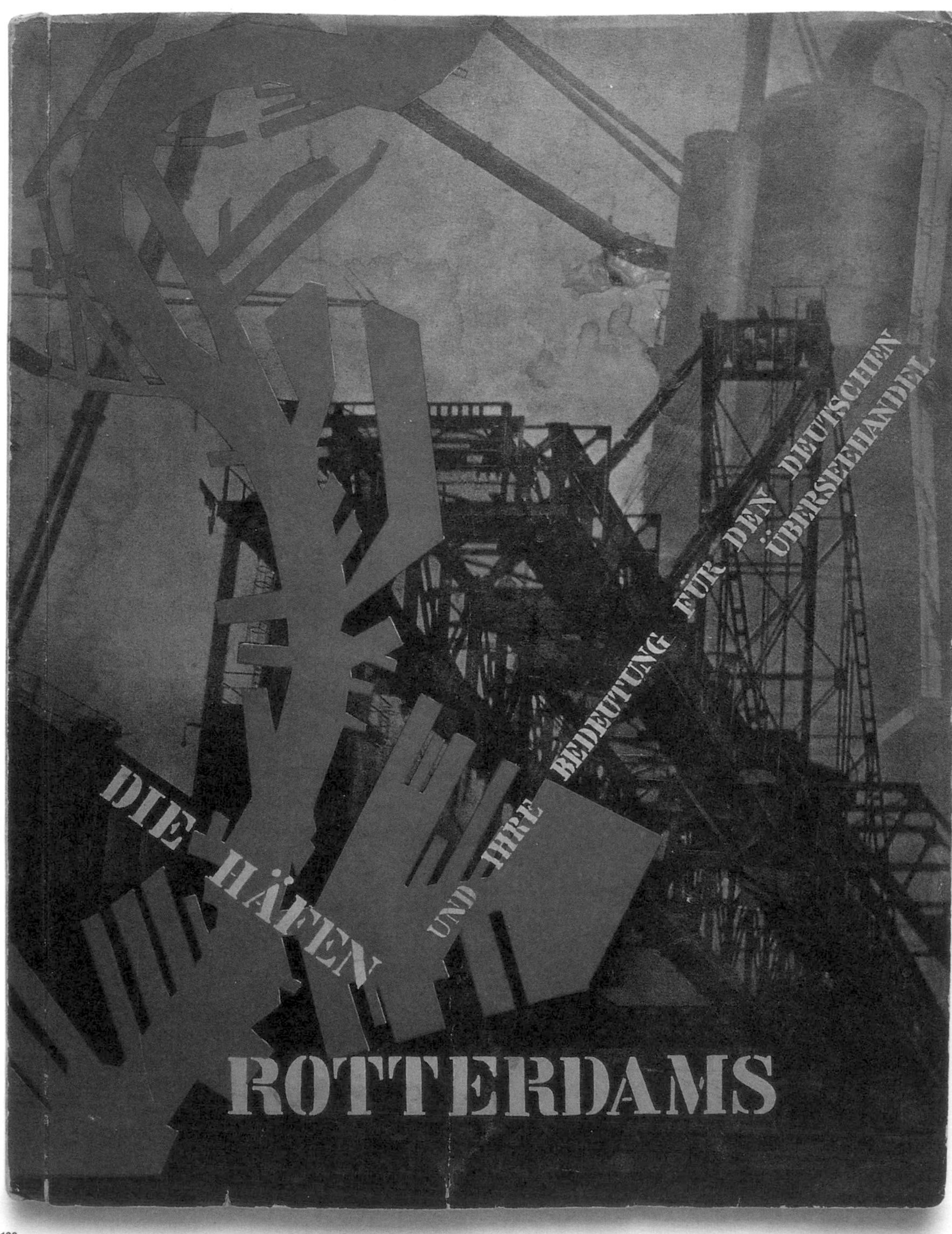

160

ELFFERS
160 — Die Häfen Rotterdams und Ihre Bedeutung für den deutschen Überssehandel, cubierta, diseño de Dick Elffers, Niederländische-Englische Verlag, Rotterdam 1929, IVAM.

160 — Die Häfen Rotterdams und Ihre Bedeutung für den deutschen Überssehandel. Cover, design by Dick Elffers, Niederländische-Englische Verlag, Rotterdam 1929. IVAM.

ESPAÑA

Para hablar de fotografía moderna en España hay que esperar al final de los años veinte. En los años anteriores la fotografía 'de arte' era la única existente, con nombres como Antoni Campañá, Claudi Carbonell, Josep Massana o, sobre todo, José Ortiz Echagüe, quien publicó en 1929 el primero de sus foto-libros, Spanische Köpfe. La mayoría de las revistas de fotografía dependían de la industria fotográfica (Revista Kodak, Agfa) y se dirigían a los aficionados, a pesar de títulos como El fotógrafo profesional. Otras publicaciones eran de obediencia pictorialista, como El progreso fotográfico, Foto o la tardía Art de la llum. La aparición de los semanarios populares, como Estampa, Crónica y la fugaz Imatges, cambió la escena, ya que permitió la publicación de fotografías documentales y de reportaje, así como fotomontajes, casi siempre en anuncios publicitarios, a veces firmados por Pere **Català Pic**, Massana o Gabriel **Casas.**

En los años de la República (1931-36) la tirada de esas revistas se multiplicó y aparecieron otras en las que la fotografía fue relevante, algunas especializadas en arquitectura y decoración (**AC,** Viviendas, Re-Co) o cine (Nuestro Cinema, Cinema Amateur, Proyector), y otras culturales (Gaceta de arte) o ideológicas (Catolicismo, Nueva Cultura, Octubre). También hay que mencionar revistas más generales, en las que se atendía a la política y la cultura (Mirador, Diablo Mundo) o a la vida moderna, como Brisas, Revista Ford, Mundial o D'Ací i d'Allà. Esta última, que había comenzado su publicación en 1919, cambió en 1932 su diseño, a partir de entonces dirigido por el fotógrafo Josep **Sala** y, después, por el estudio de diseño Llovet Frisco. D'Ací i d'Allà publicó en 1935 una versión en castellano, Las cuatro estaciones.

La mayoría de los fotógrafos que podrían ser adscritos a la nueva fotografía (Sala, Català Pic, José Suárez, Juan José **Pedraza Blanco,** José Manuel Aizpurúa, Cecilio **Paniagua,** José **Val del Omar**) publicaron sus fotografías en estas revistas, en las que también se encuentran ocasiones imágenes de fotógrafos viajeros (Bill **Brandt,** Henri **Cartier-Bresson,** Martin **Munkacsi**) o de fotógrafos establecidos entonces en Madrid o Barcelona, como Walter Reuter, Otto Pless, Mario von Bucovich, Sybille de Kaskel, Margaret **Michaelis** o Raoul Hausmann. En el diseño gráfico destacaron Mauricio **Amster** y Mariano **Rawicz,** ambos de origen polaco, quienes trajeron a Madrid las novedades del diseño centroeuropeo, que aplicaron en editoriales como Cenit o Ulises y revistas como Viviendas (Rawicz) o Catolicismo y el periódico Luz (Amster). Tanto Amster como Rawicz (que también dirigió una agencia fotográfica) fueron excelentes fotomontadores, técnica en la que asimismo destacaron José **Renau,** Casas, Manuel Monleón, el pintor Benjamín Palencia y Arturo Ruiz Castillo. Para la fotografía documental, el empeño más ambicioso fue el organizado por las Misiones Pedagógicas, con Val del Omar como principal fotógrafo. Los escritos sobre la nueva fotografía fueron escasos, apenas algunos artículos de Manuel Abril, Guillem Díaz Plaja, Guillermo de Torre, Català Pic y, sobre todo, Salvador Dalí, quien publicó dos excelentes ensayos en L'Amic de les Arts en 1927 y Gaseta de les Arts dos años después.

La Guerra Civil (1936-39) impulsó, sobre todo en la zona leal a la República, la edición. Apareció una multitud de nuevas revistas, publicadas por el gobierno central, la Generalitat de Cataluña, los partidos políticos, los sindicatos o el ejército, en las que trabajaron muchos de los fotógrafos y diseñadores antes citados. Entre los carteles, también muy numerosos, se encuentran algunos fotomontajes de Amster, Renau, Català Pic o de fotomontadores nuevos como Padial. En el pabellón español de la exposición internacional de París de 1937, Renau dirigió la ejecución de una serie de fotomurales a partir de las fotografías de las Misiones Pedagógicas. La fotografía de reportaje, en la que descollaron entre otros Agustí Centelles, José Díaz Casariego, Lluís Torrens, Alfonso Sánchez Portela y los hermanos Mayo, que también publicaron fotomontajes, al igual que Kati Horna, se publicó en Crónica, Estampa y otras revistas como Ahora o Mundo gráfico. Muchos otros fotoperiodistas se ocuparon de registrar los acontecimientos bélicos para las agencias y las revistas ilustradas internacionales, como Robert **Capa,** Hans Namuth, Gerda Taro, Georg Reisner o Roman Karmen.

La labor propagandística del bando rebelde fue menor desde el punto de vista editorial y fotográfico, al menos hasta el final de la guerra. Lo más interesante fue una carpeta de retratos fotográficos de los jefes de la rebelión, Forjadores del Imperio, publicada en 1939 por el fotógrafo Jalón Ángel.

ESTADOS UNIDOS

En el desarrollo de la nueva fotografía en Estados Unidos fue decisivo el trabajo de Alfred **Stieglitz,** que evolucionó desde fotografía pictorialista a la fotografía directa a lo largo de los años diez. En 1917 publicó en Camera Work la obra urbana de Paul Strand, quien a principios de los años veinte empezó a hacer fotografías de temática maquinista. Con ellas empezaba la Machine Age, que es como se llamó en Estados Unidos a la época de la estética de la técnica, en la que también trabajaron en los años siguientes otros fotógrafos: Charles **Sheeler,** Ira Martin, Laura Gilpin, Ralph **Steiner,** Margaret **Bourke-White,** Edward **Steichen** o Paul **Outerbridge.** Sin embargo, aunque en el resto del mundo la fascinación por la técnica se identificaba con la cultura urbana e industrial norteamericana, en Estados Unidos hubo muchos que no creyeron (o dejaron de creer muy pronto) en tal igualdad, empezando por Stieglitz y, más tarde, Strand, quienes no admitían que las creaciones industriales debieran ser consideradas alta cultura. Otros fotógrafos, como Sheeler o Steiner, aceptaron en sus encargos comerciales el maquinismo que rechazaban en su obra privada. Esta circunstancia fue la causa de que sean tan distintas la fotografía publicada en las revistas durante los años veinte y la consagrada después por los historiadores y museos.

En los años veinte la publicidad se había convertido en una industria que empleó a muchos fotógrafos, entre ellos Steiner, Sheeler, Outerbridge y, sobre todo, Steichen, que fue el que tuvo más éxito. Menos conocidos ahora, pero también mucho más frecuentes entonces en las revistas, son otros fotógrafos publicitarios como Robert Bagby, Anton **Bruehl,** Grancel Fitz, Ruzzie Green, Lejaren à Hiller, Alfred Cheney Johnston, Nickolas Muray o los más jóvenes Ralph Bartholomew, Gordon Coster, Leslie Gill y Victor Keppler. Con la excepción de las revistas de la editorial Condé Nast (Vanity Fair, **Vogue,** Harper's Bazaar), la nueva fotografía no apareció hasta los años treinta en las revistas ilustradas populares y sólo en algunas ocasiones en revistas culturales como Broom, Hound and Horn, The Dial, Creative Art o The Little Review. Por otra parte, la nueva fotografía no sólo era diferente de la comercial, sino que no compartía más que la precisión en el enfoque con la nueva fotografía que se hacía en Europa. Hasta la segunda mitad de los treinta casi no existió fotografía experimental ni se practicaron técnicas como el fotograma (Emilio **Amero** fue la excepción), el fotomontaje o la tipo-foto. Tanto en Nueva York, la ciudad en la que trabajaban casi todos los fotógrafos mencionados, como en California, donde residían Edward **Weston,** Imogen **Cunningham** y Ansel Adams, los fotógrafos que no se dedicaban a la publicidad exploraban caminos propios.

La intervención de algunos intelectuales (Lincoln Kirstein, Alfred Barr, Carl Zigrosser, Louis Lozowicz, Beaumont Newhall) que fundaron revistas, escribieron artículos y organizaron exposiciones a finales de los años veinte y, sobre todo, en la década siguiente, así como la aparición de nuevos fotógrafos, como Walker **Evans** y Berenice **Abbot,** que habían residido en Europa, empezó a sacar de su ensimismamiento a los fotógrafos que comenzaron a tener como tema su propia sociedad, sobre todo a partir de la Depresión económica de comienzos de los treinta. Las consecuencias sociales de la Depresión llevaron a muchos fotógrafos a la documentación, género en el que Lewis W. Hine ya había destacado. Los fotógrafos Bourke-White, John Collier, Louise Dhal-Wolfe, Jack Delano, Evans, Dorothea **Lange,** Russell Lee, Helen Levitt, Carl Mydans, Marion Post Wolcott, Arthur Rothstein, Ben Shahn, John Vachon y **Weegee** se dedicaron a la documentación durante esos años, algunos en la **FSA,** una agencia gubernamental de propaganda fundada en 1935. Varios foto-libros y las revistas ilustradas, entre ellas **Fortune** o **Life,** acogieron la fotografía documental.

En la segunda mitad de los treinta también fue importante la emigración de fotógrafos y diseñadores europeos. Muchos de ellos eran alemanes que huían de su país tras la toma del poder por los nacionalsocialistas en 1933. Entre los emigrantes se encuentran Erwin **Blumenfeld,** Andreas **Feininger,** John Gutmann, Fritz Henle, George **Hoyningen Huene,** Lotte Jacobi, André **Kertész,** Lisette Model, László **Moholy-Nagy** y Martin **Munkacsi.** Su influencia en las publicaciones y la enseñanza se dejó notar muy pronto. Los diseñadores gráficos europeos llegaron también en la segunda mitad de la década, con las excepciones de Mehemed Fehmy Agha, que emigró en 1929, y Alexei **Brodovitch,** en 1930. Joseph **Binder** llegó en 1935, seguido al año siguiente por Herbert **Matter** y Xanti Schawinsky, Moholy-Nagy y Gyorgy **Kepes** llegaron en 1937, Herbert **Bayer** y Will Burtin en 1938, y Leo Lionni y Ladislav **Sutnar** en 1939. Junto a los nativos Lester **Beall,** Bradbury Thompson y Paul Rand, que diseñó en esos años revistas como Esquire, Apparel Arts o Direction, renovaron por completo el diseño gráfico norteamericano.

WALKER EVANS 1903 — 1975

FOTÓGRAFO. Estudió en la universidad de Williams y luego, en 1926, en la Sorbona de París. De vuelta a Estados Unidos en 1927, se instaló en Nueva York, donde cambió su vocación literaria por la fotográfica. Al comienzo de su carrera sus temas eran urbanos y utilizaba procedimientos de la nueva fotografía europea: perspectivas extremadas, dobles exposiciones. Poco después, tras conocer la obra de Paul Strand y Eugène Atget, comenzó a hacer fotografías documentales y directas de temas ordinarios, pero significativos. Su temática se amplió; abandonó los fríos y limpios tópicos de la civilización urbana y maquinista, y empezó a tomar fotografías narrativas en las que podía transmitir sus sentimientos, sin pretensiones artísticas. Sus fotografías mostraban gente, escaparates, anuncios o fachadas de casas y eran a la vez documentos precisos, repletos de detalles, e imágenes autosuficientes. En 1930 ilustró un libro del poeta Hart Crane, The Bridge, con fotografías que no recreaban el romanticismo del texto. Tres años después publicó fotografías en otro libro, The Crime of Cuba de Carleton Beals, y en 1938 publicó un foto-libro, American Photographs, con 87 fotografías en las que mostraba una imagen meláncolica y pesimista de América, sin heroísmo ni esteticismo convencional. Evans había hecho muchas de las fotografías del foto-libro durante los tres años anteriores, mientras trabajaba en la FSA (Farm Security Administration), documentando la miseria de la época de la Depresión. Las intenciones didácticas de Roy Stryker, el director de la FSA, quien consideraba que las fotografías debían subordinarse a significados meramente emotivos, le obligaron a abandonar la agencia gubernamental en 1938.

▸ James Agee y Walker Evans, Let Us Now Praise Famous Men, Boston 1960; Walker Evans, Museum of Modern Art, Nueva York 1971; Walker Evans First and Last, Nueva York 1978; Walker Evans at Work, Nueva York 1982.

PHOTOGRAPHER. Evans studied first at Williams University and then, in 1926, at the Sorbonne, in Paris. He returned to the United States and settled in New York, where his literary vocation was transformed into a vocation for photography. Early in his career his subjects were mostly urban and he used techniques from the new European photography, such as extreme perspectives and double exposures. Subsequently, after discovering the work of Paul Strand and Eugène Atget, he started taking documentary and straight photographs of ordinary, but significant, subject-matter. His range of subjects widened. He abandoned the cold and clean topics of urban and machinist civilisation, and began taking narrative photos, in which he could transmit his feelings more freely, unhindered by artistic pretensions. His photographs showed people, shop windows, advertisements, or the fronts of houses, and were, at the same time, precise documents, full of details, as well as being important images in their own right. In 1930 he illustrated a book by the poet Hart Crane, The Bridge, using photographs that did not re-create the romanticism of the text. Three years later his photographs were published in another book, The Crime of Cuba, by Carleton Beals, and in 1938 he published a photo-book, American Photographs, with 87 photos in which he presented a melancholic and pessimistic image of America, with none of the conventional heroism or aestheticism. Evans had taken many of the pictures contained in the photo-book during the previous three years, while he was working for the FSA (Farm Security Administration), documenting the misery of the years of the Depression. The didactic intentions of Roy Stryker, director of the FSA and a man who considered that the photograph should limit itself to merely emotive significance, forced Evans to leave the Government Agency in 1938.

▸ James Agee and Walker Evans, Let Us Now Praise Famous Men, Boston 1960; Walker Evans, Museum of Modern Art, New York 1971; Walker Evans, First and Last, New York 1978; Walker Evans at Work, New York 1982.

The Communist Party

. . . in the U. S. has only 26,000 recognized members. But you have to add to that number half a million "sympathizers," half a dozen rival sects.

IT IS not difficult to join the Communist Party. You must be over eighteen and you must be seconded by two Party members. But they are not hard to meet and the dues you must pay to your new comrades will be ten cents if your weekly salary is $15 or less, twenty-five cents if you get from $15 to $25, and so on up the line. For these initial efforts you will have the distinction of belonging to that militant minority of which you have read so much—and of which you really know so little. As a Communist in good standing, you will have the distinction of being baited by every single other political organization in the country and the opportunity to take an active part in important labor disturbances.

Street fighting and no compromise, picketing until your feet ache, violence of word and deed will be the order of your life. For now yours is the Party that has given leadership to big and recent strikes—and this fact is almost the only important one upon which you have not been misinformed. Of even more importance in the national economy, you will observe the success of your comrades in the organization of the unemployed. For the sharp rise in relief expenditures in the latter years of the depression is due more than you might think to Communist agitation. By mass demonstrations, stubborn, insistent, and vociferous protests, the Unemployment Councils of the Party have indeed improved the lot of the jobless. No issue is too small to fight for: brooms for housewives in Seattle, coffee instead of cocoa in Chicago, an anti-spaghetti crusade in a Scandinavian district. The Communists have learned that aggression pays. In Chicago the late Mayor Cermak was so perturbed by Communist-led demonstrations that he asked the state legislature for what he called "civic fire insurance," a special $20,000,000 relief appropriation. He got it. So if you join the Communist Party you will have the satisfaction of knowing you are among men (and women) who lead a militant and active life.

More nonsense has probably been written about Communism than about astrology. And an equal quantity of nonsense has been written *by* Communists. But the unanswered question remains: what is an American Communist? And, what is American Communism?

THE skeleton facts are that Communism in America consists of a Party with but 26,000 enrolled members. The Secretary of the Party—the sub-Stalin of America—is a man named Earl Browder, who was born in Kansas. You will find him, when he happens to be in, sitting at his desk on the ninth floor of No. 50 East Thirteenth Street, hard by New York's Union Square. From here he directs the countrywide activities of his Party. He does indeed, as Congressman Hamilton Fish Jr. has alleged, get his orders from Moscow. But the nature of these orders is not what you would probably expect.

Neither is the effectiveness of this 26,000-member Party what you might predict. Mark that the whole nationwide lot of them hardly outnumbers their enemy, the New York City police force. Among U.S. political parties theirs is minuscule. It is even smaller than the Socialists', who have an enrollment of 40,000 and a radio station of their own (WEVD, for Eugene V. Debs). But the next step in your induction into American Communism is the mastery of the fact that these 26,000, even disregarding the flamboyance of their professional baiters, are important far and away beyond the immediate weight of their numbers. For like the 100,000 members of the pre-Hitler Reichswehr, the theory is that each private is to be an officer when *Der Tag* arrives. When. . .

To understand the Communist Party you must realize that it is not a mass party, that it has no interest in enrolling the voters it would need to effect a revolution by parliamentary means. It was Lenin's theory that the Party be a nucleus of devoted, trained lieutenants ready to take command of the proletariat when the class struggle burst into open warfare. Lenin's Bolsheviks numbered only 79,000 when they took over the government from Kerensky, but each of them was a leader. The Party in this country is dedicated to the same philosophy; it is less disturbed than it might be that in 1932 its candidate for President, William Z. Foster,

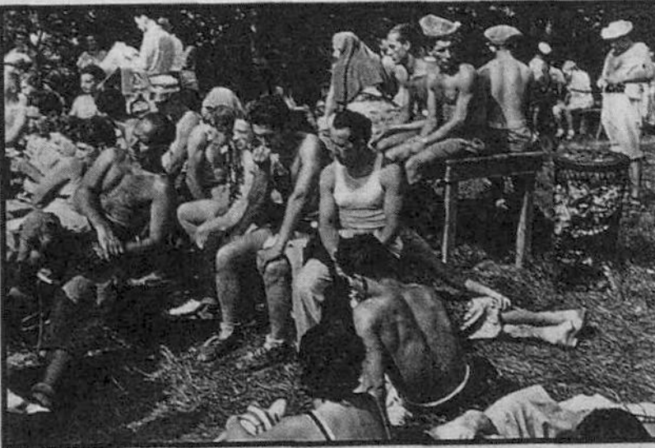

Photographs for Fortune by Walker Evans

COMMUNISTS ARE GREAT CAMPERS. NO ONE DOUBTS THE PARTY'S SOCIAL SUCCESS.

· 69 ·

161

foreign predominance is even more pronounced. New York City, least American of all U.S. cities, has always been the nerve center of Communism. No other city has a remotely comparable position. It is estimated that 25 per cent of the Party's members and 50 per cent of its sympathizers live in New York. In spite of its earnest efforts to strike roots into American soil, the Communist movement has many of the aspects of a Jewish-foreign language benevolent and fraternal organization. (The candid-camera photography on this page may give you an idea.) But today the most important Party leaders are of 100 per cent American stock, and they are particularly glad to recruit American industrial workers.

The Thirteenth Street headquarters from which these recruits will get their orders occupy a ramshackle building in the middle of a loft district. Nine stories high, the building runs through to Twelfth Street. The Workers' Bookshop, where you can buy embossed photographs of Lenin for $1 and revolutionary pamphlets and magazines at from one to fifty cents, shares the ground floor with the offices of the *Daily Worker*, "America's only working-class daily newspaper." The building is a rabbit warren of dark, narrow corridors and flimsily-partitioned offices. In the offices one notes a shortage of chairs and a plethora of "literature" stacked in dusty piles. The floors are littered with paper and cigarettes despite signs, "Comrades! Maintain Proletarian cleanliness!" On the top floor are the offices of the mysterious Central Committee, whose twenty-nine members run the Party. Only the delegates to the Party's annual convention, which elects the Central Committee, know all the members of the Committee. Earl Browder sits up here in a small, brown room furnished only with two desks, three chairs, a rusty wastebasket, a blue spittoon, and a huge bust of Lenin three times life size.

The homely complexion of Communist headquarters, not unlike a good many newspaper offices, would probably prove very disappointing to the authors of the high-pitched anti-Communist rantings which the nation periodically hears. But the latter are not often interested in facts. The celebrated investigation by Congressman Fish touched an all-time high in anti-Communist silliness, but the Red hunters are still active. The Paul Reveres, the Green Mountain Boys of Virginia, Ralph Easley's National Civic Federation, the Order of '76, the Silver Shirts—to name a few—are all dedicated to the defense of the American home from the Red bogey man. Most of them furnish their organizers with a comfortable living. Nor should the *Red Network* by Elizabeth Dilling, a Kenilworth, Illinois, housewife, be forgotten. Her book gives the low-down on 460 radical organizations which are jeopardizing the American hearthstone. And she has compiled a thick and famous *Who's Who* of radicals, which Police Commissioner O'Ryan of New York incorporated into his secret files, apparently not disturbed by the fact that one of the 1,450 names it lists is that of Fiorello H. La Guardia. Other listed menaces to American democracy are Newton D. Baker, Leopold Stokowski, the Rajah of Bangalore, Rabbi Wise, Alla Nazimova, and Mrs. Franklin D. Roosevelt.

But like the early Christians, the Communists seem to thrive on persecution. The savage Red raids conducted by Attorney-General A. Mitchell Palmer in 1920 and 1921 drove the Party underground but it came up again in 1923 with 12,000 members. The New York police in 1930 adopted a policy of beating up Communist gatherings with or without warning. It was great publicity. Membership jumped 2,000 the next year and 5,000 the year after that.

In Party activities the Communists are spurred on by their own dramatic conceptions, their own dramatic terminology. They have their own view of the nation.

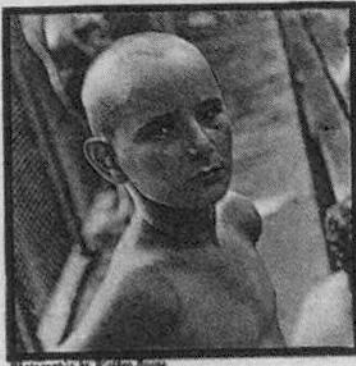

Photographs by Walker Evans

THESE ARE COMMUNISTS

The human side of the Communist movement is suggested by these pictures, snapped during a prowl through Camp Nitgedaiget near Beacon, New York. Various Camps Nitgedaiget (Yiddish for "carefree") are scattered throughout the country: near Chicago, Detroit, Birmingham, Washington, D. C., Lumberville, Pennsylvania, etc. They are Communist organizations, but most of their patrons are sympathizers rather than Party members. The thousand-odd people who weekend at Nitgedaiget are good Communists, but only up to a point. The universal greeting is "Comrade," the dining hall is bedecked with Communist exhortations in Yiddish and English, a Marxian lecture takes the place of church on Sunday, and the big event of the week-end is the mass meeting Saturday night when you listen to songs like *Poor Mister Morgan Cannot Pay His Income Tax* and sing the *Internationale* yourself with clenched fist upraised. But after the mass meeting the floor is cleared and everyone dances gayly to petty bourgeois jazz . . . Not far away, at Wingdale, New York, is Camp Unity, another Communist camp. You may have difficulty in finding it, for the natives regard these camps with a certain suspicion and are hardly likely to admit they are in the neighborhood. Newer and less exclusively Jewish, Unity has an impressive array of petty bourgeois Buicks and Chryslers in its parking field on week-ends. And a large sign in the heart of the camp reads: "No loud talking after 10 P.M."

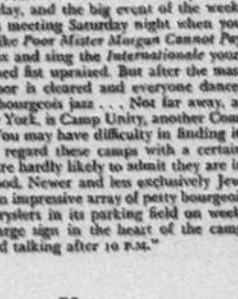

· 73 ·

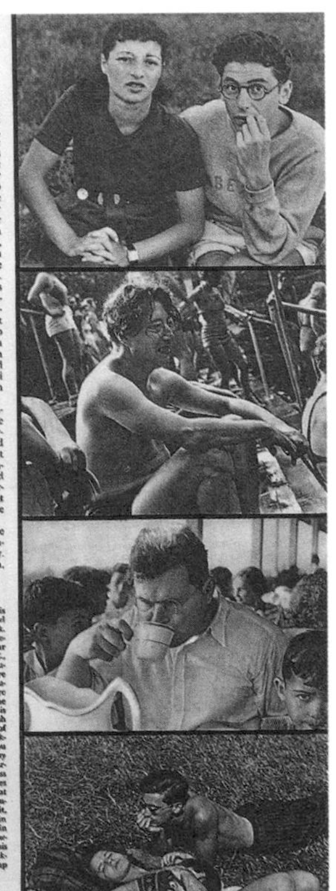

162

EVANS

161/162 — Fortune vol. 10, 3 (septiembre 1934), fotografías de Walker Evans, colección particular.

161/162 — Fortune vol.10, 3 (September 1934). Photographs by Walker Evans. Private collection.

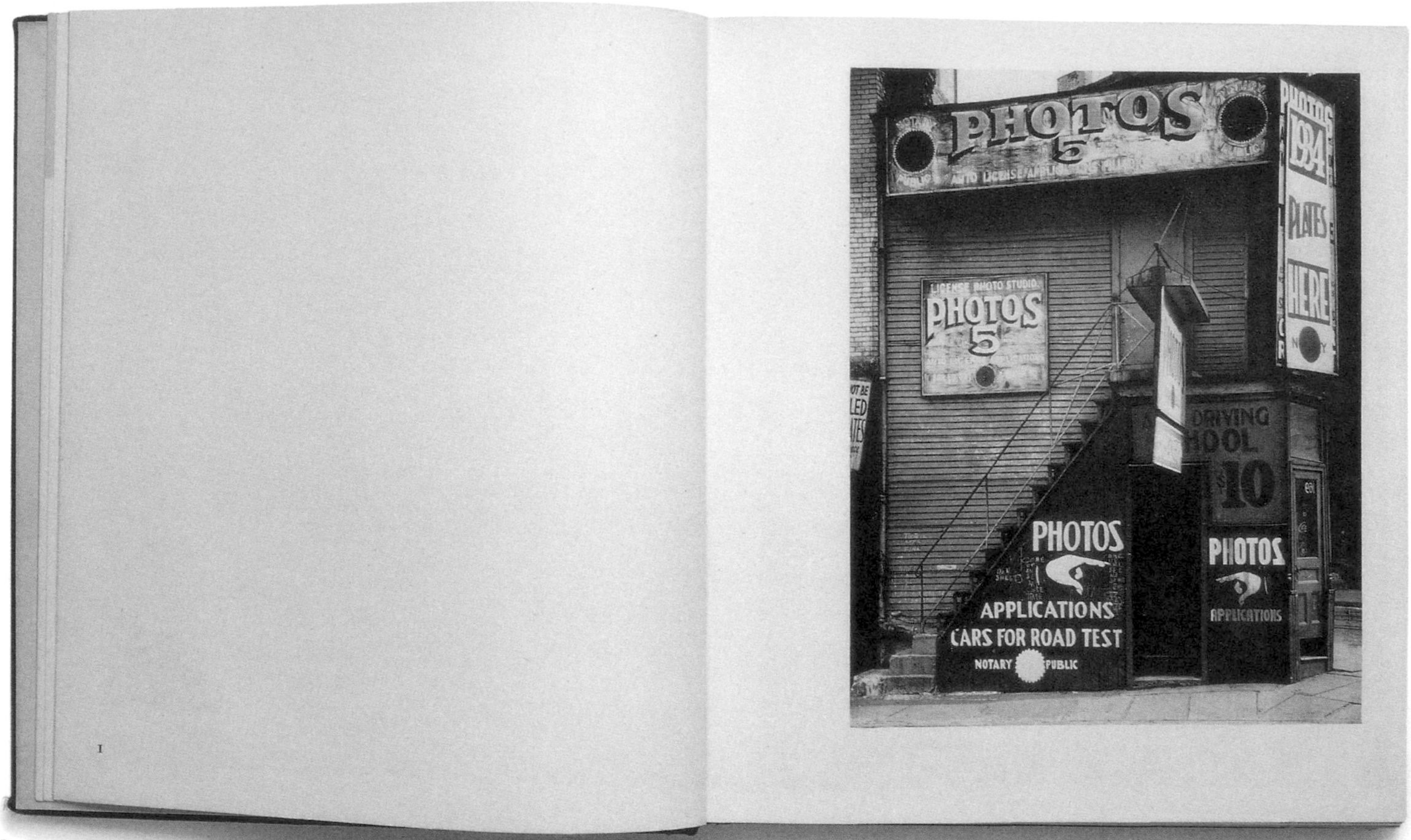

I

163

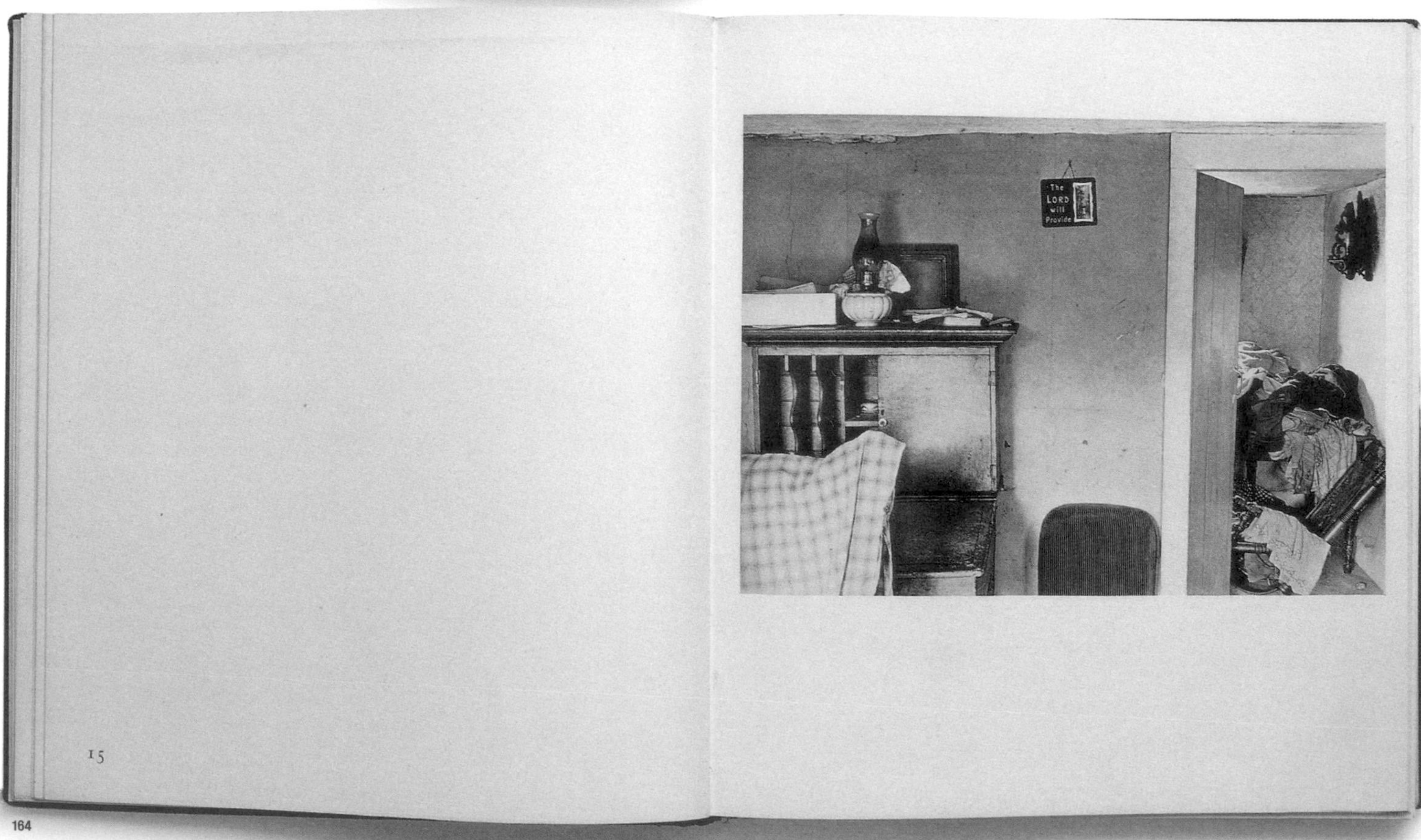

15

164

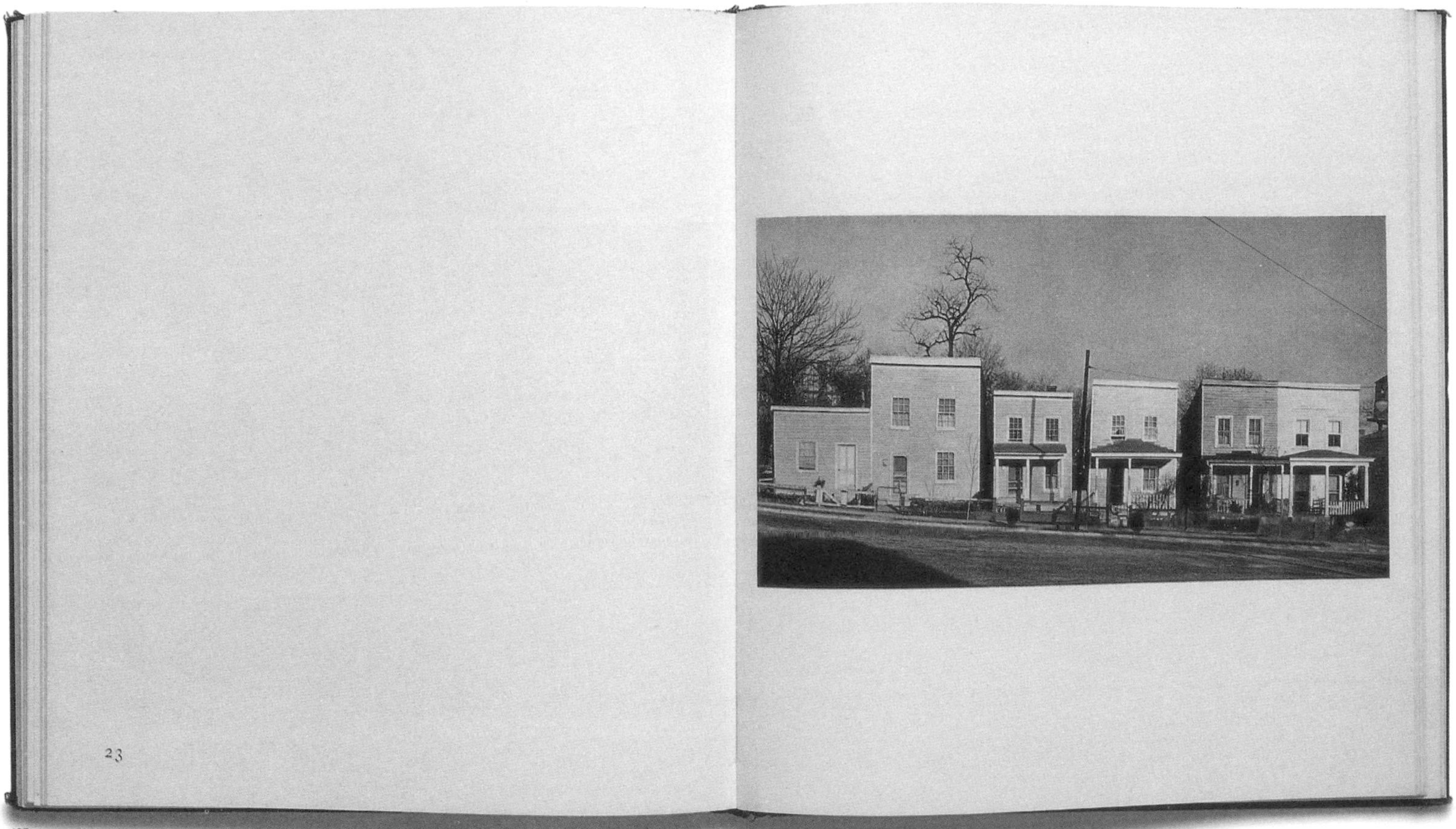

23

165

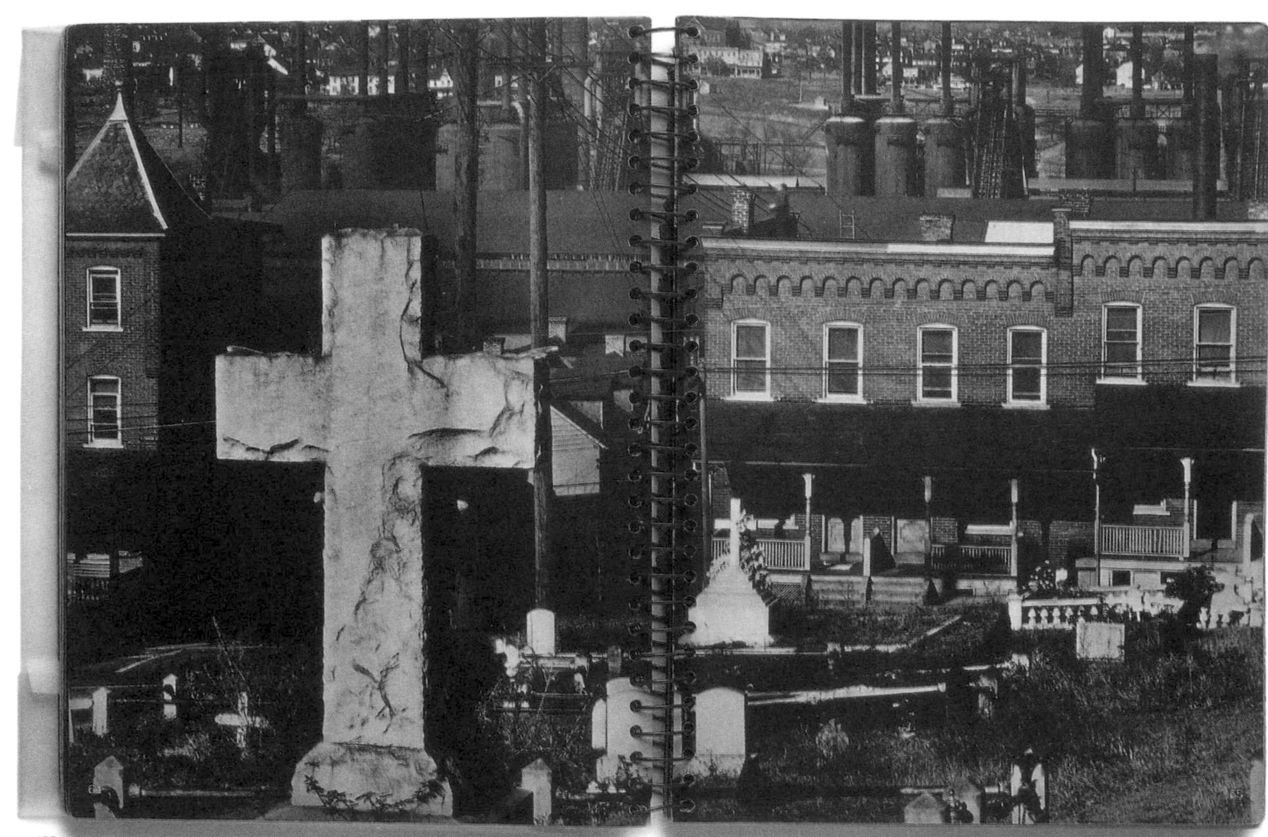

166

EVANS

163/165 — Walker Evans, American Photographs, Museum of Modern Art, Nueva York 1938, colección particular.

166 — U.S. Camera Annual 1939, fotografía de Walker Evans, Nueva York 1939, colección particular.

163/165 — Walker Evans, American Photographs. Museum of Modern Art, New York 1938. Private collection.

166 — U.S. Camera Annual 1939. Photography by Walker Evans, New York 1939. Private collection.

FARM SECURITY ADMINISTRATION 1935 — 1943

La FSA fue una agencia gubernamental norteamericana fundada a consecuencia de la crisis económica de principios de los años treinta. El director de su sección histórica fue Roy Stryker, quien organizó una investigación fotográfica sobre las condiciones de vida en los medios rurales. Su misión era propagandística: llamar la atención sobre la miseria de los campesinos durante la Depresión. Los fotógrafos Arthur Rothstein, Walker Evans, Dorothea Lange, Ben Shahn, Carl Mydans, Russell Lee, Marion Post Wolcott, Jack Delano, John Vachon y John Collier documentaron la miseria de los campesinos y Stryker se encargó de publicar sus fotografías para concienciar a la opinión pública de las consecuencias sociales de la Depresión.

The FSA was a North American Government Agency, founded as a consequence of the economic crisis of the early thirties. The director of its history section was Roy Stryker, who organised a photographic investigation of the conditions of life in rural America. His mission was one of advertising: to call attention to the misery of the agricultural poor during the Depression. The photographers Arthur Rothstein, Walker Evans, Dorothea Lange, Ben Shahn, Carl Mydans, Russell Lee, Marion Post Wolcott, Jack Delano, John Vachon and John Collier documented the misery of the rural poor, and Stryker saw to the publication of their photographs, in an attempt to make public opinion aware of the social consequences of the Depression.

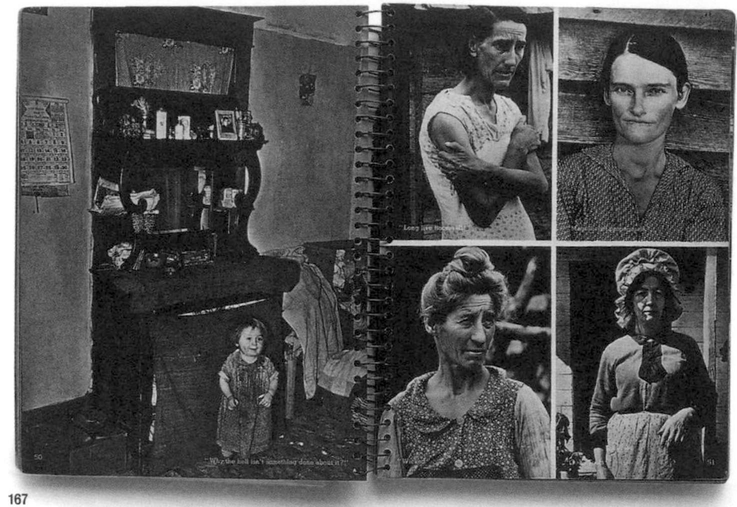

167

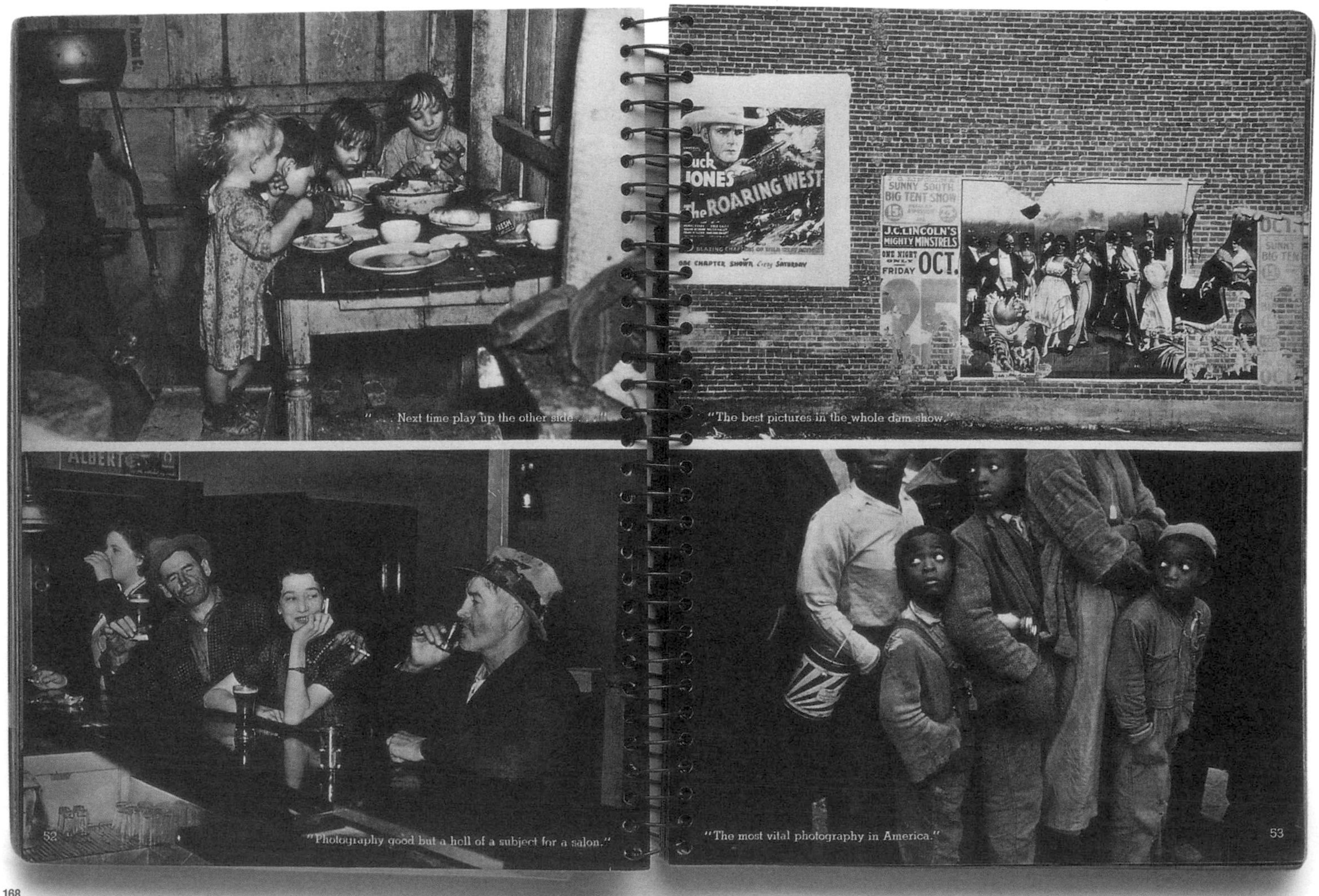

"... Next time play up the other side ..."

"The best pictures in the whole dam show."

"Photography good but a hell of a subject for a salon."

"The most vital photography in America."

168

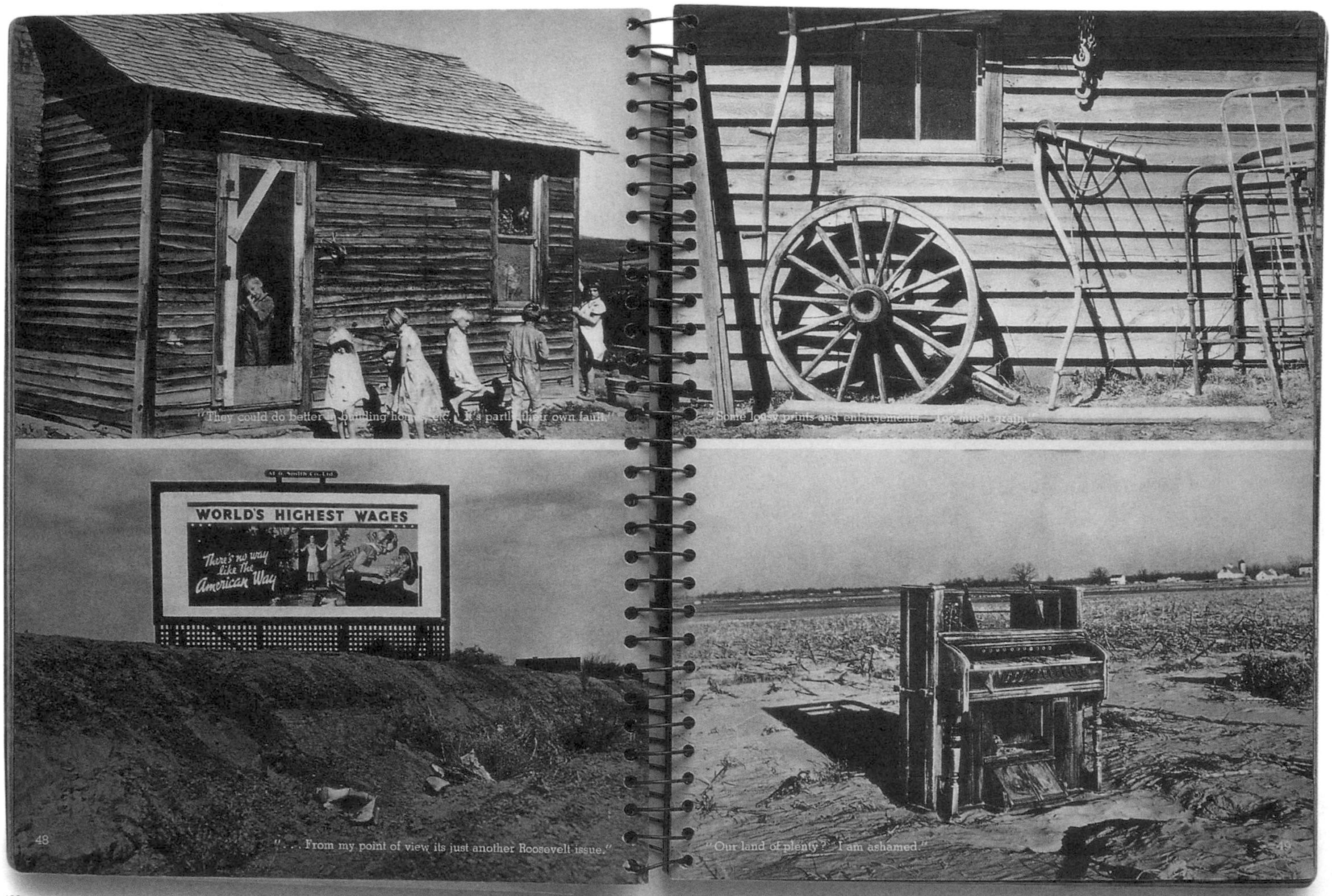

169

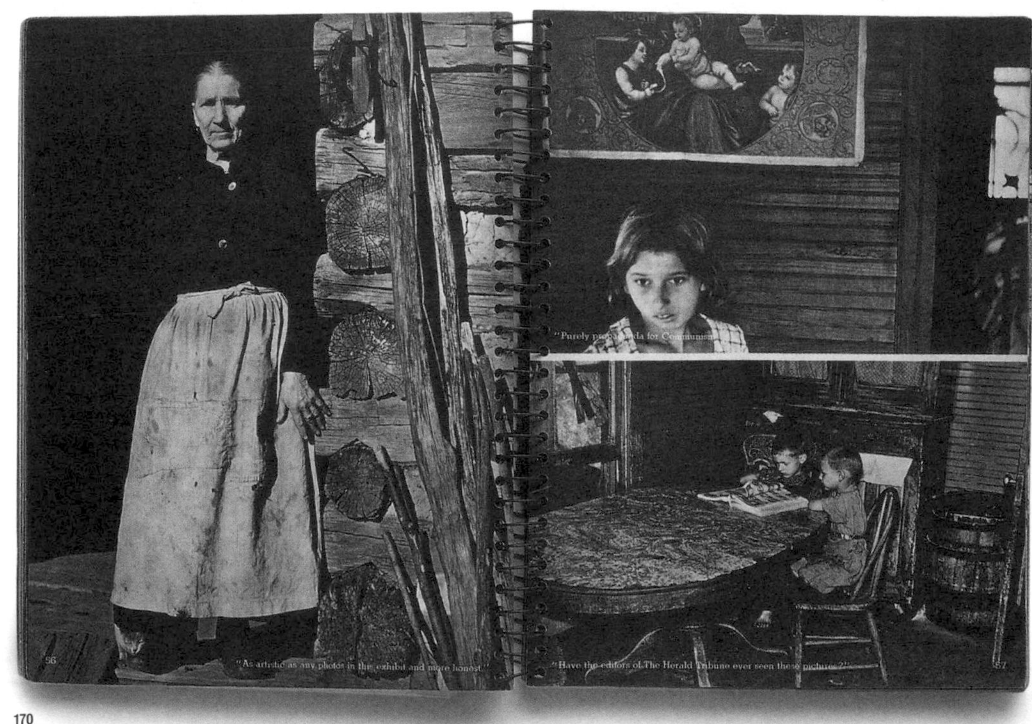

170

FSA
167/170 — U.S. Camera Annual 1939, fotografías de la Farm Security Administration, Nueva York 1939, colección particular.
167/170 — U.S. Camera Annual 1939. Farm Security Administration Photographs, New York 1939. Private collection.

ANDREAS FEININGER 1906

FOTÓGRAFO. Nacido en París, estudió en la Bauhaus en 1922-25. Desde finales de los veinte compaginó su dedicación a la arquitectura con la fotografía. Gracias a Umbo colaboró con la agencia fotográfica de Berlín DEPHOT, a través de la cual publicó desde 1930-31 sus fotos en periódicos y revistas. También trabajó como fotógrafo de arquitectura en Alemania y Francia, fundando en 1934 su propio estudio de fotografía arquitectónica. Hizo también fotografía de desnudo, urbana y vida moderna, así como fotografía experimental, sobre la que publicó un foto-libro en 1939, año en que emigró a Estados Unidos. Editó libros técnicos sobre fotografía moderna desde 1934. Su firma aparece en anuarios, antologías, catálogos de exposiciones (Film und Foto) y muchas revistas durante los años treinta.

► A. Feininger, Menschen vor der Kamera. Lehrbuch moderner Bildnisfotografie, Halle 1934; Stockholm, Estocolmo 1936; New Paths in Photography, Boston 1939; Andreas Feininger Photographer, Nueva York 1986.

PHOTOGRAPHER. Feininger was born in Paris and studied at the Bauhaus from 1922 to 1925. From the end of the twenties he combined his dedication to architecture with that of photography. Introduced by Umbo, he collaborated with the Berlin photographic agency DEPHOT, through which he published his photographs, from 1930-31, in newspapers and magazines. He also worked as an architectural photographer in Germany and France and founded his own studio of architectural photography in 1934. He took photos of nudes and urban and modern life, as well as experimental photography, about which he published in a photo-book in 1939, the year in which he emigrated to the United States. He published technical books on modern photography from 1934. His signature appears in annuals, anthologies, exhibition catalogues (Film und Foto) and a multitude of magazines during the thirties.

► A. Feininger, Menschen vor der Kamera. Lehrbuch moderner Bildnisfotografie, Halle 1934; Stockholm, Stockholm 1936; New Paths in Photography, Boston 1939; Andreas Feininger Photographer, New York 1986.

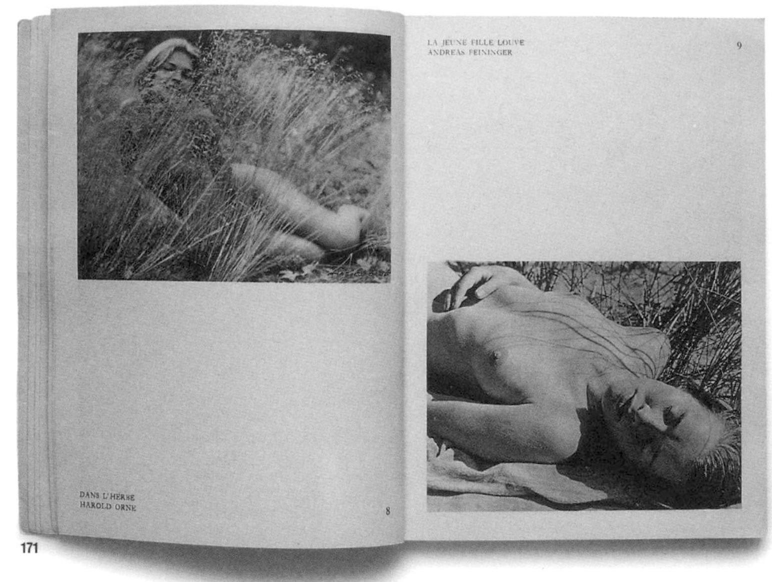

171

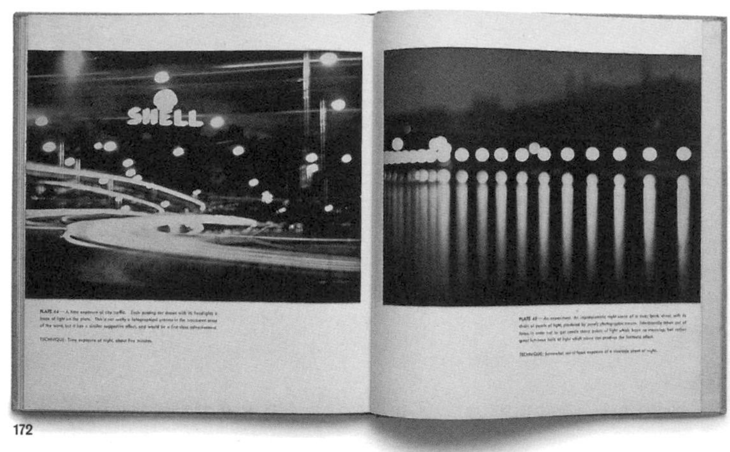

172

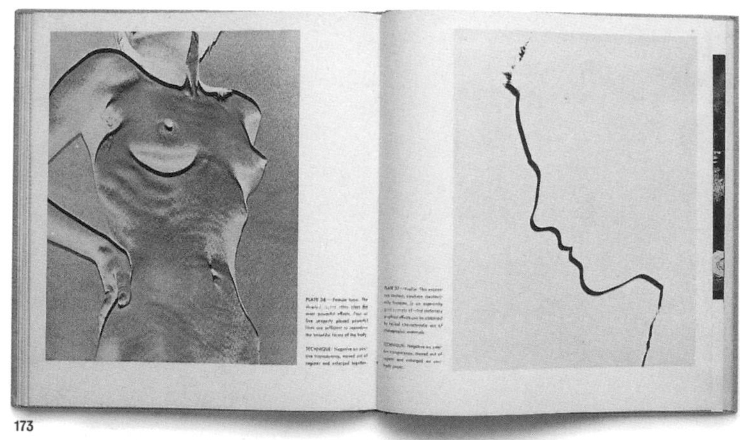

173

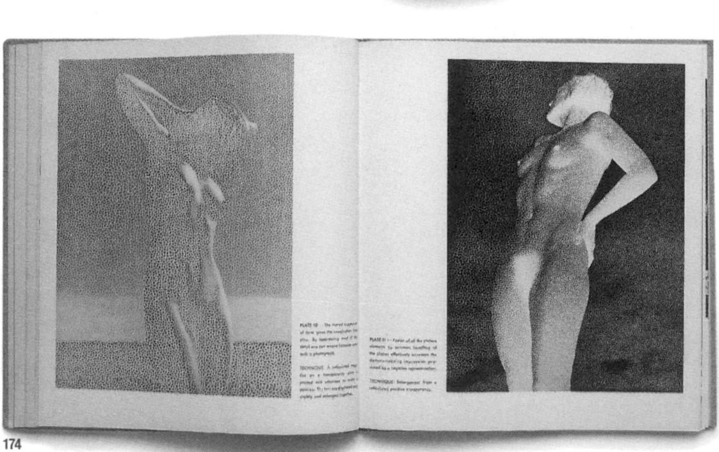

174

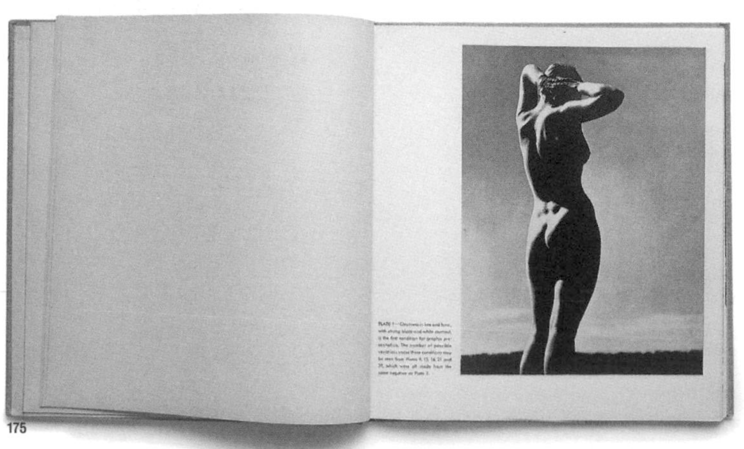

175

FILM UND FOTO Stuttgart 1929

Exposición internacional de fotografía organizada por la Werkbund alemana que se celebró entre abril y julio de 1929 en Stuttgart y luego en Zúrich, Berlín, Viena, Danzig, Agram, Tokio y Osaka. Su director fue Gustav Stotz, ayudado por Hans Hildebrandt, Bernhard Pankok y Jan Tschichold. Las secciones nacionales estaban a cargo de especialistas reconocidos: Otto Baur, Mia Seeger, László Moholy-Nagy y Stotz se encargaban de Alemania, Edward Weston y Edward Steichen de Estados Unidos, Piet Zwart de Holanda, El Lissitzky de la Unión Soviética y F.T. Gubler y Siegfried Giedion de Suiza. Aparte había una sección histórica, formada a partir de la colección de Erich Stenger, y otra cinematográfica, a cargo de Hans Richter. Se mostraron 1200 fotografías de más de 150 fotógrafos, de Alemania, Austria, Holanda, Francia, Gran Bretaña, Bélgica, Checoslovaquia y Estados Unidos, aparte de treinta de la URSS y siete de Suiza en secciones especiales. También se expusieron otras muchas fotografías sin autor: las fotos "anónimas" periodísticas, publicitarias, científicas y de los aficionados. La repercusión de la muestra fue enorme, tanto en el número de visitantes como en la atención de los medios de comunicación, y dio lugar a una avalancha de exposiciones fotográficas en los años siguientes. Con fotografías de Film und Foto Franz Roh y Tschichold editaron la antología más celebrada de la nueva fotografía, fotoauge.

► Film und Foto der zwanziger Jahre, Württembergischer Kunstverein, Stuttgart 1979.

Film und Foto was an international exhibition, organised by the German 'Werkbund', which was held between April and July 1929 in Stuttgart, and later in Zurich, Berlin, Vienna, Danzig, Agram, Tokyo and Osaka. Its director was Gustav Stotz, assisted by Hans Hildebrandt, Bernhard Pankok and Jan Tschichold. The national sections were the responsibility of recognised specialists: Otto Bauer, Mia Seeger, László Moholy-Nagy and Stotz took charge of Germany, Edward Weston and Edward Steichen of the United States, Piet Zwart of Holland, El Lissitzky of the Soviet Union, and F.T. Gubler and Siegfried Giedion of Switzerland. Additionally, there was a history section, made up from the Erich Stenger collection, and another section dedicated to the cinema, under the direction of Hans Richter. 1200 photographs were shown, by more than 150 photographers from Germany, Austria, Holland, France, Great Britain, Belgium, Czechoslovakia, and the United States, apart from the thirty from the USSR and seven from Switzerland, in special sections. Many other photographs with unknown authors were also exhibited; the "anonymous" journalistic, advertising, scientific and amateur photos. The repercussions of Film und Foto were enormous, both in terms of the number of visitors to the exhibition as well as in the attention it received from the communication media, giving rise to an avalanche of photographic exhibitions during the following years. Film und Foto was the basis for the publication by Franz Roh and Tschichold of the most celebrated anthology of the new generation of photography, fotoauge.

► Film und Foto der zwanziger Jahre, cat. Württembergischer Kunstverein, Stuttgart 1979.

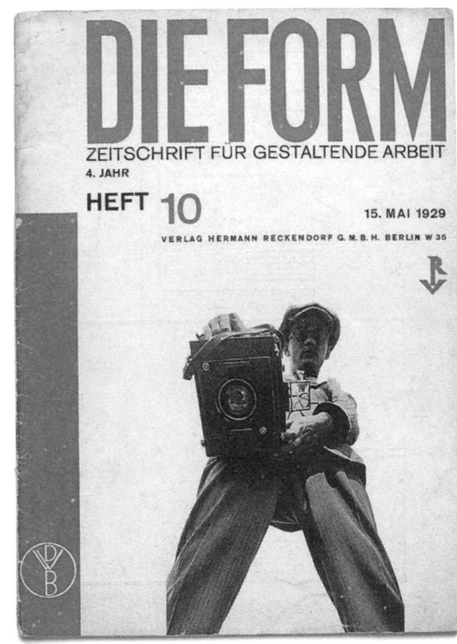

176

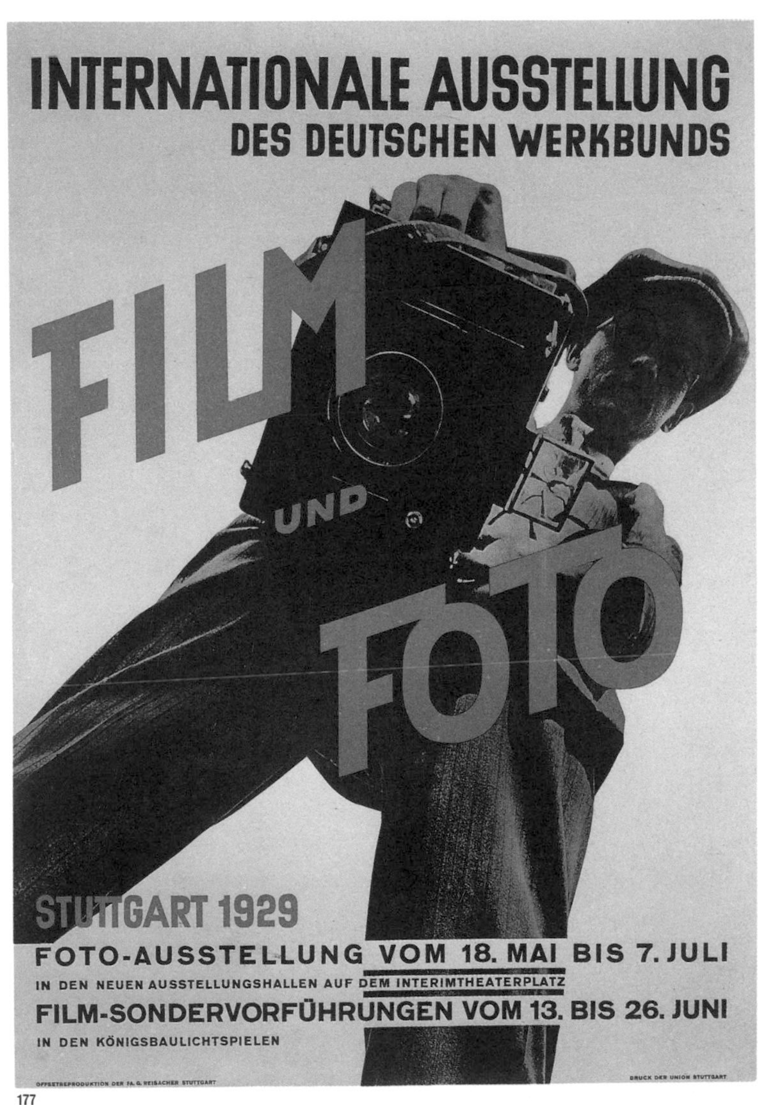

177

FEININGER

171 — Nus. La beauté de la femme, Album du premier salon international du nu photographique 1933, fotografías de Harold Horne y Andreas Feininger, Masclet, París 1933, colección particular, Barcelona.
172/175 — Andreas Feininger, New Paths in Photography, American Photographic Publishing Co., Boston 1939, colección particular.
171 — Nus. La beauté de la femme, Album du premier salon international du nu photographique 1933. Photographs by Harold Horne and Andreas Feininger, Masclet, Paris 1933. Private collection, Barcelona.
172/175 — Andreas Feininger, New Paths in Photography, American Photographic Publishing Co., Boston 1939. Private collection.

FILM

176 — Die Form vol. 4, 10 (15 de mayo 1929), número dedicado a Film und Foto, fotografía de Willi Ruge, cubierta, IVAM.
177 — Diseñador desconocido, Film und Foto. Internationale Ausstellung des deutschen Werkbunds, Sttutgart 1929, cartel, fotografía de Willi Ruge, offset, 1929, Merrill C. Berman Collection.
176 — Die Form vol. 4, 10 (15 May 1929). Number dedicated to Film und Foto. Photography by Willi Ruge. Cover. IVAM.
177 — Unknown designer, Film und Foto. Internationale Ausstellung des deutschen Werkbunds, Stuttgart 1929. Poster, photography by Willi Ruge, offset, 1929, Merrill C. Berman Collection.

HANS FINSLER 1891 — 1972

FOTÓGRAFO. Nacido en Zúrich, estudió arquitectura en Múnich entre 1909 y 1914, y luego historia del arte con Heinrich Wölfflin. Desde 1922 trabajó como profesor de historia del arte en Halle, donde comenzó a hacer fotografías para documentar los proyectos de sus alumnos. A partir de 1927 dio también clases de fotografía. Realizó fotografía publicitaria con la precisión de la nueva fotografía, que se publicó en las revistas y también se expuso en Film und Foto. Regresó a Zúrich en 1932 para dar clases de fotografía en la Escuela de Artes Decorativas, dedicación que prosiguió durante los siguientes 26 años.

► H. Finsler, Mein Weg zur Fotografie: 30 Aufnahmen aus den zwanziger Jahren, Zúrich 1971.

PHOTOGRAPHER. Born in Zurich, Finsler studied architecture in Munich from 1909 to 1914 and later, history of art with Heinrich Wölfflin. He worked in Halle from 1922 as a teacher of the history of art, and began to take photos to document his students' projects. From 1927 he gave photography classes. His advertising photos possessed the precision of the new photography and were published in magazines, as well as being exhibited in Film und Foto. He returned to Zurich in 1932 to give classes in photography at the Kunstgewerbeschule, where he remained for 26 years.

► H. Finsler, Mein Weg zur Fotografie: 30 Aufnahmen aus den zwanziger Jahren, Zurich 1971.

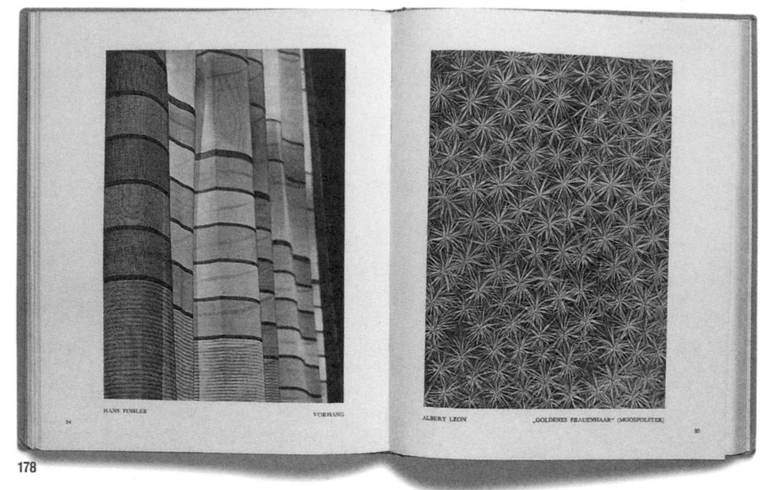

178

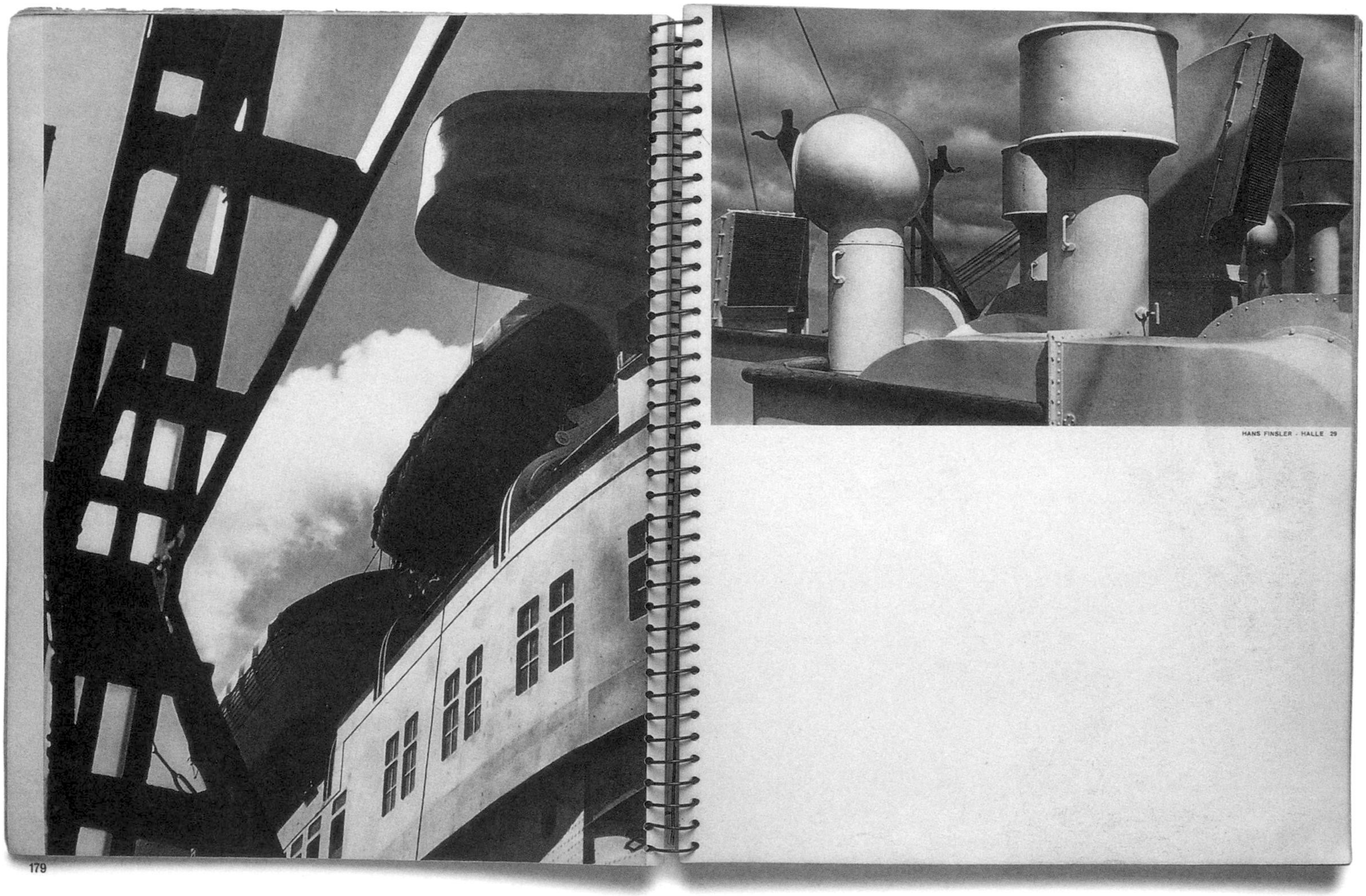

179

FINSLER
178 — Das deutsche Lichtbild 1930, fotografías de Hans Finsler y Albert Leon, Robert y Bruno Schultz Verlag, Berlín 1930, colección particular.
1179 — Photographie 1931, fotografías de Hans Finsler, Arts et métiers graphiques, París 1931, MNCARS.

178 — Das deutsche Lichtbild 1930. Photographs by Hans Finsler and Albert Leon, Robert and Bruno Schultz Verlag, Berlin 1930. Private collection.
179 — Photographie 1931. Photographs by Hans Finsler, Arts et métiers graphiques, Paris 1931, MNCARS.

HANNES FLACH 1901 — 1936

FOTÓGRAFO. Establecido en Colonia, su especialidad fue la fotografía arquitectónica.

▶ Hannes Maria Flach: Photographien der zwanziger Jahre, Museum Ludwig, Colonia 1983.

PHOTOGRAPHER. Established in Cologne, Flach's speciality was architectural photography.

▶ Hannes Maria Flach: Photographien der zwanziger Jahre, Ludwig Museum, Cologne 1983.

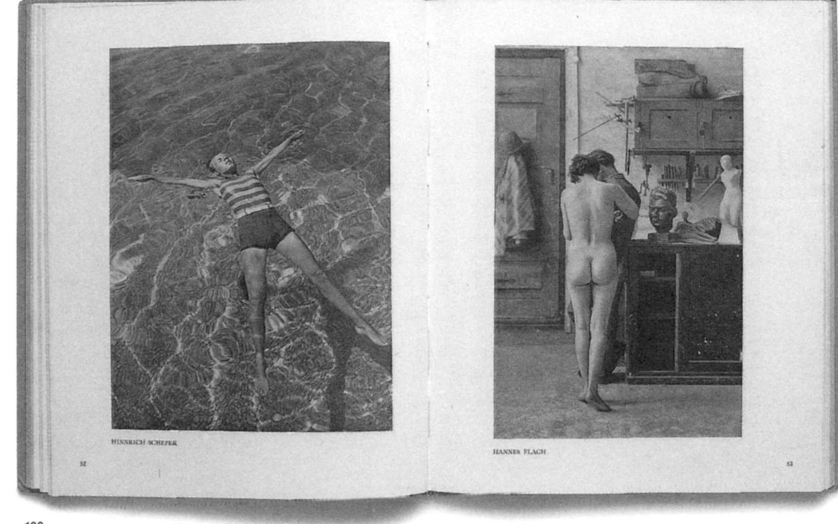

180

FORTUNE Chicago 1930

Revista mensual de negocios, industria y ciencia fundada por el editor Henry R. Luce en 1930. Durante cuatro décadas su director artístico fue Thomas M. Clelland, quien consiguió equilibrar la información técnica con la ilustración fotográfica, reproducida con gran calidad. Entre los fotógrafos que publicaron en la primera década de la revista se encuentran Berenice Abbot, Margaret Bourke-White, Anton Bruehl, Walker Evans, William Rittase, Edward Steichen o Ralph Steiner, entre otros.

Fortune is a monthly business, industry and science magazine founded by the publisher Henry R. Luce in 1930. Artistic editor of the magazine for four decades was Thomas M. Clelland, who managed to balance complex technical information with meticulous photographic illustration, reproduced with extraordinary quality. Among the photographers published during the first decade of the magazine were Berenice Abbott, Margaret Bourke-White, Anton Bruehl, Walker Evans, William Rittase and Edward Steichen as well as many others.

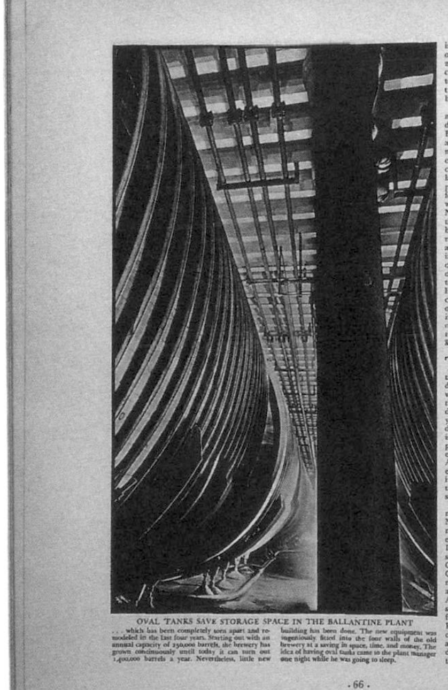

OVAL TANKS SAVE STORAGE SPACE IN THE BALLANTINE PLANT

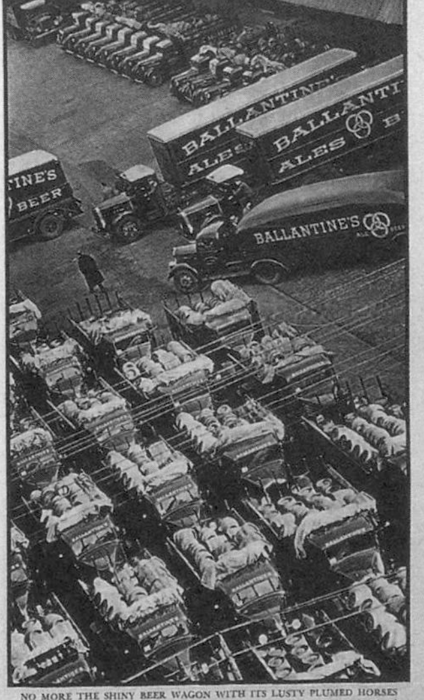

NO MORE THE SHINY BEER WAGON WITH ITS LUSTY PLUMED HORSES

181

FLACH
180 — Das deutsche Lichtbild 1930, fotografías de Hinnerk Scheper y Hannes Flach, Robert y Bruno Schultz Verlag, Berlín 1930, colección particular.
180 — Das deutsche Lichtbild 1930. Photographs by Hinnerk Scheper and Hannes Flach, Robert and Bruno Schultz Verlag, Berlin 1930. Private collection.

FORTUNE
181 — Fortune vol. 17, 6 (junio 1938), fotografías de Berenice Abbot, colección particular.
181 — Fortune vol. 17 (June 1938). Photographs by Berenice Abbot. Private collection.

FOTOAUGE

Antología fotográfica publicada en Stuttgart en 1929 a partir de las fotografías expuestas en Film und Foto. Sus editores fueron el crítico y fotógrafo Franz Roh, que escribió la introducción, publicada en alemán, francés e inglés, y el diseñador Jan **Tschichold**, que hizo una de las obras maestras de la nueva tipografía. En sus páginas se recogen trabajos de fotógrafos como Eugène **Atget**, Herbert **Bayer**, Max **Burchartz**, Andreas **Feininger**, Hans **Finsler**, Semion **Fridliand**, John **Heartfield**, Florence **Henri**, Hanna **Höch**, Hans **Leistikow**, El **Lissitzky** (cuyo fotomontaje 'El constructor' ocupa la cubierta), **Man Ray**, E.L.T. Mesens, László **Moholy-Nagy**, Walter **Peterhans**, Robert Petschow, Albert **Renger-Patzsch**, Roh, Paul **Schuitema**, Sasha **Stone**, Maurice **Tabard**, Tschichold, **Umbo**, Edward **Weston** o Piet **Zwart**, así como otras sin autor, en todos los géneros de la nueva fotografía: fotomontaje, foto directa, tipo-foto, fotografía exacta, extrañamiento, fotografía científica, copias en negativo, fotogramas...

Fotoauge was a photographic anthology, published in Stuttgart in 1929 and based on the photographs exhibited in Film und Foto. Its publishers were the critic and photographer Franz Roh, who wrote the introduction, published in German, French and English, and the designer Jan **Tschichold**, creator of one of the masterpieces of the new typography. Its pages contained the work of photographers such as Eugène **Atget**, Herbert **Bayer**, Max **Burchartz**, Andreas **Feininger**, Hans **Finsler**, Semion **Fridliand**, John **Heartfield**, Florence **Henri**, Hanna **Höch**, Hans **Leistikow**, El **Lissitzky** (whose photomontage "The Constructor" occupied the cover), **Man Ray**, E.L.T. Mesens, László **Moholy-Nagy**, Walter **Peterhans**, Robert Petschow, Albert **Renger-Patzsch**, Paul **Schuitema**, Sasha **Stone**, Maurice **Tabard**, Jan Tschichold, **Umbo**, Edward **Weston** and Piet **Zwart**, as well as others by unknown authors. All genres of the new photography were featured, including photomontage, various forms of straight photography, typo-photo, scientific photography, negative copies and photograms...

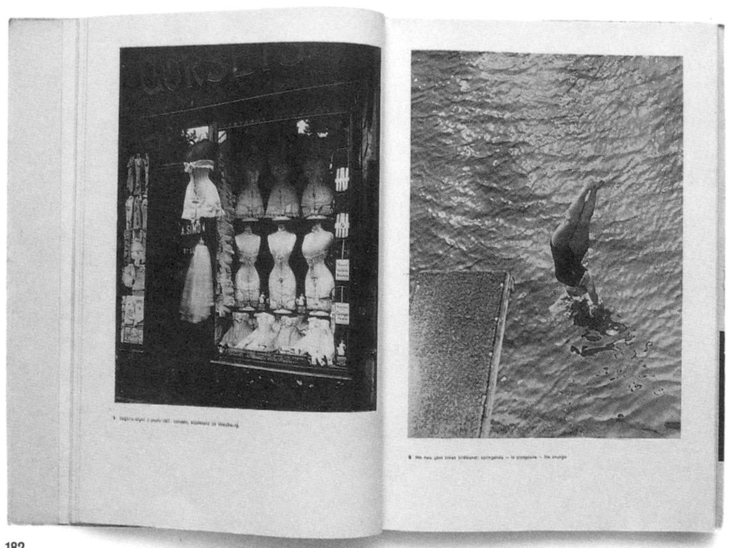

182

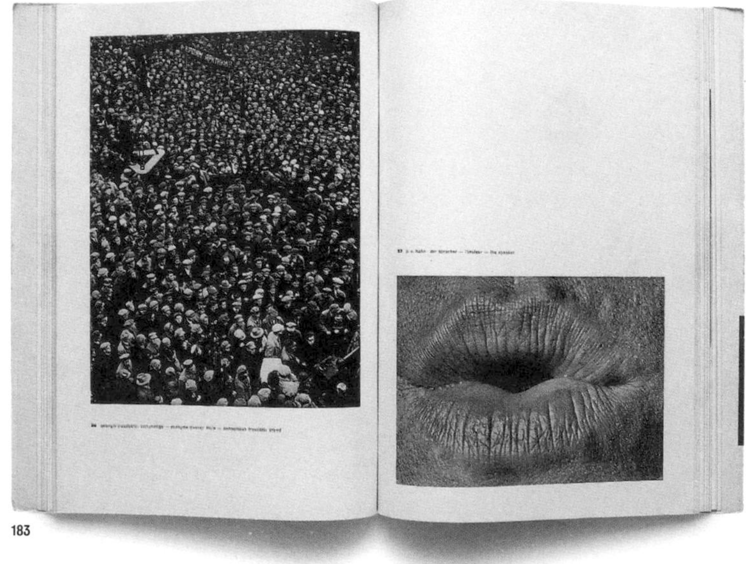

183

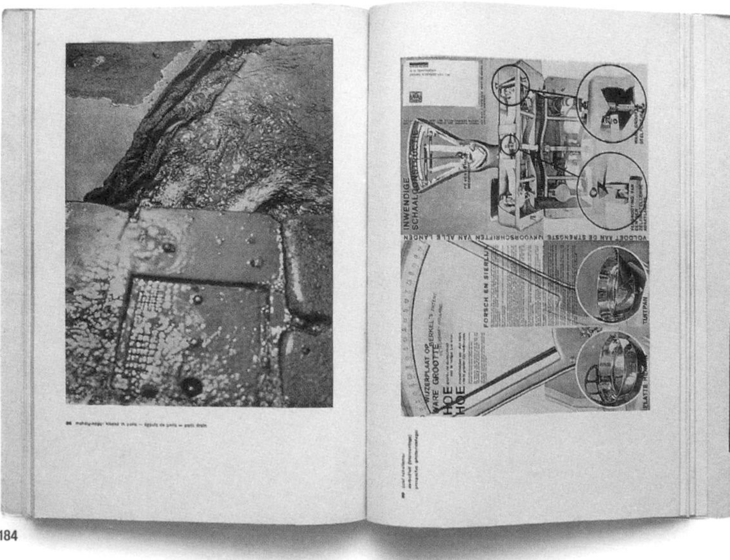

184

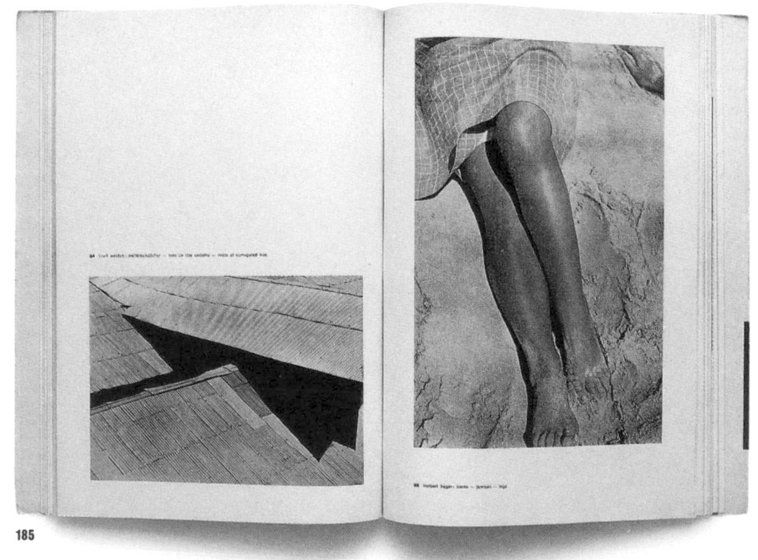

185

FOTOAUGE
182/185 — Franz Roh y Jan Tschichold, eds, fotoauge. oeil et photo. photo eye, Wedekind, Stuttgart 1929, IVAM.

182/185 — Franz Roh and Jan Tschichold, eds. fotoauge. oeil et photo. photo eye, Wedekind, Stuttgart 1929. IVAM.

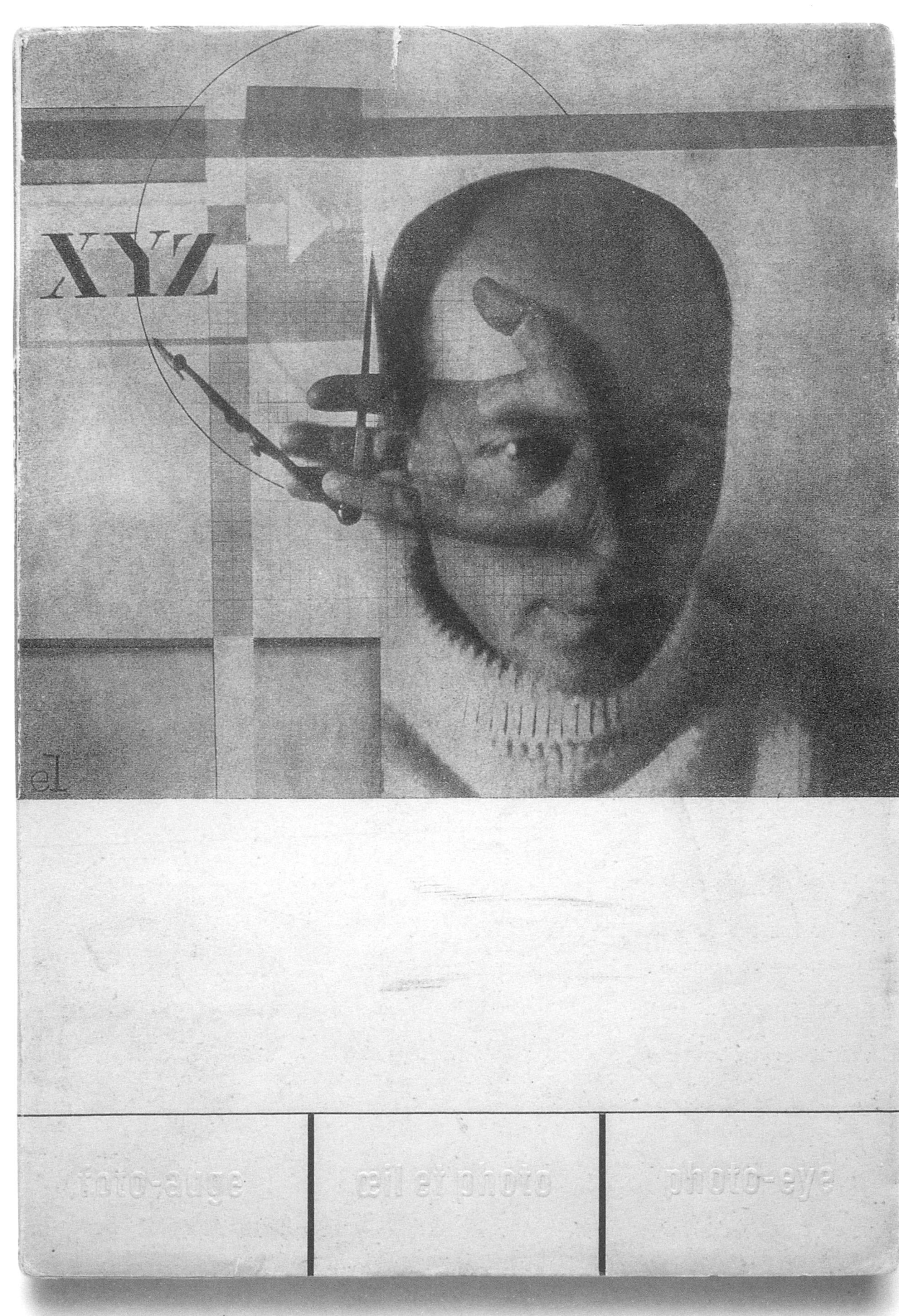

186

FOTOAUGE
186 — Franz Roh y Jan Tschichold, eds, fotoauge. oeil et photo. photo eye, cubierta, fotomontaje de El Lissitzky, Wedekind, Stuttgart 1929, IVAM.
186 — Franz Roh and Jan Tschichold, eds, fotoauge. oeil et photo. photo eye, cover, photomontage by El Lissitzky, Wedekind, Stuttgart 1929, IVAM.

FRANCIA

Durante la mayor parte de los años veinte la fotografía estuvo en Francia dominada por el pictorialismo, con autores como Robert Demachy, Constant Puyo, Pierre Dubreuil, el barón Adolph de Meyer o Laure Albin-Guillot. Hubo que esperar al último tercio de la década para que la nueva fotografía tuviera un éxito de público y crítica con la carpeta Métal de Germaine **Krull.** A partir de ese momento, comenzó una sucesión de artículos sobre la nueva fotografía en revistas de arte, como L'Art vivant, pero sin equivalente en las revistas populares. En cuanto al diseño, la preponderancia de los estilos decorativos, sobre todo a partir de la exposición internacional de París de 1925, fue casi completa, lo que explica la rareza del fotomontaje y la tipo-foto en los carteles, la publicidad y las revistas populares ilustradas de esos años.

A finales de la década y a lo largo de los años treinta cambió la situación. En los nuevos semanarios (**Vu,** Voilà, Marianne, Regards, Match) tenían cabida los procedimientos de la nueva fotografía (como el fotomontaje, técnica en la que destacó Alexander Liberman), a diferencia de los anteriores, como L'Illustration, tan conservador en política como en diseño y fotografía. En los nuevos semanarios publicaron, en la segunda mitad de la década, los fotógrafos documentales: Hans Namuth, Georg Reisner, Gerda Taro, Robert **Capa,** Chim, Gisèle Freund o Henri **Cartier-Bresson.** También aparecieron otras publicaciones populares, como Paris-Magazine, en la que fotógrafos como Pierre **Boucher,** Krull, Jean Moral, **Brassaï,** Roger **Schall,** Roger **Parry,** Nora Dumas, Rogi André, Ergy Landau o André Steiner publicaron desnudos fotográficos. Las revistas de moda (**Vogue,** Jardin des Modes) y otras más minoritarias (**Jazz,** Art et médecine, Bifur, Documents), algunas tan lujosas como Verve o **Minotaure,** publicaron fotografías de Hans **Bellmer,** Jacques-André Boiffard, Brassaï, Claude **Cahun,** Cartier-Bresson, Florence **Henri,** George **Hoyningen-Huene,** André **Kertész,** Krull, Eli **Lotar, Man Ray,** Schall o Maurice **Tabard.** Las revistas fotográficas (Photo-Illustrations, la pictorialista Revue française de photographie o Photo-Ciné-Graphie) se caracterizaron por su eclecticismo.

En el diseño una editorial y revista del mismo título, **Arts et métiers graphiques,** fundada en 1927 por empresarios de artes gráficas y editoriales, procuró modernizar el tradicionalista y decorativo diseño imperante. La suma de técnicas de artes gráficas más fotografía se convirtió pronto en la consigna, aplicada en las demás publicaciones de la editorial, la citada Photo-Ciné-Graphie y los anuarios **Photographie** y Publicité. En 1931 Alfred Tolmer, propietario de una empresa de artes gráficas, publicó (en Londres) un lujoso manual de diseño, Mise en page, ajeno al nuevo diseño gráfico centroeuropeo. La edición de foto-libros fue importante. Entre ellos destacan los de Bill **Brandt,** Brassaï, **Le Corbusier,** Georges **Hugnet,** Kertész, Krull, Parry, Man Ray, Moï Ver y Eugène **Atget,** fallecido en 1927 sin reconocimiento público. Pero se editaron muchos más, de fotógrafos como Albin-Guillot, Frantisek Drtikol, François Kollar, Amedée **Ozenfant,** Schall, Emmanuel Sougez, Raoul Ubac, Pierre Verger, André Vigneau o **Ylla.**

FRANCE

Photography in France was dominated throughout most of the twenties by Pictorialism, by authors such as Robert Demachy, Constant Puyo, Pierre Dubreuil, Baron Adolph de Meyer and Laure Albin-Guillot. It would be necessary to wait until the end of the decade for the new photography to receive recognition from the public and critics, which occurred with the publication of the Métal collection, by Germaine **Krull.** This led a succession of articles on the new photography in art magazines such as L'Art vivant, but failed to achieve echo in the popular publications. The field of design was almost completely dominated by decorative styles, especially following the International Exposition in Paris in 1925, explaining to a certain extent the absence of photomontage and typo-photo in the posters, advertising, and popular illustrated magazines of the time.

The situation changed, however, in the late twenties and throughout the thirties. The new weeklies (**Vu,** Voilà, Marianne, Regards, and Match) were able to accept procedures of the new photography (such as photomontage, a technique in which Alexander Liberman stood out), unlike their predecessors, L'Illustration for example, which were as conservative politically as they were in terms of design and photography. From the mid-twenties the new weeklies published work by documentary photographers including Hans Namuth, Georg Reisner, Gerda Taro, Robert **Capa,** Chim, Gisèle Freund and Henri **Cartier-Bresson.** Other popular publications also appeared, such as Paris-Magazine, which published nude photographs by Pierre **Boucher,** Krull, Jean Moral, **Brassaï,** Roger **Schall,** Roger **Parry,** Nora Dumas, Roger André, Ergy Landau and André Steiner. The fashion magazines (**Vogue,** and Jardin des Modes) and others of a more minority interest (**Jazz,** Art et médecine, Bifur and Documents), some as luxurious as were Verve and **Minotaure,** published photographs by Hans **Bellmer,** Jacques-André Boiffard, Brassaï, Claude **Cahun,** Cartier-Bresson, Florence **Henri,** George **Hoyningen-Huene,** André **Kertész,** Krull, Eli **Lotar, Man Ray,** Schall and Maurice **Tabard.** The photography maga-zines (Photo-Illustrations, the Pictorialist Revue française de photographie, and Photo-Ciné-Graphie) were characterised by their eclect-icism.

In the field of design, one publishing house, with a magazine of the same name, **Arts et métiers graphiques,** founded in 1927 by entre-preneurs from the graphic arts and publishing, attempted to modernise the traditionalist and decorative design prevailing at the time. The combination of graphic arts techniques with photography soon became the watchword, and would be applied in the design of the publishers' other publications, the previously mentioned Photo-Ciné-Graphie, and the annuals **Photographie** and Publicité. In 1931, the owner of a graphic arts company, Alfred Tolmer, published a luxurious design manual, Mise en page, in London, which was inconsistent with the new Central European graphic design. The publication of photo-books was significant, and among them stand out those by Bill **Brandt,** Brassaï, **Le Corbusier,** Georges **Hugnet,** Kertész, Krull, Parry, Man Ray, Moï Ver and Eugène **Atget,** who died in 1927 without receiving the public recognition he deserved. Many more were published, however, by other photographers, including Albin-Guillot, Frantisek Drtikol, François Kollar, Amedée **Ozenfant,** Schall, Emmanuel Sougez, Raoul Ubac, Pierre Verger, André Vigneau, and **Ylla.**

SEMION FRIDLIAND 1905 — 1964

FOTÓGRAFO. Durante los años veinte publicó sus fotografías en el semanario ilustrado Ogonek. En la década siguiente, fue miembro de ROPF y publicó en Pravda y SSSR na stroike. Escribió artículos sobre fotografía proletaria, es decir, beligerantes contra la fotografía moderna, a la que acusaba de formalismo, y contra Aleksandr Rodchenko en particular. Expuso en Film und Foto y un fotomontaje suyo se reprodujo en fotoauge.

PHOTOGRAPHER. During the twenties Fridliand's photographs were published in the illustrated weekly Ogonek. In the following decade he was a member of ROPF, and published in Pravda and SSSR na stroike. He wrote articles on proletarian photography, that is to say, belligerent with the modern photography of the time, which he accused of being Formalist, and with Aleksandr Rodchenko in particular. He exhibited in Film und Foto, and one of his photomontages was featured in fotoauge.

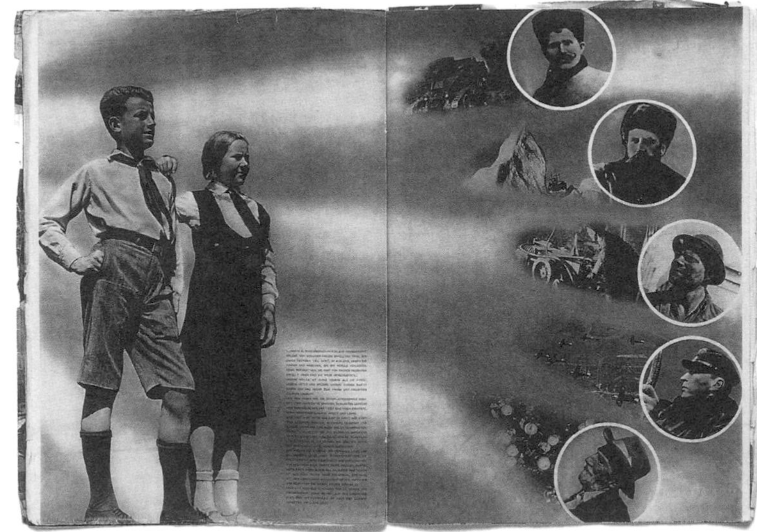

187

WALTER FUNKAT 1906

FOTÓGRAFO. Nació en Hannover. En 1925-27 estudió en la universidad de Königsberg historia del arte y pintura, y en 1927-31 en la Bauhaus de Dessau, donde se especializó en fotografía con Walter Peterhans y diseño publicitario con Joost Schmidt. A finales de los veinte hizo fotografías especulares, que fueron reproducidas en las publicaciones de la Bauhaus y mostradas en Film und Foto y otras exposiciones. Tras su estancia en la Bauhaus se estableció en Berlín, donde trabajó como fotógrafo publicitario y diseñador de exposiciones.

► Walter Funkat und Schüler, Staatliche Galerie Moritzburg, Halle 1984.

PHOTOGRAPHER. Funkat was born in Hanover. He studied history of art and painting at the University of Königsberg from 1925 to 1927. From 1927 to 1931 he was at the Bauhaus in Dessau, where he specialised in photography, with Walter Peterhans, and advertising design with Joost Schmidt. Towards the end of the twenties he took spectacular photographs which were reproduced in the Bauhaus publications and shown in Film und Foto and other exhibitions. After his period at the Bauhaus he moved to Berlin, where he worked as an advertising photographer and exhibition designer.

► Walter Funkat und Schüler, Staatliche Galerie Moritzburg, Halle 1984.

RUDOLF MÜLLER-SCHÖNHAUSEN, V. M. A. PHOTOGRAMM

WALTER FUNKAT GLASKUGEL

188

FRIDLIAND
187 — USSR im Bau 6 (junio 1935), fotografías de Semion Fridliand y otros; montaje de Semion Fridliand, AHNSGC.
187 — USSR im Bau 6 (June 1935) Photographs by Semion Fridliand and others. Montage by Semion Fridliand, AHNSGC.

FUNKAT
188 — Das deutsche Lichtbild 1931, fotograma de Rudolf Müller, fotografía de Walter Funkat, Robert & Bruno Schultz, Berlín 1931, MNCARS.
188 — Das deutsche Lichtbild 1931. Photogram by Rudolf Müller, photography by Walter Funkat, Robert & Bruno Schultz, Berlin 1931. MNCARS.

JAROMÍR FUNKE 1896 — 1945

FOTÓGRAFO. Entre 1915 y 1922 estudió medicina y derecho en la universidad de Praga. Desde 1919 se dedicó a la fotografía, formando parte de clubes de aficionados. Muy pronto abandonó el pictorialismo y hacia 1922 comenzó a experimentar con la abstracción fotográfica, que conseguía a partir de sombras de objetos. A principios de los treinta realizó una serie de fotografías urbanas en las que se aprecia su conocimiento de la obra de Eugène **Atget**. Realizó asímismo fotografías arquitectónicas funcionalistas y otras cercanas a la estética surrealista. Fue profesor en las Escuelas de Artes y Oficios de Bratislava (1931-35) y Artes Gráficas de Praga (desde 1935).

► L. Linhart, Jaromír Funke, Praga 1960; L. Soucek, Jaromír Funke: fotografie, Praga 1970; Jaromír Funke, cat. Dum umení, Brno 1979; D. Mrázková y V. Remes, Jaromír Funke, Leipzig 1986.

PHOTOGRAPHER. Between 1915 and 1922 Funke studied medicine and law at the University of Prague. He took up photography in 1919, joining amateur photographic clubs. He quickly abandoned pictorialism to begin, in 1922, experimenting with abstract photography in which he played with the shadows of objects. In the early thirties he took a series of urban photographs in which his knowledge of the work of Eugène **Atget** was evidenced. He also produced functionalist architectural photographs and others approaching a more Surrealist aesthetic. He was a teacher at the Arts and Trades School in Bratislava (1931-35) and at the School of Gra-phic Arts in Prague (from 1935).

► L. Linhart, Jaromír Funke, Prague 1960; L. Soucek, Jaromír Funke; fotografie, Prague 1970; Jaromír Funke, cat. Dum umení, Brno 1979; D. Mrázková and V. Remes, Jaromír Funke, Leipzig 1986.

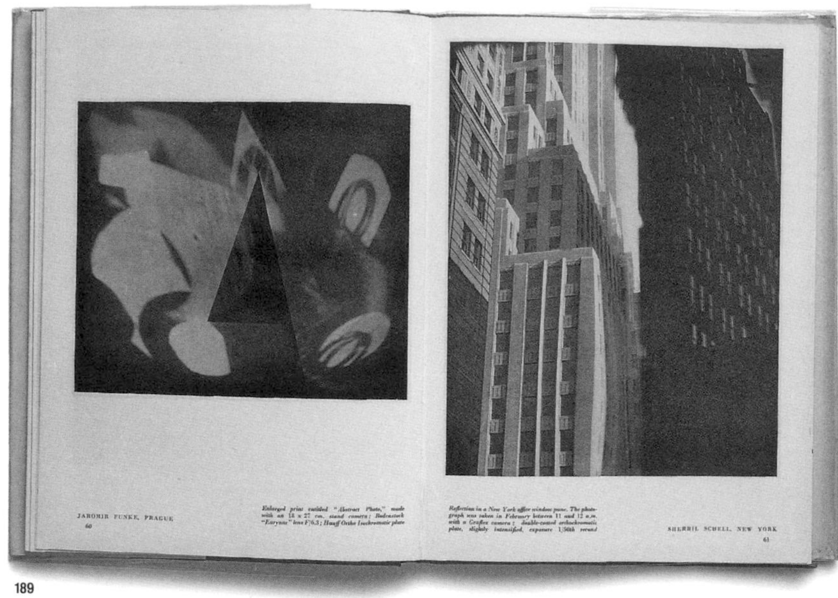

189

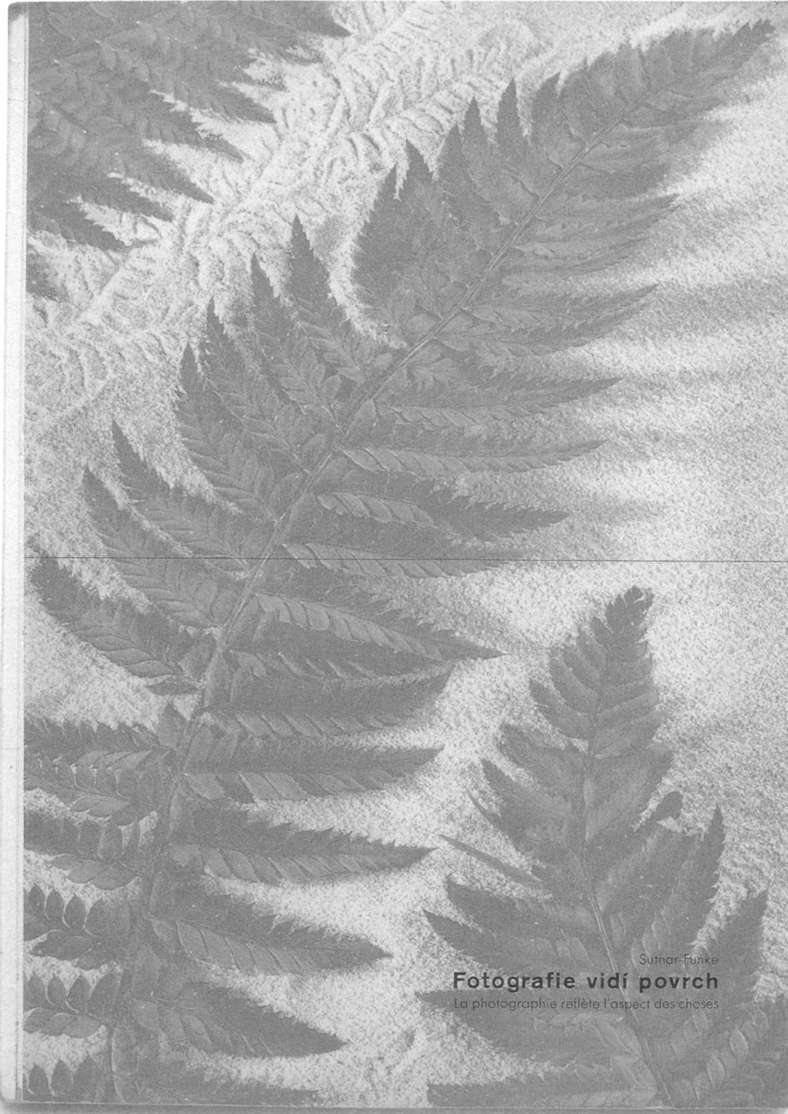

190

FUNKE
189 — Modern Photography 1932, fotografías de Jaromír Funke y Sherill Schell, Londres y Nueva York 1932, MNCARS.
190/194 — Ladislav Sutnar y Jaromír Funke, Fotografie vidí povrch. La photographie reflète l'aspect des choses, diseño y cubierta de L. Sutnar, 18 fotografías de J. Funke y otros, Praga 1935, MNCARS.
189 — Modern Photography 1932. Photographs by Jaromír Funke and Sherill Schell, London and New York 1932. MNCARS.
190/194 — Ladislav Sutnar and Jaromír Funke, Fotografie vidí povrch. La photographie reflète l'aspect des choses. Design and cover by L. Sutnar, 18 photographs by J. Funke and others, Prague 1935. MNCARS.

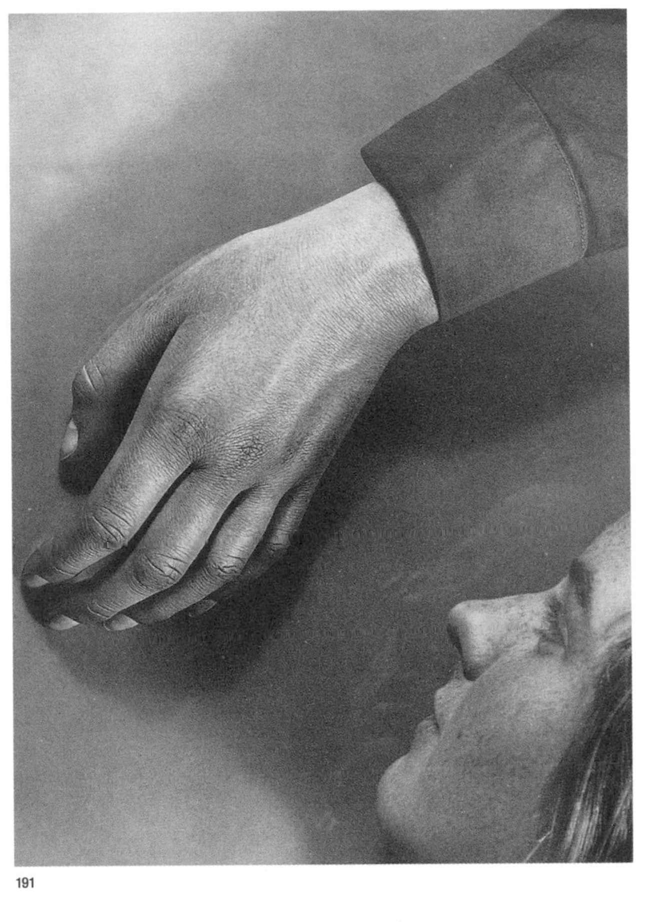
191

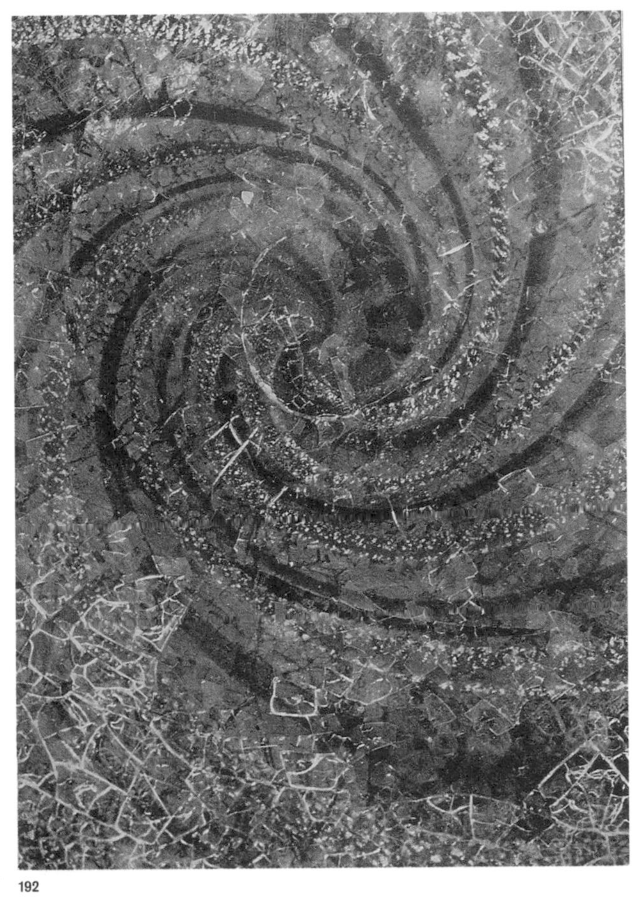
192

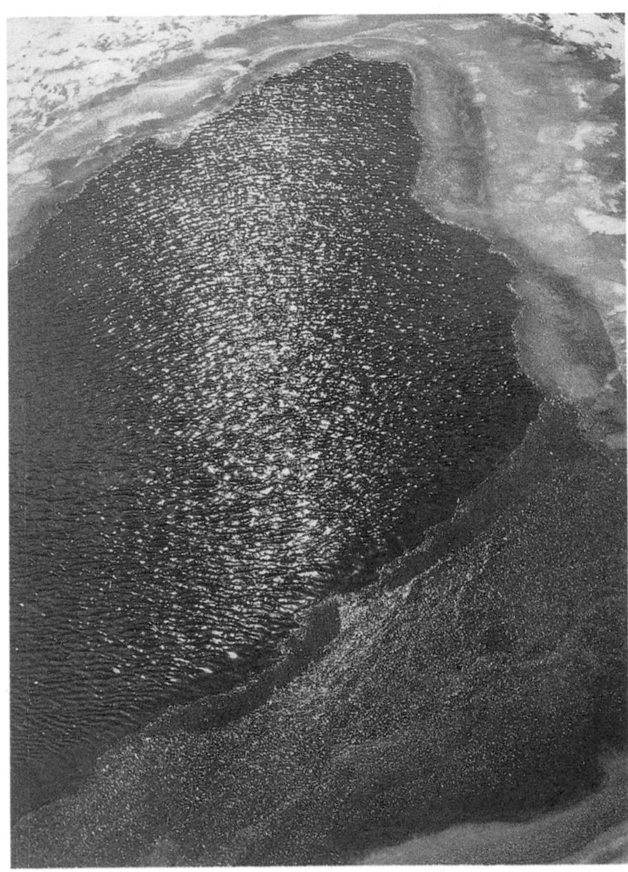
193

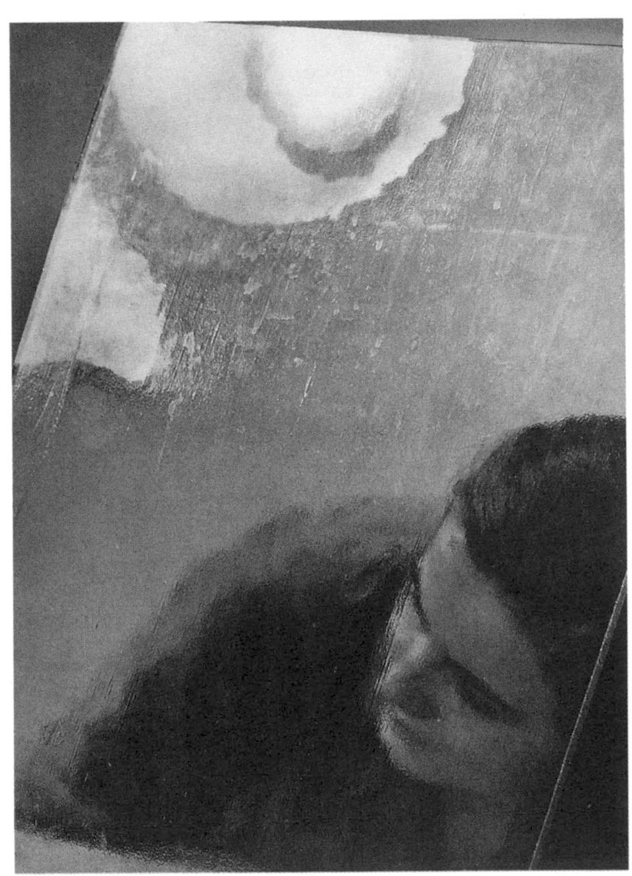
194

GEBRAUCHSGRAPHIK Berlín 1924

Revista mensual de diseño gráfico y publicidad dirigida por H.K. Frenkel y editada en inglés y alemán. Sucedió a Das Plakatt, una revista mensual que trataba del cartel. Publicó artículos ilustrados sobre fotógrafos y diseñadores como Herbert **Bayer**, Lester **Beall**, Max **Bittroff**, Max **Burchartz**, Hugo Erfurth, Hans **Finsler**, Hein **Gorny**, John **Heartfield**, Florence **Henri**, Hans **Leistikow**, Grit **Kallin**, **El Lissitzky**, Edward MacKnigth **Kauffer**, Herbert **Matter**, Martin **Munkacsi**, Ernst Oehme, Stefan Schwarz, Emmanuel Sougez, Sasha **Stone**, Ladislav **Sutnar**, **Umbo**, Paul **Wolff** o Yva, entre otros muchos. Fue la principal revista de publicidad de la época.

Gebrauchsgraphik was a monthly graphic design and advertising magazine directed by H.K. Frenkel and published in English and German. It was successor to Das Plakatt, a monthly magazine devoted to the poster, and published illustrated articles on photographers and designers, such as Herbert **Bayer**, Lester **Beall**, Max **Bittroff**, Max **Burchartz**, Hugo Erfurth, Hans **Finsler**, Hein **Gorny**, John **Heartfield**, Florence **Henri**, Hans **Leistikow**, Grit **Kallin**, **El Lissitzky**, Edward MacNight **Kauffer**, Herbert **Matter**, Martin **Munkacsi**, Ernst Oehme, Stefan Schwartz, Emmanuel Sougez, Sasha **Stone**, Ladislav **Sutnar**, **Umbo**, Paul **Wolff** and Yva, among many others. It was the leading advertising magazine of the period.

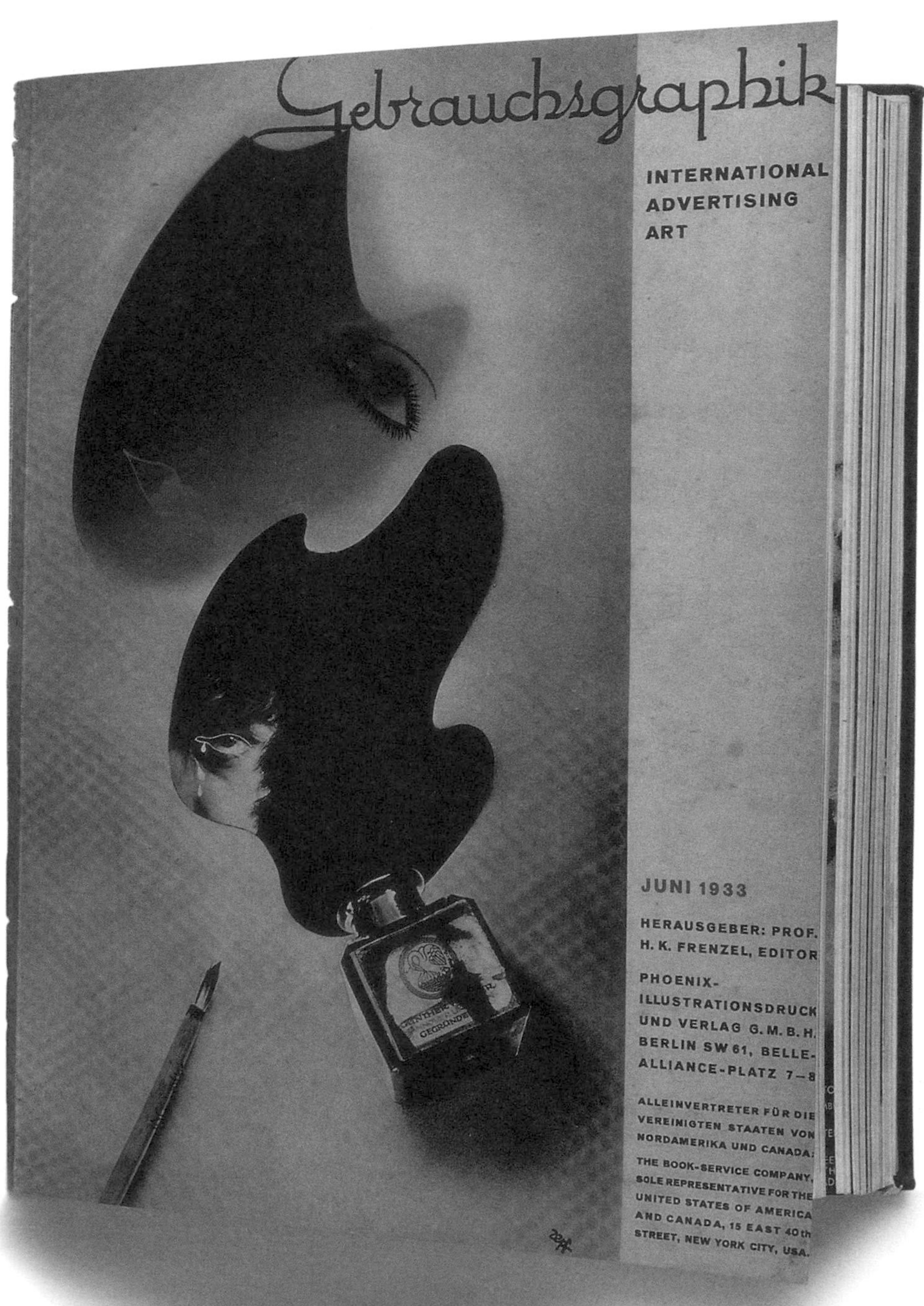

195

GEBRAUCHSGRAPHIK
195 — Gebrauchsgraphik vol. 10, 6 (junio 1933), cubierta, montaje de Zepf, colección particular.
195 — Gebrauchsgraphik vol.10, 6 (June 1933). Cover, montage by Zepf. Private collection.

GERMANY

It was in 1919 when the Berlin Dadaists discovered photomontage, an artistic process that they would use as a weapon in the political power struggles of the twenties. John **Heartfield,** Georg Grosz, Raoul Hausmann and Hanna **Höch** all employed it to bring down the regime, already unsteady during the first five years, of the Weimar Republic. These were years in which social and political order broke down at a rate on a par only with that of the rise in inflation. Against all odds however, an economic boom began in 1924, and political stability appeared to return.

The development of photomechanical technology changed the publishing industry, which began editing books, illustrated with photographs, on a wide variety of topics. Photo-books, made up of photographs that were separate from the text, became the speciality of German publishers. The popular illustrated magazines (Berliner Illustrirte Zeitung, Die Dame, Die Wochenschau, Münchner Illustrierte Presse, and Uhu) reached enormous circulation figures. The demand for photographers, together with the fascination with technology and desire for objectivity that had persuaded painters to return to Realism, filled publications with photographs. Some of these were documentary (a genre in which Alfred Eisenstaedt, Tim Gidal, Felix H. Man, Martin **Munkacsi,** Erich **Salomon,** Friedrich Seidenstucker, **Umbo,** Wolfgang **Weber** and Paul **Wolff** all stood out), but others were the fruit of the procedures being employed in the new vision of photography. These could also be found in other magazines, such as **Der Querschnitt**, Das Kunstblatt, Das neue Frankfurt and Die Form, as well as leftist popular magazines (**AIZ**) in which Heartfield fought against the system, alongside other photomonteurs that included Karel Vanek and Paul **Urban.**

As the new graphic design became more generalised in magazines, books and advertising (especially that published in **Gebrauchsgraphik**) the use of one of its principal concepts, the combination of typography and photography, grew more widespread. The resulting typo-photo was a subject on which both Jan **Tschichold** and László **Moholy-Nagy** wrote fascinating articles. Also prominent in typo-photo were Willi **Baumeister,** Herbert **Bayer,** Max **Bittrof,** Max **Burchartz,** Walter **Dexel,** Hermann **Eidenbanz,** Werner Gräff, Helmut Kurtz, Hans and Grete **Leistikow,** Hans **Richter,** Kurt Schwitters and Georg **Trump.** Many were members of the **ring neue werbegestalter,** and were teachers at schools of applied arts. At the Bauhaus, the most important of these schools, the posts of teachers were occupied by photographers and designers such as Josef Albers, Bayer, Moholy-Nagy, Walter **Peterhans** and Joost Schmidt. Some of the Bauhaus students went on to become recognised photographers and designers in their own right, including Horacio Coppola, Alfred **Ehrhardt,** Andreas **Feininger,** Werner David Feist, Walter **Funkat,** Florence **Henri,** Grit **Kallin,** Gyorgy **Kepes,** MoïVer, **ringl + pit** (Ellen Auerbach and Grete Stern), Xanti Schawinsky, Hinnerk Schepper, Stefan **Schwarz** and **Umbo.**

The industry expanded at an extraordinary pace between 1924 and 1929, and subsidised the Deutsche Werkbund, whose mission was to demonstrate the advances being made. To this end it organised exhibitions, such as 'Kunst der Werbung', in 1931, dedicated to advertising, and, two years before, the international exhibition which would consecrate the new photography, **Film und Foto.**

The modern photographers (Bayer, Aenne **Biermann,** Karl **Blossfeldt,** Fritz **Brill,** Ehrhardt, **Feininger,** Frank Fiedler, Hans **Finsler,** Hein **Gorny,** Heinz **Hajek-Halke,** Werner Mantz, Erich **Mendelsohn,** Moholy-Nagy, Robert Petschow, Albert **Renger-Patzsch,** Franz Roh, August Sander, Sasha **Stone,** Umbo, and Willy Zielke) were published in magazines, photobooks and photographic anthologies, such as **fotoauge** and the annual **Das deutsche Lichtbild,** as were many other photographers who appeared in the catalogues of the numerous exhibitions that followed Film und Foto, including Mario Bucovich, Hugo Erfurth, Errell, Hannes **Flach,** Arvid Gutschow, Erna Lendvai-Dircksen, Helmar **Lerski,** Herbert **List,** Ernst Oehme, Erich and Hans **Retzlaff,** Hans Saebens and Yva.

The crisis of the early thirties ended both the economic progress and the political stability of previous years. In January 1933 the National Socialists, led by Adolf Hitler, came to power and from that moment the techniques of new photography and design were used for propaganda purposes by the new regime, and their publication in magazines and advertising merely tolerated. Many photographers and designers were, however, persecuted for being 'degenerate artists'. Burchartz, Edmund Kesting, Alice Lex-Nerlinger, Roh, Yva and Sander were all victims of reprisals. Many others fled Germany, including Auerbach, Bayer, Marianne Breslauer, Coppola, Eisenstaedt, Feininger, Feist, Gidal, John Gutmann, Hausmann, Heartfield, Kurt Hutton, Lotte Jacobi, Kepes, Heinz Loew, Man, Mantz, Elli Marcus, Margaret **Michaelis,** Moholy-Nagy, Lucia Moholy, MoïVer, Munkacsi, Hans Namuth, Peterhans, Walter Reuter, Richter, Salomon, Anton Stankowski, Stern, Stone, and Tschichold. This, however, did not stop the industry. In the new photo-books by Retzlaff, Lendvai-Dircksen, Wolff and Heinrich Hoffman, official photographer to the regime, photography served to exalt technology, the Fatherland, the army and the Aryan race. It was the dream of the Dadaists come true, but in the form of a nightmare.

HEIN GORNY 1904 — 1967

FOTÓGRAFO. Comenzó a interesarse por el arte moderno en 1922 en Hannover. Tras conocer a Albert Renger-Patzsch en 1927 se dedicó a la fotografía objetiva. A finales de los veinte hizo fotografía publicitaria y empezó a publicar fotografías en revistas, entre ellas Die Wochenschau. En 1930 mostró sus fotografías en la exposición Das Lichtbild en Múnich. En 1934 se instaló en París y luego en St. Moritz. Volvió a Alemania en 1935, para hacerse cargo del estudio berlinés de la fotógrafa Lotte Jacobi, que había emigrado a Nueva York. Durante la década de los treinta continuó la actividad publicitaria y editó foto-libros sobre paisaje y animales, temas en los que se convirtió en especialista.

▸ Heinrich Riebesehl, Hein Gorny, Hannover 1972.

PHOTOGRAPHER. Gorny first became interested in modern art in Hanover in 1922 and, after meeting Albert Renger-Patzsch in 1927, took up objective photography. Towards the end of the twenties he produced advertising photographs and began to have his work published in magazines, among them Die Wochenschau. In 1930 he exhibited photographs in the Das Lichtbild exhibition, in Munich. He moved to Paris in 1934 and then to St. Moritz returning, in 1935, to Germany to take charge of the photographer Lotte Jacobi's Berlin studio, following her emigration to New York. He continued in advertising throughout the thirties, and published photo-books on landscapes and animals, subjects in which he would become a specialist.

▸ Heinrich Riebesehl, Hein Gorny, Hanover 1972.

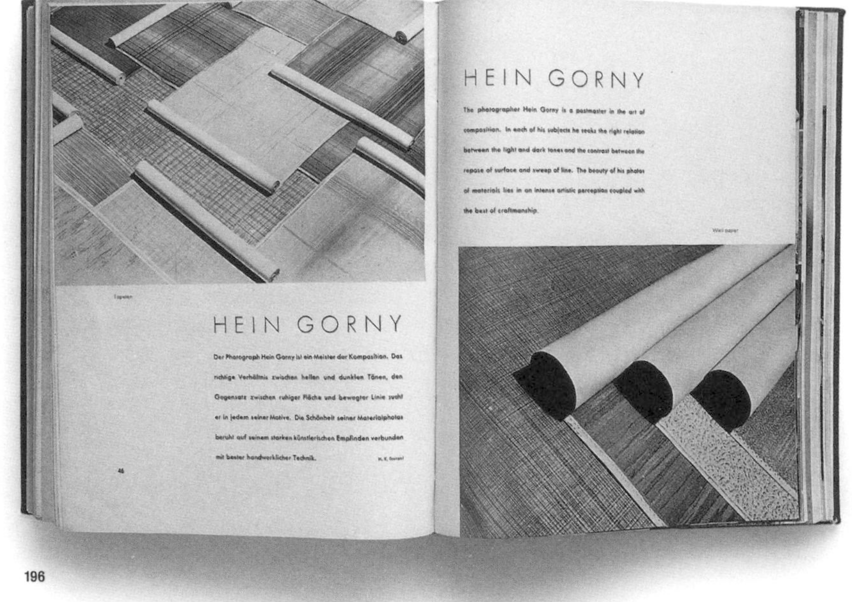

196

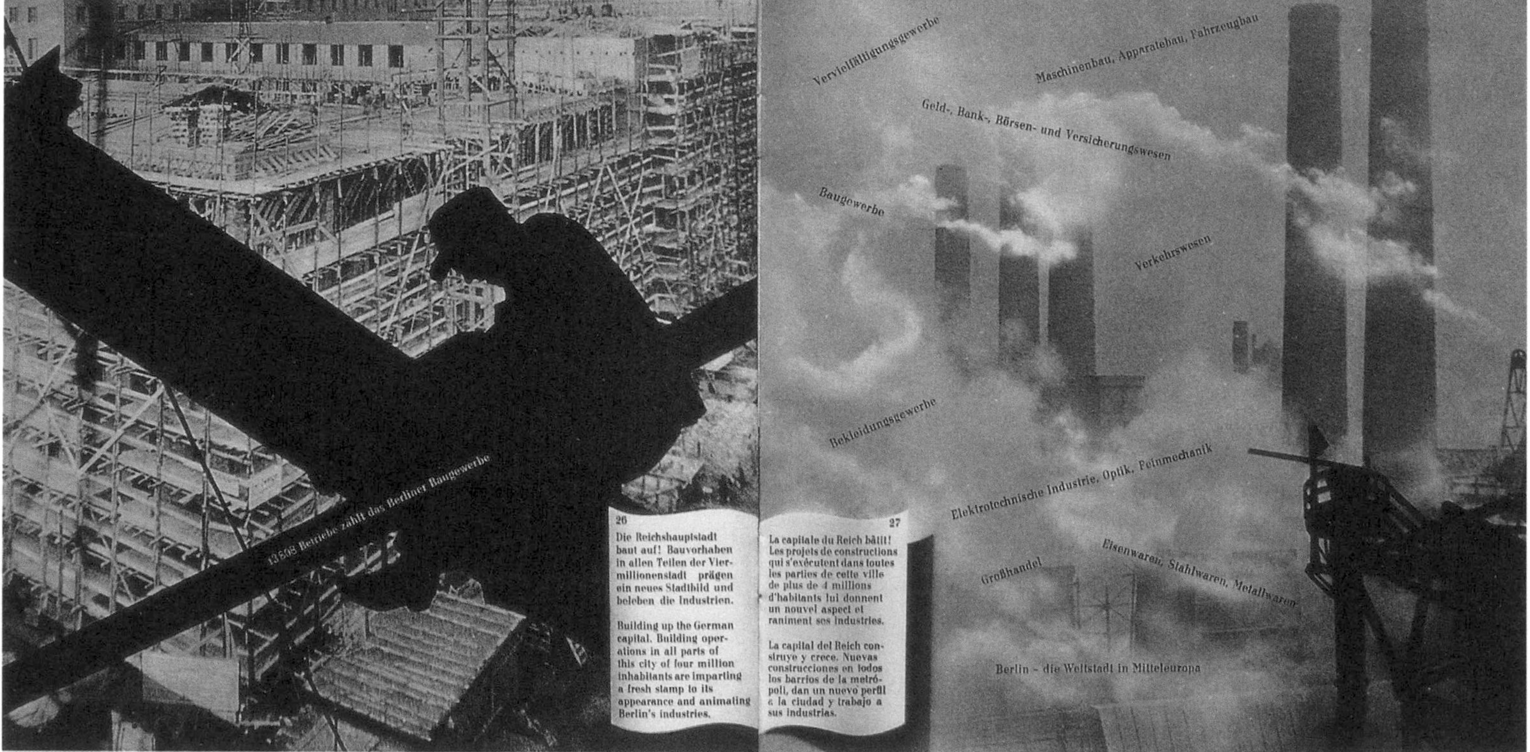

197

GORNY

196 — Gebrauchsgraphik vol. 10, 10 (octubre 1933), fotografías Hein Gorny, colección particular.
197 — Deutschland Ausstellung, catálogo de exposición, diseño de Herbert Bayer, fotografías de Hein Gorny y Erich Retzlaff, Berlín 1936, colección particular.

196 — Gebrauchsgraphik vol. 10, 10 (October 1933) Photographs by Hein Gorny. Private collection.
197 — Deutschland Ausstellung. Exhibition catalogue, design by Herbert Bayer, photographs by Hein Gorny and Erich Retzlaff, Berlin 1936. Private collection.

GRAN BRETAÑA

Las islas británicas fueron en los años veinte una plaza fuerte de la fotografía pictorialista, que disponía de pujantes sociedades que organizaban exposiciones y editaban revistas como The British Journal of Photography o los anuarios Photograms of the Year y The Year Photography. Al comenzar la década siguiente, la nueva fotografía internacional empezó a ser conocida a través de exposiciones de fotografía publicitaria alemana (1930), fotografía soviética (1930) o la colectiva internacional The Modern Movement in Photography (1932), continuada los dos años siguientes. Otro anuario, Modern Photography, editado por The Studio, empezó a publicar selecciones de la nueva fotografía internacional a partir de 1931. Al año siguiente T. Korda empezó a publicar la revista mensual Photography, que desde 1935 editaría un nuevo anuario, Photography Year Book. A estas revistas hay que añadir otras en las que se publicó la nueva fotografía como Photography Today, Close Up, Architectural Review o las revistas ilustradas Weekley Illustrated y The Graphic, en la que colaboró desde los años veinte Erich **Salomon** y donde hizo famosa su expresión 'Candid Camera'.

A mediados de los treinta Edward MacKnigth **Kauffer** había incorporado la fotografía a sus diseños y carteles. Agencias de publicidad como W.S. Crawford, en la que trabajaba el diseñador gráfico Ashley Havinden, utilizaban también la tipo-foto y el fotomontaje, al igual que otros diseñadores publicitarios como Maurice Beck y Helen McGregor. Las revistas Commercial Art y Art & Industry, que editaba el anuario **Modern Publicity,** recogieron en su páginas el nuevo diseño publicitario.

A partir de 1933 algunos fotógrafos y diseñadores alemanes encontraron asilo en Londres al ser obligados por los nacionalsocialistas a dejar su país. Entre ellos se encontraba László **Moholy-Nagy,** quien se dedicó al diseño gráfico, la fotografía publicitaria y los foto-libros durante sus dos años londinenses, y Stefan Lorant, el editor del semanario Münchner Illustrierte Presse, quien fundó en 1937 una revista de bolsillo repleta de fotografías, **Lilliput,** y al año siguiente un semanario ilustrado que pronto alcanzó el éxito, **Picture Post.** Otros fotógrafos y diseñadores de origen alemán que se refugiaron en Inglaterra durante la segunda mitad de los treinta fueron Ellen Auerbach y Grete Stern (que habían formado el estudio publicitario berlinés **ringl + pit**), Kurt Hutton, Gyorgy **Kepes,** Jan **Tschichold,** Lucia Moholy, Walter Nurnberg, Hans Casparius, Felix H. Man o John **Heartfield,** quien llegó en 1938 y continuó su trabajo como fotomontador. Bill **Brandt,** que se había instalado en Inglaterra antes (en 1931), se convirtió en el principal fotógrafo británico y publicó reportajes en las revistas de Lorent y Weekly Illustrated.

Brandt también publicó foto-libros, al igual que Emil Otto **Hoppé,** Francis J. **Bruguière,** Cecil **Beaton** o John Everard, especialista en desnudos. Otros fotógrafos modernos británicos que publicaron sus fotografías en las revistas fueron el citado Maurice Beck, Howard Coster, Peggy Delius, Douglas Glass, John **Havinden,** Paul **Nash,** Edith Tudor-Hart, A. Shaw Wildman, Barbara Ker-Seymer, retratista experimental en los primeros años treinta y luego fotógrafa publicitaria, y Humphrey Spender, que desarrolló un proyecto de fotografía social titulado 'Mass Observation', luego publicado en foto-libros.

GREAT BRITAIN

The British Isles were a stronghold of Pictorialist photography during the twenties, influencing the powerful firms that organised exhibitions, and published magazines such as The British Journal of Photography, and the annuals Photograms of the Year, and The Year Photography. The new photography began to gain popularity in the early years of the thirties, through exhibitions of German advertising photography (1930), Soviet photography (1930), and the international collective The Modern Movement in Photography (1932), which was repeated during the next two years. Another annual, Modern Photography, published by The Studio, started publishing selections of the new international photography from 1931, and the following year T. Korda began publication of the monthly magazine Photography which, from 1935, in turn edited a new annual, the Photography Year Book. Other magazines also published the new photography, including Photography Today, Close Up, Architectural Review, and the illustrated magazines Weekly Illustrated and The Graphic. Erich **Salomon** collaborated on The Graphic from the twenties, and it was in this magazine that he made famous his expression 'Candid Camera'.

In the mid-thirties, Edward MacKnight **Kauffer** began to incorporate photography into his designs and posters. Advertising agencies such as W.S. Crawford, for whom the graphic designer Ashley Havinden worked, also employed typo-photo and photomontage in their creations, as did other advertising designers such as Maurice Beck and Helen McGregor. The magazines Commercial Art, and Art & Industry, editor of the **Modern Publicity** annual, often featured the new advertising design in their pages.

From 1933, a number of German photographers and designers sought exile in London, after being forced to flee Germany by the National Socialists. Among them was László **Moholy-Nagy,** who devoted his years in London to the creation of graphic design, advertising photography and photo-books, and Stefan Lorant, who had previously been editor of the weekly Münchner Illustrierte Presse. In 1937 Lorant founded a pocket magazine abounding in photographs, which he named **Lilliput,** and the following year published an illustrated weekly which would quickly achieve popularity, the **Picture Post.** Other photographers and designers of German origin who took refuge in England during the late thirties included Ellen Auerbach and Grete Stern (who had set up the Berlin advertising studio **ringl + pit**), Kurt Hutton, Gyorgy **Kepes,** Jan **Tschichold,** Lucia Moholy, Walter Nurnberg, Hans Casparius, Felix H. Man, and John **Heartfield,** who arrived in 1938 and continued his work as a photomonteur. Bill **Brandt,** who had established himself in England earlier, in 1931, became the leading British photographer and published reports in Lorant's magazines, as well as in the Weekly Illustrated.

Brandt also published photo-books, as did Emil Otto **Hoppé,** Francis J. **Bruguière,** Cecil **Beaton** and John Everard, a specialist in nudes. Other modern British photographers whose photographs were published in magazines included the aforementioned Maurice Beck, Howard Coster, Peggy Delius, Douglas Glass, John **Havinden,** Paul **Nash,** Edith Tudor-Hart, A. Shaw Wildman, Barbara Ker-Seymer, an experimental portraitist of the early thirties and, later, advertising photographer, and Humphrey Spender, who developed a social photography project entitled 'Mass Observation', which was subsequently published in the form of photo-books.

HEINZ HAJEK-HALKE 1898 — 1983

FOTÓGRAFO. Comenzó a estudiar arte en 1920 en Berlín. Trabajó como redactor gráfico, periodista y profesor de la Escuela de Artes Decorativas de Berlín-Charlottenburg, donde empezó a interesarse por la fotografía como medio de expresión. En 1930 se pasó al foto-reportaje, lo que le hizo viajar por todo el mundo. También se dedicó a la fotografía publicitaria y experimental.

► Deutsche Lichtgrafik. Werke von Heinz Hajek Halke, cat, National Museum of Modern Art, Tokio 1960.

PHOTOGRAPHER. Hajek-Halke began studying art in Berlin in 1920. He worked as a graphics editor, reporter and teacher at the Kunstgewerbeschule in Berlin-Charlottenbur, where he began to take interest in photography as a means of expression. In 1930 he turned to photojournalism, which led him to travel all over the world. He also produced advertising and experimental photography.

► Deutsche Lichtgrafik. Werke von Heinz Hajek Halke, cat. National Museum of Modern Art, Tokyo 1960.

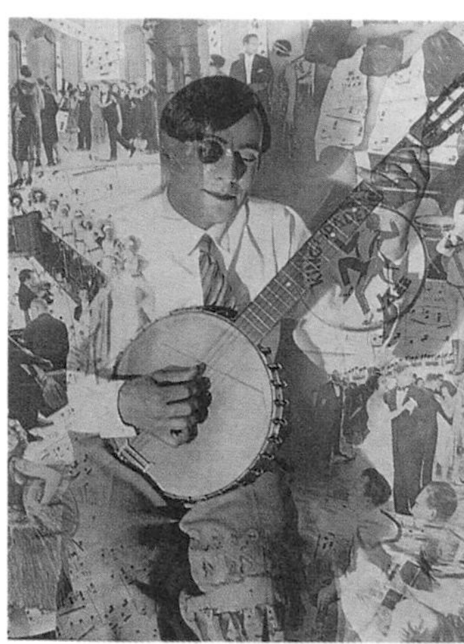

198

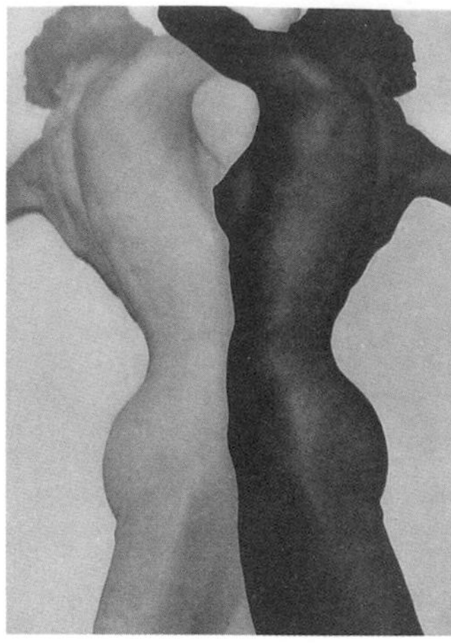

199

JOHN HAVINDEN 1909 — 1987

FOTÓGRAFO. Hermano del diseñador publicitario Ashley Havinden, en 1929 comenzó su carrera profesional como fotógrafo publicitario en Londres, donde en 1932 abrió un estudio. Hizo también fotografía arquitectónica, así como desnudos fotográficos, que publicó en revistas como Architectural Review o el anuario Modern Photography. Abandonó la fotografía durante la Segunda Guerra Mundial.

PHOTOGRAPHER. John Havinden was the brother of the advertising designer Ashley Havinden. His career as a professional advertising photographer began in 1929 in London where, in 1932, he opened a studio. He also produced architectural photography and photographic nudes, which were published in magazines such as Architectural Review and the Modern Photography annual. He abandoned photography during the Second World War.

HAJEK
198 — Das deutsche Lichtbild 1931, fotomontaje de Heinz Hajek-Halke, Robert & Bruno Schultz Verlag, Berlín 1931, MNCARS.
199 — Das deutsche Lichtbild 1930, fotomontaje de Heinz Hajek-Halke, Robert & Bruno Schultz Verlag, Berlín 1930, colección privada.
198 — Das deutsche Lichtbild 1931. Photomontage by Heinz Hajek-Halke, Robert & Bruno Schultz Verlag, Berlin 1931, MNCARS.
199 — Das deutsche Lichtbild 1930. Robert & Bruno Schultz, photomontage by Heinz Hajek-Halke, Robert & Bruno Schultz Verlag, Berlin 1930. Private Colletion.

HAVINDEN
200 — Modern Photography 1935-1936, fotografías de Emmanuel Sougez y John Havinden, The Studio, Londres y Nueva York 1935, MNCARS.
201 — Modern Photography 1935-1936, fotografías publicitarias de John Havinden, The Studio, Londres y Nueva York 1935, MNCARS.
202/203 — The Architectural Review vol. 76, 452 (julio 1934), fotografías de John Havinden, colección particular.
200 — Modern Photography 1935-1936. Photographs by Emmanuel Sougez and John Havinden, The Studio, London and New York 1935. MNCARS.
201 — Modern Photography 1935-1936. Advertising photographs by John Havinden, The Studio, London and New York 1935. MNCARS.
202/203 — The Architectural Review vol.76, 452 (July 1934). Photographs by John Havinden. Private collection

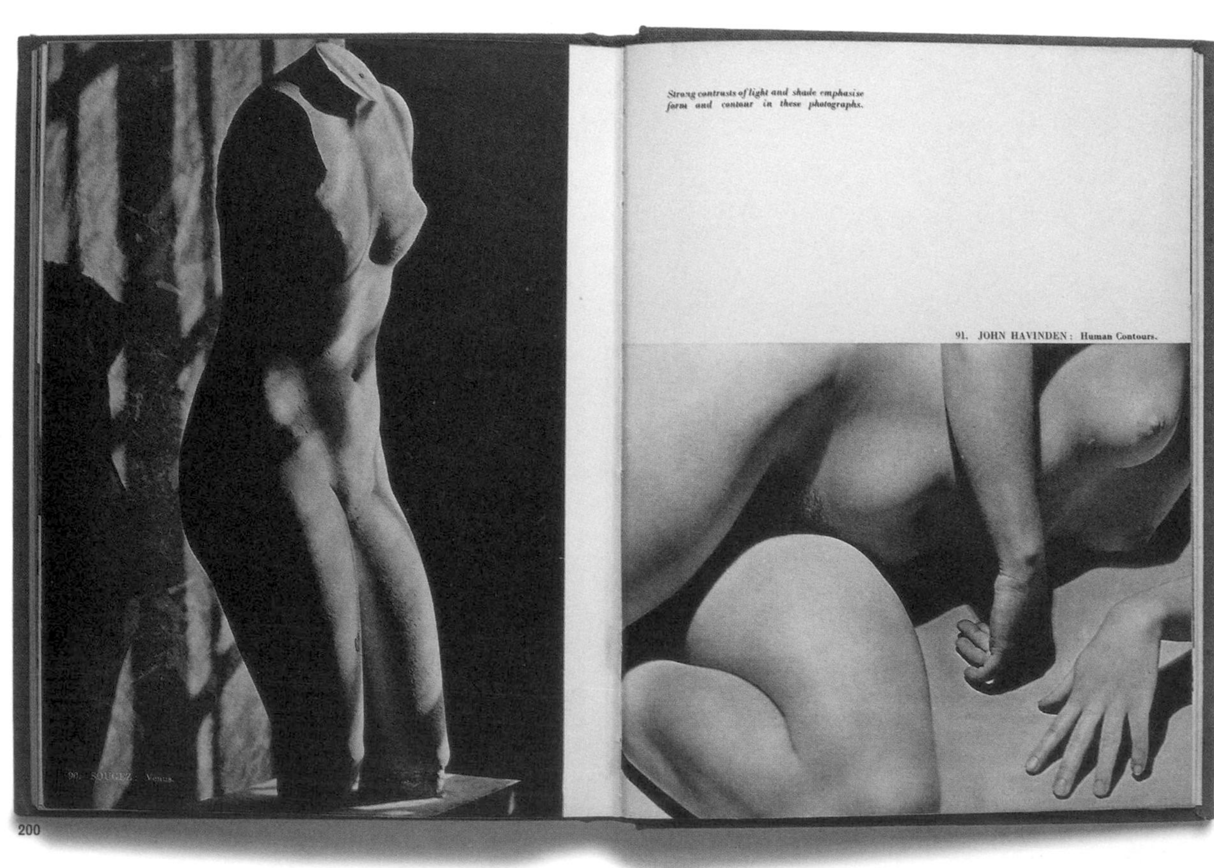

200

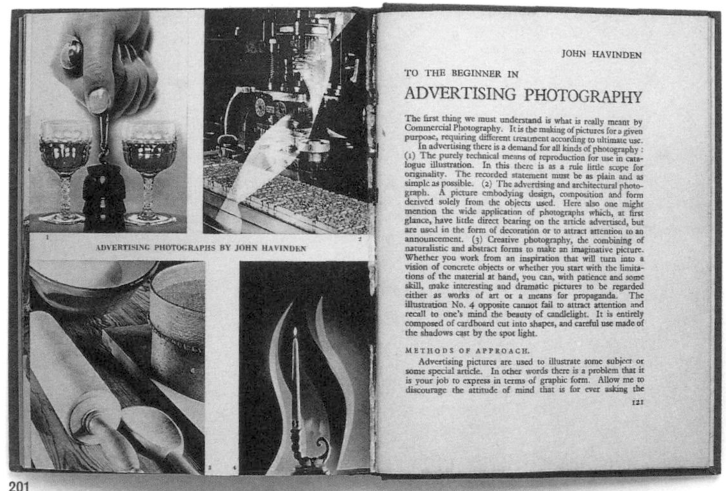

ADVERTISING PHOTOGRAPHS BY JOHN HAVINDEN

JOHN HAVINDEN

TO THE BEGINNER IN

ADVERTISING PHOTOGRAPHY

The first thing we must understand is what is really meant by Commercial Photography. It is the making of pictures for a given purpose, requiring different treatment according to ultimate use.

In advertising there is a demand for all kinds of photography: (1) The purely technical means of reproduction for use in catalogue illustration. In this there is as a rule little scope for originality. The recorded statement must be as plain and as simple as possible. (2) The advertising and architectural photograph. A picture embodying design, composition and form derived solely from the objects used. Here also one might mention the wide application of photographs which, at first glance, have little direct bearing on the article advertised, but are used in the form of decoration or to attract attention to an announcement. (3) Creative photography, the combining of naturalistic and abstract forms to make an imaginative picture. Whether you work from an inspiration that will turn into a vision of concrete objects or whether you start with the limitations of the material at hand, you can, with patience and some skill, make interesting and dramatic pictures to be regarded either as works of art or a means for propaganda. The illustration No. 4 opposite cannot fail to attract attention and recall to one's mind the beauty of candlelight. It is entirely composed of cardboard cut into shapes, and careful use made of the shadows cast by the spot light.

METHODS OF APPROACH.

Advertising pictures are used to illustrate some subject or some special article. In other words there is a problem that it is your job to express in terms of graphic form. Allow me to discourage the attitude of mind that is for ever asking the

121

201

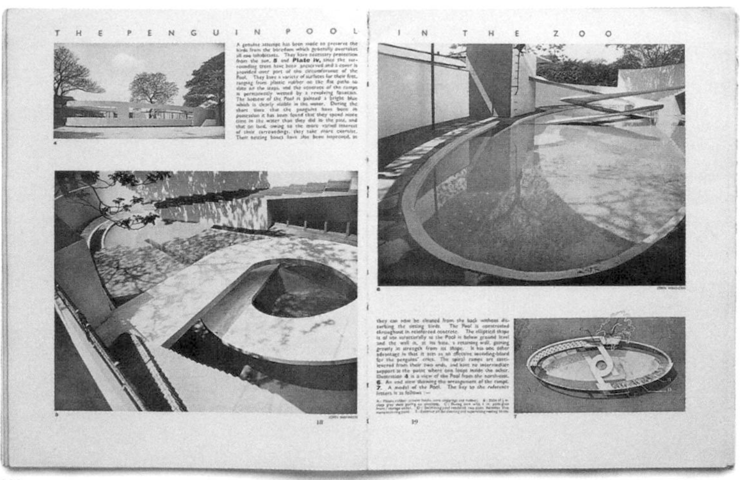

THE PENGUIN POOL IN THE ZOO

202

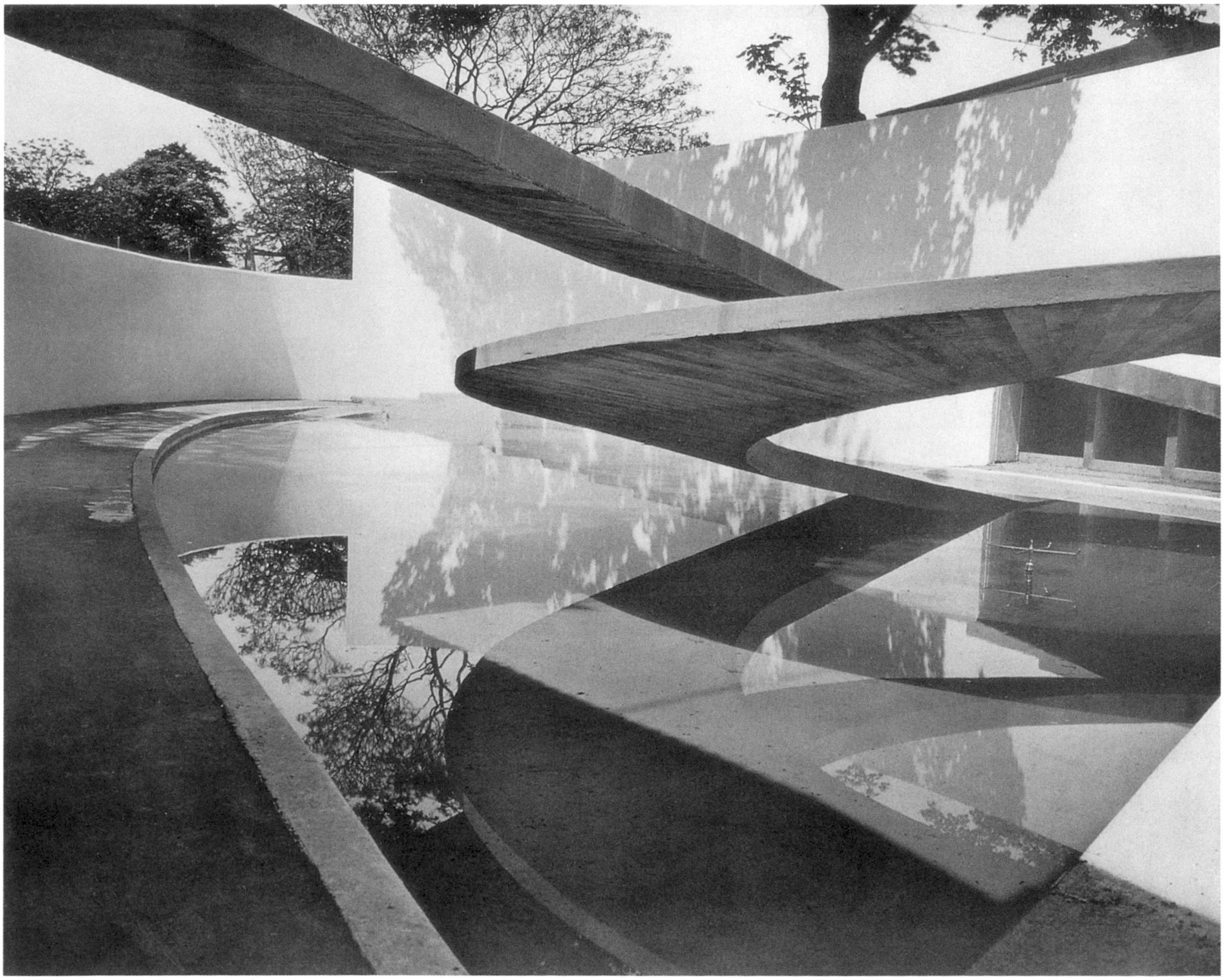

203

JOHN HEARTFIELD 1891 — 1968

FOTOMONTADOR, DISEÑADOR GRÁFICO. Helmut Herzfelde estudió pintura en Wiesbaden (1905-06), Múnich (1907-11) y Berlín (1912-14). Formó parte del grupo dadá berlinés. En 1916, en plena guerra con Inglaterra, cambió su nombre a John Heartfield como provocación. Con su hermano Wieland y el pintor Georg Grosz editó revistas dadaístas, en las que publicó sus primeros fotomontajes. En 1917, los hermanos Herzfelde crearon Malik Verlag, editorial de la que Heartfield fue director artístico y para la que realizó cubiertas con la técnica del fotomontaje. También realizó escenografías para Erwin Piscator y la productora cinematográfica UFA, así como fotomontajes para otras editoriales y carteles para las campañas políticas del Partido Comunista alemán. Su consigna (utilizar la fotografía como arma) le llevó a usar los contrastes y la ironía en montajes narrativos destinados a destruir el capitalismo, el nacionalismo o el ejército. Aparte de las cubiertas de libros y los carteles, el trabajo de Heartfield se desarrolló sobre todo en el semanario AIZ, donde en 1930 empezó a publicar montajes de gran eficacia propagandística, en los que la narración se basaba en los elementos fotográficos y no en el texto, reducido al mínimo posible. Para conseguir el efecto narrativo, Heartfield procuraba que no se notara su técnica, lo que conseguía retocando y fotografiando de nuevo los montajes. Colaboró con la revista hasta 1938 y publicó en ella más de 200 trabajos. Sus fotomontajes se mostraron en Film und Foto y Fotomontage (Berlín 1931), entre otras muchas exposiciones de la época, y fueron reproducidos en revistas de todo el mundo, influyendo en muchos diseñadores y fotógrafos de distintos países. En 1931-32 vivió en la URSS, donde diseñó SSSR na stroike y se relacionó con los artistas del grupo 'Oktiabr', sobre todo con el crítico Serguei Tretiakov. En Moscú participó en una polémica sobre el valor político del fotomontaje en la que tuvo como oponente a Gustav Klucis. Tretiakov publicó en 1936 un libro sobre su trabajo, diseñado por Solomon Telingater. En 1933, a la llegada de los nacionalsocialistas al poder en Alemania, Heartfield se refugió en Praga, donde continuó trabajando en AIZ y expuso sus fotomontajes en 1934 y 1936. También publicó fotomontajes en el semanario de Praga Svet Práce y colaboró con la editorial Druzstevní práce. En 1938 se trasladó a Inglaterra, donde continuó su trabajo editorial.

▸ John Heartfield, cat. Akademie der Künste, Berlín 1991; D. Evans, John Heartfield: Arbeiter-Illustrierte Zeitung / Volks Illustrierte 1930-38, Nueva York 1992; R. März, Heartfield montiert, Leipzig 1993.

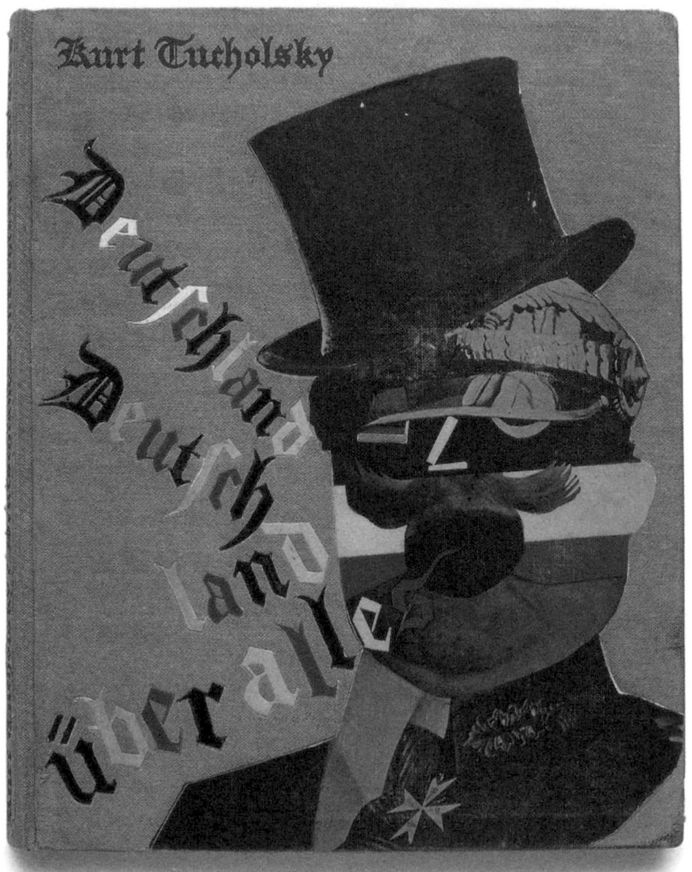

204

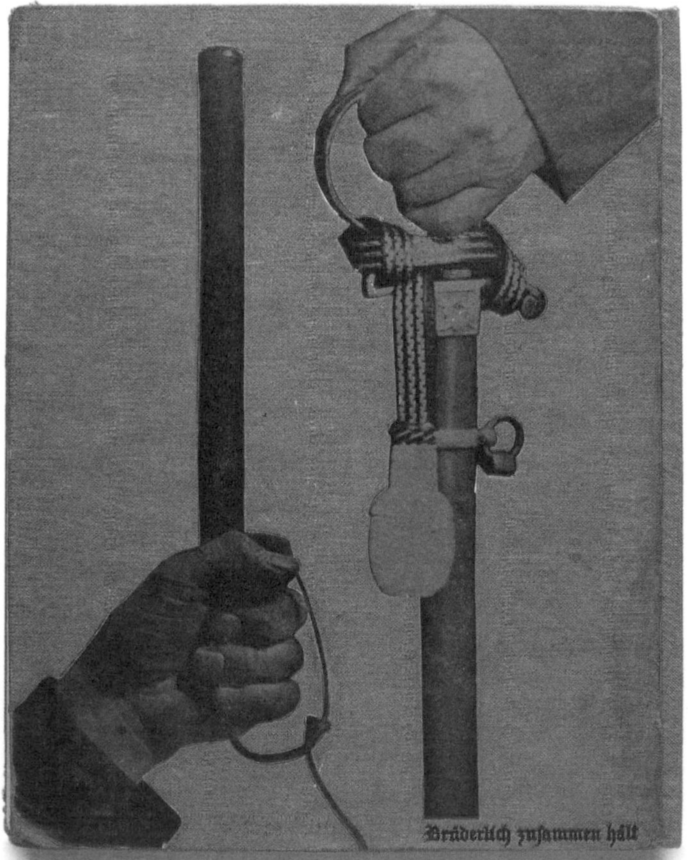

205

HEARTFIELD
204/205 — Kurt Tucholsky, Deutschland, Deutschland über lles. Ein Bilderbuch von Kurt Tucholsky und vielen fotografen, cubiertas, fotomontaje de John Heartfield, Malik Verlag, Berlín 1929, IVAM.
206 — Franz Jung, Die Eroberung der Maschinen, cubierta, fotomontaje de John Heartfield, Malik-Verlag, Berlín 1923, IVAM.
207 — Fotomonter John Heardfield, diseño de John Heartfield, Moscú 1931, IVAM.
208 — J. Dorfmann, Im Lande der Rekordzahlen. Amerikanische Reiseskizzen, fotomontaje de John Heartfield, Verlag für Literatur und Politik, Viena y Berlín 1927, IVAM.
204/205 — Kurt Tucholsky, Deutschland, Deutschland über alles. Ein Bilderbuch von Kurt Tucholsky und vielen fotografen. Covers, photomontages by John Heartfield, Malik Verlag, Berlin 1929. IVAM.
206 — Franz Jung, Die Eroberung der Maschinen. Cover, photomontage by John Heartfield, Malik Verlag, Berlin 1923. IVAM.
207 — Fotomonter John Heardfield. Design by John Heartfield, Moscow 1931. IVAM.
208 — J. Dorfmann, Im Lande der Rekordzahlen. Amerikanische Reiseskizzen. Photomontage by John Heartfield, Verlag für Literatur und Politik, Vienna and Berlin 1927. IVAM.

JOHN HEARTFIELD 1891 — 1968

PHOTOMONTEUR, GRAPHIC DESIGNER. Helmut Herzfelde studied painting in Weisbaden (1905-06), Munich (1907-11) and Berlin (1912-14). He was a member of the Berlin Dadaist group and, in 1916, at the height of the war against England in an act of provocation, changed his name to John Heartfield. Together with his brother Wieland and Georg Grosz he published Dadaist magazines, in which his first photomontages were featured. In 1917, the Herzfelde brothers created Malik Verlag, a publishing house of which Heartfield became artistic editor, employing the technique of photomontage to create covers. He also designed scenography for Erwin Piscator and the film producer UFA, as well as photomontages for other publishers, and posters and campaigns for the German Communist Party. His motto (use photography as a weapon) led him to use contrasts and irony in narrative montages aimed at destroying capitalism, nationalism and the army. In addition to book covers and posters, John Heartfield worked, above all, with the weekly, AIZ where, in 1930, he began publishing highly efficient propaganda montages. The narration of these montages was based on their photographic elements, rather than the text, which was reduced to a minimum. To achieve the narrative effect, Heartfield attempted to hide his technique by retouching the montages and rephotographing them. He collaborated with the magazine until 1938 and more than 200 of his works were published on its pages. His photomontages were exhibited in Film und Foto and Fotomontage (Berlin 1931) among many other exhibitions of the time, and were reproduced in magazines all over the world, influencing designers and photographers in many countries. He lived in the USSR in 1931-32, where he designed SSSR na stroike and mixed with artists from the 'Oktiabr' group, above all with the critic Sergei Tretyakov. While in Moscow he participated in the controversy over the political value of photomontage, in which his opponent was Gustav Klutsis. Tretyakov published a book on Heartfield's work in 1936, which was designed by Solomon Telingater. In 1933, with the coming to power in Germany of the National Socialists, he sought refuge in Prague, where he continued publishing AIZ, and exhibited his photomontages in 1934 and 1936. He also published photomontages in the Prague weekly Svet Práce, and collaborated with the publisher Druzstevní práce. He moved to England in 1938, where he continued his work.

▸ John Heartfield, cat. Akademie der Künste, Berlin 1991; D. Evans, John Heartfield: Arbeiter Illustrierte Zeitung/Volks Illustrierte 1930-38, New York 1992; R. März, Heartfield montiert, Leipzig 1993.

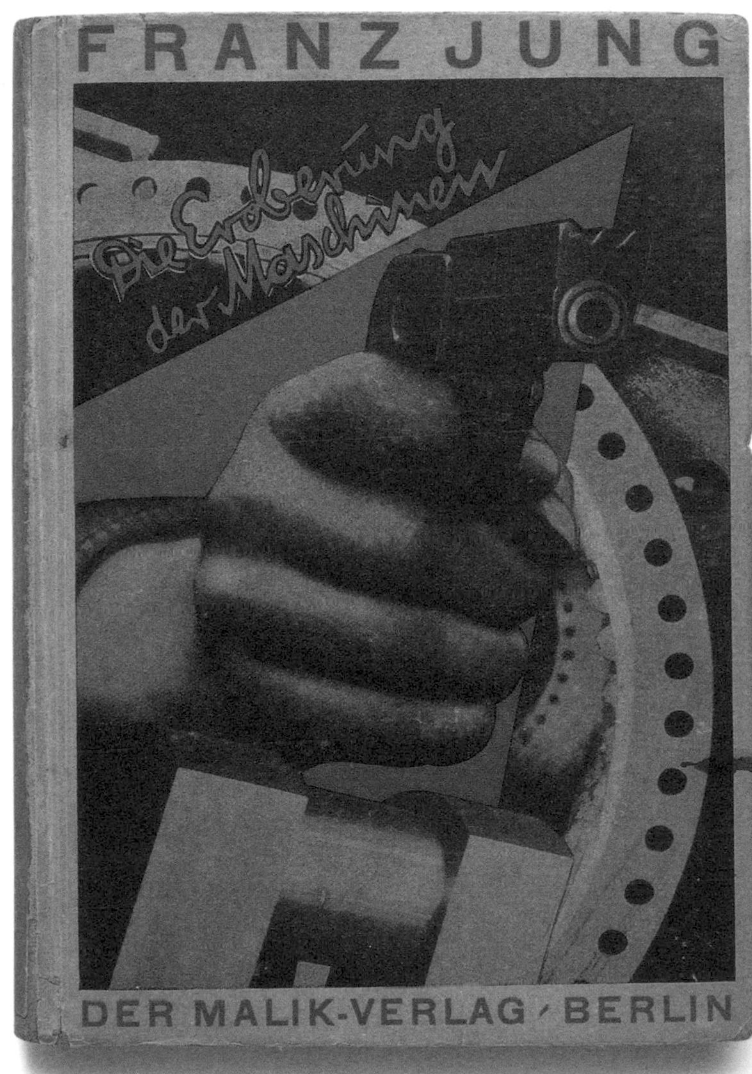

206

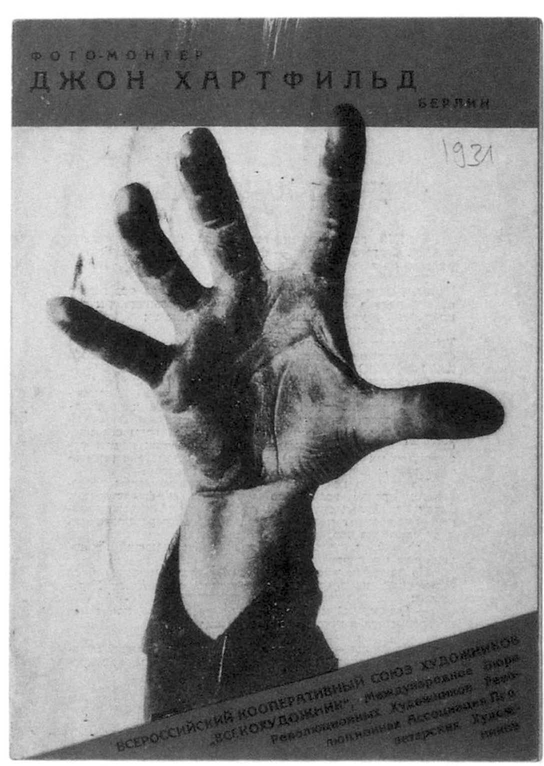

207

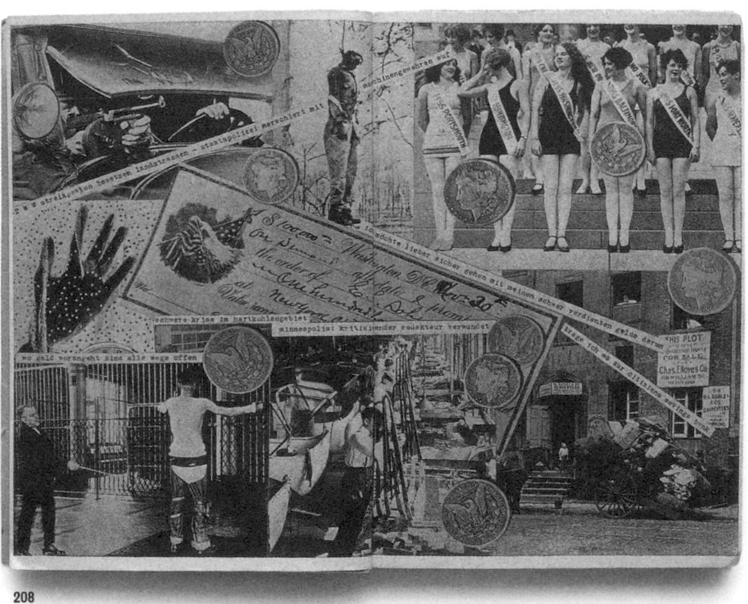

208

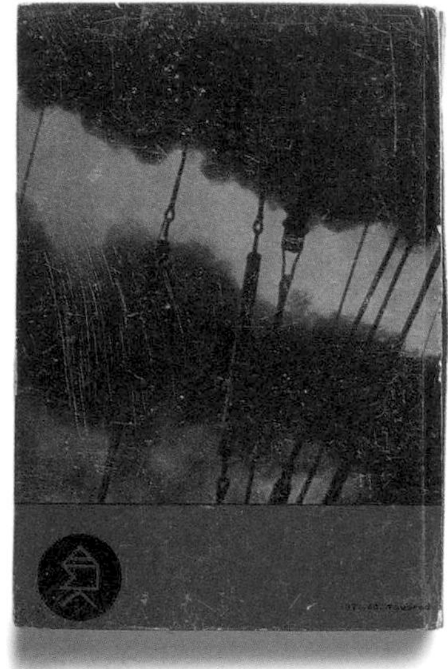

209

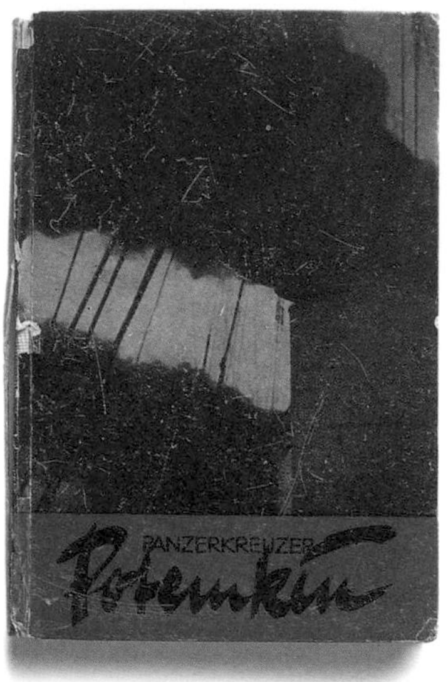

210

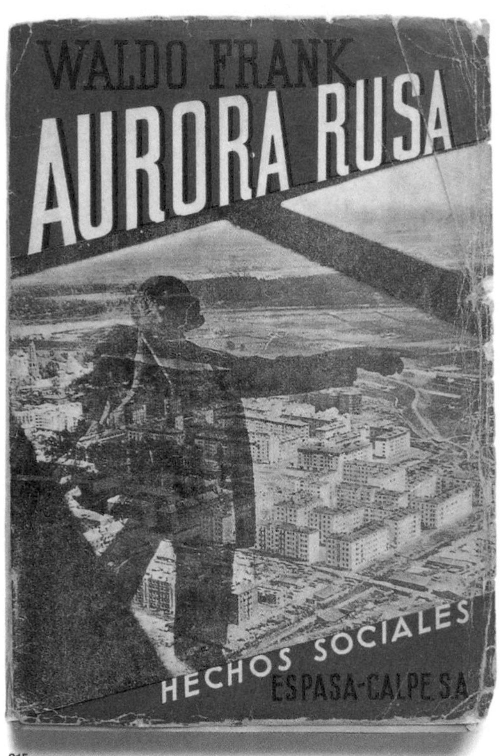

215

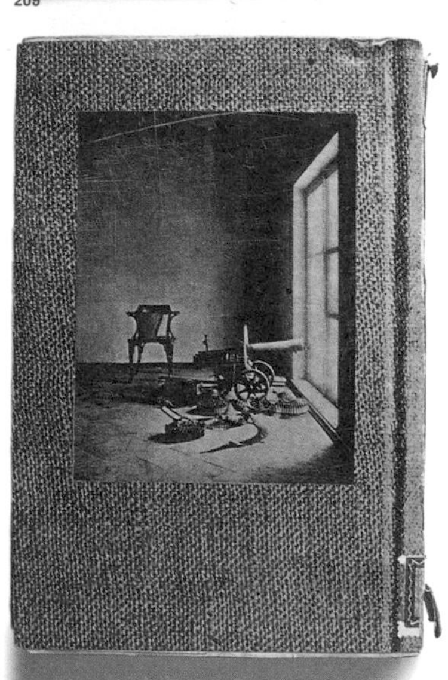

211

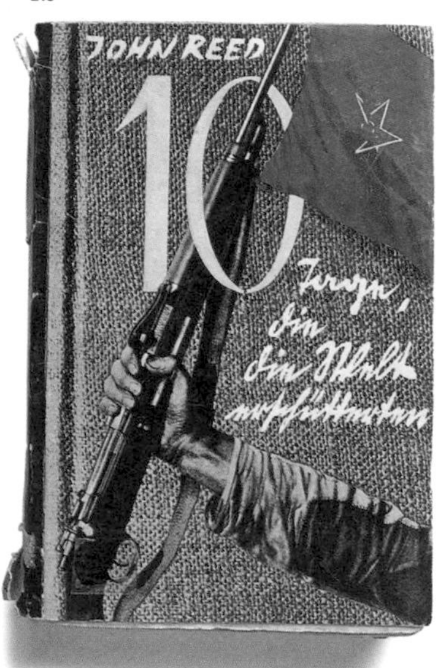

212

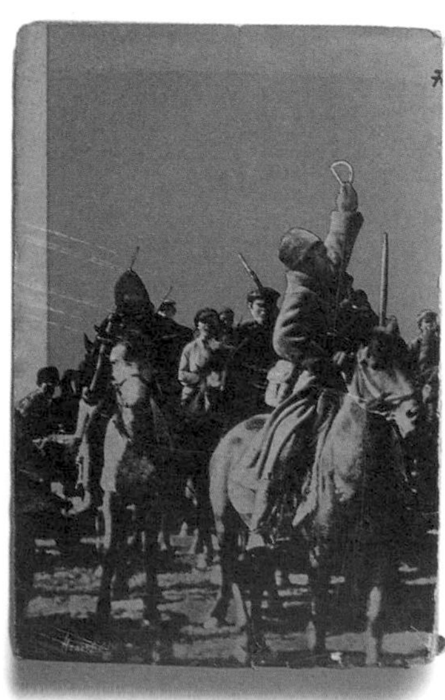

213

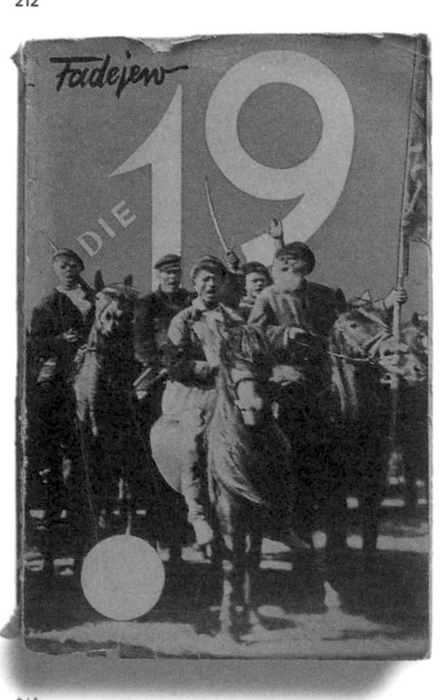

214

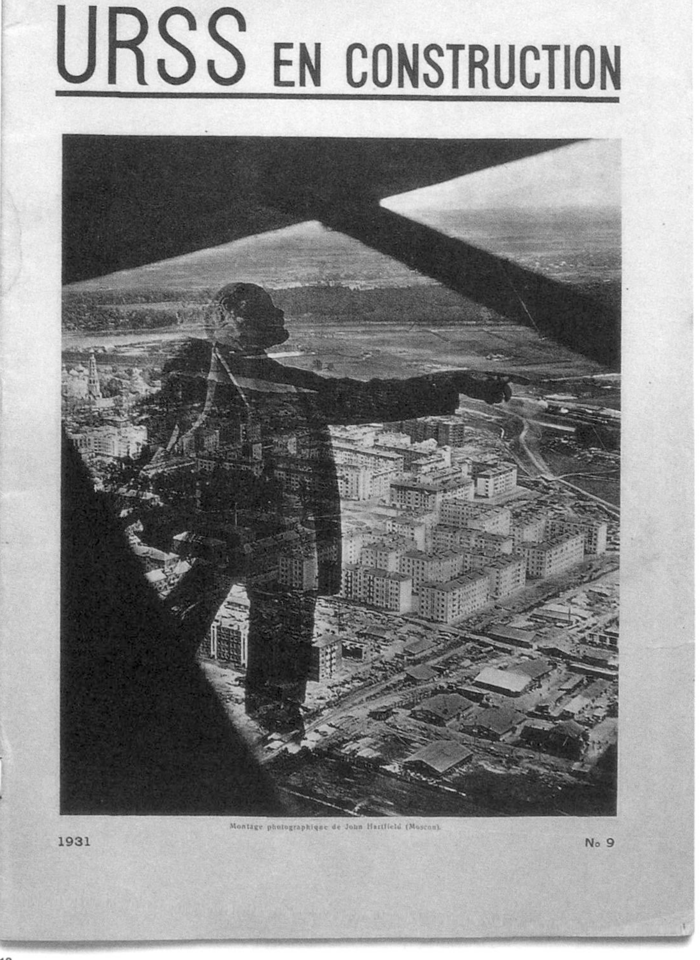

216

KEINEN MANN,
KEINEN PFENNIG
den imperialistischen Kriegsrüstungen!

John Heartfield

DEUTSCHES REICH
1
REICHSPFENNIG

Heraus zum Volksbegehren!

Einzeichnung 3.–16. Oktober

Verantwortlich: Hugo Eberlein, MdL., Berlin.

217

HEARTFIELD

209/210 — F. Slang, *Panzerkreuzer Potemkin. Der Matrosenaufstand vor Odessa 1905*, cubierta, diseño de John Heartfield, Malik Verlag, Berlín 1926, AHNSGC.
211/212 — John Reed, *Zehnt tage die die Welt erschütterten*, introducción Egon Erwin Kisch, cubierta, diseño de John Heartfield, Verlag für Literatur und Politik, Viena, Berlín 1927, AHNSGC.
213/214 — A. Fadejew, *Die Neunzehn*, cubiertas, fotomontaje de John Heartfield, Verlag für Literatur und Politik, Viena y Berlín 1927, AHNSGC.
215 — Waldo Frank, *Aurora rusa*, cubierta fotomontaje de John Heartfield, Espasa Calpe, Madrid 1933, colección particular.
216 — *URSS en construction* 9 (septiembre 1931), fotomontaje de John Heartfield, IVAM.
217 — John Heartfield, *Keinen mann, keinen pfennig*, cartel, 1928, Merrill C. Berman Collection.

209/210 — F. Slang, *Panzerkreuzer Potemkin. Der Matrosenaufstand vor Odessa 1905*. Cover, design by John Heartfield, Malik Verlag, Berlin 1926. AHNSGC.
211/212 — John Reed, *Zehnt tage die die Welt erschütterten*. Introduction by Egon Erwin Kisch. Cover, design by John Heartfield, Verlag für Literatur und Politik, Vienna, Berlin 1927. AHNSGC.
213/214 — A. Fadejew, Die Neunzehn. Covers, photomontage, by John Heartfield, Verlag für Literatur und Politik, Vienna and Berlin 1927. AHNSGC.
215 — Waldo Frank, *Aurora rusa*, cover photomontage by John Heartfield, Espasa Calpe, Madrid 1933. Private Collection.
216 — *URSS en construction* 9 (September 1931). Photomontage by John Heartfield, IVAM.
217 — John Heartfield, *Keinen mann, keinen pfennig*. Poster, 1928. Merrill C. Berman Collection.

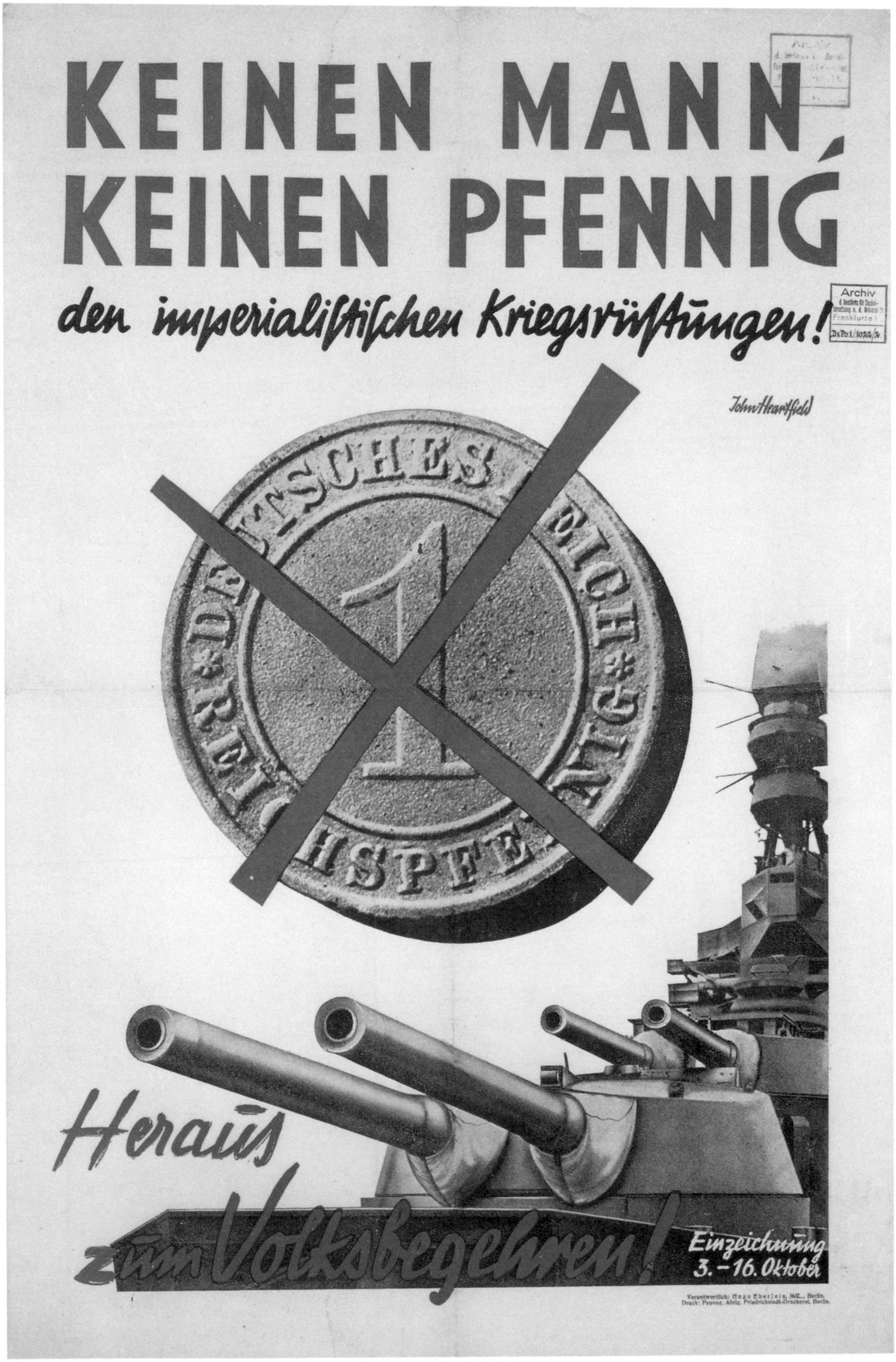

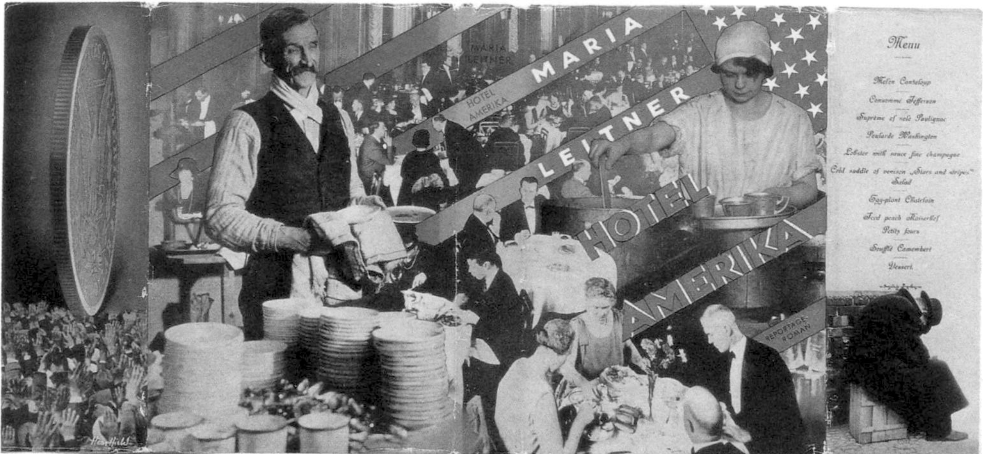

218

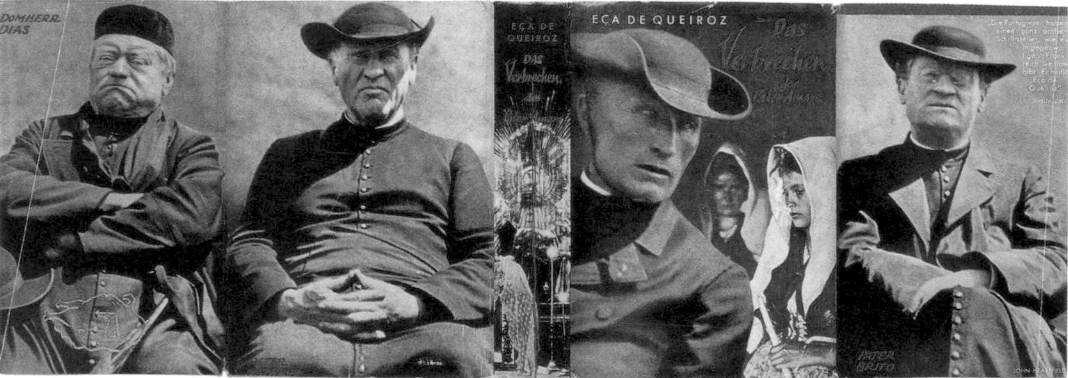

219

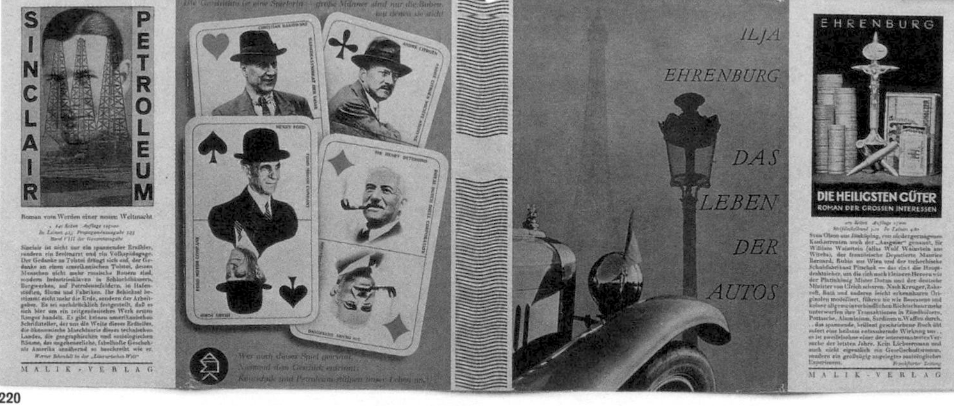

220

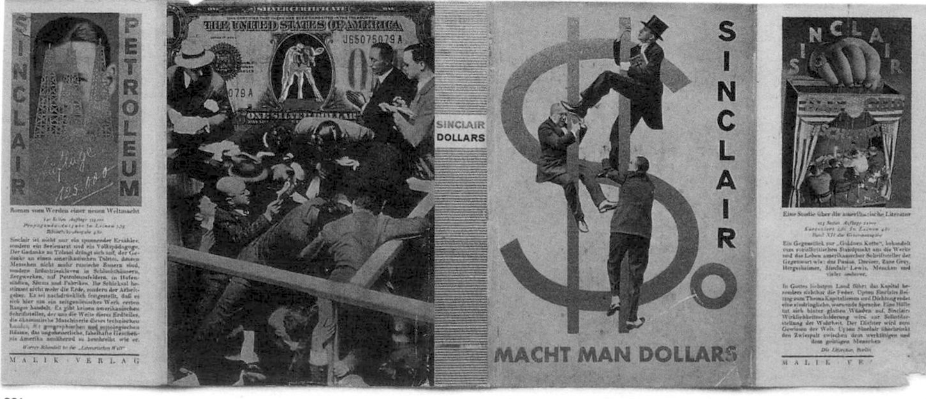

221

HEARTFIELD
218 — Maria Leitner, Hotel Amerika, sobrecubierta, fotomontaje de John Heartfield, Neuer deutscher Verlag, Berlín 1930, IVAM.
219 — Eça de Queiroz, Das verbrechen des Paters Amaro, sobrecubierta, fotomontaje de John Heartfield, Neuer deutscher Verlag, Berlín 1930, IVAM.
220 — Ilia Ehrenburg, Das leben der autos, sobrecubierta, fotomontaje de John Heartfield, Malik Verlag, Berlín 1930, IVAM.
221 — Upton Sinclair, So macht man dollars, sobrecubierta, fotomontaje de John Heartfield, Malik Verlag, Berlín 1931, IVAM.
222 — Upton Sinclair, Der Sumpf, sobrecubierta, fotomontaje de John Heartfield, Malik Verlag, Berlín 1924, IVAM.
223 — F.C. Weiskopf, Wer keine wahl hat, hat die Qual, sobrecubierta, fotomontaje de John Heartfield, Malik Verlag, Berlín 1929, IVAM.
224 — Mijail Scholochow, Der stille Don, vol. 2, cubierta, fotomontaje de John Heartfield, Verlag für Literatur und Politik, Viena y Berlín 1930, IVAM.
225 — F.C. Weiskopf, Zukunft im Rohbau, sobrecubierta, fotomontaje de John Heartfield, Malik Verlag, Berlín 1932, IVAM.

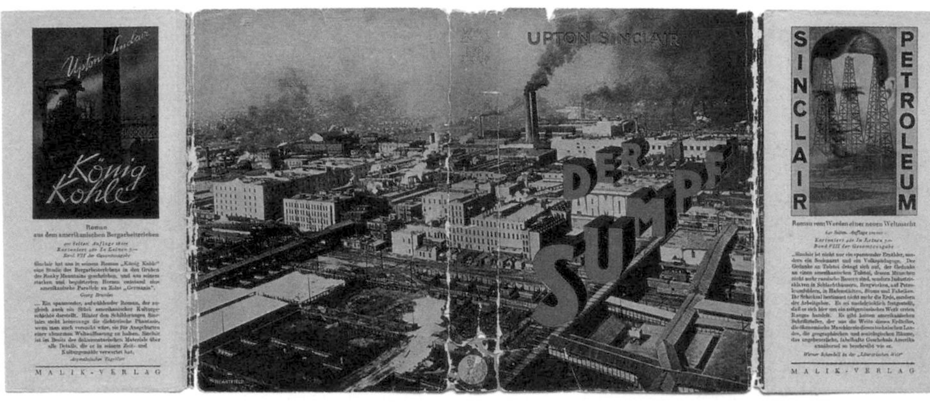

222

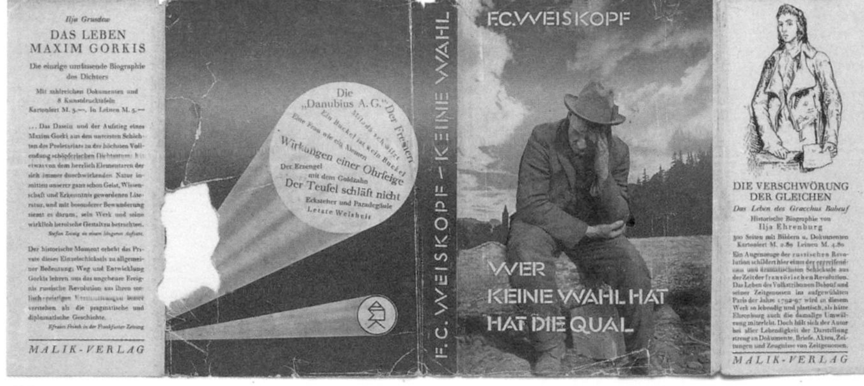

223

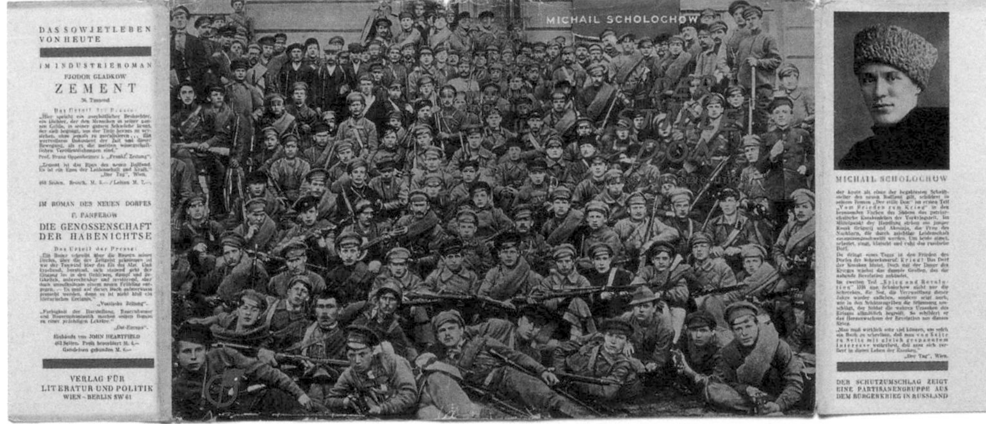

224

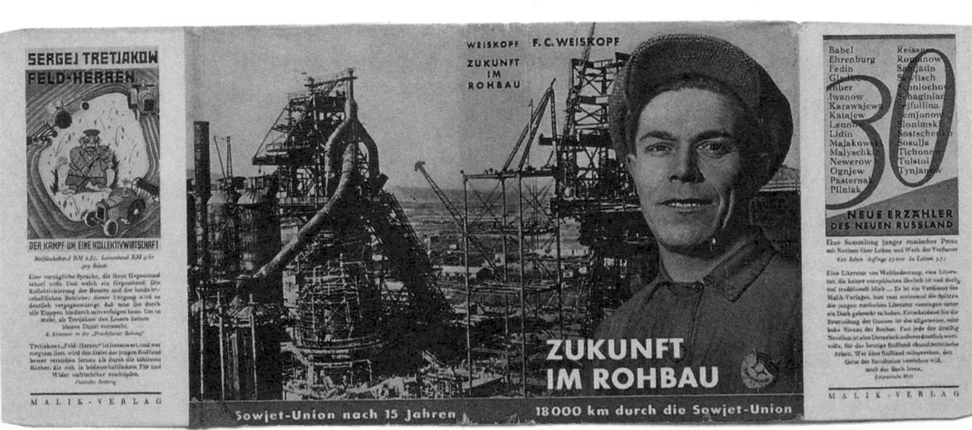

225

HEARTFIELD

218 — Maria Leitner, Hotel Amerika. Book jacket, photomontage by John Heartfield, Neuer deutscher Verlag, Berlin 1930. IVAM.

219 — Eça de Queiroz, Das verbrechen des Paters Amaro. Book jacket, photomontage by John Heartfield, Neuer deutscher Verlag, Berlin 1930. IVAM.

220 — Ilia Ehrenburg, Das leben der autos. Book jacket, photomontage by John Heartfield, Malik Verlag, Berlin 1930. IVAM.

221 — Upton Sinclair, So macht man dollars. Book jacket, photomontage by John Heartfield. Malik Verlag, Berlin 1931. IVAM.

222 — Upton Sinclair, Der Sumpf. Book jacket, photomontage by John Heartfield, Malik Verlag, Berlin 1924. IVAM.

223 — F.C. Weiskopf, Wer keine wahl hat, hat die Qual. Book jacket, photomontage by John Heartfield, Malik Verlag, Berlin 1929. IVAM.

224 — Mijail Scholochow, Der stille Don, vol.2. Cover, photomontage by John Heartfield, Verlag für Literatur und Politic, Vienna and Berlin 1930. IVAM.

225 — F.C. Weiskop, Zukunft im Rohbau. Book jacket, photomontage by John Heartfield, Malik Verlag, Berlin 1932, IVAM.

FLORENCE HENRI 1893 — 1982

FOTÓGRAFA. Nacida en Nueva York, vivió sus primeros años en Europa. Entre 1912-23 estuvo en Berlín y en 1924 se trasladó a París, donde tomó clases de pintura con André Lhote y Fernand Léger. Ingresó en la Bauhaus en 1927 y siguió los cursos de Josef Albers y László **Moholy-Nagy**. A su regreso a París en 1928 comenzó a hacer autorretratos fotográficos. En 1929 participó en **Film und Foto**, exposición a la que siguieron otras muchas en los años siguientes. Sus fotos aparecieron en numerosas revistas, empezando por un artículo de Moholy-Nagy en **i10**, revista a la que siguieron **Gebrauchsgraphik**, Die Wochenschau, **Vogue**, Votre Beauté, Art et décoration o **Photographie**. En 1940 abandonó la fotografía.

► Florence Henri. Photographies 1927-38, cat. Musée d'Art Moderne, París 1978; Florence Henri Artist-Photographer of the Avant-Garde, cat. San Francisco Museum of Art 1990.

PHOTOGRAPHER. Henri was born in New York, but spent her early years in Europe. She lived in Berlin from 1912 to 1923, and moved to Paris in 1924, where she took painting classes with André Lhote and Fernand Léger. She entered the Bauhaus in 1927 and followed the courses given by Josef Albers and László **Moholy-Nagy**. On her return to Paris in 1928 she began taking photographic self-portraits. She took part in **Film und Foto** in 1929, and in many other exhibitions throughout the following years. Her photographs appeared in numerous magazines, first accompanying an article by Moholy-Nagy in the magazine **i 10**, and soon followed by **Gebrauchsgraphik**, Die Wochenschau, **Vogue**, Votre Beauté, Art et décoration and **Photographie**. She abandoned photography in 1940.

► Florence Henri. Photographies 1927-38, cat. Musée d'Art Moderne, Paris 1978; Florence Henri Artist-Photographer of the Avant-Garde, cat. San Francisco Museum of Art 1990.

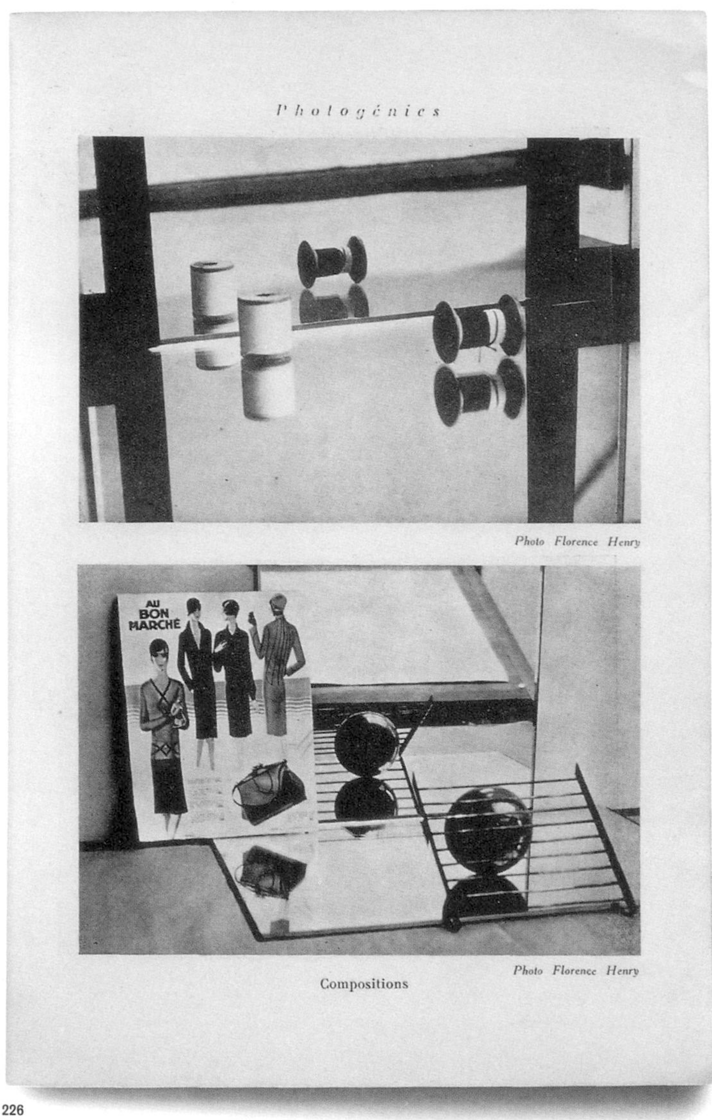

Photogénics

Photo Florence Henry

Compositions

Photo Florence Henry

226

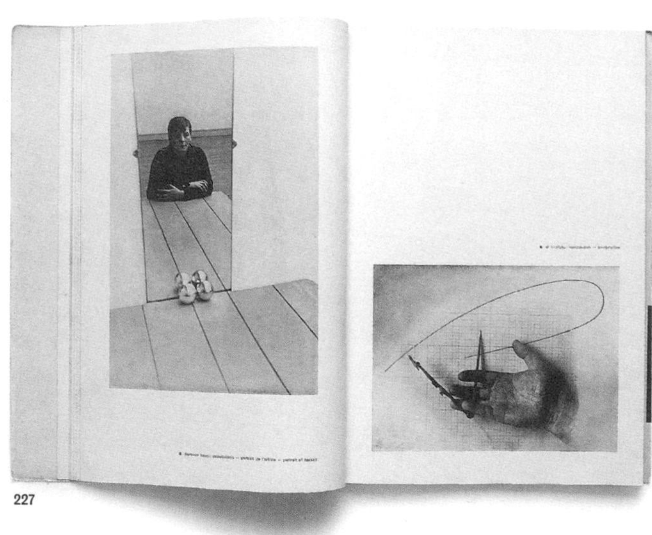

227

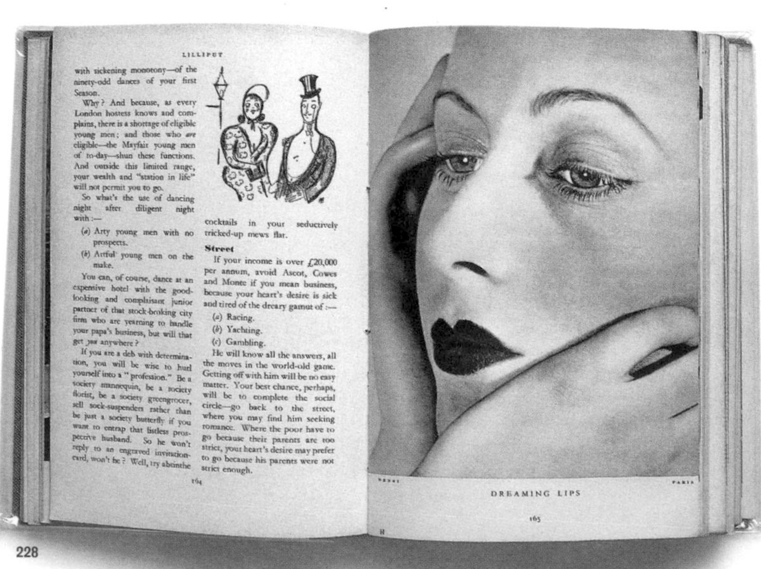

LILLIPUT

with sickening monotony—of the ninety-odd dances of your first Season.

Why? And because, as every London hostess knows and complains, there is a shortage of eligible young men; and those who *are* eligible—the Mayfair young men of to-day—shun these functions. And outside this limited range, your wealth and "station in life" will not permit you to go.

So what's the use of dancing night after diligent night with:—

(*a*) Arty young men with no prospects.

(*b*) Artful young men on the make.

You can, of course, dance at an expensive hotel with the good-looking and complaisant junior partner of that stock-broking city firm who are yearning to handle your papa's business, but will that get *you* anywhere?

If you are a deb with determination, you will be wise to hurl yourself into a "profession." Be a society mannequin, be a society florist, be a society greengrocer, sell sock-suspenders rather than be just a society butterfly if you want to entrap that listless prospective husband. So he won't reply to an engraved invitation-card, won't he? Well, try absinthe cocktails in your seductively tricked-up mews flat.

Street

If your income is over £20,000 per annum, avoid Ascot, Cowes and Monte if you mean business, because your heart's desire is sick and tired of the dreary gamut of:—

(*a*) Racing.

(*b*) Yachting.

(*c*) Gambling.

He will know all the answers, all the moves in the world-old game. Getting off with him will be no easy matter. Your best chance, perhaps, will be to complete the social circle—go back to the street, where you may find him seeking romance. Where the poor have to go because their parents are too strict, your heart's desire may prefer to go because his parents were not strict enough.

164

DREAMING LIPS

165

228

HENRI

226 — Variétés vol. 2, 4 (15 de agosto 1929), fotografías de Florence Henri, MNCARS.

227 — Franz Roh y Jan Tschichold, eds, fotoauge. oeil et photo. photo eye, fotografía de Florence Henri, fotomontaje de El Lissitzky, Wedekind, Stuttgart 1929, IVAM.

228 — Lilliput vol. 3, 14 (agosto 1938), fotografía de Florence Henri, colección particular.

226 — Variétés vol. 2, 4 (15 August 1929). Photography by Florence Henri. MNCARS.

227 — Franz Roh and Jan Tschichold, eds. fotoauge. oeil et photo. photo eye. Photography by Florence Henri, photomontage by El Lissitzky, Wedekind, Stuttgart 1929. IVAM.

228 — Lilliput (London) vol.3, 14 (August 1938). Photography by Florence Henri. Private collection.

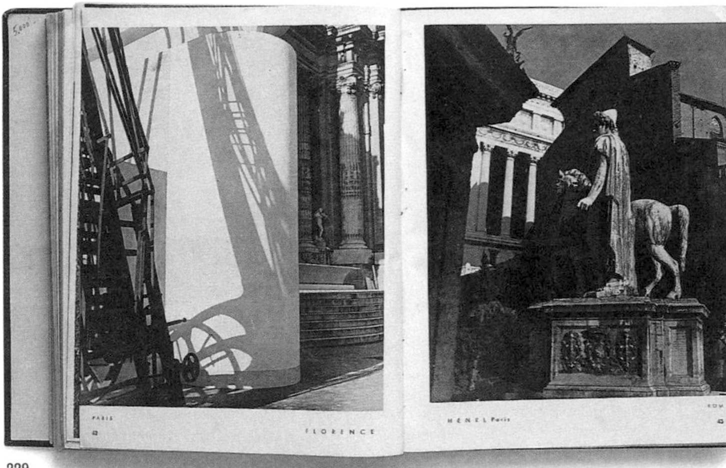

229

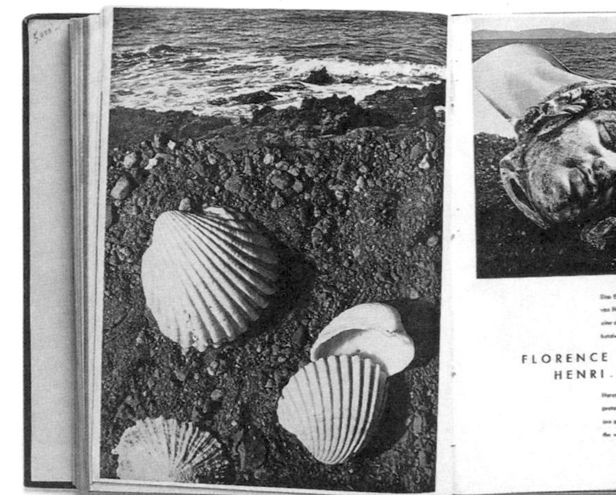

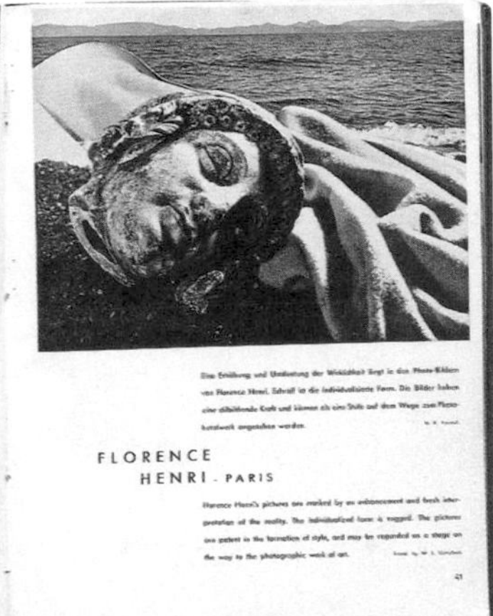

230

HANNA HÖCH 1889 — 1978

FOTOMONTADORA, PINTORA. Hacia 1916 empezó a recortar fotografías de semanarios ilustrados y archivarlas. Con estos materiales hizo collages en 1918, época en la que formaba parte del grupo dadá de Berlín, participando así en el descubrimiento de la técnica del fotomontaje, que practicó en los años siguientes junto a Raoul Hausmann. Publicó sus fotomontajes en las revistas dadá y los mostró en Film und Foto y Fotomontage (Berlín 1931), entre otras muchas exposiciones. En 1926-29 vivió en Holanda, donde tuvo contactos con los artistas del grupo 'De Stijl'.

▸ Hanna Höch, cat. National Gallerie, Berlín 1976.

PHOTOMONTEUR, PAINTER. Around the year 1919, Hanna Höch began cutting photographs out of the illustrated weeklies and filing them. She used these materials to make collages in 1918, being a member, at that time, of the Berlin Dadaist group and thus becoming one of the discoverers of the technique of photomontage, technique in which she would specialise, alongside Raoul Hausmann, during the following years. Her photomontages were published in the Dadaist magazines, and exhibited in Film und Foto and Fotomontage (Berlin 1931), among many other exhibitions. She lived in Holland from 1926 to 1929, where she came into contact with artists from the 'De Stijl' group.

▸ Hanna Höch, cat. National Gallerie, Berlin 1976.

sek, že význam filmového umělce jest zcela eliminován. bylo by skoro možné říci: režisérovi jest pod pohrůžkou trestu nařízeno vzdáti se filmového umění. to dokazují četné režisérské osudy. zařazením do panujícího produkčního systému degradovali se dokonce nejlepší avantgardisté k bolestnému zklamání všech filmových interesentů na průměrné režiséry. nezávislí režiséři byli průmyslu nepohodlní. existence avantgardy znamenala zničující kritiku oficiální produkce. vitalita malých děl, víra ve filmové umění nepřesazovala sice hory, ale zasazovala průmyslu hlasité facky. s pevným rozhodnutím vyhladilo se tedy všechno, co připomínalo avantgardu. korunu všemu nasadila pevná soustava patentů a licencí zvukofilmové produkce, a tím konečná obchodní monopolisace „filmového umění".

5. dráha pro mechanický obchod byla opět volná. průmysl vítězil na celé čáře.
všichni mu při tom pomáhali: zákoník, kontingentní výměry a cizinecké paragrafy, censura, půjčovna, majitel kina a krátkozraký kritik, ale vítězství přišlo průmyslu draho. umění mělo býti k vůli obchodu zabito, ale bumerang letěl zpět a zabil obchod. na nudné filmy lidé nechodí — přes rentabilitní výpočty filmových násilníků, kteří teoreticky zjistili, že při průměrné ceně sedadla v kinu ve výši tolika a tolika kč, centů, pfeniků nebo sous, každý dospělý musí dvakráte týdně navštíviti kino.

6. má umělec po kopancích, které dostal, také mysliti ve prospěch hospodářství? má se opět vložiti do věcí a má o své z rukou vyražené duševní zbraně žebrati obchodními argumenty?

7. dobře! činíme to.
nyní sestavujeme my rozpočet rentability:

8. kultura filmu rostla s divákem. není v historii podobného příkladu všeobecné, všechny národy a světadíly zahrnující kontroly vývoje umělecké odrůdy, jako u filmu, nesčíslnou enormní účastí kinonávštěvy v životě každého člověka jest i nejprimitivnější kinonávštěvník schopen kritisovati film a registrovati každý pokles tvořivosti. to znamená nutnost nejostřejšího vypětí výkonu. odkud má však přijíti výkon, je-li umělec vyřazen z tvůrčího procesu?

9. avantgarda není tedy jen uměleckou, nýbrž současně také hospodářskou nutností.

10. všechny závory překážek pro avantgardisty musí padnouti!
celý soukromý průmysl a všechny úřady musí poskytnouti podporu nezávislému filmovému umělci.

11. prakticky musí
   1) se strany státu býti pro něho
      a) odstraněna censurní ustanovení,
      b) zajištěno daňové a dávkové osvobození pro jeho díla,
      c) zřízena stipendia.
   2) se strany průmyslu musí býti úměrně k obratu poskytnut
      a) atelier,
      b) zvuk,
      c) materiál a
      d) povinná předváděni pro půjčovnu a divadlo.
   3) výchova k uměleckému filmu musí býti započata daleko před praktickou prací. zastaralé umělecké školské programy musí se revidovati zřízením

28

      a) studií pro osvětlování (umělé světlo),
      b) fotografických a filmových ateliérů (kamerová technika),
      c) dramaturgických tříd,
      d) oddělení teoreticky-fysikálních a pro experimenty.

12. formulovati tyto požadavky a pro ně bojovati jest dnes nezbytné, poněvadž naše generace jest nakloněna k tomu, aby řídila grandiosní technické dědictví předešlého století zbaběle a bez talentu. tak zůstává naděje, že alespoň někteří tímto prohlášením budou upomenuti na duševní úkoly, jejichž rozřešení nařizuje svědomí myslícímu člověku.

l. moholy = nagy

duben 1934.

Několik poznámek o fotomontáži

Hannah Höch

První fotomontáže

Fotomontáž vyvinula se na základě a z fotografie. Fotografie existuje již asi sto let. Fotomontáž není sice tak stará, ale přes to není také teprve produktem doby poválečné, jak jest mnohokráte myšleno. První začátky této formace, tedy rozřezávání a opět spojování fot nebo částí fot, nalézáme někdy v krabicích našich babiček. Totiž vybledlé, kuriosní obrázky, které představují nějakého prastrýčka, ve vojenské uniformě s nalepenou hlavou. Tehdy se jednoduše hlava dotyčného vlepila do předtištěných mušketýrů. Nebo jiný obraz ukazuje nám hotovou krajinu, které byla dána přednost, třebas malebné jezero se člunem v měsíčním svitu, do které byla nalepením dodatečně zařazena celá rodinná skupina. Žertovné obrázky pro pohlednice a podobně byly rovněž již dříve zhotovovány z rozstříhaných a opět vlepovaných fotografií. Tak nám ukazuje list z roku 1880 (sbírka profesora Stengera, Berlín) studenty, kteří rozřezávají komilitióny.

Fotomontáž okolo 1919.

Když 1919 dadaisté se uchopili této možnosti, pomocí fotografií formovati nové tvary a nová díla, a zhotovovali své agresivní fotomontáže, stalo se tak ku podivu v zcela různých zemích, ve Francii, Německu, Rusku a Švýcarsku, sou-

Hannah Höch: Shora

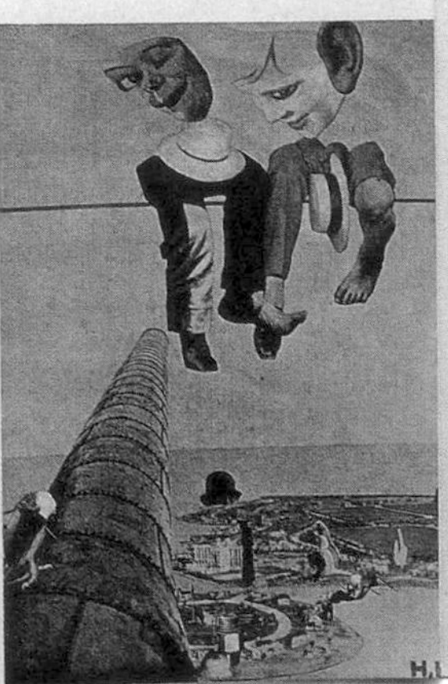

231

HENRI
229/230 — Gebrauchsgraphik vol. 13, 6 (junio 1936), fotografías de Florence Henri, colección particular.
229/230 — Gebrauchsgraphik vol. 13, 6 (June 1936). Photographs by Florence Henri. Private collection.

HÖCH
231 — Stredisko. Literární mesicnik vol. 4, 1 (1934), fotomontaje de Hanna Höch, IVAM.
231 — Stredisko. Literární mesicnik vol. 4, 1 (1934). Photomontage by Hanna Höch. IVAM.

HOLANDA

La nueva fotografía en Holanda es inseparable del nuevo diseño gráfico. Los maestros, Piet **Zwart** y Paul **Schuitema,** hicieron publicidad y diseño de publicaciones desde mediados de los años veinte en fotomontaje y tipo-foto, y participaron a finales de la década en las exposiciones internacionales fotográficas (**Film und Foto**) y en el círculo de los nuevos diseñadores, el **ring neue werbegestalter.** Comprometidos con la política de izquierdas, también formaron parte de una asociación de fotógrafos trabajadores. En las Academias de Bellas Artes de La Haya y Rotterdam, Zwart, Schuitema y Gerard **Kiljan** educaron a diseñadores como Dick **Elffers,** Henny Cahn o Wim **Brusse,** que continuaron su trabajo a lo largo de los años treinta. Otros diseñadores holandeses que utilizaron las técnicas de la nueva fotografía fueron el citado Kiljan, Willem H. Gispen, que hizo carteles con fotografías de Schuitema, Cesar **Domela,** Fré Cohen, Jan Kamman, Cas Oorthuys, Willen Sandberg y A. Oosterbaan. Entre todos lograron que en Holanda el nuevo diseño y la nueva fotografía dominara el diseño de revistas, libros, publicidad, carteles, sellos de correo y hasta objetos comunes (como paquetes de tabaco), consiguiendo así que su trabajo fuera público, probablemente más que en ningún otro sitio.

Además de la tipo-foto y el fotomontaje, se desarrollaron otras técnicas de la nueva fotografía. En la fotografía experimental destacaron Zwart, que hizo fotografías directas y fotogramas desde mediados de los años veinte, Schuitema, Domela, Erwin **Blumenfeld,** Kamman, que hizo fotomontajes y fotogramas, y Henri Berssenbrugge, autor de fotogramas a finales de la década de los veinte después de haber sido el principal fotógrafo pictorialista holandés. En la fotografía documental hay que señalar fotógrafos como Erich **Salomon,** que se refugió en Holanda huyendo de los nacionalsocialistas, Emmy Andriesse, Eva Besnyö, Carel Blazer, Fons Hellebrekers, Max Kolthoff, Oorthuys y Hajo Rose.

Las revistas holandesas de la época sobresalen por su diseño e ilustración fotográfica. Entre ellas destacan De gemeenschap, Film liga, **De 8 en Opbouw** (que dedicó números monográficos a la fotografía y el diseño), Focus, Bedrijfsfotografie, **i10,** Links richten, Wij y Prisma der Kunsten, revista en la que se publicó el catálogo de la exposición colectiva Foto'37 (Amsterdam 1937), muestra en la que el papel principal correspondió a los fotógrafos documentales, pero sin olvidar a los maestros; en el catálogo se rendía homenaje a la obra de los pioneros: Zwart, Schuitema y Kiljan.

HOLLAND

New photography in Holland is inseparable from new graphic design. From the mid-twenties, the masters of the technique, Piet **Zwart** and Paul **Schuitema,** produced advertising and publication design in photomontage and typo-photo. In the late twenties they participated in international photographic exhibitions (**Film und Foto**) and in the circle of new designers, the **ring neue werbegestalter.** Committed to the political left, they were also members of a worker-photographer's association. Zwart, Schuitema and Gerard **Kiljan** imparted classes in the Academies of Fine Arts in The Hague and Rotterdam, to the designers Dick **Elffers,** Henny Cahn and Wim **Brusse,** who would continue their work throughout the thirties. Other Dutch designers to have employed techniques of the new photography include the aforementioned Kiljan, William H. Gispen, who produced posters using photographs by Schuitema, as well as Cesar **Domela,** Fré Cohen, Jan Kamman, Cas Oorthuys, Willen Sandberg and A. Oosterbaan. Between them, they managed to create a situation in which the new photography and the new design dominated in the creation of magazines, books, advertising, posters, postage stamps, and even everyday objects such as tobacco packets. As a result, their work reached the maximum audience possible, and probably more than in any other country.

In addition to typo-photo and photomontage, other techniques of the new photography were also developed in Holland. Leaders in the field of experimental photography were Zwart, who, from the mid-twenties, took straight photographs and photograms, Schuitema, Domela, Erwin **Blumenfeld,** Kamman, who made photomontages and photograms, and Henri Berssenbrugge. Berssenbrugge was the author of photograms during the late twenties, but had previously been Holland's foremost Pictorialist photographer. The most important documentary photographers included Erich **Salomon,** who fled to Holland from the National Socialists, Emmy Andriesse, Eva Besnyö, Carel Blazer, Fons Hellebrekers, Max Kolthoff, Oorthuys and Hajo Rose.

Dutch magazines of the period stand out for their design and photographic illustration, the most notable among them being De gemeenschap, Film liga, **De 8 en Opbouw** (which dedicated monographic numbers to photography, and design), Focus, Bedrijfsfotografie, **i10,** Links richten, Wij and Prisma der Kunsten, the magazine which published the catalogue of the collective exhibition Foto'37 (Amsterdam 1937). Documentary photographers occupied the leading role in Foto'37, but there was no shortage of masters; the catalogue paid homage to the work of the pioneers: Zwart, Schuitema and Kiljan.

EMIL OTTO HOPPÉ 1878 — 1972

FOTÓGRAFO. Nacido en Múnich, vivió en Inglaterra desde 1900. En 1903 se instaló como fotógrafo profesional de retratos en un estudio de Londres. Entre 1919-21 se estableció en Nueva York, donde abrió un nuevo estudio. Trabajó como fotógrafo independiente de moda, teatro, viajes y retratos, y publicó un buen número de foto-libros.

► E.O. Hoppé, Schöne Frauen, Múnich 1922; The Book of Fair Women, Nueva York 1922; Taken from Life, Londres 1922; England, Berlín 1926; Die Vereinigten Staaten, Berlín 1927; Deutsche Arbeit, Berlín 1930; Der fünfte Kontinent, Berlín 1931; London, Londres 1932; The Face of Mother India, Londres 1935; The Image of London, Londres 1935; A Camera of Unknown London, Londres 1936.

PHOTOGRAPHER. Hoppé was born in Munich, but lived in England from 1900. In 1903 he set himself up as a professional portrait photographer in a studio in London. Between 1919 and 1921 he moved to New York, where he opened a new studio. He worked as a freelance fashion, theatre, travel and portrait photographer and published a considerable number of photo-books.

► E.O. Hoppé, Schöne Frauen, Munich 1922; The Book of Fair Women, New York 1922; Taken from Life, London 1922; England, Berlin 1926; Die Vereinigten Staaten, Berlin 1927; Deutsche Arbeit, Berlin 1930; Der Fünfte Kontinent, Berlin 1931; London, London 1932; The Face of Mother India, London 1935; The Image of London, London 1935; A Camera of Unknown London, London 1936.

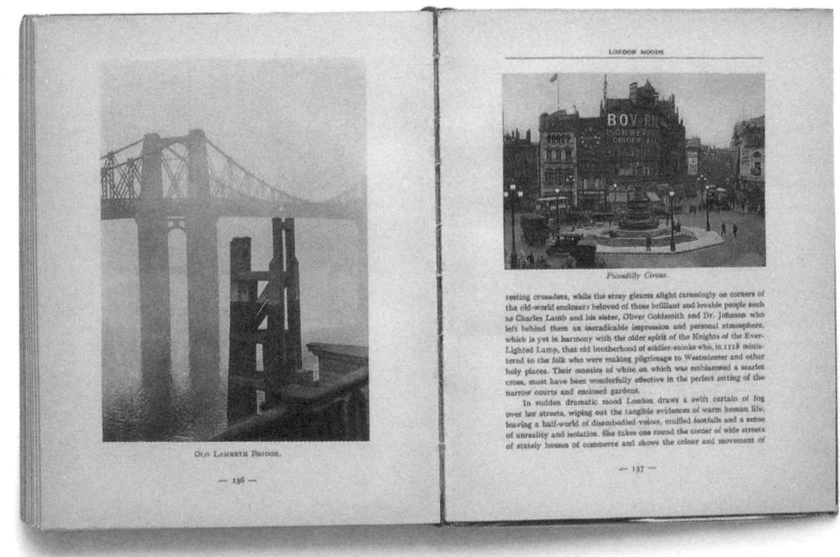

232

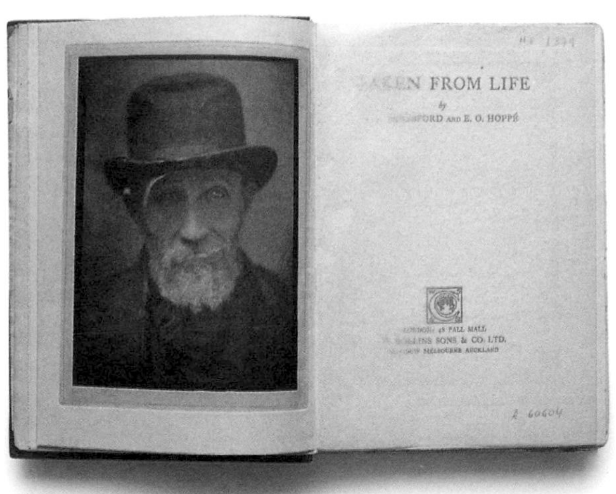

233

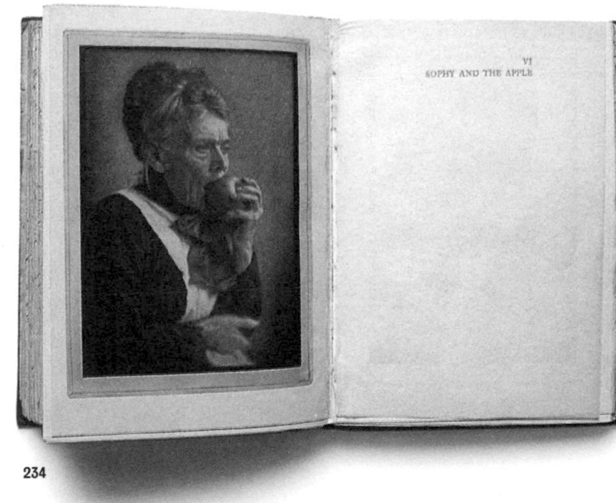

234

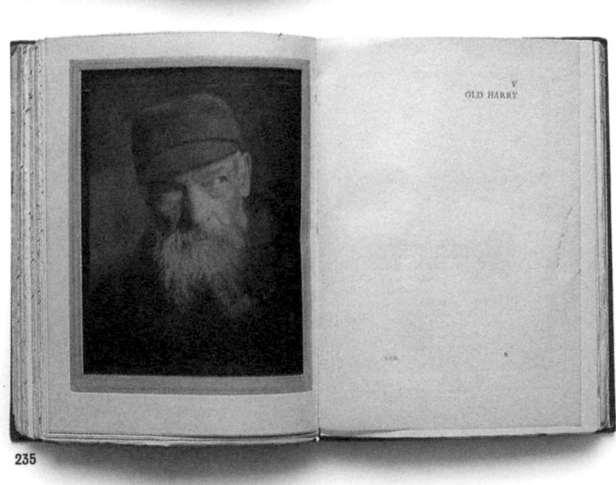
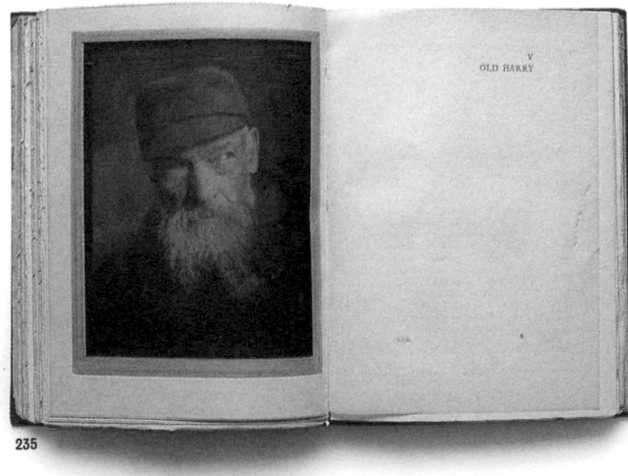

235

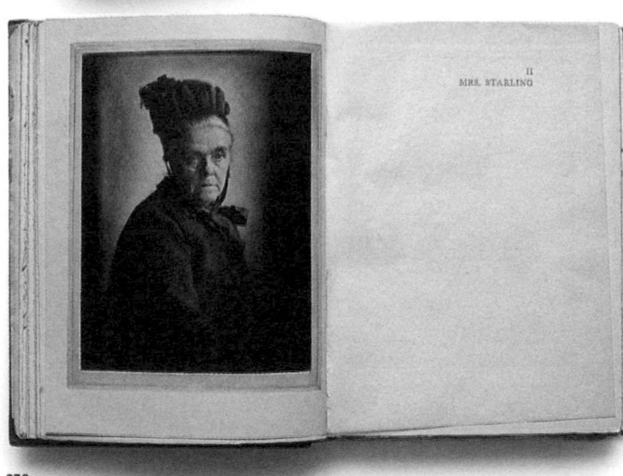

236

HOPPÉ
232 — Emil Otto Hoppé, London, The Medici Society, Londres 1932, colección particular.
233/236 — J.D. Beresford y Emil Otto Hoppé, Taken from Life, W. Collins Sons & Co, Londres 1922, MNCARS.
232 — Emil Otto Hoppé, London, The Medici Society, London 1932. Private collection.
233/236 — J.D. Beresford and Emil Otto Hoppé, Taken from Life, W. Collins Sons & Co., London 1922. MNCARS.

HORINO MASAO 1907

FOTÓGRAFO. En los años treinta publicó dos foto-libros de estética maquinista y nueva fotografía: Gendai shashin geijutsu ron (Teoría del arte fotográfico contemporáneo), Tokio 1930, y, sobre todo, Kamera/Me X Tetsu/Kosei (Cámara/ojo x hierro/composición), Tokio 1932.

► Itagaki Takaho, Kikai to geijutsu tono koryu (Intercambio de máquina y arte), fotografías de Horino Masao, Tokio 1929.

PHOTOGRAPHER. In the thirties Masao published two photo-books on machinist aesthetics and new photography: Gendai shashin geijutsu ron (The theory of contemporary photographic art), Tokyo 1930, and, above all, Kamera/Me X Tetsu/Kosei (Camera/eye x iron/composition), Tokyo 1932.

► Itagaki Takaho, Kikai to geijutsu tono koryu (Interchange of machine and art), photographs by Horino Masao, Tokyo 1929.

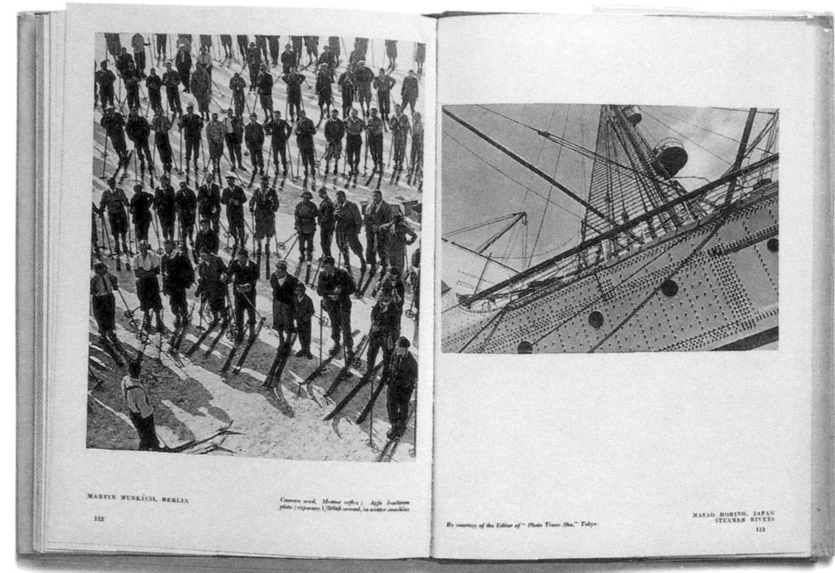

237

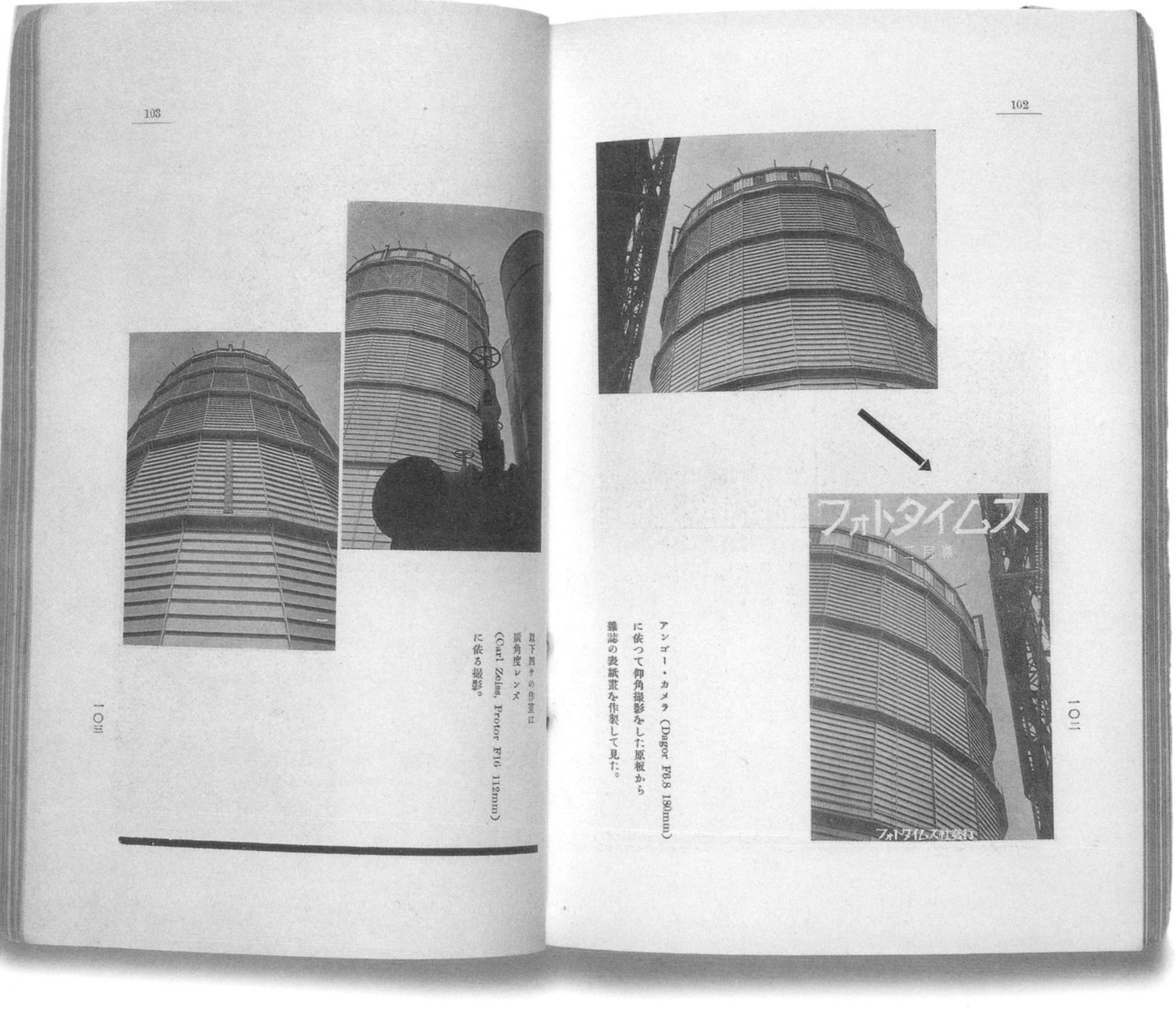

238

HORINO

237 — Modern Photography 1932, fotografías de Horino Masao y Martin Munkacsi, Londres 1932, MNCARS.
238 — Photo Times vol. 8, 1 (enero 1931), fotografías de Horino Masao, Tokyo Metropolitan Museum of Photography.
237 — Modern photography 1932. Photographs by Horino Masao and Martin Munkacsi, London 1932. MNCARS.
238 — Photo Times vol.8, 1 (January 1931). Photographs by Horino Masao, Tokyo Metropolitan Museum of Photography.

HOYNINGEN-HUENE

239 — Photography Year Book. The International Annual of Camera Art, vol 2, 1936-37, fotografía de George Hoyningen-Huene, Cosmopolitan Press, Londres 1936, colección particular.
240 — U.S. Camera Annual 1936, fotografía de George Hoyningen-Huene, Nueva York 1936, colección particular.
239 — Photography Year Book. The International Annual of Camera Art, vol. 2, 1936-37. Photography by George Hoyningen-Huene, Cosmopolitan Press, London 1936. Private collection.
240 — U.S. camera Annual 1936. Photography by George Hoyningen-Huene, New York 1936. Private collection.

GEORGE HOYNINGEN-HUENE 1900 — 1968

FOTÓGRAFO. Nacido en San Petersburgo, se trasladó a París en 1921 donde trabajó como ilustrador en revistas como Harper's Bazaar, **Vogue** o Jardin des Modes. A mediados de los veinte empezó su dedicación a la fotografía de moda y a la editorial Condé Nast: entre 1926-29 fue jefe de fotografía de la edición francesa de Vogue; en 1929-31 de la edición norteamericana; en 1931-32 trabajó para la editorial en Hollywood y Berlín, y desde 1935 para Alexey **Brodovitch** en Harper's Bazaar en Nueva York. Durante sus numerosos viajes por todo el mundo en estos años preparó foto-libros. También hizo películas, expuso en **Film und Foto** y vio sus fotografías de moda reproducidas en las antologías y anuarios.

▸ G. Hoyningen-Huene, Mannequins Siegel, París 1927; Hollywood Movie Stars, Nueva York 1929; Meisterbildnisse, Frauen, Mode, Sport, Künstler, Berlín 1932; African Mirage, Londres 1938; William E. Ewing, Hoyningen-Huene; L'Élégance des années 30, París 1986.

PHOTOGRAPHER. Born in St. Petersburg, Hoyningen-Huene moved to Paris in 1921, where he worked as an illustrator for the magazines Harper's Bazaar, **Vogue** and Jardin des Modes. He took up fashion photography in the mid-twenties and joined the publishers Condé Nast. He was head of photography of the French edition of Vogue from 1926 to 1929, and of the North American edition from 1929 to 1931. In 1931-32 he worked for Vogue in Hollywood and Berlin, and from 1935 joined Alexey **Brodovitch** at Harper's Bazaar, in New York. During these years he travelled all over the world and prepared a number of photo-books. He also made films, exhibited in **Film und Foto**, and had his fashion photos published in anthologies and annuals.

▸ G. Hoyningen-Huene, Mannequins Siegel, Paris 1927; Hollywood Movie Stars, New York 1929; Meisterbildnisse, Frauen, Mode Sport, Künstler, Berlin 1932; African Mirage, London 1938; William E. Ewing, Hoyningen-Huene; L'Élégance des années 30, Paris 1986.

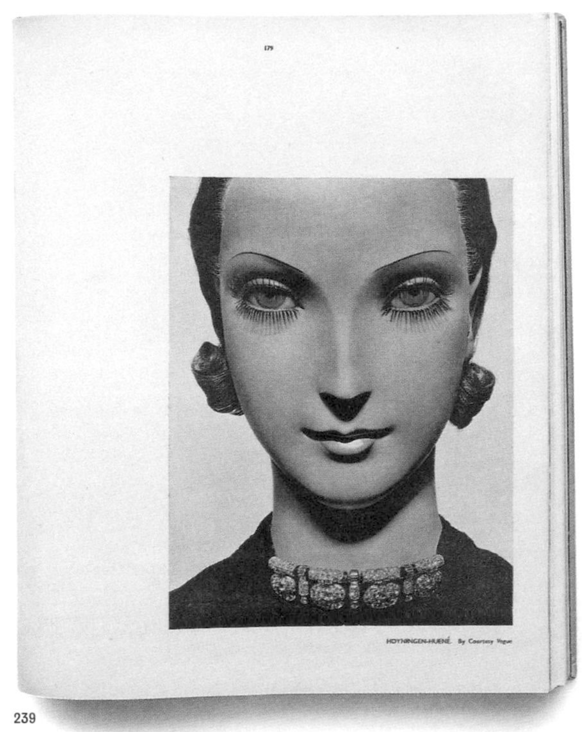

239

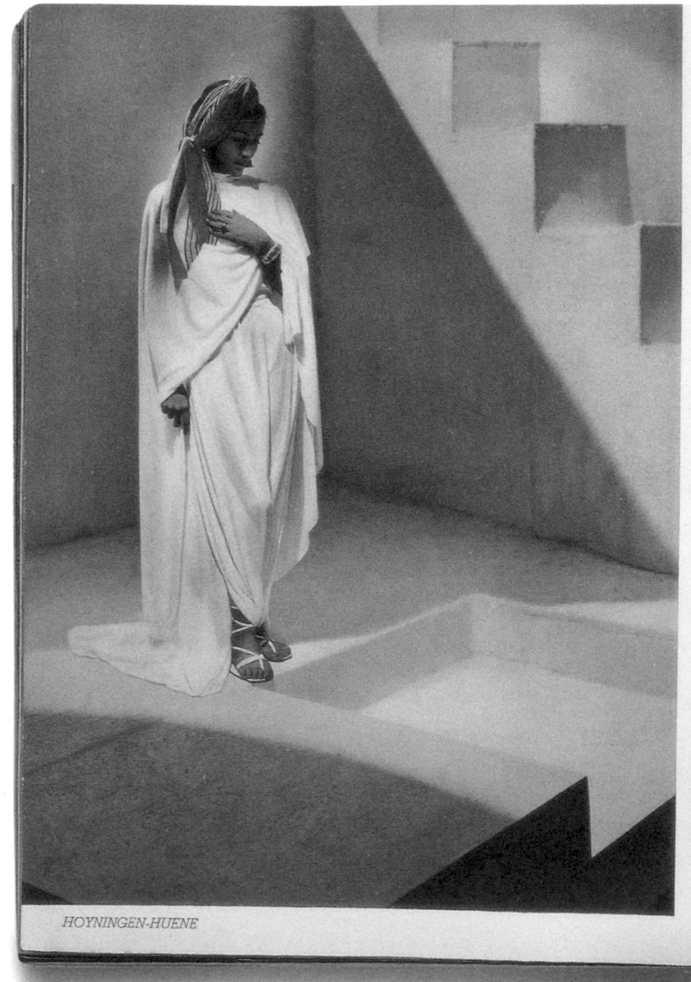

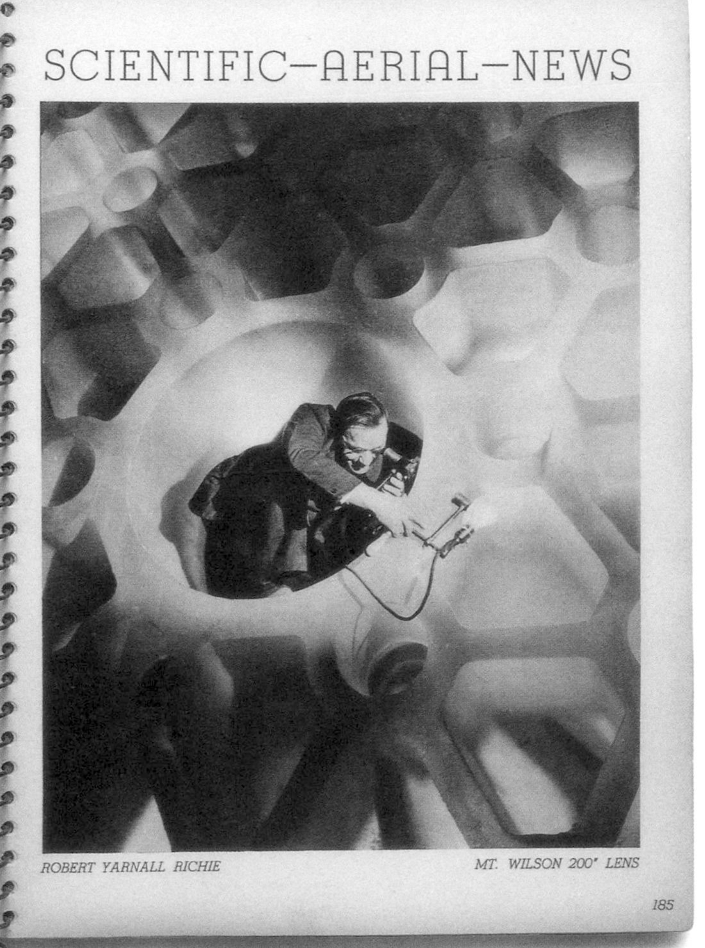

240

GEORGES HUGNET 1906 — 1974

PINTOR, ESCRITOR. Nacido en París, pasó los primeros años de su vida en Buenos Aires. A su regreso a París entró en contacto con la vanguardia y formó parte del grupo surrealista. En 1936 publicó un libro de poemas ilustrado con collages fotográficos a partir de fotografías de desnudos de la revista Paris-Magazine.

▸ G. Hugnet, La septième face du dé, París 1936.

PAINTER, WRITER. Hugnet was born in Paris, but spent the early years of his life in Buenos Aires. On his return to Paris he came into contact with the avant-garde and formed part of the Surrealist group. In 1936 he published a book of poems which he illustrated with photographic collages made up from nude photos taken from the magazine Paris-Magazine.

▸ G. Hugnet, La septième face du dé, Paris 1936.

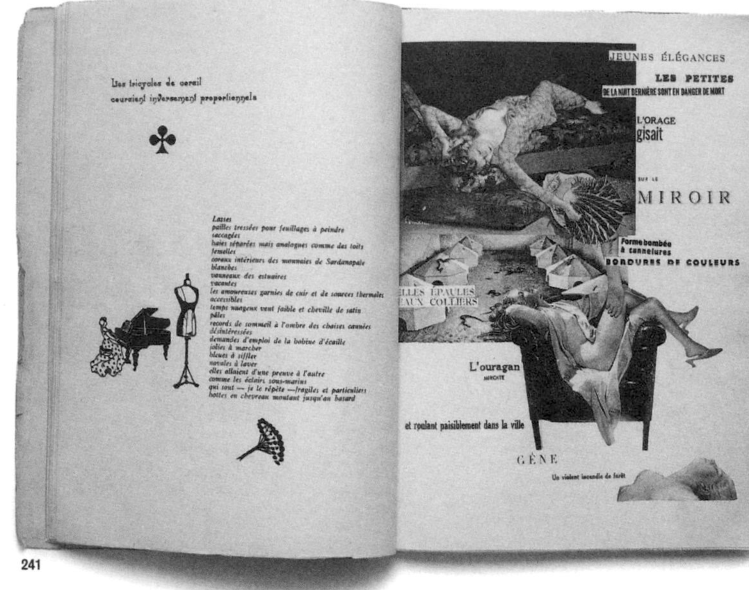

241

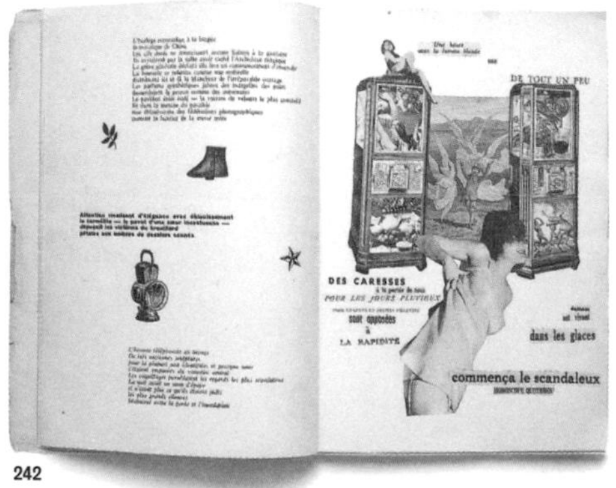

242

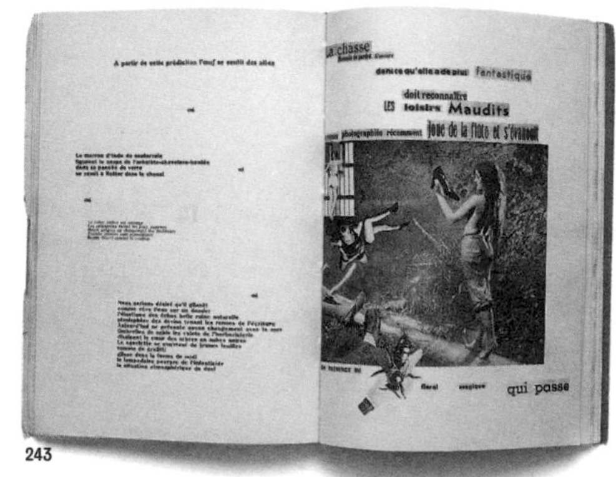

243

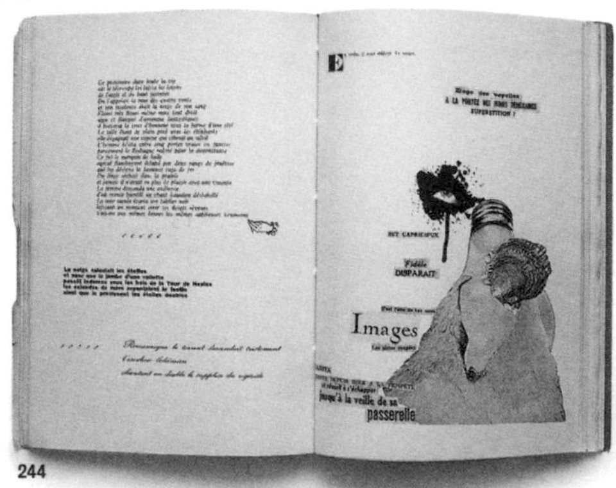

244

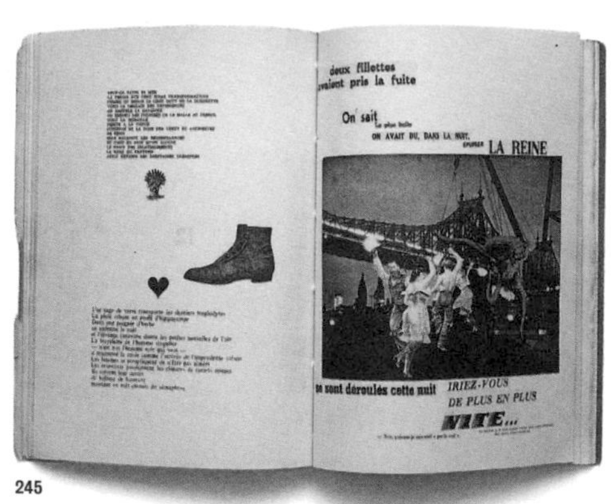

245

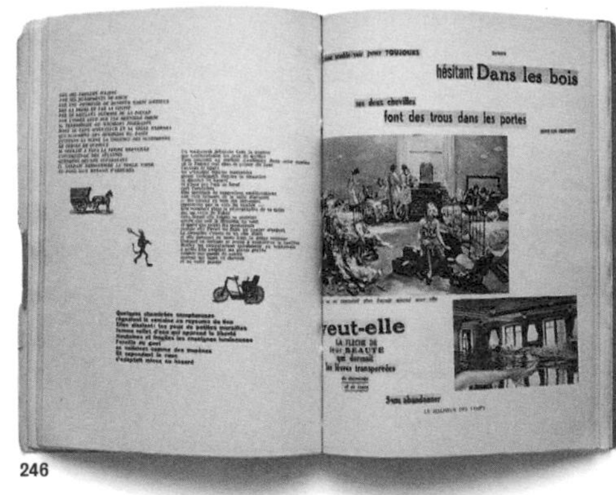

246

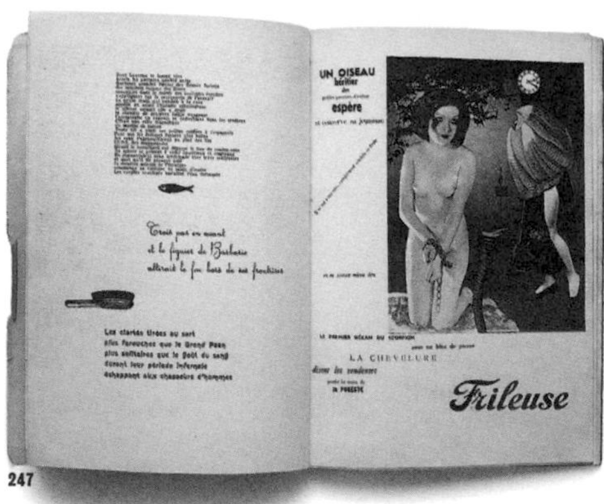

247

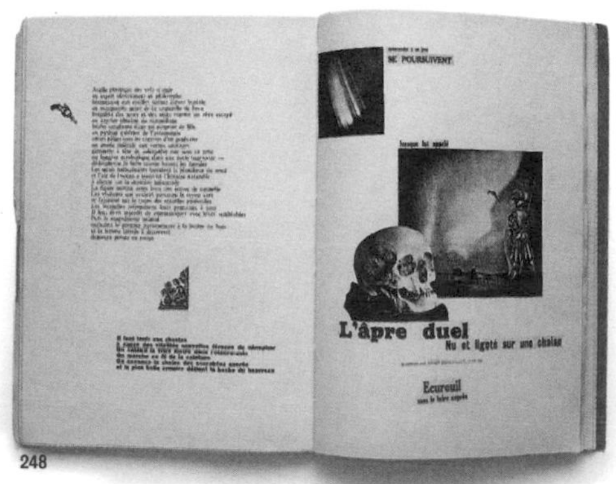

248

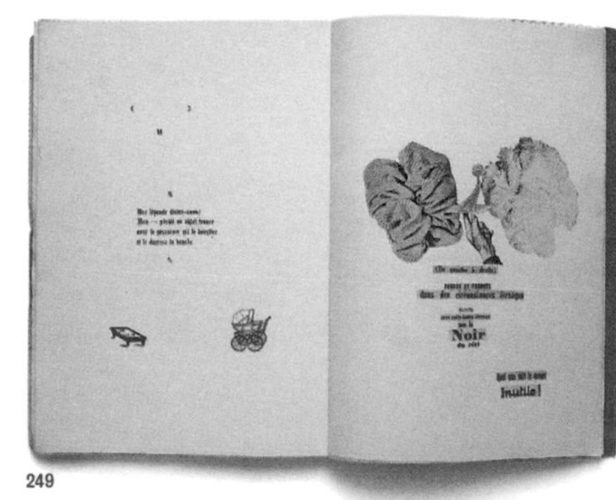

249

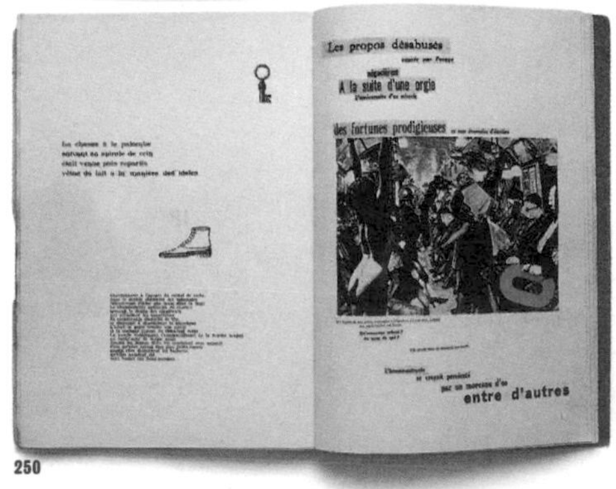

250

I10 Amsterdam 1927 — 1929

i10 Internationale Revue fue una revista cultural dirigida por el historiador de arte anarquista Arthur Müller-Lehning. Diseñada por László Moholy-Nagy, en sus páginas se publicaron artículos sobre fotografía y diseño gráfico de Moholy-Nagy y Paul Schuitema, así como una polémica sobre arte y fotografía en la que participaron los críticos Ernst Kallai, Lajos Kassak y Adolf Behne, junto a artistas como Willi Baumeister, Moholy-Nagy o Max Burchartz. En la revista se publicaron fotografías y diseños fotográficos de Irene Bayer, Marianne Brandt, Francis J. Bruguière, Erich Consemüller, Lux Feininger, Siegfried Giedion, John Heartfield, Florence Henri, Germaine Krull, Hannes Meyer, Moholy-Nagy, Lucia Moholy, Albert Renger-Patzsch, Hinnerk Scheper, Schuitema y Piet Zwart.

i10 Internationale Revue was a cultural magazine directed by the anarchist art historian Arthur Müller-Lehning. It was designed by László Moholy-Nagy and published articles on photography and graphic design, written by Moholy-Nagy himself as well as by Paul Schuitema. It also maintained a controversy over art and photography, the participants in which included the critics Ernst Kallai, Lajos Kassak and Adolf Behne, together with artists such as Willi Baumeister, Moholy-Nagy and Max Burchartz. The magazine published photographs and photographic designs by Irene Bayer, Marianne Brandt, Francis J. Bruguière, Erich Consemüller, Lux Feininger, Siegfried Giedion, John Heartfield, Florence Henri, Germaine Krull, Hannes Meyer, Moholy-Nagy, Lucia Moholy, Albert Renger-Patzsch, Hinnerk Scheper, Schuitema and Piet Zwart.

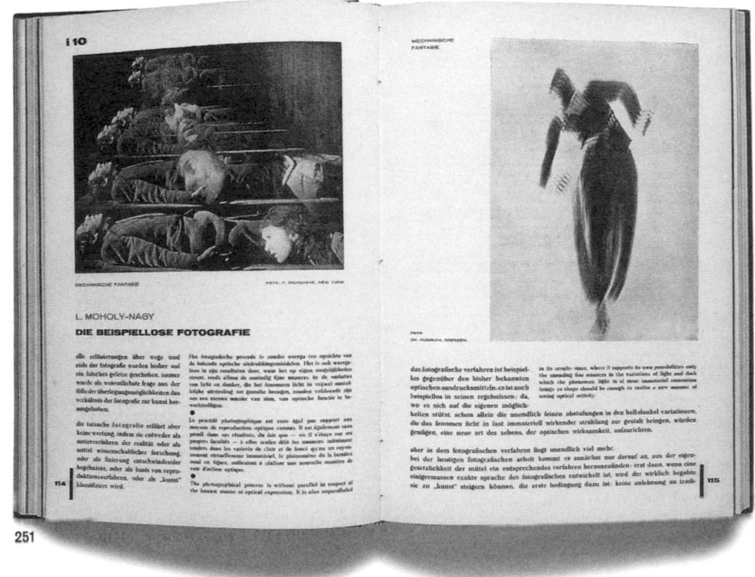

i10

L. MOHOLY-NAGY

DIE BEISPIELLOSE FOTOGRAFIE

114 115

251

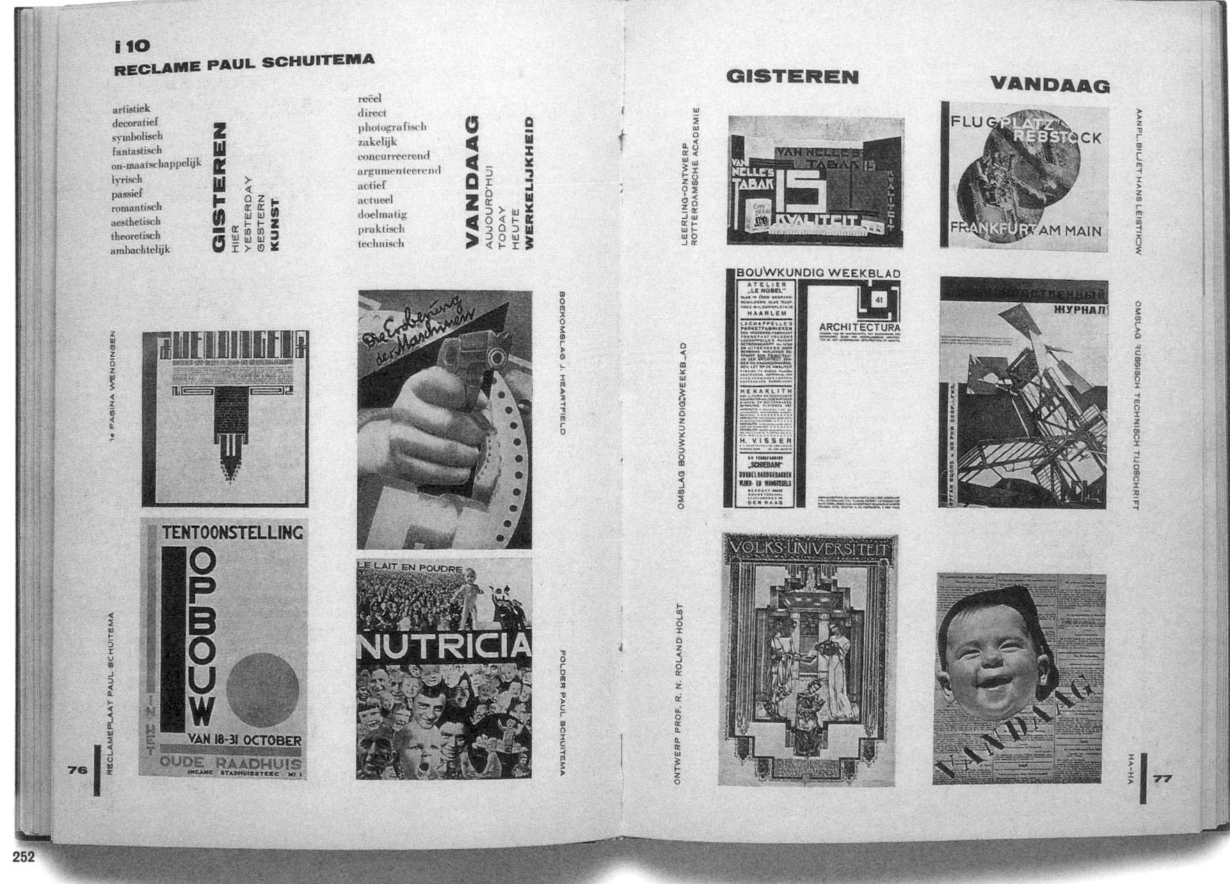

i10

RECLAME PAUL SCHUITEMA

artistiek
decoratief
symbolisch
fantastisch
on-maatschappelijk
lyrisch
passief
romantisch
aesthetisch
theoretisch
ambachtelijk

GISTEREN
HIER
YESTERDAY
GESTERN
KUNST

reëel
direct
photografisch
zakelijk
concurreerend
argumenteerend
actief
actueel
doelmatig
praktisch
technisch

VANDAAG
AUJOURD'HUI
TODAY
HEUTE
WERKELIJKHEID

GISTEREN VANDAAG

1e PAGINA WENDINGEN

BOEKOMSLAG J. HEARTFIELD

RECLAMEPLAAT PAUL SCHUITEMA

FOLDER PAUL SCHUITEMA

LEERLING-ONTWERP ROTTERDAMSCHE ACADEMIE

AANPL. BILJET HANS LEISTIKOW

OMSLAG BOUWKUNDIG WEEKBLAD

OMSLAG RUSSISCH TECHNISCH TIJDSCHRIFT

ONTWERP PROF. R. N. ROLAND HOLST

HA-HA

76 77

252

HUGNET
241/250 — Georges Hugnet, La septième face du dé. Poèmes-découpages, cubierta de Marcel Duchamp, Éditions surréalistes, París 1936, IVAM, MNCARS.
241/250 — Georges Hugnet, La septième face du dé. Poèmes-découpages. Cover by Marcel Duchamp, Éditions surréalistes, Paris 1936. IVAM. MNCARS.

I10
251 — László Moholy-Nagy, "Die beispiellose Fotografie", fotografías de F.J. Bruguière y Ch. Rudoph, i10 3 (1927), IVAM.
252 — "Reclame Paul Schuitema", i10 16 (noviembre 1928), IVAM.
251 — László Moholy-Nagy, "Die beispiellose Fotografie", photographs by F.J. Bruguière y Ch. Rudoph, i10 3 (1927), IVAM.
252 — "Reclame Paul Schuitema", i10 16 (November 1928). IVAM.

BORIS IGNATOVICH 1899 — 1976

FOTÓGRAFO. Boris Ignatovich fue periodista en Moscú antes de dedicarse a la fotografía. Desde 1926 sus fotos se publicaron en revistas como Ogonek, Prozhektor, Krasnaia Niva, Bednota, Sovetskoe foto o Daiesh, donde editó 13 foto-series en 1929. Ese año expuso en Film und Foto seleccionado por El Lissitzky, quien utilizó una fotografía suya en el montaje de la cubierta de su libro sobre la arquitectura soviética, Russland. En 1928 fundó con Aleksandr Rodchenko la sección fotográfica del grupo 'Oktiabr', con el que expuso dos veces. Durante la década de los treinta formó la Brigada Ignatovich junto a su hermana Olga y su esposa Elizabeta, hizo películas documentales con la directora Esfir Shub, fue reportero de la agencia Soiuzfoto y publicó sus fotos en nuevas revistas: Stroitelstvo Moskvi, Brigada judozhnikov o SSSR na stroike. Ignatovich fue autor de algunas de las fotografías soviéticas mejor construidas formalmente y más próximas a la nueva fotografía internacional.

► L. Volkov-Lannit (ed.), Boris Ignatovich, Moscú 1973. Boris Ignatowisch, Pionier der Sowjetischen Fotografie, cat. Alex Lachmann, Colonia 1994.

PHOTOGRAPHER. Boris Ignatovich was a journalist in Moscow before taking up photography. From 1926 his photos appeared in magazines such as Ogonek, Prozhektor, Krasnaia niva, Bednota, Sovetskoe foto and Daesh, which published 13 of his photos-in-series in 1929. In this same year he exhibited in Film und Foto, chosen by El Lissitzky who used a photograph by Ignatovich in the cover montage of his book on Soviet architecture, Russland. In 1928 he founded the photographic section of the group 'Oktiabr', with Aleksandr Rodchenko, with whom he also exhibited on two occasions. In the thirties he formed the Ignatovich Brigade with his sister Olga and wife Elizabeth, made documentary films with the director Esfir Shub, was a reporter for the agency Soiuzfoto and published his photographs in new magazines: Stroitelstvo Moskvi, Brigada khudozhnikov and SSSR na stroike. Ignatovich was author of some of the best formally constructed Soviet photographs considered closest to the new international photography.

► L. Volkov-Lannit (ed.), Boris Ignatovich, Moscow 1973; Boris Ignatovich, Pionier der Sowjetischen Fotografie, cat. Alex Lachmann, Cologne 1994.

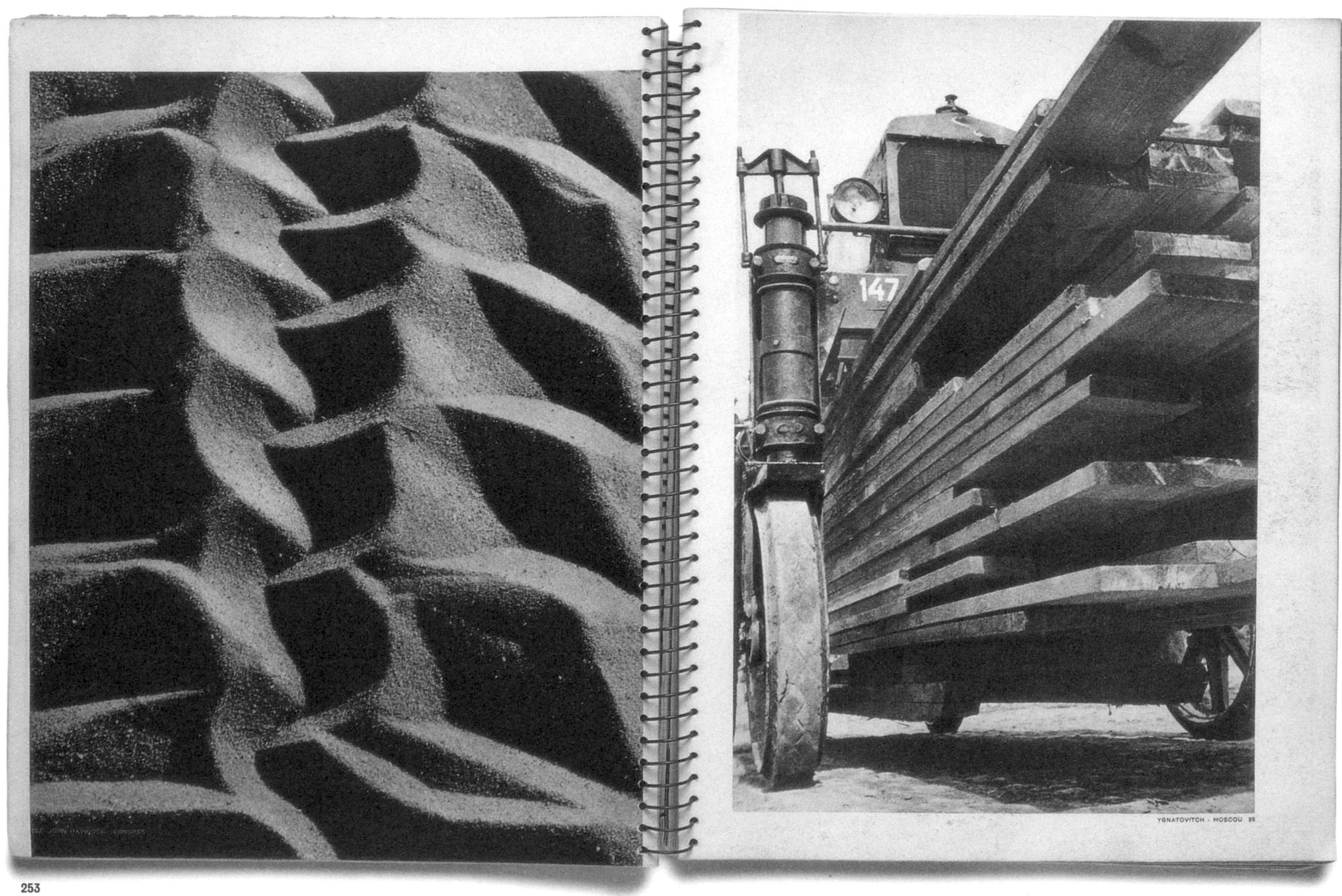

253

IGNATOVICH
253 — Photographie 1931, fotografías de John Havinden y Boris Ignatovich, Arts et métiers graphiques, París 1931, MNCARS.

253 — Photographie 1931. Photographs by John Havinden and Boris Ignatovich, Arts et métiers graphiques, Paris 1931. MNCARS.

ITALIA

La relación entre el futurismo, movimiento que dominó la escena artística italiana en los años de entreguerras, y la fotografía comenzó en 1911, con la publicación en Roma del libro Fotodinamismo futurista de Anton Giulio Bragaglia, contestado con violencia por los pintores futuristas, para los que 'la fotografía no es arte', una condena que paradójicamente obligó a que no hubiera en Italia durante mucho tiempo otra fotografía que la artística, que se publicó en el anuario Luci e ombre. Hubo que esperar hasta 1922 para volver a encontrar a futuristas que trabajaran con la fotografía. Ese año Enrico Prampolini publicó un fotomontaje maquinista en la revista Broom. Ivo Pannagi, que conoció a través de Prampolini la técnica, hizo cubiertas de libros en la segunda mitad de la década en fotomontaje, algunos de los cuales publicó en 1928 en **Gebrauchsgraphik.** También Vinicio Paladini realizó fotomontajes para cubiertas de libros en esos años y publicó un artículo sobre el procedimiento en 1929.

A comienzos de los treinta, los fotomontajes aparecían con regularidad en revistas como Casabella (donde publicaba 'fotomosaicos' el diseñador Edoardo Persico), Domus, Quadrante o Stile futurista, revista dedicada a la estética de la máquina. Otros fotomontadores de los años treinta fueron Wanda Wulz, Marcelo Nizzoli, que hizo fotografía publicitaria y collages fotográficos, y **Tato,** quien publicó con Filippo Tommaso Marinetti en 1930 un manifiesto que significó la reconciliación entre los futuristas y la fotografía, pasando a partir de entonces el fotomontaje a formar parte de la propaganda del régimen fascista.

La nueva fotografía y el nuevo diseño comenzaron también a principios de los treinta. En 1932 el arquitecto Gio Ponti llamaba la atención en Domus sobre la fotografía moderna, que ya formaba parte de la ilustración de la revista, en la que publicaría anuncios Leo Lionni antes de emigrar a Estados Unidos en 1939. También en 1932 Luigi Veronesi hizo sus primeros fotogramas y fotografías abstractas. Al año siguiente Antonio Boggeri fundó en Milán un estudio de publicidad y diseño, el Studio Boggeri, en el que trabajó en 1934 el antiguo estudiante de Bauhaus Xanti Schawinsky, que realizó publicidad y carteles en fotografía y tipofoto para empresas como Olivetti o revistas como La Publicità – L'ufficio moderno, antes de emigrar en 1936 a Estados Unidos. En Boggeri trabajaron asimismo otros diseñadores que usaron la fotografía, como Erberto Carboni, Max Huber y Bruno **Munari.** En el diseño, al anuario Tipografia siguió en 1934 **Campo grafico,** una revista de artes gráficas dirigida por Attilio Rossi que fomentó la nueva fotografía y en la que colaboraron Veronesi y Horacio Coppola, entre otros. La revista Note fotografiche, diseñada en sus últimos años por Albe Steiner, publicó en estos años fotografías modernas y fotomontajes, que también se encuentran en otras revistas como Natura, La rivista illustrata del popolo d'Italia o Leica fotografia. Otros fotógrafos destacables fueron Orio Vergani y Luciano Morpurgo, que publicaron foto-libros de viajes, o el arquitecto Carlo Mollino, quien comenzó a hacer fotografías a mediados de los años treinta y publicó su primer foto-libro en 1939.

ITALY

The relationship between photography and Futurism, the predominant movement of the inter-war artistic scene in Italy, began in 1911 with the publication in Rome of the book Fotodinamismo futurista, by Anton Giulio Bragaglia. The views put forward by Bragaglia were violently contested by the Futurist painters, for whom 'photography is not art', an opinion which would, paradoxically, lead to no photography being published in Italy for some time, other than art photography, which appeared in the annual Luci e ombre. It would not be until 1922 that Futurists would once again work with photographs, as demonstrated by the publication that year of a Machinist photomontage by Enrico Prampolini in the magazine Broom. In the late twenties, Ivo Pannagi, who was introduced to the technique by Prampolini, produced book covers in photomontage, some of which were published in 1928 in **Gebrauchsgraphik.** Vinicio Paladini also created photomontages for book covers during this period, as well as publishing an article on the process in 1929.

In the early thirties, photomontages began appearing regularly in magazines such as Casabella (which published 'photomosaics' by the designer Edoardo Persico), Domus, Quadrante, and Stile futurista, a magazine dedicated to machine aesthetics. Other thirties photomonteurs included Wanda Wulz, Marcelo Nizzoli, who produced advertising photography and photographic collages, and **Tato.** In 1930, together with Filippo Tommaso Marinetti, Tato published a manifesto that would signify the reconciliation between the Futurists and photography. From this moment on, photomontage was accepted and allowed to take its place in the propaganda machine of the Fascist regime.

The new photography and new design also became more popular in Italy during the early thirties. In 1932 the architect Gio Ponti drew attention to new photography in an article in Domus, a magazine that was already employing the medium in illustrations. Leo Lionni would later publish advertisements in the magazine, before emigrating to the United States in 1939. 1932 was also the year in which Luigi Veronesi created his first photograms and abstract photographs. The following year, Antonio Boggeri founded an advertising and design studio in Milan, the 'Studio Boggeri', in which the ex-Bauhaus student Xanti Schawinsky worked in 1934. He produced advertising and posters in photographs and typo-photo, for companies such as Olivetti, and magazines including La Publicità – L'ufficio moderno, before emigrating to the United States in 1936. Other designers who worked in Boggeri also used photography, including Erberto Carboni, Max Huber and Bruno **Munari.** In the field of design, in 1934, the annual Tipografia followed **Campo grafico,** a graphic arts magazine edited by Attilio Rossi which promoted the new photography and with which Veronesi and Horacio Coppola, among others, were collaborators. At this time the magazine Note fotografiche, designed in its final years by Albe Steiner, also published modern photographs and photomontages, and these could also be found in magazines such as Natura, La rivista illustrata del popolo d'Italia, and Leica fotografia. Other leading Italian photographers included Orio Vergani and Luciano Morpurgo, who published travel photo-books, and the architect Carlo Mollino, who began taking photographs in the mid-thirties and published his first photo-book in 1939.

JAPÓN

Durante la primera mitad de los años veinte los fotógrafos artísticos japoneses practicaban los efectos atmosféricos y las veladuras características de la fotografía pictorialista internacional, que tenía precisamente en el grabado japonés uno de sus modelos artísticos. En revistas como Ars Camera, Shashin Geppo, Shashin Geijutsu o el anuario Japan Photographic Annual publicaban sus imágenes. Los más reconocidos fueron Fukuhara Shinzo, que había visto la obra de Alfred **Stieglitz** en Estados Unidos, y **Nojima** Yasuzo; ambos fundaron clubes y organizaron exposiciones. A mediados de la década aparecieron nuevas revistas, como **Photo Times** o Asahi Camera, que empezaron a dar cuenta de las novedades europeas. Tras volver de Berlín, donde había estado en contacto con los dadaístas, el artista Muruyama Tomoyoshi llevó a Tokio su experiencia del arte de vanguardia europeo, publicado en su revista Mavo, en la que se encuentra algún fotomontaje. Al mismo tiempo, las empresas empezaron a utilizar los nuevos métodos publicitarios y renovar el diseño gráfico. La revista Kokuko-kai, editada por Murota Kurazo, difundió la nueva publicidad y diseño gráfico, que también se encuentra en revistas de arquitectura como Shin Kenchiku o Kenchiku Kigen, en donde se publicó un número sobre la Bauhaus en 1929.

A principios de los años treinta la nueva fotografía, denominada en Japón 'Shinko Shashin', era común en las publicaciones y la publicidad, que empleaba a fotógrafos modernos como **Kimura** Ihei o Ibuka Akira, autor de fotomontajes para la empresa Shisheido. Algunos fotógrafos que vivían en Europa regresaron a Japón, como Nakayama Iwata, **Natori** Yonosuke o Yamawaki Iwao, estudiante en la Bauhaus en 1928-30. En 1931 una parte de la exposición **Film und Foto** se exhibió en Tokio y Osaka, y al año siguiente, Nojima empezó a publicar **Koga,** la revista principal de la nueva fotografía en Japón, en la que se encuentra a Nojima, Nakayama, Yamawaki, Kimura y los críticos Ina Nobuo e Itagaki Takaho. El diseñador de Koga fue Hara Hiromu, autor asimismo de fotomontajes y carteles. En esos años publicaron foto-libros **Koishi** Kiyoshi y **Horino** Masao, y Natori empezó a editar **Nippon.** Además de Tokio, la nueva fotografía tuvo adeptos en Osaka, donde trabajaron fotógrafos del interés de Koishi o Yasui Nakaji. En cuanto a la fotografía documental, que a partir de 1935 tuvo cada vez más importancia, al igual que ocurría en el resto del mundo, los fotógrafos más destacados fueron Kimura, Hamaya Hiroshi y **Domon** Ken, quien también hizo fotomontajes.

A finales de la década la nueva fotografía y el diseño moderno sufrieron la influencia de la política. Las revistas se llenaron de imágenes bélicas y nacionalistas. Hara diseñó, a imitación de **SSSR na stroike,** una revista militar, Front, cuya sección fotográfica dirigió Kimura.

JAPAN

Until the mid-twenties, Japanese artistic photographers worked with the atmospheric effects and glazing characteristic of international Pictorialist photography, one of whose artistic models was, precisely, Japanese engraving. Their pictures were published in magazines such as Ars Camera, Shashin Geppo, Shashin Geijutsu, and the Japan Photographic Annual. The most recognised of Japanese photographers included Fukuhara Shinzo, who had seen the work of Alfred **Stieglitz** in the United States, and **Nojima** Yasuzo, both of whom founded clubs and organised exhibitions. New magazines appeared in the mid-twenties, such as **Photo Times** and Asahi Camera, which began to introduce news of the novelties in Europe. On his return from Berlin, where he had met the Dadaists, the artist Muruyama Tomoyoshi took his experience of European avant-garde art to Tokyo and published it in his magazine Mavo, in which he occasionally featured photomontage. At the same time, companies started to use the new methods of advertising, and rethink their graphic design. The new advertising and design appeared in the magazine Kokuko-kai, published by Murota Kurazo, as well as in architectural publications such as Shin Kenchiku and Kenchiku Kigen, which published a special number on the Bauhaus, in 1929.

In the early thirties the new photography, named 'Shinko Shashin' in Japan, was common in publications and advertising, an industry which employed modern photographers such as **Kimura** Ihei and Ibuka Akira, author of photomontages for the company Shisheido. Some of the photographers who had been living in Europe returned to Japan, among them Nakayama Iwata, **Natori** Yonosuke and Yamawaki Iwao, who was a student at the Bauhaus from 1928 to 1930. In 1931 part of the **Film und Foto** exhibition was shown in Tokyo and Osaka, and the following year Nojima began publishing **Koga,** the leading magazine of new photography in Japan, in which Nojima, Nakayama, Yamawaki, Kimura, and the critics Ina Nobuo and Itagaki Takaho were all featured. The designer of Koga was Hara Hiromu, also author of photomontages and posters. It was during these years that **Koishi** Kiyoshi and **Horino** Masao published their photo-books, and Natori began editing **Nippon.** In addition to Tokyo, the new photography also had enthusiasts in Osaka, where photographers of such interest as Koishi, and Yasui Nakaji worked. Docu mentary photography became increasingly important from 1935 in Japan, as it did in the rest of the world, the most relevant photographers being Kimura, Hamaya Hiroshi and **Domon** Ken, who also created photomontages.

Towards the end of the decade, new photography and modern design suffered the influence of politics. Magazines were filled with pictures of war and nationalist propaganda. Hara designed a military magazine, an imitation of **SSSR na stroike** named Front, the photographic section of which was edited by Kimura.

JAZZ París 1928 — 1930

Revista dirigida por la escritora Titayna (Elisabeth Sauvy), con Carlo Rim de redactor jefe. Su temática era 'lo que no se muestra en las otras revistas', lo que se conseguía sobre todo con ilustraciones fotográficas sorprendentes. Entre los fotógrafos que publicaron en Jazz se encuentran Jean Dévrille, André Kertész, Germaine Krull, Ergy Landau, Eli Lotar, Roger Parry, Man Ray, Maurice Tabard, etc.

Jazz was a magazine directed by the writer Titayna (Elisabeth Sauvy), with Carlo Rim as editor in chief. The subject matter of the magazine was 'what is not shown in the other magazines', and this was achieved, above all, by the inclusion of surprising photographic illustrations. Among the photographers published in Jazz could be found Jean Dévrille, André Kertész, Germaine Krull, Ergy Landau, Eli Lotar, Roger Parry, Man Ray and Maurice Tabard, among others.

spectacles par germaine krull

le cirque gleich

les black birds

254

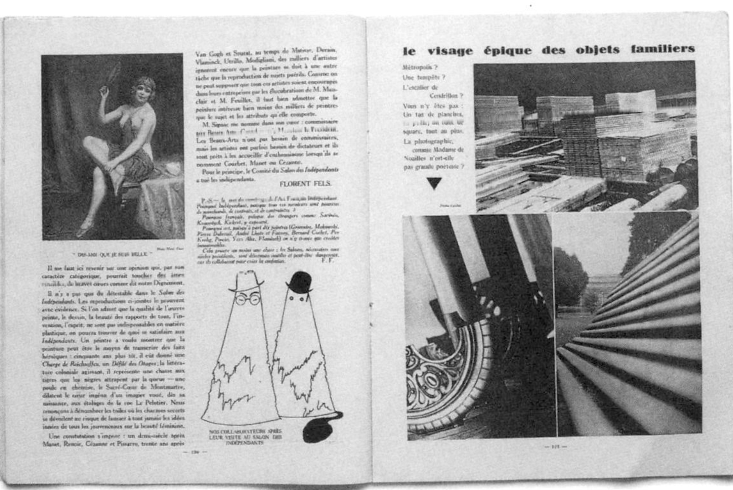
le visage épique des objets familiers

255

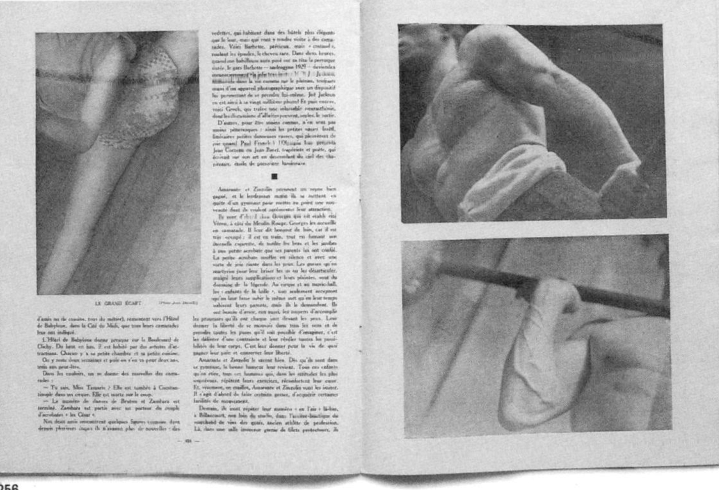

256

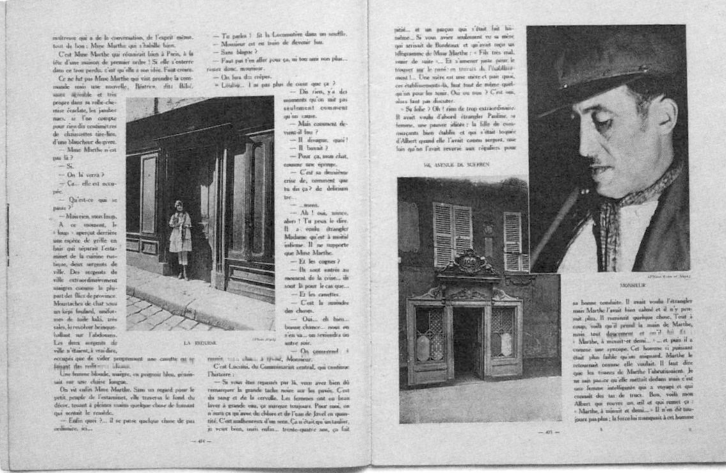

257

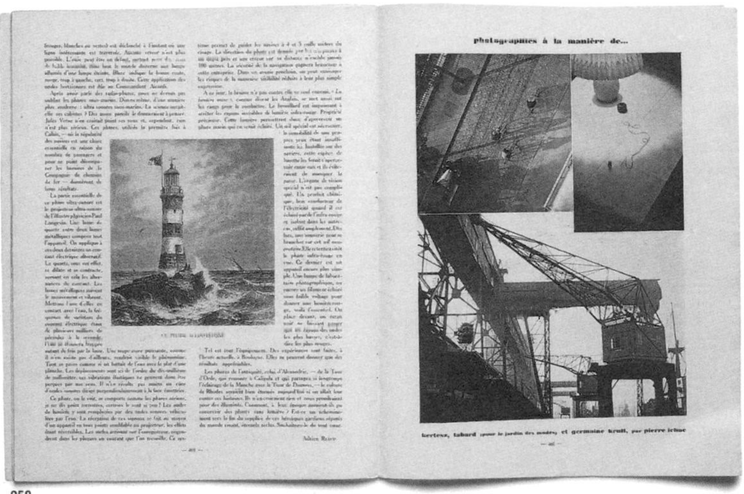
photographies à la manière de...

258

JAZZ

254 — Jazz (15 de agosto 1929), fotografías de Germaine Krull, IVAM.
255 — Jazz (15 de febrero 1929), fotografías de Ergy Landau, IVAM.
256 — Jazz (15 de septiembre 1929), fotografías de Jean Dévrille, IVAM.
257 — Jazz (15 de octubre 1929), fotografías de Eugène Atget y Eli Lotar, IVAM.
258 — Jazz (15 de octubre 1929), IVAM.

254 — Jazz (15 August 1929). Photographs by Germaine Krull. IVAM.
255 — Jazz (15 February 1929). Photographs by Ergy Landau. IVAM.
256 — Jazz (15 September 1929). Photographs by Jean Dévrille. IVAM.
257 — Jazz (15 October 1929). Photographs by Eugène Atget and Eli Lotar. IVAM.
258 — Jazz (15 October 1929). IVAM.

AGUSTÍN JIMÉNEZ 1901 — 1974

FOTÓGRAFO. En 1923 obtuvo la plaza de fotógrafo de la Escuela Nacional de Bellas Artes de México. A finales de los veinte empezó a hacer fotografías (detalles urbanos, imágenes maquinistas, naturalezas muertas fragmentarias, escenas de vida moderna) en la estética y las técnicas (primeros planos, fragmentaciones, fotomontajes) de la nueva fotografía. Publicó sus fotos como reportajes y publicidad en los semanarios ilustrados populares mexicanos. En 1931 expuso dos veces en México (una de ellas junto a la fotógrafa Aurora Eugenia Latapí) y la otra en Nueva York, en Delphic Studios. Ese año conoció a Serguei M. Eisenstein, que entonces rodaba su película inacabada sobre México, ¡Que viva México!, y comenzó su dedicación al cine, su actividad principal desde mediados de la década de los treinta.

▸ Mexicana. Fotografía moderna en México 1923-1940, cat. IVAM, Valencia 1998.

PHOTOGRAPHER. In 1923 Jiménez was given the post of photographer of the National School of Fine Arts in Mexico. He began taking photographs towards the end of the twenties (urban details, machinist photos, fragmentary still lifes and scenes of modern life), using the aesthetics and techniques (close-ups, fragmentation, photomontage) of the new photography. His photos were published as reports and advertising in the Mexican popular illustrated weeklies. He exhibited twice in 1931 (on one occasion alongside the photographer Aurora Eugenia Latapí), in Mexico, and in New York at the Delphic Studios. That same year he met Sergei M. Eisenstein who was, at the time, making his unfinished film about Mexico, ¡Que viva México! This would be Jimenez's introduction to the world of film, which would become his principal interest from the mid-thirties

▸ Mexicana. Fotografía moderna en México 1923-1940. cat. IVAM, Valencia 1998.

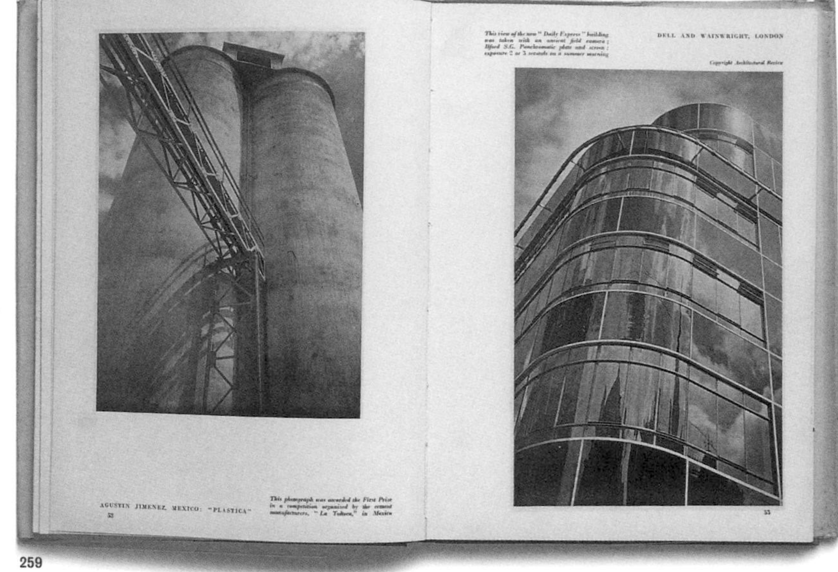

259

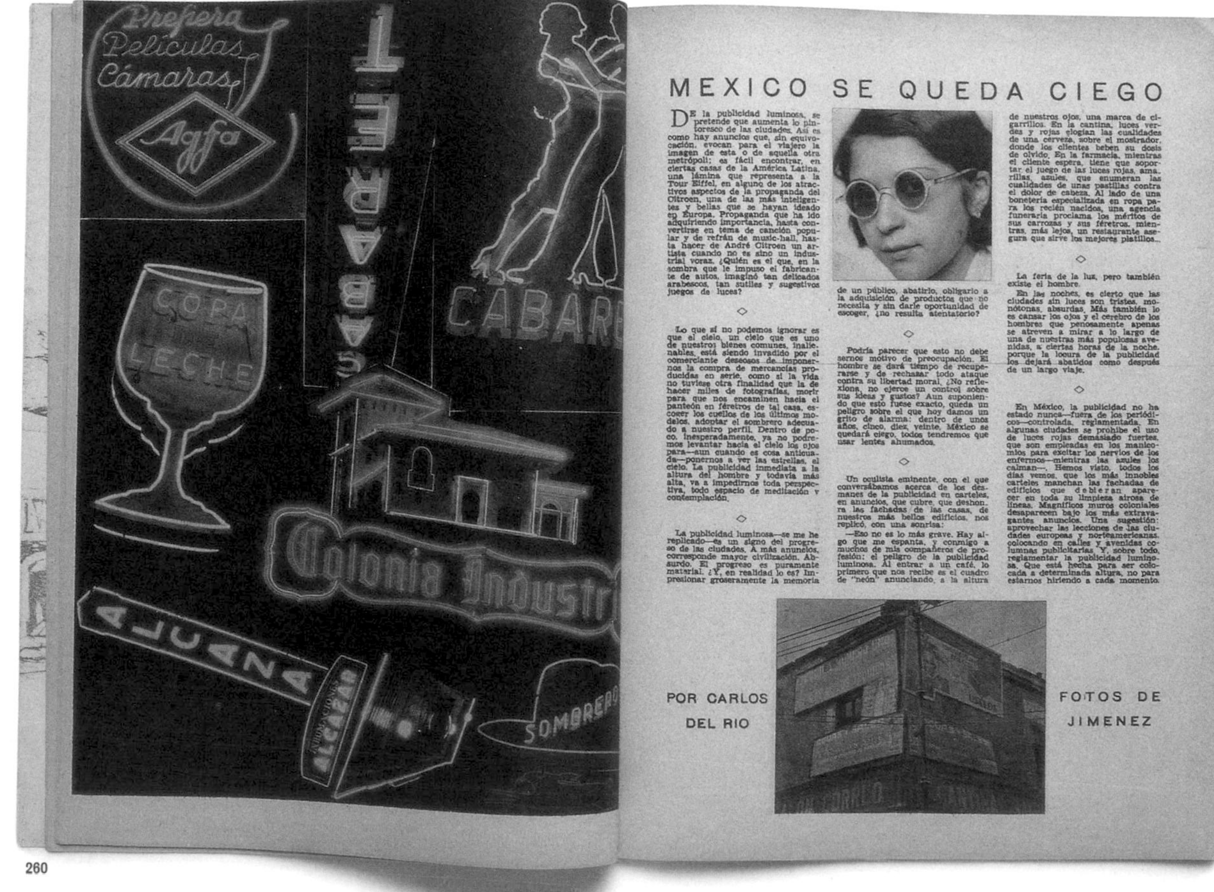

MEXICO SE QUEDA CIEGO

De la publicidad luminosa, se pretende que aumenta lo pintoresco de las ciudades. Así es como hay anuncios que, sin equivocación, evocan para el viajero la imagen de esta o de aquella otra metrópoli; es fácil encontrar, en ciertas casas de la América Latina, una lámina que representa a la Tour Eiffel, en alguno de los atractivos aspectos de la propaganda del Citroen, una de las más inteligentes y bellas que se hayan ideado en Europa. Propaganda que ha ido adquiriendo importancia, hasta convertirse en tema de canción popular y de refrán de music-hall, hasta hacer de André Citroen un artista cuando no es sino un industrial voraz. ¿Quién es el que, en la sombra que le impuso el fabricante de autos, imaginó tan delicados arabescos, tan sutiles y sugestivos juegos de luces?

◇

Lo que sí no podemos ignorar es que el cielo, un cielo que es uno de nuestros bienes comunes, inalienables, está siendo invadido por el comerciante deseosos de imponernos la compra de mercancías producidas en serie, como si la vida no tuviese otra finalidad que la de hacer miles de fotografías, morir para que nos encaminen hacia el panteón en féretros de tal casa, escoger los cuellos de los últimos modelos, adoptar el sombrero adecuado a nuestro perfil. Dentro de poco, inesperadamente, ya no podremos levantar hacia el cielo los ojos para—aun cuando es cosa anticuada—ponernos a ver las estrellas, el cielo. La publicidad inmediata a la altura del hombre y todavía más alta, va a impedirnos toda perspectiva, todo espacio de meditación y contemplación.

◇

La publicidad luminosa—se me he replicado—es un signo del progreso de las ciudades. A más anuncios, corresponde mayor civilización. Absurdo. El progreso es puramente material. ¿Y, en realidad lo es? Impresionar groseramente la memoria de un público, abatirlo, obligarlo a la adquisición de productos que no necesita y sin darle oportunidad de escoger, ¿no resulta atentatorio?

◇

Podría parecer que esto no debe sernos motivo de preocupación. El hombre se dará tiempo de recuperarse y de rechazar todo ataque contra su libertad moral. ¿No reflexiona, no ejerce un control sobre sus ideas y gustos? Aun suponiendo que esto fuese exacto, queda un peligro sobre el que hoy damos un grito de alarma: dentro de unos años, cinco, diez, veinte, México se quedará ciego, todos tendremos que usar lentes ahumados.

◇

Un oculista eminente, con el que conversábamos acerca de los desmanes de la publicidad en carteles, en anuncios, que cubre, que deshonra las fachadas de las casas, de nuestros más bellos edificios, nos replicó, con una sonrisa:

—Eso no es lo más grave. Hay algo que me espanta, y conmigo a muchos de mis compañeros de profesión: el peligro de la publicidad luminosa. Al entrar a un café, lo primero que nos recibe es el cuadro de "neón" anunciando, a la altura de nuestros ojos, una marca de cigarrillos. En la cantina, luces verdes y rojas elogian las cualidades de una cerveza, sobre el mostrador, donde los clientes beben su dosis de olvido. En la farmacia, mientras el cliente espera, tiene que soportar el juego de las luces rojas, amarillas, azules, que enumeran las cualidades de unas pastillas contra el dolor de cabeza. Al lado de una bonetería especializada en ropa para los recién nacidos, una agencia funeraria proclama los méritos de sus carrozas y sus féretros, mientras, más lejos, un restaurante asegura que sirve los mejores platillos...

◇

La feria de la luz, pero también existe el hombre.

En las noches, es cierto que las ciudades sin luces son tristes, monótonas, absurdas. Más también lo es cansar los ojos y el cerebro de los hombres que penosamente apenas se atreven a mirar a lo largo de una de nuestras más populosas avenidas, a ciertas horas de la noche, porque la locura de la publicidad los dejará abatidos como después de un largo viaje.

◇

En México, la publicidad no ha estado nunca—fuera de los periódicos—controlada, reglamentada. En algunas ciudades se prohibe el uso de luces rojas demasiado fuertes, que son empleadas en los manicomios para excitar los nervios de los enfermos—mientras las azules los calman—. Hemos visto, todos los días vemos, que los más innobles carteles manchan las fachadas de edificios que debieran aparecer en toda su limpieza airosa de líneas. Magníficos muros coloniales desaparecen bajo los más extravagantes anuncios. Una sugestión: aprovechar las lecciones de las ciudades europeas y norteamericanas, colocando en calles y avenidas columnas publicitarias. Y, sobre todo, reglamentar la publicidad luminosa. Que está hecha para ser colocada a determinada altura, no para estarnos hiriendo a cada momento.

POR CARLOS DEL RIO

FOTOS DE JIMENEZ

260

JIMÉNEZ

259 — Modern Photography 1932, fotografía de Agustín Jiménez y Dell & Wainrigth, The Studio, Londres y Nueva York 1932, MNCARS.
260 — Revista de Revistas 1219 (24 septiembre 1933), fotografía de Agustín Jiménez, colección particular.
261/264 — Gustavo Ortiz Hernán, Chimeneas. Novela, fotografías y fotomontajes de Agustín Jiménez, editorial México Nuevo, México 1937, colección particular.

259 — Modern Photography 1932. Photography by Agustín Jiménez and Dell & Wainright, The Studio, London and New York 1932. MNCARS.
260 — Revista de revistas 1219 (24 September 1933). Photography by Agustín Jiménez. Private collection.
261/264 — Gustavo Ortiz Hernán, Chimeneas. Novela. Photographs and photomontages by Agustín Jiménez. Editorial México Nuevo, Mexico 1937. Private collection.

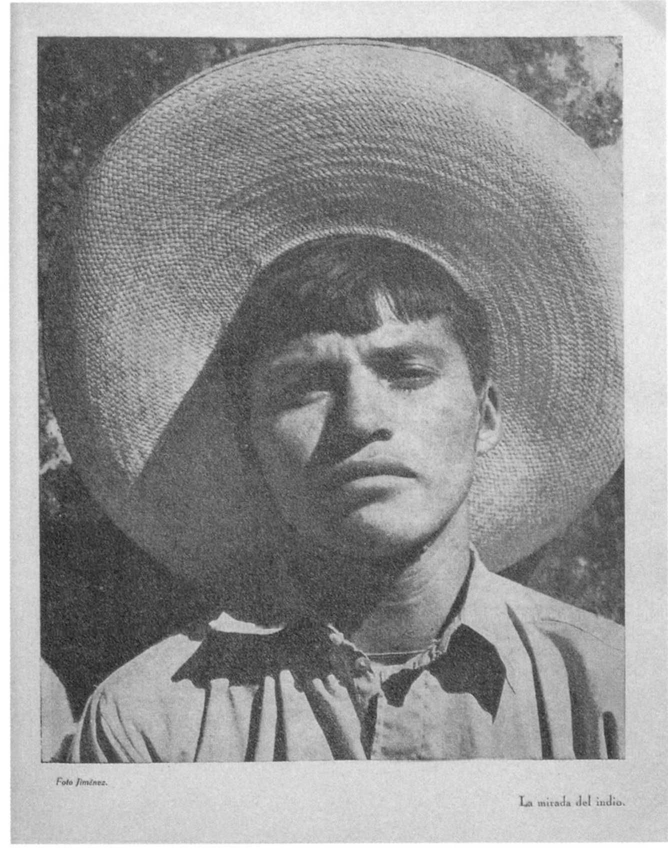

261

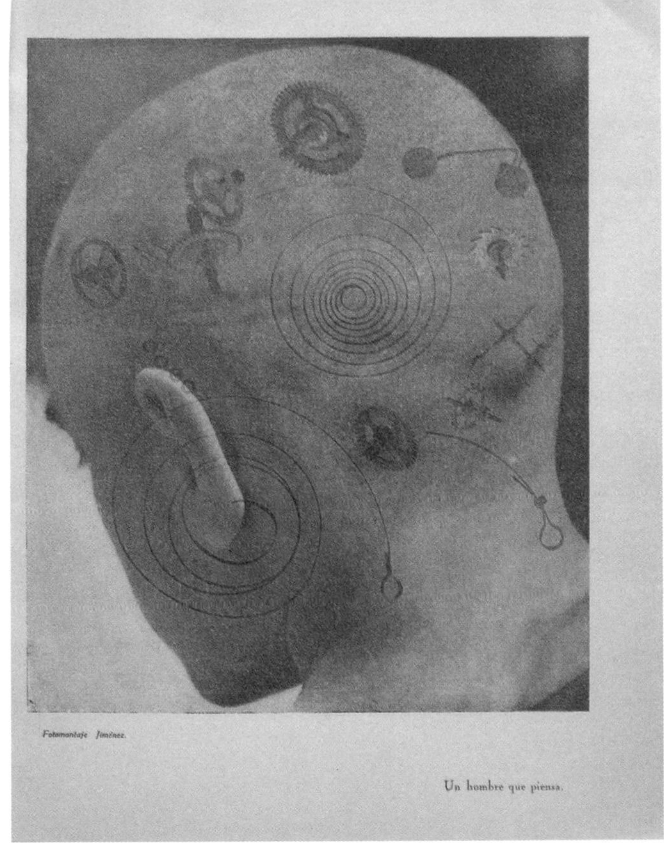

262

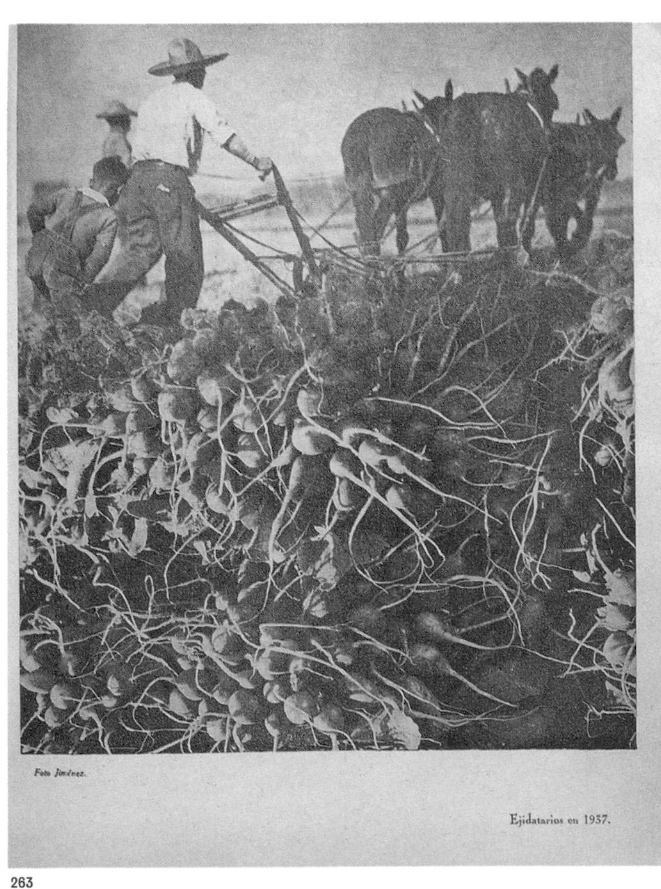

263

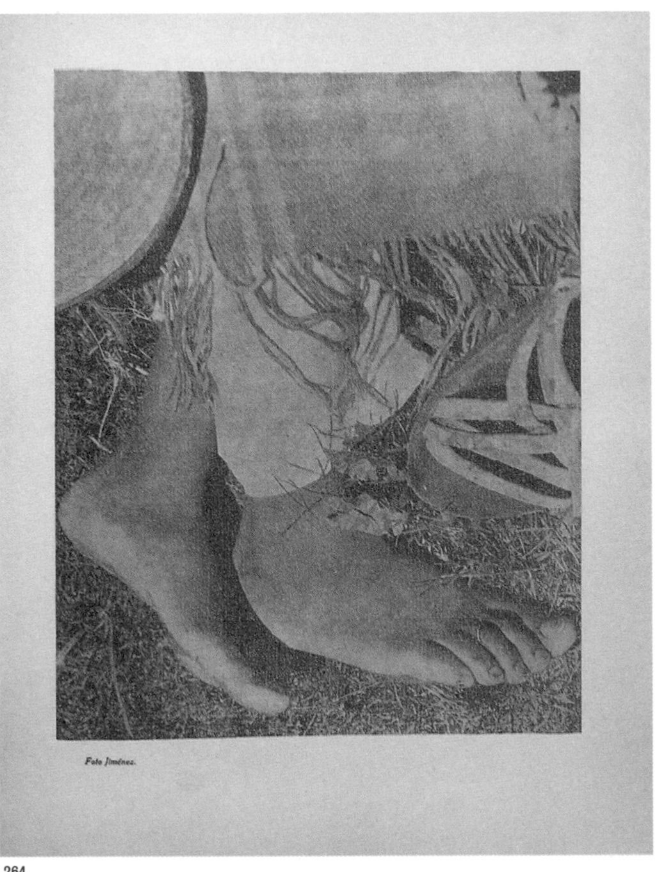

264

GRIT KALLIN 1897 — 1973

FOTÓGRAFA, PINTORA. Hizo estudios de pintura en Marburg y Leipzig entre 1911 y 1918, año en el que se instaló en Berlín. En 1926-28 estudió en la Bauhaus. De nuevo en Berlín, se dedicó a la fotografía publicitaria. Emigró a Estados Unidos en 1934.

► Grit Kallin Fischer. Bauhaus and other Works, cat. The Jane Vorhees Zimmerli Art Museum, The State University of New Jersey, New Brunswick 1986.

PHOTOGRAPHER, PAINTER. Kallin studied painting in Marburg and Leipzig from 1911 to 1918, year in which she moved to Berlin. She then studied at the Bauhaus in 1926-28, later returning to Berlin to concentrate on advertising photography. She emigrated to the United States in 1934.

► Grit Kallin Fischer. Bauhaus and other Works, cat. The Jane Vorhees Zimmerli Art Museum, The State University of New Jersey, New Brunswick 1986.

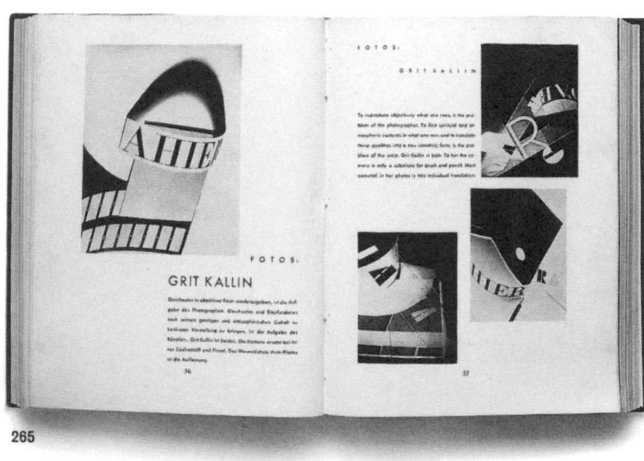

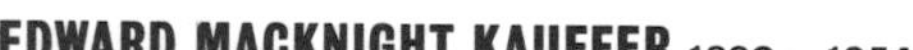

265

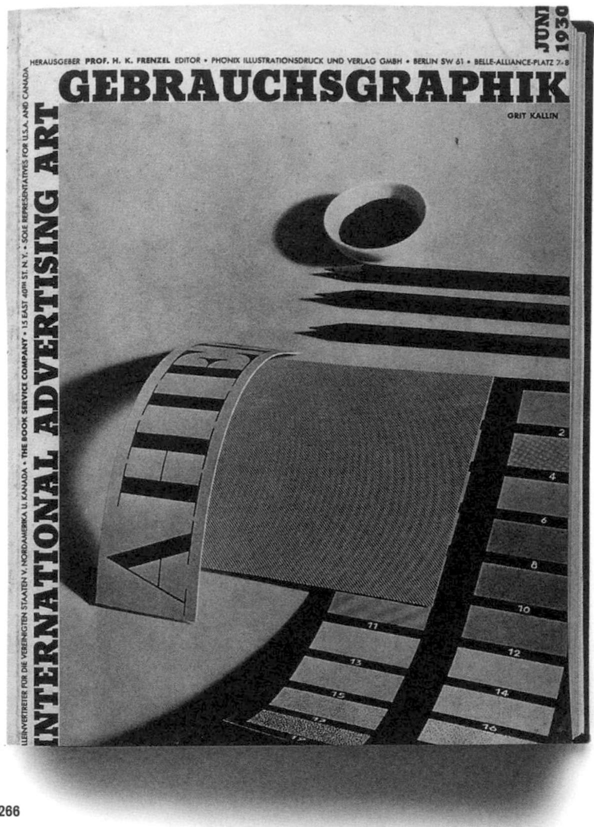

266

EDWARD MACKNIGHT KAUFFER 1890 — 1954

CARTELISTA. Nacido en Montana, estudió en San Francisco (1911-13) y Chicago (1913). En 1914 se estableció en Londres, donde comenzó a producir carteles, así como diseños editoriales y publicitarios. En la década de los treinta asimiló los nuevos lenguajes e incorporó la fotografía a sus diseños. Expuso en 1937 en el Museum of Modern Art de Nueva York y volvió a Estados Unidos en 1940.

► E. MacKnigth Kauffer, The Art of the Poster, Londres 1924. E. MacKnigth Kauffer: Poster Art 1915-1940, Londres 1973.

POSTER DESIGNER. Born in Montana, MacKnight Kauffer studied in San Francisco (1911-13) and Chicago (1913). In 1914 he moved to London where he produced posters, as well as editorial and advertising designs. In the thirties he assimilated the new movements in art and incorporated photography into his designs. He exhibited in the New York Museum of Modern Art in 1937 and returned to the United States in 1940.

► E. MacKnight Kauffer, The Art of the Poster, London 1924; E. MacKnight Kauffer, Poster Art 1915-1940, London 1973.

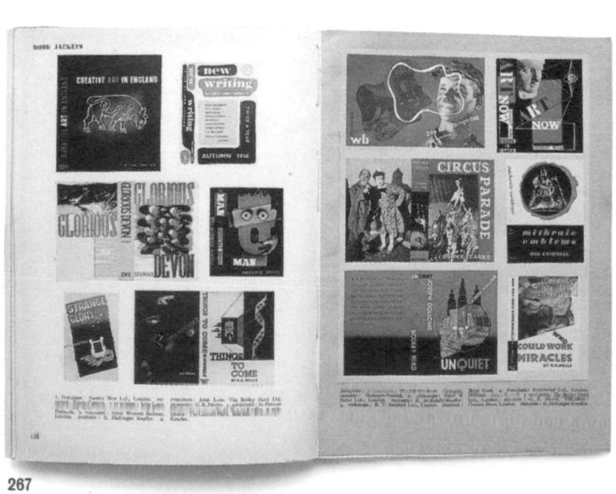

267

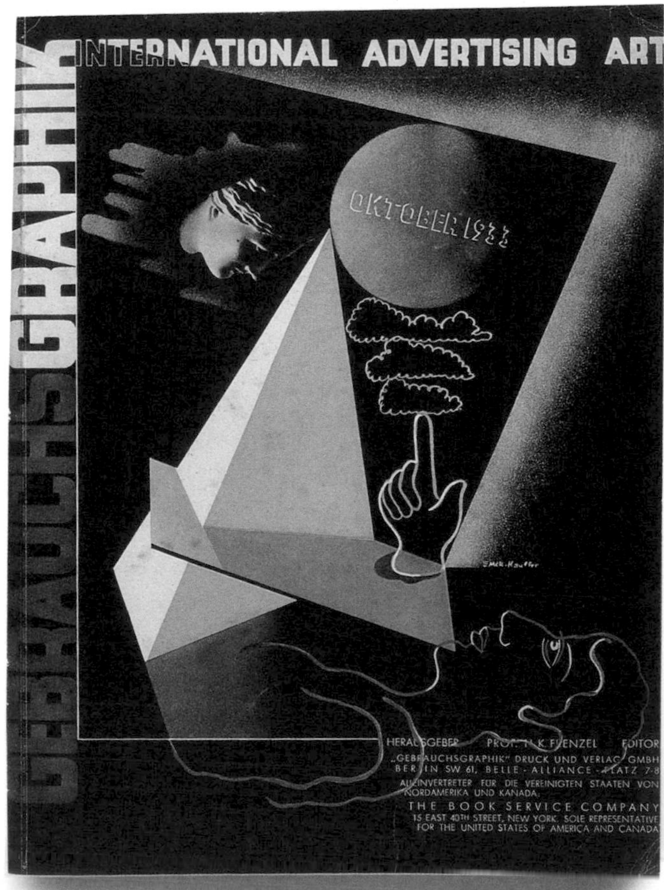

268

KALLIN
265/266 — Gebrauchsgraphik vol. 7, 6 (junio 1930), fotografías de Grit Kallin, colección particular.
265/266 — Gebrauchsgraphik vol.7, 6 (June 1930). Photographs by Grit Kallin. Private collection.

KAUFFER
267 — Modern Publicity 1937-38, The Annual of "Art and Industry", ed. F.A. Mercer & W. Gaunt, diseños de Edward MacKnigth Kauffer y otros, The Studio, London & New York 1938, MNCARS.
268 — Gebrauchsgraphik vol. 10, 10 (octubre 1933), cubierta, diseño de Edward MacKnigth Kauffer, colección particular.
269 — Edward McKnight Kauffer, Stop on India nonskid tyres, cartel, Merrill C. Berman Collection.
267 — Modern Publicity 1937-38, Designs by Edward MacKnight Kauffer and others, The Studio, London and New York 1938. MNCARS.
268 — Gebrauchsgraphik vol.10 10 (October 1933). Cover, design by Edward MacKnight Kauffer. Private collection.
269 — Edward MacKnight Kauffer, Stop on India nonskid tyres. Poster, Merrill C. Berman Collection.

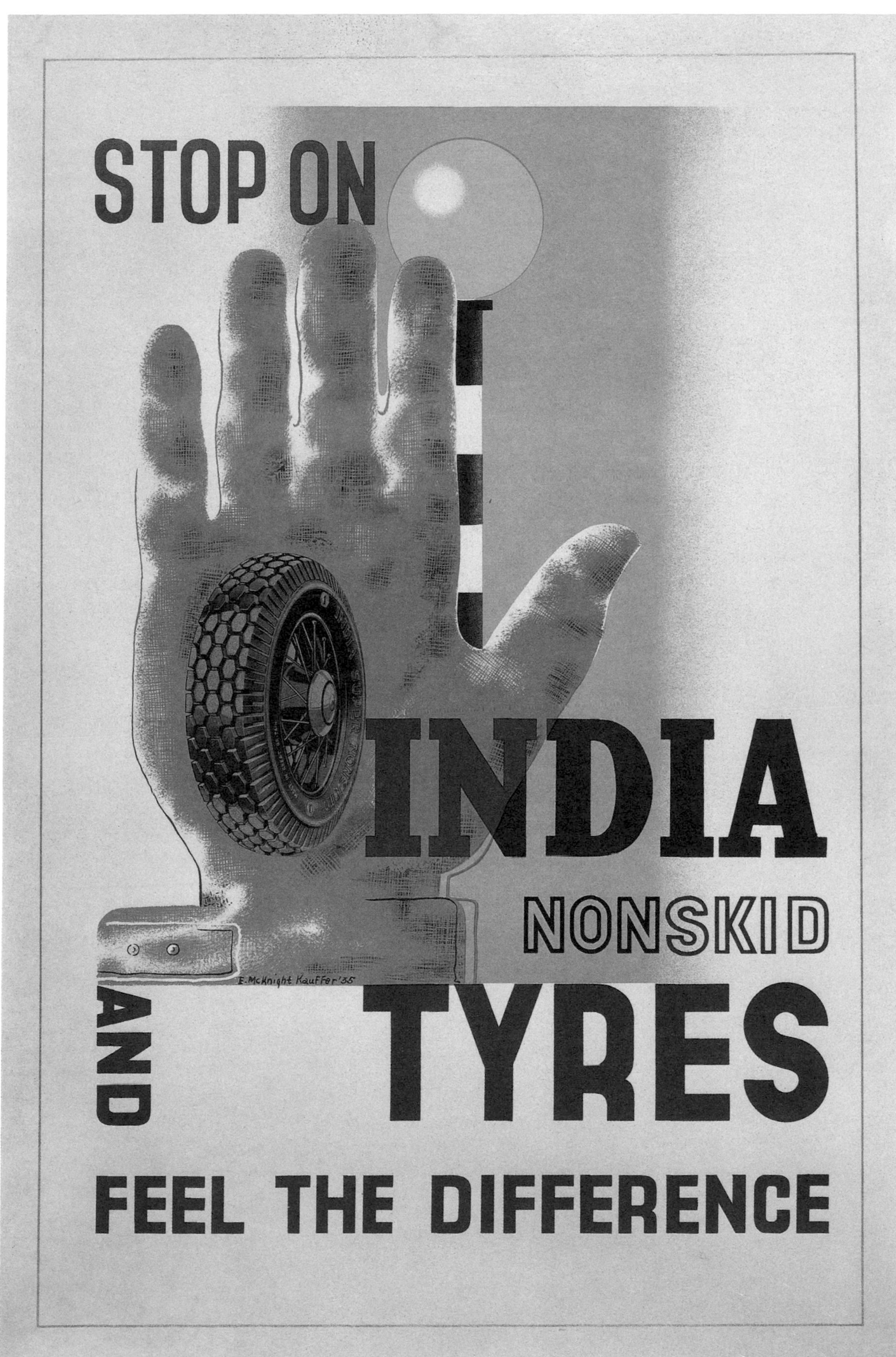

269

GYORGY KEPES 1906

DISEÑADOR GRÁFICO, FOTOMONTADOR. Educado en la Academia de Arte de Budapest entre 1924-28. A principio de los años treinta se estableció en Berlín, donde se relacionó con László **Moholy-Nagy**. Desde 1928 se dedicó a la fotografía, hizo fotomontajes para la revista Das neue Russland y trabajó como diseñador gráfico. Junto a Moholy-Nagy emigró a Londres en 1933 y luego, en 1937, a Estados Unidos. Desde 1938 fue profesor de color en la New Bauhaus en Chicago y trabajó para la Container Corporation of America, así como para la revista **Fortune**.

► G. Kepes, Language of Vision, Chicago 1944.

GRAPHIC DESIGNER, PHOTOMONTEUR. Kepes was educated at the Royal Academy of Art in Budapest from 1924 to 1928. At the beginning of the thirties he moved to Berlin, where he met László **Moholy-Nagy**. From 1928 he took up photography, making photomontages for the magazine Das neue Russland and working as a graphic designer. He emigrated to London with Moholy-Nagy in 1933 and later, in 1937, to the United States. From 1938 he was professor of colour at the New Bauhaus in Chicago, and worked for the Container Corporation of America, as well as for the magazine **Fortune**.

► G. Kepes, Language of Vision, Chicago 1944.

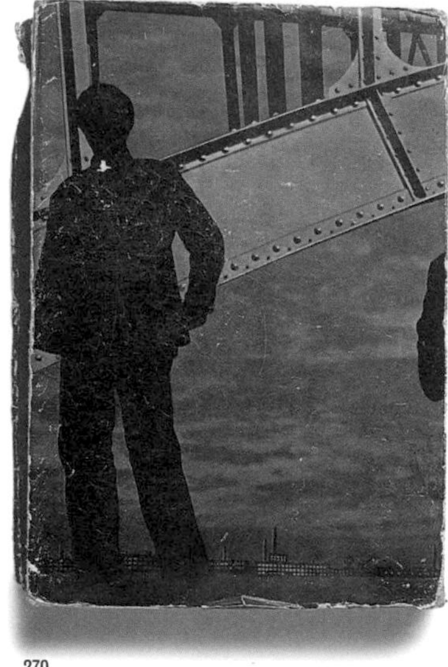

270

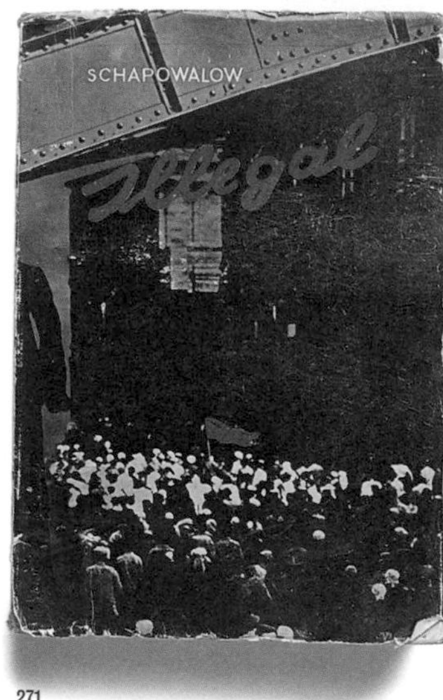

271

ANDRÉ KERTÉSZ 1894 — 1985

FOTÓGRAFO. Nacido en Budapest, fue empleado de la Bolsa y fotógrafo aficionado. Tras su llegada a París en 1925 realizó numerosos retratos de artistas y la bohemia de la ciudad. Su capacidad para la composición y la elección de los temas, que conseguía al transformar motivos comunes en imágenes nuevas y rigurosamente ordenadas, le convirtió en un fotógrafo reconocido por la crítica, las exposiciones y, sobre todo, las publicaciones. Kertész poseía una gran habilidad para animar la geometría, introduciendo elementos significativos y metafóricos en escenarios y puntos de vista cuidadosamente elegidos por razones formales. Entre 1926 y 1936 sus fotografías se publicaron en revistas francesas, alemanas y británicas como **Arts et métiers graphiques**, **Photographie**, **Vu**, Art et Médecine, L'Art vivant, **Vogue**, Münchner Illustrierte Presse, Uhu, **Variétés**, The Sphere o Weekly Illustrated. En 1929 participó en **Film und Foto**, así como en otras exposiciones fotográficas internacionales en los años siguientes. Editó su primer foto-libro en 1933, seguido al año siguiente de uno de los mejores foto-libros publicados sobre ciudades, un género frecuente en la edición fotográfica de entonces. Sus fotografías de Paris vu par André Kertész son una demostración del poder de la fotografía para crear imágenes complejas, en las que la belleza formal no está reñida con el registro de situaciones reales y llenas de vida, algo pocas veces conseguido por los fotógrafos formalistas. Kertész también realizó en estos años una extraordinaria serie de desnudos con espejos deformantes, uno de los trabajos más innovadores del arte de la época. Emigró a Nueva York en 1936, donde publicó sus fotos en las revistas de la editorial Condé Nast, aunque no consiguió el reconocimiento que merecía su trabajo, una demostración más de que a finales de los años treinta sólo las fotografías narrativas, por no decir evidentes, eran consideradas documentos de interés.

► A. Kertész, Enfants, París 1933; Soixante photographies d'enfants, París 1935; Nos amies les bêtes, París 1936; S.S. Philips y otros, André Kertész of Paris and New York, Nueva York 1985.

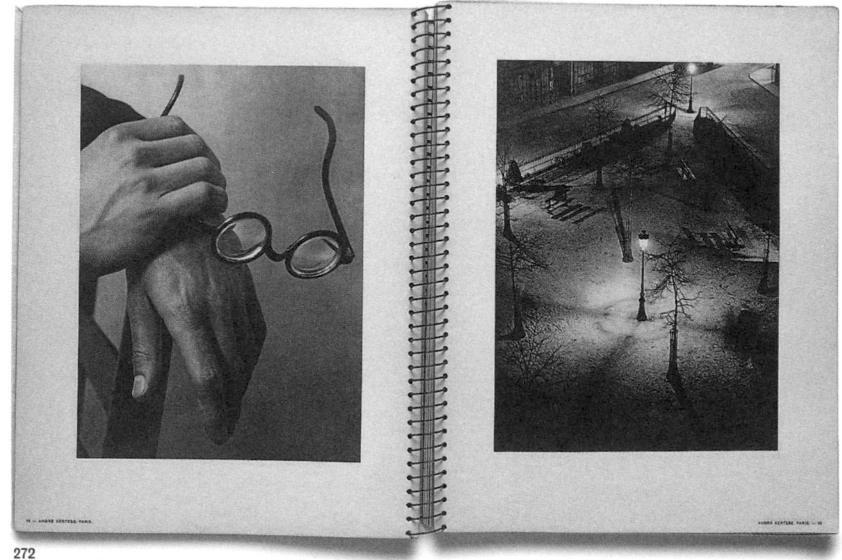

272

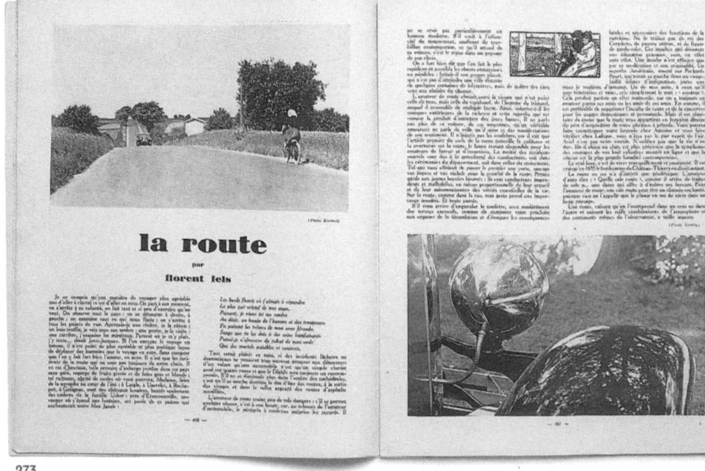

la route

par

florent fels

273

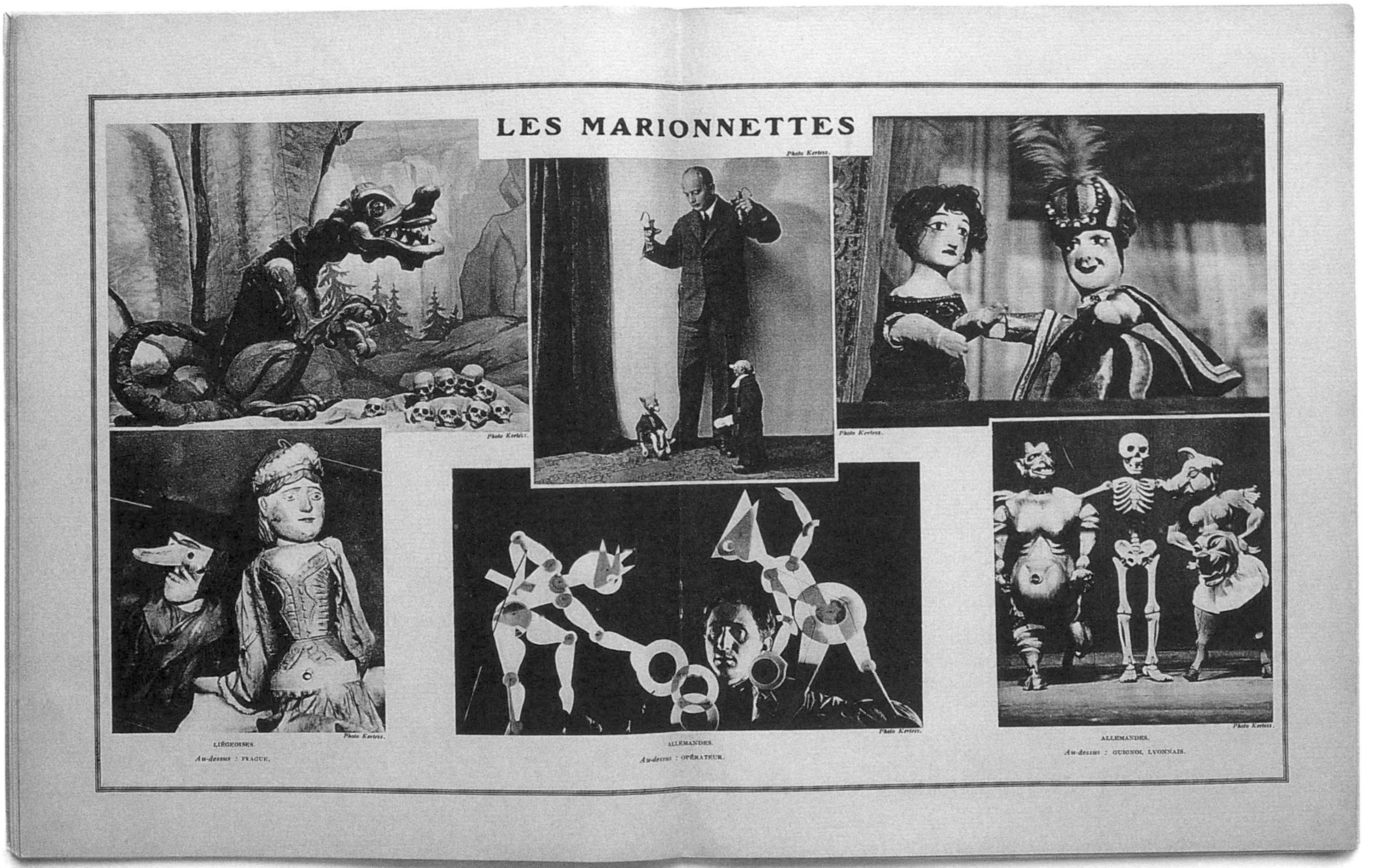

LES MARIONNETTES

Photo Kertész.

LIÉGEOISES. Au-dessus : PRAGUE.

ALLEMANDES. Au-dessus : OPÉRATEUR.

ALLEMANDES. Au-dessus : GUIGNOL LYONNAIS.

274

KEPES
270/271 — A. Schapowalow, Illegal. Erinnerungen eines Arbeiterrevolutionärs, cubiertas, fotomontaje de Gyorgy Kepes, MOPR Verlag GmBH, Berlín 1932, AHNSGC.
270/271 — A. Schapowalow, Illegal. Erinnerungen eines Arbeiterrevolutionärs. Covers, photomontage by Gyorgy Kepes. MOPR Verlag GmbH, Berlin 1932. AHNSGC.

KERTÉSZ
272 — Arts et métiers graphiques Photo vol. 3, 16 (15 de marzo 1930), fotografías de André Kertész, MNCARS.
273 — Jazz (15 de agosto 1929), fotografías de André Kertész, IVAM.
274 — L'Art vivant vol. 5, 118 (15 de noviembre 1929), fotografías de André Kertész, colección particular.
275 — L'Art vivant vol. 5, 101 (1 de marzo 1929), fotografías de André Kertész, colección particular.
272 — Arts et métiers graphiques Photo vol. 3, 16 (15 March 1930). Photographs by André Kertész. MNCARS.
273 — Jazz (15 August 1929). Photographs by André Kertész, IVAM.
274 — L'Art vivant vol. 5, 118 (15 November 1929). Photographs by André Kertész. Private collection.
275 — L'Art vivant vol. 5, 101 (1 March 1929). Photographs by André Kertész. Private collection.

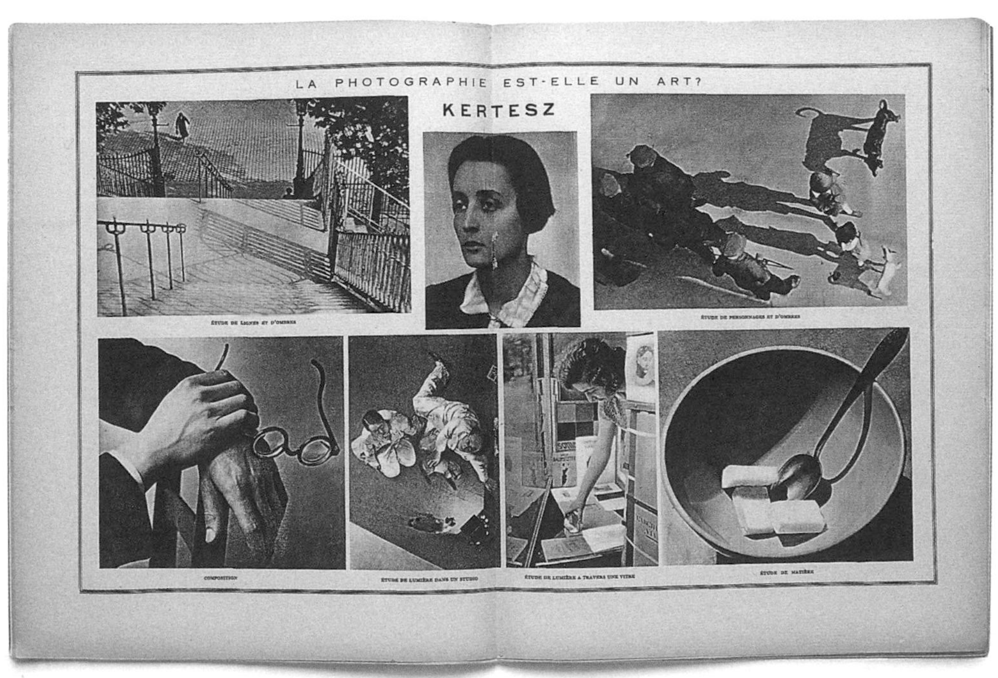
LA PHOTOGRAPHIE EST-ELLE UN ART?

KERTESZ

ÉTUDE DE LIGNES ET D'OMBRES

ÉTUDE DE PERSONNAGES ET D'OMBRES

COMPOSITION

ÉTUDE DE LUMIÈRE DANS UN STUDIO

ÉTUDE DE LUMIÈRE A TRAVERS UNE VITRE

ÉTUDE DE MATIÈRE

275

ANDRÉ KERTÉSZ 1894 — 1985

PHOTOGRAPHER. Born in Budapest, Kertész was an employee of the stock exchange who became an amateur photography enthusiast. Following his arrival in Paris in 1925 he took numerous portraits of the city's artists and Bohemia. His capacity to select the subject and to create compositions that he achieved by transforming ordinary objectives into new and rigorously organised images converted him into a photographer recognised by the critics, the exhibitions and, above all, the publications. Kertész possessed a great ability to animate geometry, which he did by introducing significant and metaphorical elements into scenes and points of view that were carefully chosen on the basis of formal reasoning. Between 1926 and 1936 his photographs were published in French, German and British magazines, such as Arts et métiers graphiques, Photographie, Vu, Art et Médecine, L'Art Vivant, Vogue, Münchner Illustrierte Presse, Uhu, Variétés, The Sphere, and Weekly Illustrated. In 1929 he participated in Film und Foto, as well as in other international photographic exhibitions in the following years. In 1933 he published his first photo-book, followed the following year by one of the best photo-books ever published on cities, a genre on the increase in photographic publishing of the time. Kertesz's photographs in Paris vu par André Kertész are a demonstration of the power of photography to create complex images in which formal beauty is not at odds with the capturing of real situations that are full of life, something seldom achieved by Formalist photographers. Kertész also produced an extraordinary series of nude photographs using mirrors that distorted the final image, one of the most innovative pieces of work of the art of the time. He emigrated to New York in 1936, his work being published in magazines belonging to the publishers Condé Nast, though he never achieved the recognition his work deserved. This was yet another demonstration that, in the late thirties, only narrative, to avoid the term obvious, photographs were considered documents of interest.

► A. Kertész, Enfants, Paris 1933; Soixante photographies d'enfants, Paris 1935; Nos amies les bêtes, Paris 1936; S.S. Philips et al., André Kertész of Paris and New York, New York 1985.

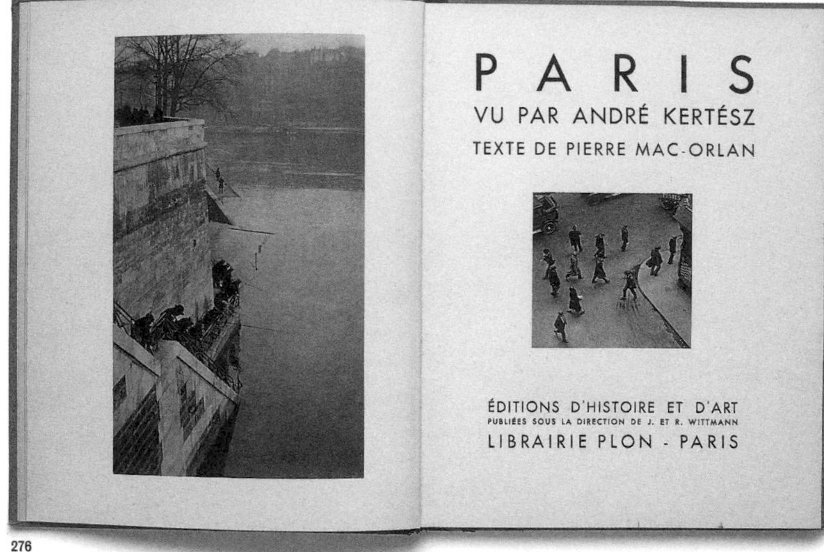

276

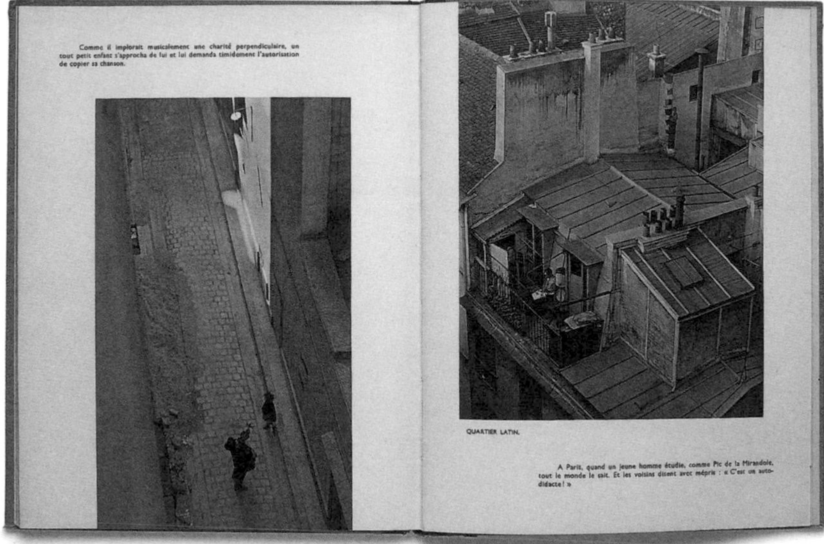

277

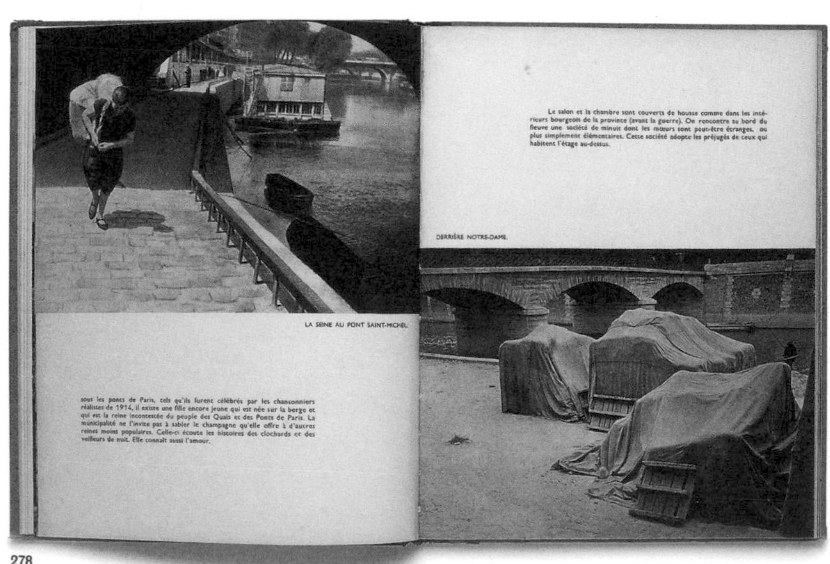

278

KERTÉSZ
276/278 — Paris vu par André Kertész, texto de Pierre Mac Orlan, Éditions d'histoire et d'art, Librairie Plon, París 1934, Colección Juan Naranjo.
279 — Arts et métiers graphiques vol. 6, 37 (15 de enero 1933), fotografías de André Kertész, MNCARS.
280/281 — Photography Year Book 1936-37, fotografías de André Kertész, Cosmopolitan Press, Londres 1936, colección particular.
276/278 — Paris vu par André Kertész. Text by Pierre MacOrlan, Éditions d'histoire et d'art, Librairie Plon, Paris 1934. Juan Naranjo Collection.
279 — Arts et métiers graphiques vol. 6, 37 (15 January 1933). Photographs by André Kertész. MNCARS.
280/281 — Photography Year Book 1936-37. Photographs by André Kertész, Cosmopolitan Press, London 1936. Private collection.

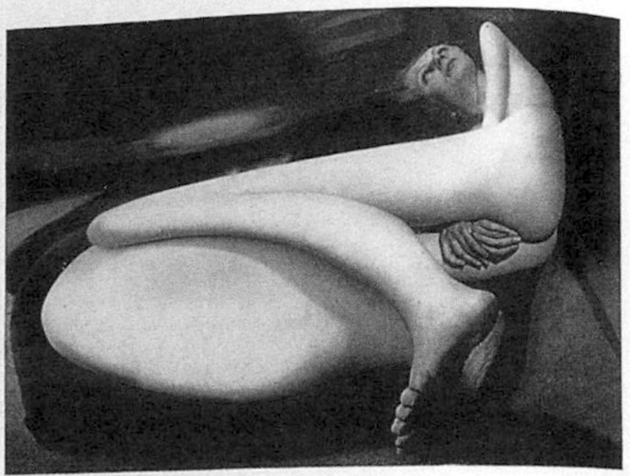

Un jour que Kertesz se promenait à Luna-Park, l'image grotesque que lui renvoya un miroir concave lui donna l'idée de recueillir des déformations optiques. Il utilisa pour ses expériences une boule de verre; mais il ne pouvait obtenir qu'un nombre très restreint de déformations, et la photographie en était malaisée. Aussi fit-il l'acquisition d'un grand miroir, dont certaines parties étaient cylindriques, d'autres coniques, d'autres paraboliques; en d'autres endroits, ce miroir était concave ou convexe.

Dès ce jour, il apparut à Kertesz qu'il disposait d'un instrument merveilleux qui lui permettrait des observations illimitées, d'un instrument qui créerait des formes nouvelles et qui lui donnerait d'un même objet un nombre considérable d'images, selon qu'il le déplacerait devant le miroir ou qu'il inclinerait le miroir différemment.

On avait dit que la photographie remplacerait la peinture — il serait à souhaiter qu'elle tuât les mauvais peintres! — que la zincogravure remplacerait la gravure sur bois, celle du moins des catalogues de nouveautés. Ne se trouvait-on pas en présence d'une véritable machine à déformer qui pourrait juxtaposer sa vision organisée et purement *mécanique* aux déformations toutes cérébrales de certains peintres? Dans la création des images, les variations de courbure pourraient jouer au centuple le rôle de l'astigmatisme que d'aucuns prêtent à Cézanne et au Gréco.

Il est tout au moins singulier de constater l'analogie que présentent des photographies de Kertesz avec certaines toiles de Derain ou de Picasso qui datent de l'époque où la mode picturale était aux grosses jambes et aux mains gourdes. La parenté de ces photographies ne s'affirme pas moins grande avec quelques portraits de Modigliani qui s'ornent d'un cou interminable, et avec certaines sculptures d'Archipenko, de Brancusi et de Nadelmann. Ce dernier rapprochement n'est pas le moins curieux à signaler; car les trois artistes que nous venons de citer sont originaires, comme Kertesz, de l'Europe centrale.

KERTESZ ET SON MIROIR

Dans ces images de Kertesz, le corps de la femme dessine les courbes les plus inattendues. Des épaules se prolongent comme une écharpe qui s'envole; des ventres et des bras s'incurvent bizarrement. Un buste, étiré comme une tige d'arum, s'évanouit on ne sait comment vers le cou. Un autre buste se termine comme une parabole dont l'axe serait oblique; le bras gauche semble une courge lisse et prodigieusement longue, l'autre bras est réel, mais la main élargie s'achève en touches de piano. Voici une femme étendue sur le côté, dont le ventre lourd évoque celui d'un cheval couché; ses bras sont démesurément gros et courts. Souvent la tête est aplatie et le torse puissant; les cuisses n'en finissent plus...

Mais il serait vain de chercher à dégager une loi; car le propre de ce miroir magique est de varier les systèmes de déformation selon que l'objet se déplace. Semblable au satyre de la Fable qui soufflait le chaud et le froid, il juxtapose le réel à l'irréel, le précis au flou, l'harmonieux à l'horrible. Il n'a point la moindre souvenance que « l'homme a été créé à l'image de Dieu », et il traite le corps avec la même désinvolture que ferait un ornemaniste d'un végétal ou d'un minéral. La géométrie est son divertissement préféré. Tel corps incliné fera penser à trois paraboles d'équations différentes, dont on aurait soudé les arcs. Un mollet, se détachant sur une masse d'ombres noires et grises, dessine un chapeau de polichinelle qui se terminerait par deux fragments d'hyperbole. Des épaules, des seins et des mains tendues s'inscrivent en des courbes parallèles, qu'animent des jeux, parallèles aussi, d'ombres et de lumières. Voici, dessinés par des corps, de pures sinusoïdes. Sur telle autre photographie, les mains s'achèvent en longs pétales de lis, sans doute pour y matérialiser une métaphore... Car ce miroir a une grande propension à la rhétorique.

Outre ces déformations décoratives, dont certaines pourraient inspirer des hauts-reliefs, Kertesz nous offre des visions affreuses, d'obsédantes images de cauchemar. Voici une immense lentille de phare que traversent des chairs et des bras sur lesquels d'autres bras ont proliféré. Une triste Ophélie est soutenue sur l'eau par le reflet grossi de son visage et les ballons de ses seins gonflés à éclater. Entre des doigts, qui ressemblent à s'y méprendre à des macaronis délavés, émerge un nez pointu comme un bec de corbeau. Des pieds sont larges et recourbés comme un dossier de fauteuil, d'autres sont étroits et longs comme des skis. Une femme est couchée sur le côté : l'une de ses cuisses s'achève en ventre de morse, l'autre en un nouveau tronc étiré que terminent des jambes sans genoux. Nous voilà loin des critères d'Horace et de son *desinit in piscem!*

Deux pieds s'emboîtent aux deux extrémités d'un serpent d'ivoire. D'immenses limaces escaladent un ventre aussi rugueux qu'un arbre. Trois sœurs sont soudées par le ventre; l'une d'elle partage sa chevelure avec une quatrième femme, vingt fois plus petite que ses compagnes. Deux femmes s'étreignent, dont l'une est tout en ventre et l'autre tout en tête. Le corps d'une jeune fille au nez de tapir s'étrangle incroyablement au dessous des aisselles. Deux cornes accolées donnent naissance à une femme minuscule; dans un coin de l'image un repli de chair obture à demi un hublot déformé.

Voici un corps accroupi dont le cou et la tête sont figurés par le corps d'une géante maigre; une pieuvre aux mains de femme a plongé dans les tuyaux du radiateur qui se trouvait près du miroir et, à travers le train d'ondes, elle nage vers l'immonde gnôme.

Une femme au port majestueux semble se glorifier de ses pieds de pachyderme. Une autre dont la tête se tord, comme on tordrait un tube de plomb, hurle un désespoir indicible; l'épaule s'est étirée comme la bouche; la jambe gauche est affreusement maigre, la droite est tuméfiée plus encore que ces jambons Olida qu'on détaille dans les charcuteries.

Cette femme dont le ventre est constellé d'énormes papilles, tend vers un ciel noir, comme les trois blanches coupoles d'une église byzantine, son épaule, son sein durci et la pointe menaçante de son nez.

Un Janus sans bras, dont l'un des profils est d'une occidentale, l'autre d'une asiatique, est écrasé entre des cuisses prodigieusement longues; la bourrelle a des hanches volumineuses et le nez allongé comme un fusil de faucheur...

Ces fantaisies peuplées de stryges et de lamies, ces compositions étranges où des lambeaux d'ectoplasme s'allient aux phoques et aux reptiles, pourraient, dans une certaine mesure, se réclamer de l'esthétique surréaliste. Elles n'ont guère de rapport, en tout cas, avec l'œuvre de Jérôme Bosch et les diableries de Breughel avec lesquelles on serait tenté de les comparer. Breughel et Bosch se confinent dans un fantastique presque littéraire, où l'accessoire et le décor jouent un rôle important. Chez eux, le personnage est singulier, l'attitude bizarre, mais l'intention est si évidente, la composition si équilibrée, que leur peinture donne le plus souvent l'impression d'une charge, et que la laideur n'y apporte qu'un élément comique.

Par cela même qu'ils n'ont plus rien d'humain, tout en rappelant la forme humaine par certains détails, par cela même aussi qu'ils représentent à eux seuls tout l'intérêt de la composition, les personnages de Kertesz atteignent, au contraire, l'horrible. Ces êtres, dont les proportions ne se soumettent à aucune loi, et qui s'étirent dans tous les sens comme du caoutchouc ou de la pâte à berlingots, semblent échappés à la ménagerie d'un Barnum de cauchemar. Peut-être sont-ils tombés d'une autre planète où les trois dimensions n'ont pas cours? On éprouve, à les regarder, cette impression de malaise que donnent certains moulages en cire dont l'original ne provoquerait qu'indifférence.

Un critique a dit de ces images qu'elles pourraient illustrer Baudelaire. Il désignait par là, sans doute, les déformations purement décoratives... ou bien nous ne comprenons pas les *Fleurs du Mal* de la même façon. Par contre, nous ne serions point fâché de retrouver ces photographies entre les pages de tel « roman noir », ou en frontispice à telle œuvre romantique où le rêve constitue la trame du récit, certains contes de Nodier par exemple. Et il serait assez piquant de confronter les produits d'un délire avec les créations d'un œil scientifiquement désorganisé.

Mais pourquoi M. Kertesz a-t-il limité son ambition à la photographie du nu? Pourquoi n'assemblerait-il point des volumes géométriques ou des objets familiers pour en composer des natures mortes, dont les déformations ne laisseraient pas de divertir les dilettantes blasés que nous sommes?

Bertrand Guégan.

24

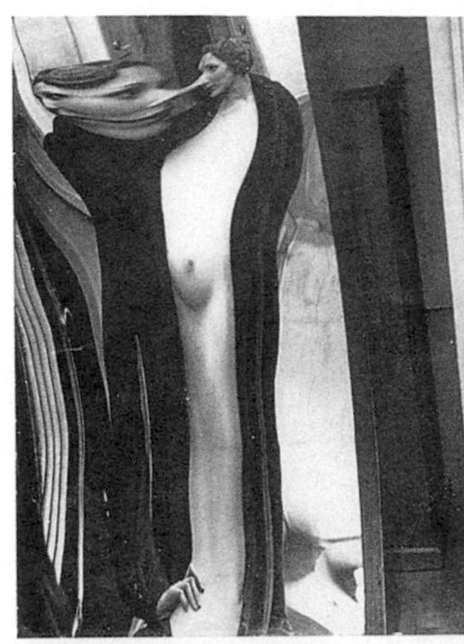

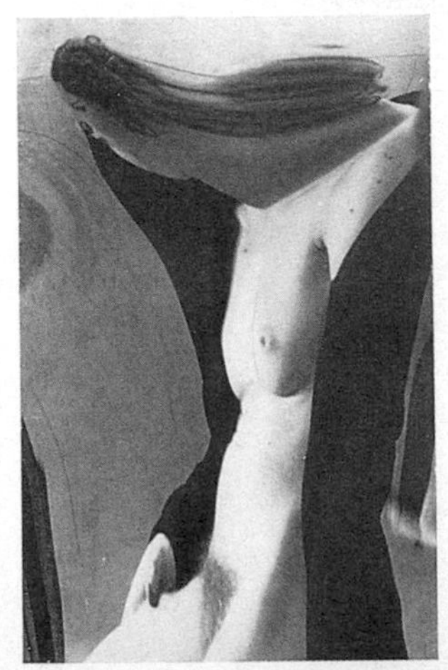

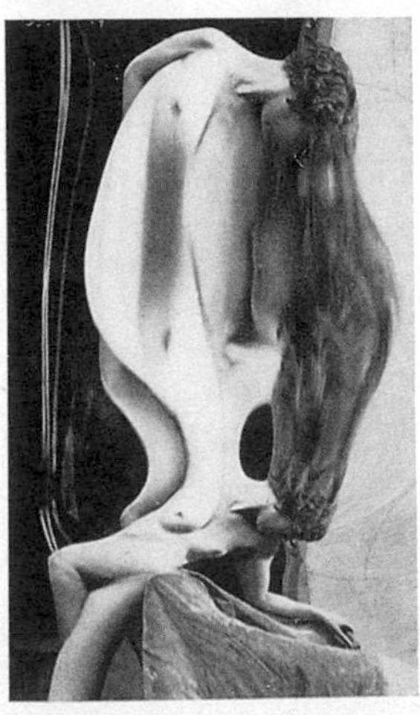

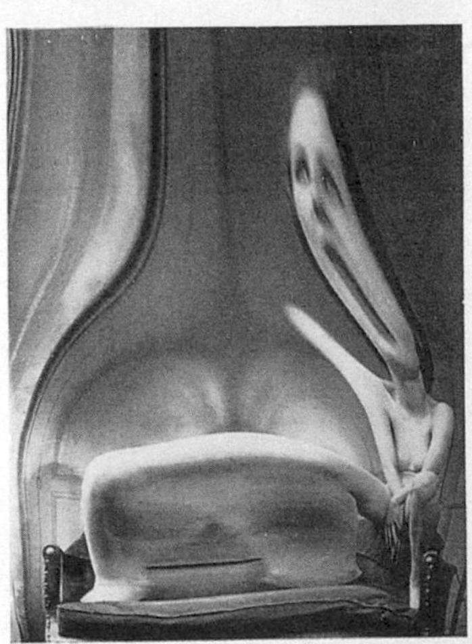

279

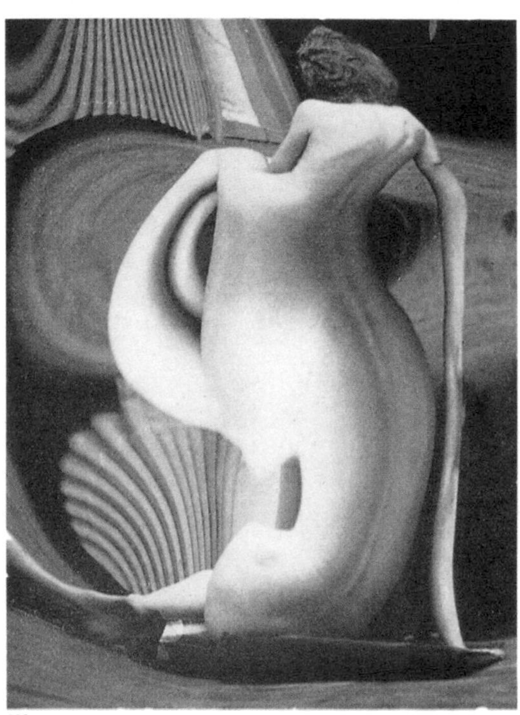

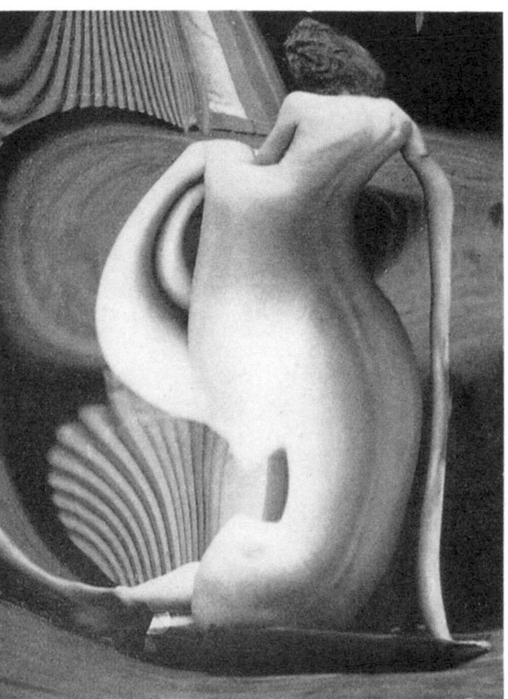

280

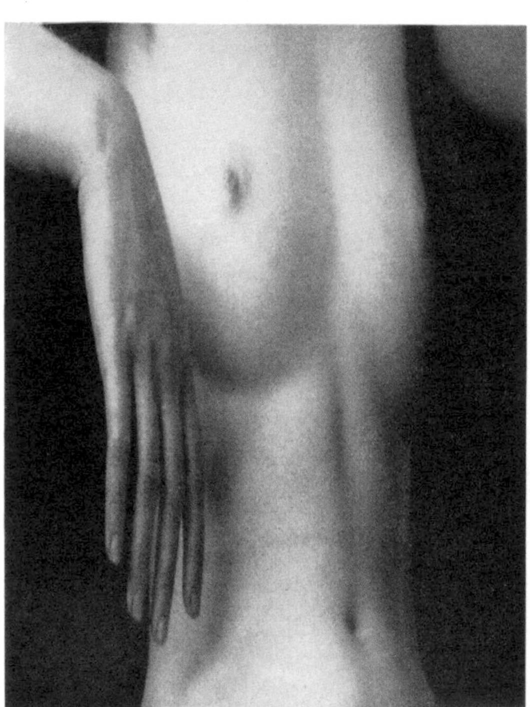

281

GERARD KILJAN 1891 — 1968

DISEÑADOR GRÁFICO, FOTÓGRAFO. Entre 1904-11 estudió dibujo y litografía en Amsterdam. Después de trabajar en varias escuelas técnicas de Amsterdam, en 1920-30 fue profesor en la Academia de Bellas Artes de Rotterdam, donde estableció contacto con Piet **Zwart** y en la que enseñaba a sus estudiantes publicidad, fotografía y fotomontaje. En 1930 se trasladó a La Haya para dar clases en la Academia de Bellas Artes, en la que organizó un departamento de publicidad. Como diseñador gráfico trabajó para PTT, el servicio postal y telefónico holandés, para el que diseñó folletos, carteles y una serie de sellos de correo en fotomontaje. Fue también fotógrafo y expuso en 1929 en **Film und Foto**.

► K. Broos y F. Bool, Die Nieuwe Fotografie in Nederland, Amsterdam 1989; A.W. Purvis, Dutch Graphic Design 1918-1948, Nueva York 1992.

GRAPHIC DESIGNER, PHOTOGRAPHER. Kiljan studied drawing and lithography in Amsterdam between 1904 and 1911. After working in various technical schools in Amsterdam, he joined the Academy of Fine Arts in Rotterdam, where he taught advertising, photography and photomontage, from 1920 to 1930, and where he met Piet **Zwart**. In 1930 he moved to The Hague to give classes at the Academy of Fine Arts, where he organised the advertising department. As a graphic designer he worked for the Dutch postal and telephone services company PTT, for whom he designed pamphlets, posters and a series of postage stamps, in photomontage. He was also a photographer, and exhibited in **Film und Foto** in 1929.

► K. Broos and F. Bool, Die Nieuwe Fotografie in Nederland, Amsterdam 1989; A.W. Purvis, Dutch Graphic Design 1918-1948, New York 1992.

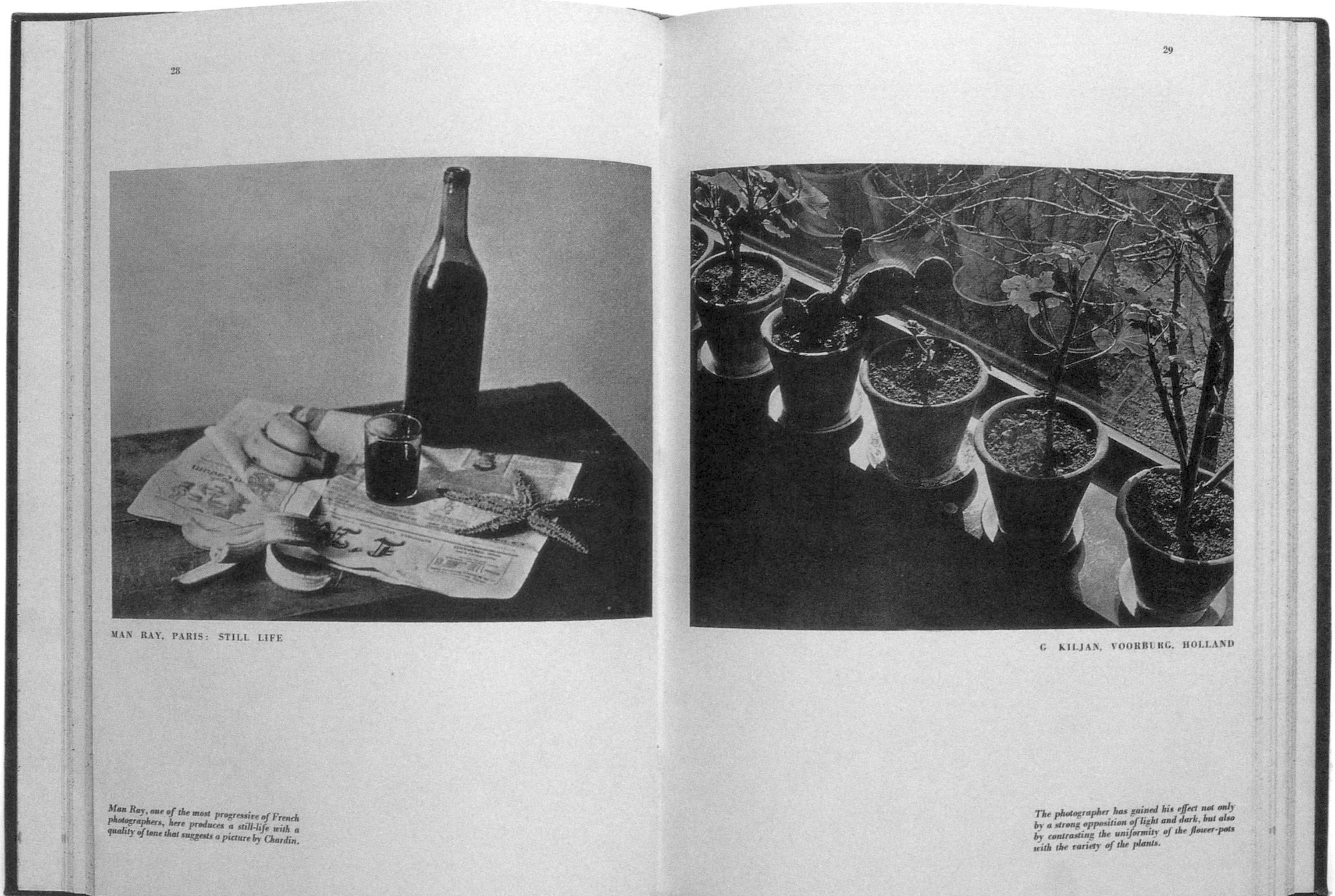

282

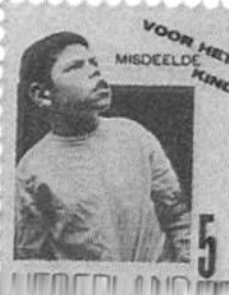

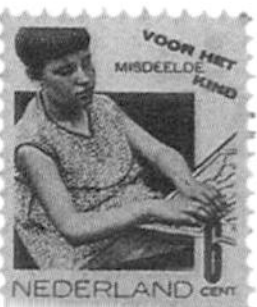

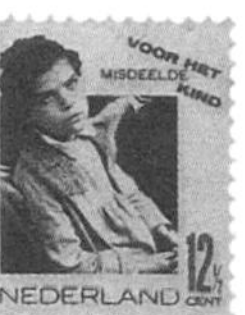

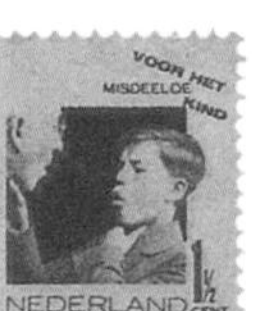

283

KILJAN

282 — Modern Photography 1931, fotografías de Man Ray y Gerard Kiljan, The Studio, Londres y Nueva York 1931, MNCARS.
283 — Gerard Kiljan, sellos de correo, tipo-foto, PTT, Amsterdam 1930, colección particular.

282 — Modern Photography 1931. Photographs by Man Ray and Gerard Kiljan, The Studio, London and New York 1931. MNCARS.
283 — Gerard Kiljan. Postage stamps, typo-photo, PTT, Amsterdam 1930. Private collection.

KIMURA IHEI 1901 — 1974

FOTÓGRAFO. Terminó sus estudios de comercio en 1919. En 1924 abrió un estudio fotográfico. A principios de los años treinta hizo fotografía publicitaria. Fue redactor de Koga, revista en la que publicó sus fotografías, y miembro del estudio de diseño y fotografía 'Nippon Kobo', fundado por **Natori** Yonosuke. Se dedicó a la fotografía documental y de reportaje a partir de 1935.

▸ Kimura Ihei, taidan shashin kono goju nen, Tokio 1975; Kimura Ihei no Seiki, Metropolitan Museum of Photography, Tokio 1992.

PHOTOGRAPHER. Kimura studied commerce until 1919 and, in 1924, opened a photographic studio. In the early thirties he produced advertising photography. He was editor of Koga, the magazine which published his photographs, and a member of the design and photographic studio 'Nippon Kobo', founded by **Natori** Yonosuke. From 1935 he concentrated on documentary photography and photojournalism.

▸ Kimura Ihei, taidan shashin kono goju nen, Tokyo 1975; Kimura Ihei no Seiki, Metropolitan Museum of Photography, Tokyo 1992.

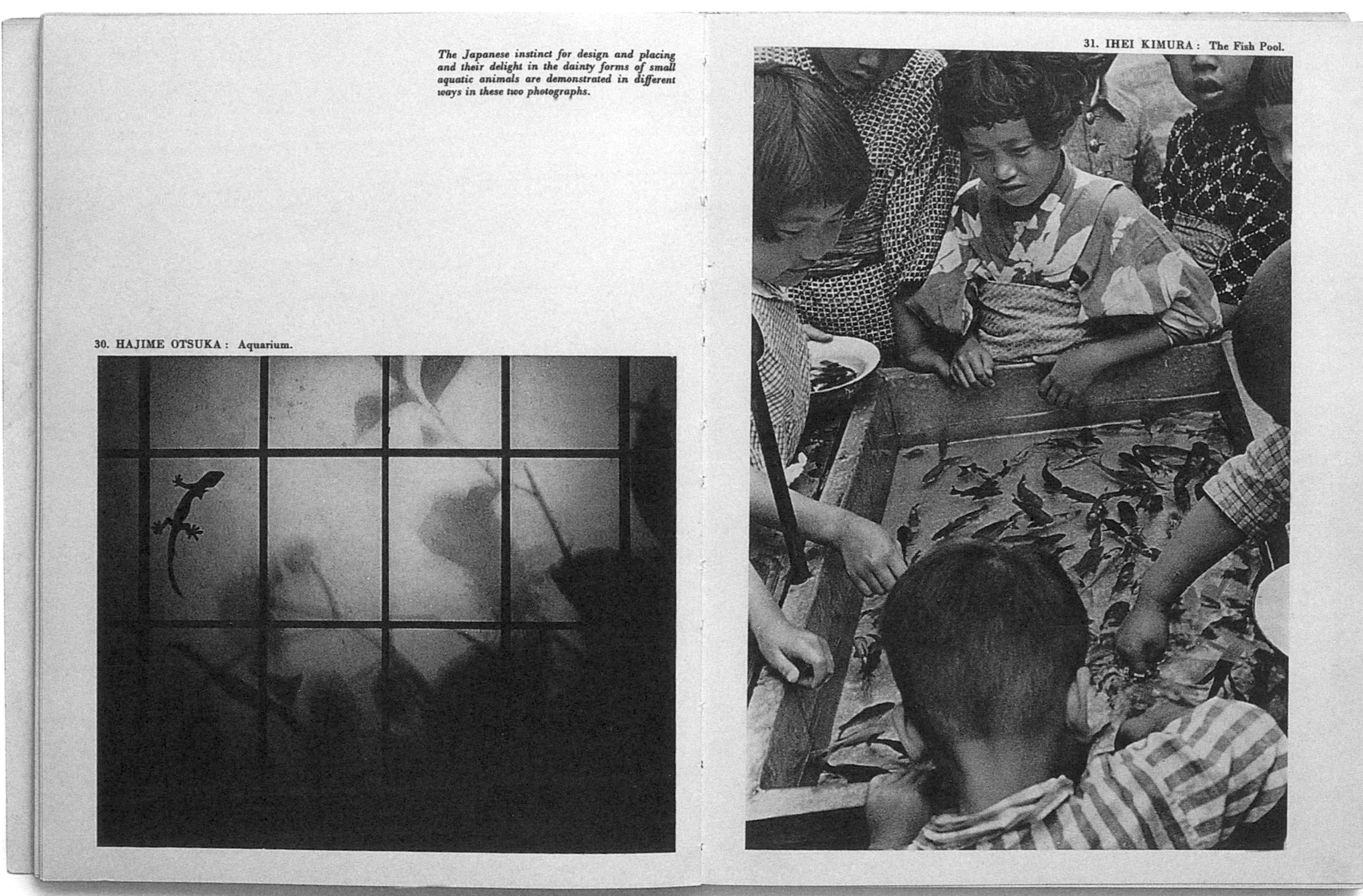

284

KIMURA
284 — Modern Photography 1934-35, fotografías de Hajime Otsuka y Kimura Ihei, The Studio, Londres y Nueva York 1934, MNCARS.
284 — Modern Photography 1934-35. Photographs by Hajime Otsuka and Kimura Ihei, The Studio, London and New York 1934. MNCARS.

GUSTAV KLUCIS 1895 — 1938

CARTELISTA Y FOTOMONTADOR. Comenzó sus estudios artísticos en Riga (Letonia) en 1913, continuados luego en Petrogrado y Moscú, con el paréntesis de la revolución y la guerra civil, que pasó como soldado del ejército rojo. En Moscú estudió en los SVOMAS, con Kasimir Malevich y Anton Pevsner, y en los VJUTEMAS en 1920-21, donde fue profesor de colorido entre 1924 y 1930. Compartió con Serguei **Senkin** un estudio durante los años veinte, década que empezó con abstracciones constructivistas que pasaron a ser objetos útiles para la propaganda (tribunas, altavoces) hasta que, cada vez más convencido de la necesidad de un arte político, hacia 1924 se dedicó a practicar (y teorizar) el fotomontaje. Se acepta generalmente que sus primeros fotomontajes (en los que pegó fragmentos de fotografías en cuadros constructivistas) son anteriores, de 1919, lo que le haría el pionero en la URSS de esa técnica. Sus diseños de libros y, sobre todo, de carteles lo hacen uno de los principales artistas gráficos de la época. También escribió textos sobre el fotomontaje y el compromiso político. Klucis expuso en Pressa (Colonia 1928), **Film und Foto**, Fotomontage (Berlín 1931) y la exposición de carteles de Moscú de 1932. En 1928 fue uno de los fundadores de 'Oktiabr' y de su sección fotográfica, con la que expuso en 1930 en Berlín y Moscú. Klucis abandonó 'Oktiabr' en 1931 junto a su esposa Valentina **Kulagina**, Senkin y Natalia **Pinus** para unirse a la RAPJ. En la década de los treinta, Klucis continuó con su dedicación a los carteles y al fotomontaje, al igual que a otras tareas de propaganda, como exposiciones en el extranjero. Su militancia política en el Partido Comunista desde 1920 y su destacada participación en los acontecimientos revolucionarios no le libraron de la represión estalinista de finales de los treinta, siendo arrestado y fusilado en 1938.

► Katalog vistavki proizvedeni Gustava Klucisa, Riga 1971; L. Oginskaia, Gustav Klucis, Moscú 1981; Gustav Klucis, cat. Museum Fridericianum, Kassel 1991.

POSTER DESIGNER AND PHOTOMONTEUR. Klutsis began his artistic studies in Riga (Latvia) in 1913, continuing them later in Petrograd (former name of Leningrad) and Moscow, being inter-rupted by the Revolution and Civil War, which he spent as a soldier in the Red Army. In Moscow he studied at the SVOMAS with Kasimir Malevich and Anton Pevsner and, in 1920-21 at the VKHUTEMAS, where he was professor of colour between 1924 and 1930. He shared a studio with Sergei **Senkin** during the twenties, a decade which he began with Constructivist abstracts that later became useful objects for propaganda (rostrums, loudspeakers) until, ever more convinced of the need for political art, he dedicated himself, around 1924, to the practice (and theorisation) of photomontage. It is generally accepted that his first photomontages (in which he stuck fragments of photographs on Constructivist pictures) were produced before this time, in 1919, which would place Klutsis as the pioneer in the USSR of this technique. He is considered, for his book designs and, above all, posters, as one of the most important graphic artists of the time. He also wrote texts on photomontage and political commitment. Klutsis exhibited in Pressa (Cologne, 1928), **Film und Foto**, Fotomontage (Berlin 1931), and the Moscow poster exhibition in 1932. He was one of the founders, in 1928, of 'Oktiabr' and of its photographic section, with which he exhibited in 1930 in Berlin and Moscow. He left 'Oktiabr' in 1931 along with Senkin, his wife Valentina **Kulagina** and Natalia **Pinus**, to join the RAPKH. In the thirties Klucis continued his dedication to posters and photomontage, along with his other propaganda work such as exhibitions abroad. Neither his political activities in the Communist Party from 1920, nor his prominent participation in revolutionary events spared him from Stalinist repression at the end of the thirties. In 1938 he was arrested and executed by a firing squad.

► Katalog vystavki proizvedeni Gustava Klutsisa, Riga 1971; L. Oginskaia, Gustav Klucis, Moscow 1981; Gustav Klucis, cat. Museum Fridericianum, Kassel 1991.

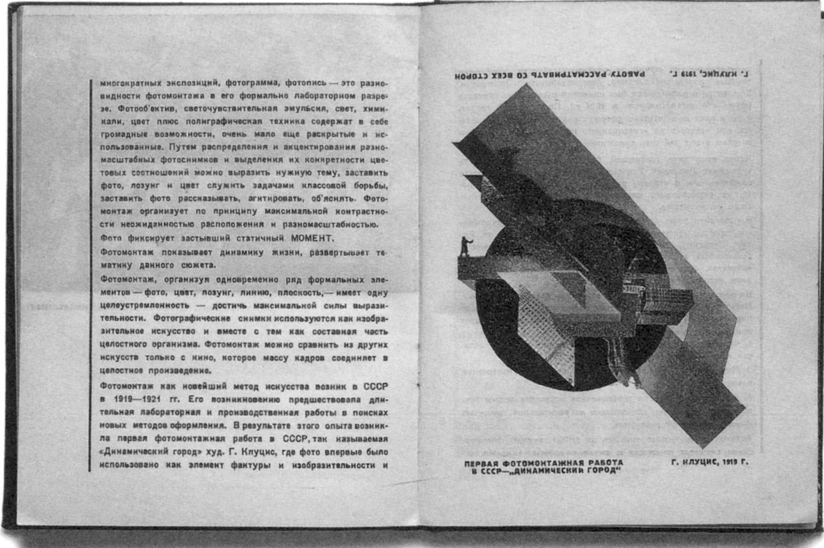

многократных экспозиций, фотограмма, фотопись — это разновидности фотомонтажа в его формально лабораторном разрезе. Фотооб'ектив, светочувствительная эмульсия, свет, химикали, цвет плюс полиграфическая техника содержат в себе громадные возможности, очень мало еще раскрытые и использованные. Путем распределения и акцентирования разномасштабных фотоснимков и выделения их конкретности цветовых соотношений можно выразить нужную тему, заставить фото, лозунг и цвет служить задачами классовой борьбы, заставить фото рассказывать, агитировать, об'яснять. Фотомонтаж организует по принципу максимальной контрастности неожиданностью расположения и разномасштабностью.

Фото фиксирует застывший статичный МОМЕНТ.

Фотомонтаж показывает динамику жизни, развертывает тематику данного сюжета.

Фотомонтаж, организуя одновременно ряд формальных элементов — фото, цвет, лозунг, линию, плоскость, — имеет одну целеустремленность — достичь максимальной силы выразительности. Фотографические снимки используются как изобразительное искусство и вместе с тем как составная часть целостного организма. Фотомонтаж можно сравнить из других искусств только с кино, которое массу кадров соединяет в целостное произведение.

Фотомонтаж как новейший метод искусства возник в СССР в 1919—1921 гг. Его возникновению предшествовала длительная лабораторная и производственная работы в поисках новых методов оформления. В результате этого опыта возникла первая фотомонтажная работа в СССР, так называемая «Динамический город» худ. Г. Клуцис, где фото впервые было использовано как элемент фактуры и изобразительности и

ПЕРВАЯ ФОТОМОНТАЖНАЯ РАБОТА В СССР—„ДИНАМИЧЕСКИЙ ГОРОД"

Г. КЛУЦИС, 1919 Г.

285

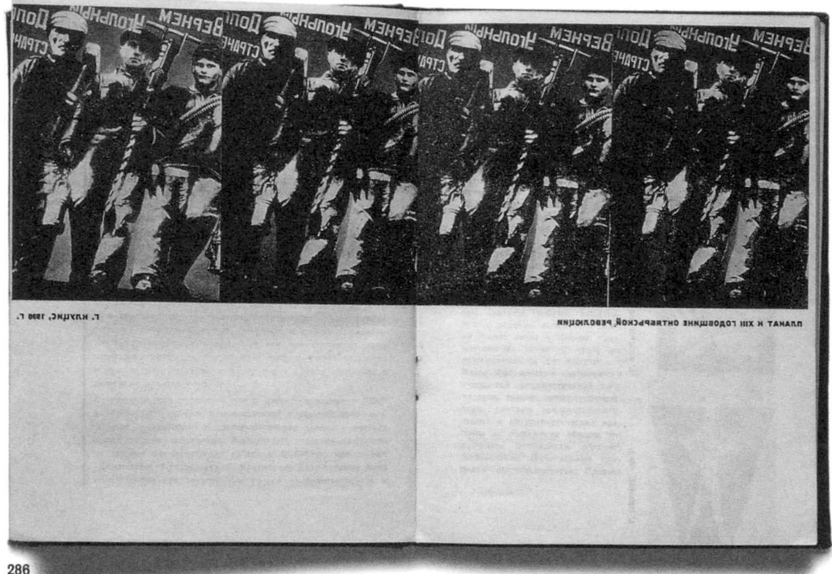

286

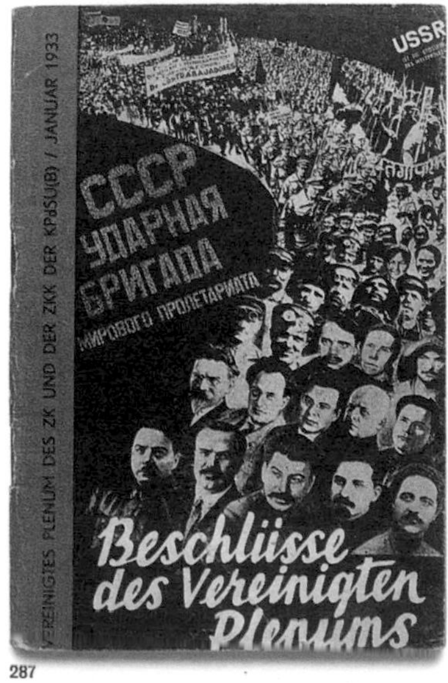

287

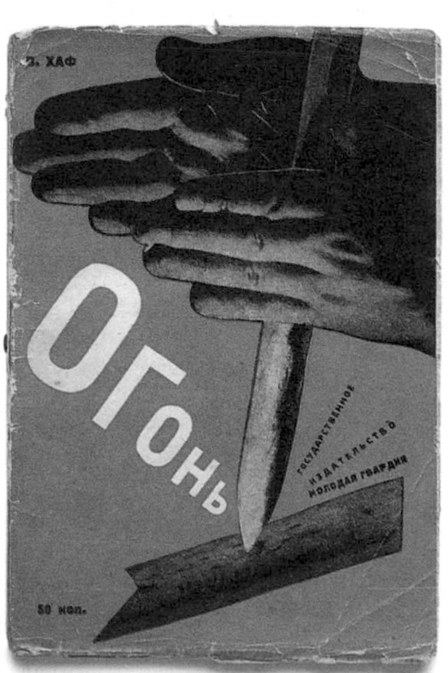

288

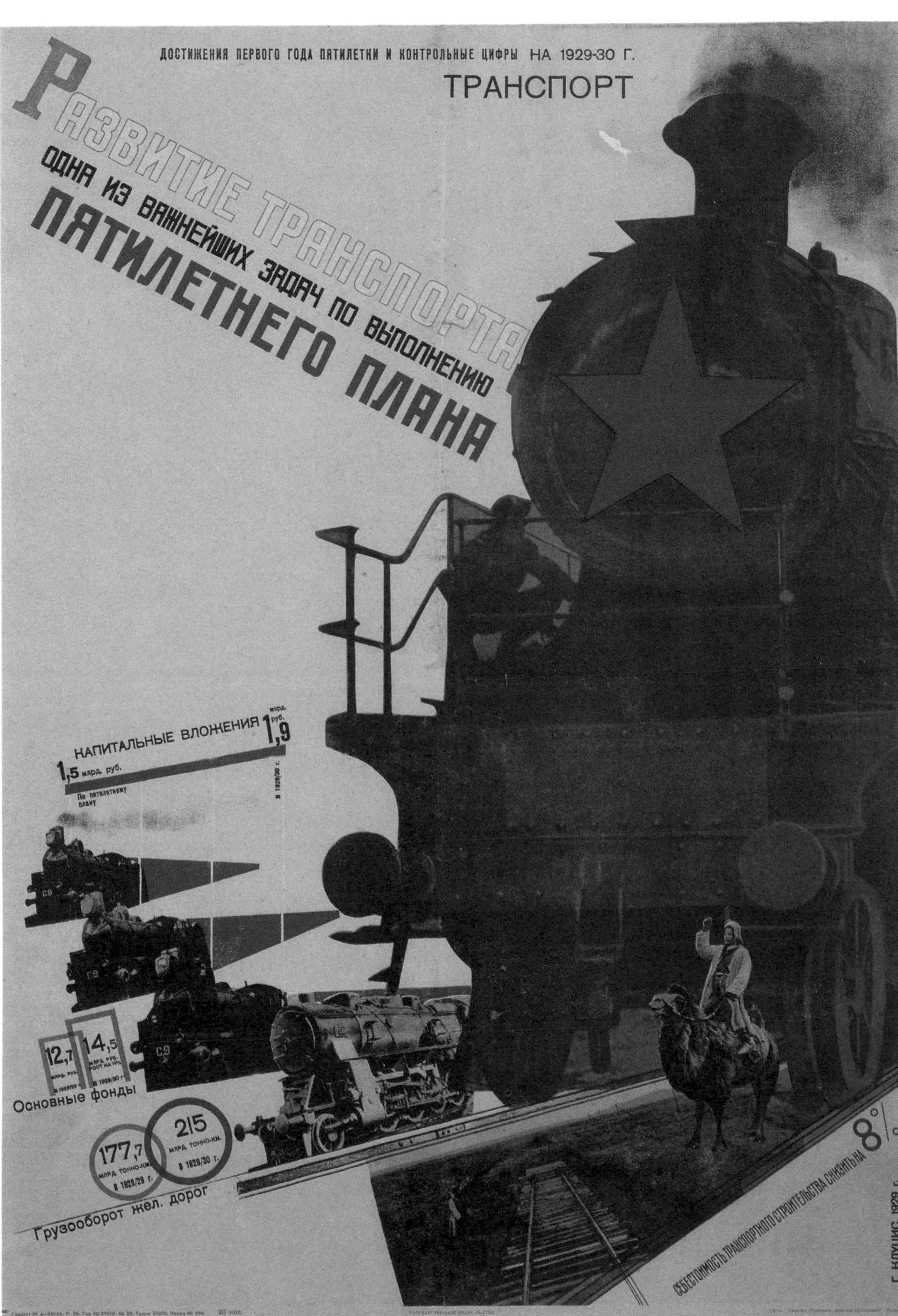

289

KLUCIS
285/286 — Gustav Klucis, "Fotomontazh kak novi vid agitatsionnogo iskusstva" (El fotomontaje como nuevo género de arte propagandístico), Izofront, Moscú y Leningrado 1931, IVAM.
287 — Beschlüsse des Vereinigten Plenums des ZD und der ZDD del KPdSU(B), cubierta, fotomontaje de Gustav Klucis, Moscú 1933, IVAM.
288 — W. Hough, Ogoni (Historia del fuego), cubierta, fotomontaje de Gustav Klucis, Moscú 1931 IVAM.
289 — Gustav Klucis, Razvitie transporta. Odna iz vazhneisshij zadoch po vylpolneniu piatiletnovo plana (El desarrollo de los transportes. Una de las tareas más importantes para el cumplimiento del plan quinquenal) cartel, litografía, Izogis, Moscú 1929, IVAM.
285/286 — Gustav Klutsis, "Fotomontazh kak novi vid agitatsionnogo iskusstva" (Photomontage as a new form of propaganda art). Izofront, Moscow and Leningrad 1931. IVAM.
287 — Beschlüsse des Vereinigten Plenums des ZD und der ZDD del KpdSU (B). Cover, photomontage by Gustav Klutsis. Moscow 1933. IVAM.
288 — W. Hough, Ogoni (The History of Fire). Cover, photomontage by Gustav Klutsis, Moscow 1931. IVAM.
289 — Gustav Klutsis, Razvitie transporta. Odna iz vazhneisshikh zadoch po vylpolneniu piatiletnovo plana (The development of transport. One of the most important tasks for the success of the five-year plan). Poster, lithography. Izogis, Moscow 1929. IVAM.

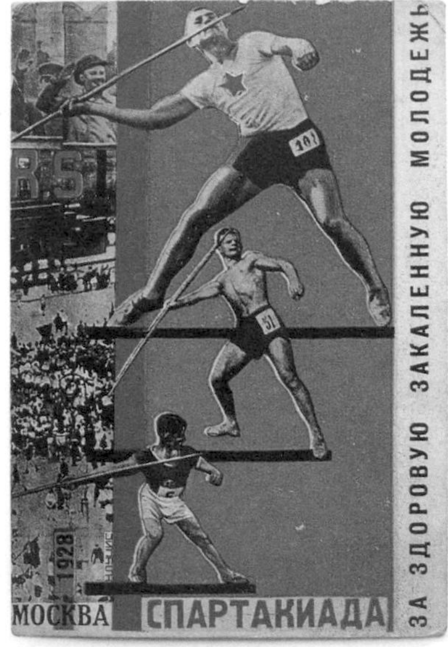

290

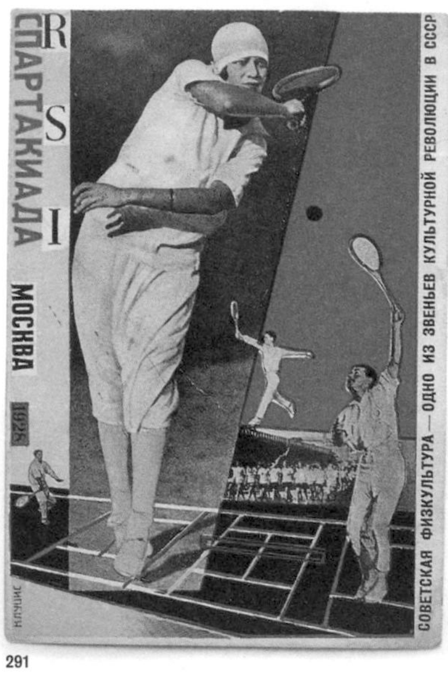

291

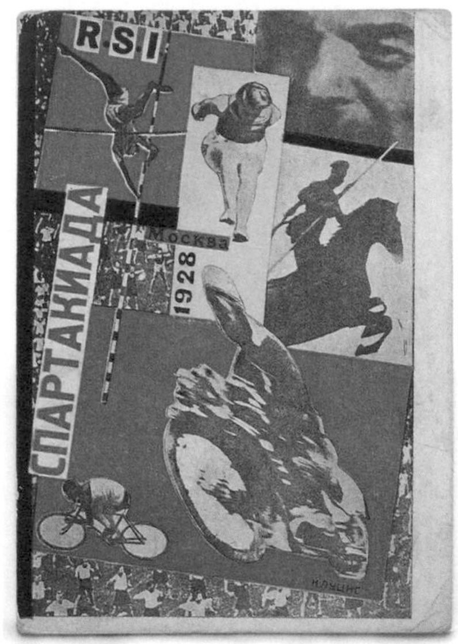

292

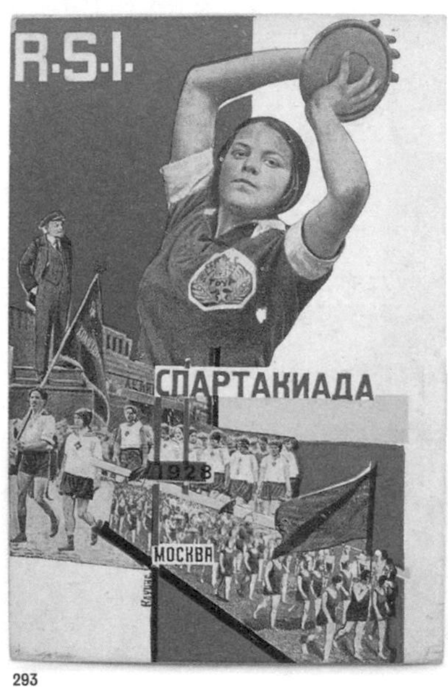

293

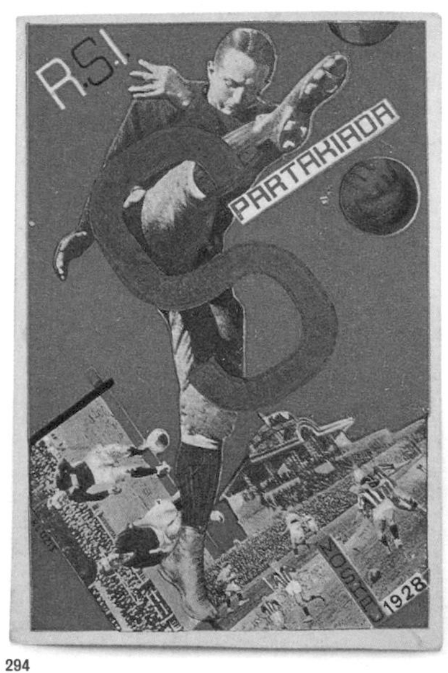

294

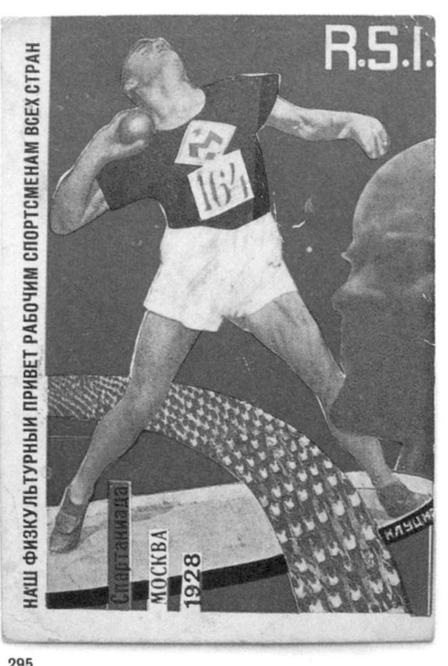

295

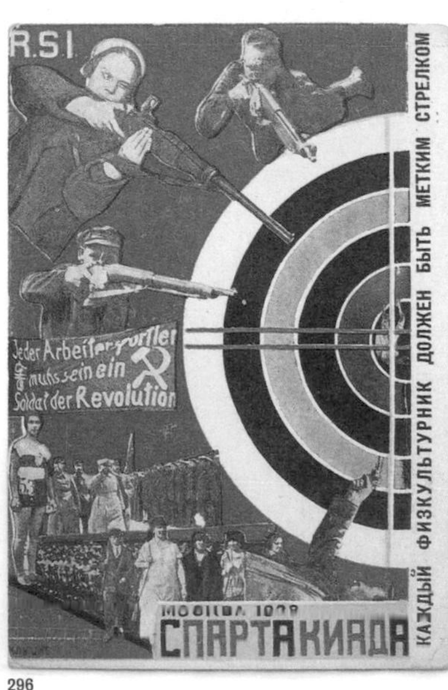

296

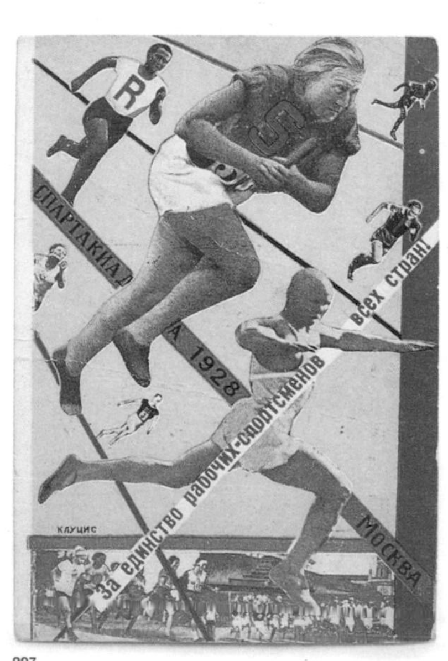

297

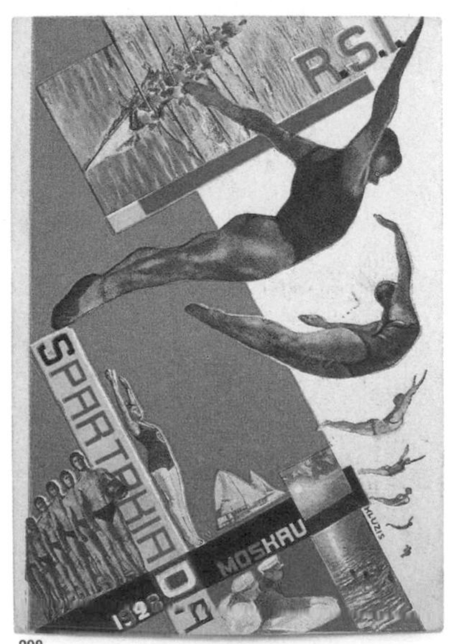

298

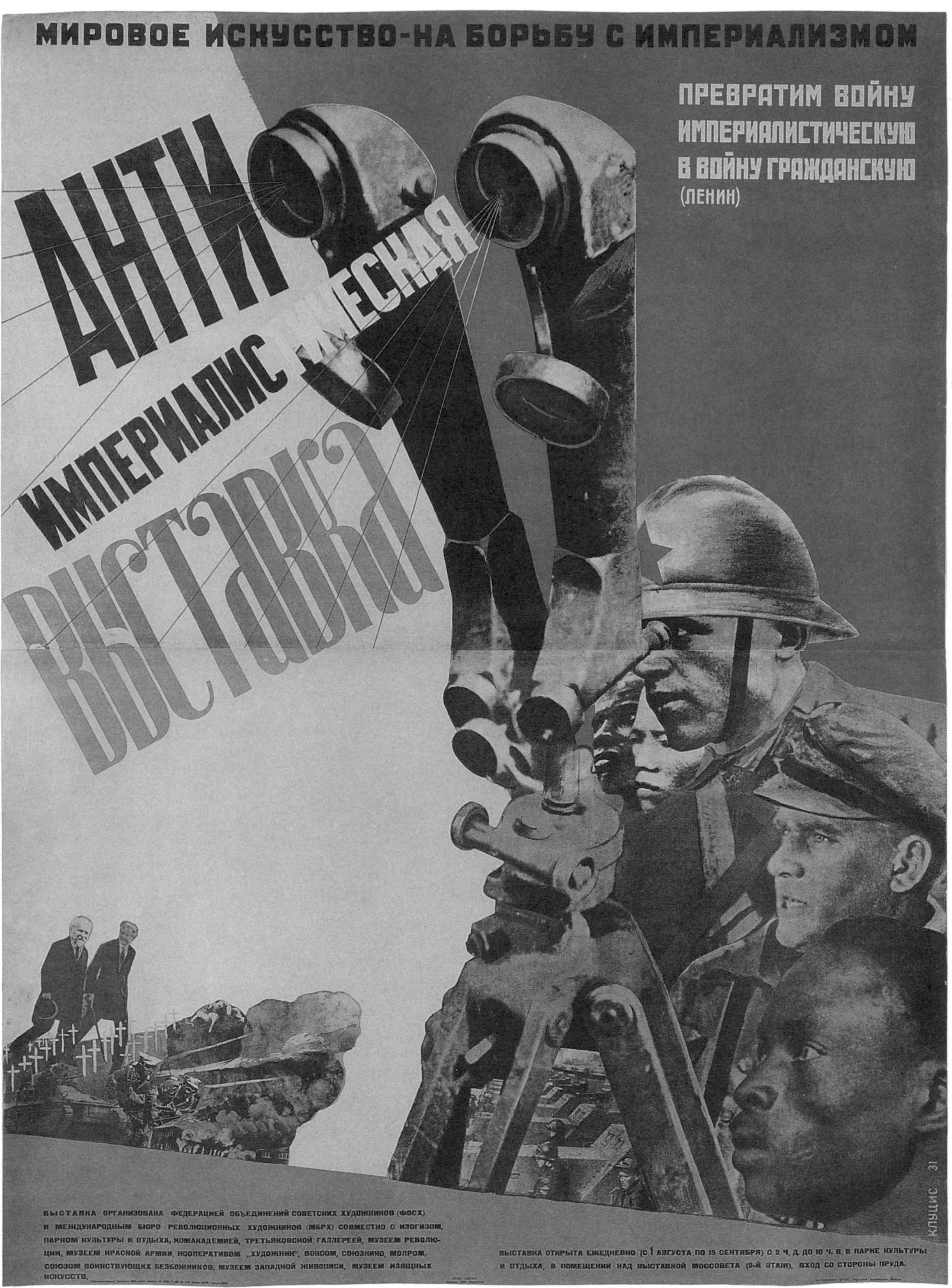

299

KLUCIS
290/298 — Spartakiada Moskva 1928, nueve postales, fotomontajes de Gustav Klucis, 1928, IVAM.
299 — Gustav Klucis, Anti imperialisticheskia vystavka (Exposición antimperialista), cartel, Ogiz Izogiz, Moscú 1931, IVAM.
290/298 — Spartakiada Moskva 1928. Nine postcards, photomontages by Gustav Klutsis, 1928. IVAM.
299 — Gustav Klutsis, Anti imperialisticheskia vystavka (Anti-imperialist exhibition). Poster, Ogiz Izogis, Moscow 1931. IVAM.

KOGA Tokio 1932 — 1933

Revista de fotografía editada por Nojima Yasuzo, junto a los fotógrafos Nakayama Iwata y Kimura Ihei, así como los críticos Itagaki Takano e Ina Nobuo. Diseñada por Hara Hiromu, que también publicó en ella artículos sobre nueva tipografía, Koga fue la principal revista de la nueva fotografía japonesa.

► Shashin ni Kaere: Koga no Jidai, Tokio 1988. Fukkokuban Koga Kankoki, 1990.

Koga was a photographic magazine published by Nojima Yasuzo, together with the photographers Kimura Ihei, and Nakayama Iwata, and the critics Itagaki Takano and Ina Nobuo. Designed by Hara Hiromu, who also published articles on new typography, Koga was the leading magazine of the new Japanese photography.

► Shashin ni Kaere: Koga no Jidai, Tokyo 1988. Fukkokuban Koga Kankoki, 1990.

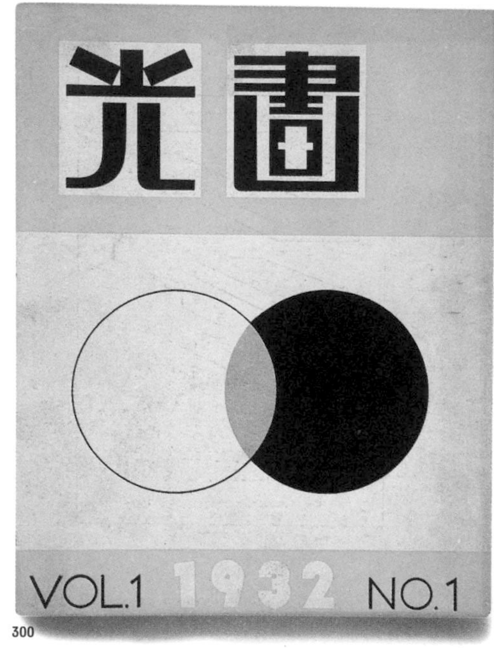

300

KOISHI KIYOSHI 1908 — 1957

FOTÓGRAFO. A finales de los años veinte dirigió el club fotográfico pictorialista 'Naniwa shashin' de Osaka, ciudad en la que residió. En 1930 había cambiado la orientación del club hacia la nueva fotografía. Hizo fotografía publicitaria, por la que fue premiado en una exposición internacional en 1931, así como fotogramas, fotomontajes y otros procedimientos fotográficos experimentales. Publicó en 1933 uno de los principales trabajos de la nueva fotografía en Japón, el foto-libro Shoka-Shinkei, compuesto por fotografías de detalles de máquinas, cuerpos y líquidos. Tres años después publicó un ensayo ilustrado con sus fotografías, Satsuei - sakuga no shin-gi-hoh (Nuevas técnicas para la actividad fotográfica). A finales de la década hizo una foto-serie titulada Hansekai (La mitad del mundo).

PHOTOGRAPHER. Towards the end of the twenties, Koishi directed the Pictorialist photography club 'Naniwa shashin' in Osaka, the city in which he lived. By 1930 he had managed to change the orientation of the club towards the new photography. He produced advertising photography, for which he won an award at an international exhibition in 1931, as well as photograms, photomontages and other experimental photographic processes. In 1933 he published one of the most significant works of the new photography in Japan, the photo-book Shoka-Shinkei, made up of photographs of detailed pieces of machines, bodies and liquids. Three years later he published an essay, illustrated with his photographs, entitled Satsuei - sakuga no shin-gi-hoh (New techniques for photographic activity). In the late thirties he published a photo-series entitled Hansekai (Half of the world).

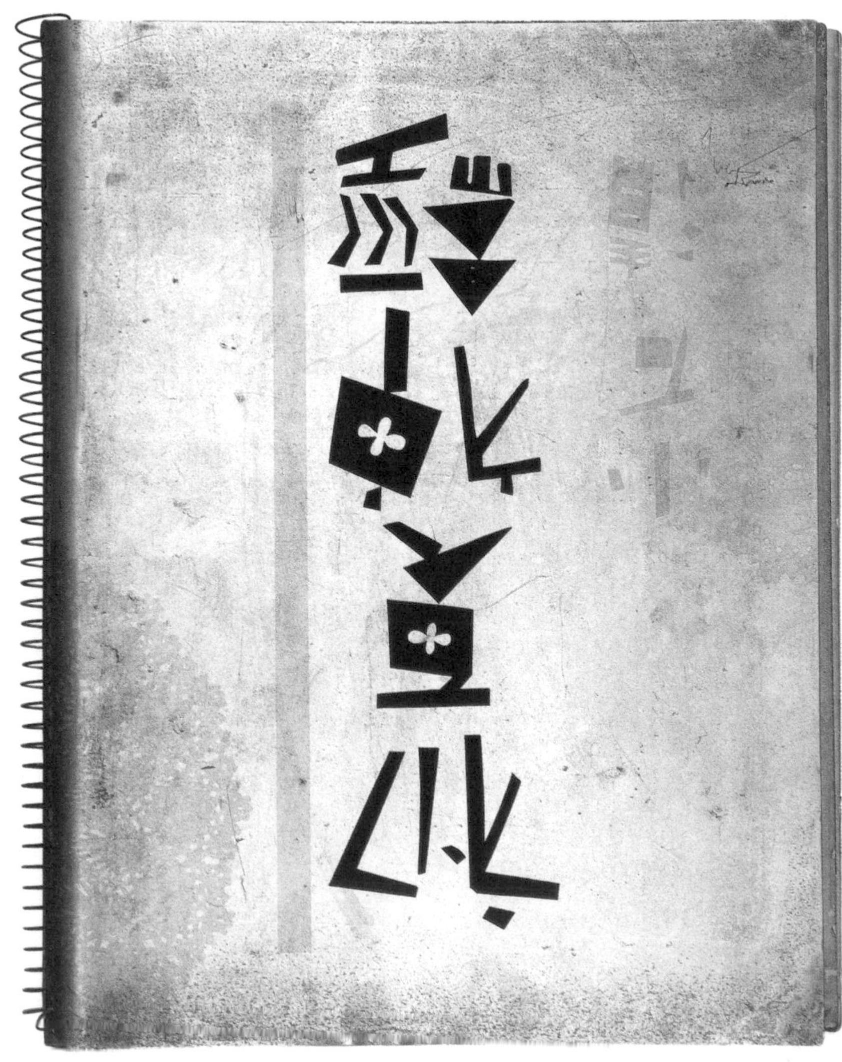

301

KOGA
300 — Koga vol. 1, 1 (1932), cubierta, Tokyo Metropolitan Museum of Photography.
300 — Koga vol.1, 1 (1932). Cover. Tokyo Metropolitan Museum of Photography.

KOISHI
301 — Koishi Kiyoshi, Shoka-Shinkei (Sensibilidad del verano temprano), cubierta, aluminio, Osaka 1933, Tokyo Metropolitan Museum of Photography.
301 — Koishi Kiyoshi, Shoka-Shinkei (Sensitivity of the early summer). Cover, aluminium, Osaka 1933. Tokyo Metropolitan Museum of Photography.

GERMAINE KRULL 1897 — 1985

FOTÓGRAFA. Nació en Poznan, Polonia. Desde 1912 en Múnich, estudió fotografía y tuvo un estudio en 1918-19. A consecuencia del fracaso del golpe revolucionario de 1919, emigró a la URSS, donde vivió aventuras que pusieron su vida en peligro. Volvió a Alemania en 1922 y se instaló en Berlín hasta 1924. En esos años comenzó a publicar sus fotografías en revistas como Uhu, Der Querschnitt o Die Dame. En 1924-25 residió en Holanda, donde empezó a fotografiar estructuras metálicas en los puertos de Amsterdam y Rotterdam. Desde 1926 vivió en París. Publicó en 1927-28 una carpeta de fotografías, Métal, que es una de las obras principales y más reproducidas en la época de la estética maquinista. Gracias a Métal se convirtió en una fotógrafa famosa y durante los años treinta sus fotografías se reprodujeron en revistas (L'Art vivant, Vu, Jazz, Marianne, Voilà, Paris-Magazine, Variétés), así como en anuarios fotográficos como Photographie y Modern Photography. También publicó foto-libros, entre ellos uno sobre Marsella, cuyo puente transbordador se convertiría, gracias en buena medida a su trabajo, en uno de los ejemplos de la belleza de la técnica más reproducidos y mitificados.

► G. Krull, Aktstudien, Múnich 1919; 100 X Paris, Berlín 1929; Études de nu, París 1930; Marseille, París 1935; P. MacOrlan, Les nouveaux photographes: Germaine Krull, París 1931; Germaine Krull Fotografie 1922-66, cat. Rheinisches Landesmuseum, Bonn 1977; Germaine Krull Photographie 1924-1936, cat. Musée Réattu, Arles 1988.

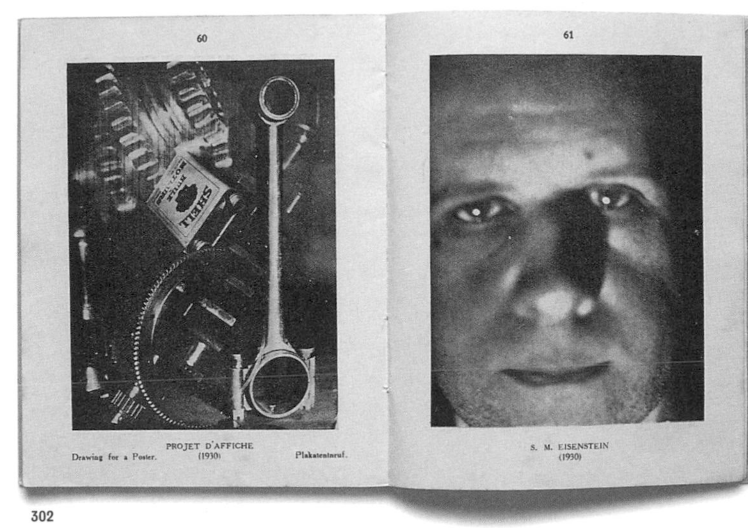

302

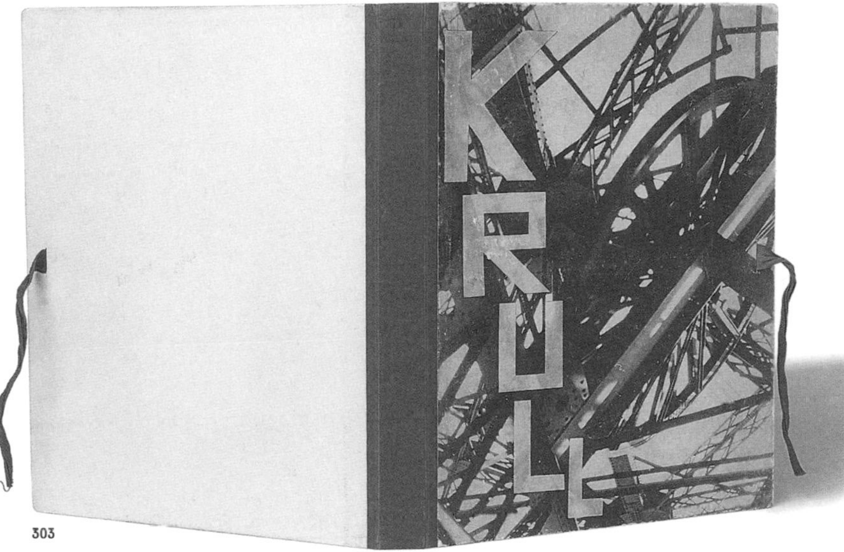

303

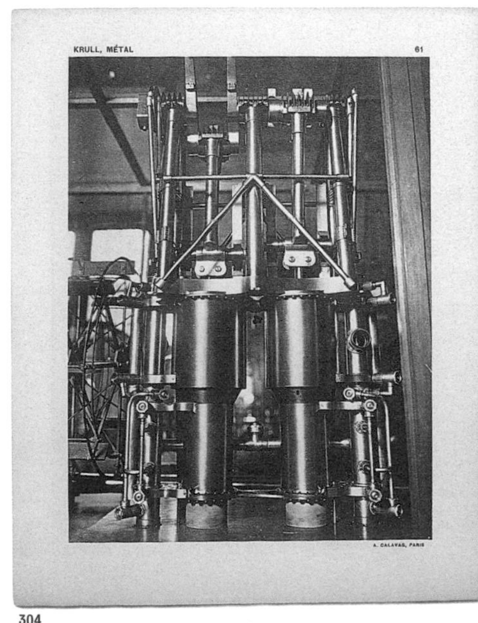

304

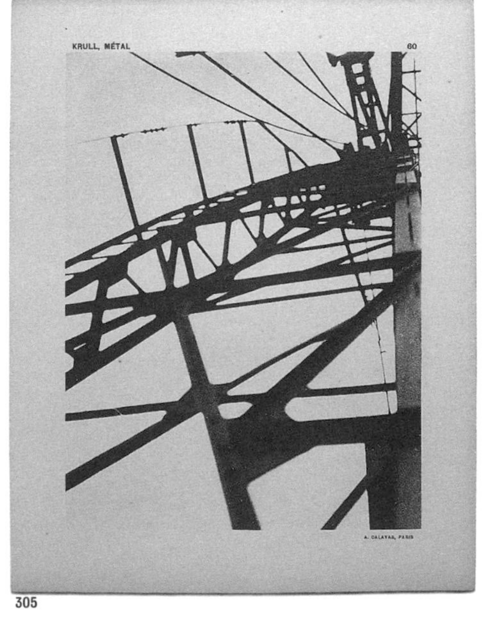

305

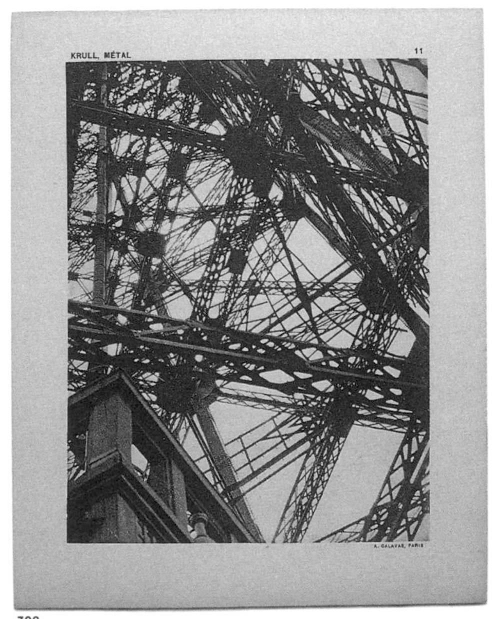

306

GERMAINE KRULL 1897 — 1985

PHOTOGRAPHER. Krull was born in Posen (Poland). She moved to Munich in 1912 and studied photography, opening a studio in 1918-19. As a result of the failure of the attempted revolution in 1919 she emigrated to the USSR, where she would live adventures that put her life in danger. She returned to Germany in 1922 and lived in Berlin until 1924. During these years her photographs began to be published in magazines such as Uhu, Der Querschnitt and Die Dame. She lived in Holland in 1924-25, where she began to photograph metallic structures in the ports of Amsterdam and Rotterdam. Krull lived in Paris from 1926 and in 1927-28 published a collection of photographs, Métal, one of the most important and most reproduced interpretations of the age of Machinist aesthetics. Thanks to Métal she became a famous photographer, and during the thirties her photographs appeared in magazines (L'Art vivant, Vu, Jazz, Marianne, Voilà, Paris-Magazine, Variétés) as well as in photographic annuals such as Photographie and Modern Photography. She also published photo-books, among them one on Marseille, and it is largely thanks to Krull that the Marseille transporter bridge has become one of the most reproduced and legendary examples of technical beauty.

▶ G. Krull, Aktstudien, Munich 1919; 100 x Paris, Berlin 1929; Études de nu, Paris 1930; Marseille, Paris 1935; P. MacOrlan, Les nouveaux photographes: Germaine Krull, Paris 1931; Germaine Krull Fotografie 1922-66, cat. Rheinisches Landesmuseum, Bonn 1977; Germaine Krull Photographie 1924-1936, cat. Musée Réattu, Arles 1988.

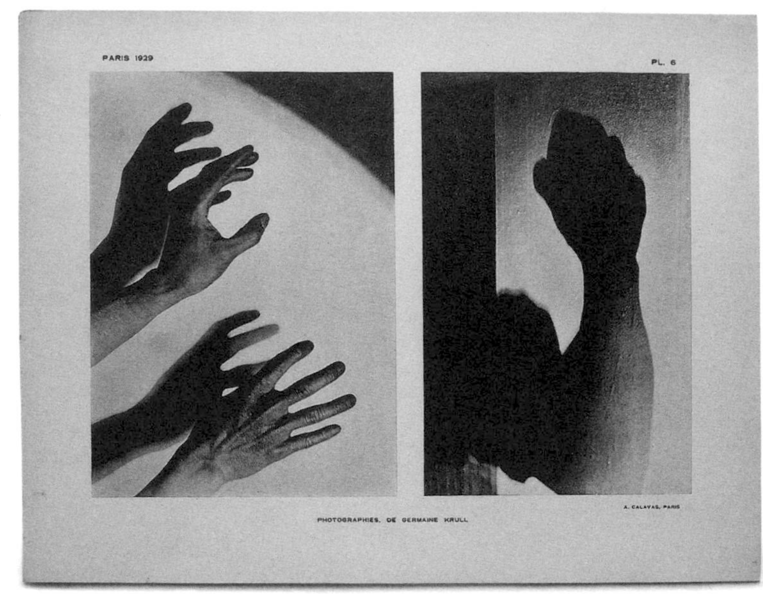
PARIS 1929

PL. 6

PHOTOGRAPHIES DE GERMAINE KRULL

307

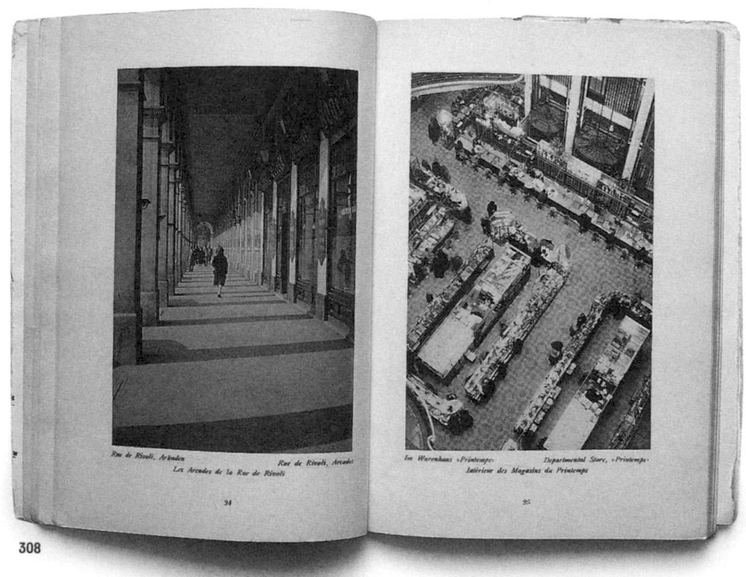
308

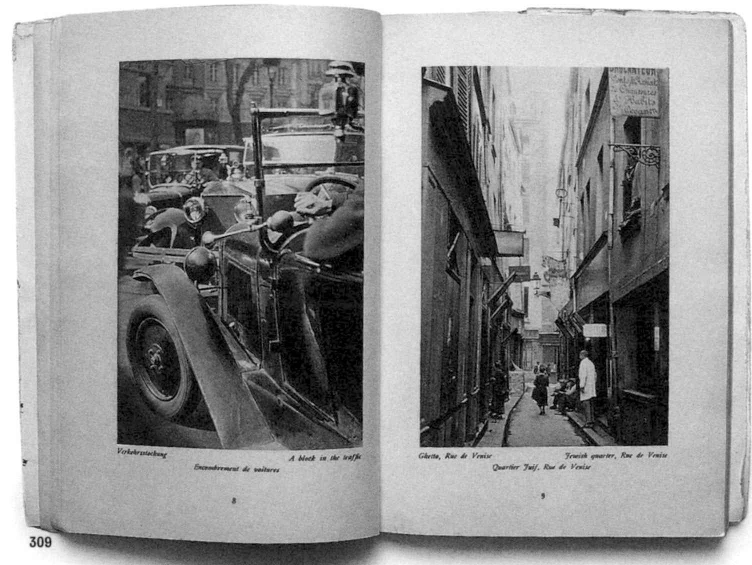
309

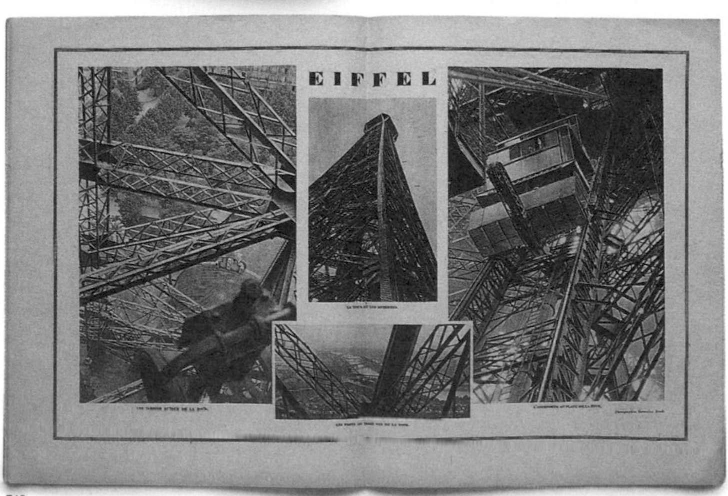
EIFFEL

310

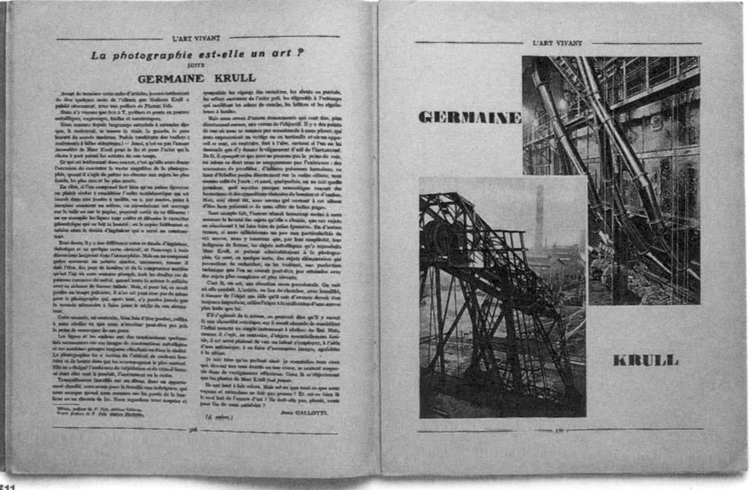
L'ART VIVANT

La photographie est-elle un art ?

GERMAINE KRULL

L'ART VIVANT

GERMAINE

KRULL

311

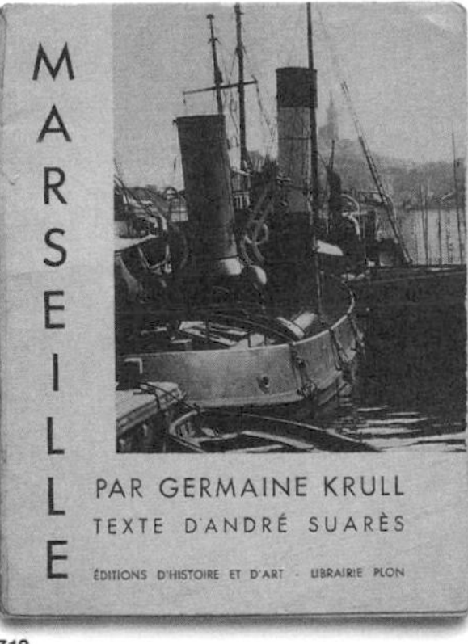

312

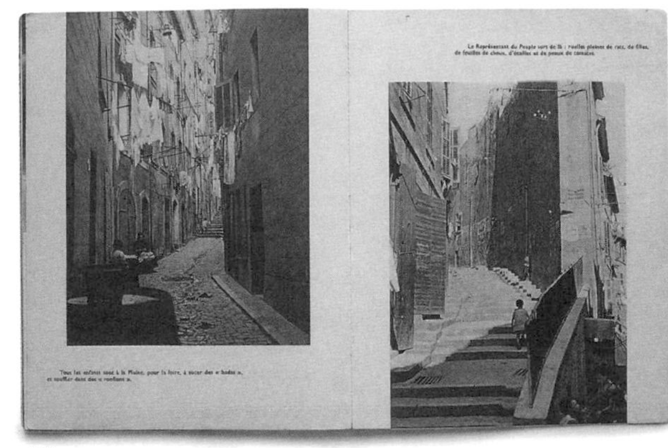

313

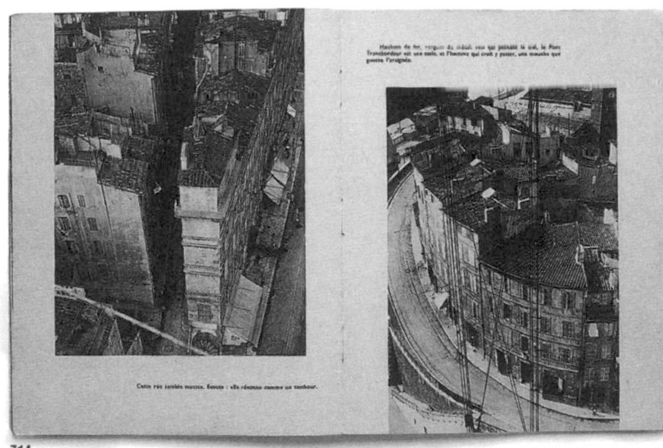

314

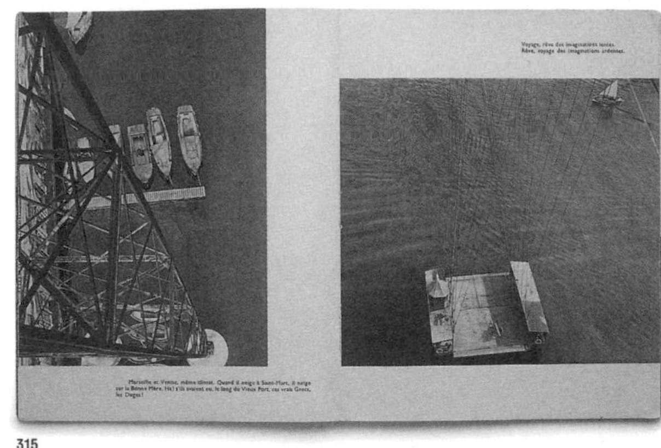

315

KRULL
302 — Pierre Mac Orlan, Photographes nouveaux. Germaine Krull, NRF, París 1931, Colección Juan Naranjo.
303/306 — Germaine Krull, Métal, carpeta, cubierta de Tchimoukoff, Calavas, París s.f. (1927-8), IVAM.
307 — Paris 1929, fotografías de Germaine Krull, Librairie des arts décoratifs, París 1929, Colección Juan Naranjo.
308/309 — Germaine Krull, 100 X Paris, Verlag der Reihe, Berlín 1929, MNCARS.
310 — L'Art vivant vol. 4, 91 (1 de octubre 1928), fotografías de Germaine Krull, Colección Juan Naranjo.
311 — L'Art vivant vol. 5, 109 (1 de julio 1929), fotografía de Germaine Krull, colección particular.
312/315 — Germaine Krull, Marseille, Plon, París 1935, IVAM.
316 — L'Art vivant vol. 6, 141 (1 de noviembre 1930), fotografías de Germaine Krull, Colección Juan Naranjo.
302 — Pierre MacOrlan, Photographes nouveaux. Germaine Krull, NRF, Paris 1931. Juan Naranjo Collection.
303/306 — Germaine Krull, Métal. Portfolio, cover by Tchimoukoff, Calavas, Paris n.d. (1927-8). IVAM.
307 — Paris 1929. Photographs by Germaine Krull, Librairie des arts décoratifs, Paris 1929. Juan Naranjo Collection.
308/309 — Germaine Krull, 100 X Paris, Verlag der Reihe, Berlin 1929. MNCARS.
310 — L'Art vivant vol. 4, 91 (1 October 1928). Photographs by Germaine Krull. Juan Naranjo Collection.
311 — L'Art vivant vol. 5, 109 (1 July 1929). Photograph by Germaine Krull. Private collection.
312/315 — Germaine Krull, Marseille. Plon, Paris 1935. IVAM.
316 — L'Art vivant vol. 6, 141 (1 November 1930). Photographs by Germaine Krull. Juan Naranjo Collection.

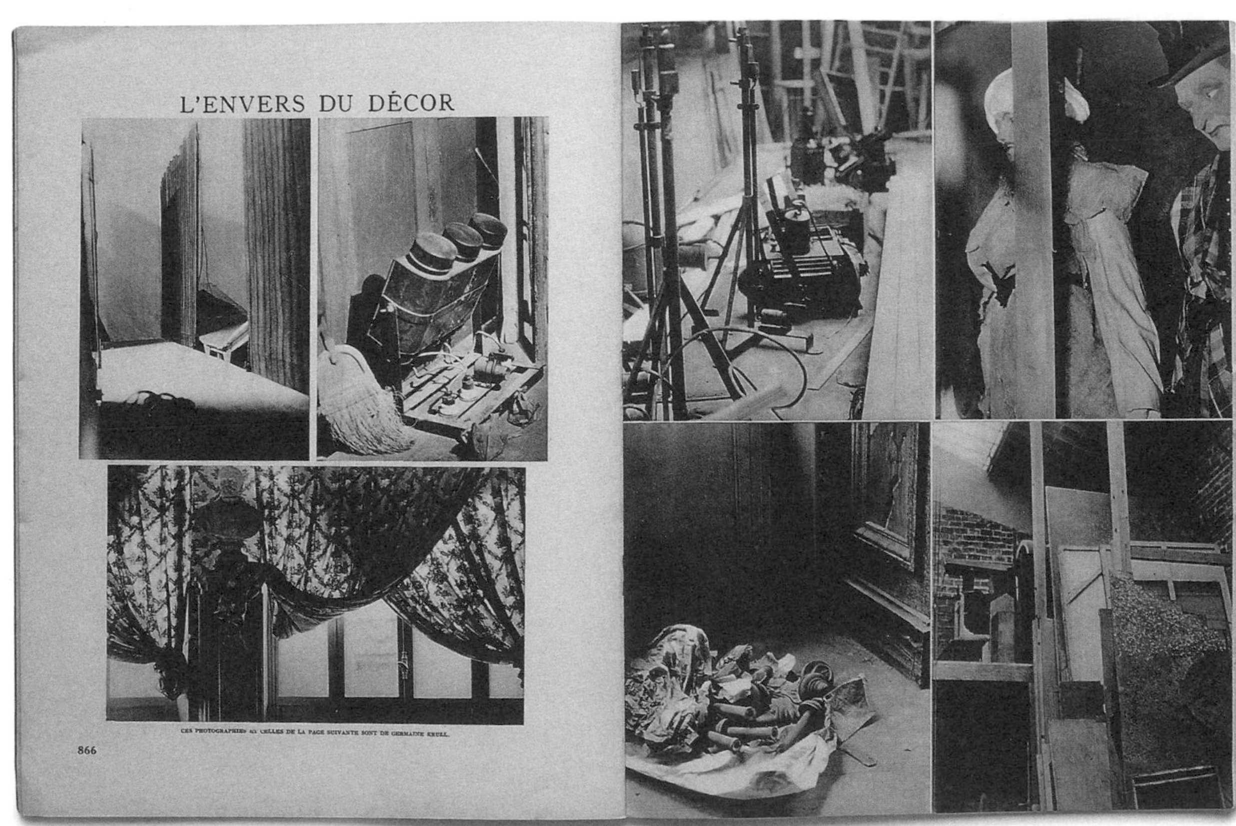

316

VALENTINA KULAGINA 1902 — 1987

DISEÑADORA GRÁFICA, FOTOMONTADORA. Entre 1920-29, Kulagina estudió en Moscú en los VJUTEMAS, donde coincidió con Gustav **Klucis**, con quien se casó en 1921 y colaboró en los años siguientes. Kulagina fue pintora y, sobre todo, diseñadora gráfica. De 1925 son sus primeros fotomontajes, una técnica que aplicó en sus diseños de foto-libros, carteles, cubiertas, postales y exposiciones. Expuso en Pressa (Colonia 1928), Fotomontage (Berlín 1931) y las exposiciones de carteles de Moscú de 1930 y 1932, entre otras. Formó parte de 'Oktiabr', grupo con el que expuso, pero del que se separó en 1931 junto a su marido, Natalia **Pinus** y Serguei **Senkin**. Tras el arresto y fusilamiento de Klucis, tuvo dificultades para continuar su trabajo.

GRAPHIC DESIGNER, PHOTOMONTEUR. From 1920 to 1929 Kulagina studied at the VKHUTEMAS in Moscow, where she met Gustav **Klutsis**, whom she married in 1921, and with whom she collaborated during the following years. Kulagina was a painter and, above all, graphic designer. Her first photomontages date from 1925, and she applied this technique to her designs for photobooks, posters, covers, postcards and exhibitions. She exhibited in Pressa (Cologne 1928), Fotomontage (Berlin 1931) and the Moscow poster exhibitions in 1930 and 1932, among others. She was a member of the 'Oktiabr', a group with which she exhibited but from which she separated in 1931 together with her husband, Natalia **Pinus**, and Sergei **Senkin**. Following the arrest and execution by firing squad of Klutsis she experienced difficulties in continuing her work.

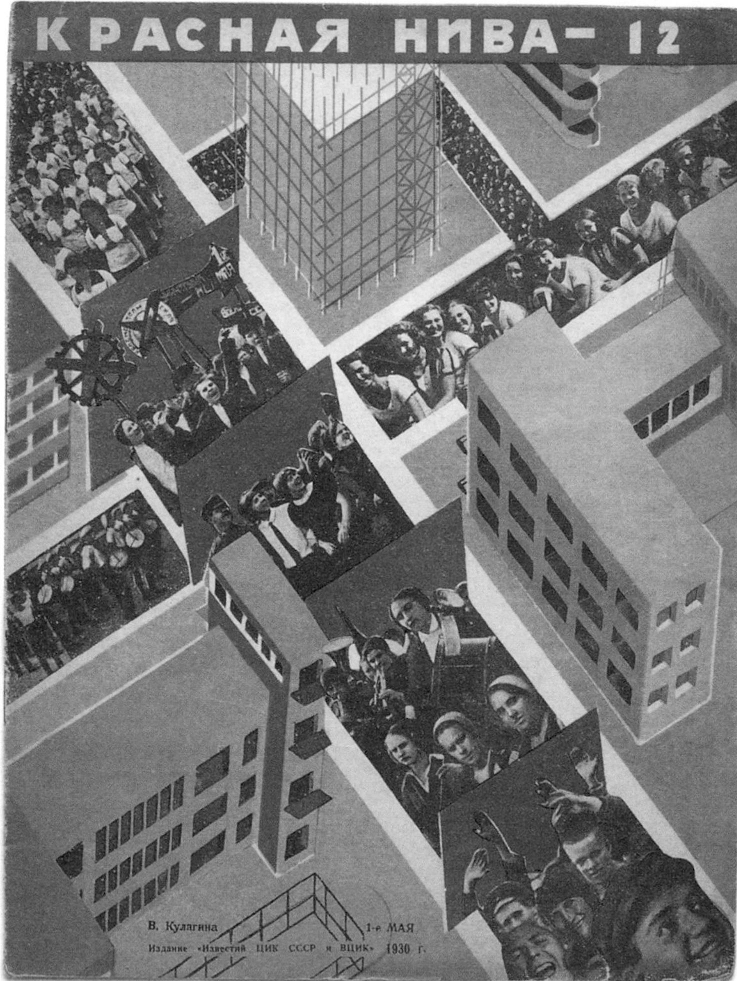

317

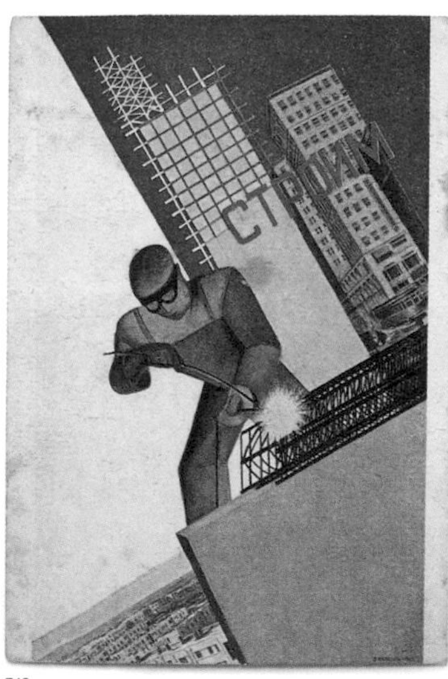

318

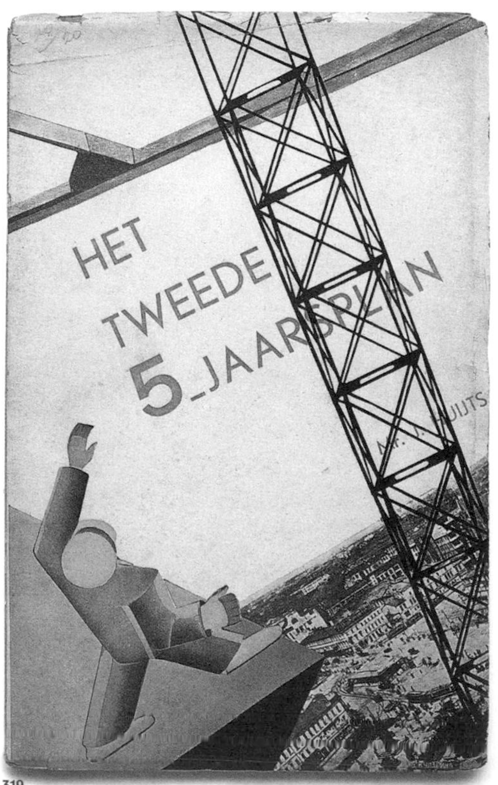

319

KULAGINA
317 — Krasnaia niva 12 (1930), cubierta, diseño de Valentina Kulagina, IVAM.
318 — Stroim (Costruimos), postal, fotomontaje de Valentina Kulagina, 1929, IVAM.
319 — J. Huijts, De Groudslagen van Het tweede Vifsjaarsplan, cubierta, fotomontaje de Valentina Kulagina, 1932 IVAM.
317 — Krasnaia niva 12 (1930). Cover, design by Valentina Kulagina. IVAM.
318 — Stroim (We build). Postcard, photomontage by Valentina Kulagina, 1929. IVAM.
319 — J. Huijts, De Groudslagen van Het tweede Vifsjaarsplan. Cover, photomontage by Valentina Kulagina, 1932. IVAM.

DOROTHEA LANGE 1895 — 1965

FOTÓGRAFA. Estudió en 1917-18 en la escuela de fotografía de Clarence H. White en Nueva York. Se estableció en 1918 en San Francisco, donde se dedicó al retrato bajo la influencia del pictorialismo. Tras la Depresión económica empezó a hacer fotografía documental. En 1935 fue seleccionada por Roy Stryker para formar parte del proyecto de la **FSA**. Aunque sus fotografías, algunas tan compasivas y humanitarias como el retrato de la madre emigrante de 1936, se convirtieron de inmediato en populares y efectivas para los fines de la agencia, el deseo de la fotógrafa de controlar sus fotografías y la forma en que debían ser publicadas (un problema que también tuvo Walker **Evans**) hizo inevitable el enfrentamiento con Stryker, que la despidió y luego la readmitió en la FSA varias veces, hasta su definitivo abandono en 1940. En 1939 publicó junto a Paul Schuster Taylor un foto-libro, An American Exodus.

▸ Dorothea Lange, Museum of Modern Art, Nueva York 1966; Milton Meltzer, Dorothea Lange: A Photographer's Life, Nueva York 1978.

PHOTOGRAPHER. Lange studied at the Clarence H. White photography school in New York in 1917-18 before moving to San Francisco, where she took up portraiture with Pictorialist influences. Following the Depression, she turned to documentary photography and, in 1935, was chosen by Roy Stryker to take part in the **FSA** project. Her photographs, some full of compassion and humanitarianism, such as the portrait of an immigrant mother in 1936, instantly found popular acclaim and were perfect for the aims of the agency. Despite this, Lange's determination to control her photographs and the way in which they were to be published (a difficulty shared by Walker **Evans**) inevitably led to a confrontation with Stryker, who fired her and then readmitted her on several occasions, until she finally left the FSA in 1940. Together with Paul Schuster in 1939, she published a photo-book entitled An American Exodus.

▸ Dorothea Lange, Museum of Modern Art, New York 1966; Milton Meltzer, Dorothea Lange: A Photographer's Life, New York 1978.

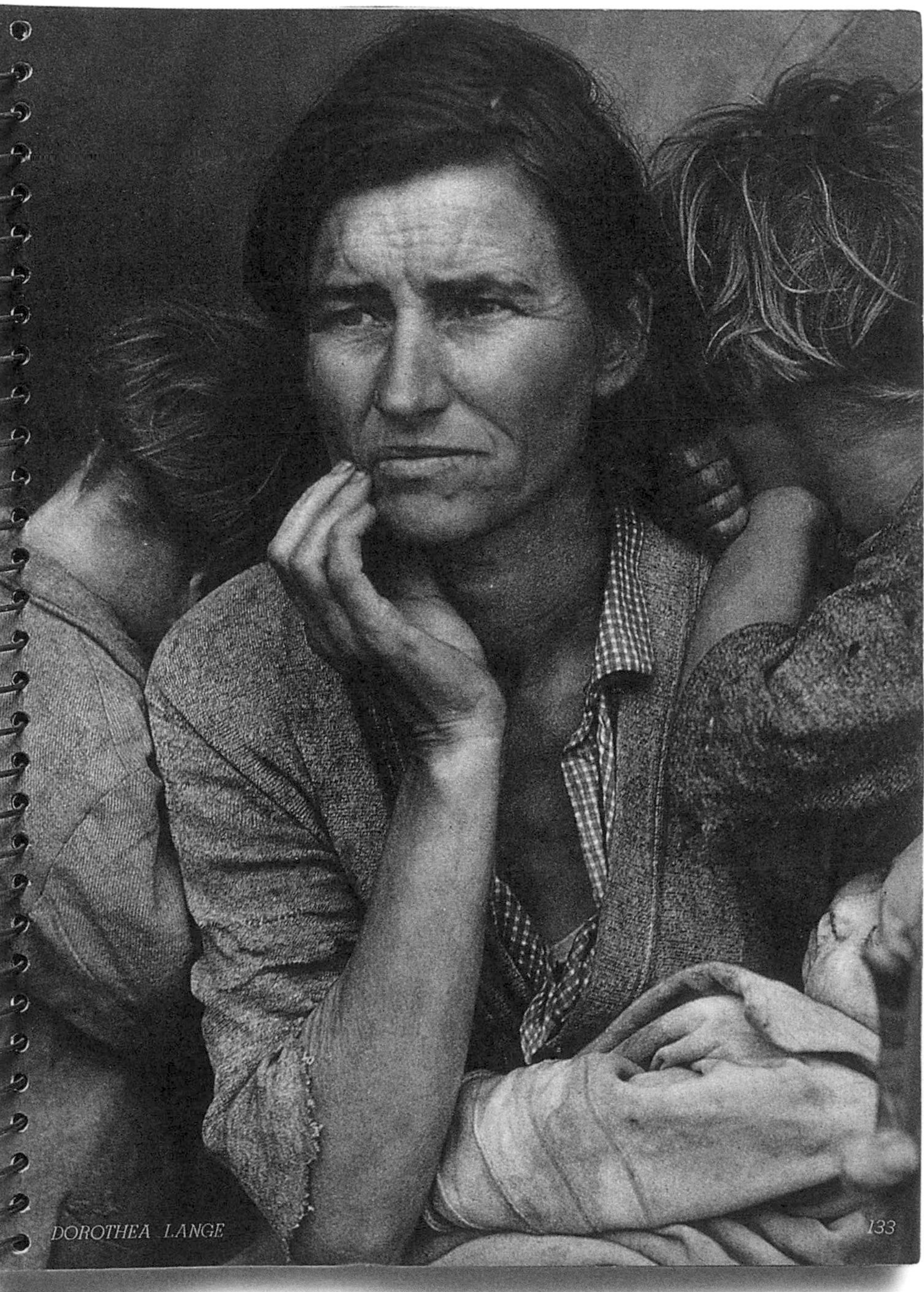

320

LANGE
320 — U.S. Camera Annual 1936, fotografía de Dorothea Lange, Nueva York 1936, colección particular.
320 — U.S. Camera Annual 1936. Photography by Dorothea Lange, New York 1936. Private collection.

LEF Moscú 1923 — 1925

Lef, Frente de izquierda artístico, fue una revista moscovita dirigida por el poeta Vladimir Maiakovski que trató temas de literatura y arte constructivista en los años de la NEP. La redacción estaba compuesta por el director cinematográfico Serguei M. Eisenstein, que publicó en la revista su artículo 'Montaje de atracciones', los críticos literarios Osip Brik, Serguei Tretiakov y Viktor Sklovski, el poeta Boris Pasternak y los artistas Varvara Stepanova y Aleksandr Rodchenko, quien diseñó la revista y publicó artículos sobre la nueva fotografía, así como numerosas fotografías. Cerrada en 1925, la revista reapareció en 1927-28 con el título Novi lef.

Lef, or Front of the Artistic Left, was a Moscow magazine edited by the poet Vladimir Mayakovsky which considered Constructivist literature and art in the years of the NEP. The editorial staff was composed of the film director Sergei M. Eisenstein, who published his article 'Montage of attractions' in the magazine, the literary critics Osip Brik, Sergei Tretyakov and Viktor Shklovsky, the poet Boris Pasternak, and the artists Varvara Stepanova and Aleksandr Rodchenko. It was Rodchenko who designed the magazine and published articles on the new photography, as well as numerous photographs. The magazine was closed in 1925, but reappeared in 1927-28 under the name Novi lef.

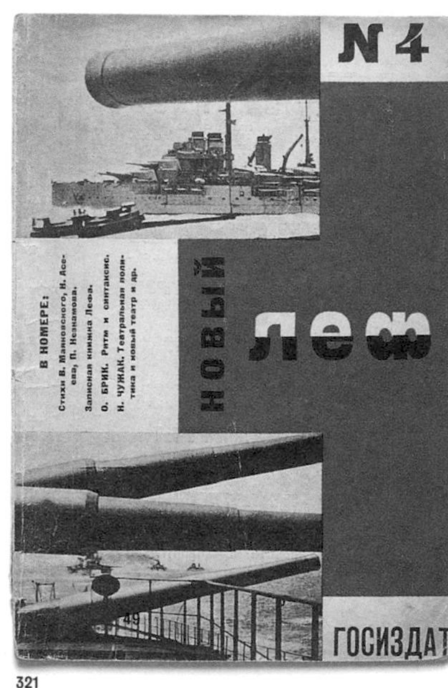

321

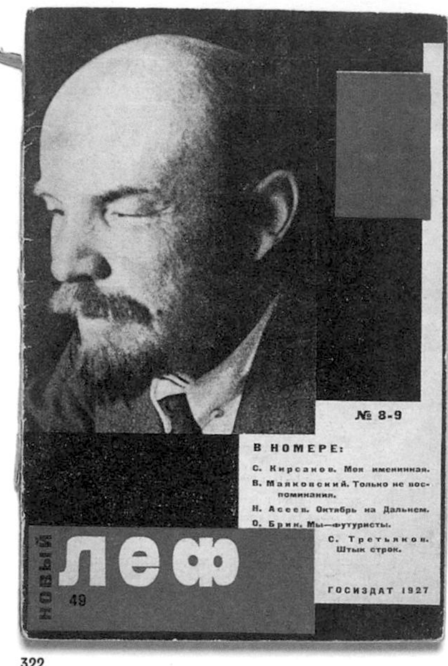

322

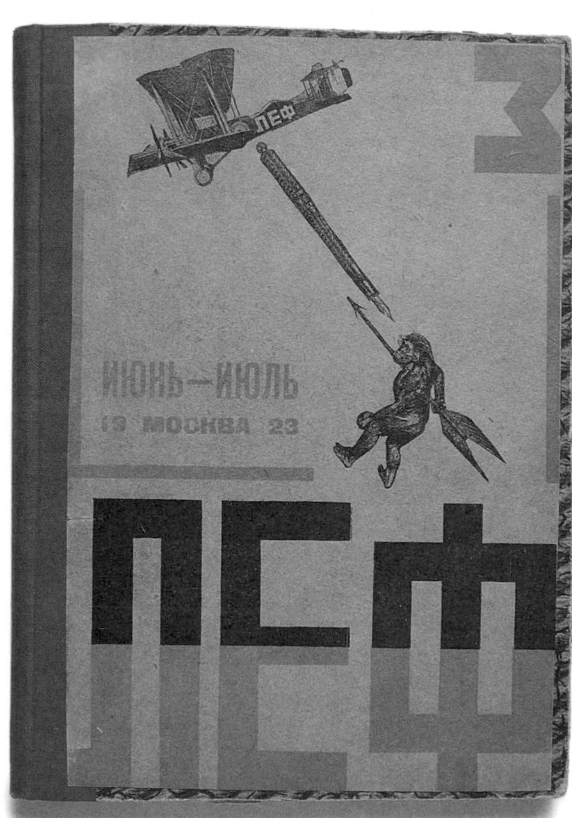

323

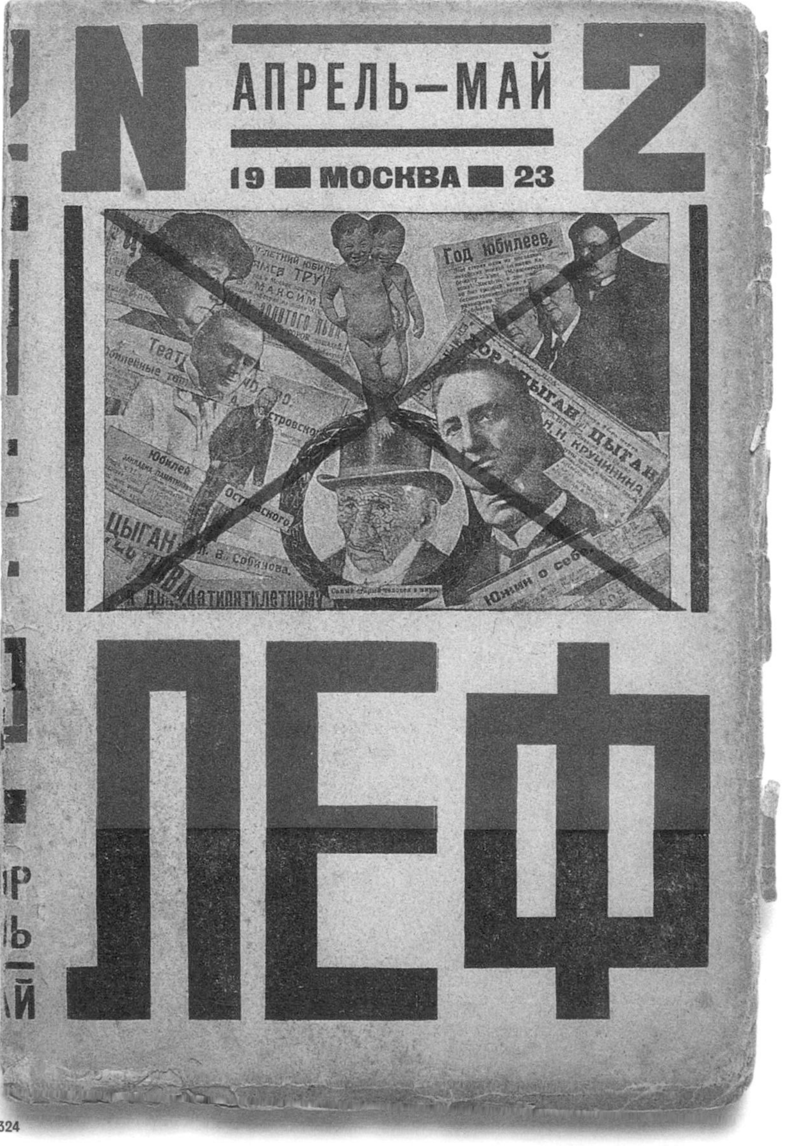

324

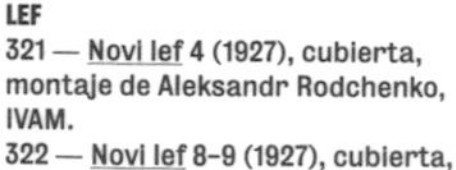

LEF

321 — Novi lef 4 (1927), cubierta, montaje de Aleksandr Rodchenko, IVAM.
322 — Novi lef 8-9 (1927), cubierta, montaje de Aleksandr Rodchenko, IVAM.
323 — Lef 8-9 (junio-julio 1923), cubierta, montaje de Aleksandr Rodchenko, Colección Gago-Doreste.
324 — Lef 2 (1923), cubierta, montaje de Aleksandr Rodchenko, IVAM.

321 — Novi lef 4 (1927). Cover, montage by Aleksandr Rodchenko. IVAM.
322 — Novi lef 8-9 (1927). Cover, montage by Aleksandr Rodchenko. IVAM.
323 — Lef 8-9 (Juny-July 1923). Cover, montage by Aleksandr Rodchenko. Gago Doreste Colletion
324 — Lef 2 (1923). Cover, montage by Aleksandr Rodchenko. IVAM.

HANS Y GRETE LEISTIKOW 1892 — 1962 / 1893 — ?

Desde 1925 Hans Leistikow, diseñador gráfico y pintor, y su hermana, Grete Leistikow, fotógrafa, usaron la firma común Geschwister Leistikow. Residían en Francfort, donde diseñaron la revista Das neue Frankfurt, que publicó en 1929 un número monográfico sobre fotografía. También expusieron en Film und Foto fotografías, fotogramas, fotomontajes y trabajos en tipo-foto. En la antología de los nuevos diseñadores gráficos, Gefesselter Blick (1930), aparece el trabajo de Hans, que formó parte del ring neue werbegestalter. En 1930 emigraron a la URSS, donde trabajaron para el teatro y la industria editorial. Expulsados de la URSS en 1937, volvieron a Alemania.

► Hans Leistikow, Francfort 1963; Jörg Stüzebecher, Exemplarisch: Hans Leistikow, Kassel 1995.

From 1925 Hans Leistikow, the painter and graphic designer and his sister, the photographer Grete Leistikow both signed with the same name, Geschwister Leistikow. They lived in Frankfurt, where they designed the magazine Das neue Frankfurt, which published, in 1929, a monographic issue on photography. They also exhibited photographs, photograms, photomontages and work in typo-photo in Film und Foto. Works by Hans were published in the anthology of the new graphic designers, Gefesselter Blick (1930) and Hans was also a member of the ring neue werbegestalter. They emigrated to the USSR in 1930, working for the theatre and the publishing industry. They were expelled from Russia in 1937 and returned to Germany.

► Hans Leistikow, Frankfurt 1963; Jörg Stüzebecher, Exemplarisch: Hans Leistikow, Kassel 1995.

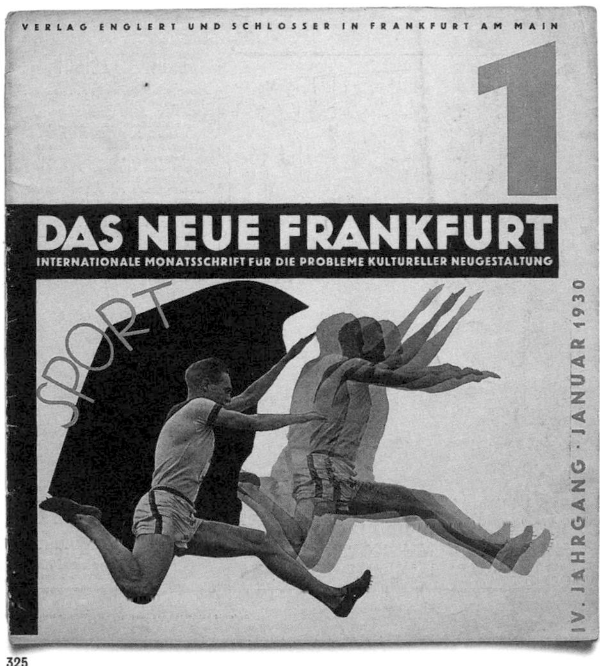

325

326

LEISTIKOW
325 — Das neue Frankfurt vol. 4, 8 (agosto 1930), cubierta, diseño de Hans y Grete Leistikow, IVAM.
326 — Das neue Frankfurt vol. 4, 1 (enero 1930), cubierta, diseño de Hans y Grete Leistikow, IVAM.

325 — Das neue Frankfurt vol. 4, 8 (August 1930). Cover, design by Hans and Grete Leistikow. IVAM.
326 — Das neue Frankfurt vol. 4, 1 (January 1930). Cover, design by Hans and Grete Leistikow. IVAM.

HELMAR LERSKI 1871 — 1956

FOTÓGRAFO. Empezó a fotografiar en 1911 utilizando técnicas de iluminación aprendidas en su carrera como actor. Estuvo en Estados Unidos entre 1893-1914. A su regreso a Europa trabajó como cámara de cine. Volvió a hacer retratos fotográficos en 1929 utilizando de nuevo su personal estilo de iluminación, publicados en 1931 en un influyente foto-libro.

► H. Lerski, Köpfe des Alltags. Unbekannte Menschen, Berlín 1931; Verwandlungen durch Licht, s.l. 1938; Ute Eskildsen, ed, Verwandlungen durch Licht, Freren 1982.

PHOTOGRAPHER. Lerski started taking photographs in 1911, using techniques of illumination he learned in his career as an actor. He lived in the United States between 1893 and 1914, and on his return to Europe worked as a film cameraman. He went back to taking photographic portraits in 1929, employing his individual style of illumination once again, and these were published in an influential photo-book in 1931.

► H. Lerski, Köpfe des Alltags. Unbekannte Menschen, Berlin 1931; Verwandlungen durch Licht, (city unknown) 1938; Ute Eskildsen, ed. Verwandlungen durch Licht, Freren 1982.

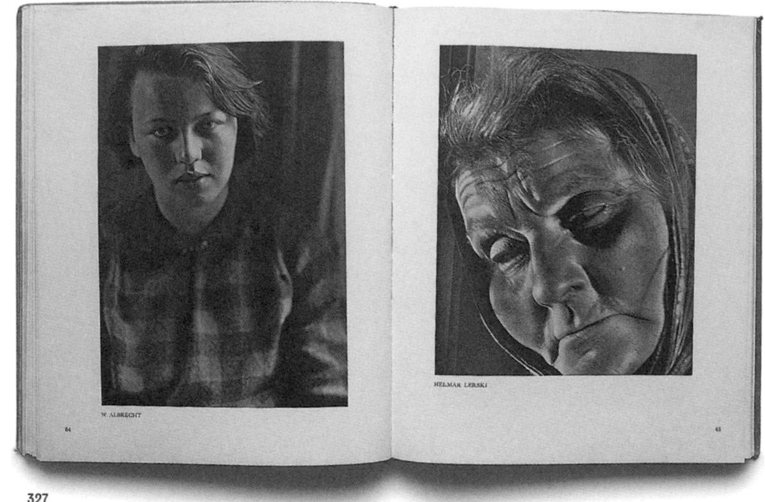

327

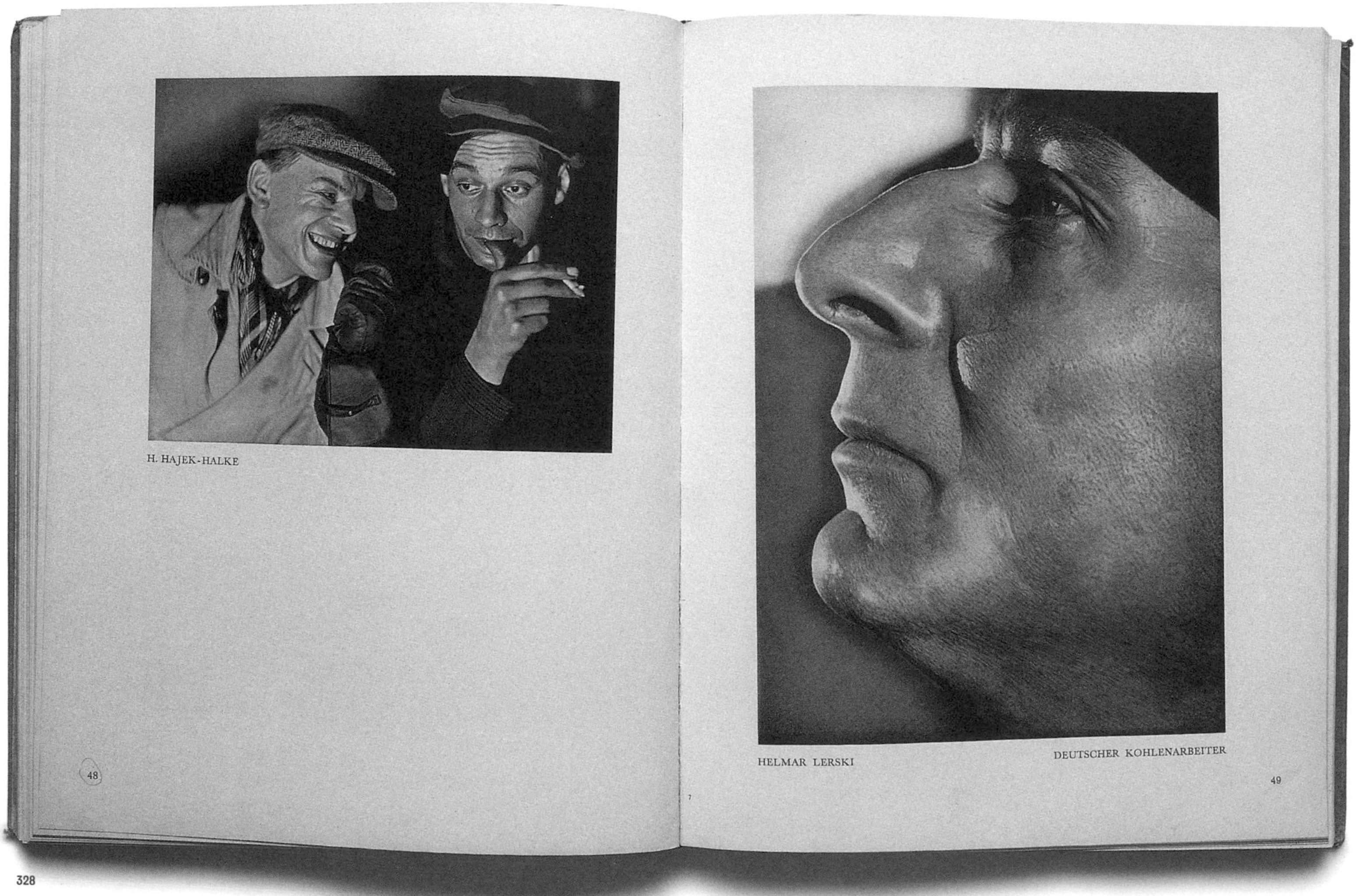

328

LERSKI

327/328 — Das deutsche Lichtbild 1931, fotografías de Helmar Lerski, Robert & Bruno Schultz, Berlín 1931, MNCARS.

327/328 — Das deutsche Lichtbild 1931. Photographs by Helmar Lerski, Robert & Bruno Schultz, Berlin 1931. MNCARS.

LIFE Nueva York 1936

Semanario ilustrado publicado por Henry R. Luce a imitación de los modernos semanarios europeos. En sus páginas se encuentra no sólo fotografía documental (Margaret **Bourke-White**, Robert **Capa**, Alfred Eisenstaedt) sino también otros géneros fotográficos, a menudo en forma de foto-series. Entre los fotógrafos que publicaron en Life en sus primeros años están Berenice **Abbot**, Cecil **Beaton**, Henri **Cartier-Bresson**, Chim, Gisèle Freund, Fritz Henle, Leslie Gill, Lejaren à Hiller, Herbert **List**, Herbert **Mattter**, Martin **Munkacsi**, **Natori** Yonosuke, Erich **Salomon**, Gotthard **Schuh**, Edward **Steichen**, Alfred **Stieglitz**, Paul Strand, Edward **Weston**, Paul **Wolff**, etc.

Life is an illustrated weekly, first published by Henry R. Luce as an imitation of the modern European illustrated weeklies of the time. In its pages can be found not only documentary photography (Margaret **Bourke-White**, Robert **Capa**, and Alfred Eisenstaedt), but also other genres of photographers, often in the form of photos in series. Among the photographers whose work was published in Life in its early years may be found Berenice **Abbot**, Cecil **Beaton**, Henri **Cartier-Bresson**, Chim, Gisèle Freund, Fritz Henle, Leslie Gill, Lejaren à Hiller, Herbert **List**, Herbert **Matter**, Martin **Munkacsi**, **Natori** Yonosuke, Erich **Salomon**, Gotthard **Schuh**, Edward **Steichen**, Alfred **Stieglitz**, Paul Strand, Edward **Weston** and Paul **Wolff**, among others.

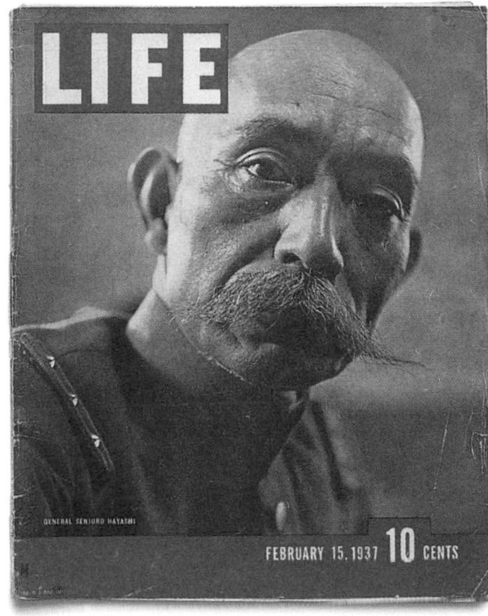

329

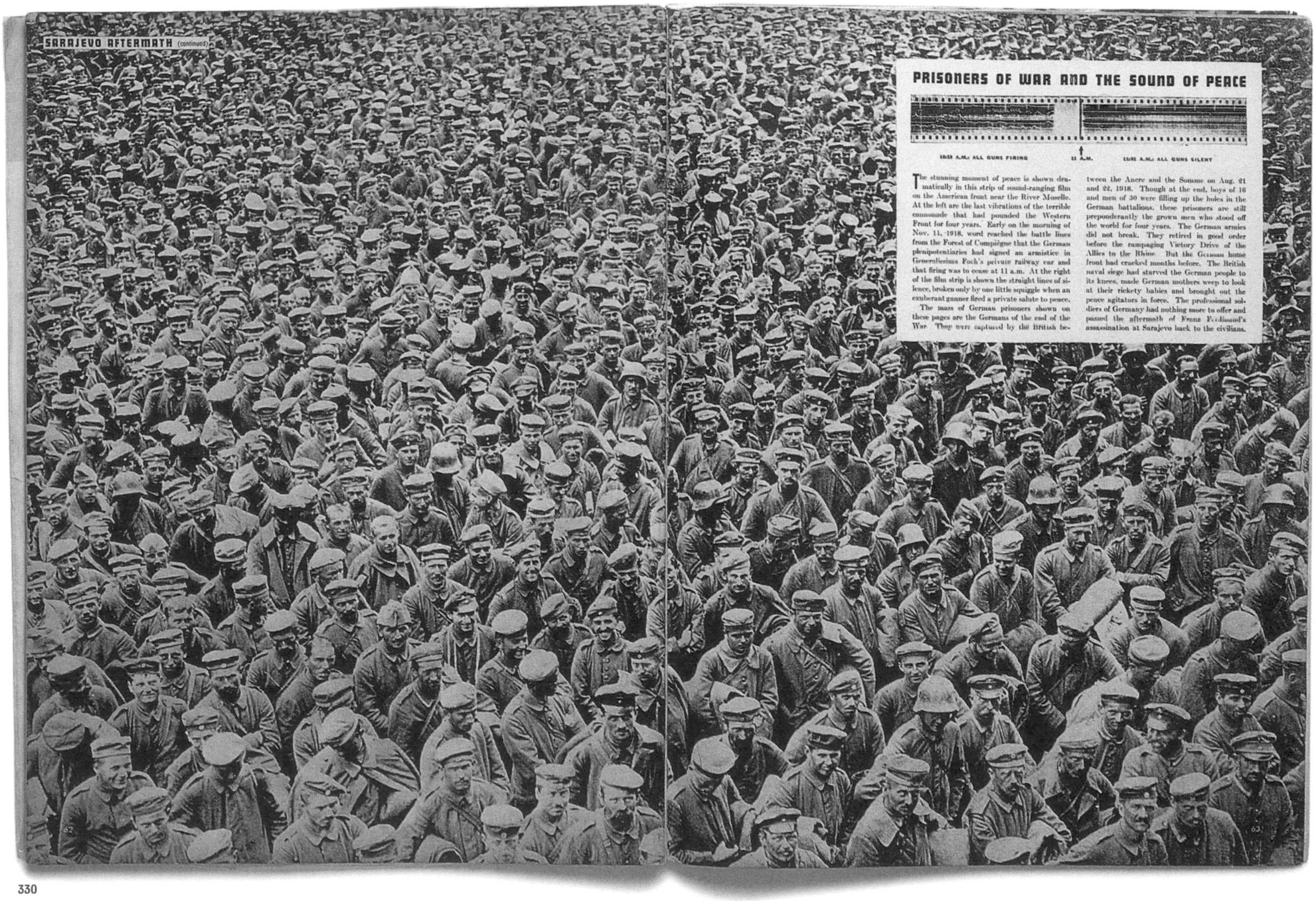

SARAJEVO AFTERMATH (continued)

PRISONERS OF WAR AND THE SOUND OF PEACE

10:59 A.M.: ALL GUNS FIRING — 11 A.M. — 11:01 A.M.: ALL GUNS SILENT

The stunning moment of peace is shown dramatically in this strip of sound-ranging film on the American front near the River Moselle. At the left are the last vibrations of the terrible cannonade that had pounded the Western Front for four years. Early on the morning of Nov. 11, 1918, word reached the battle lines from the Forest of Compiègne that the German plenipotentiaries had signed an armistice in Generalissimo Foch's private railway car and that firing was to cease at 11 a.m. At the right of the film strip is shown the straight lines of silence, broken only by one little squiggle when an exuberant gunner fired a private salute to peace.

The mass of German prisoners shown on these pages are the Germans of the end of the War. They were captured by the British between the Ancre and the Somme on Aug. 21 and 22, 1918. Though at the end, boys of 16 and men of 50 were filling up the holes in the German battalions, these prisoners are still preponderantly the grown men who stood off the world for four years. The German armies did not break. They retired in good order before the rampaging Victory Drive of the Allies to the Rhine. But the German home front had cracked months before. The British naval siege had starved the German people to its knees, made German mothers weep to look at their rickety babies and brought out the peace agitators in force. The professional soldiers of Germany had nothing more to offer and passed the aftermath of Franz Ferdinand's assassination at Sarajevo back to the civilians.

330

LIFE

329 — Life vol. 2, 7 (15 de febrero 1937), cubierta, colección particular.
330 — Life vol. 6, 20 (26 de junio 1939), colección particular.

329 — Life vol.2, 7 (15 February 1937). Cover. Private collection.
330 — Life vol.6, 20 (26 June 1939). Private collection.

LILLIPUT Londres 1937 — 1960

Revista mensual dirigida por Stefan Lorant, también editor del semanario Picture Post. En su pequeño y manejable formato contenía páginas de texto acompañadas de dobles páginas fotográficas en un diseño semejante a Der Querschnitt. En ellas se publicaron fotografías de André Kertész, Cecil Beaton, Bill Brandt, Brassaï, Florence Henri, John Heartfield, Ernö Vadas, Pierre Boucher, Blumenfeld, Ylla, etc.

Lilliput was a magazine edited by Stefan Lorant, also editor of the weekly, Picture Post. Its small, comfortable format combined the pages of text with double photographic spreads, using the style invented by Der Querschnitt. It published photographs by André Kertész, Cecil Beaton, Bill Brandt, Brassaï, Florence Henri, John Heartfield, Ernö Vadas, Pierre Boucher, Blumenfeld and Ylla, among others.

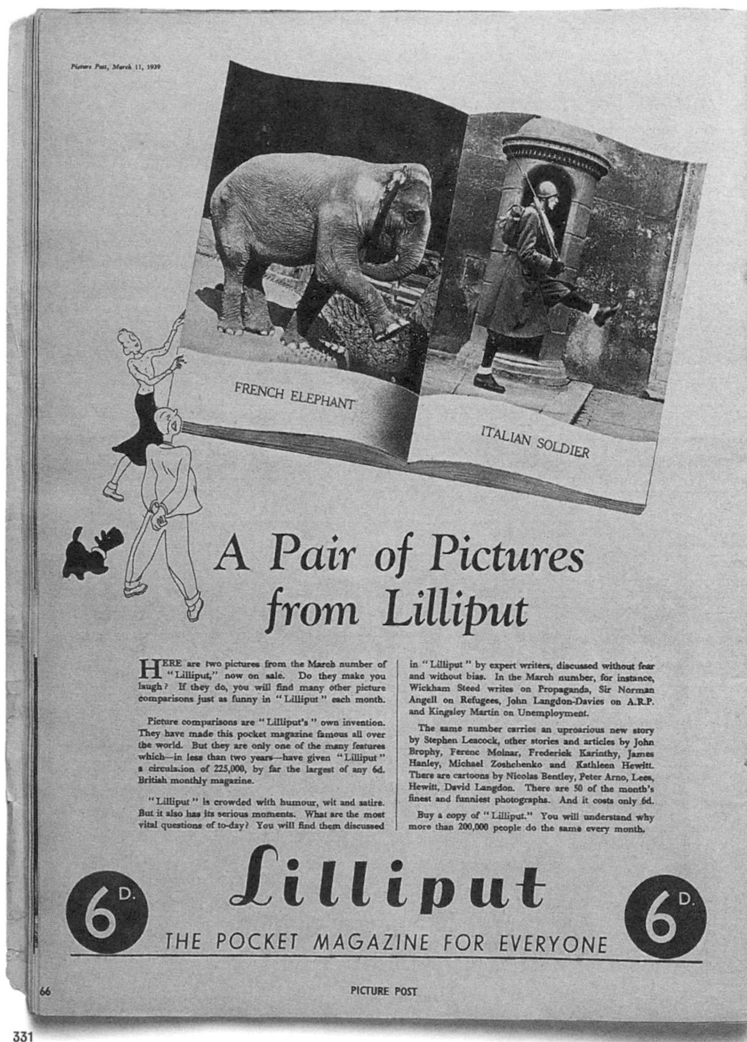

331

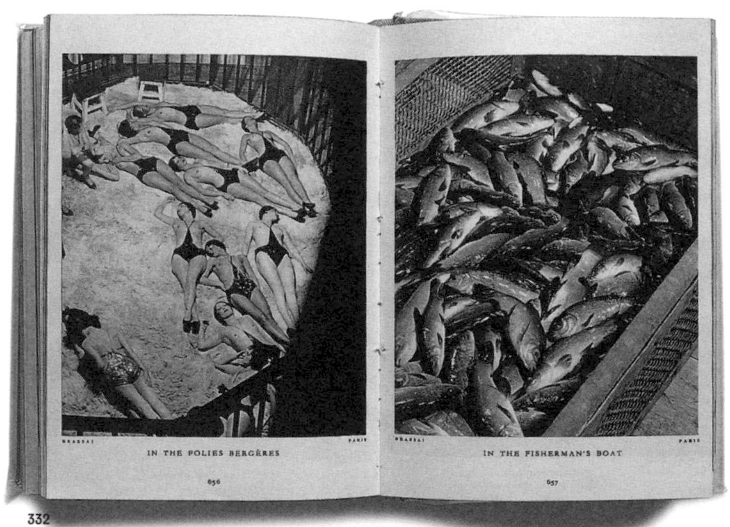

332

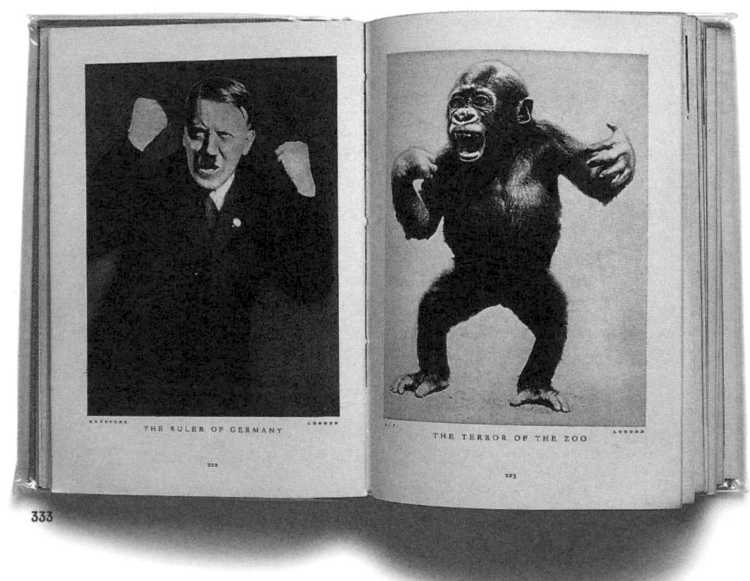

333

LILLIPUT

331 — Picture Post vol. 1, 14 (31 de diciembre 1938), anuncio de Lilliput, colección particular.
332 — Lilliput vol. 3, 18 (diciembre 1938), fotografías de Brassaï, colección particular.
333 — Lilliput vol. 3, 14 (agosto 1938), colección particular.

331 — Picture Post vol. 1, 14 (31 December 1938). Lilliput advertisement. Private collection.
332 — Lilliput vol. 3, 18 (December 1938). Photographs by Brassaï. Private collection.
333 — Lilliput vol. 3, 14 (August 1938). Private collection.

EL LISSITZKY 1890 — 1941

DISEÑADOR GRÁFICO, FOTÓGRAFO EXPERIMENTAL, FOTOMONTADOR. Lissitzky nació en Pochinok, cerca de Smolensko (Rusia), de familia judía. Al ser rechazado por la Academia de San Petersburgo, estudió arquitectura en la Universidad Técnica de Darmstadt entre 1909-1912 y viajó luego por Europa hasta 1914, año en que regresó a Rusia. Tras la revolución trabajó en proyectos culturales judíos y comenzó a ilustrar publicaciones en yiddish. El pintor Marc Chagall le invitó en 1919 a dar clases de arquitectura y artes gráficas en la Escuela de arte de Vitebsk, donde conoció a Kasimir Malevich, de quien se convirtió en seguidor. Durante su época suprematista, Lissitzky concibió un 'estado intermedio entre la arquitectura y la pintura' al que denominó PROUN, que fue el título de sus obras en los años siguientes. Desde 1920 en Moscú, fue profesor en los VJUTEMAS hasta que, dos años más tarde, se estableció en Alemania y comenzó un periodo de gran actividad como pintor, grabador, tipógrafo, diseñador de exposiciones y publicidad, editor de revistas, ensayista y, finalmente, fotógrafo experimental. Sus primeros trabajos fotográficos son de 1924, fotogramas y fotomontajes por superposición de negativos fotográficos, como el autorretrato 'El constructor', que sería reproducido muchas veces en los años siguientes, por ejemplo, en la cubierta de fotoauge. En sus dos años en Centroeuropa Lissitzky se relacionó con los artistas de la Bauhaus en Weimar, de De Stijl en Holanda y muchos otros, como Kurt Schwitters en Hannover, para quien diseñó el número 'Nasci' de Merz. También participó en los congresos de Weimar y Düsseldorf, y expuso en Hannover en 1923 y en Berlín al año siguiente. De nuevo en Moscú en 1925 tras una crisis tuberculosa de la que se recuperó en un sanatorio suizo, Lissitzky volvió a los VJUTEMAS, donde se encargó del taller de interiorismo y diseño de mobiliario. A finales de la década diseñó exposiciones, tanto en el montaje como en los catálogos: Poligraficheskaia vistavka (Exposición poligráfica, Moscú 1927), Iaponske kino (Cine japonés, Moscú 1929), pabellones soviéticos de Pressa (Colonia 1928), Film und Foto, Internationale Hygiene-Ausstellung (Dresde 1930) e Internationale Pelzfach-Ausstellung (Leipzig 1930). En los catálogos de estas exposiciones, Lissitzky presentó algunos de sus más interesantes trabajos de diseño gráfico, utilizando a menudo el fotomontaje, trabajos que se mostraron en exposiciones como Film und Foto, Oktiabr (Moscú 1931) o Fotomontage (Berlín 1931). Otros diseños gráficos con fotomontajes de Lissitzky fueron carteles y cubiertas de revistas y libros. En 1930 publicó un libro sobre la nueva arquitectura soviética, Russland, en cuya cubierta aparecía el montaje de uno de sus PROUN y una fotografía de Boris Ignatovich. El libro, publicado en Viena en 1930, formaba parte de una colección diseñada por Lissitzky de la que también se publicaron tomos sobre arquitectura norteamericana y francesa. Durante los años treinta continuó su actividad como arquitecto, fotógrafo y diseñador gráfico, sobre todo en la revista SSSR na stroike, que diseñó en 16 ocasiones entre 1932 y 1940, algunas veces en colaboración con su esposa, Sophie Lissitzky-Küppers. El deterioro de su salud y la represión cultural de finales de los treinta dificultó su trabajo en esos años, cada vez más dependiente de las imposiciones de la propaganda estalinista. El Lissitzky, además de ser uno de los artistas más polifacéticos y curiosos de la época de entreguerras, representa la adaptación de los artistas a los nuevos tiempos determinados por la técnica y la política, sin renunciar por ello a la experimentación. Hay que destacar, finalmente, su importancia como vínculo entre artistas de la URSS, Alemania, Holanda y Suiza, decisiva en la difusión del nuevo arte, así como sus trabajos teóricos sobre fotografía, fotomontaje, tipo-foto, cartel, tipografía, diseño gráfico o arquitectura.

▸ Sophie Lissitzky-Küppers, El Lissitzky Maler Architekt Typograf Fotograf. Erinnerungen, Briefe, Schriften, Dresde 1976 (Nueva York 1980); El Lissitzky, Proun und Wolkenbügel. Schriften, Briefe, Dokumente, Dresde 1977; El Lissitzky 1890-1941, cat. Harvard University Art Museum 1987; El Lissitzky 1890-1941, cat. Stedelijk Museum, Amsterdam 1990; El Lissitzky, Experiments in Photography, Nueva York 1991.

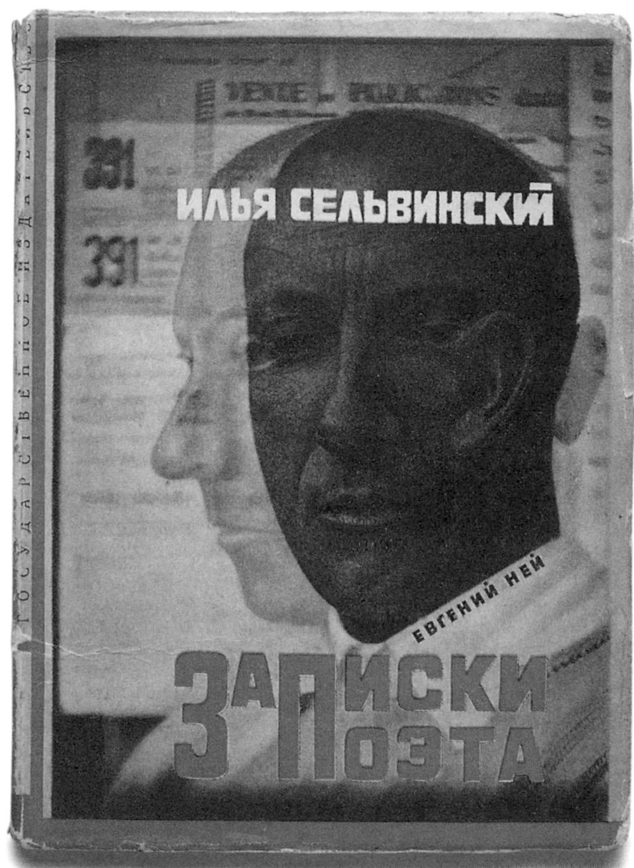

334

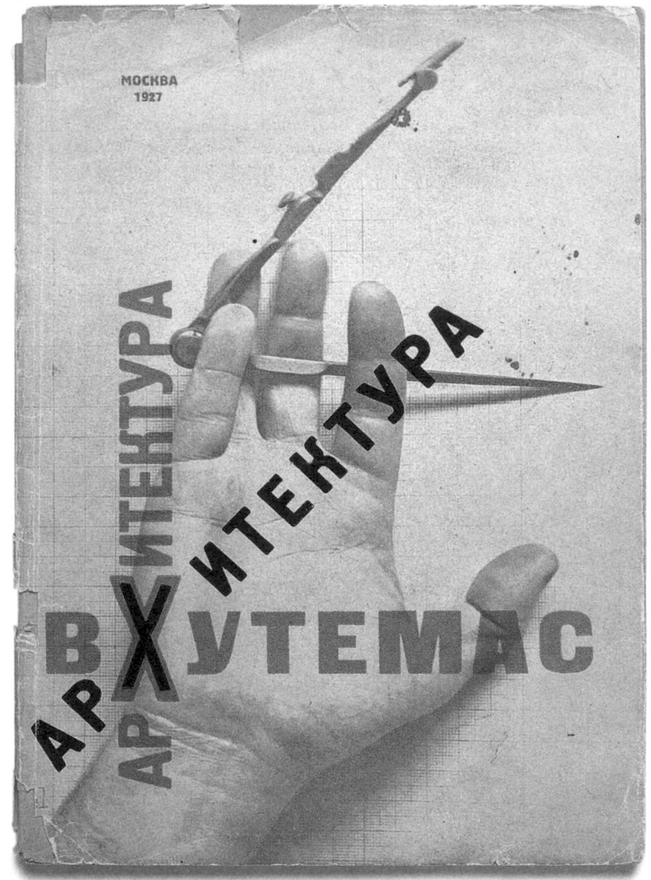

335

LISSITZKY

334 — Ilia Selvinski, Zapinski poeta. Povets (Notas de un poeta. Narración), fotomontaje de El Lissitzky, Gosudarstvennoe izdatelstvo, Moscú y Leningrado 1928, IVAM.
335 — Arjitektura. Raboti arjitekturnogo Faculteta Vjutemassa (Arquitectura. Trabajos de la Facultad de Arquitectura del VJUTEMAS), cubierta, fotomontaje de El Lissitzky, Moscú 1927, IVAM.

334 — Ilia Selvinski, Zapinski poeta. Povets (Notes of a poet. Narration). Cover, photomontage by El Lissitzky, Gosudarstvennoe izdatelstvo, Moscow and Leningrad 1928. IVAM.
335 — Arkhitektura. Raboti arkhitekturnogo Faculteta Vkhutemassa (Architecture. Works by the Architecture School of VKHUTEMAS). Cover, photomontage by El Lissitzky, Moscow 1927. IVAM.

EL LISSITZKY 1890 — 1941

GRAPHIC DESIGNER, EXPERIMENTAL PHOTOGRAPHER, PHOTOMONTEUR. Lissitzky was born in Pochinok, near Smolensk, to a Jewish family. On being refused entry to the San Petersburg Academy he turned to the Tecnische Hochschule in Darmstad, where he studied architecture from 1909 to 1912. He travelled around Europe until 1914, when he returned to Russia. Following the Revolution he worked on Jewish cultural projects and started illustrating Yiddish publications. In 1919 the painter Marc Chagall invited him to give architecture and graphic arts classes at the Vitebsk School of Art, where he met Kasimir Malevich and became one of his followers. During his Suprematist period Lissitzky conceived an 'intermediary state between architecture and painting' which he called PROUN, an acronym that would become the title of his designs in the following years. From 1920 he was a teacher at the VKHUTEMAS in Moscow until, two years later, he moved to Germany, where he began a period of intense activity as a painter, engraver, typographer, exhibition and advertising designer, magazine editor, essayist and, finally, experimental photographer. His first photographic works date from 1924. They were photograms and photomontages made up by the overprinting of negative photographs, such as the self-portrait 'The Constructor', which would be reproduced on numerous occasions in the following years as, for example, on the cover of fotoauge. During his two years in Central Europe Lissitzky met artists from the Bauhaus in Weimar, from Die Stijl in Holland and many others, such as Kurt Schwitters in Hanover, for whom he designed the 'Nasci' issue of Merz. He also participated in the Weimar and Dusseldorf congresses and exhibited in Hanover in 1923, and in Berlin the following year. Once again in Moscow, in 1925, and following an attack of tuberculosis from which he recovered in a Swiss sanatorium, Lissitzky returned to the VKHUTEMAS, where he took charge of interior and furniture design. Towards the end of the decade he took up exhibition design, including both mounting and creation of the catalogues: Poligraficheskaya vystavka (Graphic arts exhibition, Moscow 1927), Iaponske kino (Japanese Cinema, Moscow 1929), Soviet Pavilions at the Pressa (Cologne 1928), Film und Foto, Internationale Hygiene-Ausstellung (Dresden 1930) and Internationale Pelzfach-Ausstellung (Leipzig 1930). Lissitzky presented some of his most interesting graphic design work in the catalogues of these exhibitions, often using photomontage, many of these designs being shown at exhibitions such as Film und Foto, Oktiabr (Moscow 1931) and Fotomontage (Berlin 1931). Other examples of graphic design with photomontages by Lissitzky included posters, and covers for magazines and books. In 1930 he published a book on the new Soviet architecture, Russland, the cover of which featured a montage of one of his PROUNs and a photograph by Boris Ignatovich. The book, published in Vienna in 1930, formed part of a collection designed by Lissitzky of which volumes were also published on North American and French architecture. During the thirties he continued his activities as architect, photographer and graphic designer, above all in the magazine SSSR na stroike, which he designed on 16 occasions between 1932 and 1940, sometimes in collaboration with his wife Sophie Lissitzky-Küppers. His failing health and the cultural repression of the late thirties made his work difficult during these years, it becoming more and more dependent on Stalinist propaganda. In addition to being one of the most versatile and curious artists of the period between the wars, El Lissitzky represents the adaptation of artists to the new times, determined by technique and politics while not renouncing experimentation. Finally, Lissitzky's importance as a link between artists in the USSR, Germany, Holland and Switzerland, decisive in the spreading of the new art forms, as well as his theoretical work on photography, photomontage, typo-photo, poster, typography, graphic design and architecture, can never be underestimated.

▸ Sophie Lissitzky-Küppers, El Lissitzky Maler Architekt Typograf Fotograf. Erinnerungen, Briefe, Schriften, Dresden 1976 [New York 1980]; El Lissitzky, Proun und Wolkenbügel. Schriften, Briefe, Dokumente, Dresden 1977; El Lissitzky 1890-1941, cat. Harvard University Art Museum 1987; El Lissitzky 1890-1941, cat. Stedelijk Museum, Amsterdam 1990; El Lissitzky, Experiments in Photography, New York 1991.

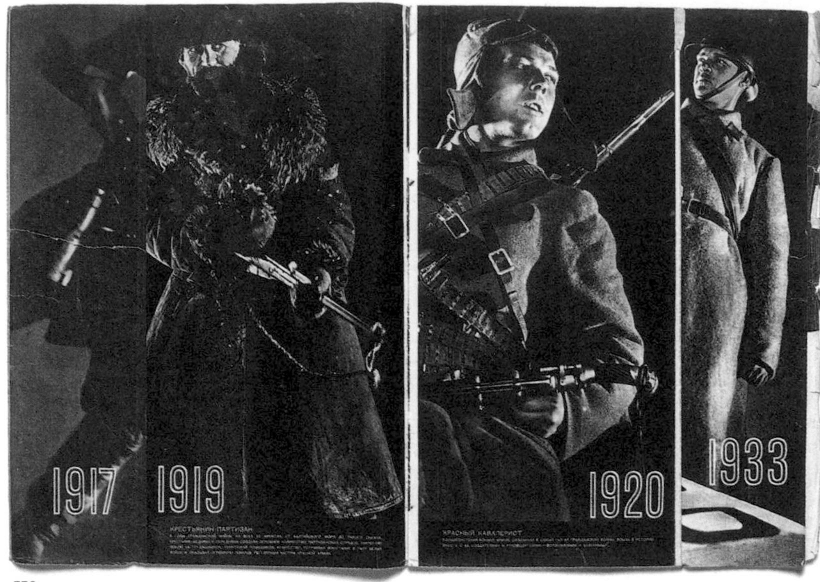

336

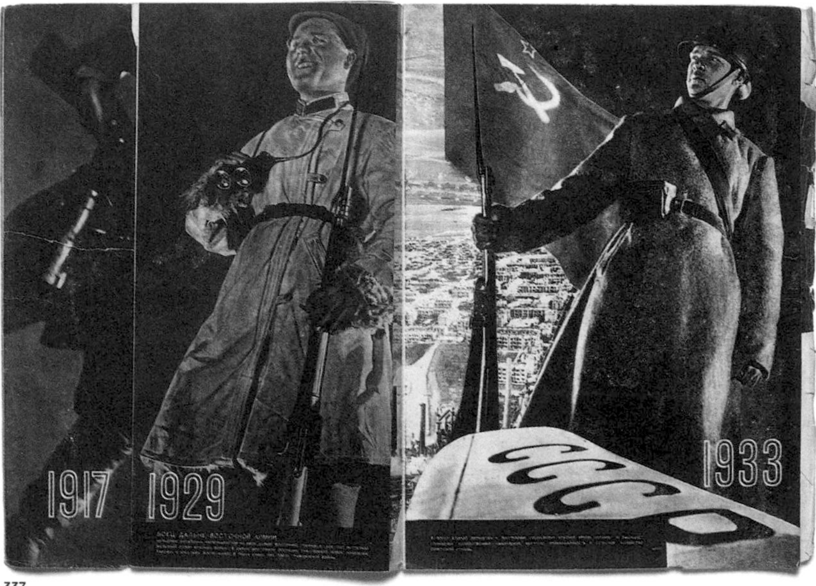

337

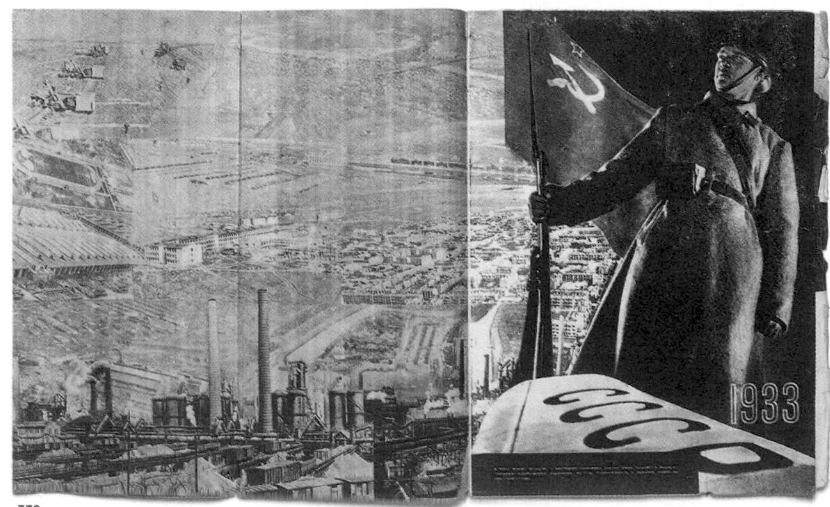

338

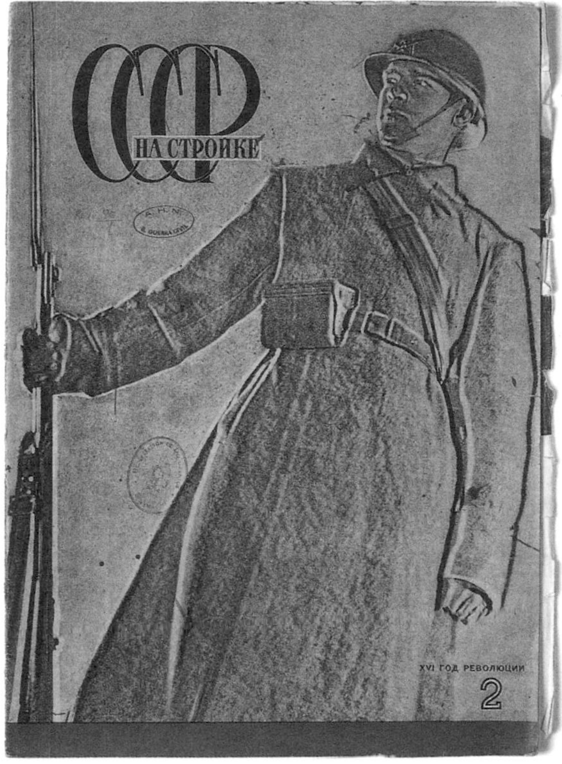

339

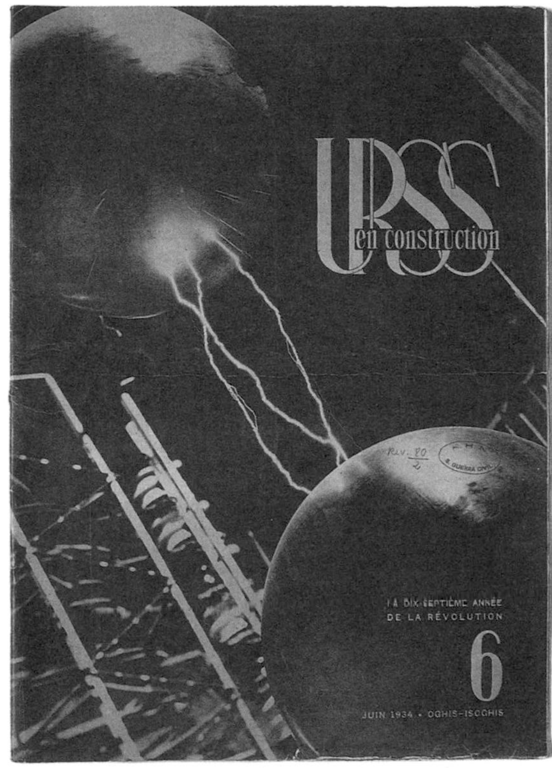

340

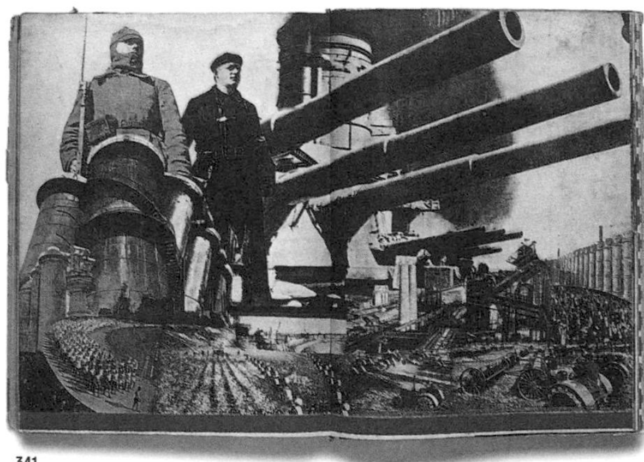

341

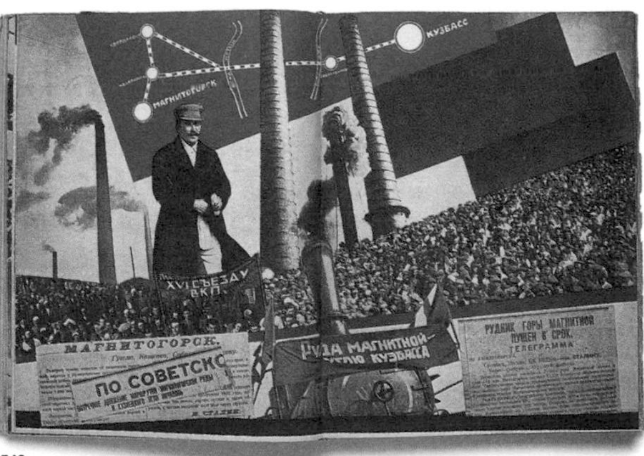

342

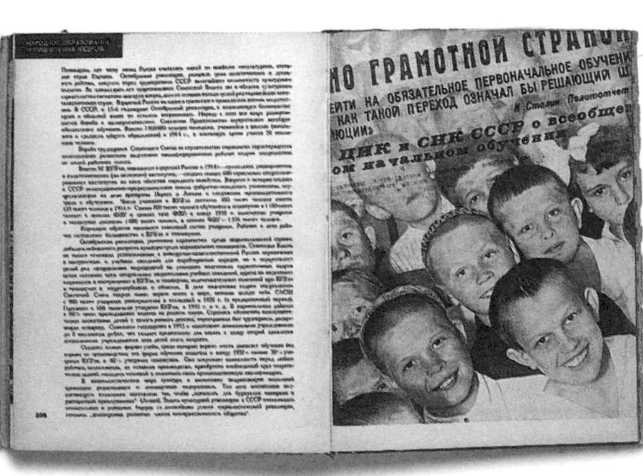

343

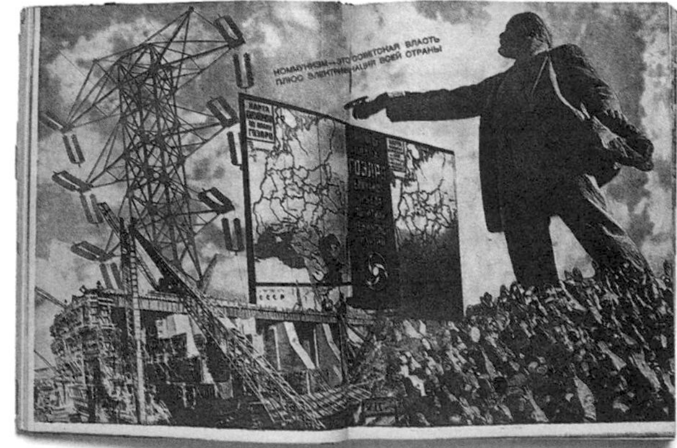

344

LISSITZKY
336/339 — SSSR na stroike 2 (febrero 1933), montaje de El Lissitzky, AHNSGC.
340 — URSS en construction 6 (junio 1934), montaje de Sophie Lissitzky y EL Lissitzky, cubierta, AHNSGC.
341/344 — SSSR stroit sotsializm. USSR baut den Sozialismus. Urss construit le socialisme. USSR builds socialism, diseño de El Lissitzky, Izogiz, Moscú 1933, Colección Juan Naranjo.

336/339 — SSSR na stroike 2 (February 1933). Montage by El Lissitzky. AHNSGC.
340 — URSS en construction 6 (June 1934). Montage by Sophie Lissitzky and El Lissitzky, cover. AHNSGC.
341/344 — SSSR stroit sotsializm. USSR baut den Sozialismus. Urss construit le socialisme. USSR builds socialism. Design by El Lissitzky, Izogiz, Moscow 1933. Juan Naranjo Collection.

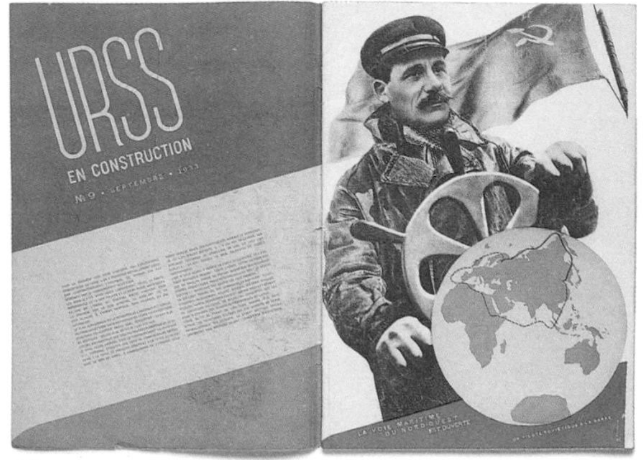

345

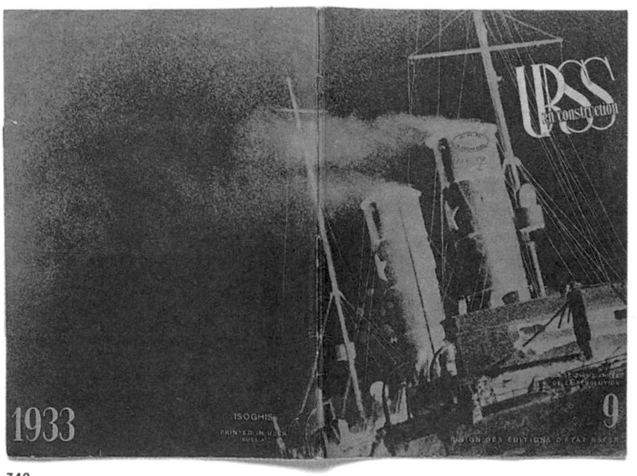

346

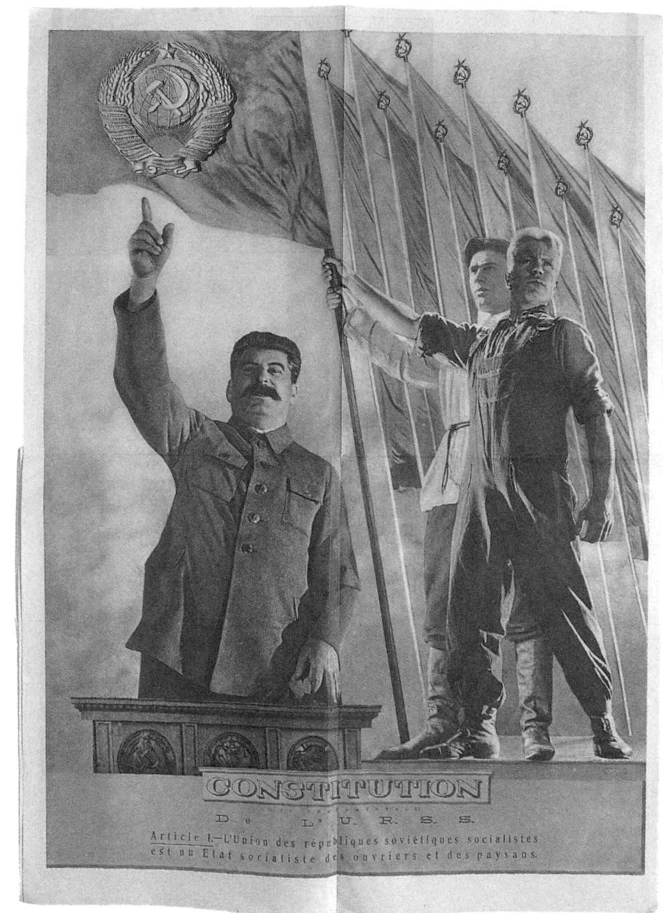

347

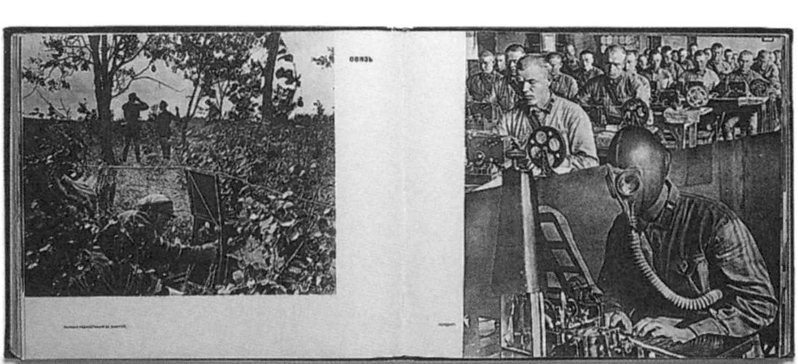
348

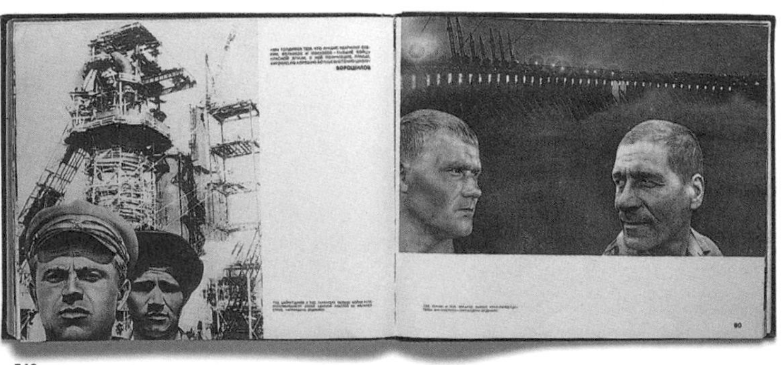
349

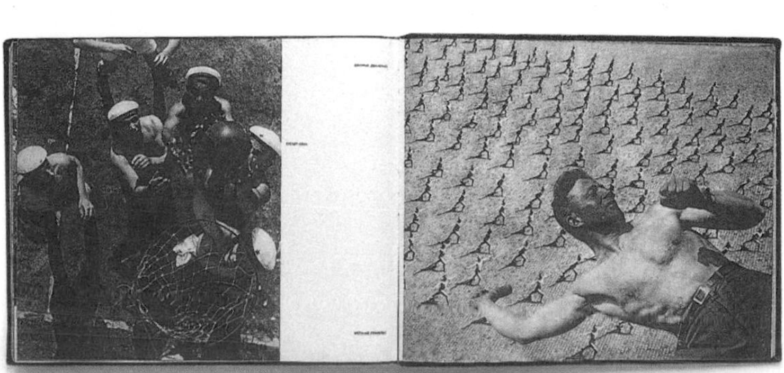
350

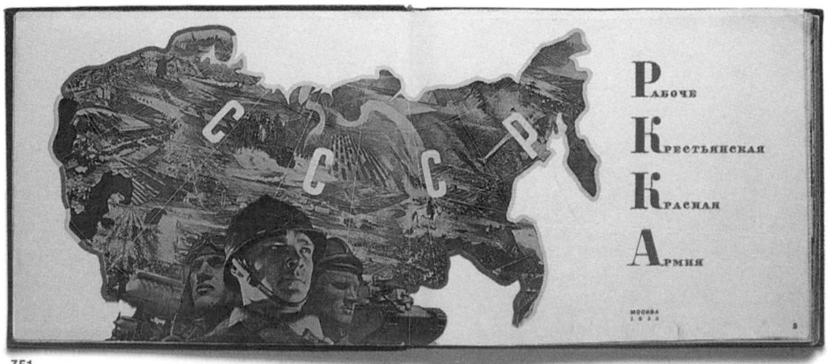

351

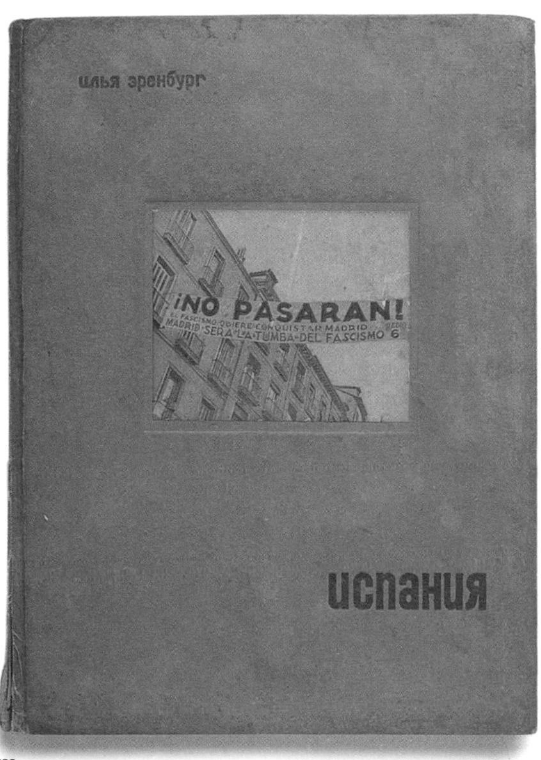

352

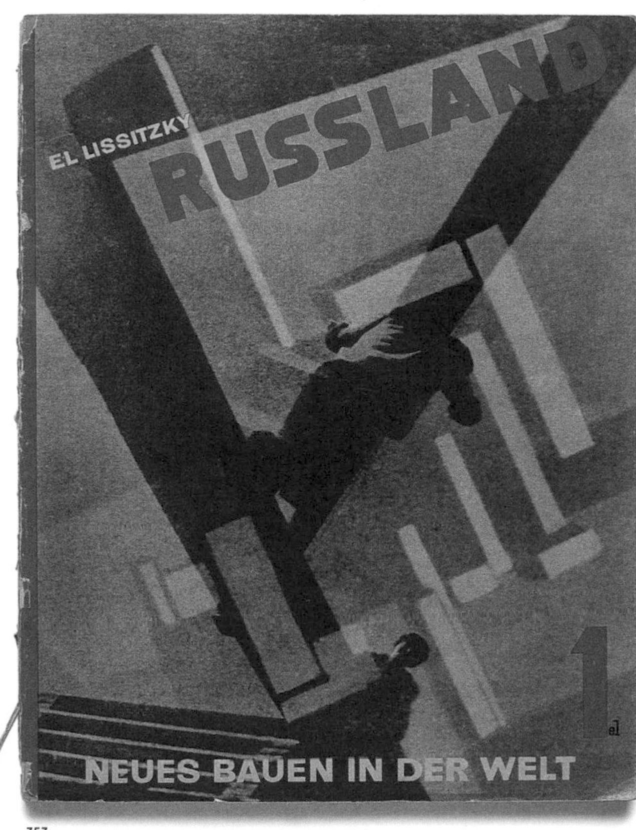

353

LISSITZKY
345/346 — URSS en construction 9 (septiembre 1933), montaje de El Lisistzky, AHNSGC.
347 — L'URSS en construction 9-10-11-12 (septiembre-diciembre 1937), montaje de Sophie Lissitzky y El Lissitzky, AHNSGC.
3348/351 — F.E. Rodoniov, ed., Raboche-krestianskaia krasnaia armia [Ejército rojo de obreros y campesinos], diseño y fotomontajes de El Lissitzky, Izogiz, Moscú 1933, IVAM.
352 — Ilia Ehrenburg, ¡No pasarán!, 2º volumen de la obra de I. Ehrenburg Ispania [España], diseño de El Lissitzky, Ogiz Izogiz, Moscú 1937, Colección Gago-Doreste.
353 — El Lissiztky, Russland. Die Rekonstruktion der Architectur in de Sowjetunion, diseño de El Lissitzky, cubierta fotomontaje de El Lisistzky (su Proum 1 y una fotografía de Borís Ignatovich), Neus Bauen in der Welt 1, Anton Schroll, Viena 1930, IVAM.
354/356 — Richard Neutra, Amerika. Die Stilbildung des Neuen Bauen in den Vereinigten Staaten, cubierta, fotomontaje (con fotografía de Brett Weston) de El Lissitzky, Neues Bauen in der Welt 2, Anton Schroll, Viena 1930, IVAM.

345/346 — URSS en construction 9 (September 1933). Montage by El Lissitzky. AHNSGC.
347 — L'URSS en construction 9-10 11-12 (September-December 1937). Montage by Sophie Lissitzky and El Lissitzky. AHNSGC.
348/351 — F.E. Rodoniov, ed. Raboche-krestianskaia krasnaia armia (Workers' and peasants' Red Army). Design and photomontages by El Lissitzky, Izogiz, Moscow 1933. IVAM.
352 — Ilia Ehrenburg, ¡No pasarán!, 2º vol. I. Ehrenburg Ispania (Spain), design by El Lissitzky, Ogiz Izogiz, Moscow 1937. Gago-Doreste Collection.
353 — El Lissitzky, Russland. Die Rekonstruktion der Architectur in der Sowjetunion. Design by El Lissitzky, cover montage by El Lissitzky (his Proum 1 and a photograph by Borís Ignatovich), Neus Bauen in der Welt 1, Anton Schroll, Vienna 1930. IVAM.
354/356 — Richard Neutra, Amerika. Die Stilbildung des Neuen Bauen in den Vereinigten Staaten, cover, photomontage (with photograph by Brett Weston) by El Lissitzky, 2, Anton Schroll, Vienna 1930. IVAM.

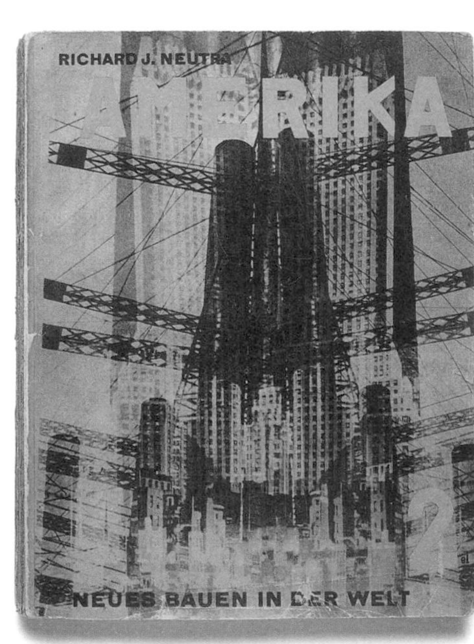

354

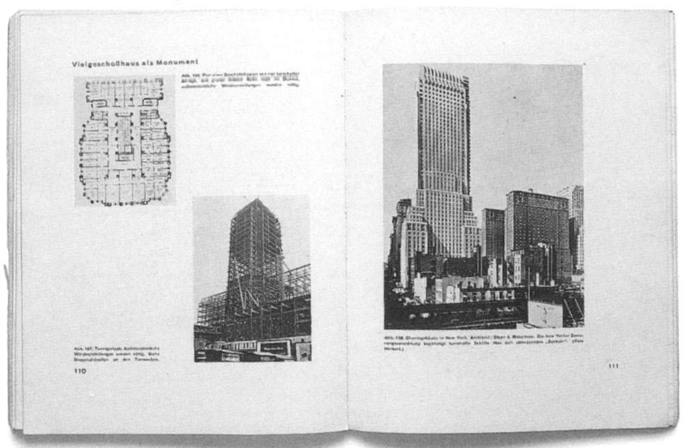

355

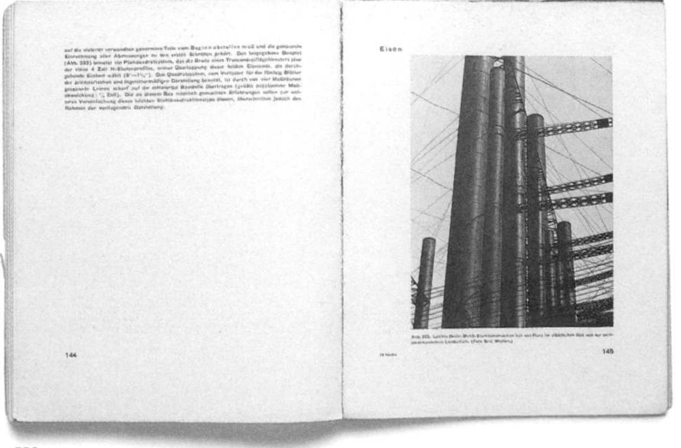

356

HERBERT LIST 1903 — 1975

FOTÓGRAFO. Nacido en Hamburgo, empezó a fotografiar en los años treinta naturalezas muertas influenciado por la labor de Man Ray, Giorgio De Chirico y Max Ernst. Tras un viaje a Grecia en 1936 su trabajo adquirió un estilo neoclásico/surrealista que se aprecia en las fotos de moda que publicó en revistas como Vogue, Verve o Life. A partir de 1937 trabajó en Londres hasta 1941, año en el que volvió a Alemania. El anuario Photographie publicó sus trabajos de inspiración surrealista hasta los años cuarenta.

► Günther Metken, Herbert List. Fotografía Metafísica, Múnich 1980.

PHOTOGRAPHER. Born in Hamburg, List started taking still life photographs in the thirties, influenced by Man Ray, Giorgio De Chirico and Max Ernst. Following a trip to Greece in 1936 his work acquired a neo-classical/Surrealist style which can be appreciated in the fashion photographs he published in magazines such as Vogue, Verve, and Life. He worked in London from 1937 to 1941, when he returned to Germany. The annual Photographie published his Surrealist-inspired work until well into the forties.

► Günther Metken, Herbert List. Fotografía Metafísica, Munich 1980.

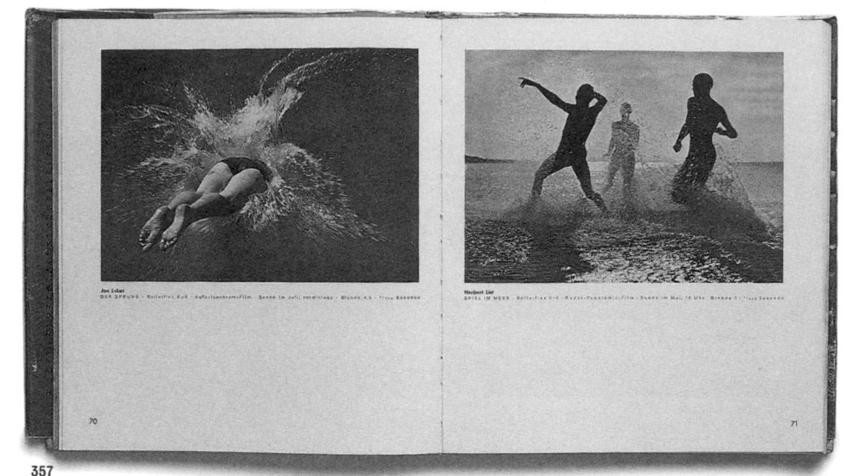

357

HERBERT LIST

Thirst

104

ELIOT ELISOFON

Legs Underwater

105

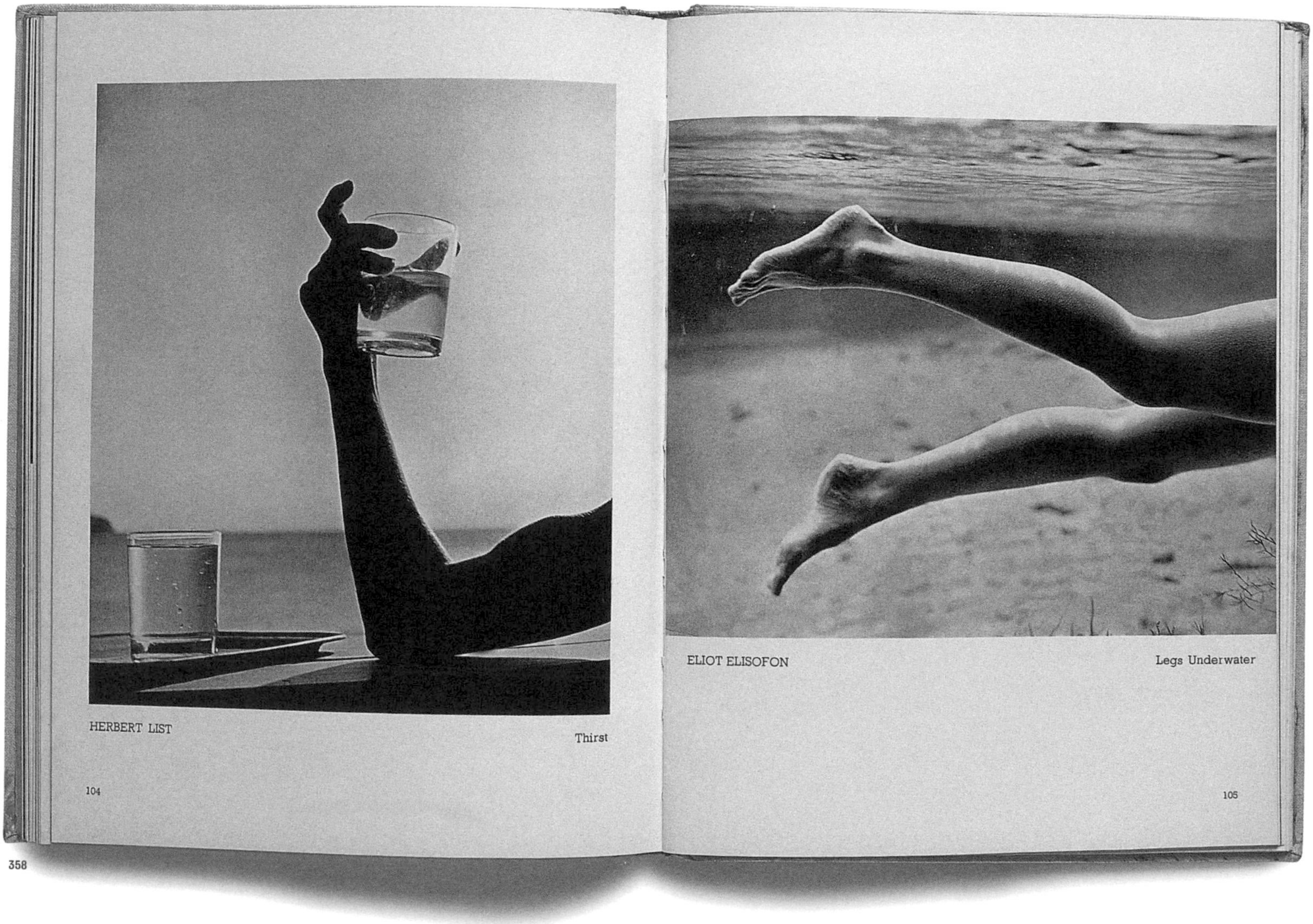

358

LIST

357 — Walther Hering, ed., Das Goldene Buch der Rolleiflex, fotografía de Herbert List, Heering Verlag, Harzburg 1936, colección particular.
358 — Modern Photography 1939-40, fotografías de Herbert List y Eliot Elisofon, The Studio, Londres y Nueva York 1939, MNCARS.

357 — Walther Hering, ed. Das Goldene Buch der Rolleiflex. Photography by Herbert List, Heering Verlag, Harzburg 1936. Private collection.
358 — Modern Photography 1939-40. Photographs by Herbert List and Eliot Elisofon, The Studio, London and New York 1939. MNCARS.

ELI LOTAR 1905 — 1969

FOTÓGRAFO. Eliazar Lotar Teodoresco nació en París, pero pasó su infancia y adolescencia en Bucarest. En diciembre de 1924 volvió a París, y se nacionalizó francés en 1926. En 1927 conoció a Germaine **Krull**, con la que trabajó de ayudante y formó pareja hasta 1929, publicando sus fotografías en revistas como Vu, Variétés, Jazz, L'Art vivant, Bifur, Transition o Documents, la revista de Georges Bataille, donde publicó su serie sobre el matadero de París, fotos también publicadas en Variétés y Vu. Trabajó en el cine, tomando foto-fijas al principio y luego rodando cortos científicos con Jean Painlevé, documentales con Joris Ivens y películas con Yves Allégret y Luis Buñuel (Las Hurdes, tierra sin pan, 1933). Abandonó la fotografía en 1937.

► Eli Lotar, cat. Centre Georges Pompidou, París 1995.

PHOTOGRAPHER. Elizar Lotar Teodoresco was born in Paris but spent his childhood and adolescence in Bucharest. He returned to France in 1924 and assumed French nationality in 1926. In 1927 he met Germaine **Krull**, to whom he was assistant and companion until 1929, his photographs being published in magazines such as Vu, Variétés, Jazz, L'Art vivant, Bifur, Transition and Documents. The latter, edited by Georges Bataille, published his series on the Paris slaughterhouse, these pictures also being published in Variétés and Vu. He worked in the film industry, first taking still-photos and later making short scientific films with Jean Painlevé, documentaries with Joris Ivens and films with Yves Allégret and Luis Buñuel (Las Hurdes, tierra sin pan, 1933). He abandoned photography in 1937.

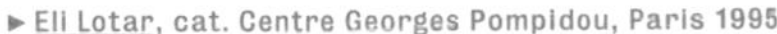
► Eli Lotar, cat. Centre Georges Pompidou, Paris 1995.

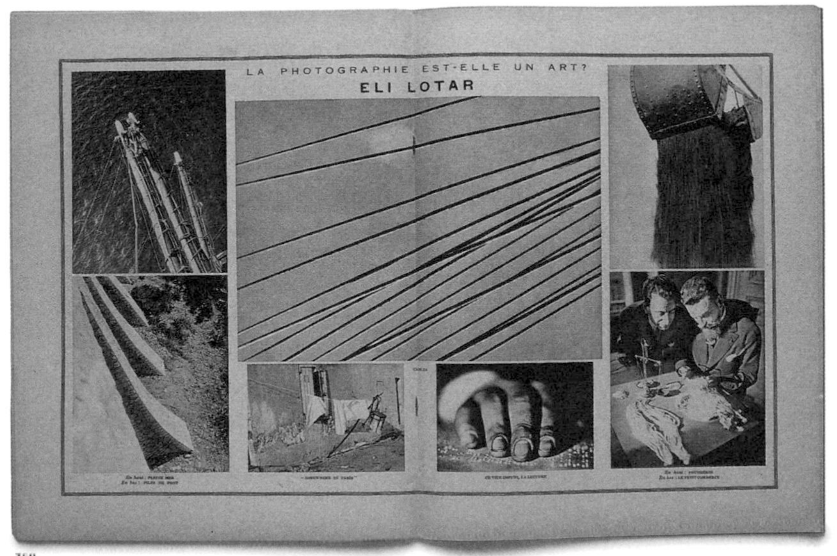

359

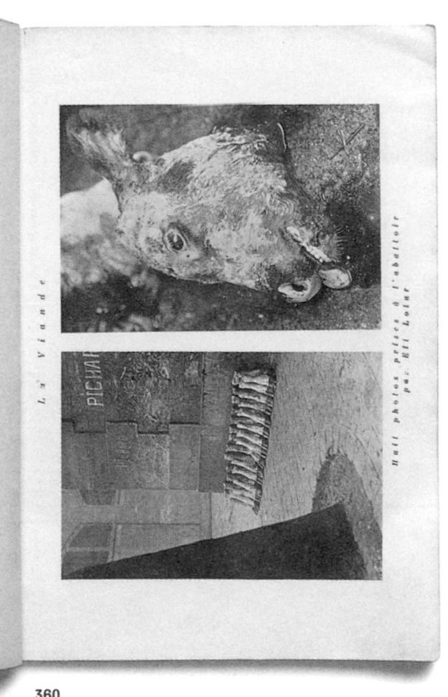

360

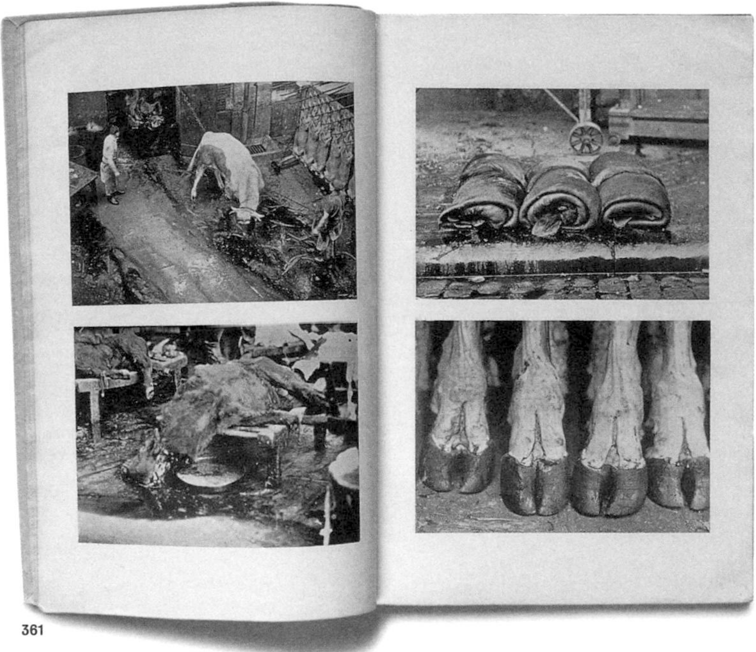

361

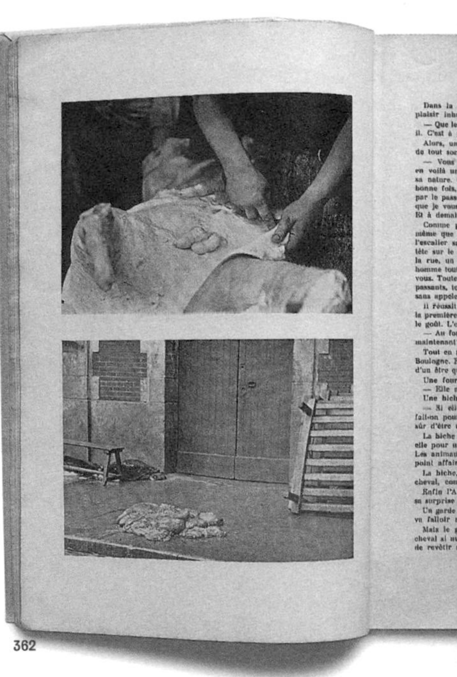

362

LOTAR

359 — L'Art vivant vol. 5, 111 (1 de agosto 1929), fotografías de Eli Lotar, Colección Juan Naranjo.
360/362 — Variétés 12 (15 de abril 1930), fotografías de Eli Lotar, MNCARS.

359 — L'Art vivant vol.5, 111 (1 August 1929). Photographs by Eli Lotar. Juan Naranjo Collection.
360/362 — Variétés 12 (15 April 1930). Photographs by Eli Lotar. MNCARS.

MAN RAY 1890 — 1976

FOTÓGRAFO. Emmanuel Rudnitsky nació en Filadelfia y desde 1897 vivió en Nueva York. A través de Alfred **Stieglitz**, al que conoció en 1910, se introdujo en el arte moderno. En 1915 realizó su primera exposición individual con pinturas y dibujos. Fue, con Francis Picabia y Marcel Duchamp, uno de los miembros clave del grupo dadaísta de Nueva York y publicó con Duchamp la revista New York Dada en 1921. Ese mismo año se trasladó a París y se dedicó a la fotografía, haciendo moda, retratos y fotografía experimental: solarización y fotogramas, que denominó 'rayografías' y se publicaron repetidas veces desde 1922. Hasta 1940 vivió en París y participó en las muestras del grupo surrealista. También hizo películas como Le Retour à la raison (1923) y L'Étoile de mer (1928). A lo largo de estos años en París publicó sus fotografías en revistas como Cahiers d'art, Les Feuilles libres, **Photographie**, L'Art vivant, **Vu** o **Vogue**. Su nombre aparece en casi todas las exposiciones internacionales de fotografía de los años treinta, a partir de **Film und Foto**, así como en anuarios y antologías de la nueva fotografía. Editó asimismo foto-libros. Regresó a Estados Unidos en 1940, donde trabajó con Alexey **Brodovitch** para Harper's Bazaar.

► Man Ray, Les champs délicieux, París 1922; Electricité, París 1929; Photographs by Man Ray 1920 Paris 1934, Nueva York 1934; La photographie n'est pas l'art, París 1937; G. Ribemont-Dessaignes, Man Ray, París 1924; P. Éluard, Facile, fotografías de Man Ray, París 1935.

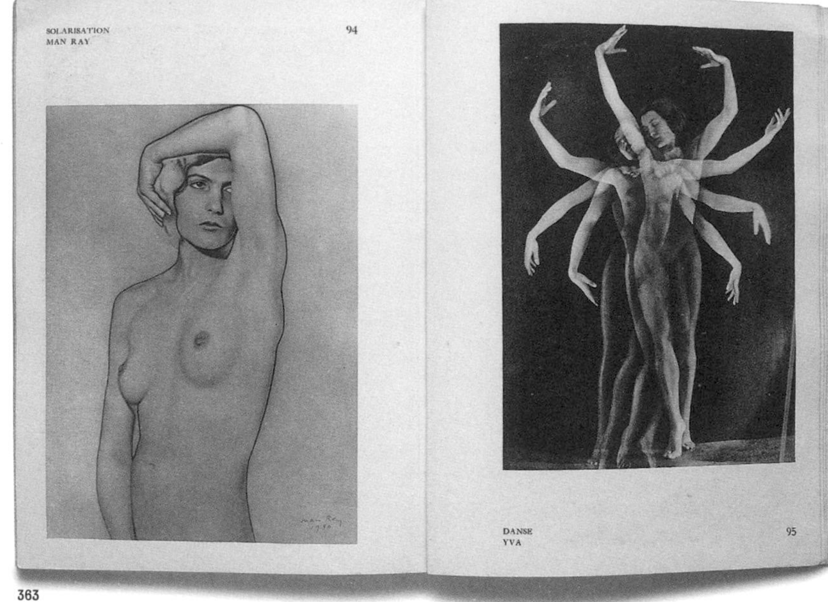

363

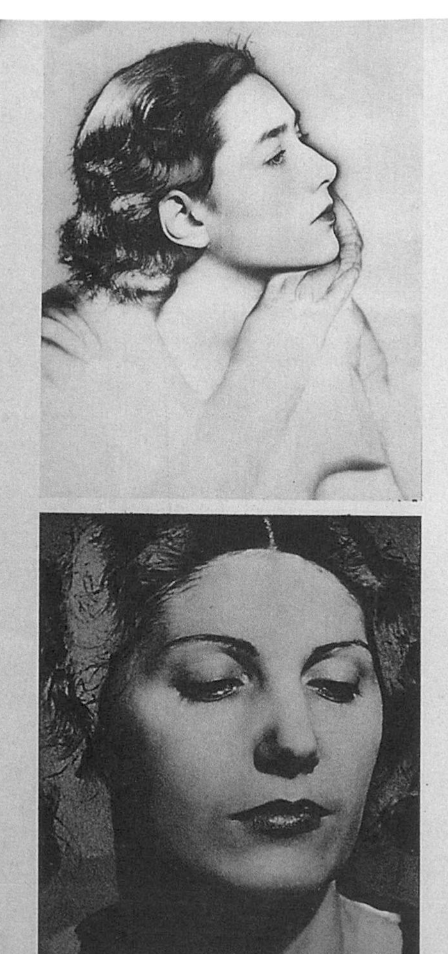

MAN RAY

OU LE COMPLICE DU HASARD

Je me suis, un temps, délecté à découvrir sur le masque de Pascal les raisons de l'asymétrie de son visage. Il n'existe heureusement pas de moulage de la beauté de Cléopâtre, car plus d'un géomètre, en ce pays de la méthode, eût employé sa vie à mesurer la longueur d'un nez qui fit tourner la tête au monde. Que de détachement il me faudrait, pour accepter que l'on prît l'empreinte de mes traits ! Dieu me garde de jamais pouvoir suivre, sur une réplique aussi fidèle, ces plis, ces rides, ces fléchissements que le miroir me cache et qui me rappelleraient trop cruellement à l'ordre ! J'aime le grenier où dorment les robes décolorées de Clara d'Ellébeuse. Mais je crains que la malle en bois de camphre ne soit une boîte de Pandore.

Il existe un moulage du visage de Man Ray qui ressemble à une mauvaise sculpture. Man Ray doit l'aimer puisqu'il l'a situé, dans une de ses meilleures compositions, auprès d'un visage de vivante, d'une main morte, d'une boule de verre et d'un bilboquet, ses objets favoris. Comme ce double s'ennuie d'avoir quitté son modèle ! Un long pli l'atteste qui, du nez, s'enfonce jusqu'aux commissures des lèvres. L'œil est vide, comme il convient pour un visage de pierre. Et cependant...

Man Ray s'indigne qu'un artiste puisse être l'ennemi du hasard. Il prétend jouer aux dés le sort des images. A pile ou face, les ombres et les lumières. Mais Man Ray, qui nous vient des Amériques, où le merveilleux ne se fabrique qu'en série, doit confondre le hasard avec le miracle, ce hasard que Dieu autorise, quand il est demandé poliment par les hommes.

Dieu savait ce qu'il faisait en offrant à Michel-Ange le marbre dont le défaut permit le geste ramassé du Moïse. Mais Michel-Ange souhaitait ce défaut.

Cette belle histoire me rappelle un appareil dont s'éprirent, il y a quelques années, certains amis de Man Ray. Par un miracle optique, que la science acceptait, il décomposait en formes admirables le plus pauvre éclat de verre, le bout de papier ou d'allumette, la cendre, une tache, un grain de poussière. Mais cette machine à métamorphoses devenait vite aussi lassante que la patience du chimiste mesurant la teneur en sel de la plus douce des larmes.

Si séduisantes que soient les propositions du subconscient, cet entremetteur entre le ciel et les hommes, les seules fleurs vivaces, en art, sont celles que notre main fabrique. Les « rayographs » de Man Ray, dont la technique consiste à impressionner directement le papier sensible par les propres radiations de l'objet, révèlent, si l'on peut dire, le pittoresque subconscient des choses. Mais si j'aime voir Man Ray compromettre sa morale, en vendant au plus offrant le divin, j'approuve bien plus les travaux où son esprit malin se mesure avec les propositions du réel.

Ce qui fait la grandeur de cet homme triste, c'est son aisance à découvrir ce qui existe dans le monde, et que nous ne voyons pas, parce que notre stupide optimisme nous oblige à supposer que les fruits tombent des arbres, que les femmes sourient et que les larmes coulent vraiment de nos yeux.

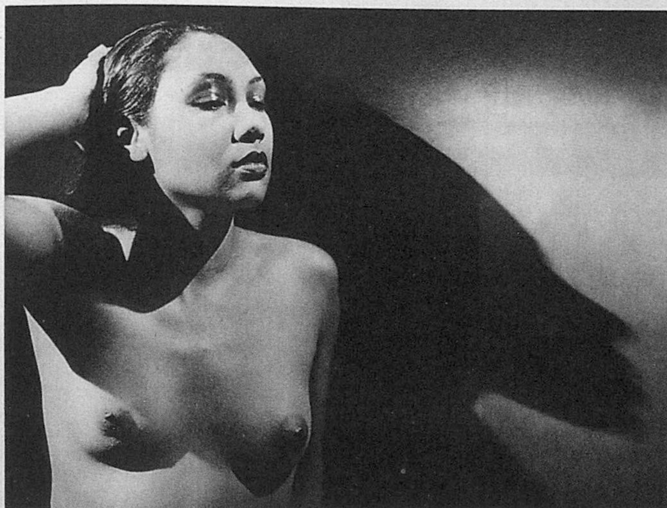

Man Ray sait qu'une vis, la vis du quincaillier, sert de queue aux pommes que mangent les poètes. Et quelle bouche assez tremblante approcherait de la pêche dont les rondeurs sont partagées par cet adorable abîme d'ombre ? Lui seul a su imaginer ce que donneraient des lèvres considérablement agrandies, à l'échelle de nos désirs. Et ces chardons nés de l'impatience du vide.

Il lui appartenait de découvrir le beau joujou qui porte un nom barbare : la solarisation. Tabard, qui n'est pas jaloux, explique que l'opération consiste à inverser un négatif, après développement, en un cliché partiellement positif. Le négatif est soumis alors à une lumière violente, puis développé de nouveau et fixé. Les parties noires deviennent alors des lumières ou prennent des valeurs solarisées.

Man Ray devenait ainsi arbitre entre les ombres et les lumières, entre la vie et la mort, entre ces vertus qui s'opposent en chaque objet et en chacun de nous, le plus et le moins, l'amour et la haine, le désir et le dégoût, le soleil et la nuit. Mais ce poète savait qu'il suffisait d'un vœu de poète pour que les ténèbres devinssent l'heure en rut de midi.

Il a offert à nos rêves des dos de femmes qui se formaient dans la blancheur du papier, à peine frôlés par des traits ou par des taches. Et des lignes sévères maintenaient les contours de beautés menacées par des yeux dévorants.

Man Ray délivre le monde de toutes ses mauvaises habitudes, en obligeant à se fréquenter des objets de conditions ennemies. Un visage de femme ne craint plus un masque, l'art ne craint plus la mode, l'homme s'accorde avec Dieu.

Quand Man Ray nous regarde, il sait trouver cet instant pathétique où notre visage est la meilleure équivalence possible de notre mission spirituelle. Derain est un colosse de fragile inquiétude ; Matisse, un docte professeur de peinture ; Picasso, un vendeur de miracles au rabais ; Braque, un spéculateur du goût ; Brancusi sourit de faire la nique aux poules, et André Breton appartient toujours à ses rêves, à leurs intelligents messages.

Grâce à Man Ray, la nature est dispensée de produire. Elle jouit en silence de sa paresse et de notre génie. Et puis ne suffit-il pas, quand les larmes montent, d'appuyer fortement sur ses yeux pour voir, dans sa propre nuit, fleurir de nouvelles étoiles ?

JACQUES GUENNE.

364

MAN RAY 1890 — 1976

PHOTOGRAPHER. Emmanuel Rudinitsky was born in Philadelphia and lived in New York from 1897. He met Alfred **Stieglitz** in 1910 and through him was introduced into the world of modern art. He held his first individual exhibition with paintings and drawings in 1915. He was, along with Francis Picabia and Marcel Duchamp, one of the key members of the New York Dadaist group and published the magazine New York Dada with Duchamp in 1921. He moved to Paris that same year and took up photography, producing fashion, portrait and experimental photographs: solarization and photograms, which he called Rayographs and which were published repeatedly from 1922. He lived in Paris until 1940 and participated in the exhibitions presented by the Surrealist group. He also made films, such as Le Retour à la raison (1923) and L'Étoile de mer (1928). Throughout these years in Paris his photographs were published in magazines like Cahiers d'art, Les Feuilles libres, **Photographie**, L'Art vivant, **Vu** and **Vogue**. His name appears in almost all the international photographic exhibitions of the thirties, beginning with **Film und Foto**, as well as in annuals and anthologies of the new photography. He also published photo-books. He returned to the United States in 1940, where he worked with Alexey **Brodovitch** for Harper's Bazaar.

► Man Ray, Les champs délicieux, Paris 1922; Electricité, Paris 1929; Photographs by Man Ray 1920 Paris 1934, New York 1934; La photographie n'est pas l'art, Paris 1937; G. Ribemont-Dessaignes, Man Ray, Paris 1924; P. Eluard, Facile, photographs by Man Ray, Paris 1935.

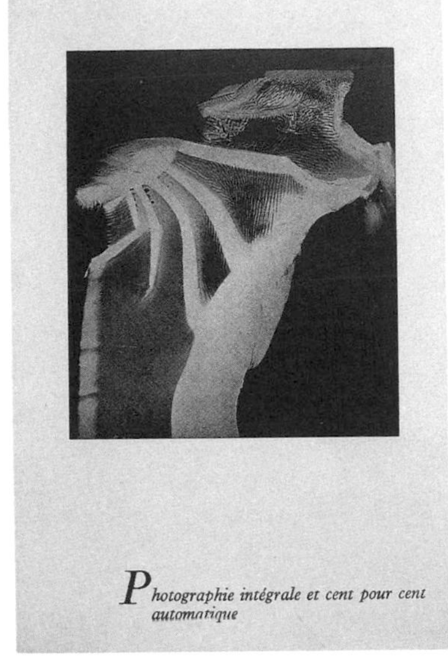

365

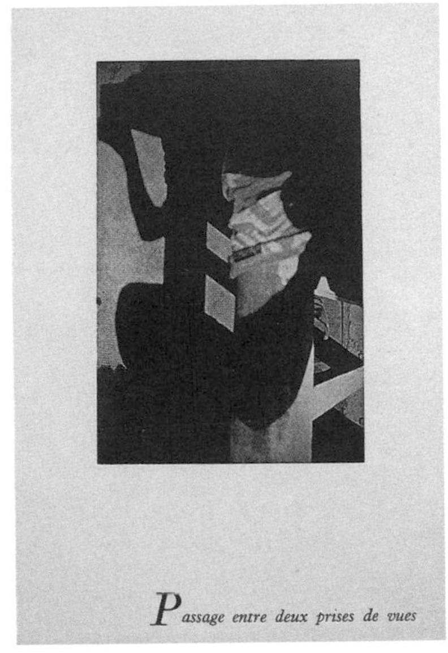

366

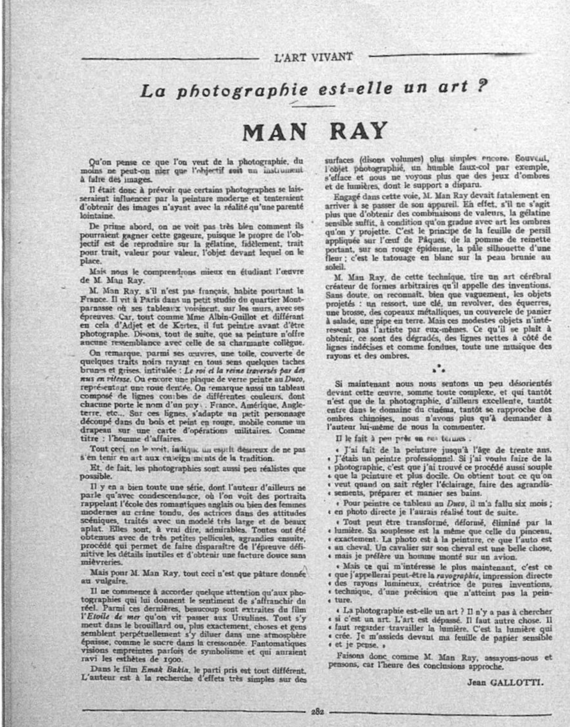

L'ART VIVANT

La photographie est-elle un art ?

MAN RAY

Qu'on pense ce que l'on veut de la photographie, du moins ne peut-on nier que l'objectif soit un instrument à faire des images.

Il était donc à prévoir que certains photographes se laisseraient influencer par la peinture moderne et tenteraient d'obtenir des images n'ayant avec la réalité qu'une parenté lointaine.

De prime abord, on ne voit pas très bien comment ils pourraient gagner cette gageure, puisque le propre de l'objectif est de reproduire sur la gélatine, fidèlement, trait pour trait, valeur pour valeur, l'objet devant lequel on le place.

Mais nous le comprendrons mieux en étudiant l'œuvre de M. Man Ray.

M. Man Ray, s'il n'est pas français, habite pourtant la France. Il vit à Paris dans un petit studio du quartier Montparnasse où ses tableaux voisinent, sur les murs, avec ses épreuves. Car, tout comme Mme Albin-Guillot et différant en cela d'Adjet et de Kertez, il fut peintre avant d'être photographe. Disons, tout de suite, que sa peinture n'offre aucune ressemblance avec celle de sa charmante collègue.

On remarque, parmi ses œuvres, une toile, couverte de quelques traits noirs rayant en tous sens quelques taches brunes et grises, intitulée : *Le roi et la reine traversés par des nus en vitesse.* Ou encore une plaque de verre peinte au *Duco*, représentant une roue dentée. On remarque aussi un tableau composé de lignes courbes de différentes couleurs, dont chacune porte le nom d'un pays : France, Amérique, Angleterre, etc... Sur ces lignes, s'adapte un petit personnage découpé dans du bois et peint en rouge, mobile comme un drapeau sur une carte d'opérations militaires. Comme titre : l'homme d'affaires.

Tout ceci, on le voit, indique un esprit désireux de ne pas s'en tenir en art aux enseignements de la tradition.

Et, de fait, les photographies sont aussi peu réalistes que possible.

Il y en a bien toute une série, dont l'auteur d'ailleurs ne parle qu'avec condescendance, où l'on voit des portraits rappelant l'école des romantiques anglais ou bien des femmes modernes au crâne tondu, des actrices dans des attitudes scéniques, traités avec un modelé très large et de beaux aplat. Elles sont, à vrai dire, admirables. Toutes ont été obtenues avec de très petites pellicules, agrandies ensuite, procédé qui permet de faire disparaître de l'épreuve définitive les détails inutiles et d'obtenir une facture douce sans mièvreries.

Mais pour M. Man Ray, tout ceci n'est que pâture donnée au vulgaire.

Il ne commence à accorder quelque attention qu'aux photographies qui lui donnent le sentiment de s'affranchir du réel. Parmi ces dernières, beaucoup sont extraites du film l'*Etoile de mer* qu'on vit passer aux Ursulines. Tout s'y meut dans le brouillard ou, plus exactement, choses et gens semblent perpétuellement s'y diluer dans une atmosphère épaisse, comme le sucre dans la cressonnée. Fantomatiques visions empreintes parfois de symbolisme et qui auraient ravi les esthètes de 1900.

Dans le film *Emak Bakia*, le parti pris est tout différent. L'auteur est à la recherche d'effets très simples sur des surfaces (disons volumes) plus simples encore. Souvent, l'objet photographié, un humble faux-col par exemple, s'efface et nous ne voyons plus que des jeux d'ombres et de lumières, dont le support a disparu.

Engagé dans cette voie, M. Man Ray devait fatalement en arriver à se passer de son appareil. En effet, s'il ne s'agit plus que d'obtenir des combinaisons de valeurs, la gélatine sensible suffit, à condition qu'on gradue avec art les ombres qu'on y projette. C'est le principe de la feuille de persil appliquée sur l'œuf de Pâques, de la pomme de reinette portant, sur son rouge épiderme, la pâle silhouette d'une fleur ; c'est le tatouage en blanc sur la peau brunie au soleil.

M. Man Ray, de cette technique, tire un art cérébral créateur de formes arbitraires qu'il appelle des inventions. Sans doute, on reconnaît, bien que vaguement, les objets projetés : un ressort, une clé, un revolver, des équerres, une brosse, des copeaux métalliques, un couvercle de panier à salade, une pipe en terre. Mais ces modestes objets n'intéressent pas l'artiste par eux-mêmes. Ce qu'il se plaît à obtenir, ce sont des dégradés, des lignes nettes à côté de lignes indécises et comme fondues, toute une musique des rayons et des ombres.

⁂

Si maintenant nous nous sentons un peu désorientés devant cette œuvre, somme toute complexe, et qui tantôt n'est que de la photographie, d'ailleurs excellente, tantôt entre dans le domaine du cinéma, tantôt se rapproche des ombres chinoises, nous n'avons plus qu'à demander à l'auteur lui-même de nous la commenter.

Il le fait à peu près en ces termes :

« J'ai fait de la peinture jusqu'à l'âge de trente ans. J'étais un peintre professionnel. Si j'ai voulu faire de la photographie, c'est que j'ai trouvé ce procédé aussi souple que la peinture et plus docile. On obtient tout ce qu'on veut quand on sait régler l'éclairage, faire des agrandissements, préparer et manier ses bains.

« Pour peindre ce tableau au *Duco*, il m'a fallu six mois ; en photo directe je l'aurais réalisé tout de suite.

« Tout peut être transformé, déformé, éliminé par la lumière. Sa souplesse est la même que celle du pinceau, exactement. La photo est à la peinture, ce que l'auto est au cheval. Un cavalier sur son cheval est une belle chose, mais je préfère un homme monté sur un avion.

« Mais ce qui m'intéresse le plus maintenant, c'est ce que j'appellerai peut-être la *rayographie*, impression directe des rayons lumineux, créatrice de pures inventions, technique, d'une précision que n'atteint pas la peinture.

« La photographie est-elle un art ? Il n'y a pas à chercher si c'est un art. L'art est dépassé. Il faut autre chose. Il faut regarder travailler la lumière. C'est la lumière qui crée. Je m'assieds devant ma feuille de papier sensible et je pense. »

Faisons donc comme M. Man Ray, essayons-nous et pensons, car l'heure des conclusions approche.

Jean GALLOTTI.

282

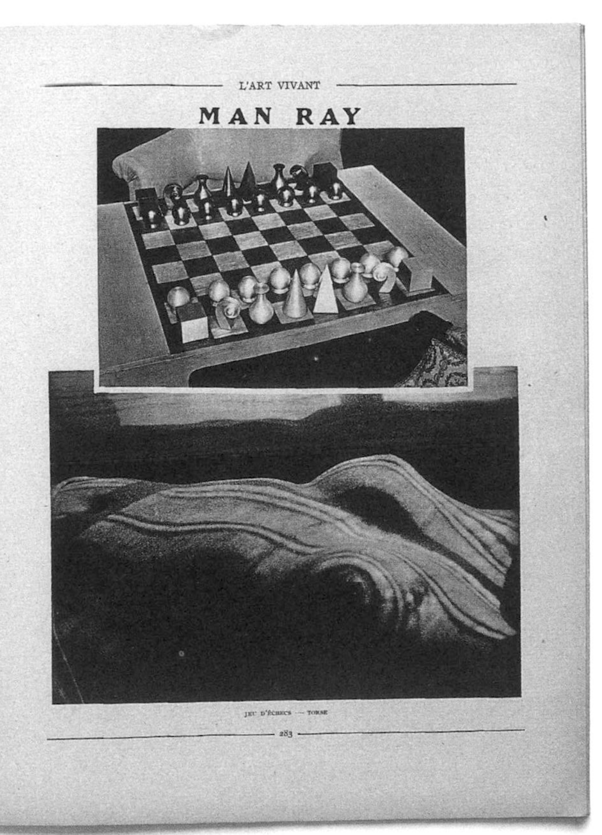

L'ART VIVANT

MAN RAY

JEU D'ÉCHECS — TORSE

283

367

MAN

363 — Nus. La beauté de la femme. Album du premier salon international du nu photographique 1933, fotografías de Man Ray e Yva, Masclet, París 1933, colección particular.
364 — L'Art vivant 186 (julio 1934), fotografías de Man Ray, Colección Juan Naranjo.
365/366 — Man Ray. La Photographie n'est pas l'art. 12 photographies. GLM, París 1937, MNCARS.
367 — L'Art vivant vol. 5, 103 (1 de abril 1929), fotografías de Man Ray, Colección Juan Naranjo.

363 — Nus. La beauté de la femme. Album du premier salon international du nu photographique 1933, photographs by Man Ray and Yva, Masclet, Paris 1933. Private collection.
364 — L'Art vivant 186 (July 1934). Photographs by Man Ray. Juan Naranjo Collection.
365/366 — Man Ray. La Photographie n'est pas l'art. 12 photographies. GLM, Paris 1937, MNCARS.
367 — L'Art vivant vol. 5, 103 (1 April 1929). Photographs by Man Ray. Juan Naranjo Collection.

HERBERT MATTER 1901 — 1984

CARTELISTA, DISEÑADOR GRÁFICO, FOTÓGRAFO. Entre 1925-27 estudió en la École des Beaux Arts de Ginebra y en 1928-29 en la Académie Moderne de París, bajo la dirección de Fernand Léger. En París trabajó con el cartelista A.M. Cassandre, el arquitecto Le Corbusier, la revista Vogue y la fundición tipográfica Deberny & Peignot. De vuelta a Suiza en 1932, diseñó una serie de carteles en fotomontaje y tipo-foto para la Oficina nacional de turismo suiza. Su obra apareció en revistas profesionales como Gebrauchsgraphik o Arts et métiers graphiques. Desde 1936 en Nueva York, trabajó como fotógrafo y diseñador para revistas como Life, PM magazine, Harper's Bazaar, Fortune y Vogue. En 1939 diseñó varios pabellones en la Feria Mundial de Nueva York.

► Herbert Matter. Foto-Grafiker. Sehformen der Zeit, Baden 1995.

POSTER DESIGNER, GRAPHIC DESIGNER, PHOTOGRAPHER. Matter studied at the École des Beaux-Arts in Geneva from 1925 to 1927, and in 1928-29 at the Académie Moderne in Paris, under the direction of Fernand Léger. In Paris he worked with the poster designer A.M. Cassandre, the architect Le Corbusier, Vogue magazine and the typography foundry of 'Deberny & Peignot'. On his return to Switzerland in 1932 he designed a series of posters in photomontage and typo-photo for the National Tourism Office. His work appeared in professional magazines such as Gebrauchsgraphik and Arts et métiers graphiques. In New York from 1936 he worked as a photographer and designer for magazines such as Life, PM Magazine, Harper's Bazaar, Fortune and Vogue. In 1939 he designed various pavilions in the New York World's Fair.

► Herbert Matter. Foto-Grafiker. Sehformen der Zeit, Baden 1995.

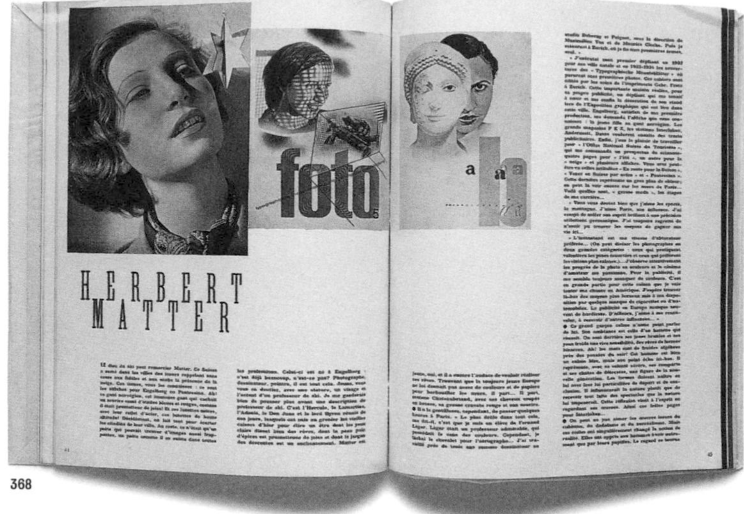

368

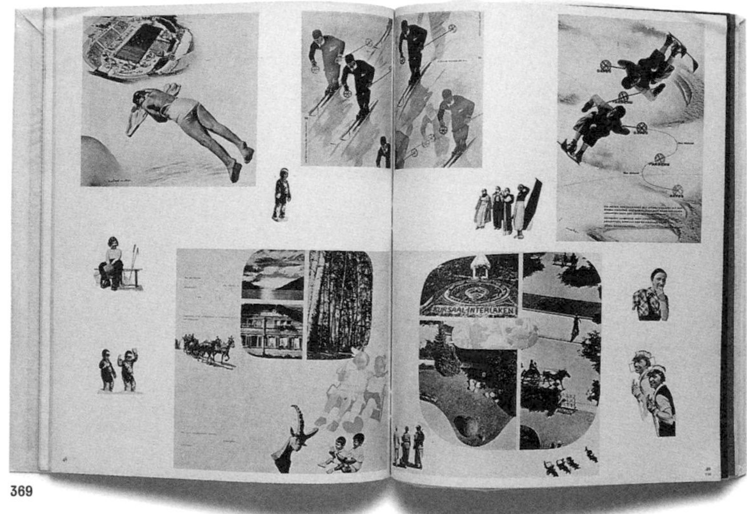

369

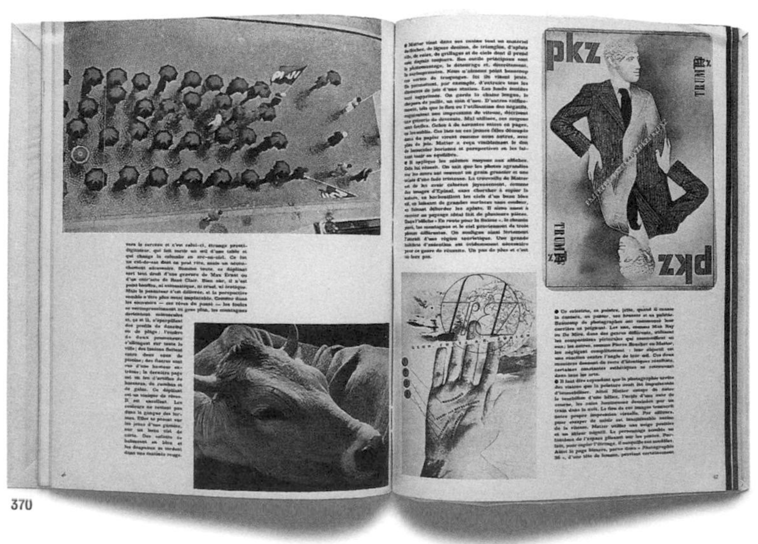

370

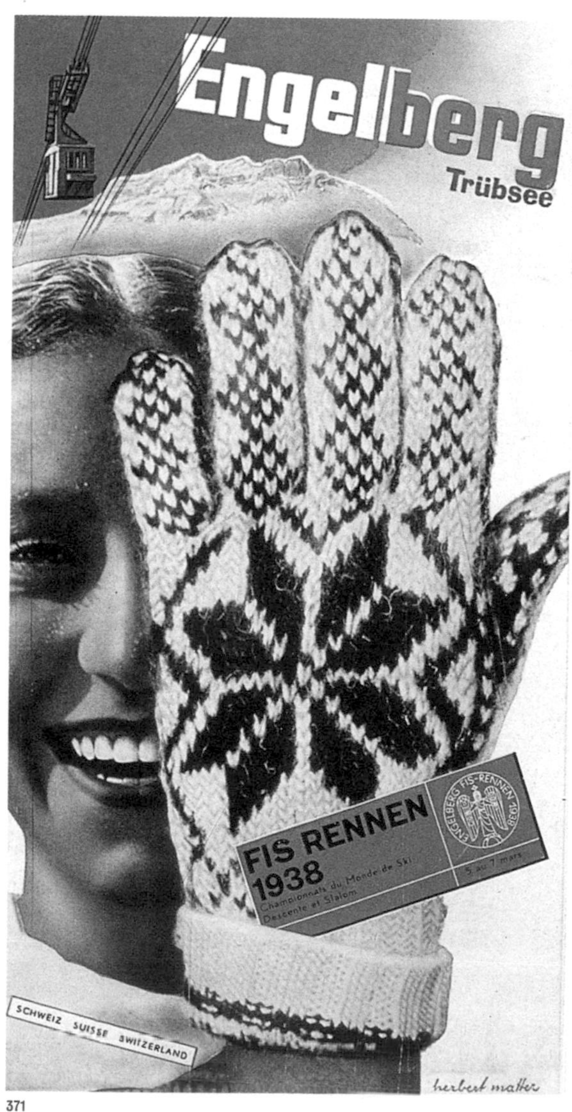

371

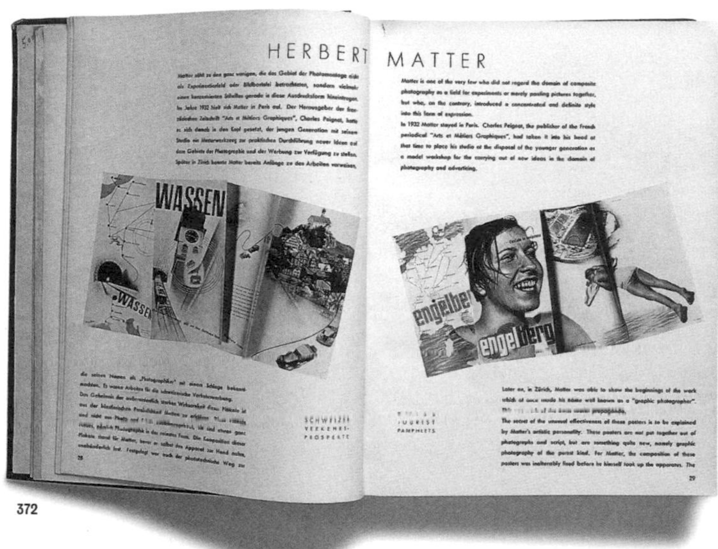

372

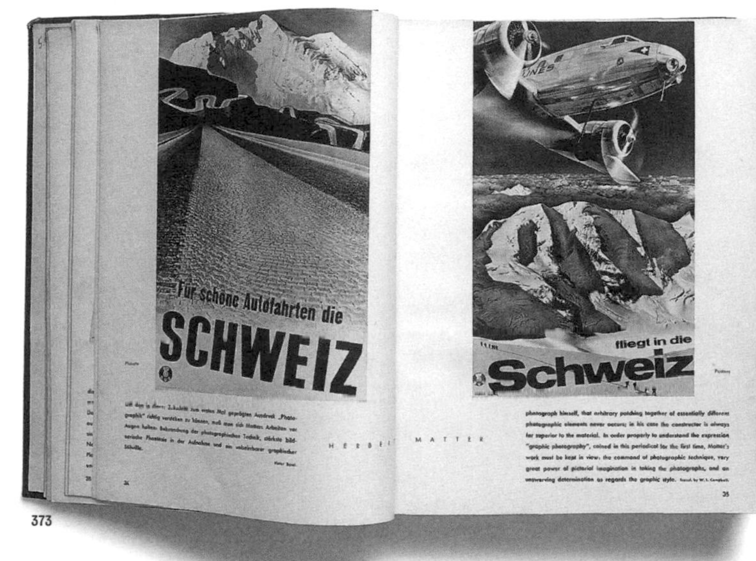

373

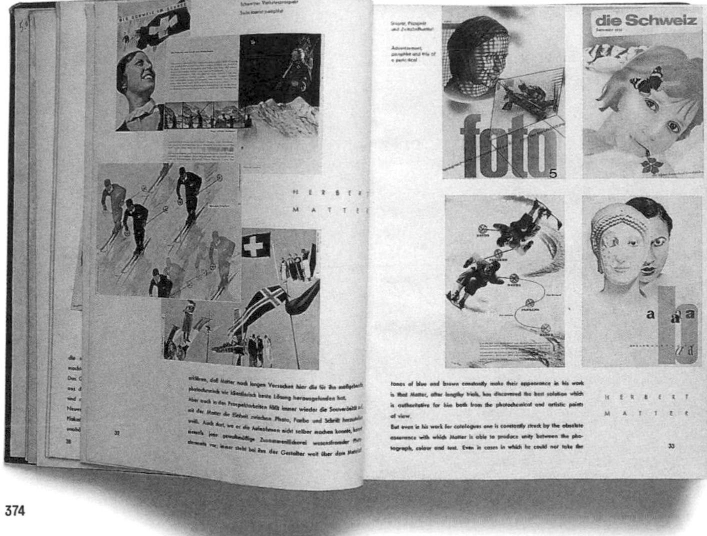

374

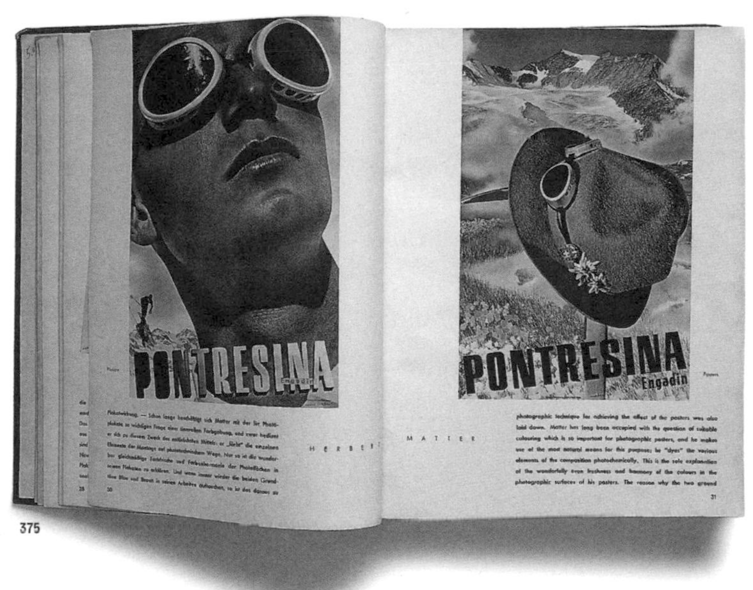

375

MATTER
368/370 — Arts et métiers graphiques vol. 9, 51 (1935), fotomontajes de Herbert Matter, colección particular.
371 — Publicité 1938, folleto publicitario de Herbert Matter, Arts et métiers graphiques, París 1938, MNCARS.
372/375 — Gebrauchsgraphik vol. 13, 1 (enero 1933), fotomontajes y diseños de Herbert Matter, colección particular.

368/370 — Arts et métiers graphiques vol. 9, 51 (1935). Photomontages by Herbert Matter. Private collection.
371 — Publicité 1938, publicity brochure by Herbert Matter, Arts et métiers graphiques, Paris 1938. MNCARS.
372/375 — Gebrauchsgraphik vol. 13, 1 (January 1933). Photomontages and designs by Herbert Matter. Private collection.

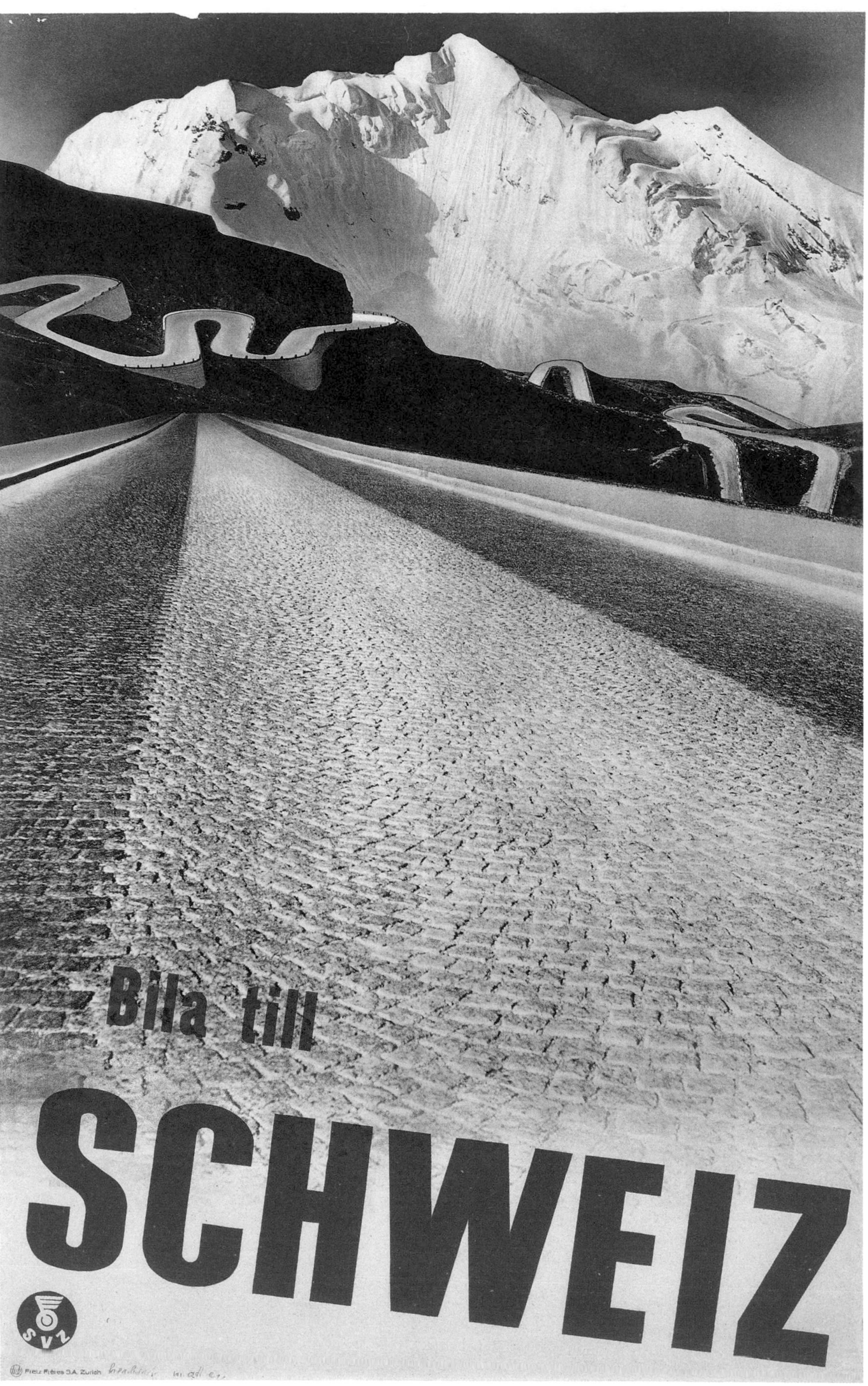

376

MATTER

376 — Herbert Matter, Bila till Schweiz, cartel, 1935, Merrill C. Berman Collection.

376 — Herbert Matter, Bila till Schweiz. Poster, 1935. Merrill C. Berman Collection.

ERICH MENDELSOHN 1887 — 1953

ARQUITECTO Y FOTÓGRAFO. Estudió economía y arquitectura en Berlín y Múnich. Durante la Primera Guerra Mundial dibujó en el frente fantasías arquitectónicas entre el futurismo y el incipiente americanismo. Tras establecer un estudio de arquitectura en Berlín en 1918 comenzó a construir edificios industriales. Viajó por Estados Unidos en 1924 y la URSS al año siguiente, viajes en los que hizo fotografías que luego publicó en forma de foto-libros en 1926 y 1929. La influencia de estos libros fue capital para la fotografía (y la arquitectura) europea. Dos ejemplos: Aleksandr **Rodchenko** utilizó sus fotografías para defender la necesidad de las nuevas perspectivas en la visión fotográfica y **El Lissitzky** usó una de las fotos (obra por otra parte del director de cine Fritz Lang) en uno de sus montajes.

► E. Mendelsohn, Amerika. Bilderbuch eines Architekten, Berlín 1926; Russland, Europa, Amerika. Ein architektonisch Querschnitt, Berlín 1929.

ARCHITECT AND PHOTOGRAPHER. Mendelsohn studied economics and architecture in Berlin and Munich. Whilst at the front during the First World War he drew architectural fantasies which were a mixture of Futurism and incipient Americanism. After establishing an architectural studio in Berlin (1918) he started constructing industrial buildings. He travelled to the United States (1924) and the USSR (1925) and took photographs that he would later publish in the form of photo-books in 1926 and 1929. The influence of these books was paramount in European photography (and architecture). Two examples stand out, that of Aleksandr **Rodchenko**, who used his photographs to defend the need for new perspectives in photographic vision, and **El Lissitzky**, who used one of his photos (work, as it happens, of the film director Fritz Lang) in one of his montages.

► E. Mendelsohn, Amerika. Bilderbuch eines Architekten, Berlin 1926; Russland, Europe, Amerika. Ein architektonisch Querschnitt, Berlin 1929.

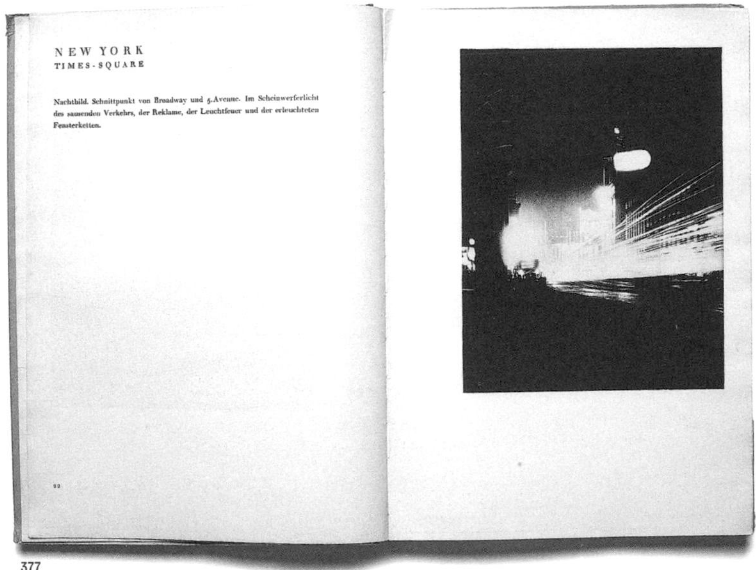

377

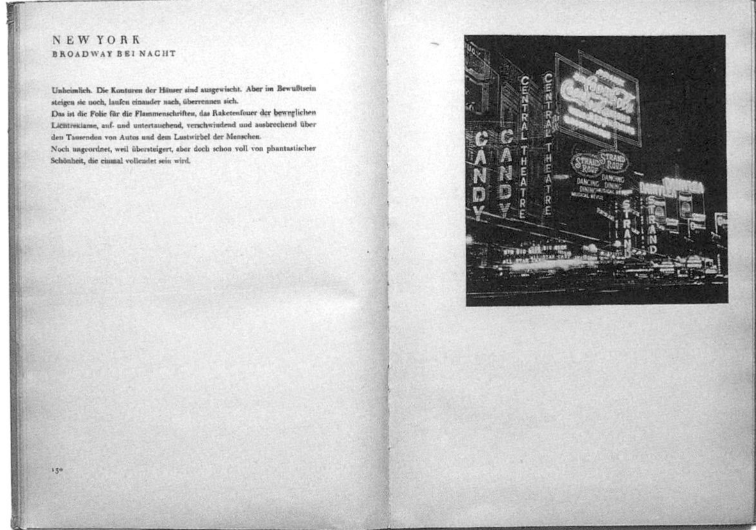

378

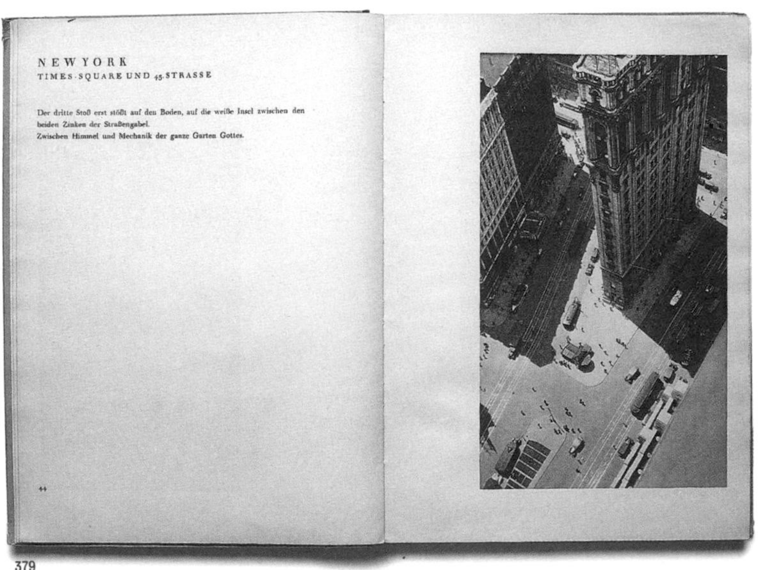

379

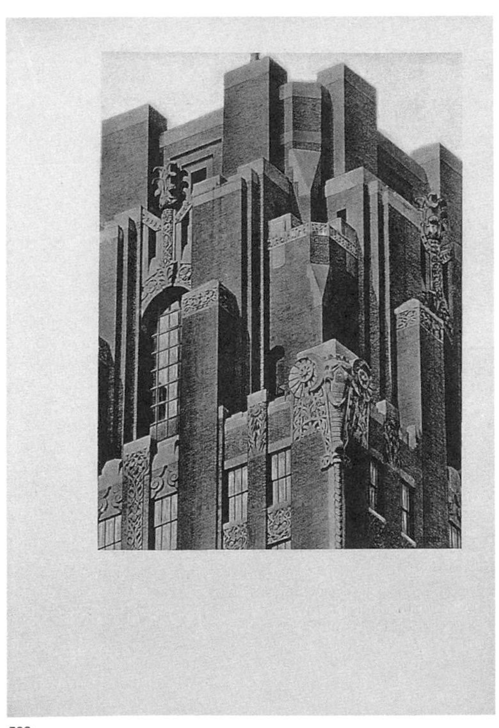

380

MENDELSOHN

377/379 — Erich Mendelsohn, Amerika. Bilderbuch eines architekten, 100 fotografías de Erich Mendelshon, Knud Lönberg-Holm, Fritz Lang y Erich Karweik, Rudolf Messe Buchverlag, sexta edición, Berlín 1928, MNCARS.
380 — Erich Mendelsohn, Russland, Europa, Amerika: Eine architektonischer Querschnitt, 100 fotografías de Erich Mendelsohn y otros, Rudolf Mosse, Berlín 1929, MNCARS.

377/379 — Erich Mendelsohn, Amerika. Bilderbuch eines architekten. 100 photographs by Erich Mendelsohn, Knud Lönberg-Holm, Fritz Lang and Erich Karweik, Rudolf Messe Buchverlag. Sixth edition, Berlin 1928. MNCARS.
380 — Erich Mendelsohn, Russland, Europa, Amerika: Eine architektonischer Querschnitt, 100 photographs by Erich Mendelsohn and others, Rudolf Mosse, Berlin 1929. MNCARS.

MÉXICO

La nueva fotografía comenzó en México con la llegada en 1923 del fotógrafo norteamericano Edward **Weston,** quien expuso y publicó sus fotografías exactas durante los dos años que residió en tierras mexicanas. Tina **Modotti,** que lo acompañaba, realizó entre 1924 y 1929 toda su obra fotográfica, al principio dependiente de la de Weston, pero muy pronto distinta, con dos etapas, una cercana a la abstracción y la otra documental y politizada. La publicación de las fotografías de Weston y Modotti en revistas como Mexican Folkways o libros como Idols behind Altars (1929) no cambió el gusto fotográfico mexicano, que durante los años veinte estuvo dominado por el más ramplón pictorialismo. A finales de esos años tres fotógrafos nacidos alrededor de 1900, Manuel **Álvarez Bravo,** Emilio **Amero** y Agustín **Jiménez,** comenzaron a exponer y publicar. Álvarez Bravo pasó por el formalismo y la abstracción antes de dedicarse a los temas urbanos, Amero se dedicó en Nueva York y México a la fotografía experimental y Jiménez hizo publicidad, fotomontajes y reportajes de vida moderna. Revistas populares como El Universal Ilustrado, Revista de Revistas o la fugaz Imagen publicaron sus fotografías, que también aparecieron en publicaciones más minoritarias como Contemporáneos.

La estancia en México en 1931 del cineasta soviético Serguei M. Eisenstein permitió, gracias a la publicación en las revistas de las fotografías del rodaje de su inacabada película mexicana ¡Que viva México!, tanto la difusión de los procedimientos de la nueva fotografía europea como el redescubrimiento de los temas populares, dos cosas que marcaron a fotógrafos como Jiménez, Amero o Luis Márquez. Por otra parte, las nuevas técnicas de la publicidad, aplicadas en particular por una fábrica de cemento dieron ocasión para que en 1931 Álvarez Bravo, Jiménez, Aurora Eugenia Latapí y Lola Álvarez Bravo produjeran (y publicaran en la revista de la empresa, Tolteca) fotografías formalistas y maquinistas de gran calidad.

A mediados de los treinta la situación cambió. Amero y Jiménez empezaron a alejarse de la fotografía y Álvarez Bravo, que tenía dificultades para difundir su trabajo en México, comenzó a ser conocido fuera, gracias a su contacto con Henri **Cartier-Bresson,** que expuso con él en México y Nueva York. Llegaron nuevos fotógrafos, la mayoría de paso, como Anton **Bruehl,** Pierre Verger, Laura Gilpin, Robert **Capa,** Josef Albers o Cecil **Beaton.** Otros se quedaron, como Albrecht Viktor Blum, que llegó huyendo de los nacionalsocialistas en 1936, o Paul Strand, que residió en México en 1932-33. Todos ellos publicaron sus fotografías, en algunos casos (Bruehl en 1933, Verger en 1938), en forma de fotolibros, si bien las fotos más interesantes, las de Strand, no se conocerían hasta 1940. Para entonces habían llegado nuevos fotógrafos a México a resultas de la Guerra Civil española (José **Renau,** Kati Horna, Walter Reuter, los hermanos Mayo) y Álvarez Bravo era reconocido como uno de los principales fotógrafos surrealistas.

MEXICO

The new photography began in Mexico in 1923, with the arrival of the North American photographer Edward **Weston,** who showed and published his straight photographs during the two years that he lived 'south of the border'. Tina **Modotti,** who accompanied him, carried out all of her photographic work between 1924 and 1929, at first dependent on that of Weston but later changing, in two stages, one close to abstract, and the other documentary and politicised. The publication of Weston and Modotti's photographs in magazines such as Mexican Folkways, and books such as Idols Behind Altars (1929), did little however to change Mexican photographic taste which, during the twenties, was dominated by the more common Pictorialism. Towards the end of the decade three photographers, born around the turn of the century, Manuel **Álvarez Bravo,** Emilio **Amero** and Agustín **Jiménez,** started to exhibit and publish their work. Álvarez Bravo took up Formalism and abstracts, before dedicating himself to urban subjects, Amero specialised in experimental photography in New York and Mexico, and Jiménez produced advertising, photomontages and documentary reports on modern life. Popular magazines such as El Universal Ilustrado, Revista de Revistas, and the short-lived Imagen all published their photographs, which also appeared in publications of a more minority interest, such as Contemporáneos.

When the Soviet filmmaker Sergei M. Eisenstein's visited Mexico in 1931, photographs of the making of his unfinished film ¡Que viva México! were published in magazines. This led to both the diffusion of the procedures of the new European photography, and the rediscovery of popular subjects, two things that marked photographers like Jiménez, Amero and Luis Márquez. The new techniques in advertising, applied in particular by a cement factory in its publicity, provided the opportunity in 1931 for Álvarez Bravo, Jiménez, Aurora Eugenia Latapí and Lola Álvarez Bravo to produce (and publish, in the company magazine Tolteca) Formalist and Machinist photographs of outstanding quality.

The situation changed in the mid-thirties. Amero and Jiménez began to drift away from photography, and Álvarez Bravo, who had difficulties in popularising his work in Mexico, became increasingly recognised abroad thanks to his relationship with Henri **Cartier-Bresson,** with whom he exhibited in Mexico and New York. New photographers arrived, the majority 'just passing through' such as Anton **Bruehl,** Pierre Verger, Laura Gilpin, Robert **Capa,** Josef Albers and Cecil **Beaton.** Others stayed, like Albrecht Viktor Blum, who arrived in 1936, fleeing from the National Socialists, and Paul Strand, who lived in Mexico in 1932-33. They all published their photographs, in some cases (Bruehl in 1933, and Verger in 1938), in the form of photo-books, though the most interesting photos, taken by Strand, were not shown until 1940. By this time new photographers had arrived in Mexico as a result of the Spanish Civil War (José **Renau,** Kati Horna, Walter Reuter, and the Mayo brothers) and Álvarez Bravo had finally been recognised as one of the world's leading Surrealist photographers.

MARGARET MICHAELIS 1902 — 1985

FOTÓGRAFA. Estudió en el Graphik Institut de Viena. Trabajó como fotógrafa en Berlín entre 1929 y 1933. Detenida por los nacionalsocialistas, consiguió refugiarse en Barcelona, donde se dedicó a la fotografía documental, arquitectónica y publicitaria. Muchas de sus fotografías, entre ellas reportajes sociales en un barrio lumpen barcelonés, se publicaron en la revista AC. Durante la Guerra Civil trabajó como fotoperiodista, actividad que prosiguió en París, donde residió desde finales de 1937. Dos años después emigró a Australia.

▸ Margaret Michaelis: Fotografía, vanguardia y política en la Barcelona de la República, IVAM, Valencia 1998.

PHOTOGRAPHER. Michaelis studied at the Graphik Institut in Vienna, and later worked as a photographer in Berlin, from 1929 to 1933. She was detained by the National Socialists but managed to flee to Barcelona, where she took up documentary, architectural and advertising photography. Many of her photographs, among them her social reports of a marginal district of Barcelona, were published in the magazine AC. During the Spanish Civil War she worked as a photojournalist and continued to do so in Paris, where she lived from late 1937. Two years later she emigrated to Australia.

▸ Margaret Michaelis: Fotografía, vanguardia y política en la Barcelona de la república, IVAM, Valencia 1998.

Las autoridades, por respeto a la propiedad, o por desconocer el alcance del futuro desarrollo de la urbe, no se atrevieron a expropiar y destruir estas viviendas. Esta indecisión, esta falta de videncia de lo que habría de ocurrir fatalmente en un porvenir inmediato, les ha obligado después a asignar continuas y siempre insuficientes cantidades para la construcción de hospitales y dispensarios, destinados a intentar remediar los males que en gran parte, y menos costosamente, pudieron suprimir en su origen.

Y el problema seguirá sin solucionar mientras no desaparezcan estos focos de infección...

Durante la primera época de la postguerra, siguió aumentando el extraordinario desarrollo de las ciudades. Los nuevos habitantes, en la necesidad urgente de crearse un hogar, hubieron de cobijarse en barrios de barracas improvisadas, generalmente en las afueras, junto a los sitios de más tránsito: salidas por carretera y ferrocarril, etcétera.

Naturalmente, este atentado a las leyes de la humanidad primordial — dejando en su correspondiente segundo término el hecho estético — suscitó muy pronto la crítica y campaña de prensa que dió por resultado la destrucción de alguno de estos deplorables conjuntos (substituídos a veces — ej.: el caso del Patronato de la Habitación, de Barcelona — por no menos deplorables "grupos de casas baratas").

De todos modos, los barrios de barracas a que aludimos, no presentan los peligros de la ciudad vieja. Para convencerse de ello, compárese las estadísticas de mortalidad en unos y otros. En los barrios de barracas no nacen estos seres degenerados que abundan en los otros, en los cuales los pocos niños que a su llegada al mundo hayan podido verse momentáneamente libres del estigma heredado, caerán pronto, por un fatalismo sin resistencia posible, enfermos de tuberculosis, escrófula, sífilis, etc., gracias a las catastróficas condiciones vitales de estos distritos.

* * *

Quizás el momento actual — obligatoriedad de presentar un frente único a a la crisis económica — es el más oportuno para hacer la guerra a este ejército de la infección: Falta trabajo y sobran brazos. La escasez de habitaciones no es tan manifiesta como lo fué en un momento dado...

Hoy, con un buen plan de construcción de habitaciones económicas, podría iniciarse la destrucción de las calles atacadas de mayor mortalidad, procediendo inmediata y simultáneamente a la lausura de las viviendas de estas calles, que acusan la terrible cifra de un 20 % (!) de defunciones — Arco del Teatro, Cid, Amalia, Cera, etc.—(Véase portada.)

Es preciso, además, construir a toda urgencia sanatorios del tipo popular, a fin de que las familias procedentes de las habitaciones que han de destruirse, sean sometidas a un examen médico, después del cual los infecciosos serán trasladados a sanatorios especiales y alojados en habitaciones soleadas e higiénicas los — pocos — que puedan considerarse aún sanos.

Creemos que el Ayuntamiento de Barcelona, antes que nada, debe estudiar un plan de conjunto. En este caso creemos, también, que encontrará altamente interesantes las sugestiones que, para realizar este objetivo, profiláctico, han salido del Congreso de Arquitectos que ha tenido lugar en Barcelona.

Crear una policía de la habitación (servicio de inspección) y organizarla cuanto antes para que proceda a la clausura de estos focos de infección y a la destrucción de las viviendas antihigiénicas.

Trazado y construcción progresiva de la nueva urbanización de dichos barrios.

...Si alguien llega a imaginar que este proyecto puede ser calificado de antieconómico, tranquilícese del todo: Los edificios de las calles indicadas, están sobradamente amortizados por los alquileres excesivos que, desde la gran guerra, han cobrado sus propietarios.

Piense, además, que estos solares, una vez llevado a cabo el derribo y trazada la nueva urbanización, aumentarían considerablemente de valor.

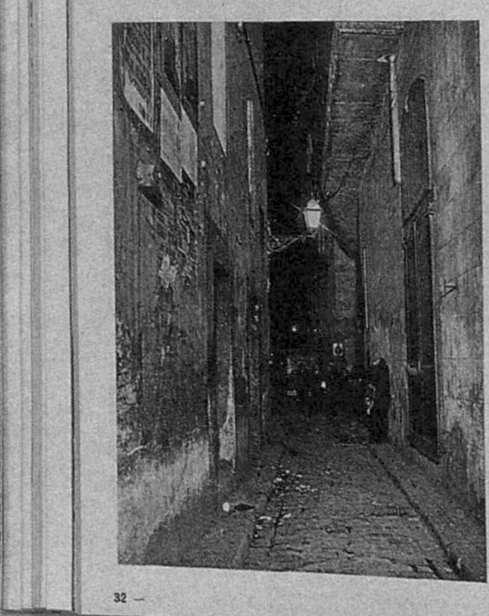

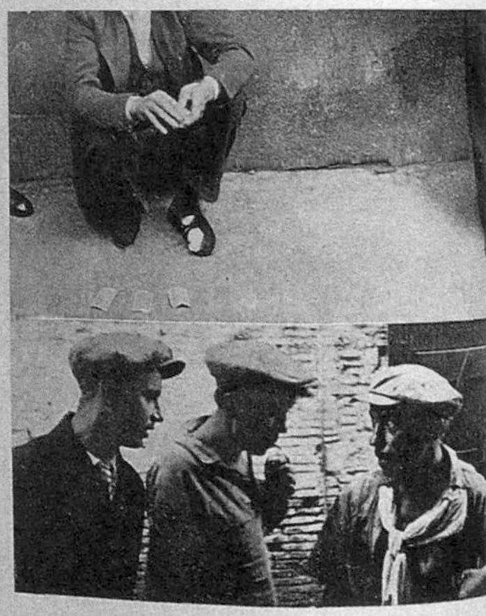

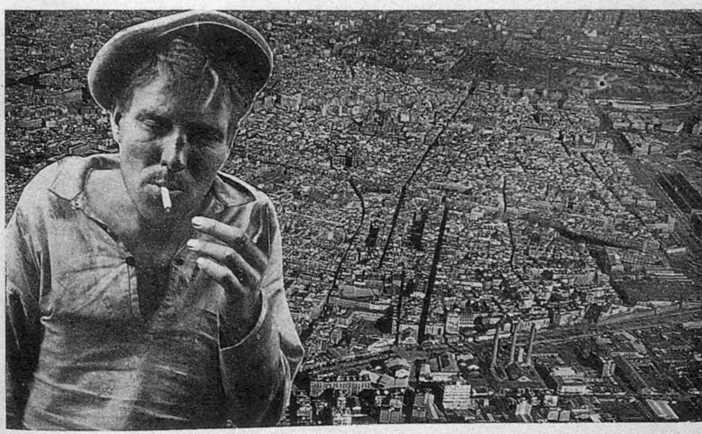

32 — — 33

381

MICHAELIS

381 — AC vol. 2, 6 (segundo trimestre 1932), fotografías de Margaret Michaelis, colección particular.

381 — AC vol.2, 6 (second quarter, 1932). Photographs by Margaret Michaelis. Private collection.

MINOTAURE París 1933 — 1939

Editada por Albert Skira y dirigida por E. Tériade, al que asesoraba André Breton, Minotaure fue una de las revistas artísticas más cuidadas y de más calidad gráfica de los años treinta. Publicó fotografías de Raoul Ubac, Bill Brandt, Manuel Álvarez Bravo, Man Ray, Hans Bellmer, Salvador Dalí, Brassaï, etc.

Published by Albert Skira and edited by E. Tériade, in turn advised by André Breton, of the artistic magazines published in the thirties, Minotaure was one of the most carefully prepared and of the highest graphic quality. It contained photographs by Raoul Ubac, Manuel Álvarez Bravo, Man Ray, Hans Bellmer, Salvador Dalí, and Brassaï, among others.

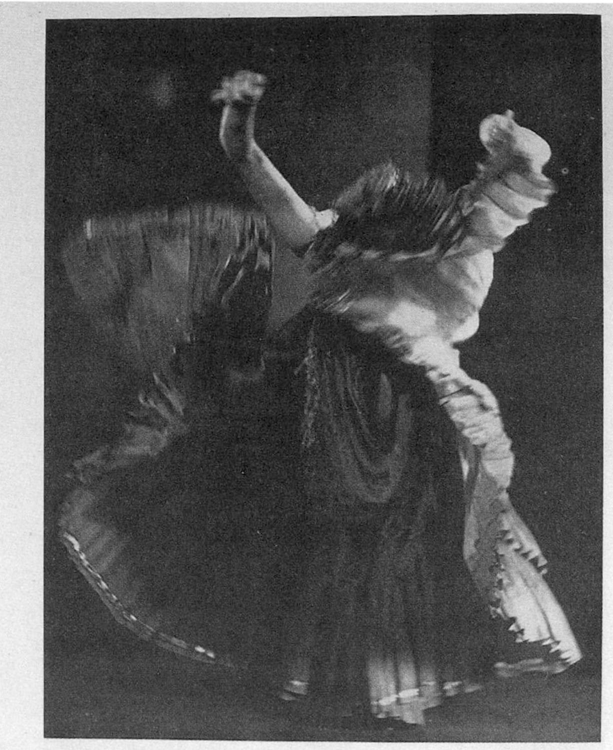

382

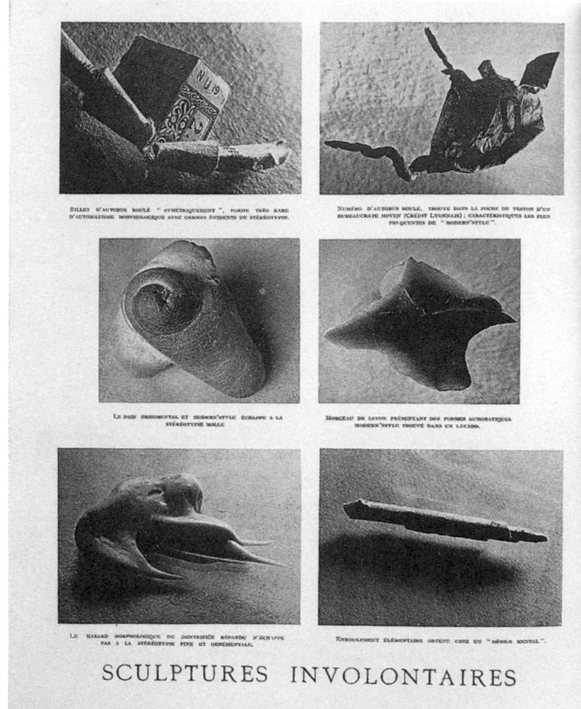

383

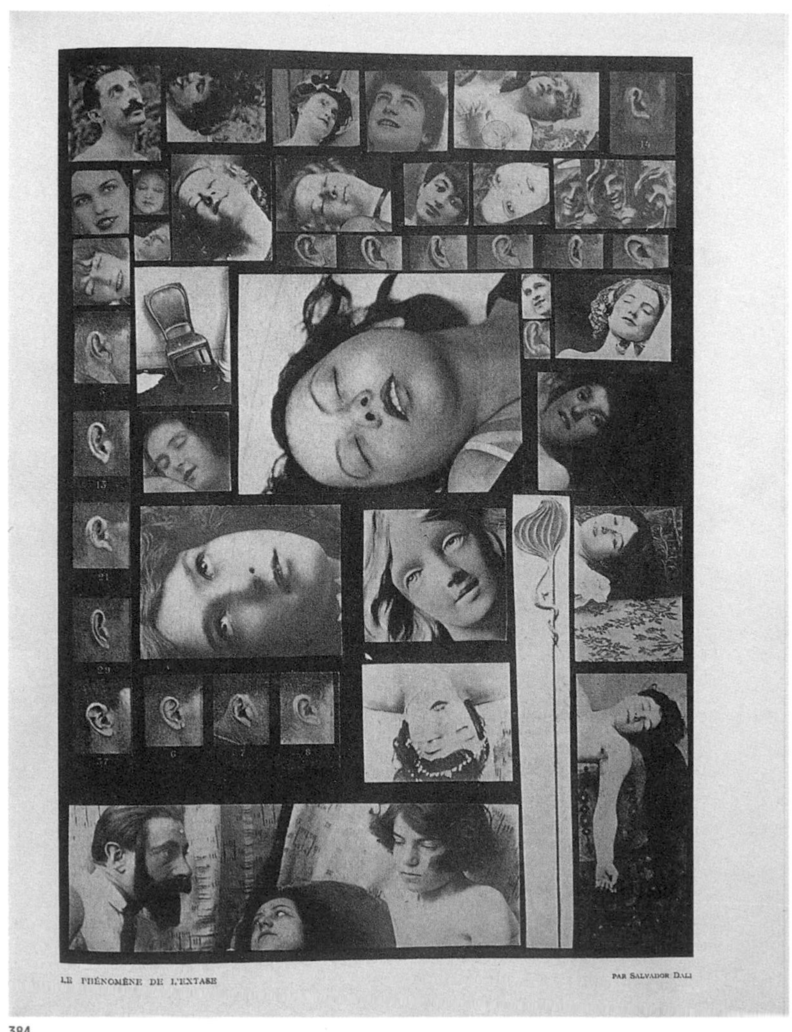

384

MINOTAURE
382 — Minotaure 5 (1934), fotografía de Man Ray, MNCARS.
383 — Minotaure 3-4 (1933), fotografías de Brassaï y Salvador Dalí, MNCARS.
384 — Minotaure 3-4 (1933), collage fotográfico de Salvador Dalí, MNCARS.
382 — Minotaure 5 (1934), photographs by Man Ray. MNCARS.
383 — Minotaure 3-4 (1933), photographs by Brassaï and Salvador Dalí. MNCARS.
384 — Minotaure 3-4 (1933), photographic collage by Salvador Dalí. MNCARS.

MODERN PUBLICITY
385/387 — Modern Publicity 1936-37, The Studio, Londres 1936, MNCARS.
388/389— Modern Publicity 1937-38, The Studio, Londres 1937, MNCARS.
385/387 — Modern Publicity 1936-37, The Studio, London 1936, MNCARS.
388/389 — Modern Publicity 1937-38, The Studio, London 1937, MNCARS.

MODERN PUBLICITY 1931

Anuario publicado por la revista londinense Art & Industry. Dirigido por F.A. Marcer y W. Gaunt, lo publicaba la editorial The Studio, que también editaba el anuario Modern Photography y publicó en los años treinta algunos libros sobre diseño y publicidad como Mise en page de Alfred Tolmer, Colour in Advertising del diseñador austriaco Joseph Binder, o los foto-libros Faces & Figures y Photography for Commerce, con introducción del fotógrafo Walter Nurnberg. En cada entrega de Modern Publicity se reproducía una amplia selección de carteles, anuncios publicitarios, ilustraciones, folletos promocionales, tipografía, etc. publicados en todo el mundo durante el año anterior. Junto a Gebrauchsgraphik y Publicité fue la principal revista de publicidad de los años treinta.

Modern Publicity is an annual published by the London magazine, Art & Industry. Edited by F.A. Marcer and W. Gaunt, it was published by The Studio, which also edited the Modern Photography annual and published, in the thirties, books on design and advertising, such as Mise en page, by Alfred Tolmer, Colour in Advertising, by the Austrian designer Joseph Binder, and the photo-books Faces & Figures, and Photography for Commerce, with its introduction by the photographer Walter Nurnberg. Each edition of Modern Publicity contained a wide range of posters, advertisements, illustrations, promotion leaflets, typography, etc. which had been published anywhere in the world during the previous year. Together with Gebrauchsgraphik and Publicité, it was one of the leading magazines of the thirties.

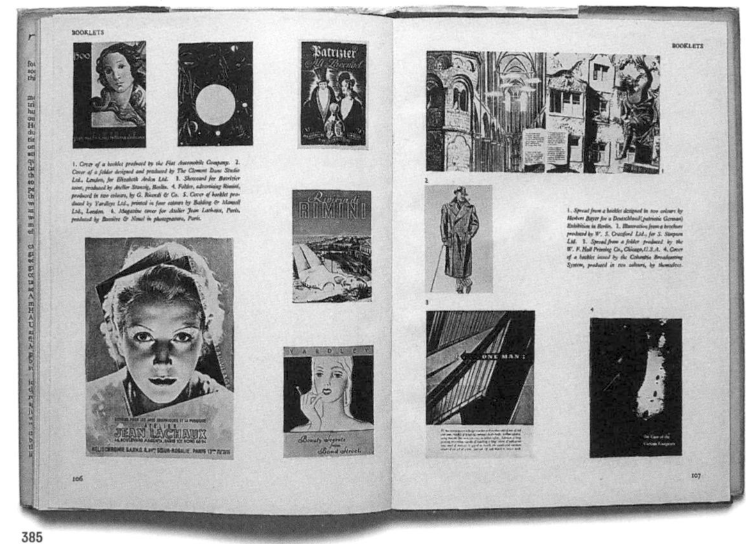

385

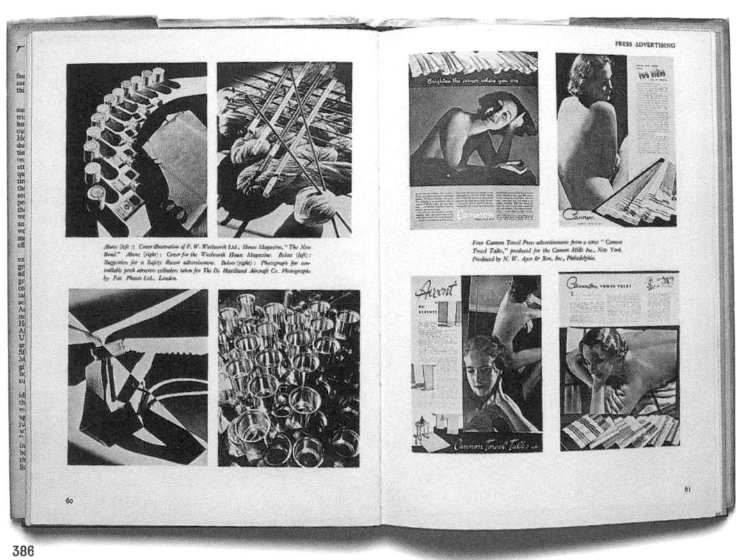

386

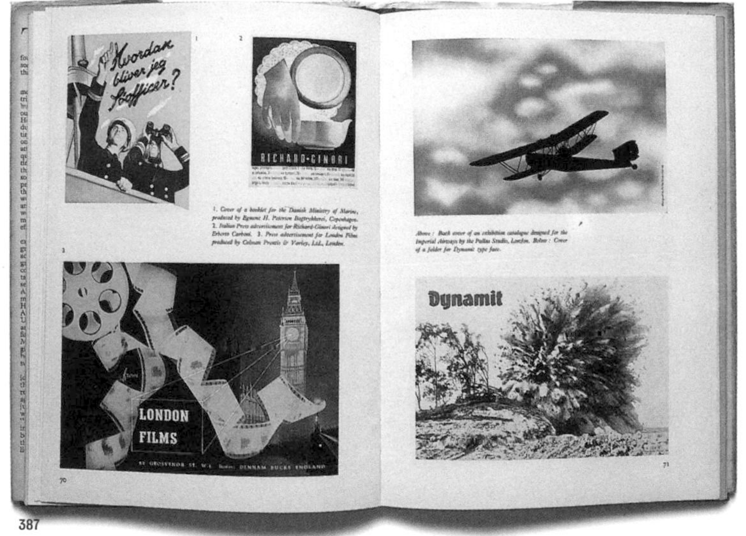

387

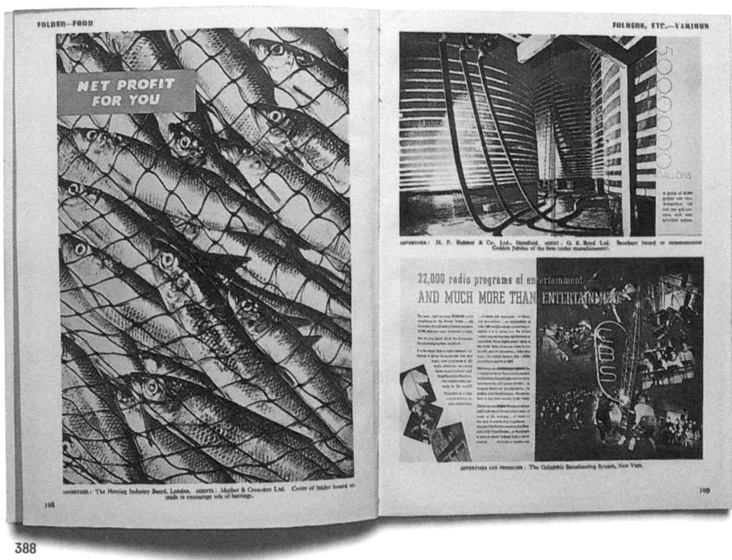

388

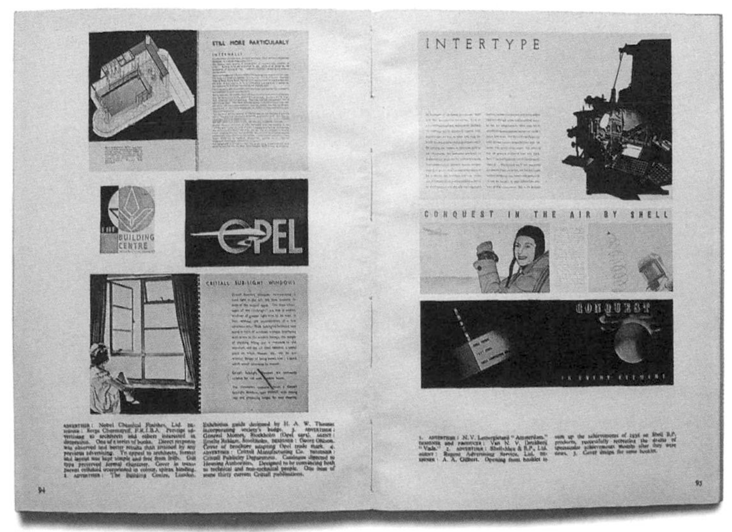

389

TINA MODOTTI 1896 — 1942

FOTÓGRAFA. Nacida en Trieste, emigró a California con su familia. En 1921 conoció a Edward Weston, de quien fue modelo y colaboradora. Entre 1923 y 1930 vivió en México, donde se inició en la fotografía, publicando en revistas como Mexican Folkways. En su corta carrera fotográfica realizó al principio imágenes formalistas cercanas a la abstracción y luego fotografías monumentales de contenido o denuncia política. Tras su expulsión de México en 1930 por su activismo comunista, abandonó la fotografía. Sus fotografías, sobre todo las más aptas para la propaganda, se publicaron en revistas mexicanas, norteamericanas y europeas en los años treinta.

▸ M. Hooks, Tina Modotti. Photographer and Revolutionary, Londres 1993; S. Lowe, Tina Modotti Photographs, Filadelfia 1995.

PHOTOGRAPHER. Born in Trieste, Modotti emigrated to California with her family. In 1921 she met Edward Weston, for whom she was model and collaborator. From 1923 to 1930 she lived in Mexico, where she took up photography, her photographs being published in magazines such as Mexican Folkways. In her short photographic career she first took Formalist, almost abstract, pictures. Later she went on to produce monumental photographs with a political or social content. After her expulsion from Mexico in 1930 for her communist activities, she abandoned photography. Her pictures, above all those most suitable for propaganda purposes were published in Mexican, North American and European magazines in the thirties.

▸ M. Hooks, Tina Modotti. Photographer and Revolutionary, London 1993; S. Lowe, Tina Modotti Photographs, Philadelphia 1995.0

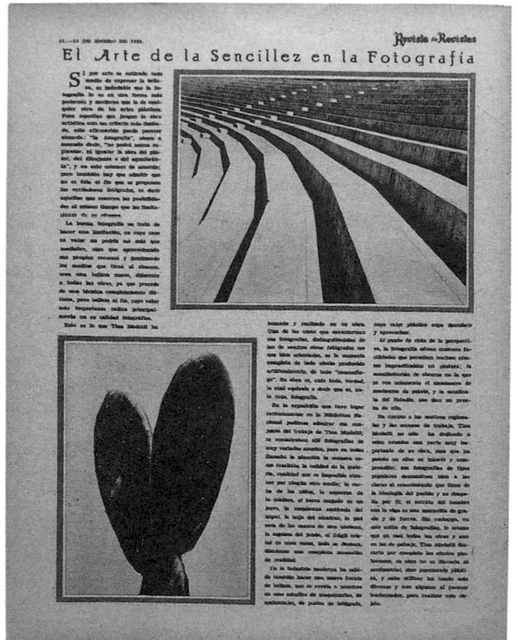

Revista de Revistas

El Arte de la Sencillez en la Fotografía

390

70

JEAN MORAL, PARIS

71

TINA MODOTTI, NEW YORK

A photograph with almost sculptural value of form.

391

LÁSZLÓ MOHOLY-NAGY 1895 — 1946

ARTISTA EXPERIMENTAL, FOTÓGRAFO, DISEÑADOR GRÁFICO, TEÓRICO. Sus estudios de derecho en Budapest fueron interrumpidos por la primera guerra mundial, en la que resultó herido en 1915. Durante la convalecencia cambió sus intereses por la actividad artística. Tras pasar por Viena en 1919, se estableció en Berlín en 1921, entonces el lugar de encuentro del arte constructivista internacional, lo que le permitió relacionarse con Kurt Schwitters, Hans Arp, **El Lissitzky,** Theo van Doesburg, Naum Gabo o Walter Gropius, quien en 1923 le invitó a ser profesor de la Bauhaus, donde se encargó del selectivo curso preliminar. Desde 1925 hasta 1928 vivió en Dessau, donde además de su dedicación pedagógica, Moholy-Nagy comenzó a interesarse por la tipografía y la fotografía, en la que desarrolló varias vertientes: el collage fotográfico, que llamó 'photoplastik', la fotografía sin cámara, que denominó 'photogram', y la fotografía directa. Tras la dimisión de Walter Gropius de la dirección de la Bauhaus en 1928, Moholy-Nagy abandonó la escuela y se estableció de nuevo en Berlín, donde tuvo un estudio y se dedicó a la fotografía, el cine, la escenografía y el diseño gráfico. Tras la llegada de los nacionalsocialistas al poder, Moholy-Nagy dejó Alemania, emigrando sucesivamente a Amsterdam (1934), Londres (1935) y Chicago (1937). En Londres produjo tres foto-libros y diseñó publicidad y una revista, Architectural Review. En Estados Unidos dirigió la New Bauhaus, abierta en 1937, clausurada al año siguiente y de nuevo abierta, con el nombre de School of Design, en 1939. En Estados Unidos trabajó también para la revista **Fortune** y la Container Corporation of America. Su trabajo pedagógico fue decisivo en la difusión del arte moderno, y en particular de la nueva fotografía, sobre la que trató en su libro Malerei, Photographie, Film (Múnich 1925).

▸ L. Moholy-Nagy, 60 Fotos, Berlín 1930; Von Material zu Architektur, Múnich 1929; Mary Benedetta, The Street Markets of London, Londres 1936; Bernard Fergusson, Eton Portrait, Londres 1937; John Betjeman, An Oxford University Chest, Londres 1938; Andreas Haus, Moholy-Nagy Fotos und Fotogramme, Múnich 1978.

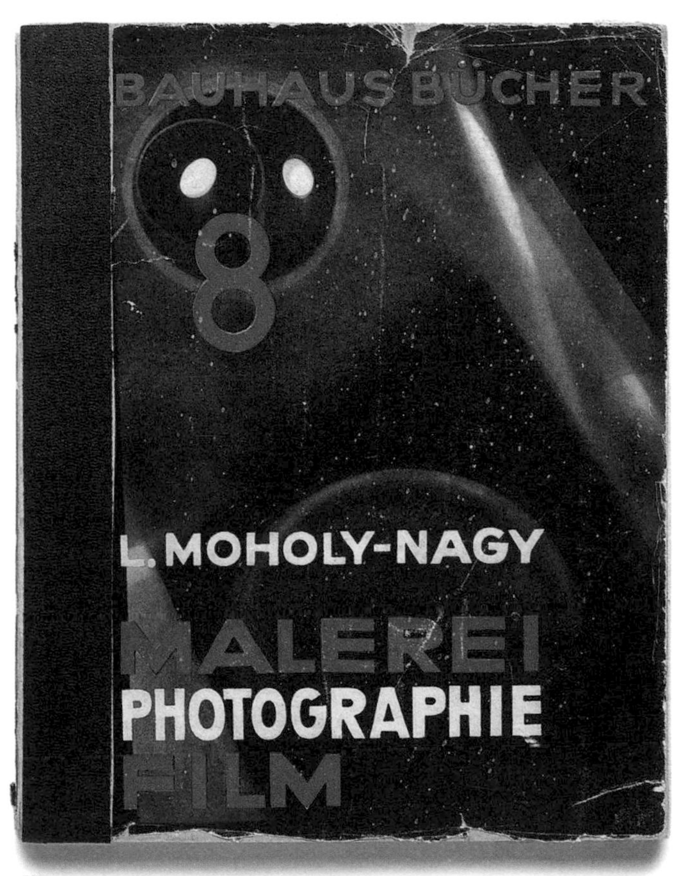

392

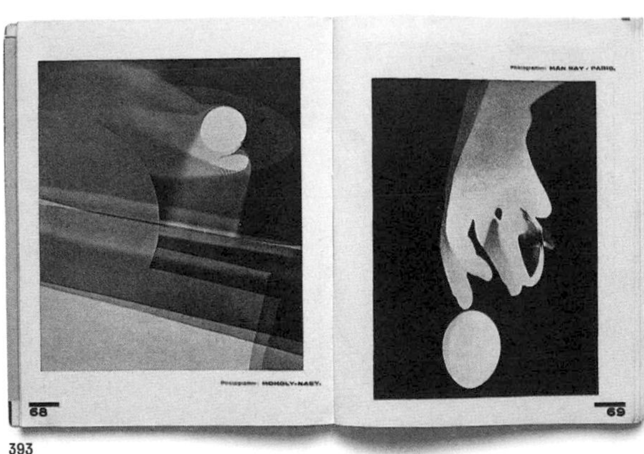

393

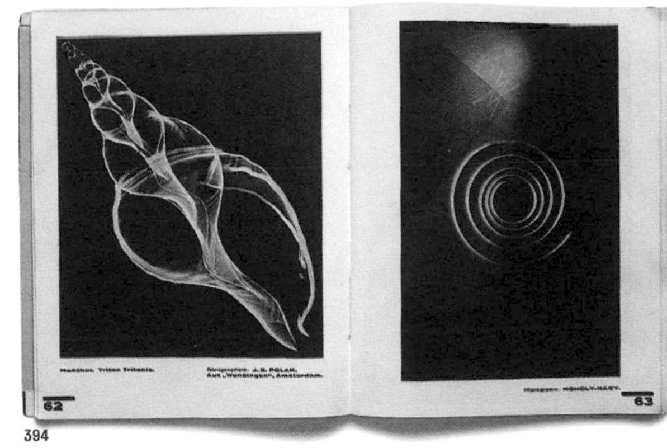

394

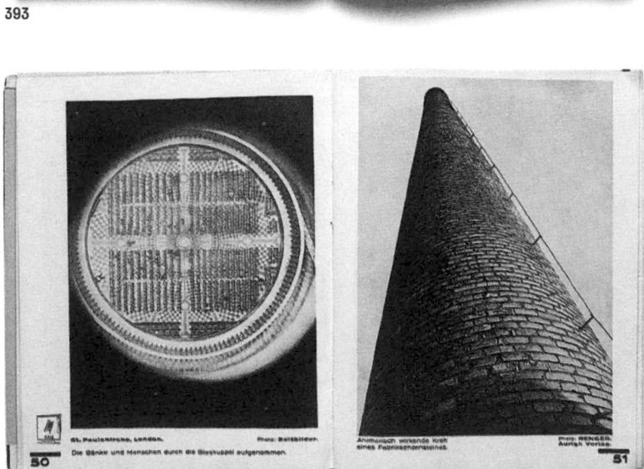

395

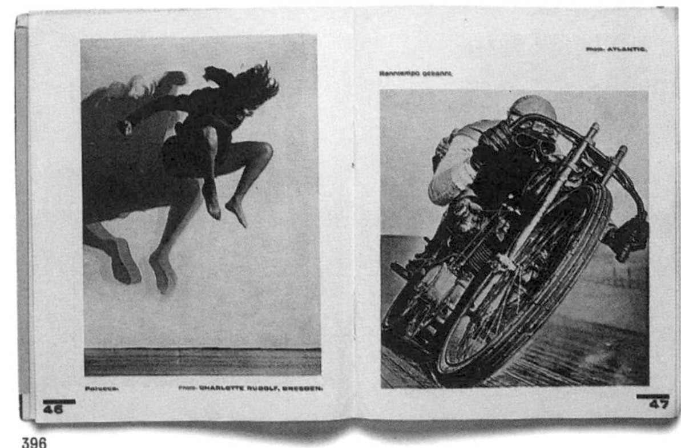

396

MODOTTI
390 — Revista de revistas (12 de enero 1930), fotografías de Tina Modotti, colección particular.
391 — Modern Photography 1931, fotografías de Jean Moral y Tina Modotti, The Studio, Londres 1931, MNCARS.
390 — Revista de revistas (12 January 1930). Photographs by Tina Modotti. Private collection.
391 — Modern Photography 1931. Photographs by Jean Moral and Tina Modotti, The Studio, London 1931. MNCARS.

MOHOLY
392/396 — László Moholy-Nagy, Malerie, Photographie, Film, diseño de L. Moholy-Nagy, Bauhausbucher 8, A. Langen, Múnich 1925, IVAM.
392/396 — László Moholy-Nagy, Malerie, Photographie, Film. Design by L. Moholy-Nagy, Bauhausbucher 8. A. Langen, Munich 1925. IVAM.

LÁSZLÓ MOHOLY-NAGY 1895 — 1946

EXPERIMENTAL ARTIST, PHOTOGRAPHER, GRAPHIC DESIGNER, THEORETICIAN. Moholy-Nagy's law studies in Bucharest were interrupted by the First World War, during which he was injured in 1915. It was while he was convalescing that he first became interested in the arts. Following a brief stay in Vienna in 1919, he moved to Berlin in 1921, the centre at the time of international Constructivist art. This enabled him to meet Kurt Schwitters, Hans Arp, El Lissitzky, Theo van Doesburg, Naum Gabo and Walter Gropius who, in 1923, invited him to be a teacher at the Bauhaus, where he took charge of the highly selective preliminary course. He lived in Dessau from 1925 to 1928 where, in addition to his pedagogical work, Moholy-Nagy became interested in typography and photography, which he practised in various of its genres: photographic collages, which he called 'photoplastiks', camera-less photographs, which he called 'photograms', and straight photographs. Following the resignation of Walter Gropius from the direction of the Bauhaus in 1928, Moholy-Nagy left the school and returned to Berlin, where he established a studio and dedicated himself to photography, the cinema, scenography, and graphic design. On the coming to power of the National Socialists, Moholy-Nagy abandoned Germany, emigrating successively to Amsterdam (1934), London (1935) and Chicago (1937). In London he produced three photo-books, and designed advertising and a magazine, Architectural Review. In the United States he directed the New Bauhaus, opened in 1937, closed the following year and then re-opened with the name of School of Design, in 1939. He also worked in the United States for the magazine Fortune, and the Container Corporation of America. His importance as an educator was decisive in the dissemination of modern art, in particular of the new generation of photography, about which he wrote in his books Malerie, Photographie, Film (Munich 1925).

► L. Moholy-Nagy, 60 Fotos, Berlin 1930; Von Material zu Architektur, Munich 1929; Mary Benedetta, The Street Markets of London, London 1936; Bernard Fergusson, Eton Portrait, London 1937; John Betjeman, An Oxford University Chest, London 1938; Andreas Haus, Moholy-Nagy Fotos und Fotogramme, Munich 1978.

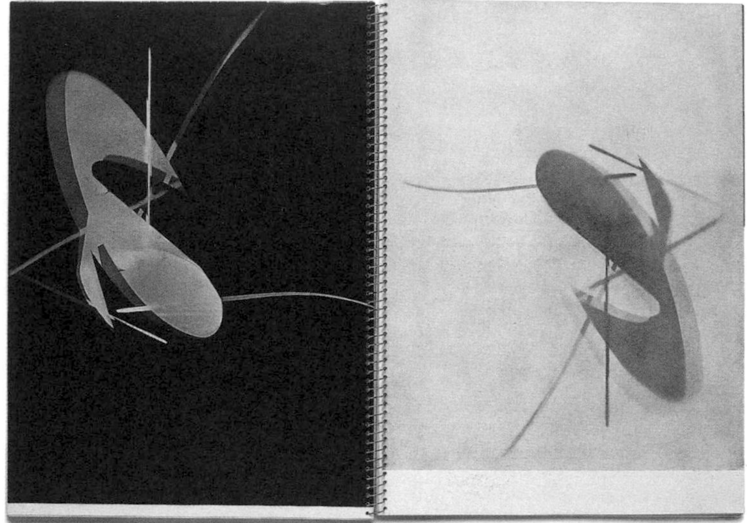

397

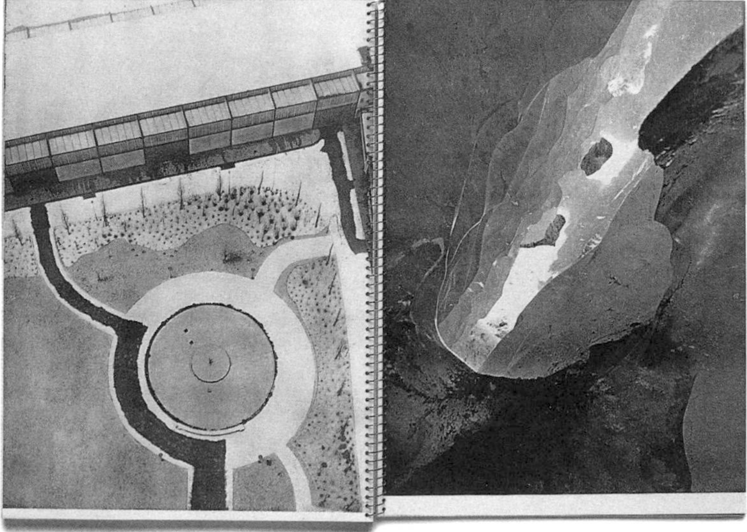

398

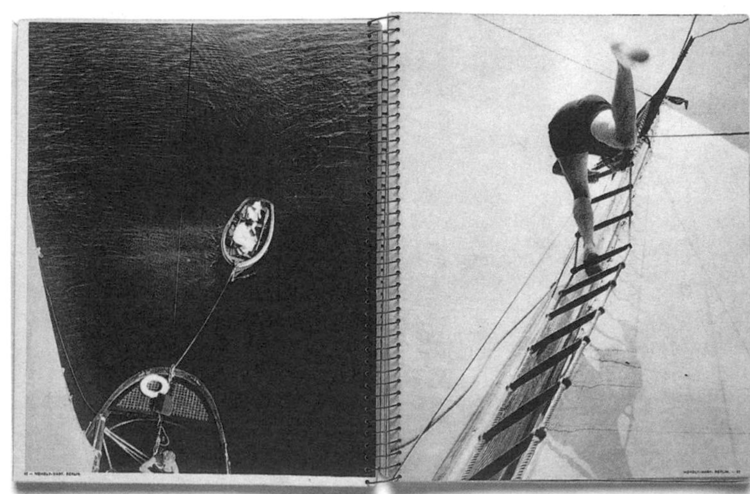

400

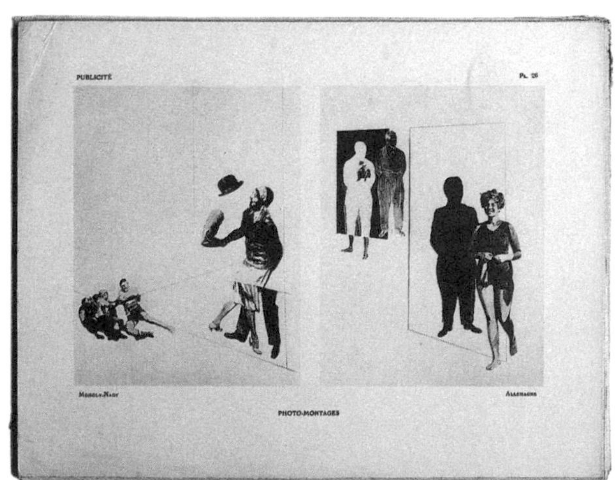

399

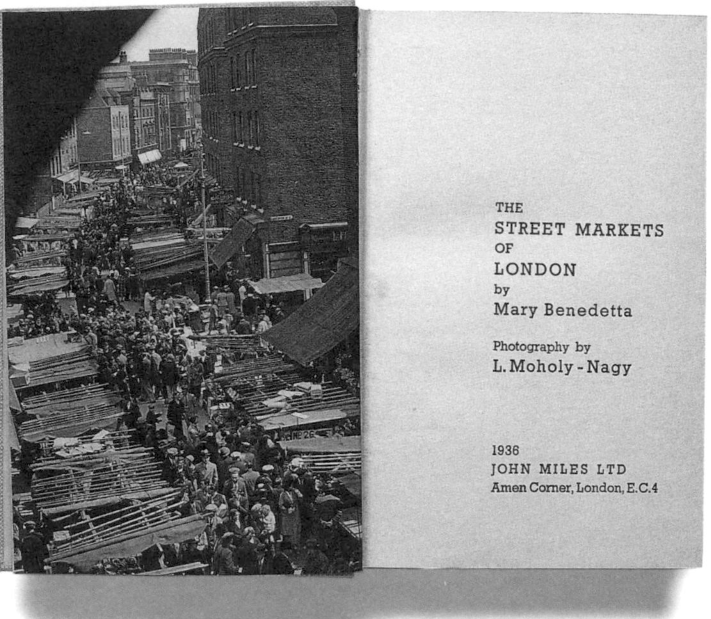
THE
STREET MARKETS
OF
LONDON
by
Mary Benedetta

Photography by
L. Moholy-Nagy

1936
JOHN MILES LTD
Amen Corner, London, E.C.4

401

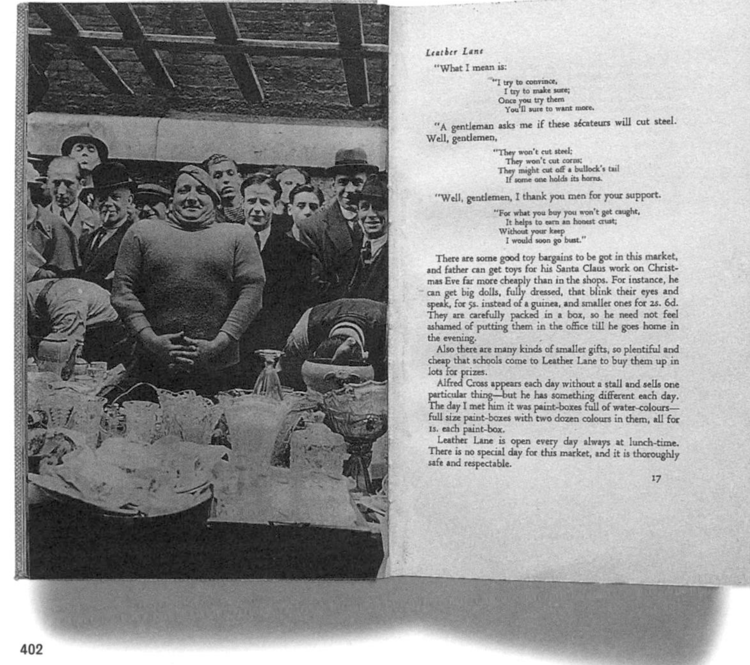
Leather Lane

"What I mean is:

"I try to convince,
I try to make sure;
Once you try them
You'll sure to want more.

"A gentleman asks me if these sécateurs will cut steel. Well, gentlemen,

"They won't cut steel;
They won't cut corns;
They might cut off a bullock's tail
If some one holds its horns.

"Well, gentlemen, I thank you men for your support.

"For what you buy you won't get caught,
It helps to earn an honest crust;
Without your keep
I would soon go bust."

There are some good toy bargains to be got in this market, and father can get toys for his Santa Claus work on Christmas Eve far more cheaply than in the shops. For instance, he can get big dolls, fully dressed, that blink their eyes and speak, for 5s. instead of a guinea, and smaller ones for 2s. 6d. They are carefully packed in a box, so he need not feel ashamed of putting them in the office till he goes home in the evening.

Also there are many kinds of smaller gifts, so plentiful and cheap that schools come to Leather Lane to buy them up in lots for prizes.

Alfred Cross appears each day without a stall and sells one particular thing—but he has something different each day. The day I met him it was paint-boxes full of water-colours—full size paint-boxes with two dozen colours in them, all for 1s. each paint-box.

Leather Lane is open every day always at lunch-time. There is no special day for this market, and it is thoroughly safe and respectable.

17

402

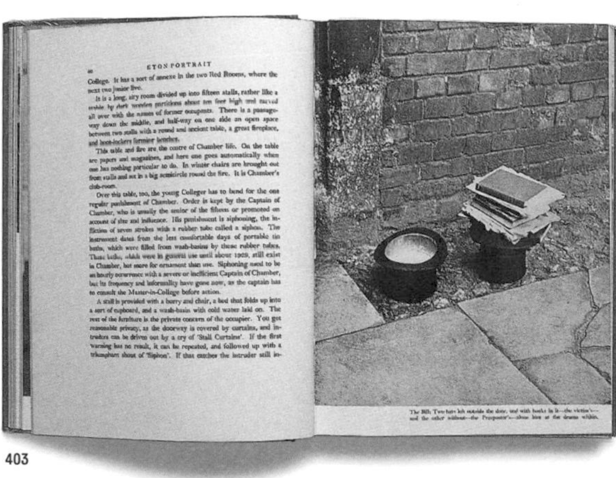
403

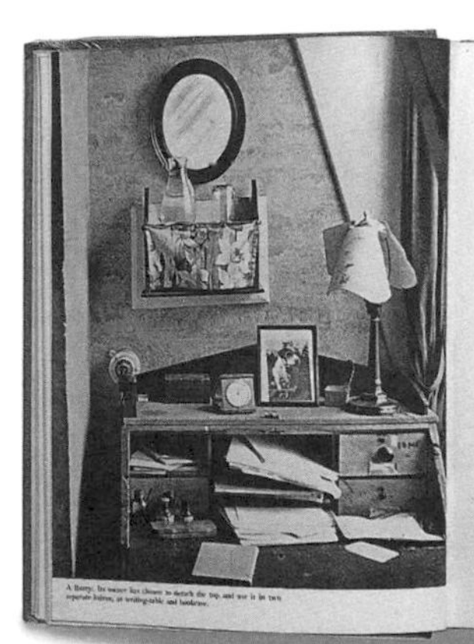
404

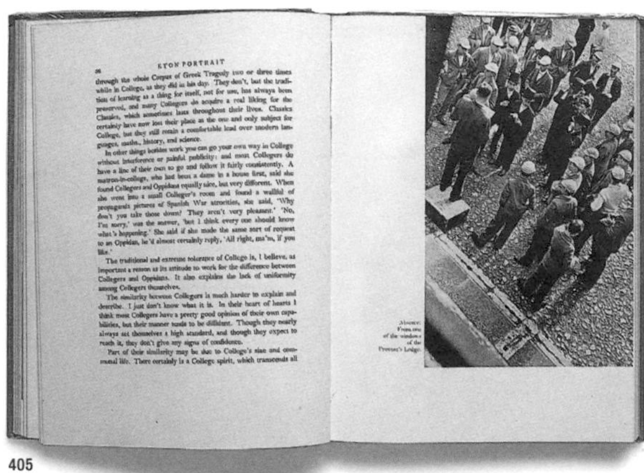
405

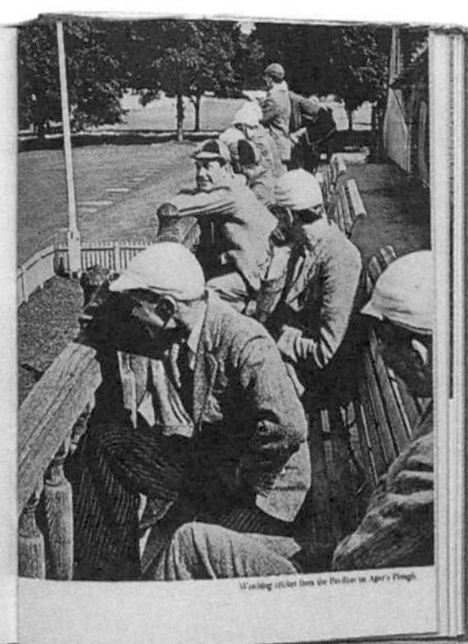
406

MOHOLY

397/398 — Telehor 1-2 (1936), fotografías de László Moholy-Nagy, IVAM.
399 — Publicité, L'Art international d'aujourd'hui 12, fotomontajes de László Moholy-Nagy, Éditions d'art Charles Moreau, París 1929, MNCARS.
400 — Arts et métiers graphiques Photo vol. 3, 16 (15 marzo 1930), fotografías de László Moholy-Nagy, IVAM.
401/402 — Mary Benedetta, The Street Markets of London, fotografías de László Moholy-Nagy, John Miles Ltd., London 1936, MNCARS.
403/406 — Bernard Fergusson, Eton Portrait, 2ª edición, fotografías de László Moholy-Nagy, University Press, Oxford y John Miles, Londres 1938, colección particular.

397/398 — Telehor 1-2 (1936). Photographs by László Moholy-Nagy. IVAM.
399 — Publicité, L'Art international d'aujourd'hui 12. Photomontages by László Moholy-Nagy, Éditions d'art Charles Moreau, Paris 1929. MNCARS.
400 — Arts et métiers graphiques Photo vol. 3, 16 (15 March 1930). Photographs by László Moholy-Nagy. IVAM.
401/402 — Mary Benedetta, The Street Markets of London. Photographs by László Moholy-Nagy, John Miles Ltd., London 1936. MNCARS.
403/406 — Bernard Fergusson, Eton Portrait, 2nd Edition. Photographs by László Moholy-Nagy, University Press, Oxford and John Miles, London 1938. Private collection.

WILLIAM MORTENSEN 1897 — 1965

FOTÓGRAFO. Afincado en San Francisco, fue autor de fotografías retocadas y montajes en los que recreaba asuntos narrativos. Aunque la principal intención de sus puestas en escena era presentar visiones de lujuria y crueldad, también podía ser humorista. Sus montajes se publicaron en revistas populares y en foto-libros de apariencia técnica, como Monsters & Madonnas (1936).

PHOTOGRAPHER. Established in San Francisco, Mortensen produced retouched photographs and montages, in which he recreated narrative situations. Though the primary intention in his compositions was to present visions of lewdness and cruelty, they could also be humorous. His montages were published in popular magazines and photo-books of a technical appearance, such as Monsters & Madonnas (1936).

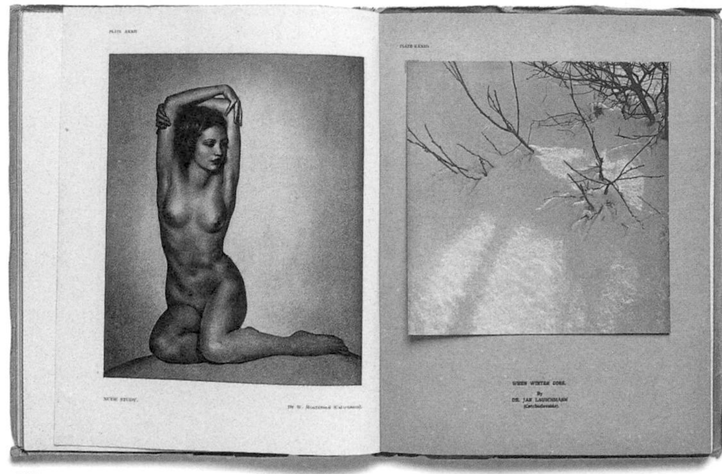

407

CINDERELLA

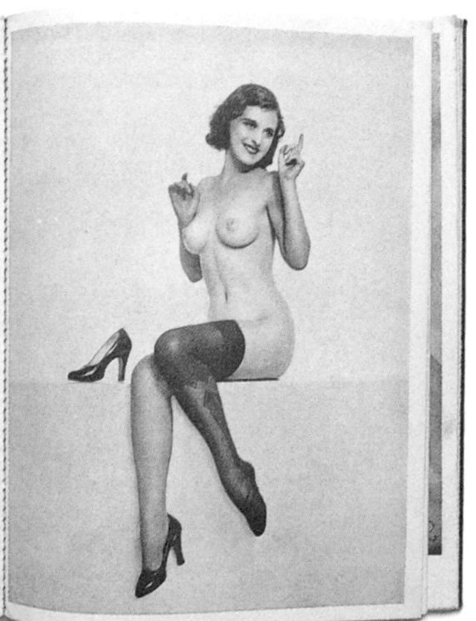

408

THE HERETIC

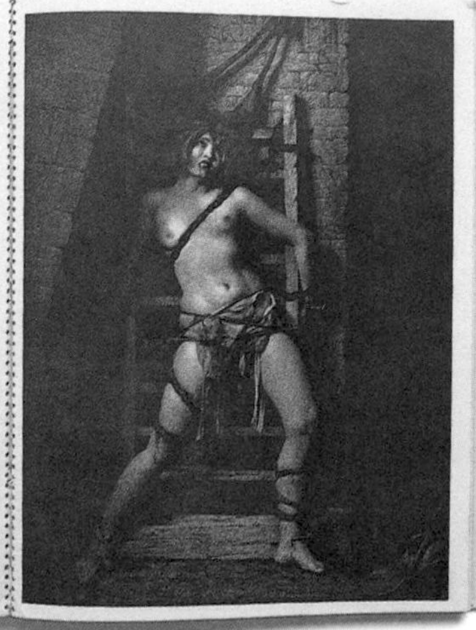

409

THE PIT AND THE PENDULUM

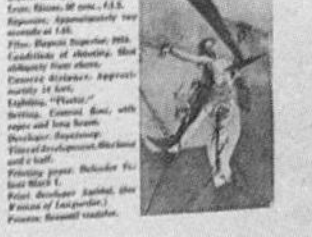

410

PREPARATION for the SABBOT

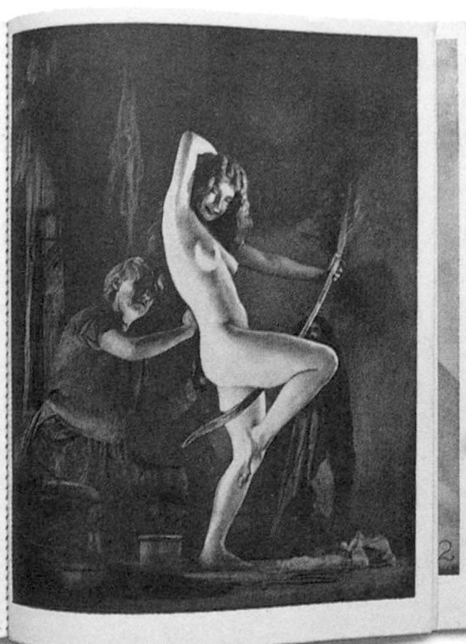

411

MORTENSEN

407 — Photograms of the Year 1933, fotografías de William Mortensen y Alfred Grabner, Londres 1933, MNCARS.
408/411 — William Mortensen, Monsters & Madonnas. A book of methods, 29 fotografías, Camera Craft, San Francisco 1936, MNCARS.

407 — Photograms of the Year 1933. Photographs by William Mortensen and Alfred Grabner, London 1933. MNCARS.
408/411 — William Mortensen, Monsters & Madonnas. A book of methods. 29 Photographs, Camera Craft, San Francisco 1936. MNCARS.

BRUNO MUNARI 1907 — 1998

DISEÑADOR GRÁFICO, FOTOMONTADOR. A partir de 1927 participó de las actividades futuristas en Milán y Roma. Desde 1930, año en que abrió un estudio en Milán, se dedicó al diseño gráfico, de exposiciones y publicitario, a menudo con fotomontajes, que aplicó tanto al diseño gráfico en revistas y publicidad como a las exposiciones, en forma de fotomurales. Hizo fotogramas en 1933. De 1937 son los fotomontajes y el diseño de Il poema del vestito di latte de Filippo Tommaso Marinetti, una obra en la que Munari rindió homenaje a Piet Zwart.

▸ A. Tranchis, L'Arte anomala di Bruno Munari, Bari 1988.

GRAPHIC DESIGNER, PHOTOMONTEUR. During the late twenties, Munari participated in the activities of the Futurists in Milan and Rome. From 1930, the year in which he opened a studio in Milan, he concentrated on graphic design and design of exhibitions and advertising, often using photomontages. These he applied to both graphic design in magazines and publicity, as well as in exhibitions in the form of photomurals. In 1933 he produced photograms and, from 1937, concentrated on photomontage and the design of the Il poema del vestito di latte, by Filippo Tommaso Marinetti, a piece of work in which Munari paid homage to Piet Zwart.

▸ A. Tranchis, L'Arte anomala di Bruno Munari, Bari 1988.

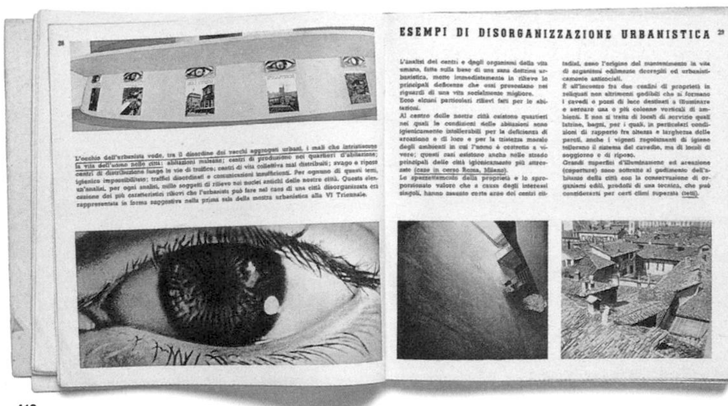

412

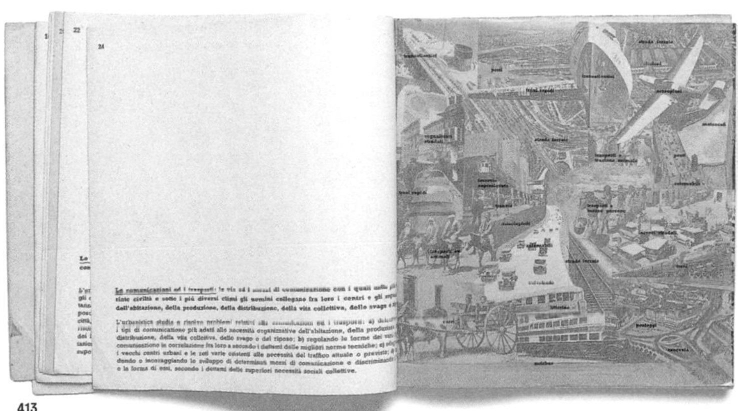

413

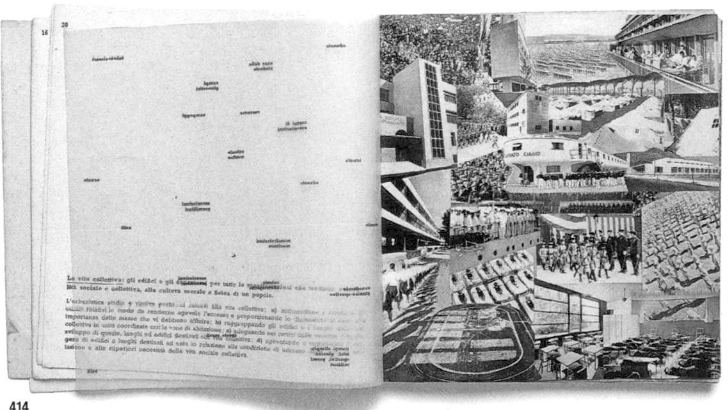

414

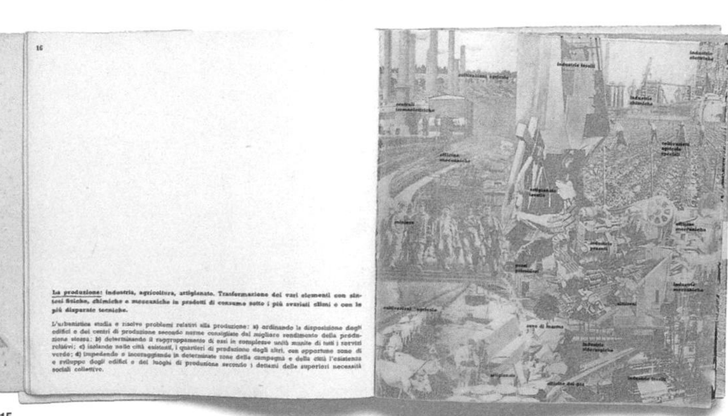

415

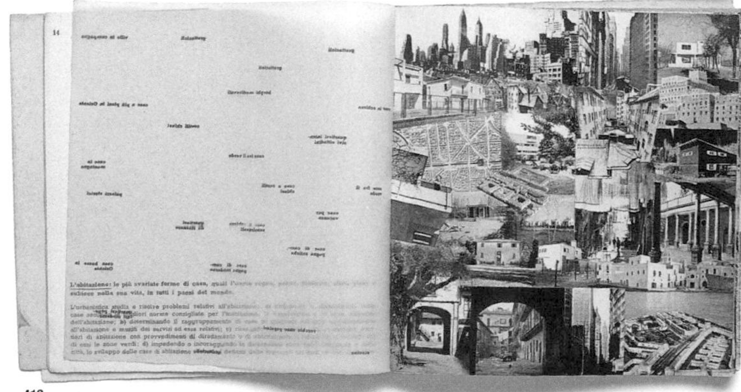

416

MUNARI

412/416 — Piero Bottoni, Urbanistica, montajes de Bruno Munari, Quaderni della Triennale, Hoepli, Milán 1938, colección particular.

412/416 — Piero Bottoni, Urbanistica. Montages by Bruno Munari, Quaderni della Triennale, Hoepli, Milan 1938. Private collection.

MARTIN MUNKACSI 1896 — 1963

FOTÓGRAFO. Inició su carrera fotográfica como fotógrafo deportivo del periódico de Budapest Az Est en 1921-27. Entre 1927 y 1934 vivió en Berlín y publicó fotografías en las revistas de la editorial Ullstein: Berliner Illustrirte Zeitung, Die Dame, Die Coralle, Uhu. En 1930 se independizó y sus fotografías se publicaron en revistas británicas y norteamericanas (Harper's Bazaar), aparte de las alemanas, así como en las principales antologías de la nueva fotografía y los anuarios Das deutsche Lichtbild, Photographie, Modern Photography o U.S. Camera. En 1934 emigró a Nueva York, donde trabajó como fotógrafo de moda y reportaje para revistas como Harper's Bazaar, Town and Country, Pictorial Review o Life.

► M. Munkacsi, Fool's Aprentice, Autobiography, Nueva York 1945; Style in Motion: Munkacsi Photographs of the 20's and 30's, Nueva York 1979; Martin Munkacsi, Bielefeld y Düsseldorf 1980.

PHOTOGRAPHER. Munkacsi began his photographic career as a sports photographer on the Budapest newspaper Az Est, between 1921 and 1927. From 1927 to 1934 he lived in Berlin and published in magazines of the publishers Ullstein, such as Berliner Illustrirte Zeitung, Die Dame, Die Coralle and Uhu. He turned freelance in 1930 and his photographs were published in British and North American magazines, such as Harper's Bazaar, as well as in the German periodicals. His photographs may be found in the principal anthologies of the new photography, as well as in the annuals Das deutsche Lichtbild, Photographie, U.S. Camera and Modern Photography. In 1934 he emigrated to New York, where he worked as a fashion and news photographer for Harper's Bazaar, Town and Country, Pictorial Review and Life.

► M. Munkacsi, Fool's Apprentice, Autobiography, New York 1945; Style in Motion: Munkacsi Photographs of the 20's and 30's, New York 1979; Martin Munkacsi, Bielefeld and Düsseldorf 1980.

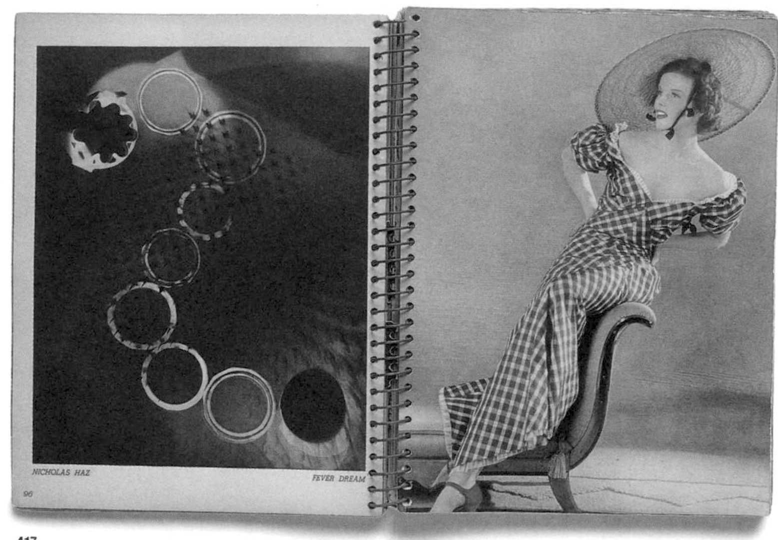

417

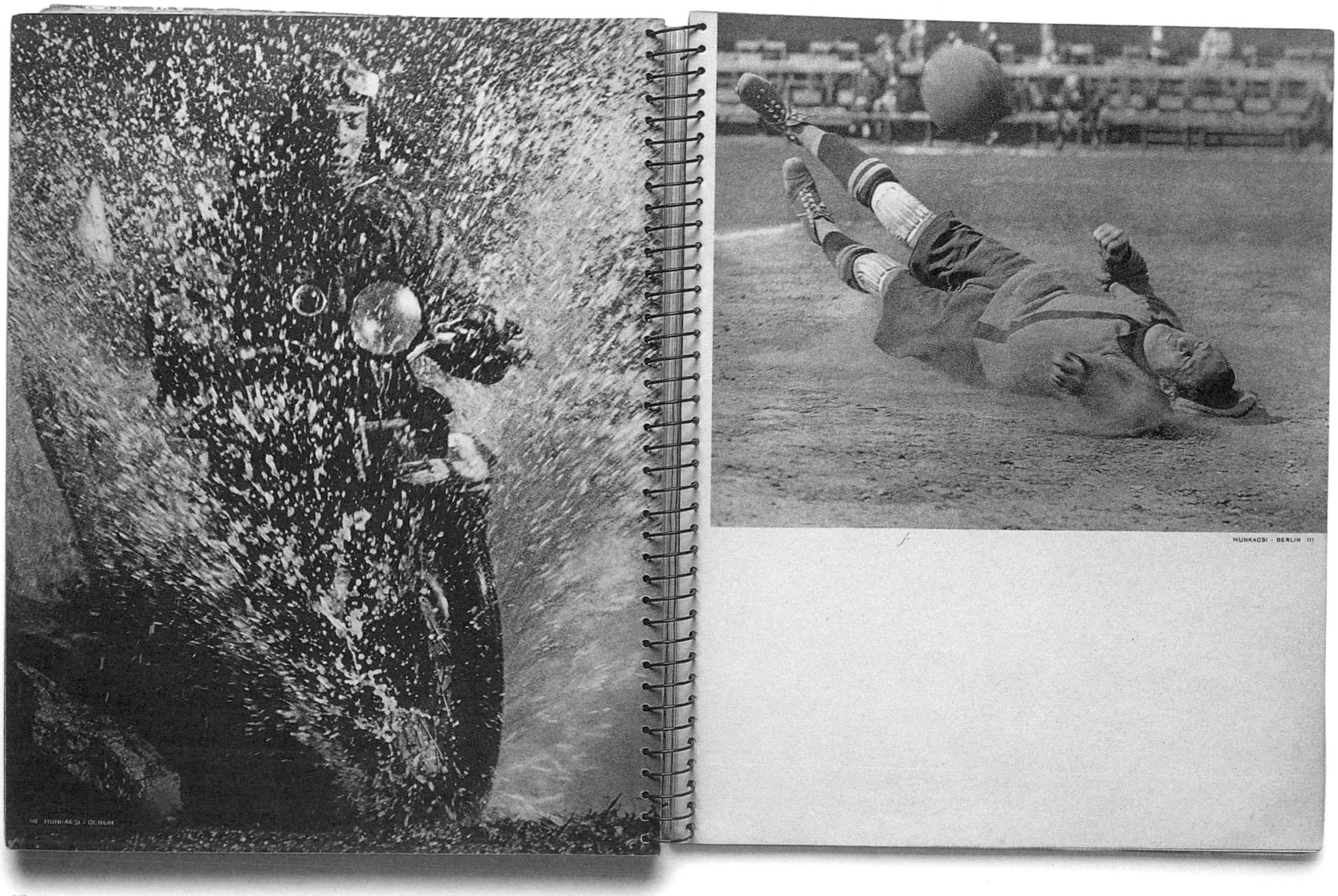

418

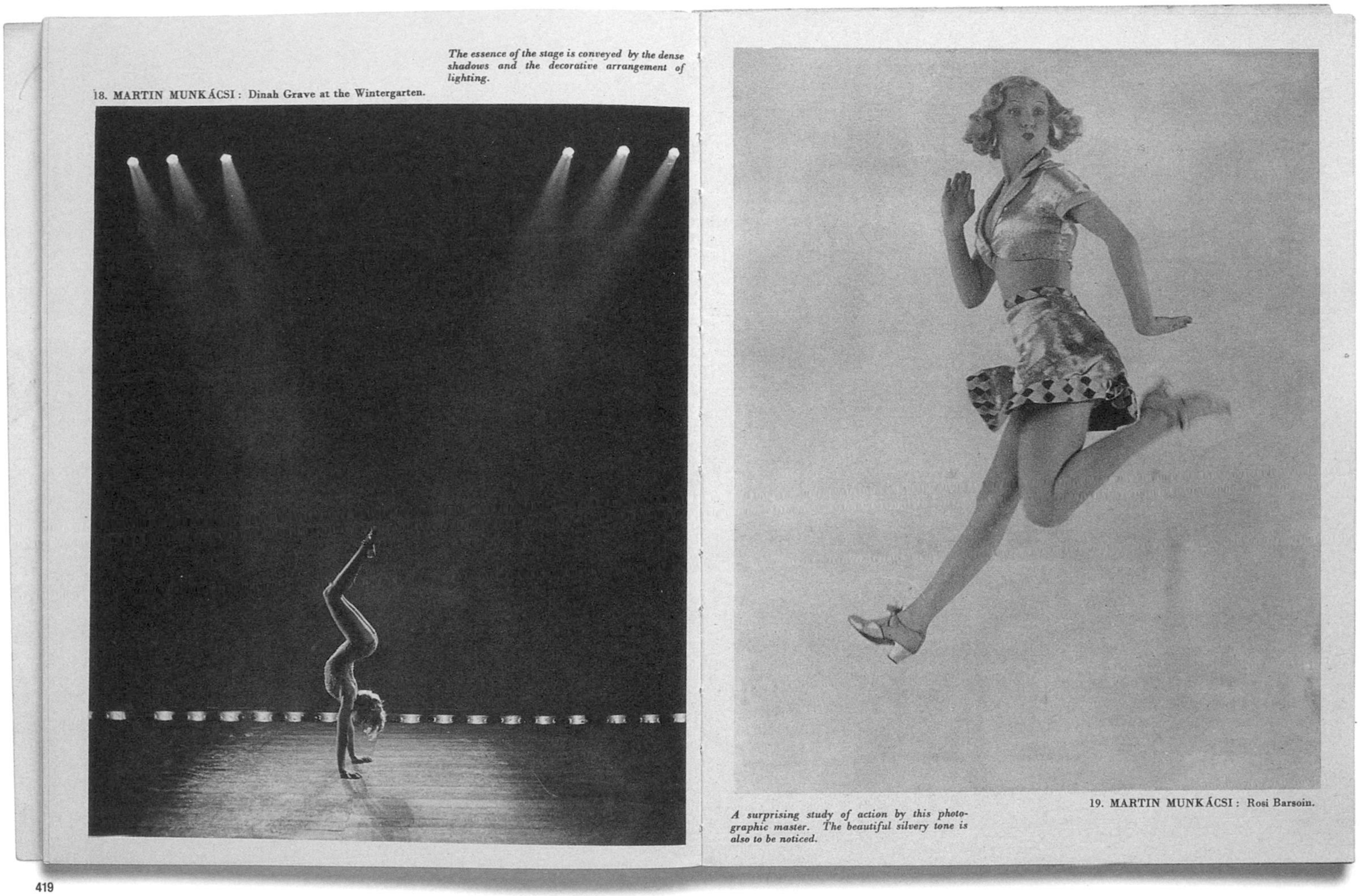

The essence of the stage is conveyed by the dense shadows and the decorative arrangement of lighting.

18. MARTIN MUNKÁCSI: Dinah Grave at the Wintergarten.

19. MARTIN MUNKÁCSI: Rosi Barsoin.

A surprising study of action by this photographic master. The beautiful silvery tone is also to be noticed.

419

MUNKACSI

417 — U.S. Camera Annual 1936, fotografía de Martin Munkacsi, Nueva York 1936, colección particular.
418 — Photographie 1931, fotografías de Martin Munkacsi, Arts et métiers graphiques, París 1931, MNCARS.
419 — Modern Photography 1931, fotografías de Martin Munkacsi, The Studio, Londres y Nueva York 1931, MNCARS.
420 — Modern Photography 1934-35, fotografía de Martin Munkacsi, The Studio, Londres y Nueva York 1934, MNCARS.
421 — Photography Year Book. The International Annual of Camera Art, vol. 2, 1936-37, fotografía de Martin Munkacsi, Cosmopolitan Press, Londres 1936, colección particular.

417 — U.S. Camera Annual 1936. Photography by Martin Munkacsi, New York 1936. Private collection.
418 — Photographie 1931. Photographs by Martin Munkacsi, Arts et métiers graphiques, Paris 1931. MNCARS.
419 — Modern Photography 1931. Photographs by Martin Munkacsi, The Studio, London and New York 1931. MNCARS.
420 — Modern Photography 1934-35. Photography by Martin Munkacsi, The Studio, London and New York 1934. MNCARS.
421 — Photography Year Book. The International Annual of Camera Art, vol. 2 1936-37. Photograph by Martin Munkacsi, Cosmopolitan Press, London 1936. Private collection.

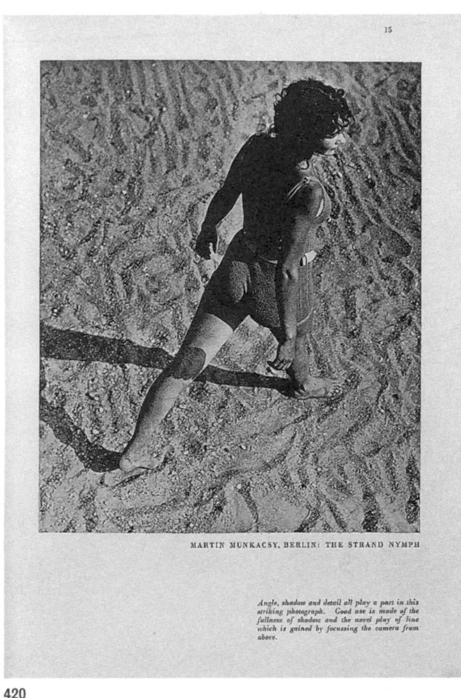
15

MARTIN MUNKACSY, BERLIN: THE STRAND NYMPH

Angle, shadow and detail all play a part in this striking photograph. Good use is made of the fullness of shadow and the novel play of line which is gained by focussing the camera from above.

420

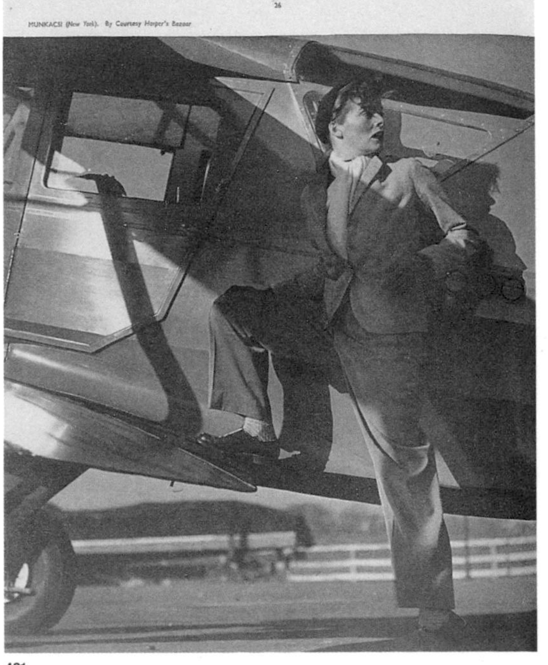
26

MUNKACSI (New York). By Courtesy Harper's Bazaar

421

PAUL NASH 1889 — 1946

Conocido sobre todo como pintor y grabador, a principios de los treinta comenzó a dedicarse a la fotografía, produciendo series de imágenes descontextualizadas y heladas que publicó en revistas como Architectural Review o Country Life. También hizo fotomontajes con el pintor Edward Burra y sobreimpresiones fotográficas.

▸ Paul Nash's Camera, Londres 1951; Paul Nash's Photographs: Document and Image, Londres 1973.

Known principally as a painter and engraver, in the early thirties Nash turned to photography, producing a series of de-contextualised and frozen images which he published in magazines such as Architectural Review and Country Life. He also created photomontages and photographic overprints.

▸ Paul Nash's Camera, London 1951; Paul Nash's Photographs: Document and Image, London 1973.

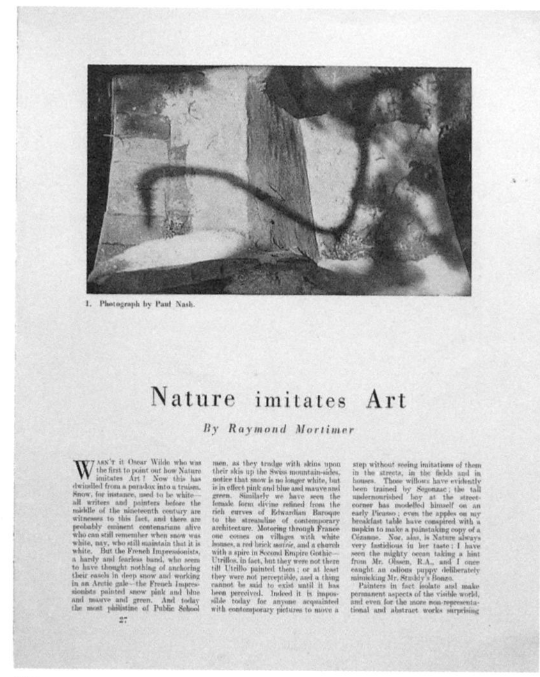

1. Photograph by Paul Nash.

Nature imitates Art

By Raymond Mortimer

422

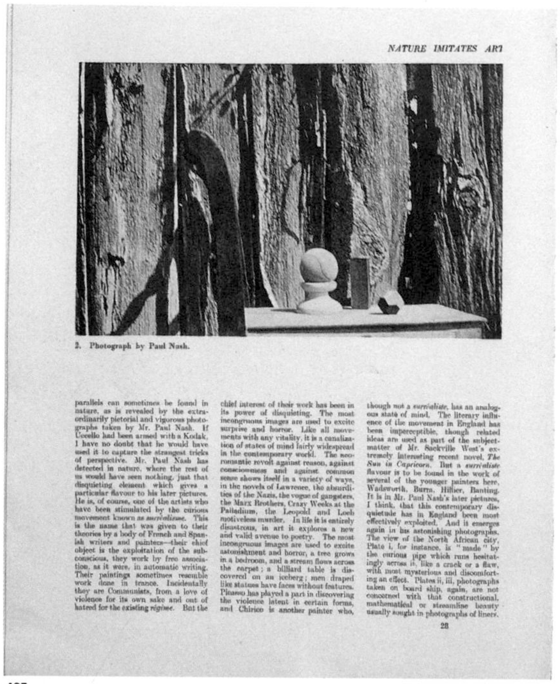

NATURE IMITATES ART

2. Photograph by Paul Nash.

423

Photograph by Paul Nash
PLATE III January 1935

424

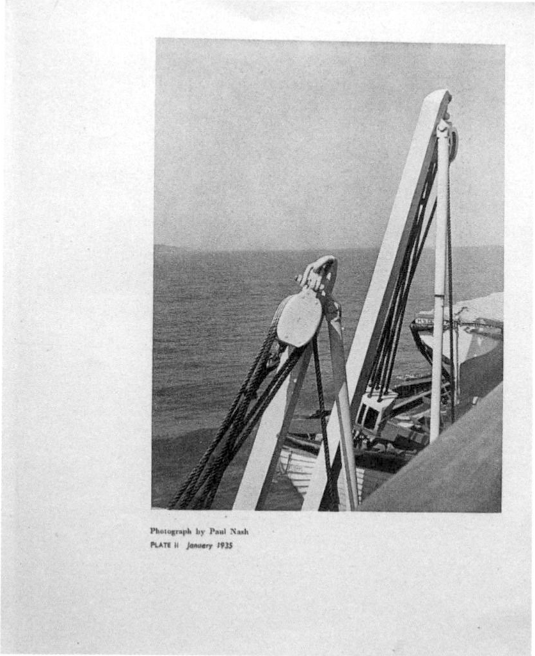

Photograph by Paul Nash
PLATE II January 1935

425

NASH
422/425 — The Architectural Review vol. 77, 458 (enero 1935), fotografías de Paul Nash, colección particular.

422/425 — The Architectural Review vol. 37, 458 (January 1935). Photographs by Paul Nash. Private collection.

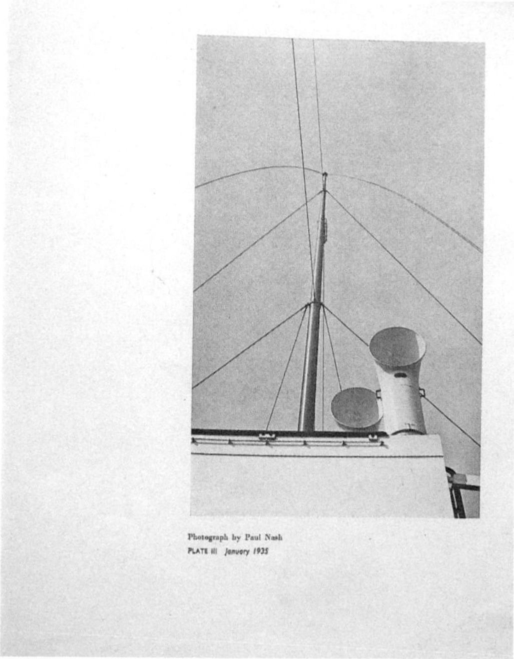

NATORI YONOSUKE 1910 — 1962

FOTÓGRAFO. En 1932 retornó a Japón tras sus estudios en Múnich. Ese mismo año creó 'Nippon Kobo', una agencia-estudio de diseño y fotografía de la que formaron parte fotógrafos y diseñadores gráficos como Hara Hiromu, Ina Nobuo, Kimura Ihei, Okada Sozo, Domon Ken, Fujimoto Shihachi o Kamekura Yusaku. En 1934 fundó la revista Nippon y en 1937 publicó en Berlín un foto-libro, Grosses Japan. Sus fotografías se encuentran en revistas alemanas como Berliner Illustrirte Zeitung y norteamericanas como Life.

PHOTOGRAPHER. On completion of his studies in Munich, Natori returned to Japan in 1932. That same year he created 'Nippon Kobo', a photographic agency-studio in which Hara Hiromu, Ina Nobuo, Kimura Ihei, Okada Sozo, Domon Ken, Fujimoto Shihachi and Kamekura Yusaku also took part. He founded the magazine Nippon in 1934, and in 1937 published a photo-book in Berlin entitled Grosses Japan. His photographs were published in German and North American magazines, such as Berliner Illustrirte Zeitung and Life.

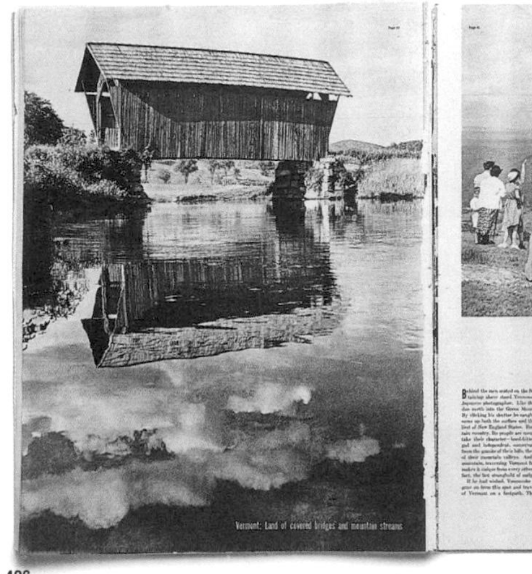

Vermont: Land of covered bridges and mountain streams

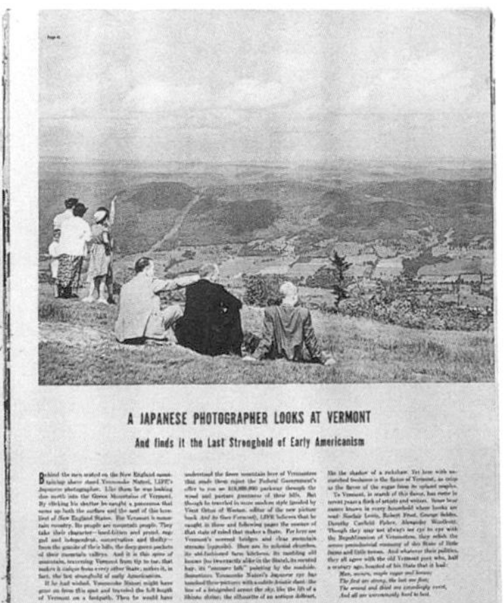

A JAPANESE PHOTOGRAPHER LOOKS AT VERMONT

And finds it the Last Stronghold of Early Americanism

426

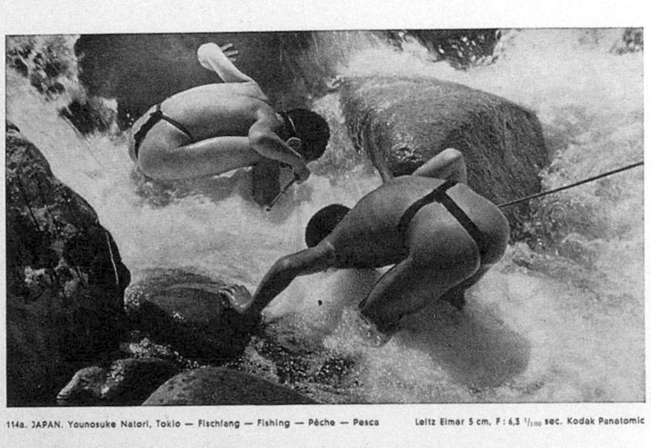

114a. JAPAN. Younosuke Natori, Tokio — Fischfang — Fishing — Pêche — Pesca   Leitz Elmar 5 cm, F : 6,3 1/100 sec. Kodak Panatomic

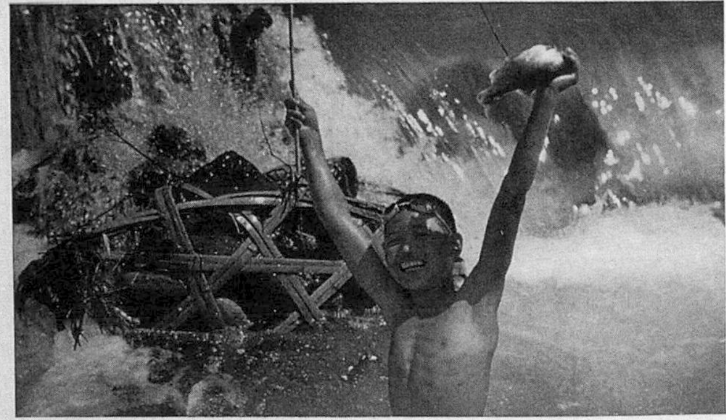

114b. JAPAN. Younosuke Natori, Tokio — Fischfang — Fishing — Pêche — Pesca   Leitz Elmar 5 cm, F : 6,3 1/60 sec. Kodak Panatomic

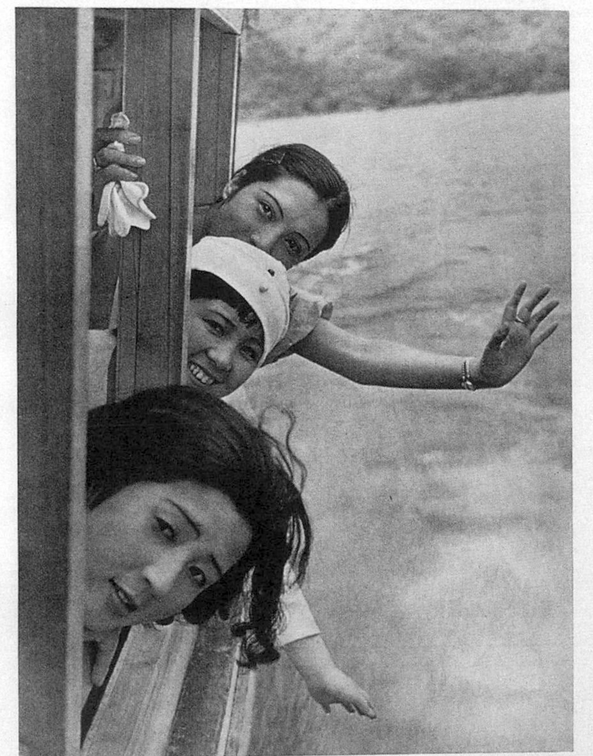

115. JAPAN. Younosuke Natori, Tokio — Auf Wiedersehen! — So long! — Au revoir! — Arrivederci!
Leitz Elmar 5 cm, F : 4,5 1/100 sec. Kodak Panatomic

8*

427

NATORI

426 — Life vol. 3, 3 (19 julio 1937), fotografías de Natori Yonosuke, colección particular.

427 — K.P. Karfeld, ed, Leica in aller Welt, fotografías de Natori Yonosuke, Knor & Hirth, Múnich 1938, colección particular.

426 — Life vol.3, 3 (19 July 1937). Photographs by Natori Yonosuke. Private collection.

427 — K.P. Karfeld, ed. Leica in aller Welt. Photographs by Natori Yonosuke. Knor & Hirth, Munich 1938. Private collection.

NIPPON Tokio 1934 — 1944

Revista dedicada a la divulgación de la cultura japonesa que se editó en inglés, francés, español y alemán. Dirigida por Natori Yonosuke, sus diseñadores fueron Kono Takashi, Yamana Ayao y Kamekura Yusaku.

Nippon was a magazine devoted to the dissemination of Japanese culture, published in English, French, Spanish and German. Edited by Natori Yonosuke, its designers were Kono Takashi, Yamana Ayao and Kamekura Yusaku.

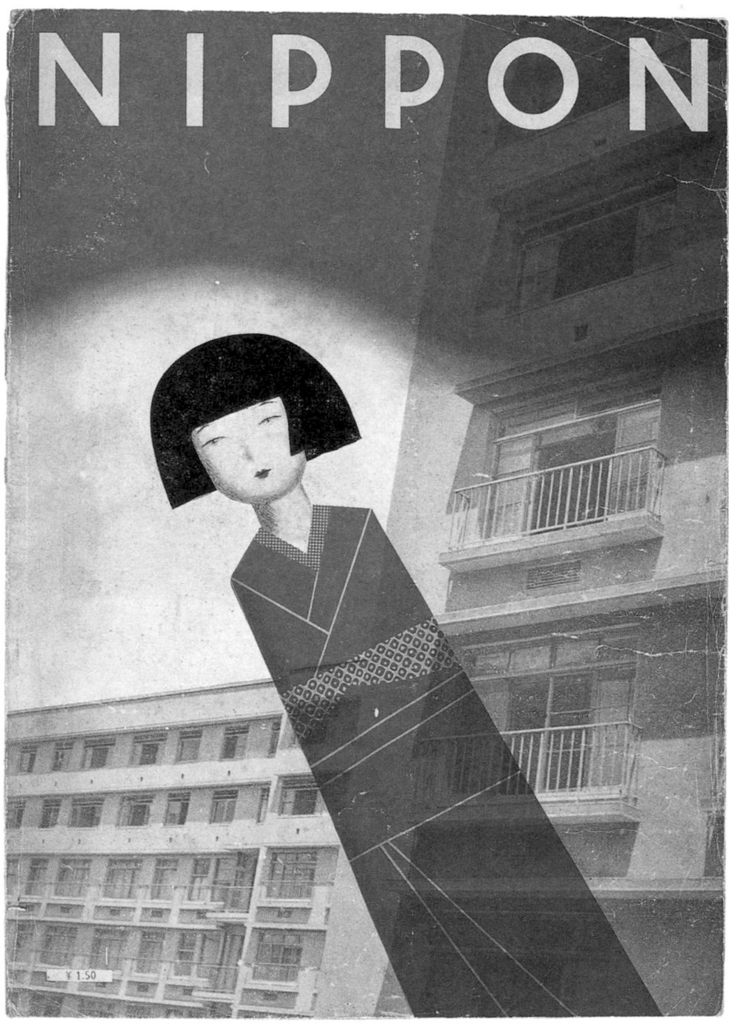

428

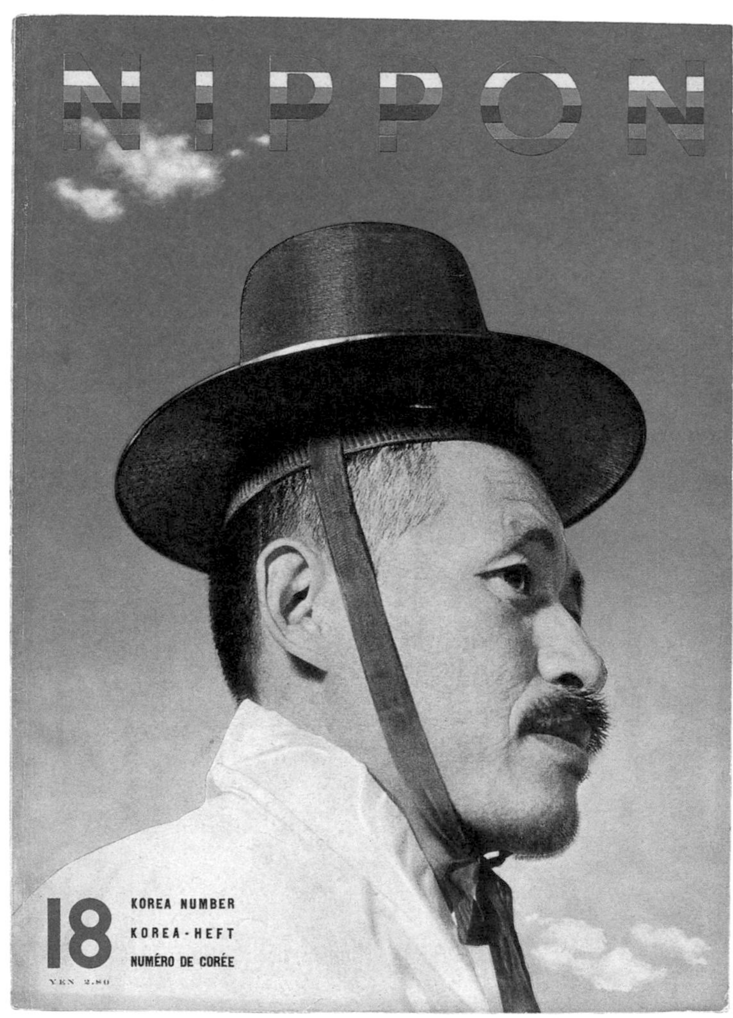

429

NIPPON
428 — Nippon 1 (1934), cubierta, Tokyo Metropolitan Museum of Photography.
429 — Nippon 18 (1938), cubierta, Tokyo Metropolitan Museum of Photography.

428 — Nippon 1 (1934). Cover. Tokyo Metropolitan Museum of photography.
429 — Nippon 18 (1938). Cover. Tokyo Metropolitan Museum of photography.

NOJIMA YASUKO 1889 — 1967

Fotógrafo pictorialista que evolucionó hacia la nueva fotografía. Durante los años veinte abrió galerías en las que expuso fotógrafos y artistas japoneses cercanos al arte moderno occidental. En 1932-33 publicó Koga, la revista principal de la nueva fotografía japonesa. Expuso en 1933 en Tokio una foto-serie de retratos femeninos.

► Yasuzo Nojima and contemporaries, cat. The National Museum of Art, Kioto 1991.

Pictorialist photographer who evolved into the new photography. In the twenties Nojima opened galleries in which he exhibited Japanese photographers and artists who were influenced by the style of modern Western art. In 1932-33 he published Koga, the most influential magazine of the new generation of Japanese photography. He exhibited a photo-series of female portrait photos in Tokyo, in 1933.

► Yasuzo Nojima and Contemporaries, cat. The National Museum of Art, Kyoto 1991.

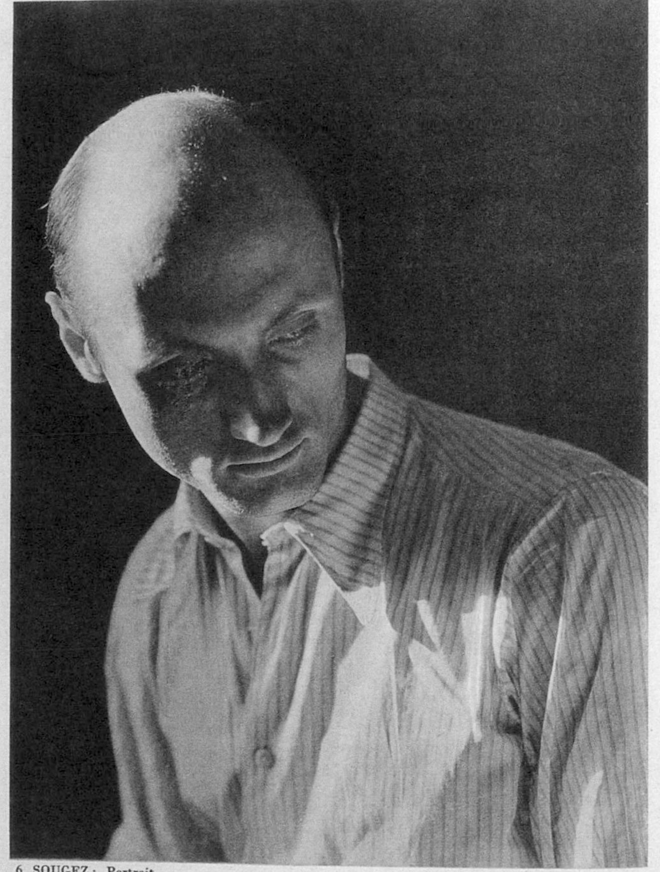

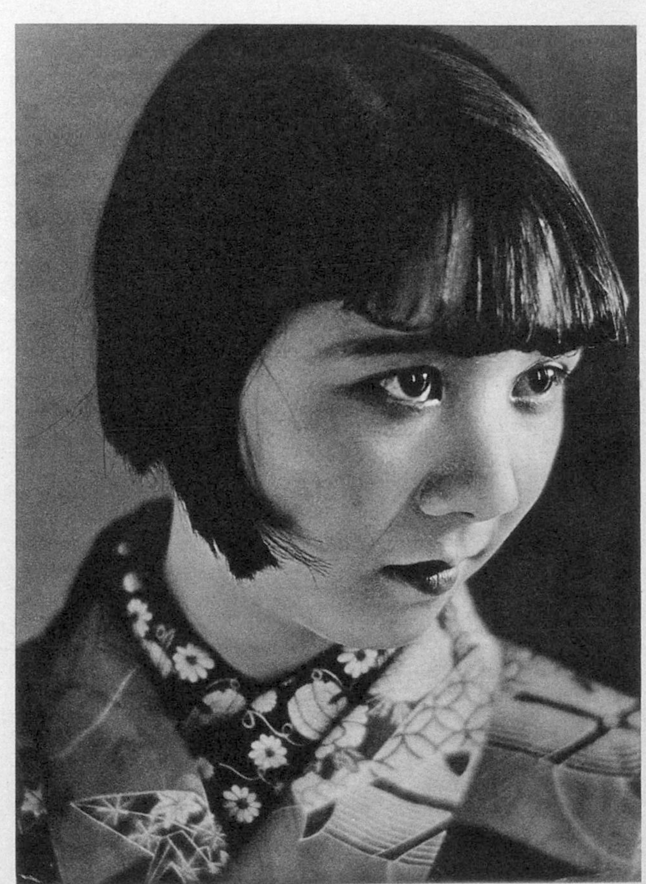

430

NOJIMA

430 — Modern Photography 1934-35, fotografías de Nojima Yasuzo y Emmanuel Sougez, The Studio, Londres y Nueva York 1934, MNCARS.

430 — Modern Photography 1934-35. Photographs by Nojima Yasuzo and Emmanuel Sougez, The Studio, London and New York 1934. MNCARS.

PAUL OUTERBRIDGE 1896 — 1958

FOTÓGRAFO. Nació en Nueva York, donde estudió en la Art Students League y en la escuela de fotografía de Clarence H. White. Decidió ser fotógrafo en 1921. Desde 1922 sus fotografías (naturalezas muertas, moda, publicidad) se publicaron en revistas como Vogue, Harper's Bazaar o Vanity Fair. Se instaló en París en 1925 para trabajar en la edición francesa de Vogue y en 1927 abrió un estudio. En 1929 participó en Film und Foto y se trasladó a Nueva York. Allí comenzó a experimentar con el color, tema sobre el que publicó un libro en 1940. Sus excepcionales naturalezas muertas, desnudos y autorretratos enmascarados de los años treinta son ejemplos del extrañamiento fotográfico.

► P. Outerbridge, Photographing in colour, Nueva York 1940; E. Dines, Paul Outerbridge: A Singular Aesthetic, cat. Laguna Beach Museum of Art 1981; Paul Outerbridge Jr. Photographs, Múnich 1993.

PHOTOGRAPHER. Outerbridge was born in New York, where he studied in the Art Students League and at the Clarence H. White School of Photography. He decided to become a photographer in 1921. From 1922 his photographs (still life, fashion and advertising) were published in magazines such as Vogue, Harper's Bazaar and Vanity Fair. He moved to Paris in 1925 to work on the French edition of Vogue and, in 1927, opened a studio. In 1929 he participated in Film und Foto, and returned to New York, where he began to experiment with colour, a subject on which he would publish a book in 1940. His exceptional still life, nude and masked self-portrait photographs from the thirties are fine examples of makes strange photos.

► P. Outerbridge, Photographing in colour, New York 1940; E. Dines, Paul Outerbridge: A Singular Aesthetic, cat. Laguna Beach Museum of Art 1981; Paul Outerbridge Jr. Photographs, Munich 1993.

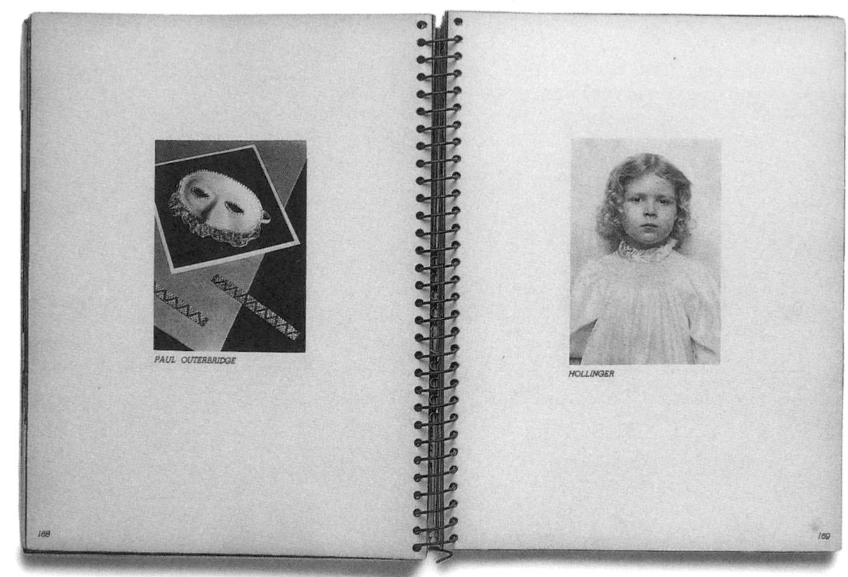

430

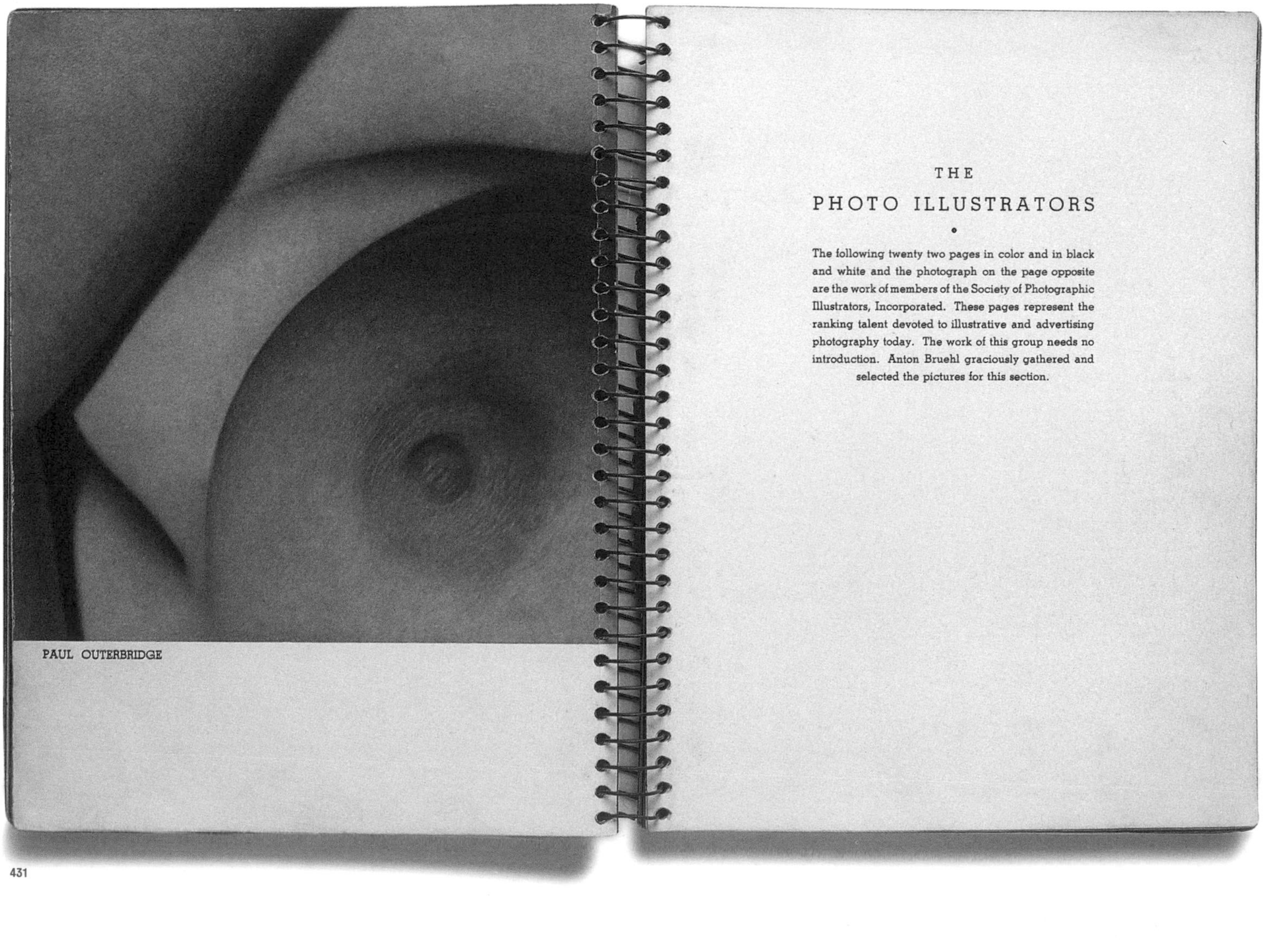

PAUL OUTERBRIDGE

THE

PHOTO ILLUSTRATORS

•

The following twenty two pages in color and in black and white and the photograph on the page opposite are the work of members of the Society of Photographic Illustrators, Incorporated. These pages represent the ranking talent devoted to illustrative and advertising photography today. The work of this group needs no introduction. Anton Bruehl graciously gathered and selected the pictures for this section.

431

AMEDÉE OZENFANT 1886 — 1966

PINTOR, ESCRITOR. En 1920-25 publicó, junto a **Le Corbusier**, la revista L'Esprit Nouveau, en la que defendió el 'purismo' y el maquinismo, al igual que el libro, asimismo en colaboración con Le Corbusier, Après le cubisme (París 1918). También fue fotógrafo en los años treinta.

PAINTER, WRITER. From 1920 to 1925, together with **Le Corbusier**, Ozenfant published the magazine L'Esprit Nouveau, in which he defended 'Purism' and Machinist art, as he did in his book, also written in collaboration with Le Corbusier, Après le cubisme (Paris 1918). He was also a prominent photographer in the thirties.

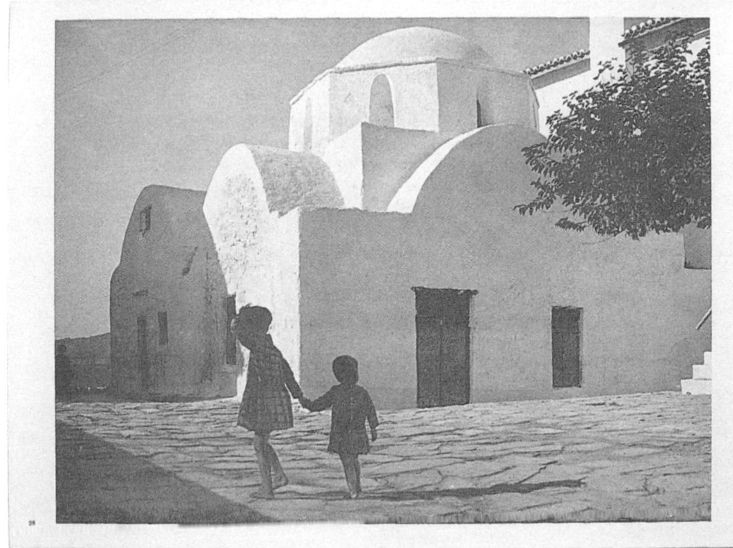

433

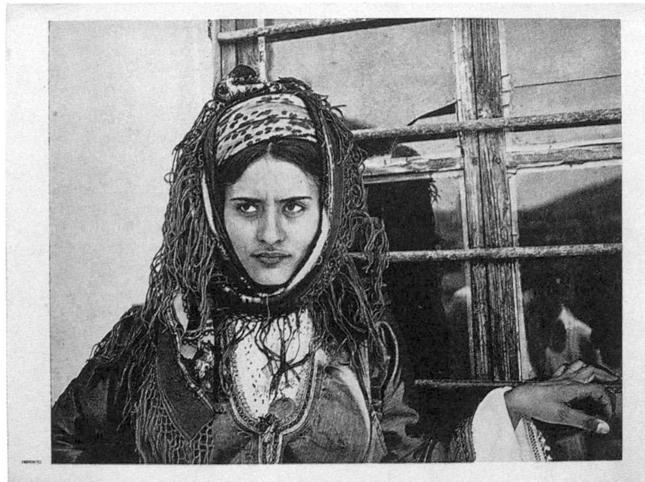

434

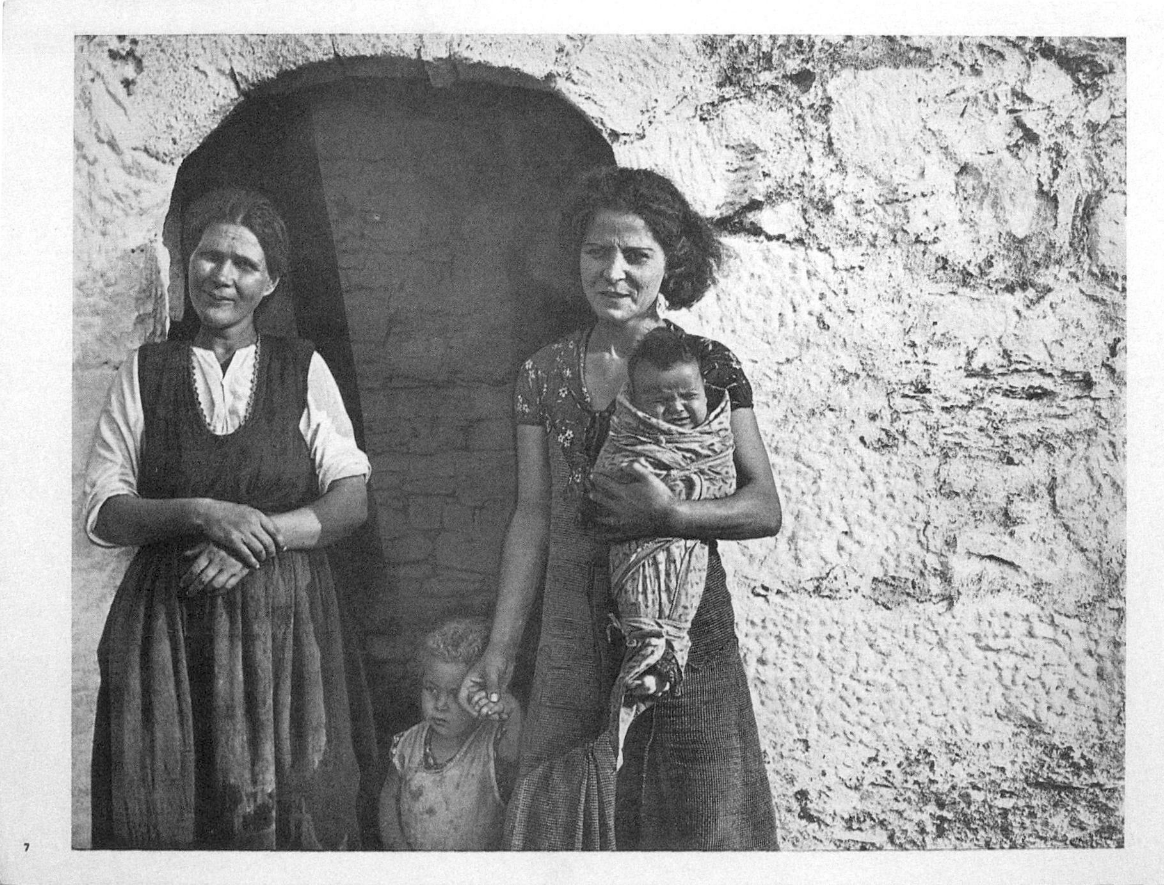

435

OUTERBRIDGE
431 — U.S. Camera Annual 1936, fotografía de Paul Outerbridge, Nueva York 1936, colección particular.
432 — U.S. Camera Annual 1939, fotografía de Paul Outerbridge, Nueva York 1939, colección particular.
431 — U.S. Camera Annual 1936. Photograph by Paul Outerbridge, New York 1936. Private collection.
432 — U.S. Camera Annual 1939. Photography by Paul Outerbridge, New York 1939. Private collection.

OZENFANT
433/435 — Amedée Ozenfant, Tour de Grèce, 31 fotografías de A. Ozenfant, éditions M.I.E.U.X., París 1938, colección particular.
433/435 — Amedée Ozenfant, Tour de Grèce. 31 photographs by A. Ozenfant, Éditions M.I.E.U.X., Paris 1938. Private collection.

CECILIO PANIAGUA 1911 — 1979

FOTÓGRAFO, CINEASTA. Nacido en Almería, estudió arquitectura en Madrid. Empezó a exponer y publicar fotografías hacia 1933 en revistas como Blanco y Negro, Revista Ford o Las cuatro estaciones, en la que publicó foto-series urbanas y deportivas. Publicó en 1936 un artículo en el que hizo una descripción de sus temas ("visiones de pueblos de España o rincones de la vida corriente e imprevista, o rostros de personas o composiciones plásticas sin otra finalidad expresiva que la propia del objeto y del punto de vista aplicado") y argumentó el extrañamiento fotográfico: "el realizador fotográfico de hoy cultiva desde puntos inéditos motivos de una aparente vulgaridad y muestra a las gentes -descubriéndoles- lo que rozan cotidianamente, lo que 'miran' indiferentes, haciendo 'ver' que en todo hay una belleza sintética y una emoción plástica en la que no habían reparado". También fue operador cinematográfico, su actividad principal a partir de 1936.

▸ Cecilio Paniagua, "Cómo veo y ejecuto la fotografía", Galería vol. 1, 2 (15 de febrero 1936).

PHOTOGRAPHER, FILM-MAKER. Paniagua was born in Almería and studied architecture in Madrid. He began exhibiting and publishing photographs around 1933, in magazines such as Blanco y Negro, Revista Ford and Las cuatro estaciones, in which he published urban and sports photos-in-series. In 1936 he published an article containing a description of his subjects ("Visions of Spanish towns, or corners of unpredictable, everyday life, or people's faces, or plastic compositions, with no particular expressive aim, other than that of the object itself and the point of view applied"), and expounded the argument for make strange photography. This he explained in the following way: "Today's photographer cultivates, from points hitherto unheard of, reasons for an apparent banality and shows people, reveals to them, the things with which they share their everyday life, things that they 'look at' with indifference, making them 'see' that there is a synthetic beauty and plastic emotion in things that they had failed to notice". He was also active in film, which became his principal activity from 1936.

▸ Cecilio Paniagua, "Cómo veo y ejecuto la fotografía", Galería vol.1, 2 (15 February 1936).

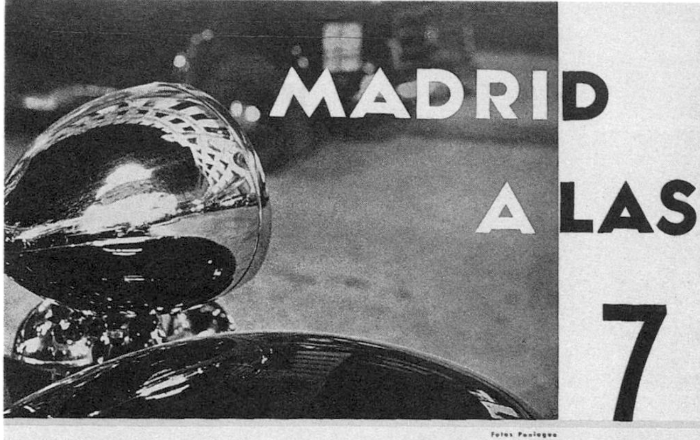

MADRID A LAS 7

Fotos Paniagua

Las luces se han encendido hace tiempo, pero hasta esa hora parece no tener su brillo tanta alegría. Las siete. El centro de Madrid es un Carnaval de luces. Las grandes farolas se alinean como soldados, con su cara de luna redonda bajo el casco de hierro. Los escaparates son como espitas abiertas en los grandes toneles de las casas, llenos de claridad. Las letras de los anuncios luminosos son las maravillosas frutas de cristal, de Aladino, colgadas de la noche, verdes como esmeraldas, azules como zafiros, rojas como rubíes. El calor palpita apresuradamente dentro de los tubos. ¡Las siete! ¡Las siete! Toda la Gran Vía está llena de los ojos de fuego de los automóviles y de las estrellitas amarillas y encarnadas que llevan detrás. Entonces es cuando los cuatro o cinco autobuses misteriosos del servicio público que hay en toda la ciudad aparecen jubilosamente, blancos y rojos, vertiendo resplandores, con su aspecto de casa de dos pisos que se ha vuelto loca y ha decidido abandonar su alineación y su quietud al lado de otras casas. Corren entre los demás coches, que se empequeñecen más aún a su lado, y son como elefantes entre una traílla de galgos. Todo bocinea, silba y aulla. El trozo de la calle de Alcalá, desde la Cibeles a Sol, es la cuesta que sube lentamente un largo gusano luminoso, hecho de tranvías. El gusano se detiene muchas veces: es que ha caído torpemente de espaldas, con los cien pies de sus troles al aire. Las señales de la circulación juegan a hacer guiños y a contemplar la gente al través de sus tres colores — rojo, amarillo, verde —. Es el más entusiasta momento de Madrid. Las oficinas se han cerrado, en las casas no hay qué hacer.

436

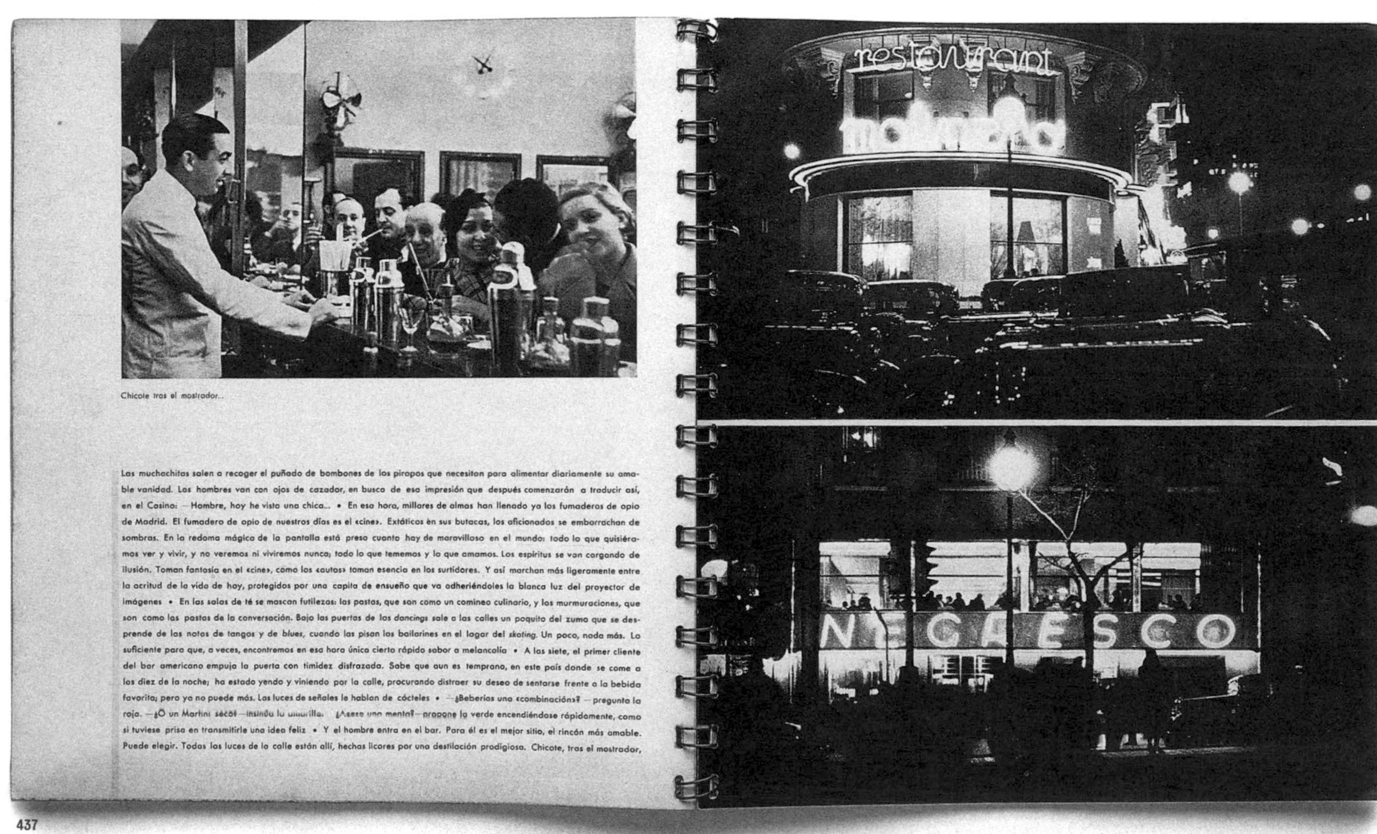

Chicote tras el mostrador...

Las muchachitas salen a recoger el puñado de bombones de los piropos que necesitan para alimentar diariamente su amable vanidad. Los hombres van con ojos de cazador, en busca de esa impresión que después comenzarán a traducir así, en el Casino: — Hombre, hoy he visto una chica... • En esa hora, millares de almas han llenado ya los fumaderos de opio de Madrid. El fumadero de opio de nuestros días es el «cine». Extáticos en sus butacas, los aficionados se emborrachan de sombras. En la redoma mágica de la pantalla está preso cuanto hay de maravilloso en el mundo: todo lo que quisiéramos ver y vivir, y no veremos ni viviremos nunca; todo lo que tememos y lo que amamos. Los espíritus se van cargando de ilusión. Toman fantasía en el «cine», como los «autos» toman esencia en los surtidores. Y así marchan más ligeramente entre la acritud de la vida de hoy, protegidos por una capita de ensueño que va adheriéndoles la blanca luz del proyector de imágenes • En las salas de té se mascan futilezas: las pastas, que son como un comineo culinario, y las murmuraciones, que son como las pastas de la conversación. Bajo las puertas de los *dancings* sale a las calles un poquito del zumo que se desprende de las notas de tangos y de *blues*, cuando las pisan los bailarines en el lagar del *skating*. Un poco, nada más. Lo suficiente para que, a veces, encontremos en esa hora única cierto rápido sabor a melancolía • A las siete, el primer cliente del bar americano empuja la puerta con timidez disfrazada. Sabe que aun es temprano, en este país donde se come a las diez de la noche; ha estado yendo y viniendo por la calle, procurando distraer su deseo de sentarse frente a la bebida favorita; pero ya no puede más. Las luces de señales le hablan de cócteles • —¿Beberías una «combinación»? —pregunta la roja. —¿O un Martini seco? —insinúa la amarilla. —¿Acaso una menta? —propone la verde encendiéndose rápidamente, como si tuviese prisa en transmitirle una idea feliz • Y el hombre entra en el bar. Para él es el mejor sitio, el rincón más amable. Puede elegir. Todas las luces de la calle están allí, hechas licores por una destilación prodigiosa. Chicote, tras el mostrador,

437

PANIAGUA
436/437 — Las Cuatro estaciones 1 (primavera 1935), fotografías de Cecilio Paniagua, colección particular.

436/437 — Las cuatro estaciones 1 (spring 1935). Photographs by Cecilio Paniagua. Private collection.

ROGER PARRY 1905 — 1977

FOTÓGRAFO. Estudió pintura y arquitectura. En 1927 trabajó como diseñador para la editorial Gallimard y la fundición tipográfica Deberny & Peignot. En 1930 publicó Banalité, un relato de Léon-Paul Fargue en edición de lujo que Parry ilustró con fotografías en todas las técnicas de la nueva fotografía: fotos exactas, copias en negativo, fotomontajes, solarizaciones, fotogramas. Publicó sus fotos en revistas como Jazz, Marianne (donde presentó fotomontajes), Paris-Magazine, Voilà, Detective, Vu, Vogue o Regards.

► L.P. Fargue, Banalité, fotografías R. Parry, París 1930; R. Parry, Tahiti, París 1933.

PHOTOGRAPHER. Parry studied painting and architecture. In 1927 he worked as designer for the publishers Gallimard and the typography foundry Deberny & Peignot. In 1930 he published Banalité, a tale by Léon-Paul Fargue in a luxury edition which Parry illustrated with photographs using every technique of the new generation of photography: straight photos, negative copies, photomontages, solarization, and photograms, etc. Parry's pictures also appeared in magazines like Jazz, Marianne (which published his photomontages), Paris-Magazine, Voilà, Detective, Vu, Vogue and Regards.

► L.P. Fargue, Banalité, photographs by R. Parry, Paris 1930; R. Parry, Tahiti, Paris 1933.

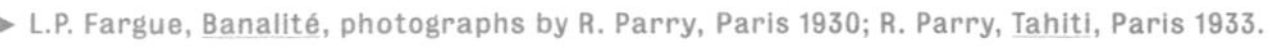

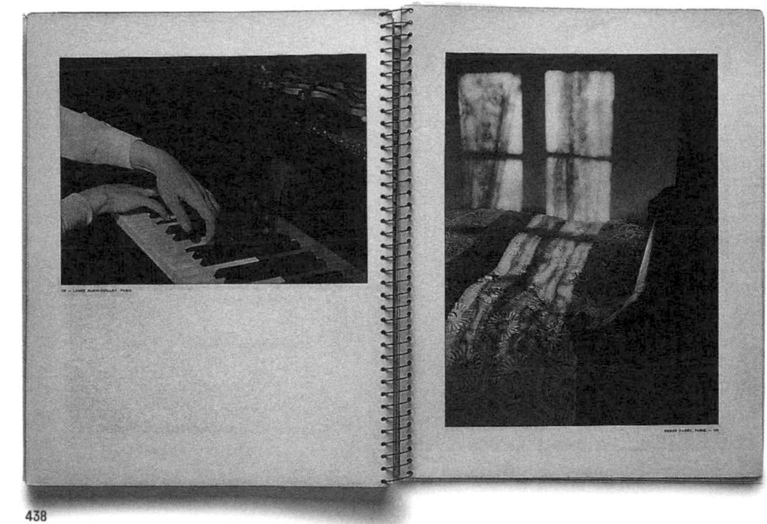

438

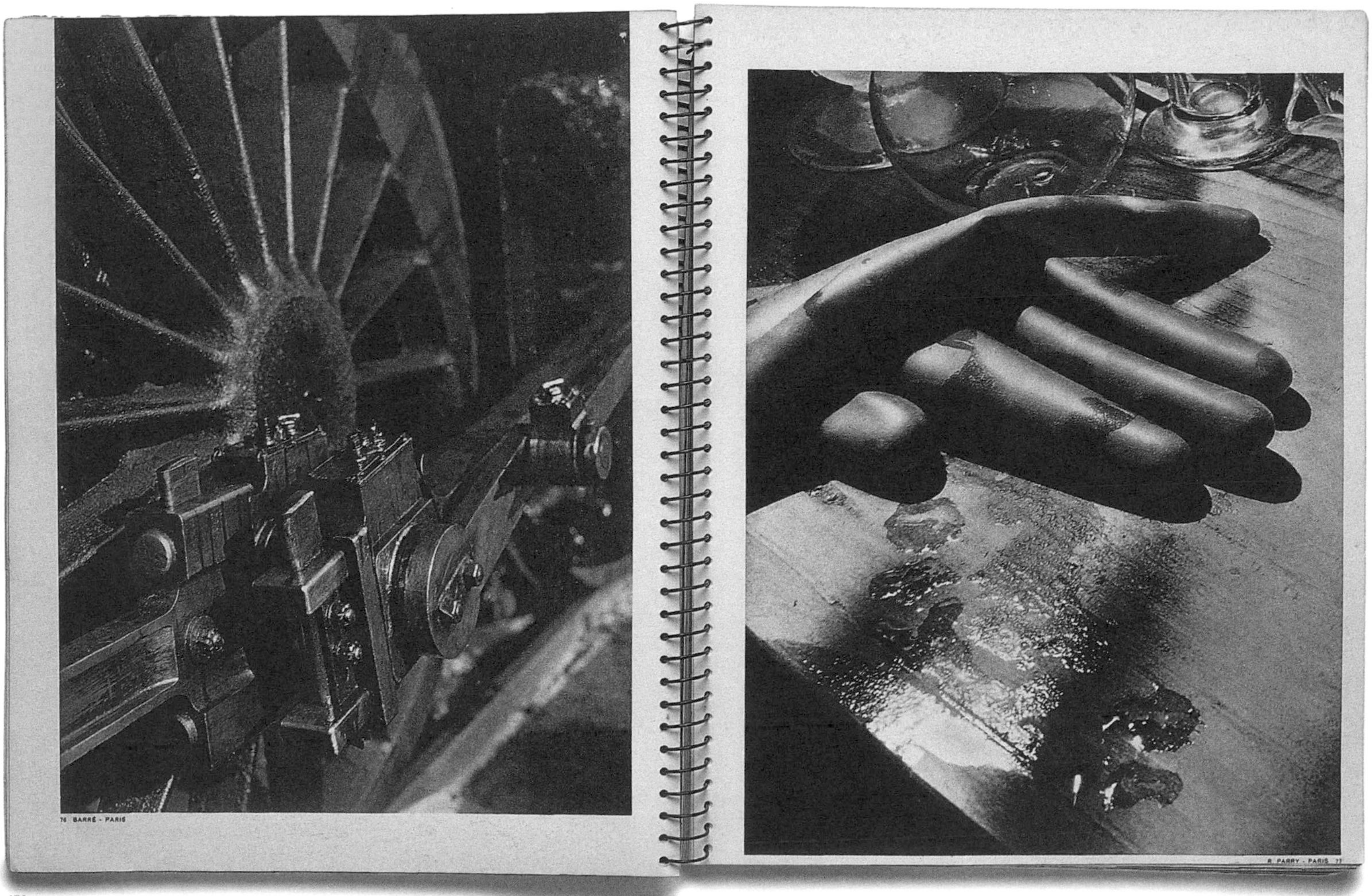

439

PARRY

438 — Arts et métiers graphiques Photo vol. 3, 16 (15 de marzo 1930), fotografías de Laure Albin-Guillot y Roger Parry, IVAM.
439 — Photographie 1931, fotografías de Roger Parry, Arts et métiers graphiques, París 1931, MNCARS.

438 — Arts et métiers graphiques Photo vol.3, 16 (15 March 1930), photographs by Laure Albin-Guillot and Roger Parry. IVAM.
439 — Photographie 1931, photographs by Roger Parry, Arts et métiers graphiques, Paris 1931, MNCARS.

JUAN JOSÉ PEDRAZA BLANCO 1906

FOTÓGRAFO, CARTELISTA. Nacido en Madrid, durante los años treinta realizó carteles para el Patronato Nacional de Turismo. Aunque fue autodidacta en fotografía, las escasas imágenes que publicó le sitúan entre los más interesantes fotógrafos modernos que trabajaron en España. Refugiado en Valencia en 1937, hizo carteles durante la Guerra Civil.

PHOTOGRAPHER, POSTER MAKER. Born in Madrid, in the thirties Pedraza made posters for the Patronato Nacional de Turismo (National Tourist Organisation). Though self-taught in photography, the few pictures he published place him among the most interesting modern photographers to have worked in Spain. Following the outbreak of the Spanish Civil War he sought refuge, in 1937, in Valencia, where he dedicated himself to making posters.

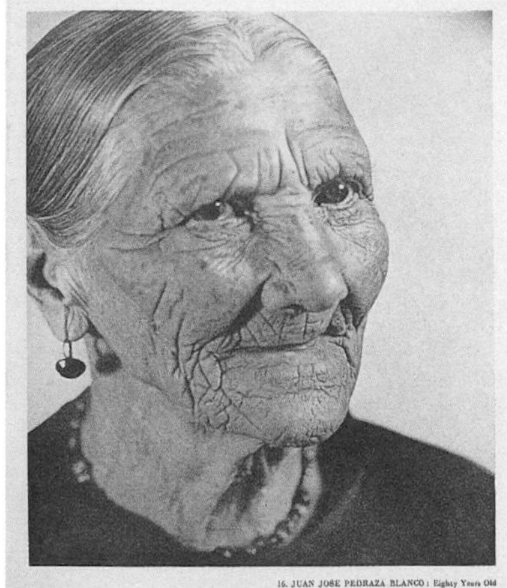
16. JUAN JOSE PEDRAZA BLANCO : Eighty Years Old

Pedraza Blanco was born in Madrid in 1906, and trained himself from a study of books and technical publications. He does not care for colour photography as it now is, and thinks it has a long way to go yet; himself inclines to studio work, which still holds many problems.

440

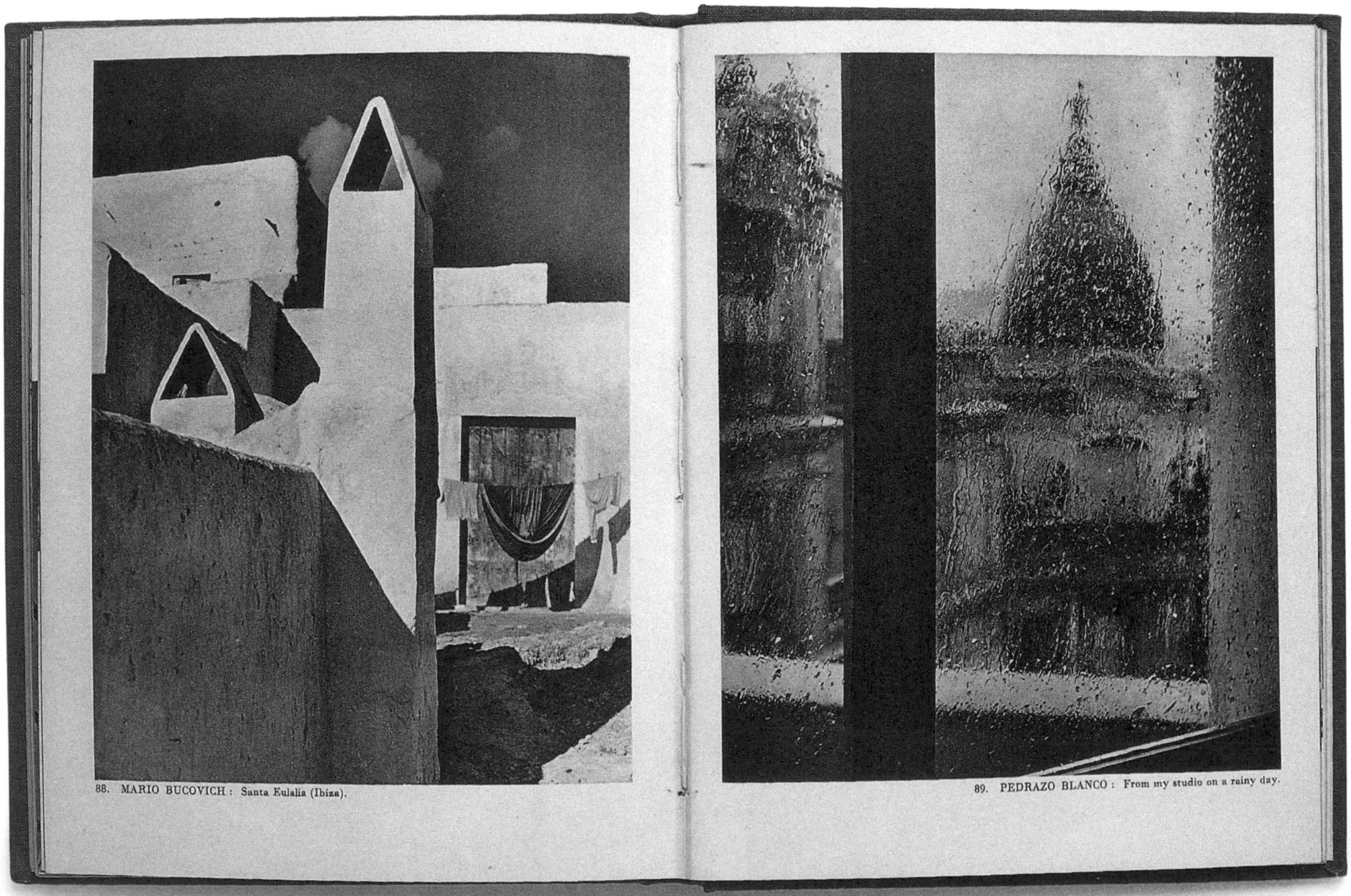

88. MARIO BUCOVICH : Santa Eulalia (Ibiza).

89. PEDRAZO BLANCO : From my studio on a rainy day.

441

PEDRAZA

440 — Modern Photography 1937-38, fotografía de Juan José Pedraza Blanco, The Studio, Londres y Nueva York 1937, MNCARS.
441 — Modern Photography 1935-36, fotografías de Mario von Bucovich y Juan José Pedraza Blanco, The Studio, Londres y Nueva York 1935, MNCARS.

440 — Modern Photography 1937-38, photography by Juan José Pedraza Blanco, The Studio, London and New York 1937. MNCARS.
441 — Modern Photography 1935-36, photographs by Mario von Bucovich and Juan José Pedraza Blanco, The Studio, London and New York 1935. MNCARS.

WALTER PETERHANS 1897 — 1970

FOTÓGRAFO. Estudió matemáticas, historia del arte y filosofía en la Universidad Técnica de Múnich y la Universidad de Göttingen, así como técnica fotográfica en Leipzig. Abrió su propio estudio en Berlín en 1927 y dos años después expuso en Film und Foto. Entre 1929 y 1933 fue profesor de fotografía en la Bauhaus de Dessau. Tras la clausura de la Bauhaus por las autoridades nacionalsocialistas, continuó su labor pedagógica en la escuela berlinesa de Werner Gräff, también cerrada en 1934, y en la Academia Reimann entre 1935 y 1937. En esos años publicó numerosos libros técnicos sobre fotografía. A partir de 1938 se exilió en Estados Unidos.

► Walter Peterhans Fotografien 1927-38, Folkwang Museum, Essen 1992.

PHOTOGRAPHER. Peterhans studied mathematics, history of art, and philosophy at the Technische Hochschule in Munich, and at the University of Göttingen, as well as photographic technique in Leipzig. He opened his first studio in 1927, in Berlin, and two years later exhibited in Film und Foto. From 1929 to 1933 he was a photography teacher at the Bauhaus. When the Bauhaus was closed by the National Socialist authorities he continued his pedagogical vocation, teaching at Werner Gräff's school in Berlin, until this too was closed in 1934. Later, from 1935 to 1937, he taught at the Reimann Academy. Throughout these years he published technical books on photography. He lived in exile in the United States from 1938.

► Walter Peterhans Fotografien 1927-38, Folkwang Museum, Essen 1992.

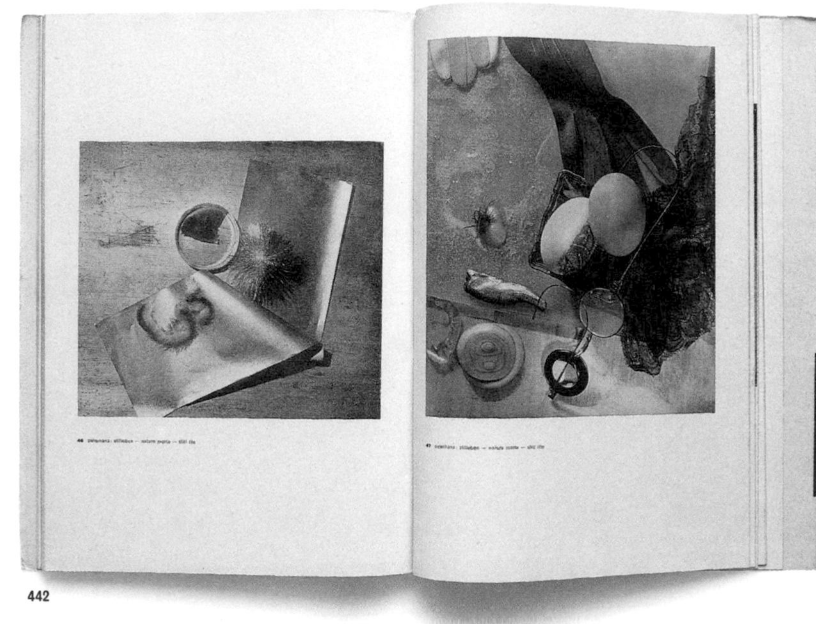

442

GEORGI PETRUSOV 1903 — 1971

FOTÓGRAFO. Tras su llegada a Moscú en 1924, fue reportero gráfico en periódicos y revistas industriales. A finales de los veinte, pasó dos años en una ciudad minera e industrial de los Urales, Magnitogorsk, como fotógrafo de una empresa metalúrgica. Sus fotografías industriales, militares y campesinas se publicaron en SSSR na stroike, revista en la que colaboró asiduamente. Aunque su principal interés fuera el contenido y no la forma, Petrusov compuso muchas de sus fotografías con recursos de la nueva fotografía, como las perspectivas extremas o las composiciones diagonales.

► A. Vartanov, Georgi Petrusov, Moscú 1979.

PHOTOGRAPHER. Following his arrival in Moscow in 1924, Petrusov became a graphic reporter on industrial newspapers and magazines. Towards the end of the twenties he spent two years in Magnitogorsk, working as a photographer for a metallurgical company. His industrial, military and peasant photographs were published in SSSR na stroike, a magazine with which he collaborated assiduously. Though his principal interest lay in content rather than form, Petrusov composed many of his photographs using elements of the new photography, such as extreme perspectives and diagonal compositions.

► A. Vartanov, Georgi Petrusov, Moscow 1979.

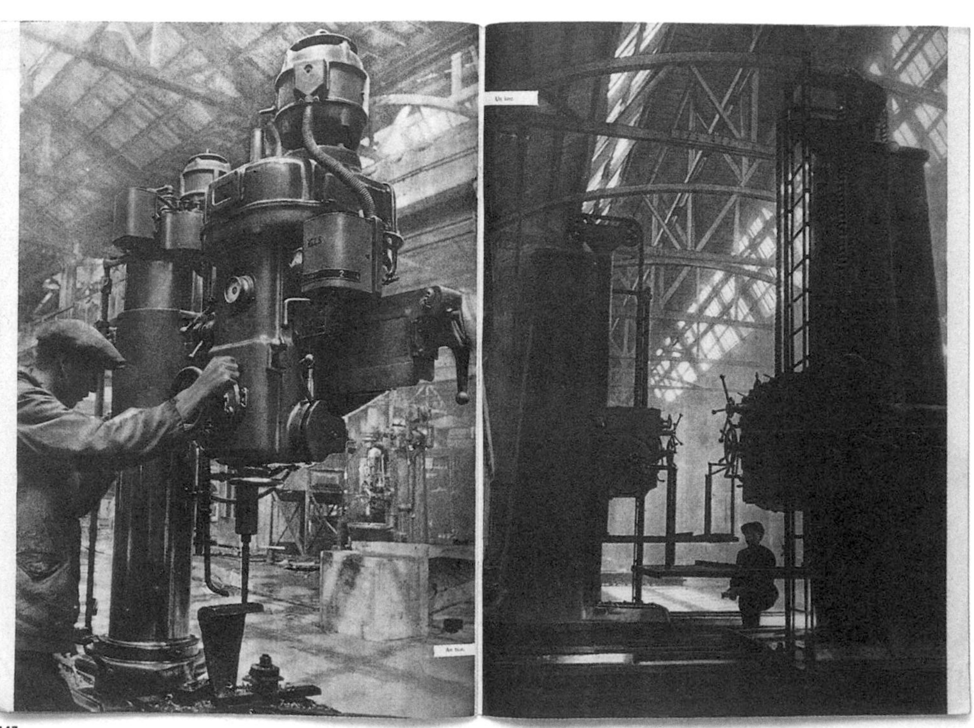

443

PETERHANS
442 — Franz Roh y Jan Tschichold, eds., fotoauge. oeil et photo. photo eye, fotografías de Walter Peterhans, Wedekind, Stuttgart 1929, IVAM.
442 — Franz Roh and Jan Tschichold, eds., fotoauge. oeil et photo. photo eye. Photographs by Walter Peterhans, Wedekind, Stuttgart 1929. IVAM.

PETRUSOV
443 — URSS en construction 7 (julio 1933), fotografías de Marks Alpert y Georgi Petrusov, montage de Nicolai Troshin, AHNSGC.
443 — URSS en construction 7 (July 1933). Photographs by Marks Alpert y Georgi Petrusov, montage by Nicolai Troshin. AHNSGC.

PHOTOGRAPHIE París 1931 — 1940

Anuario fotográfico editado a partir de 1931 por la revista Arts et métiers graphiques que ya había sacado en 1930 un número monográfico sobre fotografía. Impreso en excelente huecograbado, hasta 1935 fue una representación de la nueva fotografía internacional.
Photographie was a photographic annual published from 1931 by the magazine Arts et métiers graphiques, which had previously edited a monographic number on photography in 1930. Printed in excellent photogravure, Photographie was, until 1935, one of the foremost representations of the new international photography.

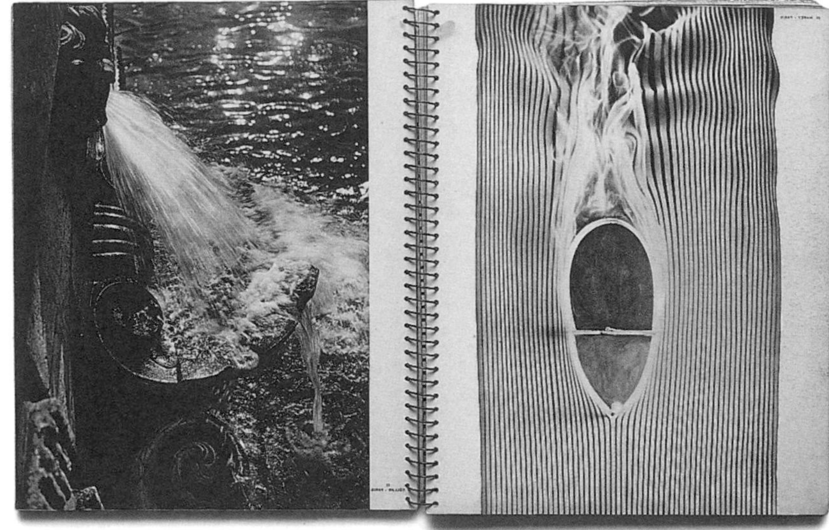
444

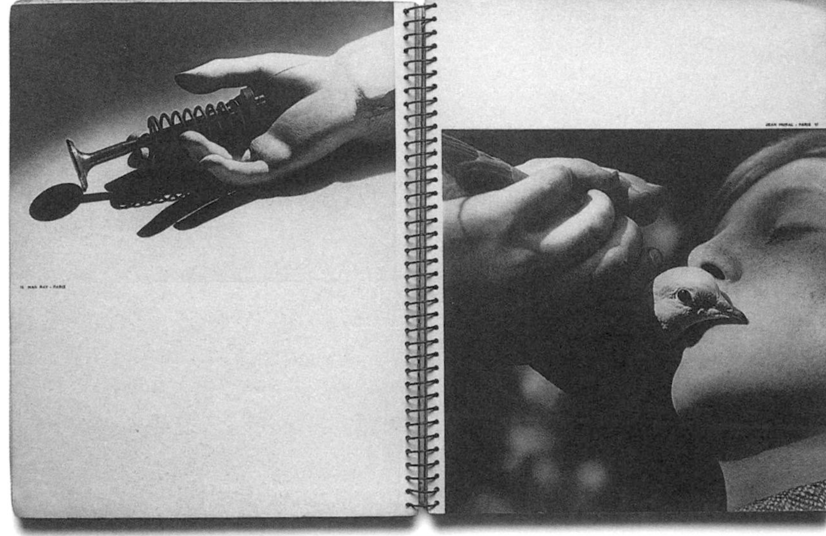
445

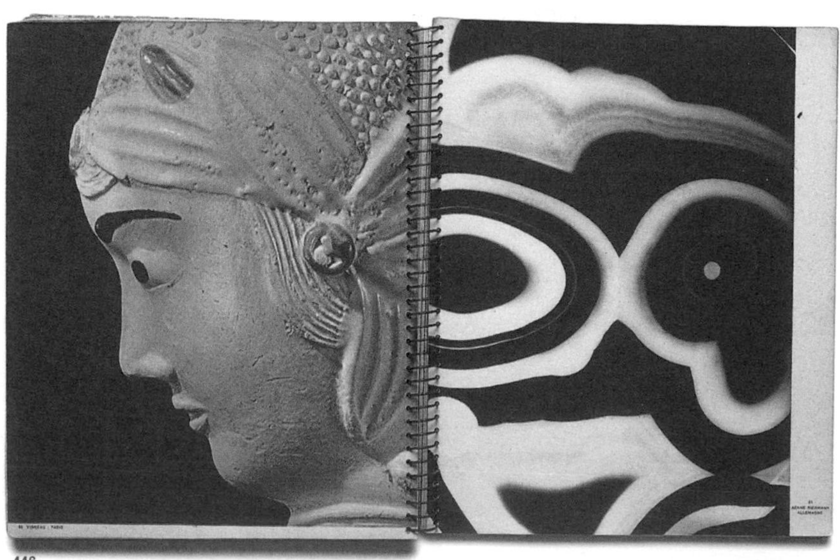
446

PHOTOGRAPHIE
444 — Photographie 1931, fotografías de François Kollar y Marey, Arts et métiers graphiques, París 1931, MNCARS.
445 — Photographie 1931, fotografías de Man Ray y Jean Moral, Arts et métiers graphiques, París 1931, MNCARS.
446 — Photographie 1931, fotografías de Aenne Biermann y André Vigneau, Arts et métiers graphiques, París 1931, MNCARS.
444 — Photographie 1931. Photographs by François Kollar and Marey, Arts et métiers graphiques, Paris 1931. MNCARS.
445 — Photographie 1931. Photographs by Man Ray and Jean Moral, Arts et métiers graphiques, Paris 1931. MNCARS.
446 — Photographie 1931. Photographs by Aenne Biermann and André Vigneau, Arts et métiers graphiques, Paris 1931. MNCARS.

PHOTO TIMES
447 — Photo Times vol. 8, 3 (marzo 1931), fotomontaje de Furukawa Narutoshi, Tokyo Metropolitan Museum of Photography.
448 — Photo Times vol. 8, 1 (enero 1931), cubierta, Tokyo Metropolitan Museum of Photography.
449 — Photo Times vol. 15, 12 (diciembre 1938), cubierta de Isshu Nagata, Tokyo Metropolitan Museum of Photography.
447 — Photo Times vol. 8, 3 (March 1931). Photomontage by Furukawa Narutoshi. Tokyo Metropolitan Museum of Photography.
448 — Photo Times vol. 8, 1 (January 1931). Cover. Tokyo Metropolitan Museum of photography.
449 — Photo Times vol. 15, 12 (December 1938). Cover by Isshu Nagata, Tokyo Metropolitan Museum of Photography.

PHOTO TIMES Tokio 1924 — 1941

REVISTA FOTOGRÁFICA. Aunque al principio estuvo dentro de la estética pictorialista, también publicaba fotografías y artículos que difundieron las técnicas de la nueva fotografía en Japón. Fotografías de László **Moholy-Nagy**, Herbert **Bayer**, **Umbo**, **Man Ray**, Edward **Steichen** o Margaret **Bourke-White** aparecieron junto a las de Fukuhara Shinzo, **Horino** Masao o **Domon** Ken.

PHOTOGRAPHIC MAGAZINE. Though initially within the Pictorialist aesthetic, Photo Times also published photographs and articles that helped spread the techniques of the new photography in Japan. Photographs by László **Moholy-Nagy**, Herbert **Bayer**, **Umbo**, **Man Ray**, Edward **Steichen** and Margaret **Bourke-White** appeared alongside those of Fukuhara Shinzo, **Horino** Masao and **Domon** Ken.

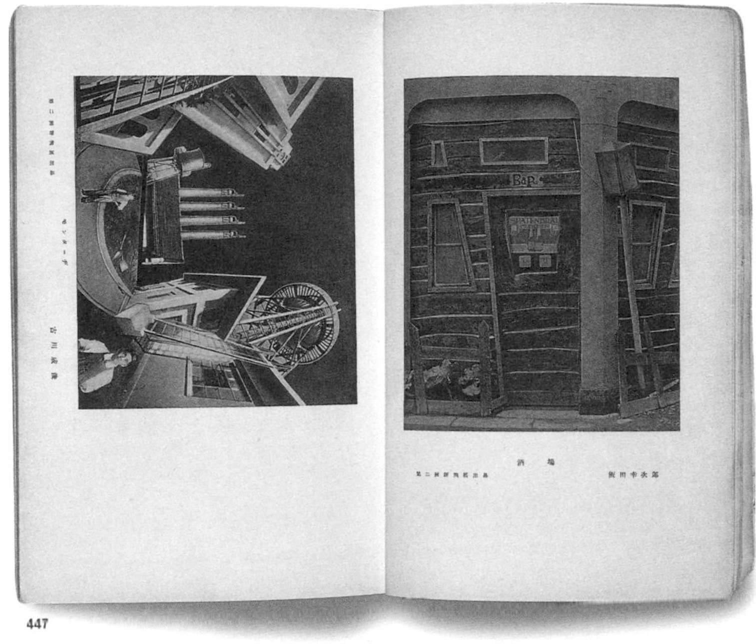

447

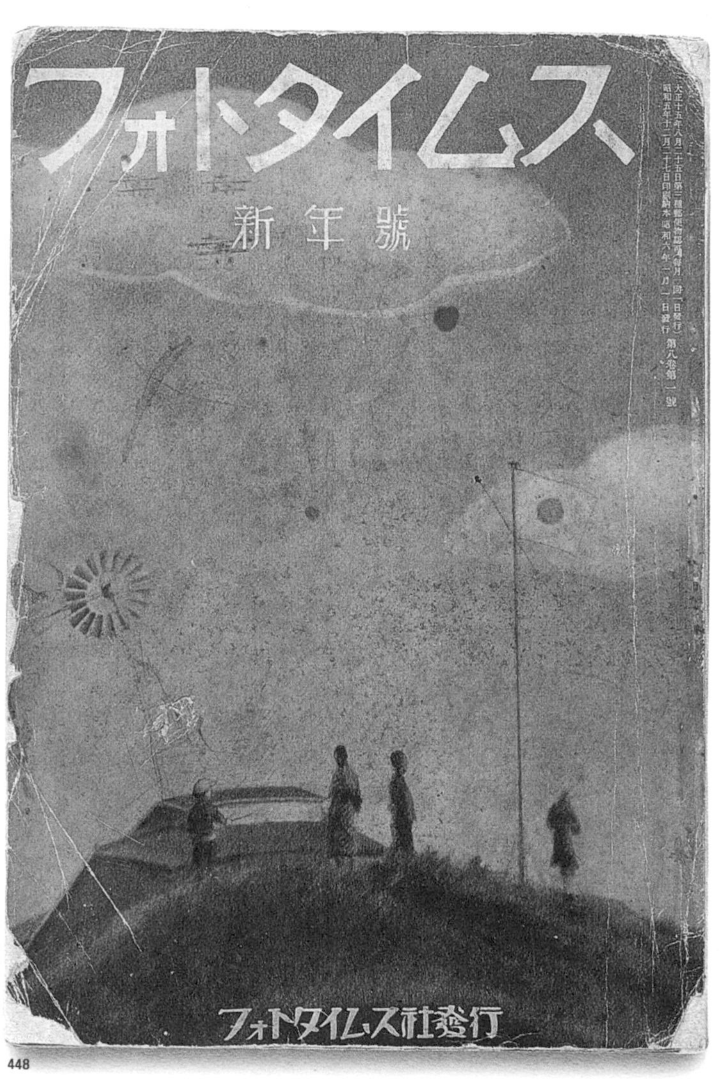

448

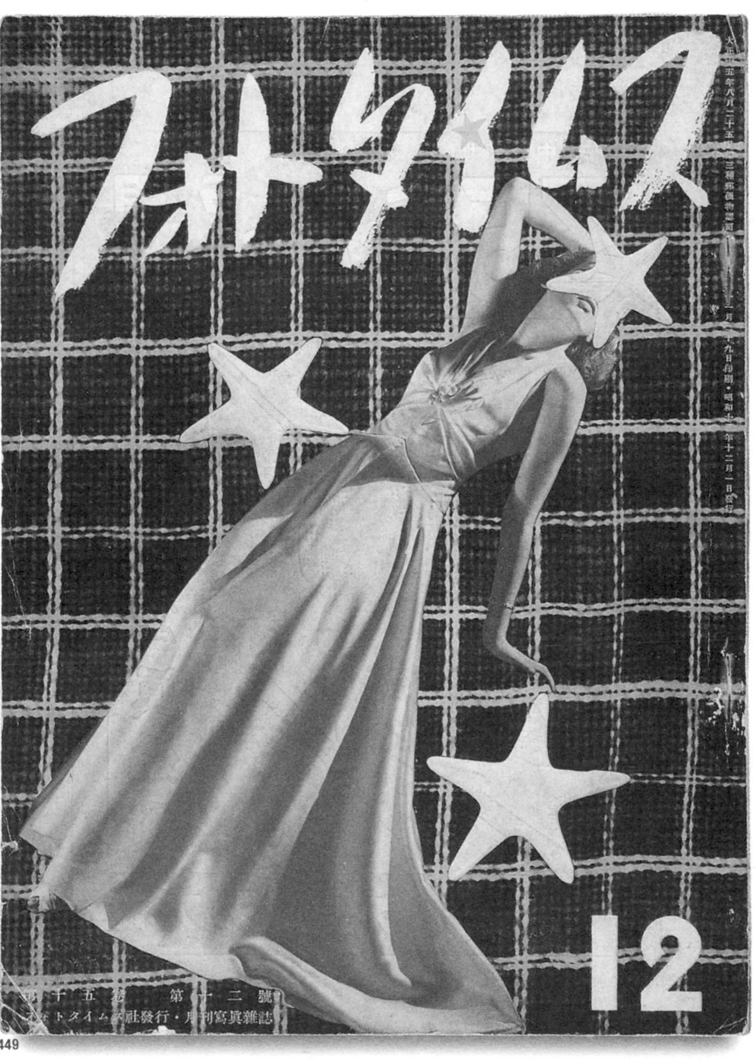

449

PICTURE POST Londres 1938 — 1950

Semanario ilustrado editado por Stefan Lorant al estilo de los semanarios alemanes y Life. En sus páginas se publicaron (aunque sin los nombres de los fotógrafos) imágenes de Bill Brandt, Brassaï, Robert Capa, Henri Cartier-Bresson, Gisèle Freund, Tim Gidal, Bert Hardy, Kurt Hutton, Germaine Krull, Felix H. Man, Humphrey Spender y muchos otros fotógrafos.

▸ Tom Hopkinson, Picture Post 1938-1950, Londres 1970.

Picture Post was a weekly magazine, edited by Stefan Lorant in the style of the German weeklies, and Life. Its pages contained photos (but not the names of the photographers) by Bill Brandt, Brassaï, Robert Capa, Henri Cartier-Bresson, Gisèle Freund, Tim Gidal, Bert Hardy, Kurt Hutton, Germaine Krull, Felix H. Man and Humphrey Spender, as well as many other photographers.

▸ Tom Hopkinson, Picture Post 1938-1950, London 1970.

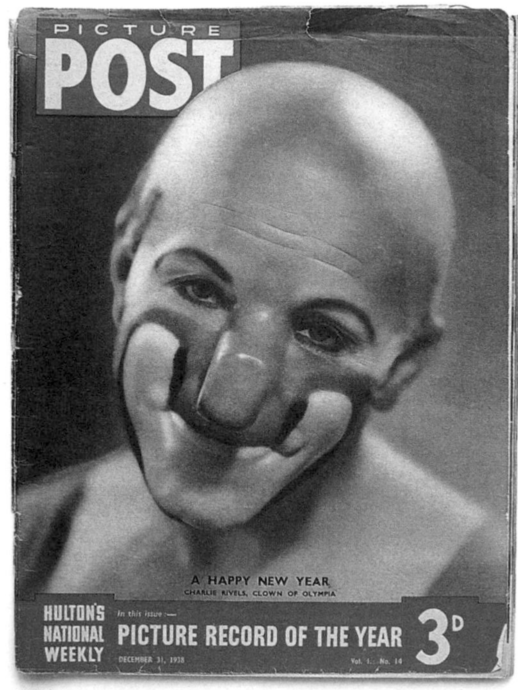

450

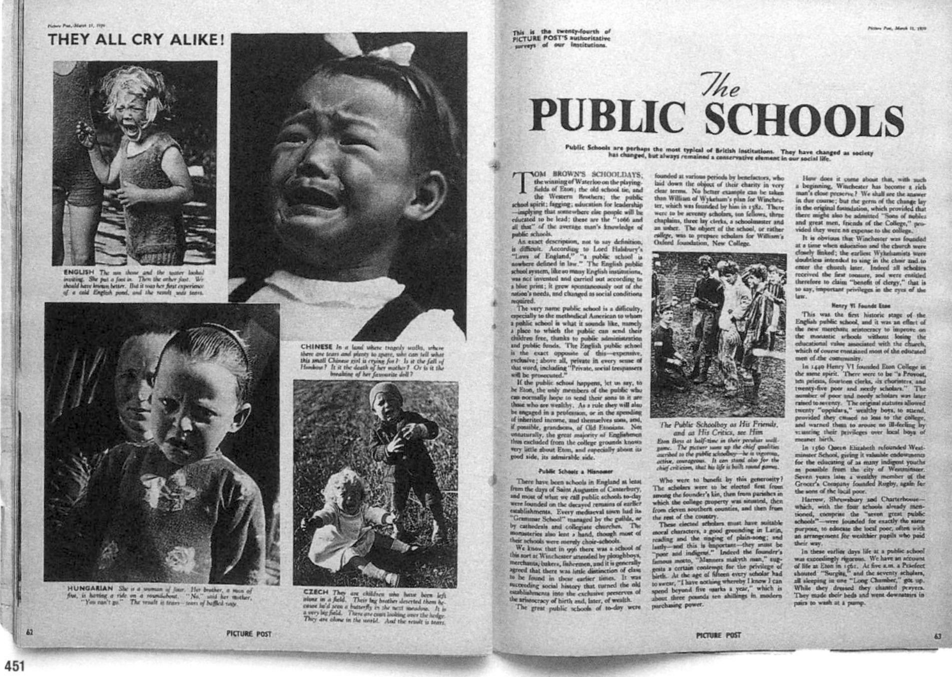
THEY ALL CRY ALIKE!

The PUBLIC SCHOOLS

451

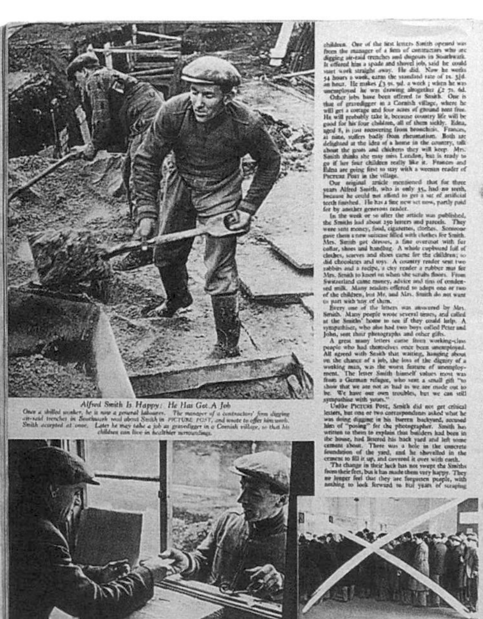

452

PICTURE POST
450 — Picture Post vol. 1, 14 (31 de diciembre 1938), colección particular.
451/452 — Picture Post vol. 2, 10 (11 de marzo 1939), colección particular.
450 — Picture Post vol. 1, 14 (31 December 1938). Private collection.
451/452 — Picture Post vol. 2, 10 (11 March 1939). Private collection.

NATALIA PINUS 1901 — 1986

DISEÑADORA GRÁFICA, FOTOMONTADORA. Entre 1923 y 1930 estudió en los VJUTEMAS de Moscú, donde trabajó con Gustav **Klucis**. Fue pintora y diseñadora gráfica, creando fotomontajes para revistas, anuncios y, sobre todo, carteles, que expuso en Moscú en 1932.

GRAPHIC DESIGNER, PHOTOMONTEUR. Pinus studied at the VKHUTEMAS in Moscow from 1923 to 1930, where she worked with Gustav **Klutsis**. She was a painter and graphic designer, creating photomontages for magazines, advertisements and, above all, posters, which she exhibited in Moscow in 1932.

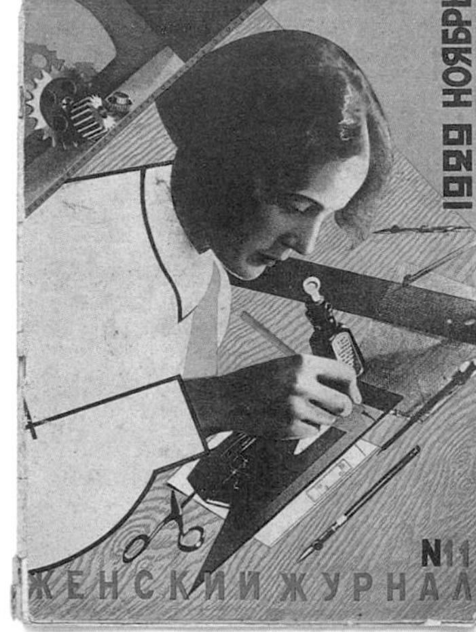

453

NICOLAI PRUSAKOV 1900 — 1952

CARTELISTA. A principios de los años veinte formó parte y expuso con el grupo OBMOJU. Completó sus estudios en los VJUTEMAS de Moscú en 1924 y 1930. Desde entonces se dedicó a la escenografía teatral, el diseño de exposiciones y, sobre todo, los carteles de cine, en los que utilizó a menudo el fotomontaje. Entre sus colaboradores en los carteles cinematográficos se encuentran otros diseñadores gráficos como Georgi Borísov, Aleksandr Naumov o Piotr Zhukov. Organizó una exposición de carteles de cine (Moscú 1926), colaboró con **El Lissitzky** en la instalación del pabellón soviético en Pressa (Colonia 1928) y fue miembro del grupo 'Oktiabr'. Entre 1936 y 1939 trabajó para las exposiciones agrícolas de Moscú.

POSTER DESIGNER. In the early twenties Prusakov formed part of and exhibited with the OBMOKHU group. He completed his studies in the VKHUTEMAS in Moscow in 1924 and 1930. From then he took up theatrical scenography, exhibition design and, above all, film posters, in which he often used photomontage. Other graphic designers to be found among his collaborators on these posters included Georgi Borisov, Aleksandr Naumov and Piotr Zhukov. He organised a film poster exhibition (Moscow 1926), collaborated with **El Lissitzky** on the installation of the Soviet pavilion in Pressa (Cologne 1928), and was a member of the 'Oktiabr' group. From 1936 to 1939 he worked for the agricultural exhibitions in Moscow.

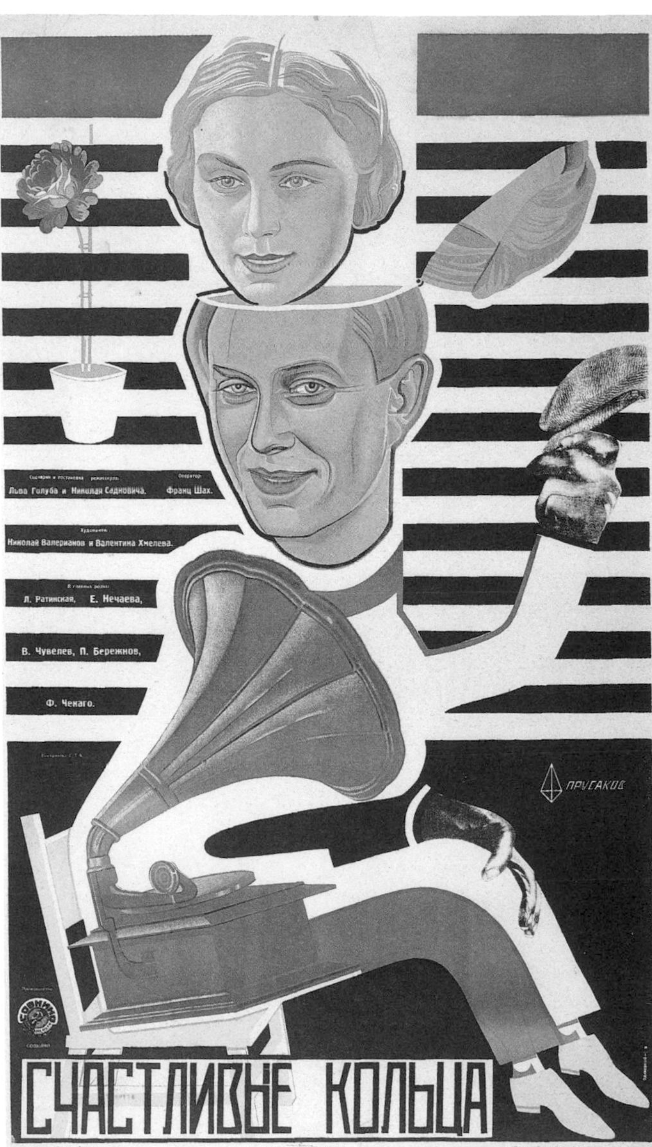

454

PINUS
453 — Zhenski zhurnal 11 (1929), diseño de Natalia Pinus, IVAM.
453 — Zhenski zhurnal 11 (1929). Cover, design by Natalia Pinus. IVAM.

PRUSAKOV
454 — Nicolai Prusakov, Schastplvtse kopytsa (Anillos felices), cartel, Merrill C. Berman Collection.
454 — Nicolai Prusakov, Schastplvtse kopytsa (Joyous Rings). Poster, Merrill C. Berman Collection.

PRUSAKOV
455 — Nicolai Prusakov y Grigori Borísov, Khaz-Push (La canalla), cartel, litografía y offset, 1927, Merrill C. Berman Collection.
455 — Nicolai Prusakov and Grigori Borisov, Khaz-Push (The Mob). Poster, lithography and offset, 1927, Merrill C. Berman Collection.

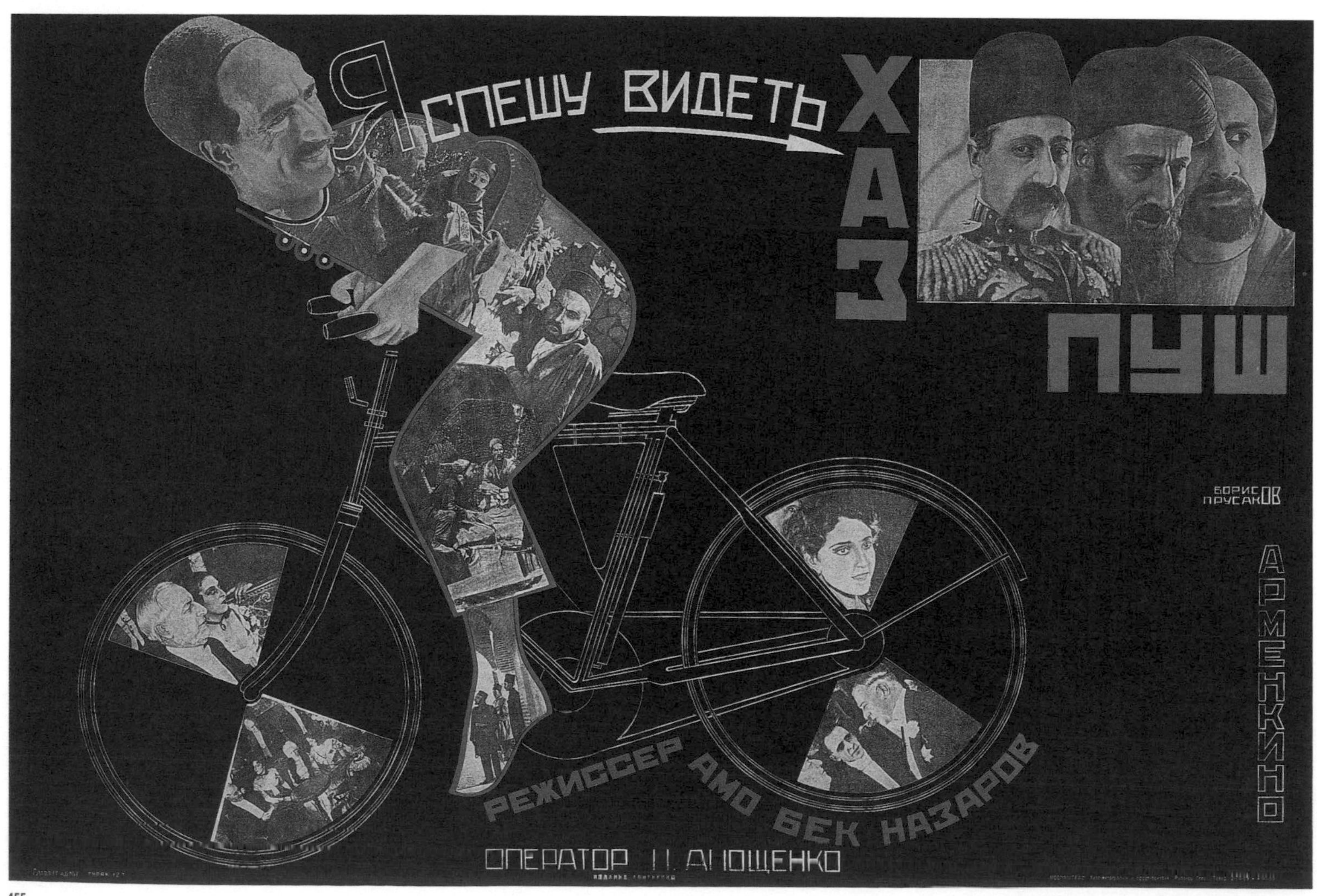

455

QUERSCHNITT Düsseldorf, Berlín, Francfort 1921 — 1936

Subtitulada 'Marginalien der Galerie Flechtheim', la revista Der Querschnitt fue hasta 1933 una importante referencia de la cultura de vanguardia alemana e internacional de entreguerras, tanto en literatura como en arte. Su diseño, con dobles páginas fotográficas insertadas en los cuadernillos de texto, influyó en muchas revistas de los años de entreguerras, como **Variétés**, Transition o **Lilliput**. En la revista publicaron muchos fotógrafos: Mario Bucovich, Germaine **Krull**, **Man Ray**, Albert **Renger Patzsch**, Hans Robertson, Friedrich Seidenstucker, Sasha **Stone**, etc.

Subtitled 'Marginalien der Galerie Flechtheim', Der Querschnitt was, until 1933, an important point of reference for inter-war German and international avant-garde culture, both in literature as well as in art. Its design, with double-spread photographic pages inserted between the pages of text, influenced many of the magazines published between the wars, such as **Variétés**, Transition and **Lilliput**. It published the work of numerous photographers, among them, Mario Bucovich, Germaine **Krull**, **Man Ray**, Albert **Renger Patzsch**, Hans Robertson, Friedrich Seidenstucker, Sasha **Stone**, and many others.

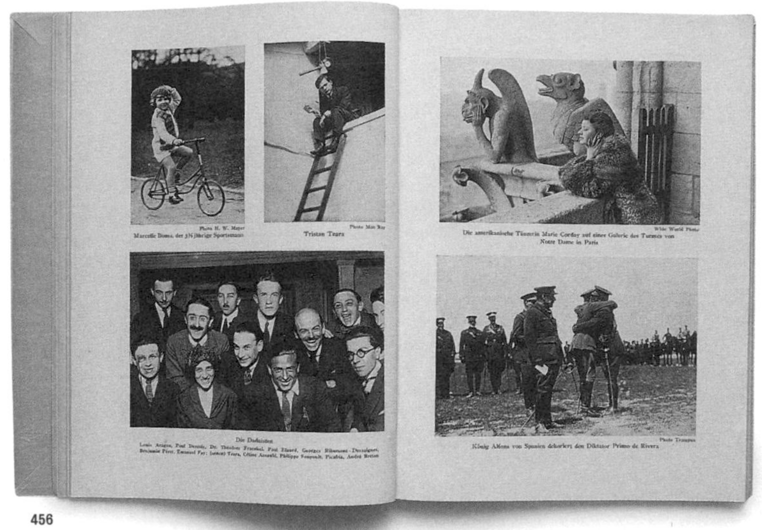

456

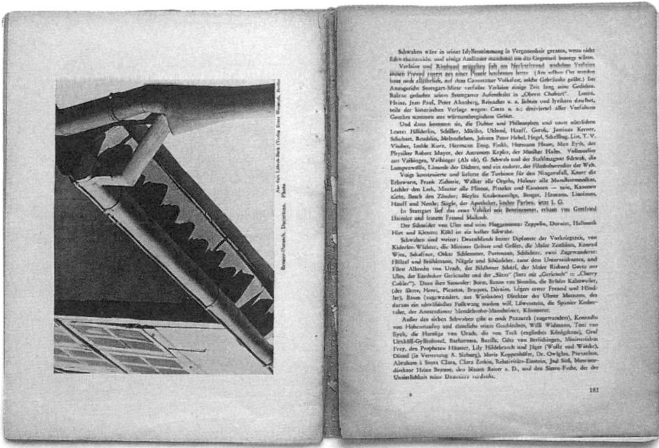

457

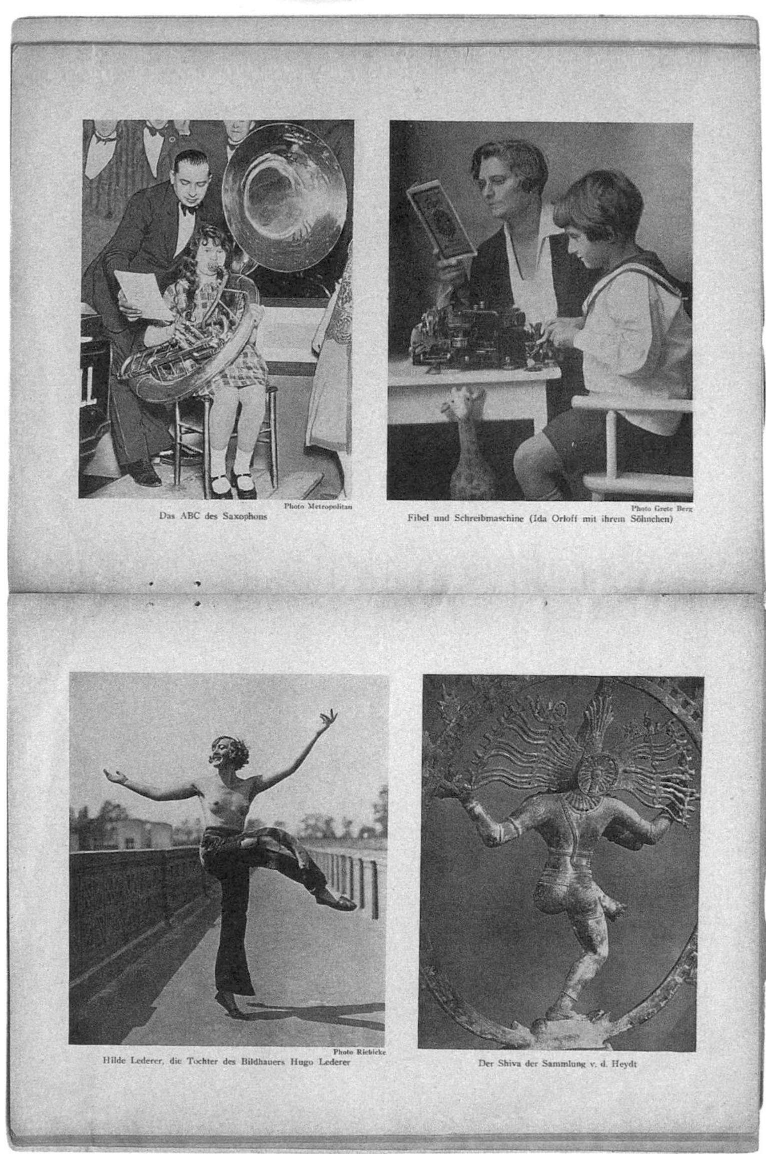

Photo Metropolitan
Das ABC des Saxophons

Photo Grete Berg
Fibel und Schreibmaschine (Ida Orloff mit ihrem Söhnchen)

Photo Riebicke
Hilde Lederer, die Tochter des Bildhauers Hugo Lederer

Der Shiva der Sammlung v. d. Heydt

458

QUERSCHNITT
456 — Der Querschnitt vol. 7, 2 (febrero 1927), fotografías de Man Ray y otros, IVAM.
457 — Der Querschnitt vol. 7, 2 (febrero 1927), fotografía de Albert Renger-Patzsch, colección particular.
458 — Der Querschnitt vol. 9, 3 (marzo 1929), colección particular.
456 — Der Querschnitt (Berlin) vol. 7, 2 (February 1927). Photographs by Man Ray and others. IVAM.
457 — Der Querschnitt vol. 7, 2 (febrero 1927), Photograph by Albert Renger-Patzsch. Private collection.
458 — Der Querschnitt (Berlin) vol. 9, 3 (March 1929). Private collection.

MARIANO RAWICZ 1908 — 1974

DISEÑADOR GRÁFICO. Nació en Lvov, Ucrania, donde residió hasta 1914. En Viena durante la guerra, retornó a Lvov en 1916. Estudió bellas artes en Cracovia (1927) y artes gráficas en Leipzig (1928-30). En 1930 llegó a Madrid para trabajar en la industria editorial y durante los años siguientes publicó cubiertas de libros, a menudo con fotomontajes, en varias editoriales, entre ellas Cenit, de la que fue director artístico entre 1931-34. En 1932-36 diseñó una revista de arquitectura, Viviendas. También dirigió en 1933 una agencia fotográfica, M. Rawicz, a través de la cual se distribuyó en España la fotografía soviética. Colaboró con el diseñador Mauricio Amster y los fotógrafos alemanes Walter Reuter y Otto Pless, entonces residentes en España. En 1934 fue detenido por su ideología comunista y expulsado del país, por lo que retornó a Lvov, donde continuó trabajando en Viviendas. Al comenzar la guerra civil, volvió a España en 1937 y adquirió la nacionalidad española. Trabajó en proyectos editoriales (carteles, folletos) para el Ministerio de Propaganda. Atrapado en Barcelona tras la conquista de la ciudad por las tropas de Franco, fue encarcelado y condenado a muerte, aunque no llegó a ser ejecutado.

► M. Rawicz, Confesionario de papel, Granada y Valencia 1997.

GRAPHIC DESIGNER. Rawicz was born in Lvov, in the Ukraine, where he lived until 1914, spending the war in Vienna and returning to Lvov in 1916. He studied fine art in Cracow (1927) and graphic arts in Leipzig (1928-30). He moved to Madrid in 1930 to work in the publishing industry, and during the following years published book covers, often using photomontages, with various publishers, among them Cenit, of which he was artistic editor between 1931 and 1934. From 1932 to 1936 he designed an architecture magazine, Viviendas. In 1933 he also directed a photographic agency, M. Rawicz, through which Soviet photography was distributed in Spain. He collaborated with the designer Mauricio Amster, and the German photographers Walter Reuter and Otto Pless, both of whom were living in Spain at that time. Rawicz was arrested for his communist ideology in 1934 and expelled from the country, returning to Lvov where he continued working on Viviendas. Following the outbreak of the civil war he went back to Spain, in 1937, and acquired Spanish nationality. He worked on publishing projects (posters, leaflets) for the Ministry of Propaganda. Trapped in Barcelona after the conquest of the city by Franco's troops, he was imprisoned and condemned to death, though the sentence was never carried out.

► M. Rawicz, Confesionario de papel, Granada and Valencia 1997.

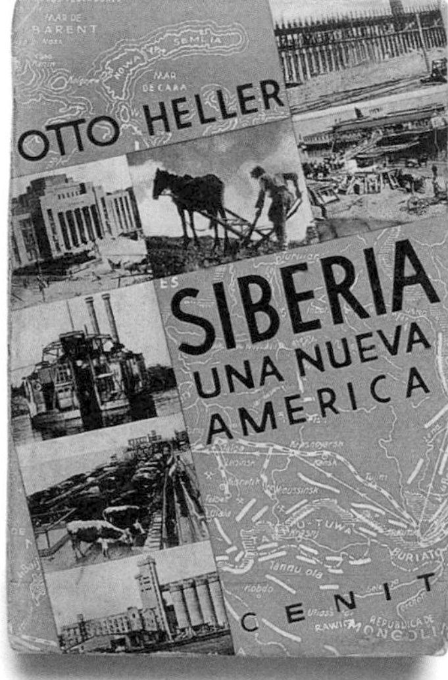

459

460

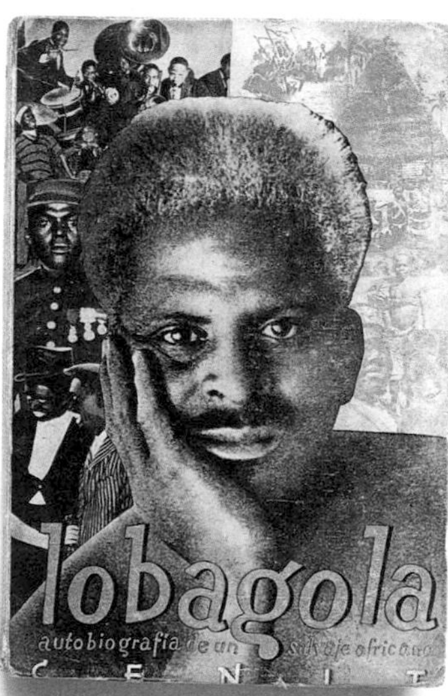

461

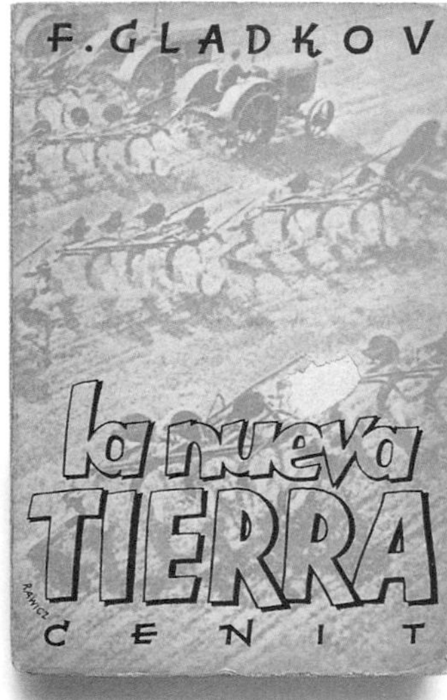

462

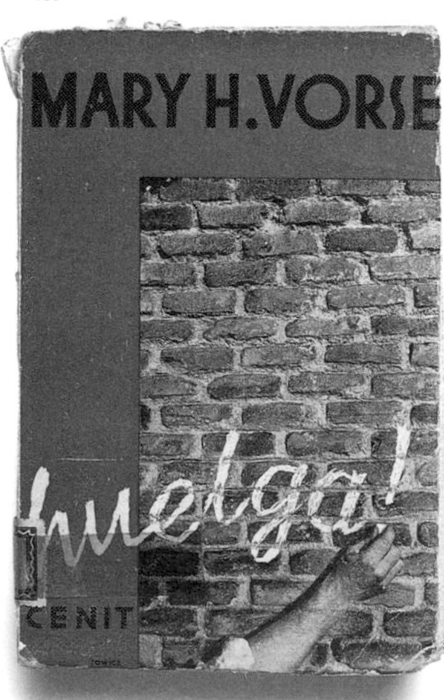

463

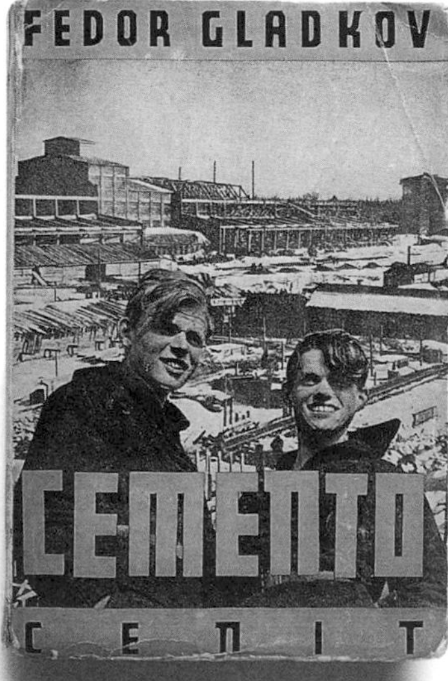

464

RAWICZ

459 — Otto Heller, Siberia, una nueva América, cubierta, fotomontaje de Mariano Rawicz, Cenit, Madrid 1931, colección particular.
460 — Edwin Seaver, La compañía, fotomontaje de Mariano Rawicz, Cenit, Madrid 1931, colección particular.
461 — Lobagola, Autobiografía de un salvaje africano, cubierta, fotomontaje de Mariano Rawicz, Cenit, Madrid 1931, colección particular.
462 — Fedor Gladkov, Cemento, cubierta, fotomontaje de Mariano Rawicz con fotografía de Walter Reuter, 3ª edición, Cenit, Madrid 1933, colección particular.
463 — Mary H. Vorse, ¡Huelga!, cubierta, montaje de Mariano Rawicz, Cenit, Madrid 1932, AHNSGC.
464 — F. Gladkov, La nueva tierra, montaje de Mariano Rawicz, Cenit, Madrid 1933, colección particular.

459 — Otto Heller, Siberia, una nueva América. Cover, photomontage by Mariano Rawicz, Cenit, Madrid 1931. Private collection.
460 — Edwin Seaver, La compañía. Photomontage by Mariano Rawicz, Cenit, Madrid 1931. Private collection.
461 — Lobagola, Autobiografía de un salvaje africano. Cover, photomontage by Mariano Rawicz, Cenit, Madrid 1931. Private collection.
462 — Fedor Gladkov, Cemento. Cover, photomontage by Mariano Rawicz with photograph by Walter Reuter, 3rd Edition, Cenit, Madrid 1933. Private collection.
463 — Mary H. Vorse, ¡Huelga!. Cover, montage by Mariano Rawicz, Cenit, Madrid 1932. AHNSGC.
464 — F. Gladkov, La nueva tierra. Montage by Mariano Rawicz, Cenit, Madrid 1933. Private collection.

RED Praga 1927 — 1931

Devetsil fue el grupo checo de vanguardia más importante en los años veinte. Formado por artistas, escritores y arquitectos, funcionó en Praga desde 1920 y en Brno desde 1923. Su animador principal fue Karel Teige, que dirigió sus publicaciones, Disk, Pásmo, la revista de arquitectura Stavba, Fronta y ReD, siglas de revista de Devetsil. El editor de la revista fue Jan Fromek, responsable de la editorial Odeon, y el director y diseñador Karel Teige, que aplicó en el diseño los principios de la nueva tipografía constructivista. La revista publicó monografías sobre cultura soviética, teatro, futurismo, la Bauhaus, la arquitectura y la nueva fotografía y diseño: el número 8 de 1929, titulado 'foto-film-typo'.

Devetsil was the most important Czech avant-garde group in the twenties. It was made up of artists, writers and architects, and was active in Prague from 1920, and in Brno from 1923. Its principal motivator was Karel Teige, who directed its publications, namely Disk, Pásmo, the architecture magazine Stavba, Fronta and ReD, the initials of the Devetsil magazine. The editor of the magazine was Jan Fromek, head of the publishers Odeon, and the director and designer Karel Teige, who applied principles of the new style of Constructivist typography in his designs. The magazine published monographs on Soviet culture, theatre, tourism, the Bauhaus, architecture, and the new photography and design, as in number 8 of 1929, entitled 'foto-film-typo'.

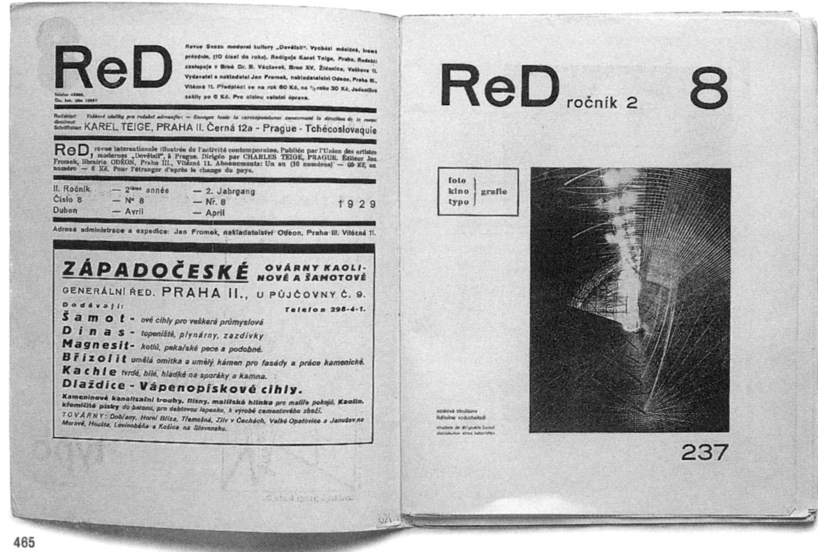
ReD

KAREL TEIGE, PRAHA II. Černá 12a - Prague - Tchécoslovaquie

II. Ročník — 2ème année — 2. Jahrgang
Číslo 8 — Nº 8 — Nr. 8 1929
Duben — Avril — April

ZÁPADOČESKÉ OVÁRNY KAOLINOVÉ A ŠAMOTOVÉ
GENERÁLNÍ RED. PRAHA II., U PŮJČOVNY Č. 9.
Šamot
Dinas
Magnesit
Břizolit
Kachle
Dlaždice - Vápenopískové cihly.

ReD ročník 2 8

foto kino typo grafie

237

465

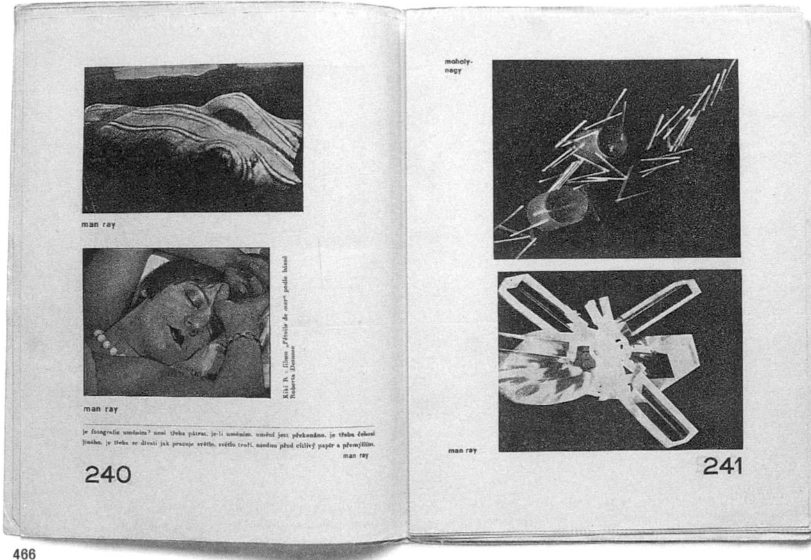
man ray

man ray

man ray

moholy-nagy

240

241

466

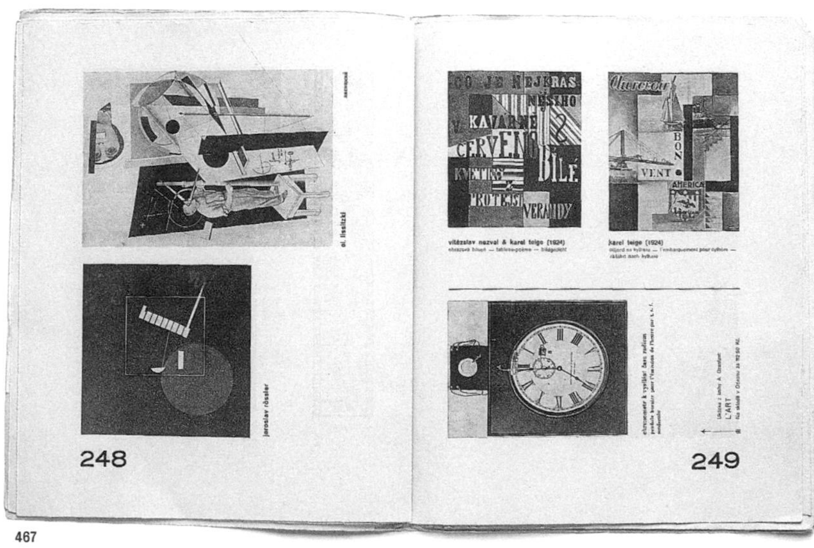
248

249

467

RED
465/467 — ReD vol. 2, 8 (abril 1929), IVAM.
465/467 — ReD vol. 2, 8 (April 1929). IVAM.

JOSÉ RENAU 1907 — 1982

FOTOMONTADOR. Estudió en la Escuela de Bellas Artes de Valencia, ciudad en la que durante los años veinte se dedicó a la ilustración y el cartelismo. Hacia 1930 descubrió el fotomontaje en AIZ y comenzó a hacer collages fotográficos que publicó en 1932 en revistas como Orto, de la que fue director artístico, Estudios, en la que publicó series de collages fotográficos retocados y coloreados, Octubre y Nueva Cultura, revista que dirigió y donde publicó un ensayo sobre el cartel, luego editado como libro. También publicó fotomontajes en cubiertas de libros. Durante la Guerra Civil fue director general de Bellas Artes del gobierno legal como miembro destacado del partido comunista, al que pertenecía desde 1931. Entre 1936-39 vivió su mejor momento como fotomontador: publicó carteles, ilustraciones de revistas, cubiertas de libros y hasta fotomurales para el pabellón español en la Exposición internacional de París de 1937. Al ser derrotada la República, se exilió en Francia y poco después en México.

▸ J. Renau, Función social del cartel publicitario, Valencia 1937; La batalla per una nova cultura, Valencia 1978.

PHOTOMONTEUR. Renau studied at the San Carlos School of Fine Arts in Valencia, the city in which, during the twenties, he dedicated himself to illustration and poster design. Around 1930 he discovered photomontage in AIZ, and began making photographic collages. These were published in 1932, in magazines such as Orto, of which he was artistic editor, Estudios, in which he published a series of retouched and coloured photographic collages, Octubre, and Nueva Cultura, a magazine that he edited and in which he published an essay on the poster which would later be published in book form. He also used photomontages in book covers. A leading member of the Communist Party from 1931, he was appointed Director General of Fine Arts for the legal government during the civil war. He lived his best moments as a photomonteur between 1936 and 1939 publishing posters, illustrations in magazines, book covers and even photomurals for the Spanish Pavilion at the Paris International Exhibition in 1937. Following the fall of the Republic he sought exile in France and, shortly afterwards, in Mexico.

▸ J. Renau, Función social del cartel publicitario, Valencia 1937; La batalla per una nova cultura, Valencia 1978.

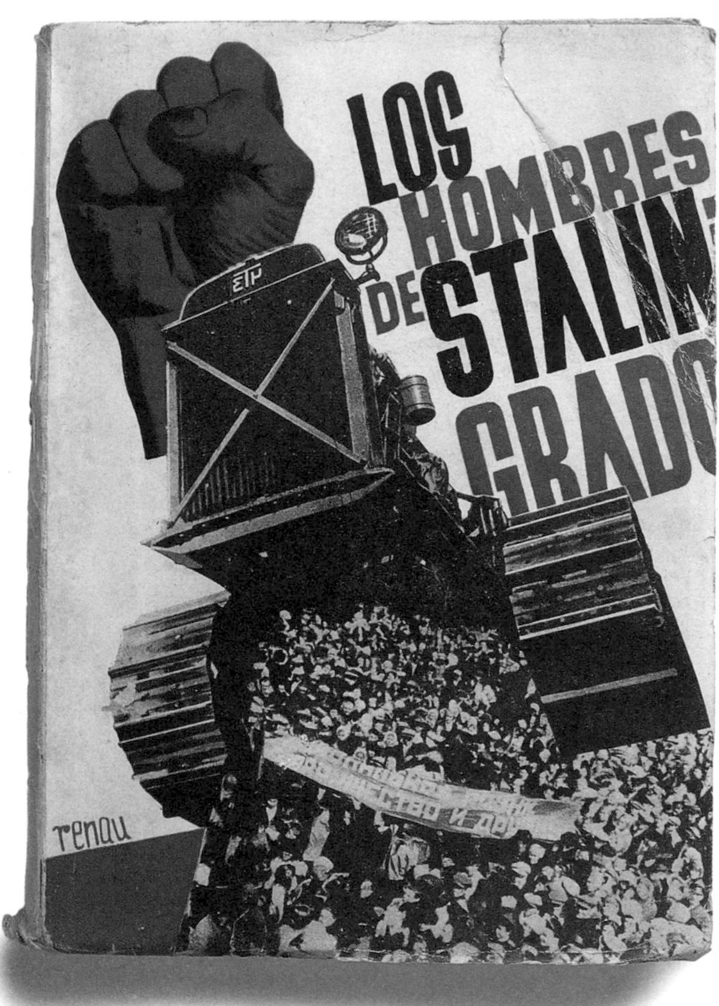

468

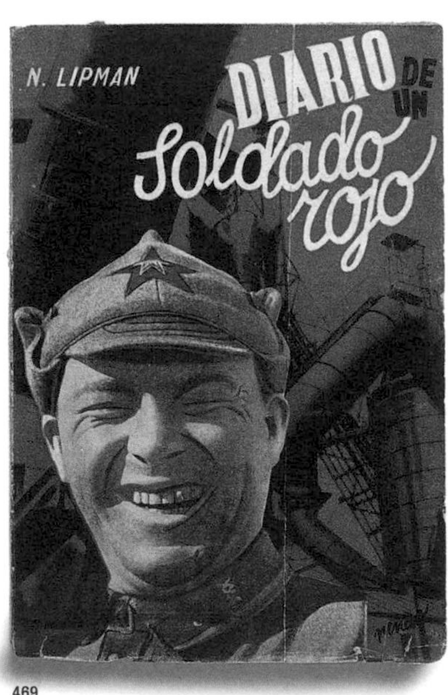

469

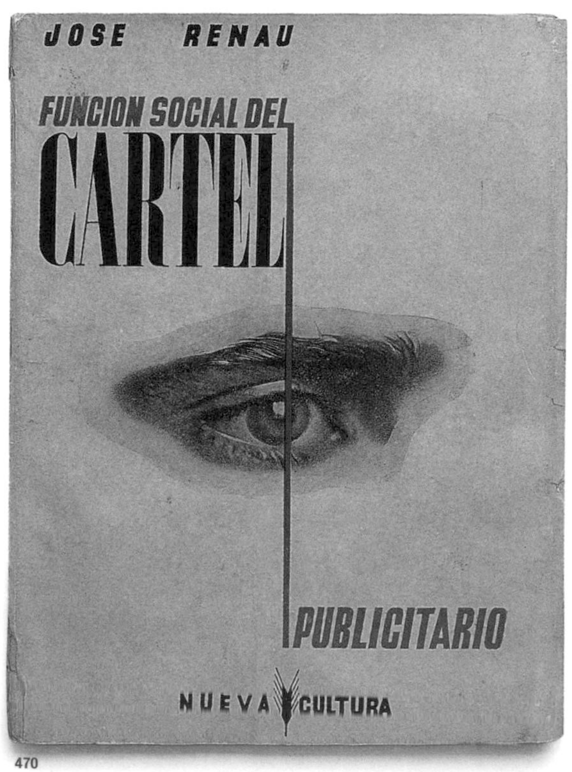

470

RENAU

468 — Los hombres de Stalingrado, cubierta, fotomontaje de José Renau, Ediciones Europa América, Barcelona 1938, AHNSGC.
469 — Nathan Lipman, Diario de un soldado rojo del ejército de extremo oriente, tercera edición, fotomontaje de José Renau, Ediciones Europa América, Barcelona 1938, AHNSGC.
470 — José Renau, Función social del cartel publicitario, cubierta, diseño de José Renau, Nueva Cultura, Valencia 1937, colección particular.

468 — Los hombres de Stalingrado. Cover, photomontage by José Renau, Ediciones Europa América, Barcelona 1938. AHNSGC.
469 — Nathan Lipman, Diario de un soldado rojo del ejército de extremo oriente. Third edition. Photomontage by José Renau, Ediciones Europa América, Barcelona 1938. AHNSGC.
470 — José Renau, Función social del cartel publicitario. Cover, design by José Renau, Nueva Cultura, Valencia 1937. Private collection.

ALBERT RENGER-PATZSCH 1897 — 1966

FOTÓGRAFO. Estudió química en Dresde tras servir en el ejército durante la Primera Guerra Mundial. Desempeñó varios trabajos relacionados con la fotografía entre 1921 y 1928, año en que editó tres de sus foto-libros, entre ellos Die Welt ist schön. El año anterior hizo su primera exposición en Lübeck, a la que siguieron otras muchas en los años siguientes. Desde 1928 residió en Essen, donde trabajó en los archivos del Folkwang Museum, además de como fotógrafo. Hasta 1939 se editaron 18 foto-libros sólo con sus fotografías y también publicó varios artículos. Fue considerado el principal fotógrafo de la época de la Neue Sachlichkeit por la calidad y precisión de sus fotografías, con toda la atención a la realidad inmediata y la materialidad que son características de la nueva objetividad, pero sin el cinismo, la crítica, la amargura o la resignación que también formaron parte de ella. Tras la llegada al poder de los nacionalsocialistas, Renger-Patzsch abandonó el puesto de profesor en la Folkwangschule de Essen que había obtenido el mismo año 1933 y se concentró en su trabajo fotográfico, que se perdió por completo en un bombardeo durante la guerra.

▸ A. Renger-Patzsch, Hamburg: Photographische Aufnahmen, Hamburgo 1930. Eisen und Stahl. Werkbundbuch, Berlín 1930. Sylt. Bild einer Insel, Múnich 1936; Essen, Berlín 1937; W. Haage, Kakteen, fotografías de Albert Renger-Patzsch, Friedrichssegen 1930; A. Lange, Leistungen deutscher Technik, Leipzig 1935.

PHOTOGRAPHER. Renger-Patzsch studied chemistry in Dresden after serving in the army during the First World War. He worked in several areas of photography between 1921 and 1928, the year in which he published three photo-books, among them Die Welt ist schön. He had presented his first exhibition the year before, in Lübeck, and this would be followed by many more in the years to come. He lived, from 1928, in Essen, where he worked in the archives of the Folkwang Museum, as well as taking photographs. By 1939, 18 photo-books containing just his photos had been published, as well as various articles. He was considered the leading photographer of the age of the Neue Sachlichkeit for the quality of his straight photographs, containing all the attention of the immediate reality and materialism that were characteristic of the new objectivity, but without the cynicism, criticism, bitterness or resignation for which it was also characterised. On the coming to power of the National Socialists in 1933, Renger-Patzsch left the job as teacher at the Folkwangschule in Essen that he had started that same year, and concentrated on his work as a photographer, which he lost in its entirety during a bombardment in 1944.

▸ A. Renger-Patzsch, Hamburg: Photographische Aufnahmen, Hamburg 1930; Eisen und Stahl. Werkbundbuch, Berlin 1930; Sylt. Bild einer Insel, Munich 1936; Essen, Berlin 1937; W. Haage, Kakteen, photographs by Albert Renger-Patzsch, Friedrichssegen 1930; A Lange, Leistungen deutscher Technik, Leipzig 1935.

471

RENGER-PATZSCH

471 — Das Werk vol. 7, 9 (septiembre 1927), fotografías de Albert Renger-Patzsch, colección particular.

471 — Das Werk vol. 7, 9 (September 1927). Photographs by Albert Renger-Patzsch. Private collection.

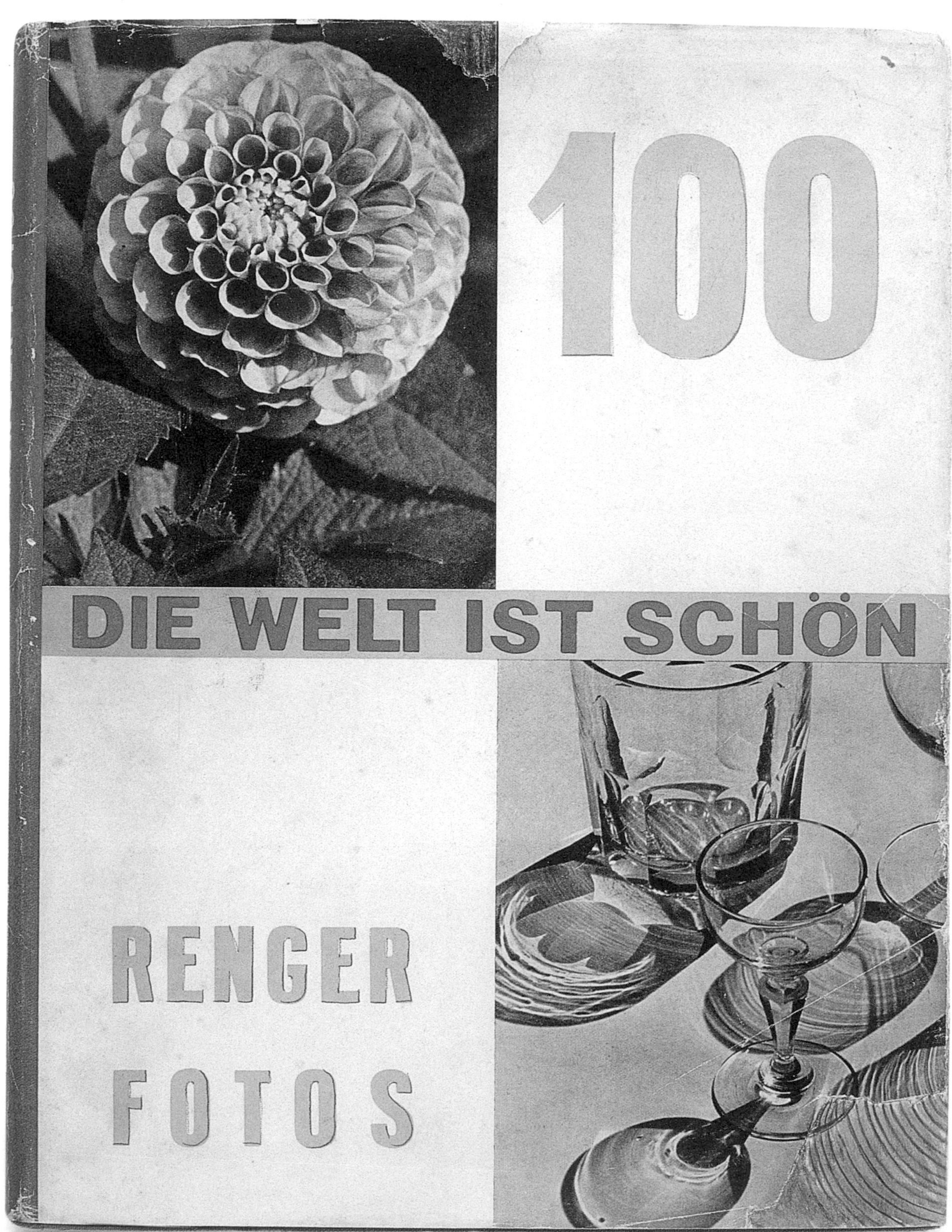

472

RENGER-PATZSCH
472/476 — Albert Renger-Patzsch, Die Welt ist schön, cubierta de Friedrich Vordemberge-Gildewart, Kurt Wolff Verlag, Múnich 1928, IVAM.
477/478 — Albert Renger-Patzsch, Eisen und Stahl, Verlag Hermann Reckendorf, Berlín 1931, IVAM.
472/476 — Albert Renger-Patzsch, Die Welt ist schön. Cover by Friedrich Vordemberge-Gildewart, Kurt Wolff Verlag, Munich 1928. IVAM.
477/478 — Albert Renger-Patzsch, Eisen und Stahl, Verlag Hermann Reckendorf, Berlin 1931. IVAM.

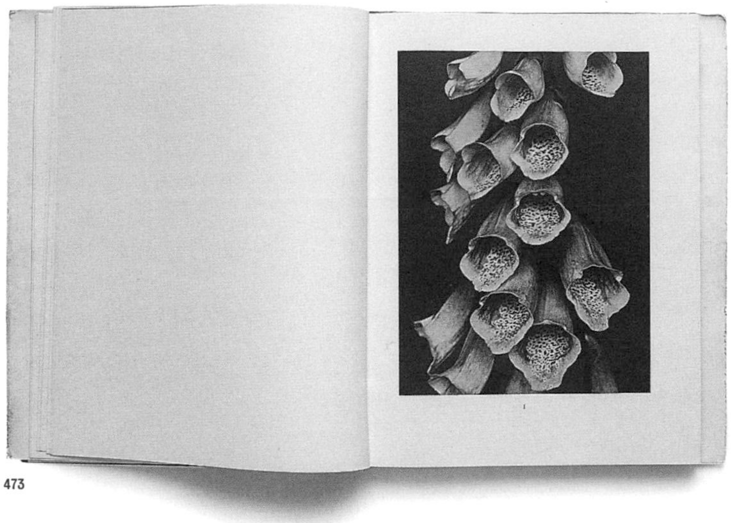

473

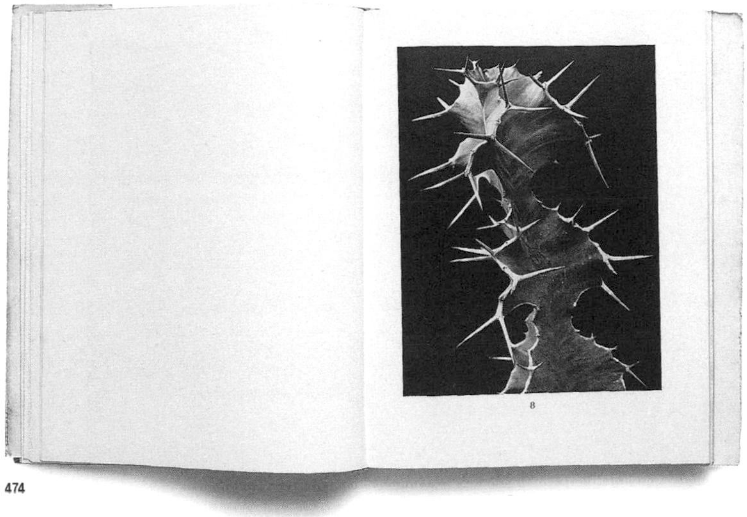

474

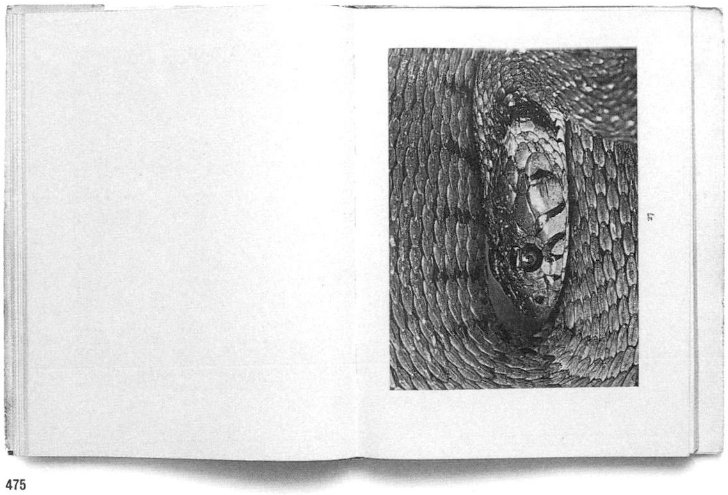

475

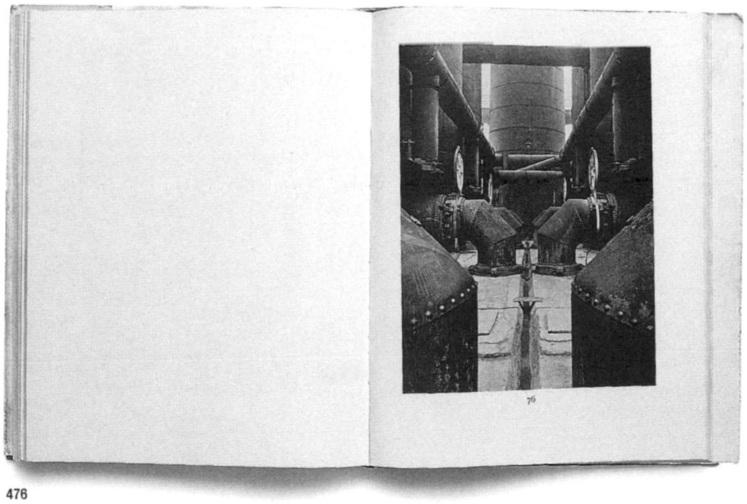

476

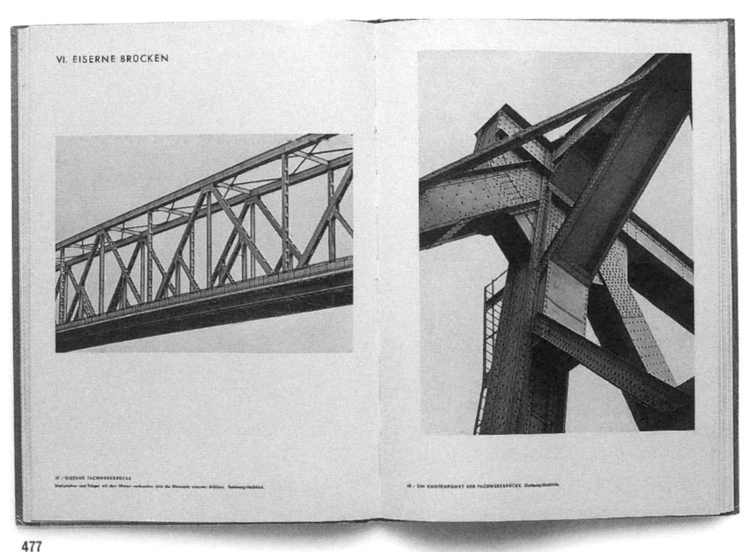

477

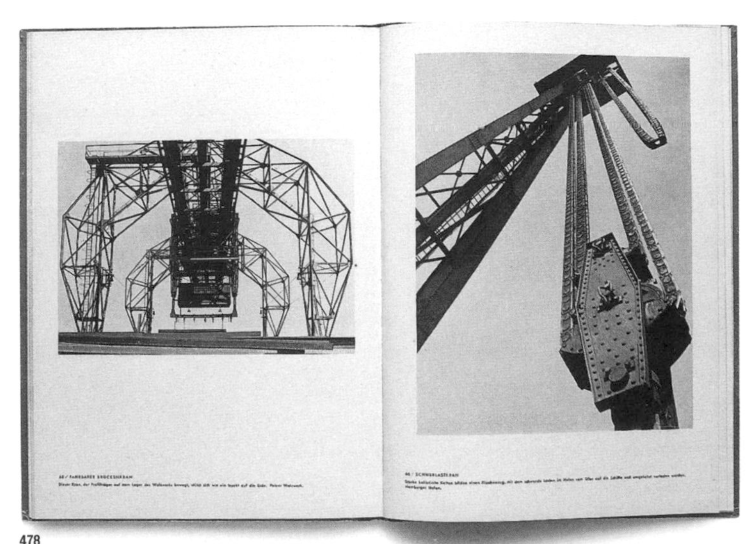

478

HANS Y ERICH RETZLAFF 1902 — 1965 / ¿ — ?

FOTÓGRAFOS. Junto a Erna Lendvai Dircksen, Hans y Erich Retzlaff formaron parte de los fotógrafos encargados de presentar al pueblo alemán desde un punto de vista nacionalista y racial, editando en los años treinta (sobre todo después de 1933) foto-libros con retratos de este estilo, a veces en compañía de otros fotógrafos como Hans Saebens, Paul **Wolff** y otros. Aparte de retratos de campesinos arios, los hermanos Retzlaff fotografiaron paisajes y escenas industriales.

▸ Claudia Gabriele Philipp, Deutsche Volktraachten. Kunst- und Kulturgeschichte. Der Fotograf Hans Retzlaff, Marburgo 1987.

PHOTOGRAPHERS. Together with Erna Lendvai Dircksen, Hans and Erich Retzlaff were members of the group of photographers given the task of depicting the German people, from a nationalist and racial point of view. In the thirties (above all from 1933) they edited photo-books containing portraits in this style, some of them produced with the collaboration of other photographers, such as Hans Saebens, Paul **Wolff**, and others. In addition to portraits of Arian agricultural workers, the Retzlaff brothers also took landscapes and photographs of industrial scenes.

▸ Claudia Gabriele Philipp, Deutsche Volktraachten. Kunst und Kulturgeschichte. Der Fotograf Hans Retzlaff, Marburg 1987.

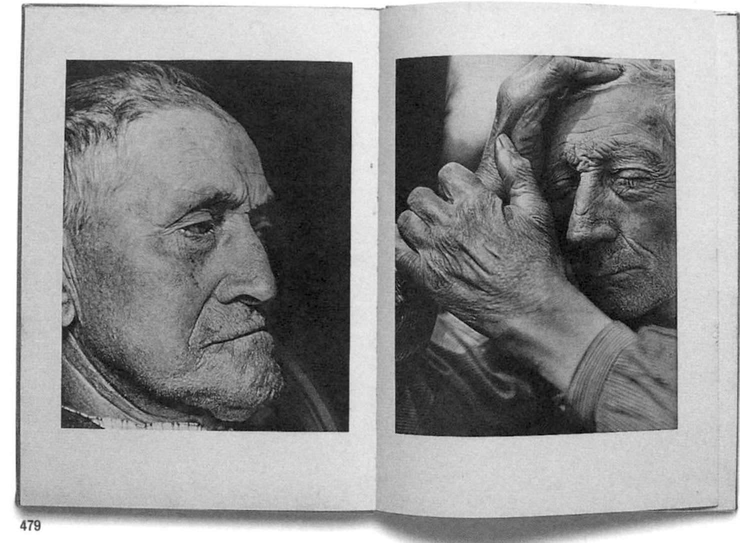

479

HANS RICHTER 1888 — 1976

PINTOR, ESCRITOR, DISEÑADOR, CINEASTA EXPERIMENTAL. Formado como arquitecto y pintor en Berlín y Weimar, formó parte del grupo dadaísta de Zúrich a finales de la primera guerra mundial. Tras conocer al cineasta experimental Viking Eggeling se dedicó al cine, produciendo películas abstractas como Rhythm 21. Fue miembro del **ring neue werbegestalter**.

PAINTER, WRITER, DESIGNER, EXPERIMENTAL FILM-MAKER. Trained as an architect and painter in Berlin and Weimar, Richter became a member of the Zurich Dadaist group towards the end of the First World War. After meeting the experimental film-maker Viking Eggeling he took up the cinema, producing abstract films such as Rhythm 21. He was a member of the **ring neue werbegestalter**.

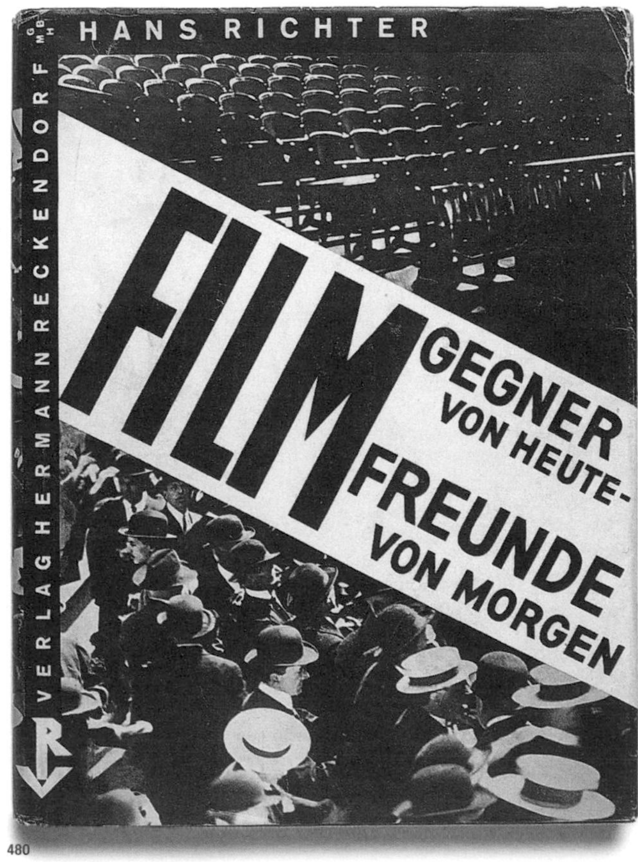

480

RETZLAFF
479 — Erich Retzlaff, Das Antlitz des Alters, Pädagogischer Verlag, Düsseldorf 1930, colección particular.
479 — Erich Retzlaff, Das Antlitz des Alters. Pädagogischer Verlag, Düsseldorf 1930. Private collection.

RICHTER
480 — Hans Richter, Filmgegner von Heute-Filmfreunde von Morgen, diseño de Hans Richter y Werner Gräff, Reckendorf, Berlín 1929, IVAM.
480 — Hans Richter, Filmgegner von Heute-Filmfreunde von Morgen. Design by Hans Richter and Werner Gräff, Reckendorf, Berlin 1929. IVAM.

RING NEUE WERBEGESTALTER 1928 — 1933

El círculo de los nuevos diseñadores se fundó en 1928 por un grupo de diseñadores gráficos que entonces trabajaban en Alemania. Su presidente fue Kurt Schwitters y sus miembros Willi **Baumeister**, Max **Burchartz**, Walter **Dexel**, Cesar **Domela**, Werner Gräff, Hans **Leistikow**, Robert Michel, Hans **Richter**, Georg **Trump**, Jan **Tschichold** y Friedrich Vordemberge-Gildewart, a los que se añadieron poco después Piet **Zwart** y Paul **Schuitema**. El círculo organizó exposiciones en Colonia, Berlín, Magdeburgo, Essen, Múnich y Estocolmo entre 1929 y 1931, así como también conferencias y publicaciones en revistas. En 1930 los hermanos Heinz y Bodo Rasch publicaron Gefesselter Blick, una antología de los trabajos del grupo, disuelto a la llegada de los nacionalsocialistas al poder en 1933.

▸ Heinz y Bodo Rasch, eds, Gefesselter Blick. 25 kurze Monographien und Beitrag über Werbegestaltung, Schöllkopf, Pfund und Cie, Stuttgart s.f. (1930); Perditta Lottner, ring neue werbegestalter. 1928-33. Ein Überblick, Hannover 1990.

The circle of the new designers was founded in 1928 by a group of graphic designers who were working at the time in Germany. Its leader was Kurt Schwitters, and members included Willi **Baumeister**, Max **Burchartz**, Walter **Dexel**, Cesar **Domela**, Werner Gräff, Hans **Leistikow**, Robert Michel, Hans **Richter**, Georg **Trump**, Jan **Tschichold** and Friedrich Vordemberge-Gildewart, who were joined shortly after by Piet **Zwart** and Paul **Schuitema**. The circle organised exhibitions in Cologne, Berlin, Magdeburg, Essen, Munich and Stockholm between 1929 and 1931, as well as conferences, and publications in magazines. In 1930 the brothers Heinz and Bodo Rasch published Gefesselter Blick, an anthology of the works of the group, which was dissolved on the arrival of the National Socialists to power in 1933.

▸ Heinz and Bodo Rasch, eds, Gefesselter Blick. 25 kurze Monographien und Beitrag Über Werbegestaltung, Schöllkopf, Pfund und Cie, Stuttgart n.d.(1930); Perditta Lottner, ring neue werbegestalter. 1928-33. Ein Überblick, Hanover 1990.

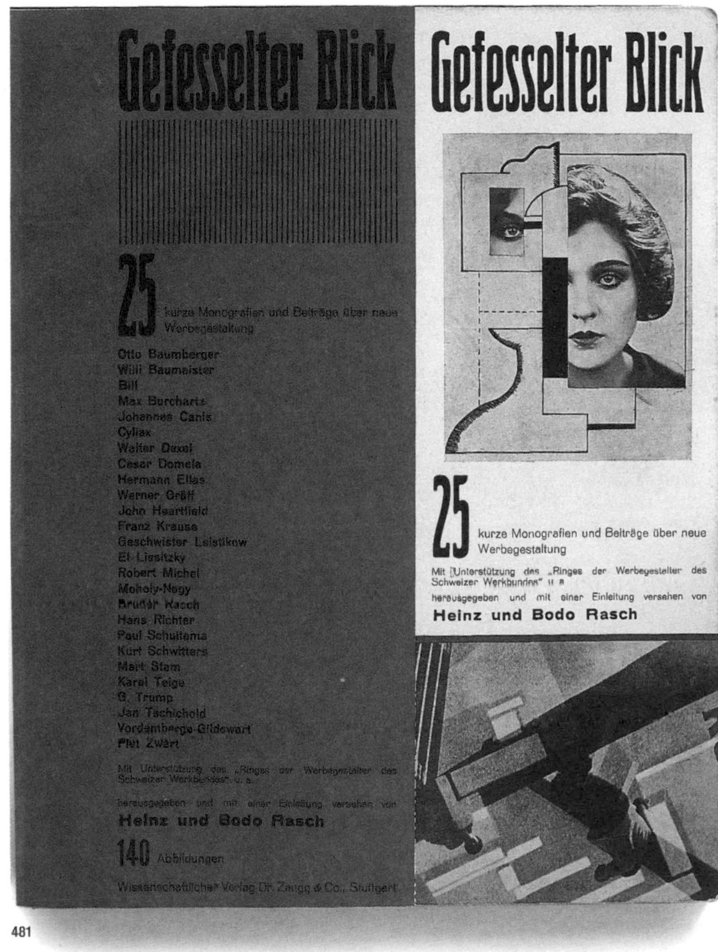

481

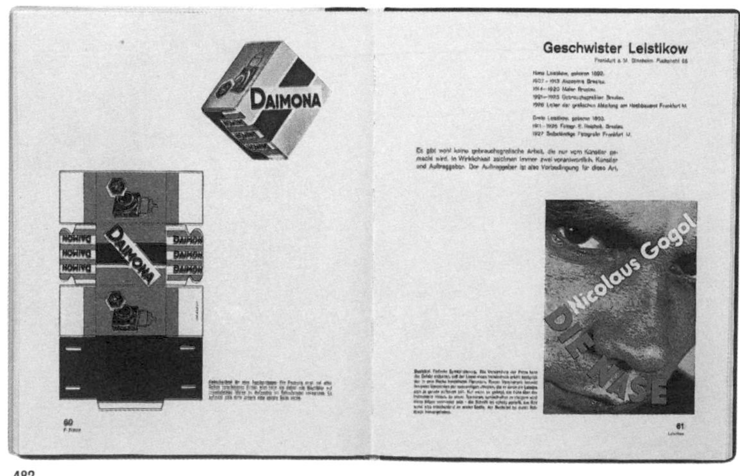

482

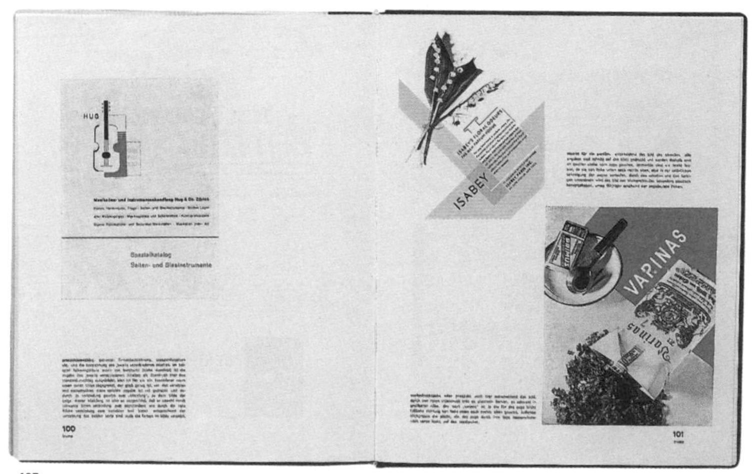

483

RING
481/483 — Heinz y Bodo Rasch, eds., Gefesselter Blick, Stuttgart 1930, Colección Lustig Cohen.

481/483 — Heinz and Bodo Rasch, eds., Gefesselter Blick, Stuttgart 1930. Lustig Cohen Collection.

RINGL + PIT

Estudio publicitario fundado por Ellen Rosenberg Auerbach y Grete Stern. Durante los años veinte Auerbach estudió en varias escuelas y academias de arte de Alemania. Se trasladó a Berlín en 1928, donde estudió con Stern en el taller de Walter Peterhans hasta 1930, año en el que se trasladó a la Bauhaus de Dessau. Stern nació en Wuppertal, estudió artes gráficas en Stuttgart entre 1923-25 y se inició en la fotografía en 1927-28 con Peterhans. En 1929 Auerbach y Stern abrieron en Berlín ringl + pit, uno de los más innovadores estudios publicitarios de la Europa de entreguerras. Su trabajo fue publicado en revistas especializadas como Gebrauchsgraphik, pero sobre todo en las revistas populares. A la llegada al poder de los nacionalsocialistas en 1933 se cerró el estudio. Auerbach se trasladó a Palestina y posteriormente a Londres en 1936, donde volvió a trabajar con Stern. Vivió en Estados Unidos a partir de 1937. Stern se trasladó a Argentina con Horacio Coppola en 1936.

▸ ringl + pit. Grete Stern, Ellen Auerbach, cat. Museum Folkwang, Essen 1993.

ringl + pitt was an advertising studio founded by Ellen Rosenberg Auerbach and Grete Stern. Auerbach studied at various German art schools and academies during the twenties. She moved to Berlin in 1928 and studied with Stern in Walter Peterhans' studio until 1930, when she went to the Bauhaus in Dessau. Stern was born in Wuppertal and studied graphic arts in Stuttgart between 1923 and 1925. She learned photography with Peterhans, in 1927-28. In 1929 Auerbach and Stern opened ringl + pitt in Berlin, one of the most innovative studios of inter-war Europe. Its work was published in specialised graphic arts magazines such as Gebrauchsgraphik, but also, and above all, in the popular magazines. ringl + pitt was closed on the coming to power of the National Socialists, in 1933. Auerbach moved to Palestine and, in 1936, to London, where she worked with Stern once again. She lived in the United States from 1937. Stern settled permanently in Argentina in 1936, with Horacio Coppola.

▸ ringl + pitt. Grete Stern, Ellen Auerbach, cat. Museum Folkwang, Essen 1993.

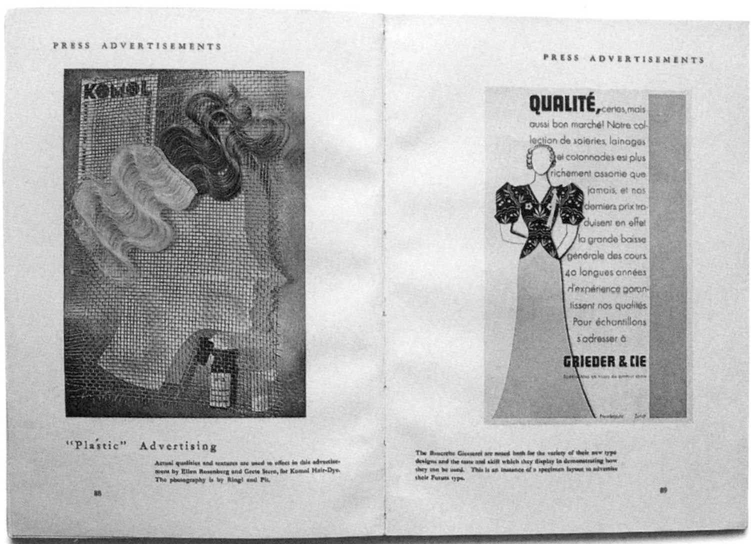

484

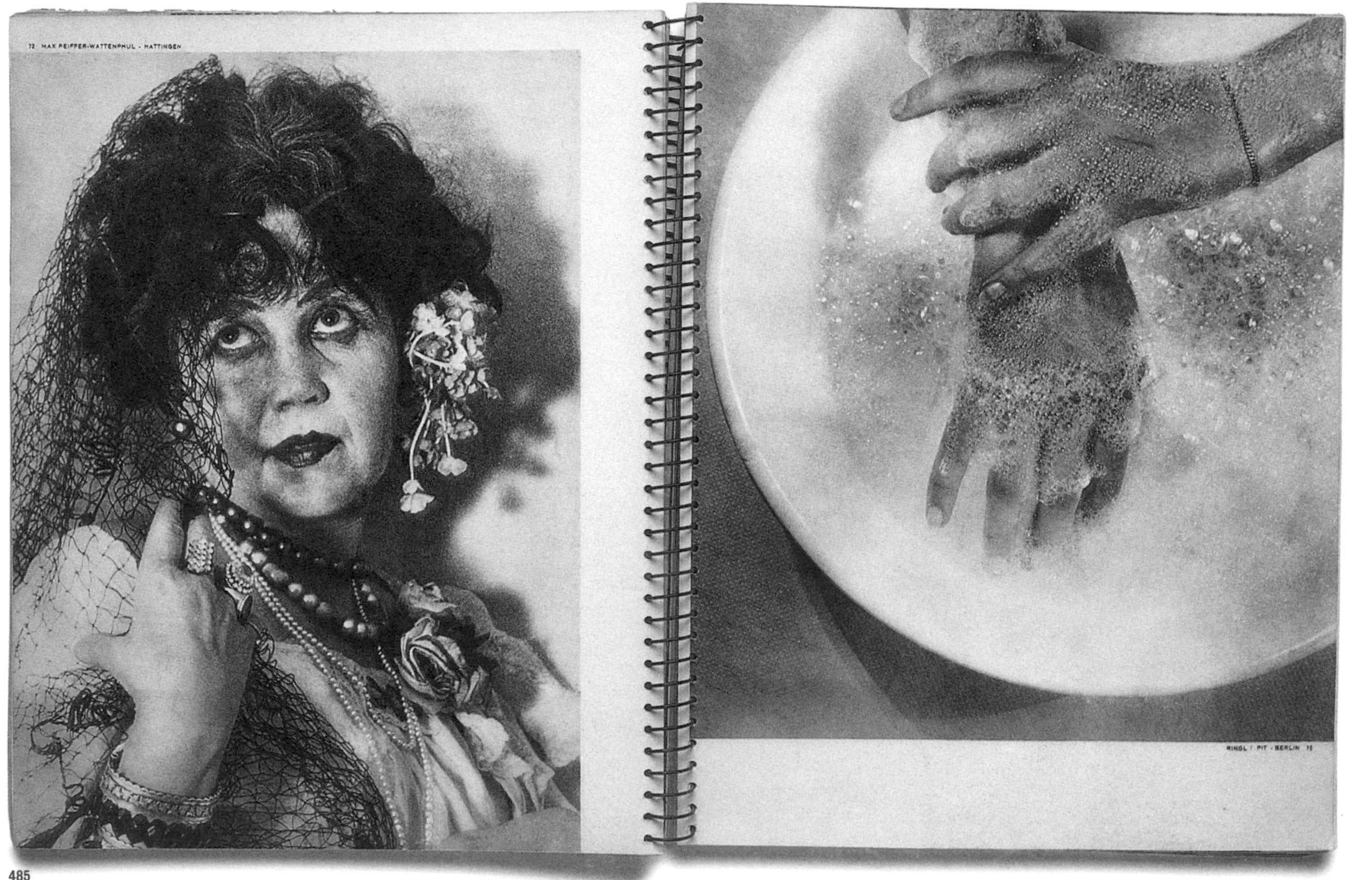

485

RINGL

484 — Modern Publicity 1934-35, The Annual of "Art and Industry", anuncio de ringl + pit, The Studio, London & New York 1935, MNCARS.
485 — Photographie 1931, fotografía de ringl + pit, París 1931, MNCARS.

484 — Modern Publicity 1934-35, The Annual of "Art and Industry". ringl + pitt advertisement, The Studio, London and New York 1935, MNCARS.
485 — Photographie 1931, Photograph by ringl + pit, Paris 1931, MNCARS.

ALEKSANDR RODCHENKO 1891 — 1956

FOTÓGRAFO Y DISEÑADOR. Aunque nació en San Petersburgo, Rodchenko se educó en Kazán, donde conoció a Varvara **Stepanova**, su futura esposa y colaboradora. En 1914 se trasladó a Moscú. Allí descubrió el arte de vanguardia y, en tan sólo unos años, Rodchenko hizo collages cubistas, objetos tridimensionales, pinturas mecánicas, construcciones geométricas flotantes y, finalmente, cuadros monocromos. En 1921 creía que había concluido las posibilidades del arte abstracto. Para entonces era profesor de los VJUTEMAS de construcción y proyectos. En 1923 empezó su actividad publicitaria junto a Vladimir Maiakovski, que redactaba los textos que Rodchenko componía en carteles y anuncios, empezando así su fecunda carrera como diseñador gráfico. Ese mismo año publicó, también con Maiakovski, Pro eto, libro ilustrado con montajes fotográficos que inauguraba su dedicación al fotomontaje. La fotografía fue el siguiente paso, hacia 1924. Además, Rodchenko diseñó interiores y mobiliario, así como escenografías y vestuarios teatrales y cinematográficos. Entre las revistas que diseñó se encuentra **Lef** y su continuación Novi lef, Kinofot, **Daiesh**, Zhurnalist y **SSSR na stroike**, revista para la que diseñó, junto a Stepanova, doce números entre 1933 y 1940. El número 12 de 1933 de SSSR na stroike, dedicado al Canal del Mar Blanco, una construcción realizada por prisioneros, fue su principal foto-serie, pero también su máximo compromiso con la política totalitaria estalinista. También diseñó cubiertas para libros, sobre todo de Maiakovski, así como foto-libros y carteles cinematográficos para Dziga Vertov. Como fotógrafo, Rodchenko desarrolló los recursos del extrañamiento (buscar lo desconocido en lo conocido, en palabras de Viktor Sklovski) por medio de perspectivas forzadas, composiciones en diagonal, fragmentaciones y montajes. También desarrolló el concepto de foto serie, un tipo de reportaje que proporcionaba una lectura compleja del tema tratado. Esta técnica la practicó sobre todo en Daiesh y SSSR na stroike. Su magisterio fue reconocido por fotógrafos como Boris **Ignatovich** o Eleazar Langman, pero acabó siendo criticado en 1928 por los 'fotógrafos proletarios' del grupo ROPF, que le atacaron con dureza por formalista y consiguieron expulsarle en 1932 del grupo 'Oktiabr'. Rodchenko había sido fundador de 'Oktiabr' en 1928 y con su sección fotográfica había participado en las tres exposiciones fotográficas del grupo (Berlín 1930, Moscú 1930 y 1931). Las críticas le hicieron escribir apasionados artículos en defensa de la fotografía moderna y la necesidad de su independencia de la propaganda política. Rodchenko fue rehabilitado en 1935.

► L. Linhart, Alexander Rodchenko, Praga 1964; Rodtschenko Fotografien 1920-1938, cat. Museum Ludwig, Colonia 1978; H. Gassner, Rodchenko Fotografien, Múnich 1982; A.M. Rodchenko, Stati, vospominania, avtobiograficheckie zapiski, pisma, Moscú 1982; S.O. Khan Magomedov, Rodchenko the complete work, Londres 1986; A.H. Lavrentiev, Rakursi Rodchenko, Moscú 1992; A. Lavrentiev, Alexander Rodchenko photography 1924-1954, Colonia 1995.

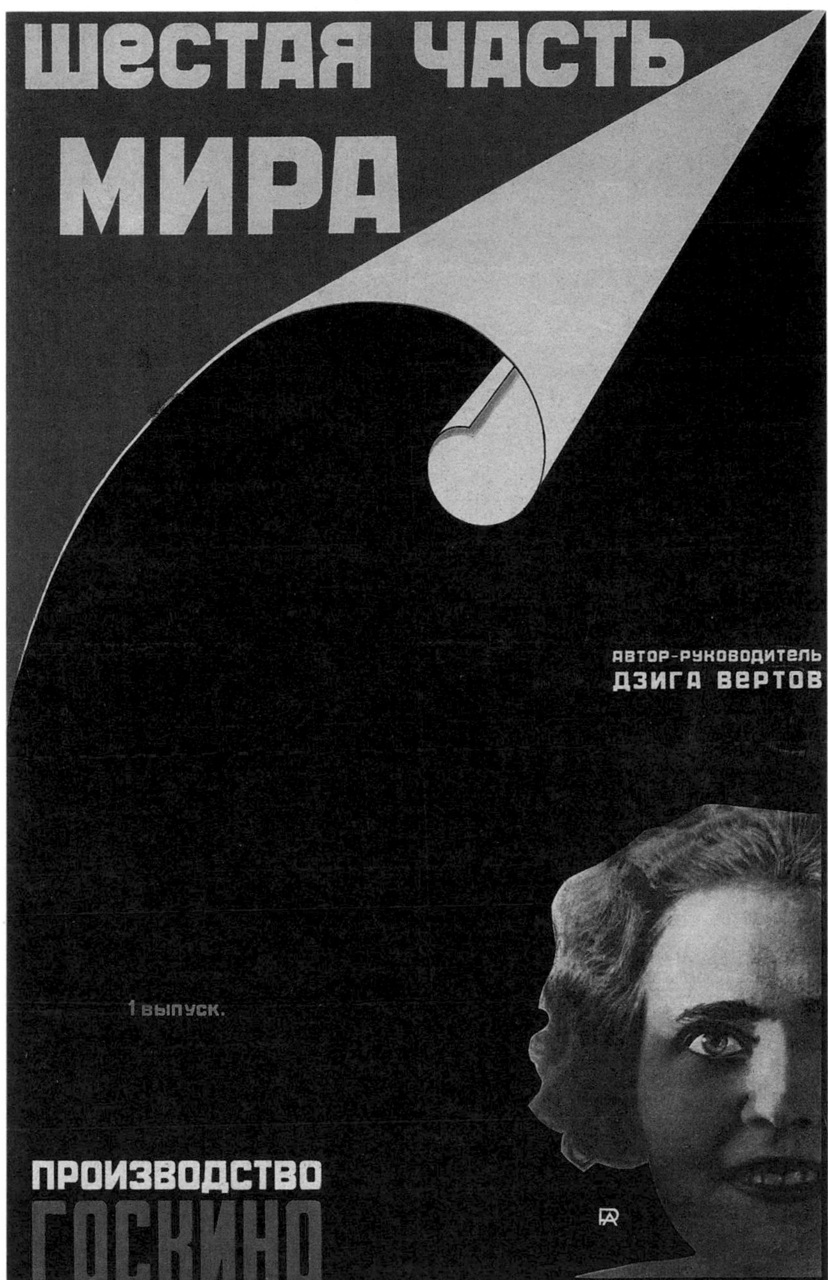

486

RODCHENKO
486 — Aleksandr Rodchenko, Shestaia chast mira (La sexta parte del mundo), cartel, litografía y ofsset, 1926, Merrill C. Berman Collection.
486 — Aleksandr Rodchenko, Shestaia chast mira (The sixth part of the world). Poster, lithograph and offset, 1926. Merrill C. Berman Collection.

ALEKSANDR RODCHENKO 1891 — 1956

PHOTOGRAPHER AND DESIGNER. Though born in San Petersburg, Rodchenko was educated in Kazan, where he met his future wife and collaborator, Varvara **Stepanova**. In 1914 he moved to Moscow, where he discovered avant-garde art and, in only a few years, produced Cubist collages, three-dimensional objects, mechanical pictures, floating geometrical constructions and, finally, monochrome pictures; in 1921 Rodchenko believed that the possibilities of abstract art had been exhausted. He was, at that time, a teacher of construction and projects at the VKHUTEMAS in Moscow. In 1923 he entered the world of advertising with Vladimir Mayakovsky, who wrote the texts that Rodchenko then composed in posters and advertisements. Thus began his prolific career in graphic design. That same year, again with Mayakovsky, he edited a book illustrated with photographic collages, Pro eto, which would be the introduction to his dedication to photomontage. Photography was the next step, around 1924. Rodchenko also designed interiors and furniture, as well as scenography, and theatrical and film costumes. Among the magazines that he designed may be found **Lef**, and its sequel Novi lef, Kinofot, **Daesh**, Zhurnalist and **SSSR na stroike**, a magazine for which he and Stepanova designed twelve numbers, between 1933 and 1940. Included among these was number 12 of 1933, featuring his photographs of the White Sea Canal, a construction carried out by prisoners which is, at the same time, both his most important set of photos-in-series, as well as his maximum commitment to the totalitarian Stalinist politics of the time. He also designed book covers, in particular for the author Mayakovsky, as well as photo-books and film posters for Dziga Vertov. As a photographer, Rodchenko developed the resources of estrangement (find the unknown in the known, in the words of Viktor Shklovsky) by means of forced perspectives, diagonal compositions, fragmentation, and montage. He also developed the technique of photos-in-series, a type of report that enabled a complete reading of the subject in question, which he employed above all in Daesh and SSSR na stroike. His eminence was recognised by such photographers as Boris **Ignatovich** and Eleazar Langman, but was eventually criticised in 1928 by 'the proletariat photographers' of the ROPF group. They insistently accused him of being Formalist and finally managed to have him expelled him from the 'Oktiabr' group in 1932. Rodchenko had founded the group in 1928, together with its photographic section with which he participated in the three exhibitions offered by the group (Berlin 1930, Moscow 1930, 1931). The campaign resulted in Rodchenko's writing passionate articles in defence of the modern photography, and for its need for independence from political propaganda. Rodchenko was rehabilitated in 1935.

▸ L. Linhart, Alexander Rodchenko, Prague 1964; Rodtschenko Fotografien 1920-1938, cat. Ludwig Museum, Cologne 1978; H. Gassner, Rodchenko Fotografien, Munich 1982; A.M. Rodchenko, Stati, vospominania, avtobiograficheckie zapiski, pisma, Moscow 1982; S.O. Khan Magomedov, Rodchenko the Complete Work, London 1986; A.H. Lavrentiev, Rakursi Rodchenko, Moscow 1992; A. Lavrentiev, Alexander Rodchenko photography 1924-1954, Cologne 1995.

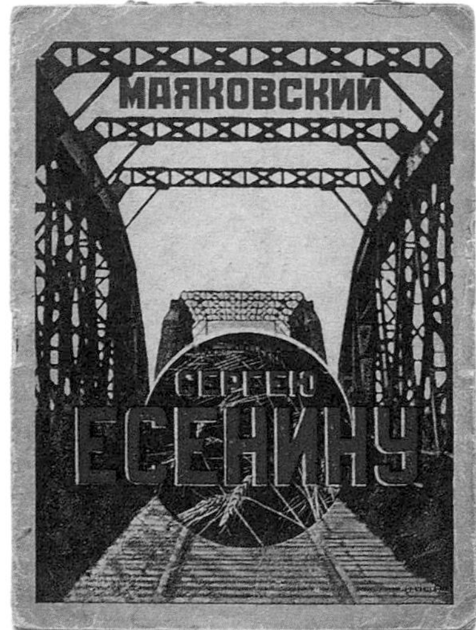

487

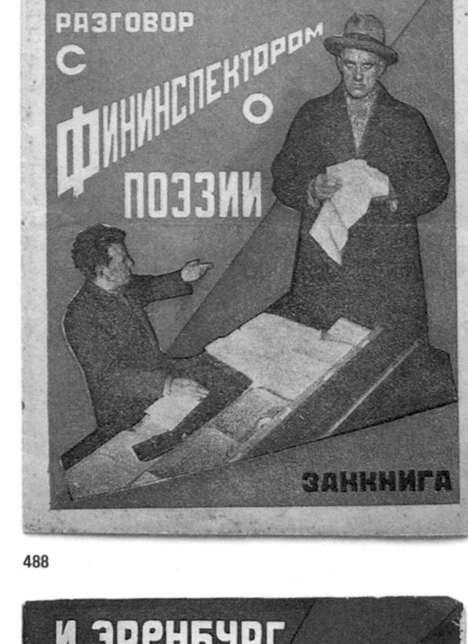

488

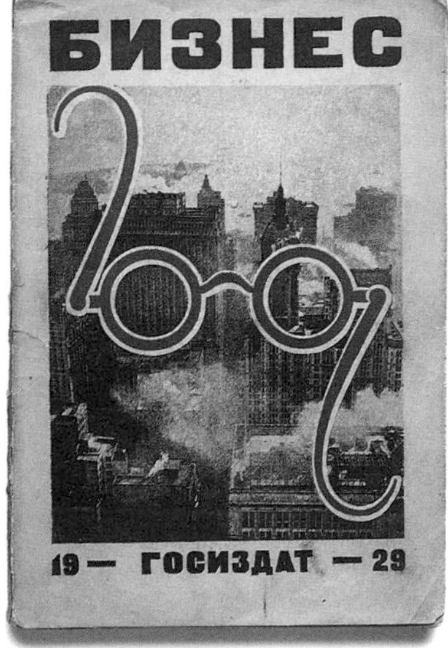

489

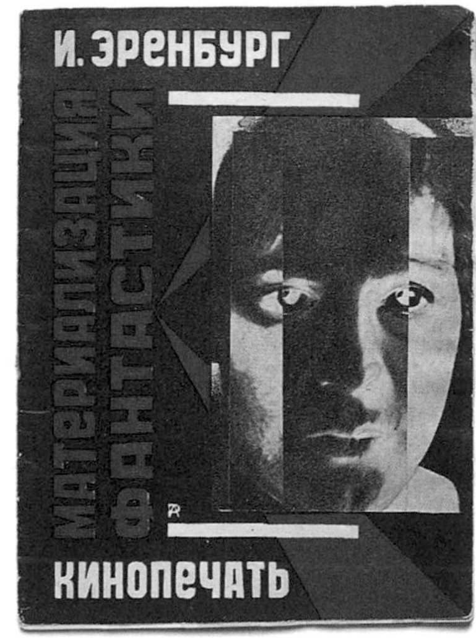

490

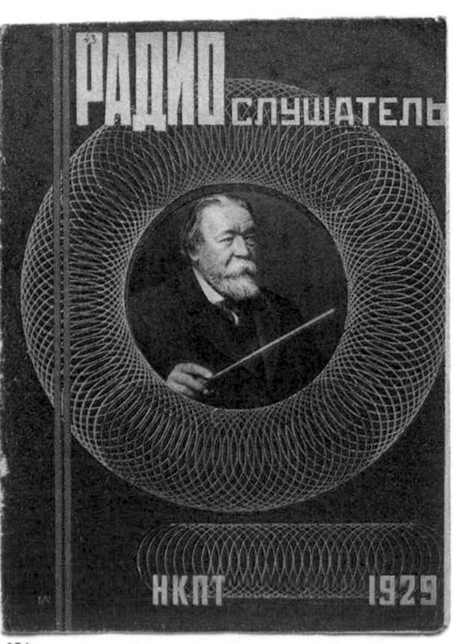

491

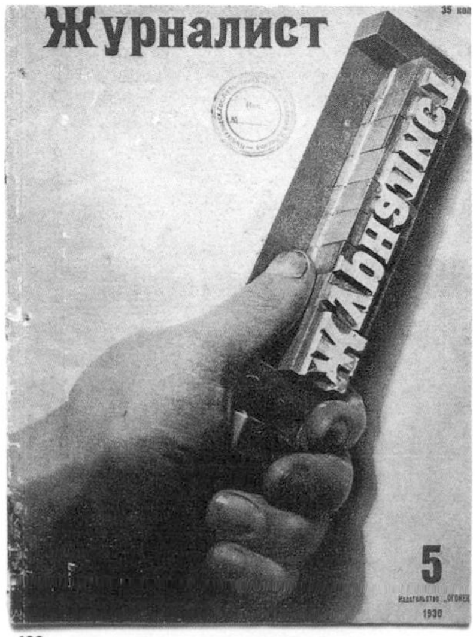

492

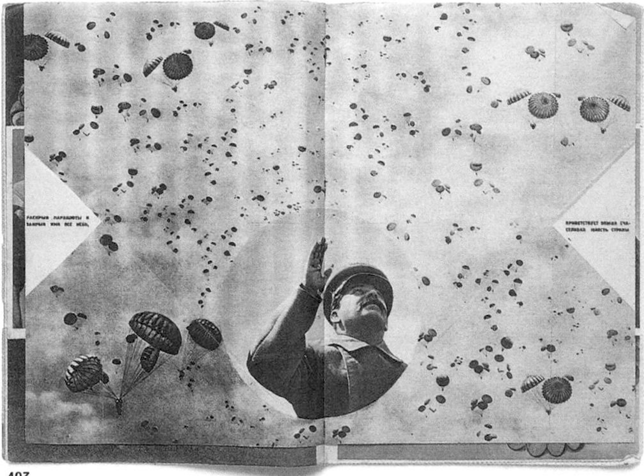

493

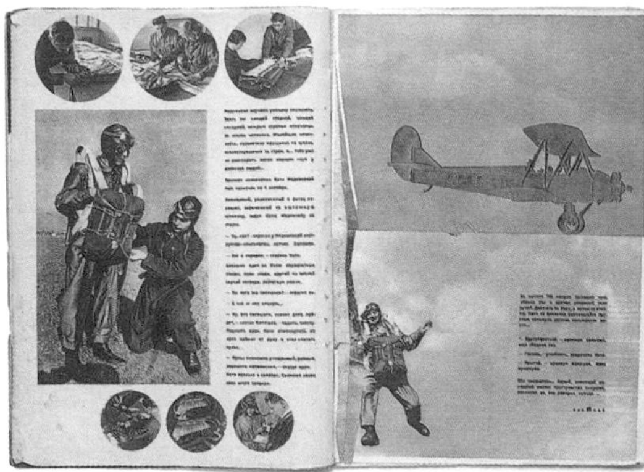

494

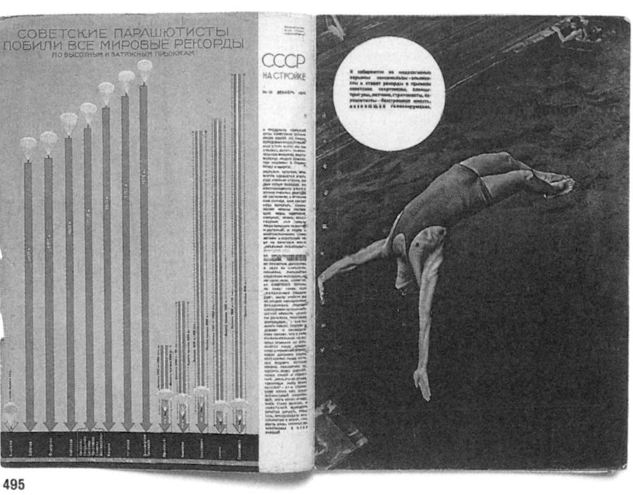

495

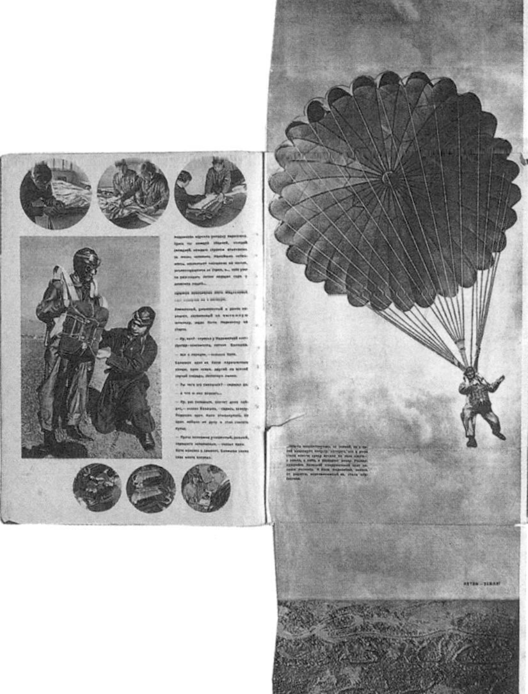

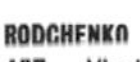

RODCHENKO

487 — Vladimir Maiakovski, Serguei Eseninu, fotomontaje de Aleksandr Rodchenko, Zakkniga, Tiflis 1926, IVAM.
488 — Vladimir Maiakovski, Razgovor s fininspectorom o poesi (Conversación sobre poesía con un inspector fiscal), fotomontaje de A. Rodchenko, Zakkniga, Tiflis 1926, IVAM.
489 — Biznes. Sbornik literaturnogo tsentra konstruktivistov pod redaktsie K. Zelinskogo, I Selvinskogo (Negocios. Antología del centro literario de los constructivistas editada por K. Zelinski e I. Selvinski), fotomontaje de Aleksandr Rodchenko, Gosizdat, Moscú 1929, IVAM.
490 — Ilia Ehrenburg, Materializatsia fantastiki (La materialización de la fantasía), fotomontaje de A. Rodchenko, Kino-pechat, Moscú y Leningrado 1927, IVAM.
491 — Radioslushatel 43 (1929), diseño de A. Rodchenko, IVAM.
492 — Zhurnalist 5 (1930), diseño de Aleksandr Rodchenko, IVAM.
493/496 — SSSR na Stroike 12 (diciembre 1935), montaje de A. Rodchenko y Varvara Stepanova, AHNSGC.
497/498 — URSS en construction 12 (diciembre 1933), fotografías y montaje de A. Rodchenko, AHNSGC, IVAM.

487 — Vladimir Mayakovsky, Sergei Eseninu. Photomontage by Aleksandr Rodchenko, Zakkniga, Tiflis 1926. IVAM.
488 — Vladimir Mayakovsky, Razgovor s fininspectorom o poesi (Conversation about poetry with a tax inspector). Photomontage by Aleksandr Rodchenko, Zakkniga, Tiflis 1926. IVAM.
489 — Biznes. Sbornik literaturnogo tsentra konstruktivistov pod redaktsie K. Zelinskogo, I Selvinskogo (Business. Anthology of the literary centre of the Constructivists, edited by K. Zelinski and I. Selvinski). Photomontage by Aleksandr Rodchenko, Gosizdat, Moscow 1929. IVAM.
490 — Ilia Ehrenburg, Materializatsia fantastiki (The materialisation of the fantasy). Photomontage by Aleksandr Rodchenko, Kino-pechat, Moscow and Leningrad 1927. IVAM.
491 — Radioslushatel 43 (1929). Photographs by Aleksandr Rodchenko. IVAM.
492 — Zhurnalist 5 (1930). Design by Aleksandr Rodchenko. IVAM.
493/496 — SSSR na Stroike 12 (December 1935), montage by A. Rodchenko and Varvara Stepanova, AHNSGC.
497/498 — URSS en construction (Moscow) 12 (December 1933). Photographs and montage by Aleksandr Rodchenko. AHNSGC, IVAM.

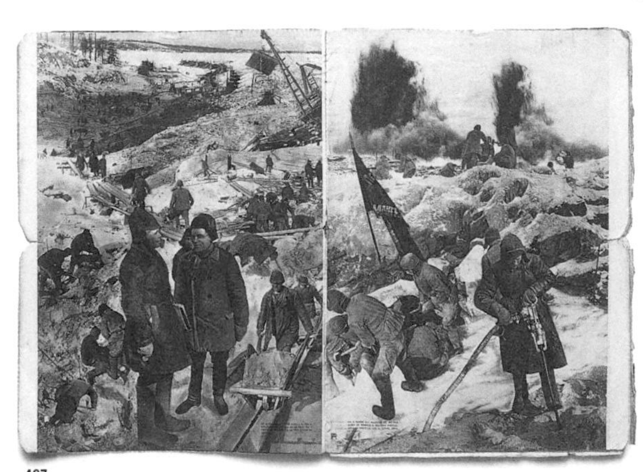

497

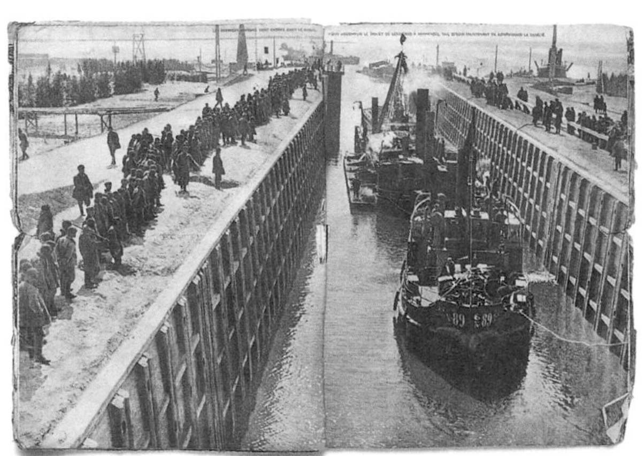

498

ROPF

La Unión de fotógrafos proletarios rusos, ROPF, fue un grupo de fotógrafos fundado en 1930 que defendió la fotografía narrativa, documental y subordinada a la propaganda frente a la nueva fotografía, calificada en sus beligerantes declaraciones como formalista e 'izquierdista'. Maks Alpert, V.P. Chemko, Semion Fridliand, Roman Karmen, Mark Markov-Grinberg, M. Ozerski, Arkadij Shaijet y Solomon Tules fueron los miembros principales del grupo. Los planteamientos teóricos del grupo se concretaron en 1931 con el reportaje de Alpert, Shaijet, Tules y el periodista L. Mezhericher, "Un día en la vida de una familia obrera moscovita". El reportaje se publicó primero en una revista profesional, Proletarskoe foto, y más tarde en revistas como SSSR na stroike o AIZ. También se expuso como serie en Viena, Berlín y Praga.

The ROPF, or Union of Russian Proletarian Photographers, was founded in 1930 by a group of photographers who defended a photography that was narrative, documentary and subordinated to propaganda, as opposed to the new photography, which was qualified in their belligerent declarations as formalist and 'leftist'. Maks Alpert, V.P. Chemko, Semion Fridliand, Roman Karmen, Mark Markov-Grinberg, M. Ozerski, Arkadikh Shaikhet and Solomon Tules were the leading members of the group. The theoretical direction of the group was established in 1931 in an article by Alpert, Shaikhet and Tules, together with the journalist L. Mezhericher, "A day in the life of a working class Muscovite family", first published in a professional magazine, Proletarskoe foto, and subsequently reproduced in magazines such as SSSR na stroike and AIZ, as well as being exhibited in series in Vienna, Berlin and Prague.

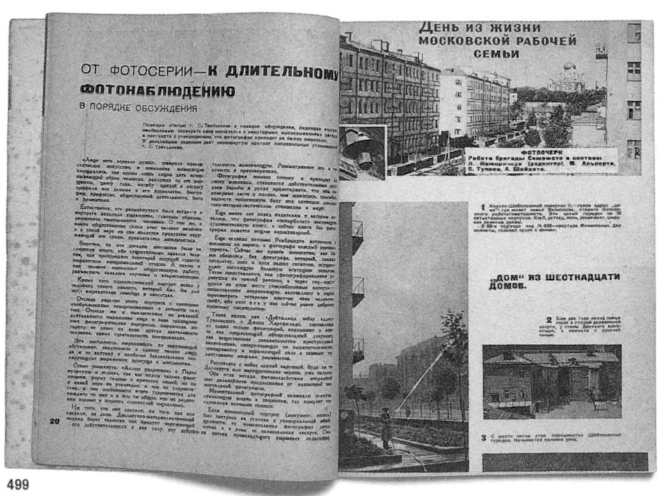
ОТ ФОТОСЕРИИ—К ДЛИТЕЛЬНОМУ ФОТОНАБЛЮДЕНИЮ

В ПОРЯДКЕ ОБСУЖДЕНИЯ

ДЕНЬ ИЗ ЖИЗНИ МОСКОВСКОЙ РАБОЧЕЙ СЕМЬИ

„ДОМ" ИЗ ШЕСТНАДЦАТИ ДОМОВ.

499

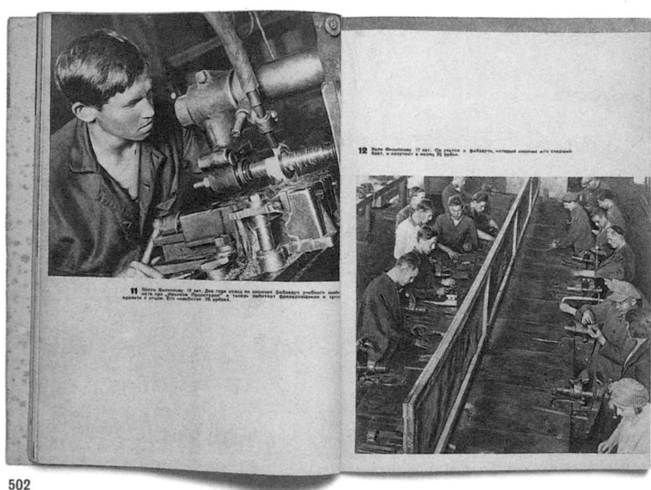

502

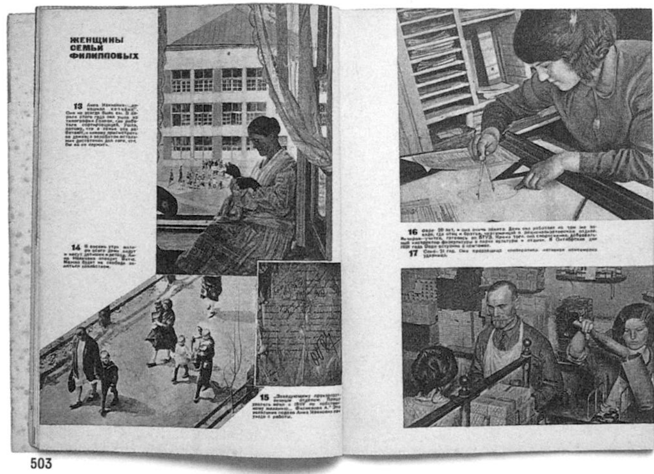
ЖЕНЩИНЫ СЕМЬИ ФИЛИППОВЫХ

503

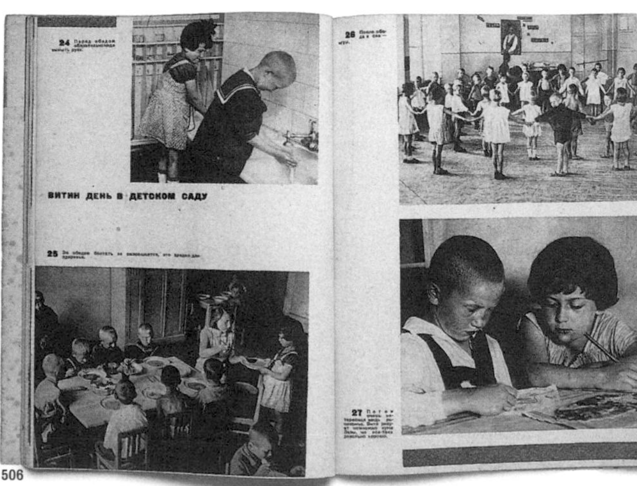
ВИТИН ДЕНЬ В ДЕТСКОМ САДУ

506

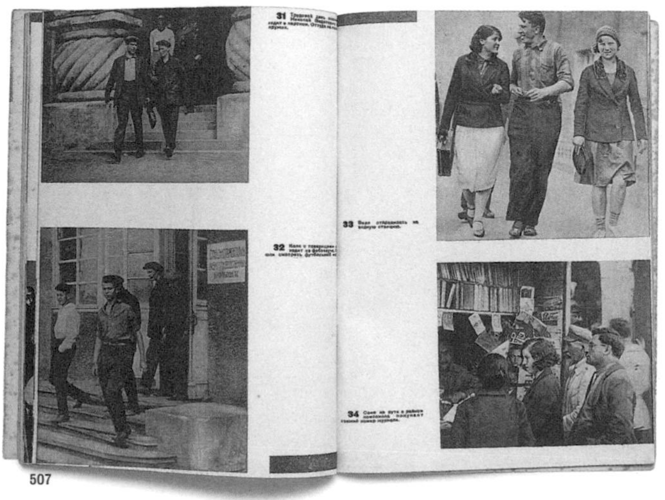

507

ROPF
499/509 — Proletarskoe foto 4 (1931), fotografías de Maks Alpert, Arkadij Shaijet y Solomon Tules, MNCARS.

499/509 — Proletarskoe foto 4 (1931). Photographs by Maks Alpert, Arkadikh Shaikhet and Solomon Tules. MNCARS.

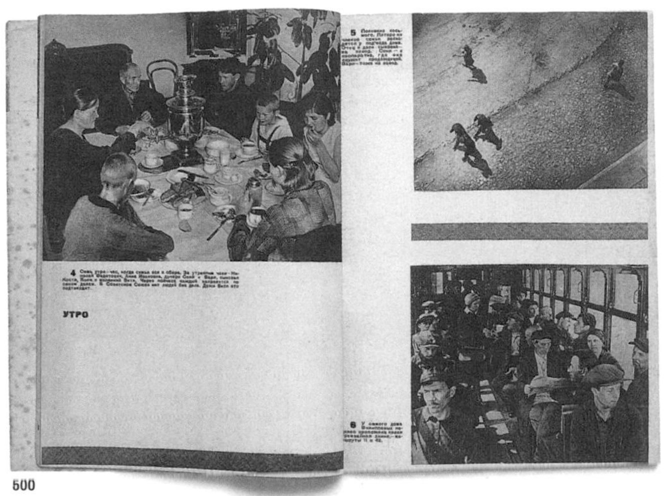
500

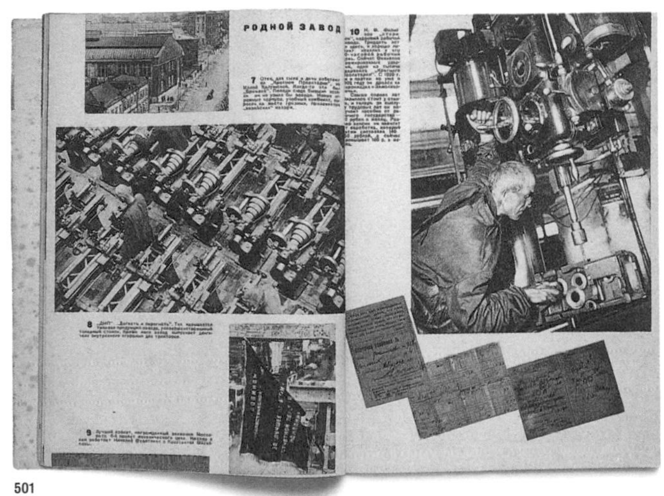
501

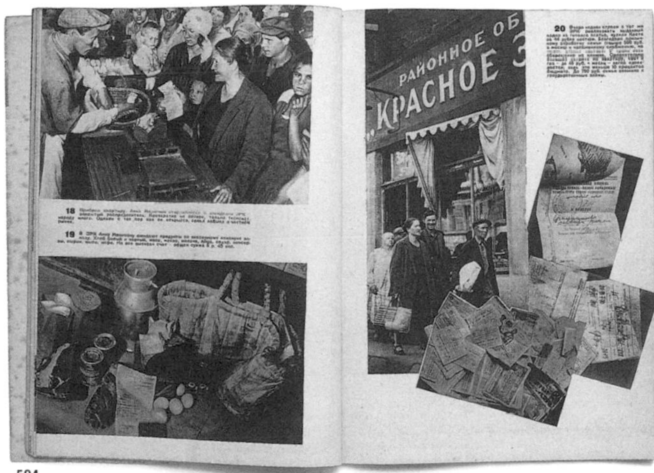
504

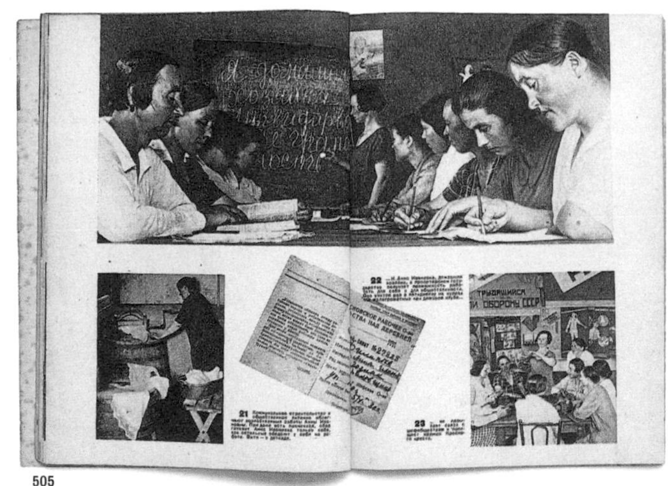
505

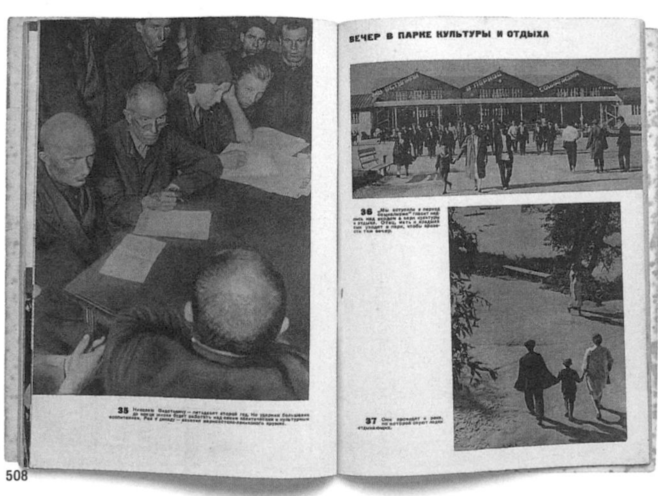
508

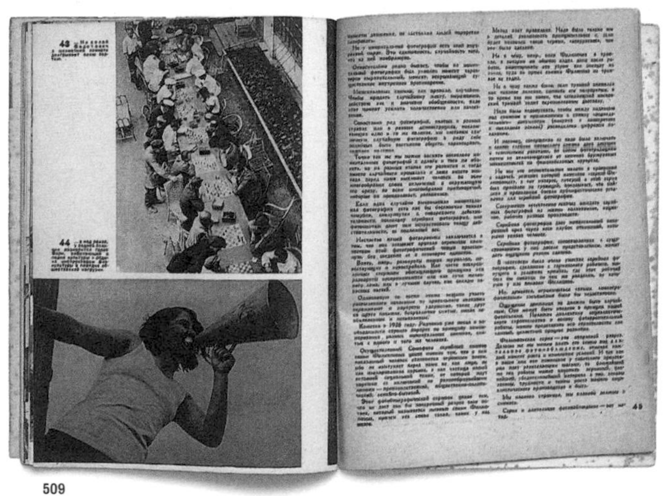
509

ZDENEK ROSSMANN 1905 — 1984

DISEÑADOR GRÁFICO. Estudió arquitectura en la Academia Técnica de Brno (1924-27) y en la Bauhaus de Dessau (1929-30). A finales de los años veinte era diseñador gráfico y miembro de Devetsil en Brno, donde diseñó revistas como Pásmo o el almanaque Fronta. Durante los años treinta continuó su labor como grafista, practicando el fotomontaje y diseñando revistas. Editó una importante antología del nuevo diseño gráfico internacional en 1938. Fue también escenógrafo y profesor en las Escuelas de Artes y Oficios de Bratislava (1932-38) y Brno (desde 1938).

GRAPHIC DESIGNER: Rossmann studied architecture at the Brno Technical Academy (1924-27) and at the Bauhaus in Dessau (1929-30). He was, in the late twenties, a graphic designer and member of Devetsil in Brno, where he designed magazines such as Pásmo, and the almanac Fronta. He continued as a graphic designer in the thirties, working with photomontage, designing magazines and publishing an important anthology of the new international graphic design in 1938. He was also a theatrical designer and teacher at the Schools of Arts and Crafts in Bratislava (1932-38) and Brno (from 1938).

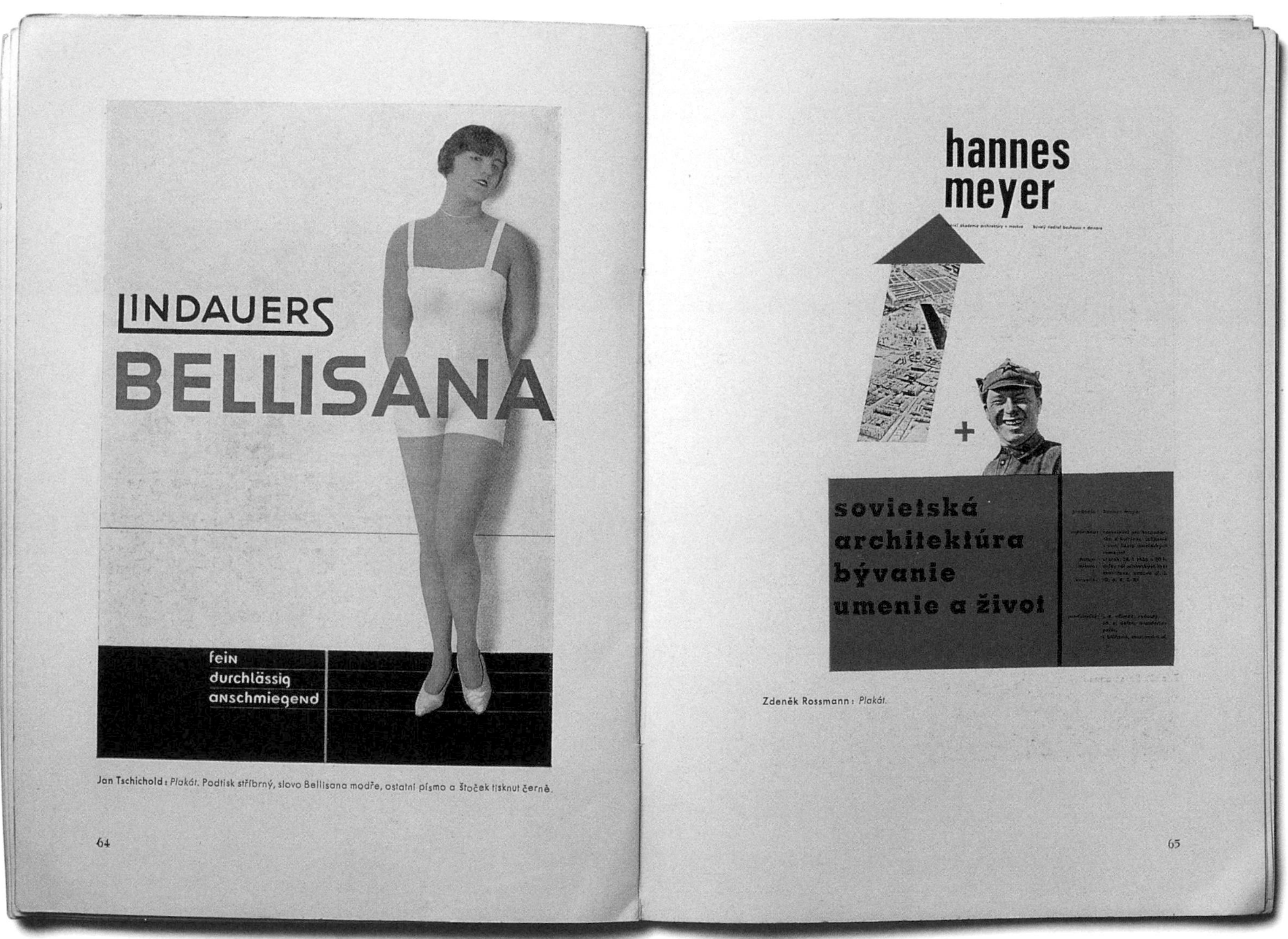

510

ROSSMANN

510/515 — Zdeněk Rossmann, Písmo a fotografie v reklamě (Rotulación y fotografía en publicidad), Index, Olomuc 1938, MNCARS.

510/515 — Zdeněk Rossmann, Písmo a fotografie v reklamě, (Sign painting and photography in advertising). Index, Olomuc 1938. MNCARS.

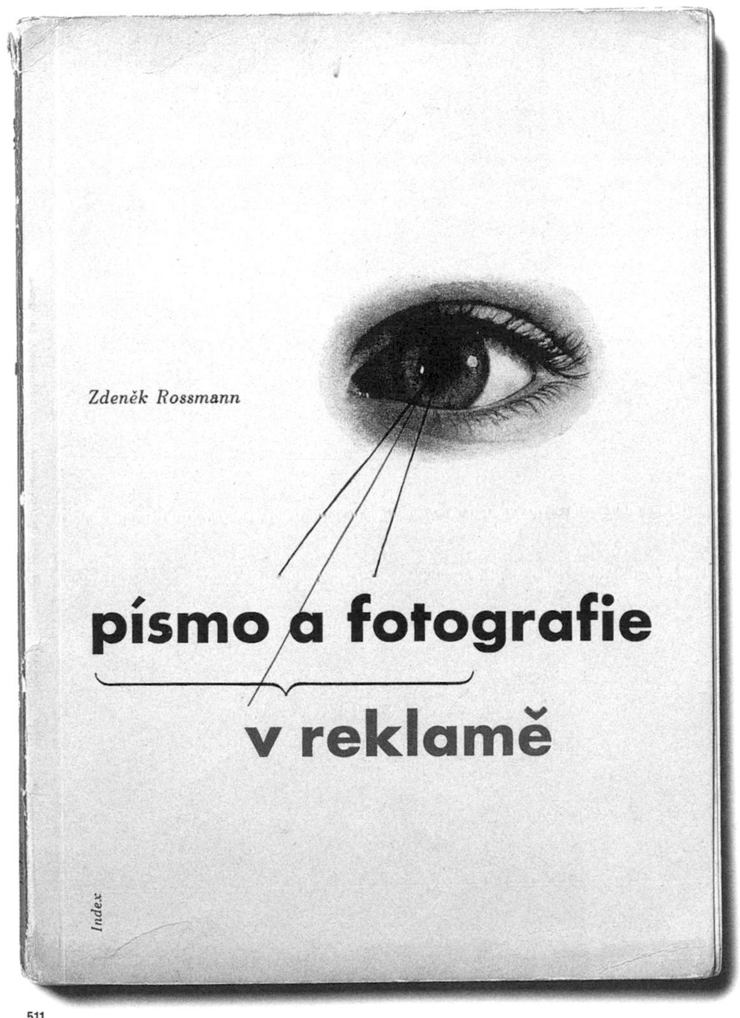

511

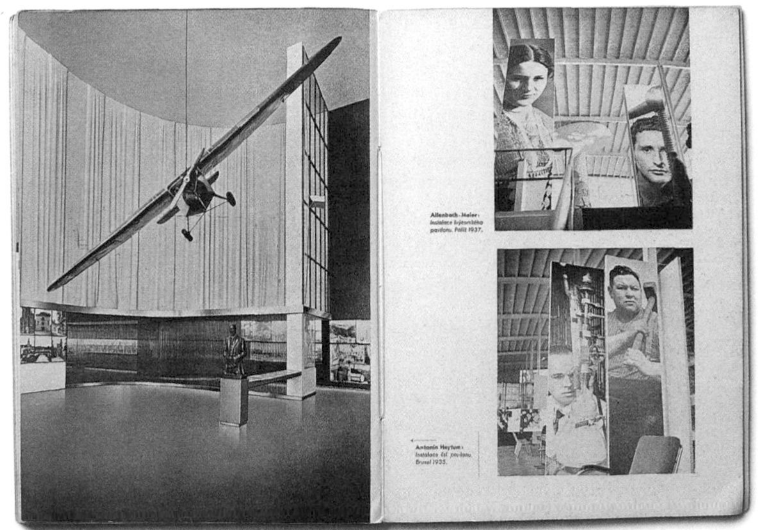

512

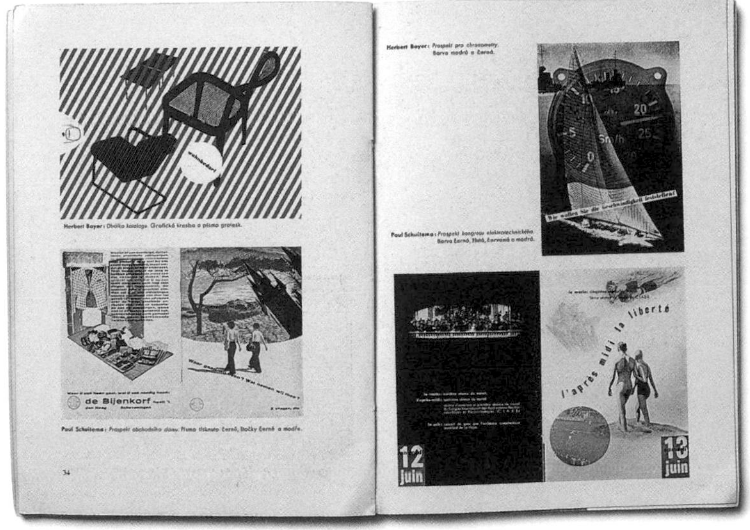

513

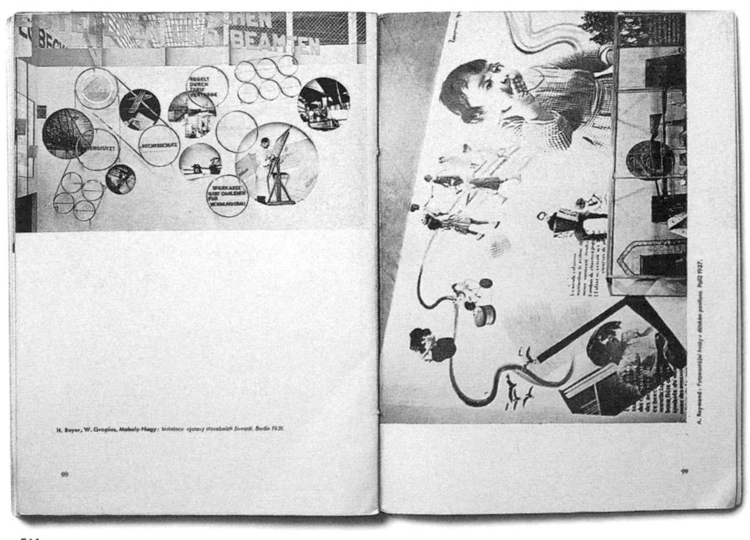

514

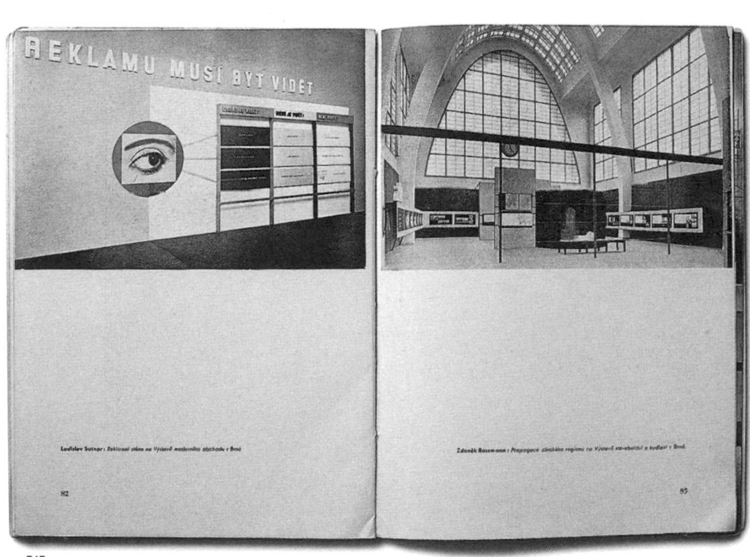

515

JOSEP SALA 1896 — 1962

FOTÓGRAFO. Estudió pintura en Barcelona y desde los primeros años veinte se dedicó a la fotografía, obteniendo premios en concursos. En los años treinta hizo fotografías publicitarias que se publicaron, entre otras revistas, en D'Ací i d'Allà, de la que fue director artístico en 1932 y donde aparecían fotografías suyas desde 1931, entre ellas algunas abstracciones fotográficas. También colaboró con Las cuatro estaciones, Mirador, Revista Ford y AC. Durante la Guerra Civil trabajó junto a Pere Català Pic en el Comisariado de propaganda de la Generalitat catalana y publicó fotografías y fotomontajes.

▸ Visions útils. Pere Català Pic y Josep Sala, cat. Fundació La Caixa, Barcelona 1994.

PHOTOGRAPHER. Sala studied painting in Barcelona, but from the early twenties dedicated himself to photography, winning several prizes in competitions. In the thirties he turned to advertising photography, producing pictures that were published in, among others, the magazine D'Ací i d'Allà, of which he was artistic editor in 1932. His photographs, including abstractions, started appearing in the magazine from 1931. He also collaborated with Las cuatro estaciones, Mirador, Revista Ford and AC. During the Spanish Civil War he worked with Pere Català Pic in the Propaganda Department of the Catalan organ of government, the Generalitat, and published photographs and photomontages.

▸ Visions útils. Pere Català Pic y Josep Sala, cat. Fundació La Caixa, Barcelona 1994.

492

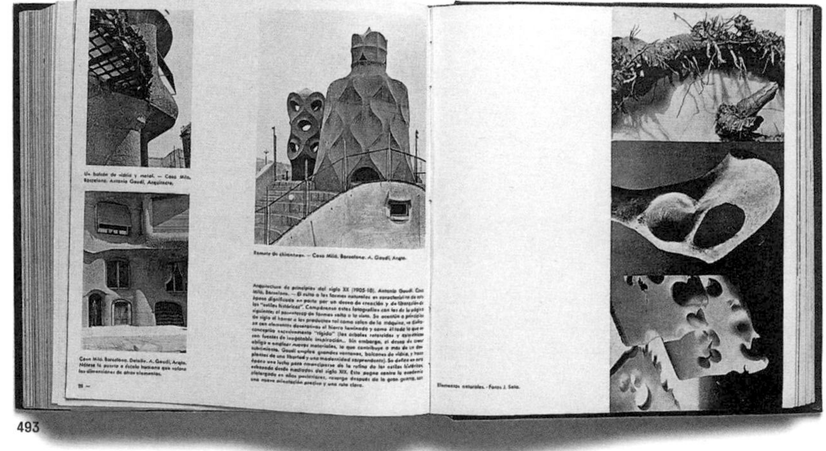

493

494

SALA
516 — Nova Iberia 2 (1937), fotomontaje de Josep Sala, colección particular.
517 — AC vol. 5, 17 (primer trimestre 1935), fotografías de Josep Sala, colección particular.
518 — D'Açí i d'Allà 177 (junio 1934), fotografías de Josep Sala, MNCARS.
516 — Nova Iberia 2 (1937). Photomontage by Josep Sala. Private collection.
517 — AC vol.5, 17 (first quarter 1935). Photographs by Josep Sala. Private collection.
518 — D'Açí i d'Allà 177 (June 1934). Photographs by Josep Sala. MNCARS.

SALOMON
519 — Das deutsche Lichtbild 1930, fotografía de Erich Salomon, Robert & Bruno Schultz Verlag, Berlín 1930, colección particular.
520 — Life vol. 4, 7 (14 febrero 1938), fotografías de Erich Salomon, colección particular.
521 — L'Illustration vol. 89, 4618 (5 septiembre 1931), fotografía de Erich Salomon, colección particular.
519 — Das deutsche Lichtbild 1930. Photography by Erich Salomon, Robert & Bruno Schultz Verlag, Berlin 1930. Private collection.
520 — Life vol. 4, 7 (14 February 1938). Photographs by Erich Salomon. Private collection.
521 — L'Illustration vol. 89, 4618 (5 September 1931). Photography by Erich Salomon. Private collection.

ERICH SALOMON 1886 — 1944

FOTÓGRAFO. Nacido en Berlín, estudió ingeniería mecánica en Múnich. Prisionero francés durante la Primera Guerra Mundial, tras el armisticio se ocupó de la publicidad de la editorial Ullstein. A partir de 1927 trabajó como reportero gráfico y se especializó en la fotografía instantánea. Fue un importante colaborador del semanario Berliner Illustrirte Zeitung y la revista londinense The Graphic, en la que hizo famosa su definición de la fotografía documental como 'Candid Camera'. Se refugió en Holanda a la llegada de los nacionalsocialistas al poder en Alemania.

▸ E. Salomon, Berühmte Zeitgenossen in Unbewachten Augenblicken, Stuttgart 1928; Erich Salomon. Portrait of an Age, Nueva York 1967.

PHOTOGRAPHER. Salomon was born in Berlin and studied mechanical engineering in Munich. He was taken prisoner by the French during the First World War and, following the Armistice, took charge of the advertising for the publishers Ullstein. From 1927 he worked as a graphic reporter, specialising in instantaneous photography. He was an important collaborator of the weekly Berliner Illustrirte Zeitung, and the London magazine The Graphic, in which his definition of the documentary photograph as 'Candid Camera' was made famous. Following the coming to power of the National Socialists in Germany, Salomon sought refuge in Holland.

▸ E. Salomon, Berühmte Zeitgenossen in Unbewachten Augenblicken, Stuttgart 1928; Erich Salomon. Portrait of an Age, New York 1967.

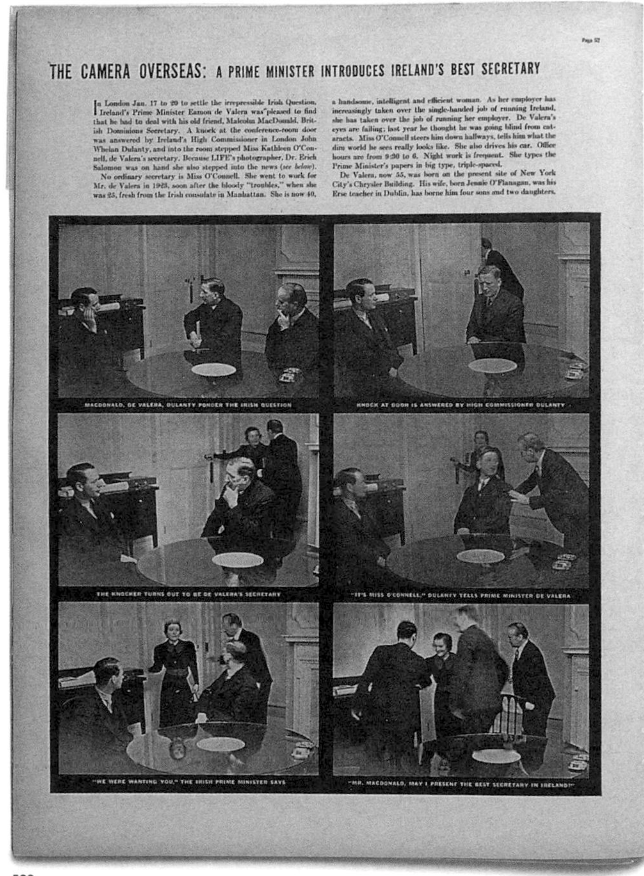

THE CAMERA OVERSEAS: A PRIME MINISTER INTRODUCES IRELAND'S BEST SECRETARY

In London Jan. 17 to 20 to settle the irrepressible Irish Question, Ireland's Prime Minister Eamon de Valera was pleased to find that he had to deal with his old friend, Malcolm MacDonald, British Dominions Secretary. A knock at the conference-room door was answered by Ireland's High Commissioner in London John Whelan Dulanty, and into the room stepped Miss Kathleen O'Connell, de Valera's secretary. Because LIFE's photographer, Dr. Erich Salomon was on hand she also stepped into the news (*see below*).

No ordinary secretary is Miss O'Connell. She went to work for Mr. de Valera in 1923, soon after the bloody "troubles," when she was 25, fresh from the Irish consulate in Manhattan. She is now 40, a handsome, intelligent and efficient woman. As her employer has increasingly taken over the single-handed job of running Ireland, she has taken over the job of running her employer. De Valera's eyes are failing; last year he thought he was going blind from cataracts. Miss O'Connell steers him down hallways, tells him what the dim world he sees really looks like. She also drives his car. Office hours are from 9:30 to 6. Night work is frequent. She types the Prime Minister's papers in big type, triple-spaced.

De Valera, now 55, was born on the present site of New York City's Chrysler Building. His wife, born Jennie O'Flanagan, was his Erse teacher in Dublin, has borne him four sons and two daughters.

MACDONALD, DE VALERA, DULANTY PONDER THE IRISH QUESTION

KNOCK AT DOOR IS ANSWERED BY HIGH COMMISSIONER DULANTY

THE KNOCKER TURNS OUT TO BE DE VALERA'S SECRETARY

"IT'S MISS O'CONNELL," DULANTY TELLS PRIME MINISTER DE VALERA

"WE WERE WANTING YOU," THE IRISH PRIME MINISTER SAYS

"MR. MACDONALD, MAY I PRESENT THE BEST SECRETARY IN IRELAND"

520

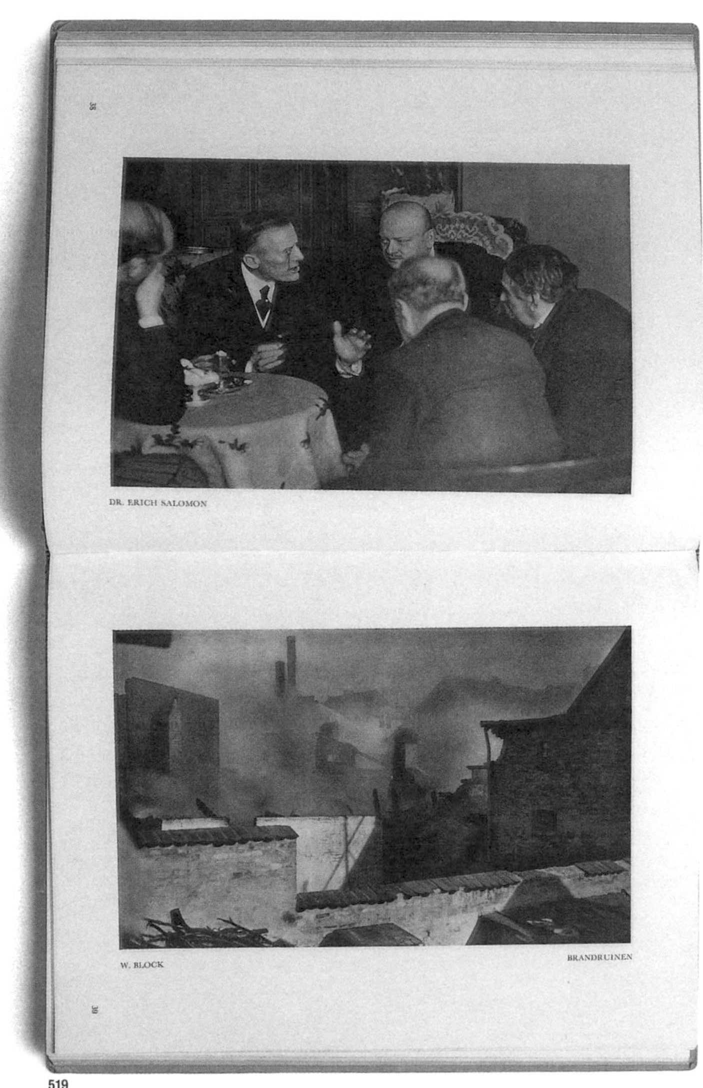

DR. ERICH SALOMON

W. BLOCK BRANDRUINEN

519

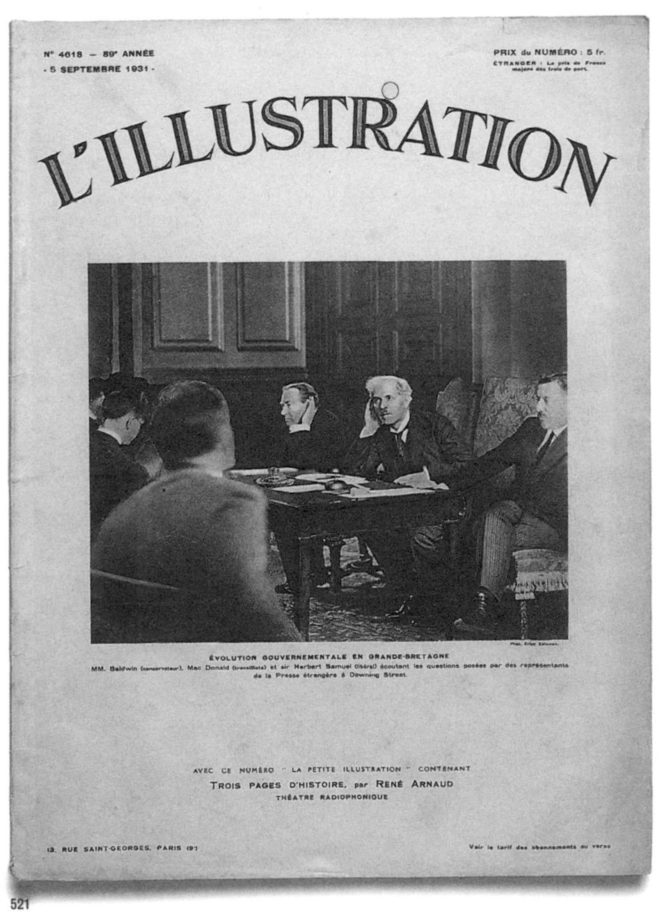

Nº 4618 — 89e ANNÉE - 5 SEPTEMBRE 1931 -

PRIX du NUMÉRO : 5 fr.

L'ILLUSTRATION

Phot. Erich Salomon.

ÉVOLUTION GOUVERNEMENTALE EN GRANDE-BRETAGNE

MM. Baldwin (conservateur), Mac Donald (travailliste) et sir Herbert Samuel (libéral) écoutant les questions posées par des représentants de la Presse étrangère à Downing Street.

AVEC CE NUMÉRO " LA PETITE ILLUSTRATION " CONTENANT

TROIS PAGES D'HISTOIRE, par RENÉ ARNAUD

THÉATRE RADIOPHONIQUE

13, RUE SAINT-GEORGES, PARIS (9e)

Voir le tarif des abonnements au verso

521

ROGER SCHALL 1904

FOTÓGRAFO. Instalado en París desde 1911, estudió dibujo y pintura. Entre 1918-1924 trabajó como fotógrafo en la empresa familiar hasta que en 1931 montó un estudio. Publicó sus fotografías de moda y sociedad en revistas como Vu, Art et Médecine, Vogue, L'Art vivant, Die Dame o Berliner Illustrirte Zeitung.

► R. Schall, Paris de jour, París 1937.

PHOTOGRAPHER. Schall lived in Paris from 1911 and studied drawing and painting. He worked as a photographer for the family business from 1918 to 1924 and, in 1931, established a studio. His society and fashion photographs were published in magazines such as Vu, Art et Médecine, Vogue, L'Art vivant, Die Dame and Berliner Illustrirte Zeitung.

► R. Schall, Paris de jour, Paris 1937.

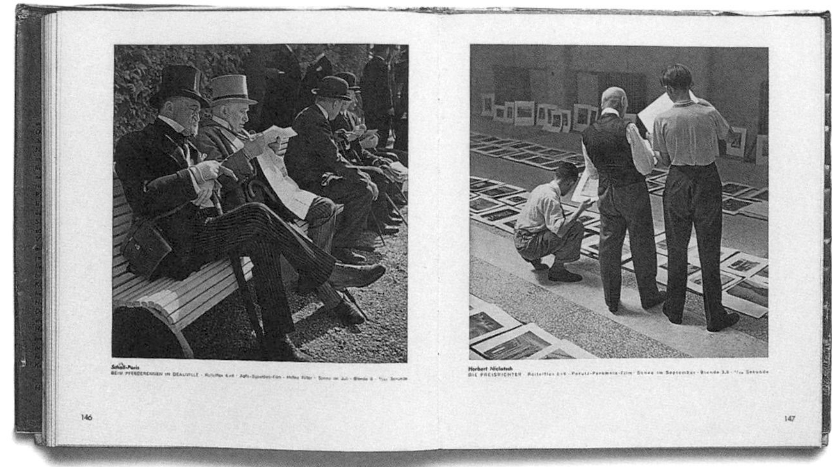

522

GOTTHARD SCHUH 1897 — 1969

FOTÓGRAFO. Nacido en Berlín de familia suiza, se educó en Arrau y Basilea. Tras unos años de dedicación a la pintura, en 1928 empezó a hacer fotografías. Abrió un estudio en Zúrich y entre 1931-41 publicó sus fotos en la revista Zürcher Illustrierte, así como en Vu, Match, Berliner Illustrirte Zeitung o Life. En 1935 publicó un foto-libro sobre Zúrich.

► Gotthard Schuh. Frühe Photographien 1929-1939, Zúrich 1967.

PHOTOGRAPHER. Born in Berlin of a Swiss family, Schuh was brought up in Arrau and Basle. After dedicating some years to painting, he took up photography in 1928. He opened a studio in Zurich and between 1931 and 1941 his photographs were published in the magazine Zürcher Illustrierte, as well as in Vu, Macht, Berliner Illustrirte Zeitung and Life. In 1935 he published a photo-book on Zurich.

► Gotthard Schuh. Frühe Photographien 1929-1939, Zurich 1967.

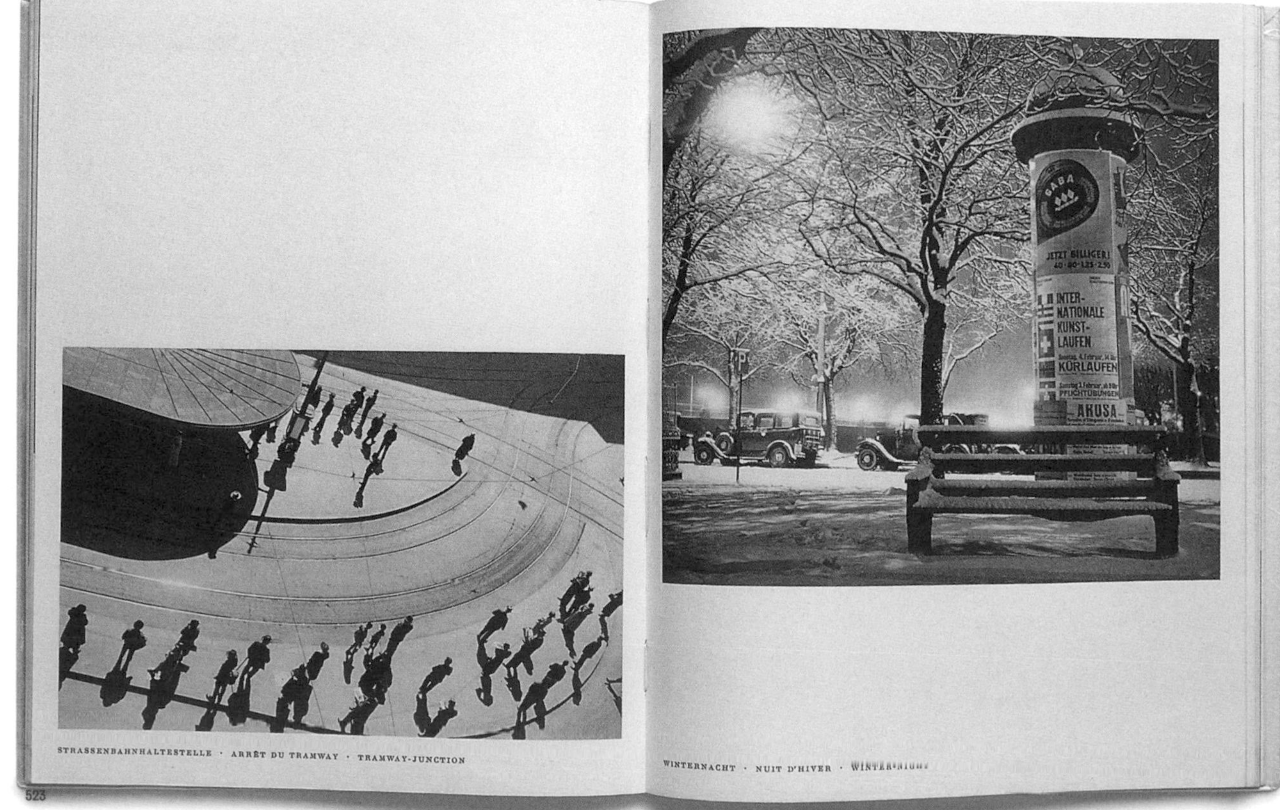

523

SCHALL

522 — Walther Hering, ed., Das Goldene Buch der Rolleiflex, fotografía de Roger Schall, Heering Verlag, Harzburg 1936, colección particular.

522 — Walther Hering, ed., Das Goldene Buch der Rolleiflex. Photography by Roger Schall. Heering Verlag, Harzburg 1936. Private collection.

SCHUH

523 — Gotthard Schuh, Zürich. Photobuch, Oprech und Helbling, Zúrich 1935, colección particular.

523 — Gotthard Schuh, Zürich. Photobuch. Oprech und Helbling, Zurich 1935. Private collection.

PAUL SCHUITEMA 1897 — 1973

DISEÑADOR GRÁFICO, FOTÓGRAFO. Estudió en la Academia de arte de Rotterdam entre 1915-20, con la interrupción del servicio militar en 1917-18. En los años veinte se dedicó al diseño gráfico para compañías como Berkel, para la que produjo carteles, publicaciones y exposiciones. Fue miembro del grupo Opbouw, para el que diseñó su revista, De 8 en Opbouw. Desde 1926 se dedicó a la fotografía, haciendo sobreimpresiones y fotomontajes, que a menudo combinaba con tipografía, siendo uno de los maestros de la técnica de tipo-foto. Expuso sus fotografías y montajes en 1929 en Film und Foto. Sus diseños de revistas (Film liga, De Gemeenschap), libros, folletos publicitarios para empresas como PTT, Chevalier o Phillips, así como sus carteles de los años treinta, en algunos de los cuales aparece también su compromiso político con la izquierda, se encuentran entre las obras maestras de la época. En 1929 empezó a trabajar en una película experimental sobre los puentes de Rotterdam, De Bruggen, a la que siguieron otras dos en 1930. Desde 1930 fue profesor en la Academia de Bellas Artes de La Haya.

▸ Paul Schuitema. Ein Pionier der Holändischen Avantgarde, cat. Kunstgewerbemuseum, Zürich 1967; Paul Schuitema, cat. Museum Boymans, Rotterdam 1986; D. Maan y J. Van der Ree, Typo-foto/Elementaire typografie in Nederland, Utrecht y Amsterdam 1990.

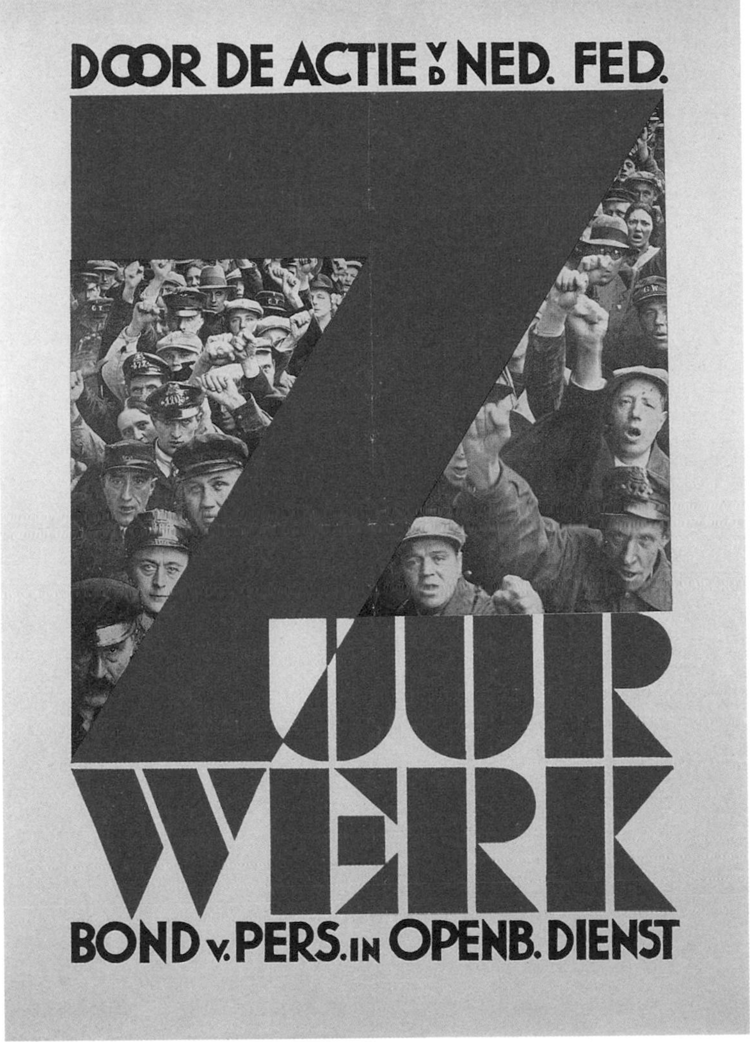

524

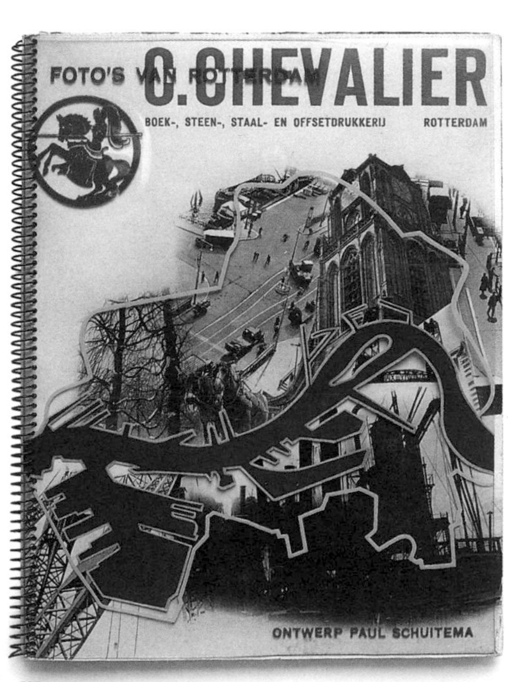

525

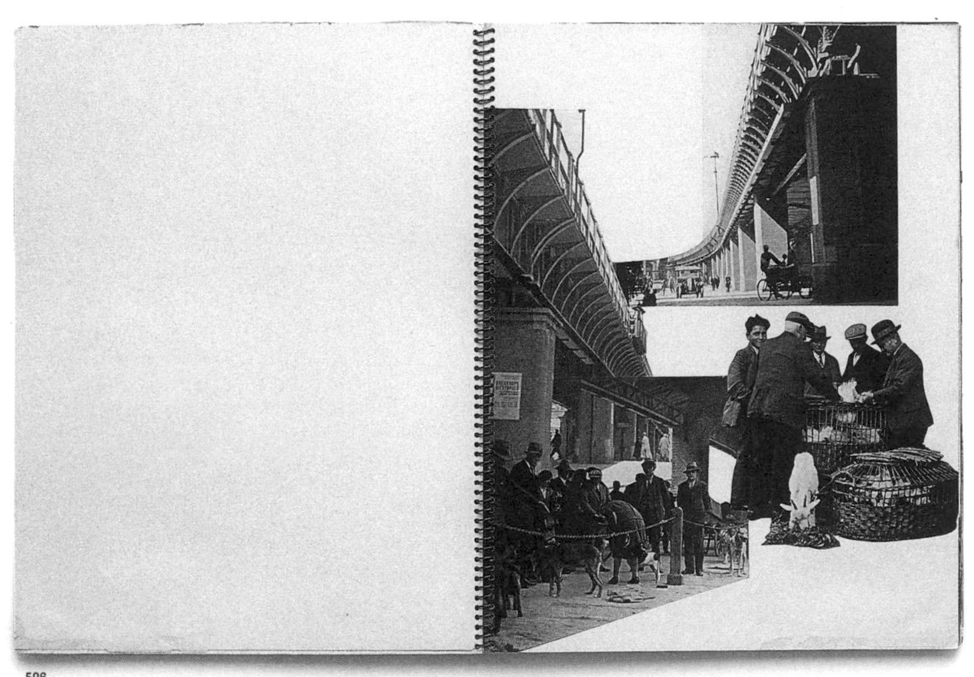

526

PAUL SCHUITEMA 1897 — 1973

GRAPHIC DESIGNER, PHOTOGRAPHER. Schuitema studied at the Academy of Art in Rotterdam from 1915 to 1920, his studies being interrupted by military service in 1917-18. He worked in graphic design in the twenties, for companies such as Berkel, for which he produced posters, publications and exhibitions. He was a member of the Opbouk group, and designed its magazine De 8 en opbouk. He turned to photography from 1926, producing overprints and photomontages, which he often combined with typography, Schuitema being one of the masters of the technique of typo-photo. His photographs and montages were exhibited in 1929 in Film und Foto. His magazine designs (Film liga, De Gemeenschap), books, advertising leaflets for companies such as PTT, Chevalier and Phillips, together with his posters in the thirties, some of which also contain references to his commitment to the political left, count among the masterpieces of the period. In 1929 he started work on an experimental film based on the bridges of Rotterdam, De Bruggen, which was followed by two others in 1930, year in which he became a teacher at the Royal Academy of Fine Arts in The Hague.

▸ Paul Schuitema. Ein Pionier der Holändischen Avantgarde, cat. Kunstgewerbemuseum, Zurich 1967; Paul Schuitema, cat. Boymans Museum, Rotterdam 1986; D. Maan and J. Van der Ree, Typo-foto/Elementaire typografie in Nederland, Utrecht and Amsterdam 1990.

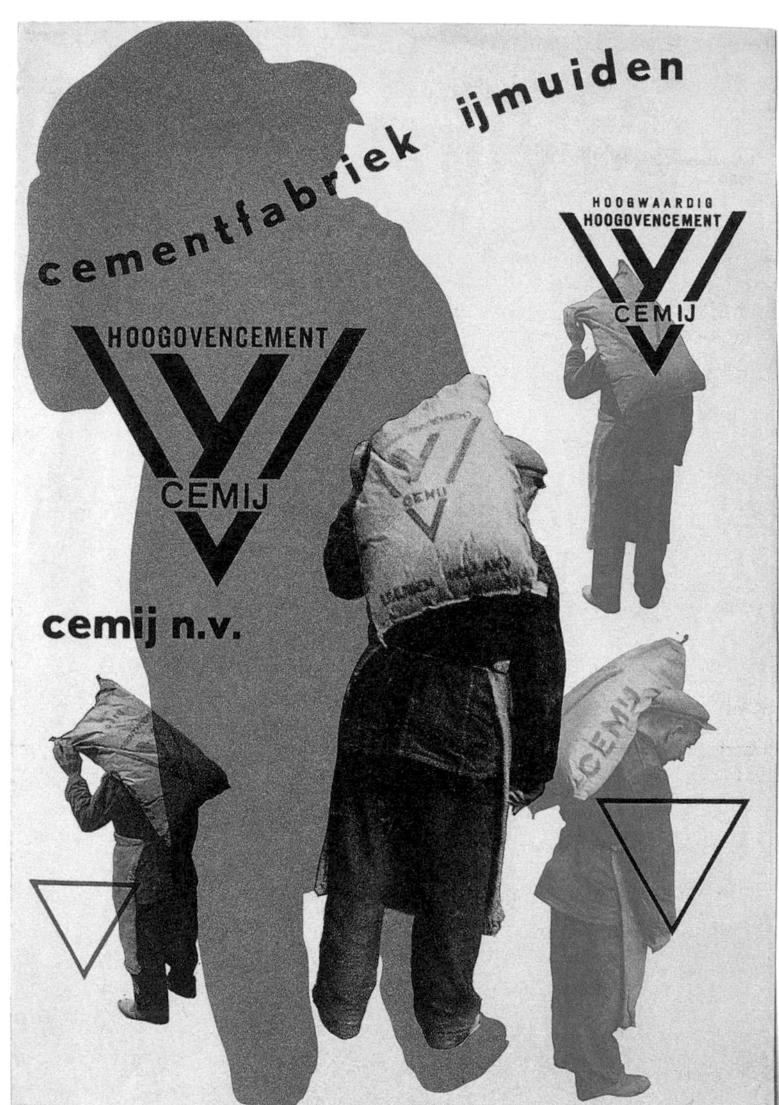

527

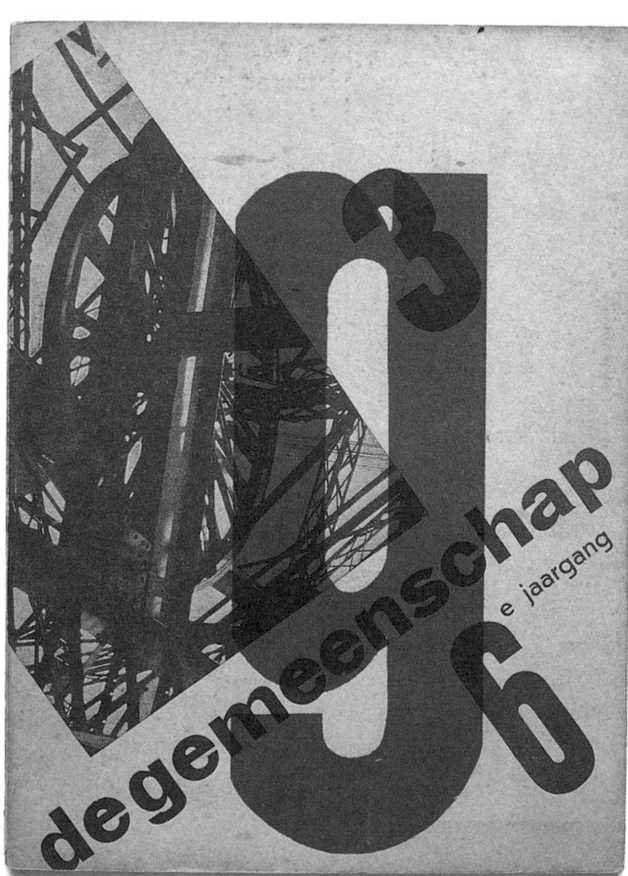

528

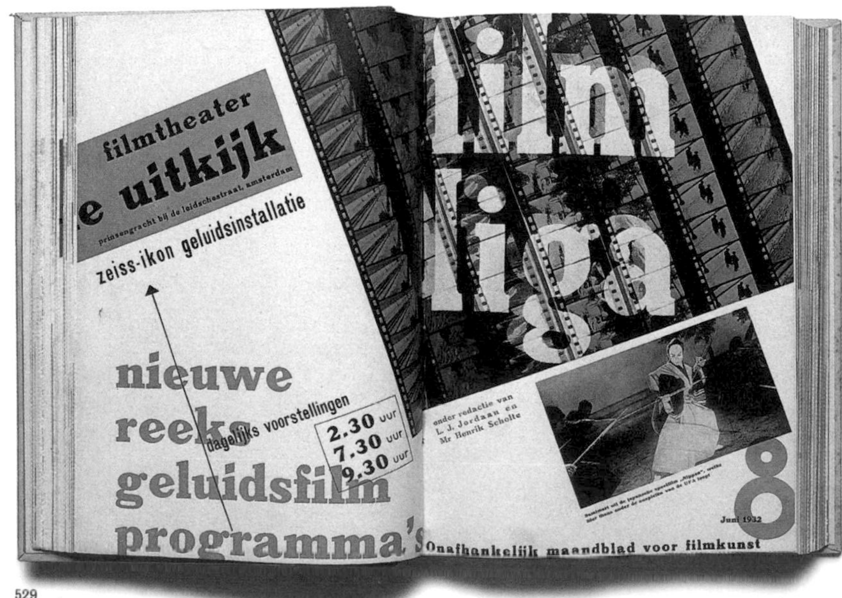

529

SCHUITEMA
524 — Paul Schuitema, Zuur Werk, cartel, litografía, ca. 1930, Merrill C. Berman Collection.
525/526 — Foto's van Rotterdam, Ontwerp Paul Schuitema. fotografías y fotomontajes de Paul Schuitema, C. Chevalier, Rotterdam s.f., IVAM.
527 — Cementfabriek Ijmuiden, folleto publicitario, cubierta, fotomontaje de Paul Schuitema, 1936, IVAM.
528 — De gemeenschap vol. 6, 3 (1930), cubierta, diseño de Paul Schuitema, fotografía de Germaine Krull, IVAM.
529 — Film liga 8 (junio 1932), diseño de Paul Schuitema, MNCARS.
530 — Paul Schuitema, Centrale Bond 30.000 Transportarbeiders, cartel, ofsset, 1930, IVAM.
524 — Paul Schuitema, Zuur Werk. Poster, lithograph, aprox. 1930. Merrill C. Berman Collection.
525/526 — Foto's van Rotterdam. Ontwerp Paul Schuitema. Photographs and photomontages by Paul Schuitema, C. Chevalier, Rotterdam n.d. IVAM.
527 — Cementfabriek Ikhmuiden. Advertising leaflet. Cover, photomontage by Paul Schuitema 1936. IVAM.
528 — De gemeenschap (Utrecht) vol.6, 3 (1930). Cover, design by Paul Schuitema, photography by Germaine Krull. IVAM.
529 — Film liga 8 (June 1932). Design by Paul Schuitema. MNCARS.
530 — Paul Schuitema, Centrale Bond 30.000 Transportarbeiders. Poster, offset, 1930. IVAM.

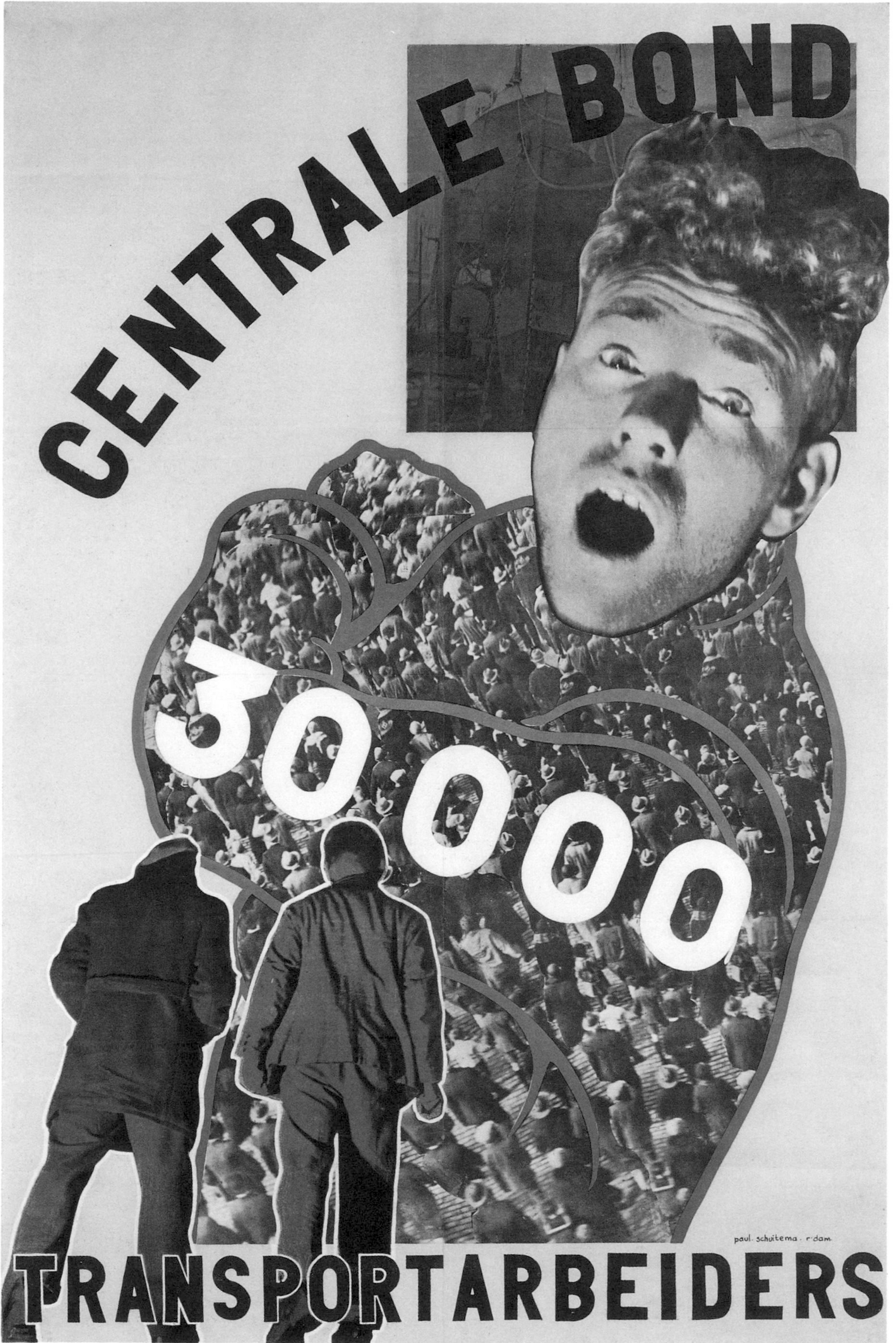

530

SERGUEI SENKIN 1894 — 1963

DISEÑADOR, FOTOMONTADOR. Entre 1918 y 1919 estudió en los SVOMAS de Moscú con Kasimir Malevich, al que siguió a Vitebsk. De nuevo en Moscú en 1921, reemprendió sus estudios en los VJUTEMAS, donde montó un estudio con Gustav **Klucis**, con quien compartía la convicción de la necesidad de un arte comprometido con la política y diseñó cubiertas de libros en fotomontaje. Colaboró también con **El Lissitzky** en el pabellón soviético de Pressa (Colonia 1928), para el que hizo fotomontajes a gran escala, fotomurales. Además, diseñó libros, carteles, revistas, exposiciones y hasta las calles de Moscú para celebraciones revolucionarias. En 1928 formó parte del grupo 'Oktiabr', con el que expuso en Moscú en 1930. En la década de los treinta, Senkin diseñó números de **SSSR na stroike** y se encargó del montaje de muestras como las exposiciones agrícolas de Moscú de 1938 y 1939 o el pabellón soviético en la feria mundial de Nueva York de 1939.

DESIGNER, PHOTOMONTEUR. Senkin studied at the SVOMAS in 1918-19, with Kasimir Malevich, whom he followed to Vitebsk. In 1921 he continued his studies at the VKHUTEMAS in Moscow, where he opened a studio with Gustav **Klutsis**, with whom he shared the need to create politically committed art, designing book covers in photomontage. He also collaborated with **El Lissitzky** on the Soviet Pavilion in Pressa (Cologne 1928), for which Senkin produced photomurals, in the form of large-scale photomontages. He also designed books, posters, magazines, exhibitions, and even the streets of Moscow for revolutionary celebrations. In 1928 he became a member of 'Oktiabr', with which he exhibited in Moscow in 1930. In the decade of the thirties Senkin designed numbers of **SSSR na stroike** and organised shows, such as the Moscow agricultural exhibitions in 1938 and 1939, and the Soviet Pavilion at the World's Fair in New York, in 1939.

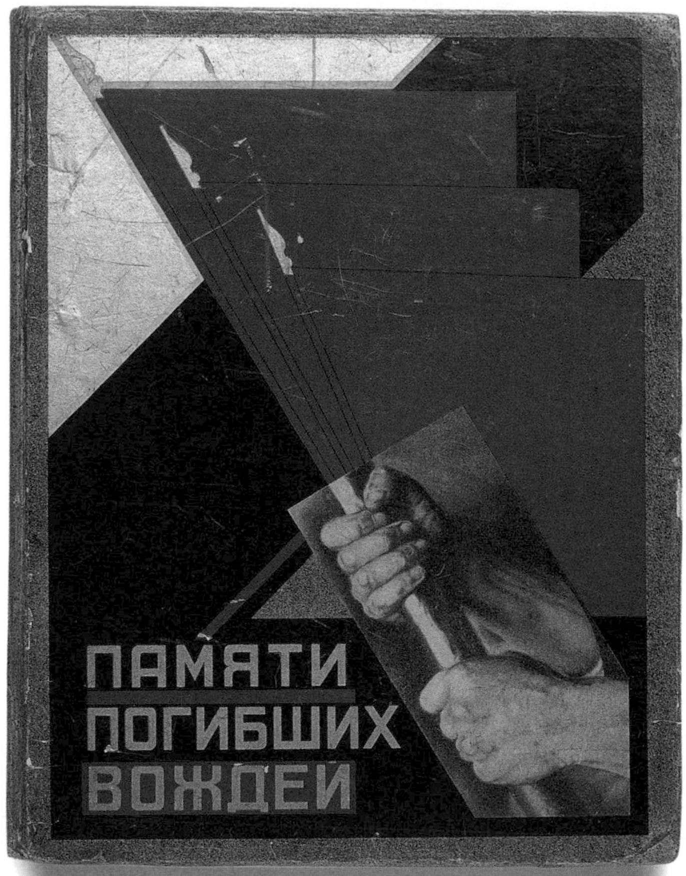

532

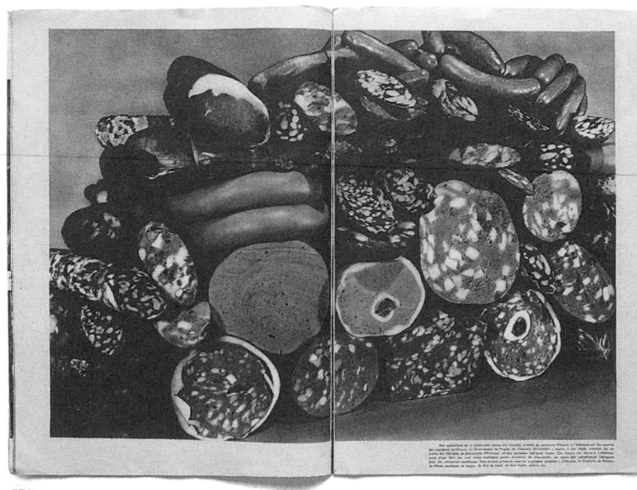

531

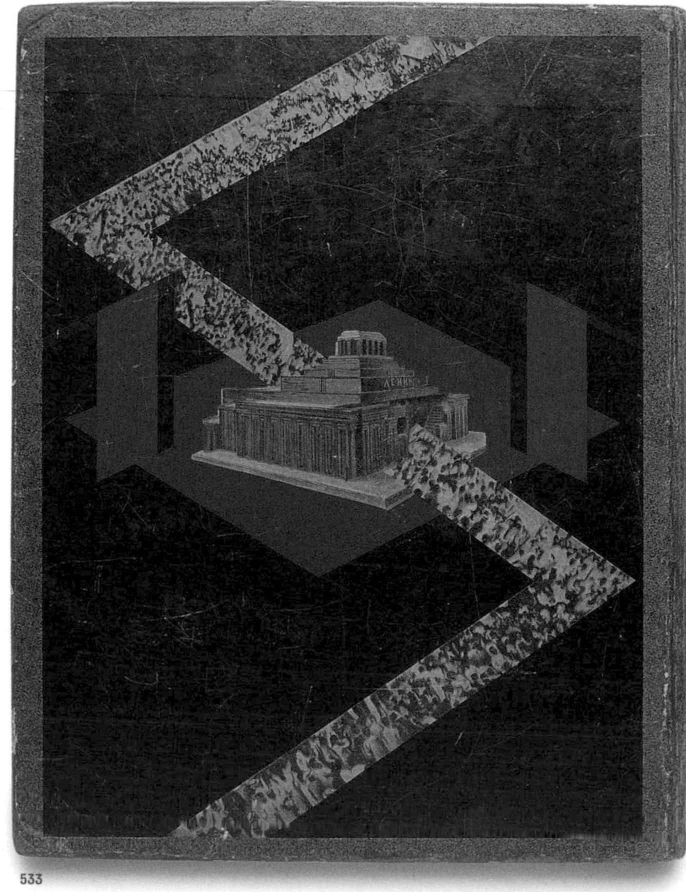

533

SENKIN

531 — L'URSS en construction 8 (agosto 1938), fotografías de Mijail Prejner y otros, montaje de Dmitri Moor y Serguei Senkin, AHNSGC.
532/533 — Pamiata Pogivhij Vozhdei (A la Memoria de los Dirigentes Fallecidos), cubiertas, montajes de Gustav Klucis y Serguei Senkin, Moskovski Rabochi, Moscú 1927, IVAM.

531 — L'URSS en construction 8 (August 1938). Photographs by Mikhail Prekhner and others. Montage by Dmitri Moor and Sergei Senkin. AHNSGC.
532/533 — Pamiata Pogivhikh Vozhdey (To the Memory of Dead Leaders). Montages by Gustav Klutsis and Sergei Senkin. Moskovski Rabochi, Moscow 1927. IVAM.

ARKADIJ SHAIJET 1898 — 1959

FOTÓGRAFO. Arkadij Shaijet fue durante los años veinte retratista, retocador y reportero gráfico en Moscú para periódicos y revistas como Rabotskaia gazeta y Ogonek. Miembro del grupo ROPF, fue coautor junto a los fotógrafos Maks Alpert y Solomon Tules del famoso reportaje "Un día en la vida de una familia obrera moscovita", publicado en Proletarskoe Foto en 1931. También es frecuente su firma en SSSR na stroike durante la década de los treinta. El trabajo documental de Shaijet fue reconocido en la época: expuso en Film und Foto y obtuvo premios en exposiciones fotográficas en la URSS.

▸ A. Aleksandrov y A. Shaijet, Arkadij Shaijet, Moscú 1973. Arkadij Schaichet, Pionier der Sowjetischen Fotografie, cat. Alex Lachmann, Colonia 1995.

PHOTOGRAPHER. Arkadikh Shaikhet was, during the twenties, a portraitist, retoucher and graphic reporter in Moscow, for newspapers and magazines such as Rabotskaia gazeta and Ogonek. A member of the ROPF group, he was co-author, together with the photographers Maks Alpert and Solomon Tules, of the famous report "A day in the life of a working class Muscovite family", published in Proletarskoe Foto in 1931. His signature was also often found in SSSR na stroike, during the thirties. Shaikhet's documentary work was recognised in its day with prizes at Russian exhibitions, and representation in Film und Foto.

▸ A. Aleksandrov and A. Shaijet, Arkadikh Shaikhet, Moscow 1973; Arkadij Shaichet, Pionier der Sowjetischen Fotografie, cat. Alex Lachmann, Cologne 1995.

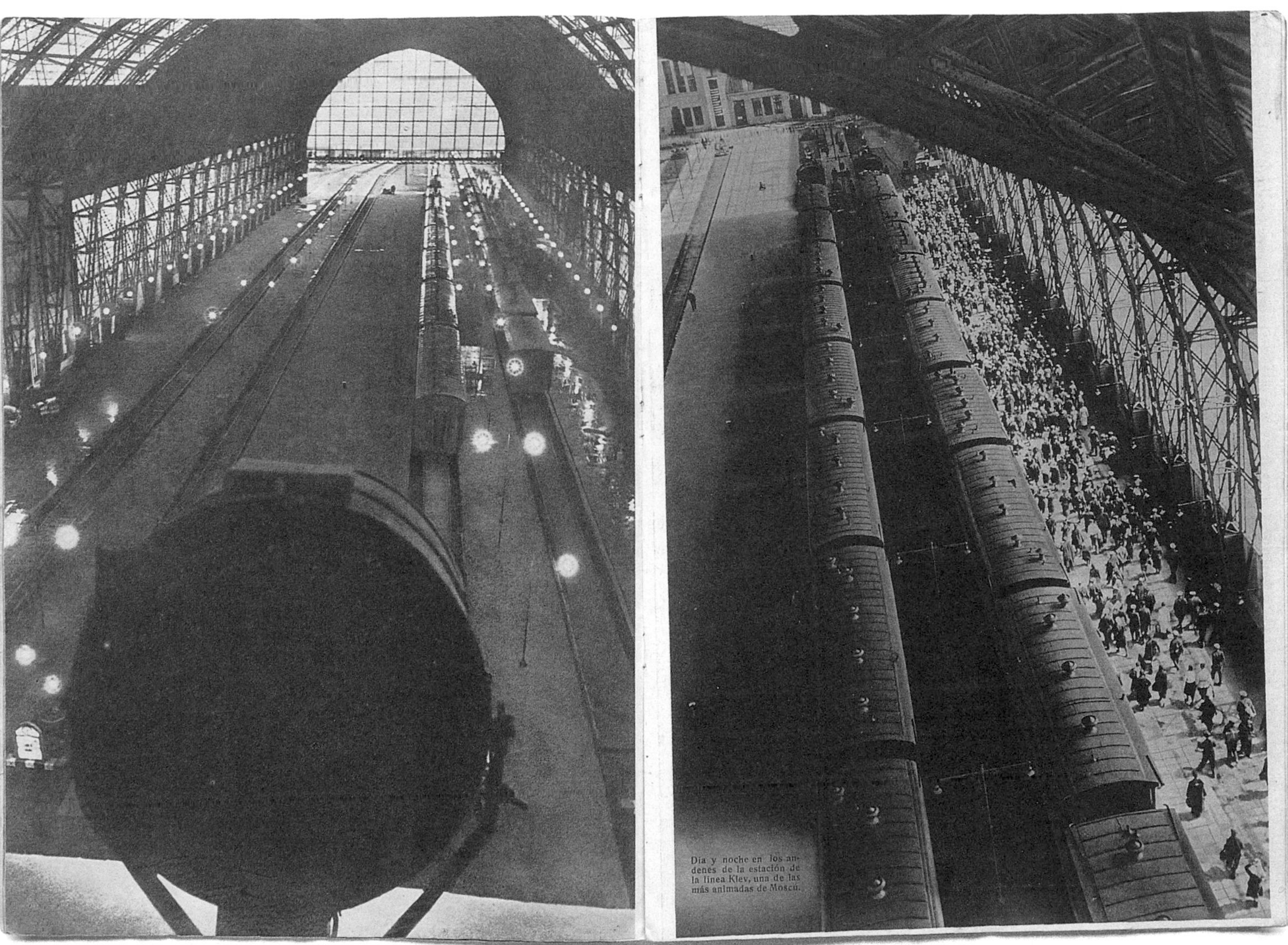

534

SHAIJET

534 — URSS en construcción 7 (julio 1938), fotografías de Arkadij Shaijet, Mijail Prejner y otros, montaje de Nicolai Troshin, AHNSGC.

534 — URSS en construction 7 (July 1938). Photographs by A. Shaikhet, Mikhail Prekhner and others, montage by Nicolai Troshin. AHNSGC.

CHARLES SHEELER 1883 — 1965

PINTOR Y FOTÓGRAFO. Nació en Filadelfia, donde estudió en la School of Industrial Art (1900) y en la Pennsylvania Academy of Fine Arts (1903). Antes de 1910, año en el que comenzó a dedicarse a la fotografía, viajó varias veces por Europa. En 1919 se trasladó a Nueva York. Colaboró con Paul Strand en la película experimental Manhatta. Comenzó en 1926 a trabajar en revistas de la editorial Condé Nast como Vanity Fair, en la que publicó fotografías urbanas 'cubistas'. En 1927 realizó un trabajo sobre la factoría Ford en River Rouge, una de las obras principales de la fotografía y estética maquinista, reproducido en revistas norteamericanas y europeas. Publicó también sus fotografías en Fortune y expuso en Film und Foto. Además de estos trabajos comerciales, Sheeler realizó fotografías sobre otros temas, en particular sobre granjas del siglo pasado y obras de arte y arquitectura.

► C. Rourke, Charles Sheeler: Artist in the American Tradition, Nueva York 1938; Charles Sheeler: The Photographs, Boston 1987.

PAINTER AND PHOTOGRAPHER. Sheeler was born in Philadelphia, where he studied at the School of Industrial Art (1900) and at the Pennsylvania Academy of Fine Art (1903). He travelled to Europe several times before taking up photography in 1910. He moved to New York in 1919, later collaborating with Paul Strand on the experimental film Manhatta. In 1926 he started working on the magazines of publishers Condé Nast, such as Vanity Fair, in which he published 'Cubist' urban photographs. In 1927 he took a number of photographs of the Ford plant factory at River Rouge which are considered some of the foremost works of machinist photography and aesthetic, and which were reproduced in both American and European magazines. His work was published in Fortune and exhibited in Film und Foto. In addition to these commercial projects, Sheeler also produced photographs of a more unusual nature, in particular scenes of previous century farms, works of art and architecture.

► C. Rourke, Charles Sheeler: Artist in the American Tradition, New York 1938; Charles Sheeler: The Photographs, Boston 1987.

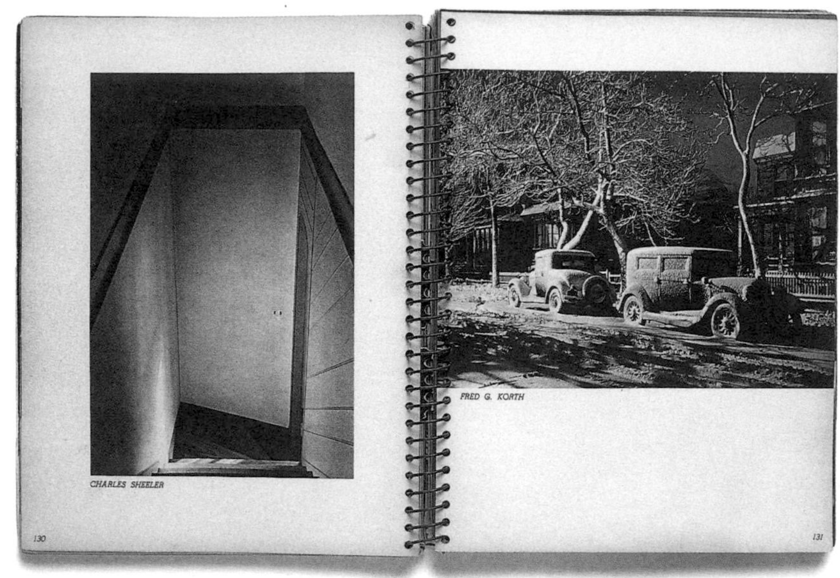

535

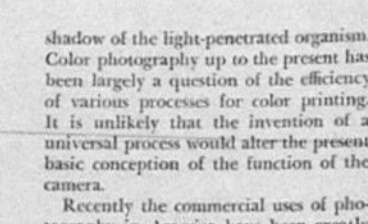

shadow of the light-penetrated organism. Color photography up to the present has been largely a question of the efficiency of various processes for color printing. It is unlikely that the invention of a universal process would alter the present basic conception of the function of the camera.

Recently the commercial uses of photography in America have been greatly extended. Photographs used as advertising posters were familiar as early as the nineties. Today the art-photograph has been made to serve all the uses of advertising, displacing original drawings to a very large extent. The camera lends itself admirably to advertising, reproducing alluringly the sheen of silk, the surface of an alligator pear, the cubic cleanliness of an electric refrigerator, in immaculate honesty. The element of the dramatic in photography has been used to great advantage. Advertisers have learned how to make spools of thread look like grain elevators and buttons like galaxies of moons. Fantasy in arrangement and lighting, well used, can provide the arresting quality necessary in advertising, and has resulted in a high grade of work. News photography is another interesting phase of commercial work. News photographs necessarily contain a very large element of the accidental. This accidental quality has been found to be very effective, and has been exploited to a considerable extent in the consciously accidental. Whether genuinely accidental or not, this type of picture often has a real interest as a social document, a fragment seized from its immediate context to satirize some phase of our life. Such shots have a surprising vitality, a breathing testimony,

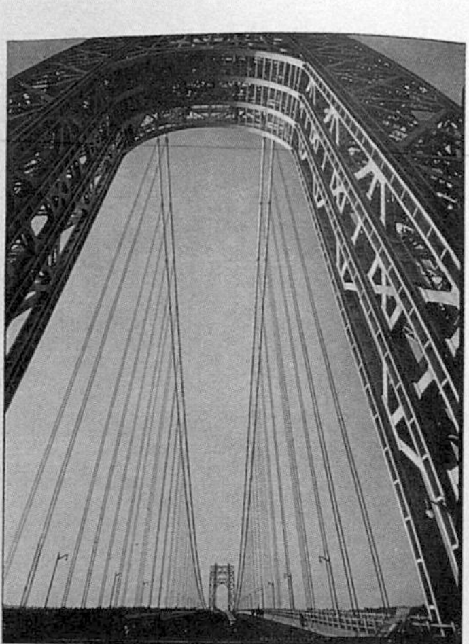

EDWARD STEICHEN
George Washington Bridge (Photo-mural)

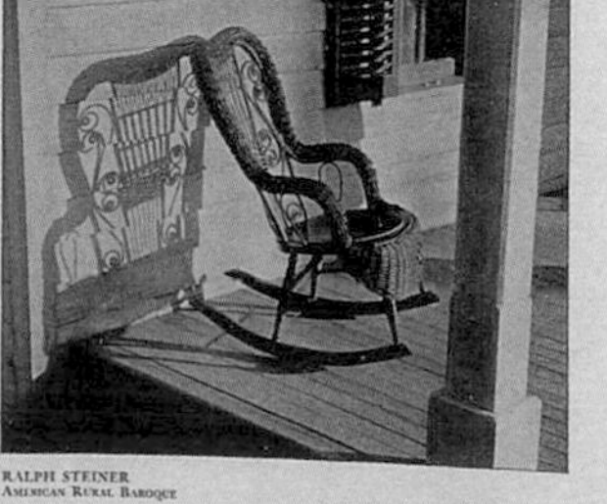

RALPH STEINER
American Rural Baroque

and sometimes an unflattering intimacy which many American periodicals show a tendency to exploit.

An interesting new development in photography is the photo-mural. The recent perfecting of large sheets of sensitized paper has made possible this use of enlarged photographs as wall decoration. But mere mechanical enlargement of a small picture does not make a photo-mural. The photographer, like the mural painter, must fit the scale of his mural to the wall space and make it harmonize with the surrounding architecture. The photo-mural has the advantage of greater speed and economy of execution over the work of the mural painter. For this reason, and probably because of the absence of color, architects today promise to be less timid about introducing photo-murals into their buildings than they are about painted mural decoration.

· 146 ·

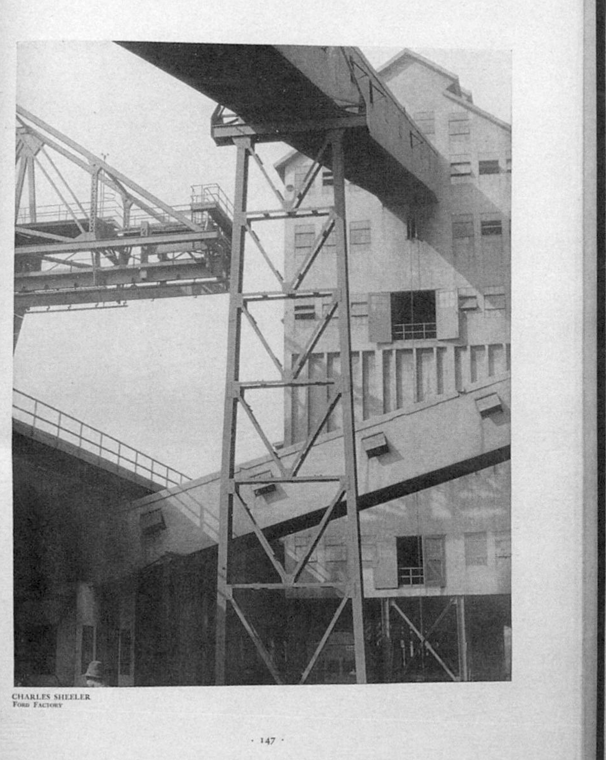

CHARLES SHEELER
Ford Factory

· 147 ·

536

SHEELER
535 — U.S. Camera Annual 1936, fotografía de Charles Sheeler, Nueva York 1936, colección particular.
536 — Holger Catrill y Alfred H. Barr, eds., Art in America. A Complete Survey, fotografías de Charles Sheeler, Edward Steichen y Ralph Steiner, Reynal & Hitchcock, Nueva York 1935, colección particular.

535 — U.S. Camera Annual 1936. Photography by Charles Sheeler, New York 1936. Private collection.
536 — Holger Catrill y Alfred H. Barr, eds., Art in America. A Complete Survey. Photographs by Charles Sheeler, Edward Steichen and Ralph Steiner. Reynal & Hitchcock, New York 1935. Private collection.

SPAIN

It was not until the end of the twenties that modern photography would make its appearance in Spain. Before this, the only genre practised had been 'art photography', in which the principal figures included Antoni Campañá, Claudi Carbonell, Josep Massana and, above all, José Ortiz Echagüe who, in 1929, published Spanische Köpfe, the first of his photo-books. Most photography magazines depended for their existence on the photographic industry (Revista Kodak, Agfa) and were directed at amateurs, despite such titles as Professional Photographer. Other publications followed a more Pictorialist line, such as El progreso fotográfico, Foto, or later, Art de la Ilum. The appearance of popular weeklies including Estampa, Crónica and, briefly, Imatges, changed the scene, providing an outlet for the publication of documentary and journalistic photographs, as well as photomontages, almost always in advertisements and some of them signed by Pere **Català Pic**, Massana or Gabriel **Casas.**

The circulation of these magazines multiplied during the years of the Republic (1931-36) and new magazines in which photography was a prominent feature appeared. Some specialised in architecture and interior design (**AC,** Viviendas, and Re-Co) or the cinema (Nuestro Cinema, Cinema Amateur, and Proyector), and others were of a more cultural nature (Gaçeta de arte), or ideological (Catolicismo, Nueva Cultura, and Octubre). There were also magazines of a more generalized content that should be mentioned, concerned primarily with politics and culture (Mirador, Diablo Mundo) or modern life, such as Brisas, Revista Ford, Mundial, and D'Açí i d'Allà. This magazine was first published in 1919, but its design was changed in 1932, being edited from then by the photographer Josep **Sala** and later, by the design studio Llovet Frisco. D'Açí i d'Allà also published a Spanish language version in 1935, entitled Las cuatro estaciones.

The majority of those who could be considered the new photographers (Sala, Català Pic, José Suárez, Juan José **Pedraza Blanco,** José Manuel Aizpurúa, Cecilio **Paniagua,** and José **Val del Omar**) published their work in these magazines, in which could also be found, on occasions, pictures by nomadic photographers (Bill **Brandt,** Henri **Cartier-Bresson,** or Martin **Munkacsi**) as well as those by photographers established at the time in Madrid or Barcelona, such as Walter Reuter, Otto Pless, Mario von Bucovich, Sybille de Kaskel, Margaret **Michaelis** and Raoul Hausmann. Prominent graphic designers of the period included Mauricio **Amster** and Mariano **Rawicz,** both of Polish origin, who introduced Madrid to the novelties of Central European design which would be applied by publishers such as Cenit and Ulises, and magazines such as Viviendas (Rawicz), and Catolicismo, as well as the newspaper Luz (Amster). Both Amster and Rawicz, who also directed a photographic agency, were excellent photomonteurs, a technique in which José **Renau,** Casas, Manuel Monleón, the painter Benjamin Palencia, and Arturo Ruiz Castillo also excelled. The most ambitious work in documentary photography was organised by the Misiones Pedagógicas, whose leading photographer was Val del Omar. Little was written on the new photography, with a few articles appearing by Manuel Abril, Guillem Díaz Plaja, Guillermo de Torre, Català Pic and, above all, Salvador Dalí, who published two excellent essays in L'Amic de les Arts in 1927, and in Gaceta de les Arts, two years later.

The Spanish Civil War (1936-39) provided a boost for publishing, especially in the Republican zone. A multitude of new magazines appeared, published by the central government, the Generalitat of Catalonia, political parties, trades unions, and even the army. Many of the aforementioned photographers and designers worked for these organisations, and among their numerous posters may be found photomontages by Amster, Renau, Català Pic, and by new photomonteurs such as Padial. It was Renau who directed the creation of a series of photomurals, based on the photographs that appeared in Misiones Pedagógicas, in the Spanish pavilion at the International Exposition in Paris in 1937. News photography was published in Crónica, Estampa and other magazines, such as Ahora and Mundo gráfico. The most outstanding practitioners in this genre included among others, Agustí Centelles, José Díaz Casariego, Lluís Torrens, Alfonso Sánchez Portela and the Mayo brothers who, like Kati Horna, also published photomontages. Many other photojournalists, including Robert **Capa,** Hans Namuth, Gerda Taro, Georg Reisner and Roman Karmen dedicated themselves to recording events of the war for the international agencies and illustrated magazines.

From the publishing and photography point of view, the propaganda work of the 'rebels' was less proliferate, at least until the end of the war, the most interesting examples being a collection of photographic portraits of the leaders of the rebellion, the Forjadores del Imperio, published in 1939 by the photographer Jalón Ángel.

SSSR NA STROIKE Moscú 1931 — 1941

Revista mensual dedicada a la propaganda y destinada sobre todo al consumo exterior, por lo que se publicaba en ediciones en ruso, francés (URSS en construction), alemán (USSR im Bau), inglés (USSR in Construction) y en 1938 en español (URSS en construcción). Cada número de la revista giraba en torno a un tema monográfico, desarrollado a través de imágenes fotográficas y fotomontajes. La realización del diseño completo de la revista (tipografía, cubiertas, montaje de ilustraciones) estuvo a cargo de los mejores diseñadores gráficos soviéticos: **El Lissitzky** (a veces junto a Sophie Lissitzky-Küppers), Aleksandr **Rodchenko** en colaboración con Varvara **Stepanova**, Solomon **Telingater**, Serguei **Senkin** o Nicolai **Troshin**. Entre los fotógrafos que publicaron en la revista se encuentra igualmente lo mejor de la fotografía soviética: Maks **Alpert**, Iuri Eremin, Semion **Fridliand**, Boris **Ignatovich**, Georgi **Petrusov**, Rodchenko, Arkadij **Shaijet**, Arkadij Shishkin o Georgi Zelma.

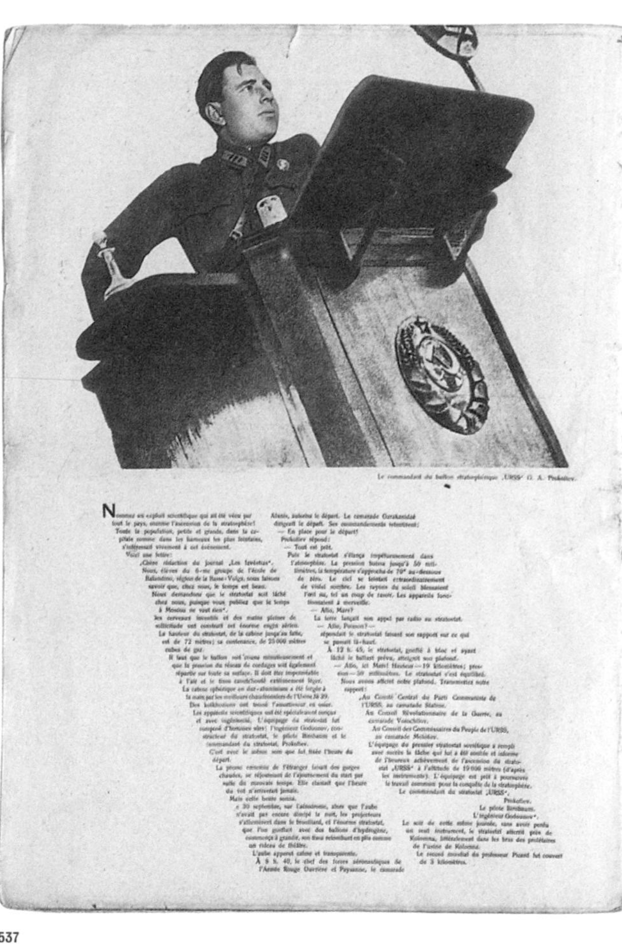

537

SSSR NA STROIKE

537 — URSS en construction 2 (febrero 1934), fotografías de Roman Karmen, Georgi Petrusov y otros; montaje de Sophie Lissitzky y El Lissitzky, AHNSGC.
538 — URSS en construction 3 (1937), cubierta, diseño de El Lissitzky, AHNSGC.
539/540 — L'URSS en construction 1 (enero 1937), fotografías de Georgi Petrusov, Nicolai Petrov, Iakov Jalip y otros; montaje de Sophie Lissitzky y El Lissitzky, AHNSGC.
541 — URSS en construction 5-6 (mayo-junio 1938), fotografías de Mijail Prejner, Arkadij Shaijet y otros; montaje de Sophie Lissitzky y El Lissitzky, AHNSGC.

537 — URSS en construction 2 (February 1934). Photographs by Roman Karmen, Georgi Petrusov and others; montage by Sophie Lissitzky and El Lissitzky. AHNSGC.
538 — URSS en construction 3 (1937), cover, design by El Lissitzky, AHNSGC.
539/540 — L'URSS en construction 1 (January 1937). Photographs by Georgi Petrusov, Nicolai Petrov, Iakov Khalip and others; montage by Sophie Lissitzky and El Lissitzky. AHNSGC.
541 — URSS en construction 5–6 (May–June 1938). Photographs by Mikhail Prekhner, Arkadikh Shaikhet and others; montage by Sophie Lissitzky and El Lissitzky. AHNSGC.

SSSR NA STROIKE Moscú 1931 — 1941

SSSR na stroike was a monthly magazine dedicated to propaganda and destined, above all, to foreign readership. Thus, editions were published in Russian, French (URSS en construction), German (USSR im Bau), English (USSR in Construction) and, in 1938, in Spanish (URSS en construcción). Each number of the magazine revolved around a monographic theme, developed through photographic images and photomontages. Entire design of the magazine (typography, covers, illustration montage) was entrusted to the skills of the best Russian graphic designers: **El Lissitzky** (sometimes together with Sophie Lissitzky-Küppers), Aleksandr **Rodchenko**, in collaboration with Varvara **Stepanova**, Solomon **Telingater**, Sergei **Senkin** and Nicolai **Troshin**. The cream of Russian photography was also to be found among the photographers whose work was published on its pages: Maks **Alpert**, Iuri Eremin, Semion **Fridliand**, Boris **Ignatovich**, Georgi **Petrusov**, Aleksandr Rodchenko, Arkadikh **Shaikhet**, Arkadikh Shishkin and Georgi Zelma.

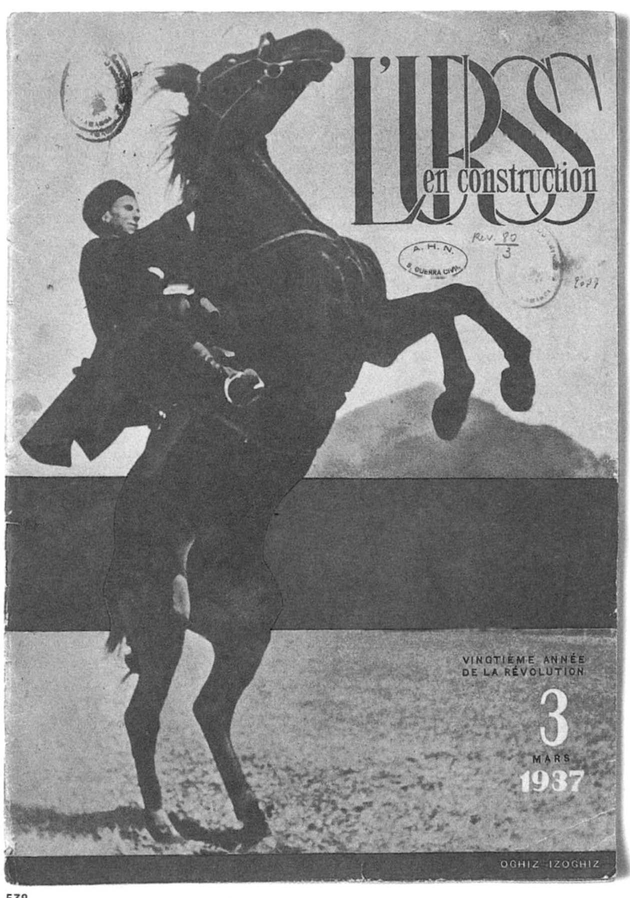

538

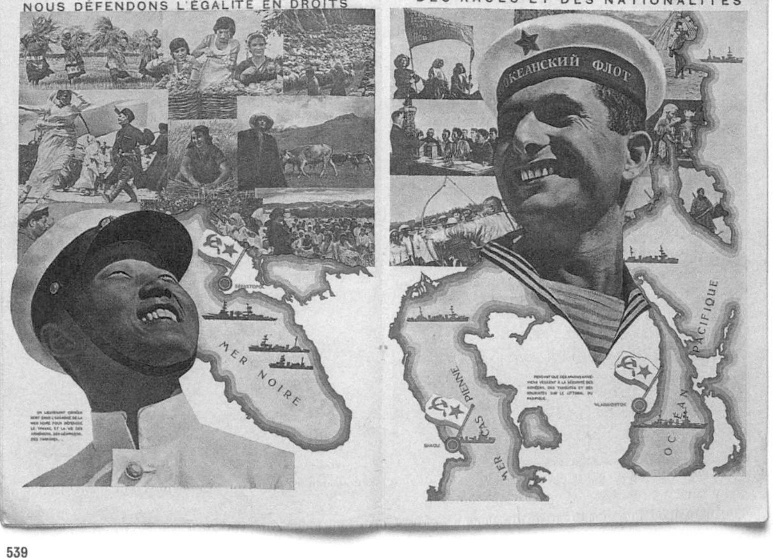

539

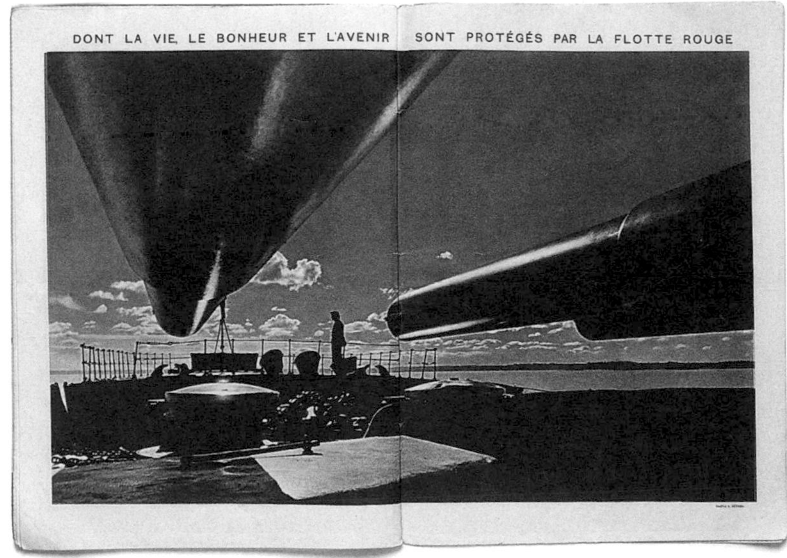

540

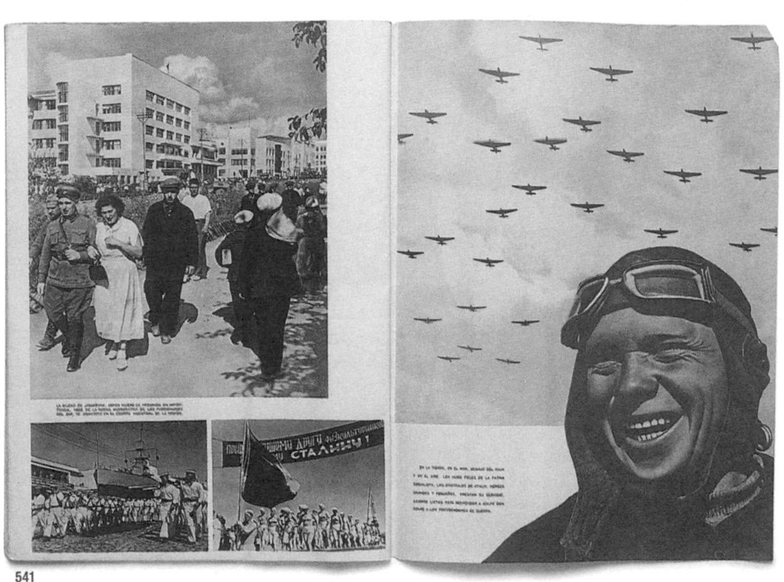

541

EDWARD STEICHEN 1879 — 1973

FOTÓGRAFO. Nacido en Luxemburgo, su familia emigró a Estados Unidos en 1881. Tras estudiar grabado y pintura, en 1896 empezó su dedicación a la fotografía. Su trabajo fue reconocido muy pronto en los salones y publicaciones pictorialistas, tanto en América como en Europa. En 1923 abrió un estudio comercial en Nueva York, con gran éxito. Fue el fotógrafo publicitario mejor pagado de los años veinte. Sus retratos y fotografías de moda se publicaron en las revistas de la editorial Condé Nast, de la que fue jefe de fotografía. Publicó foto-libros y expuso en **Film und Foto**, cuya sección norteamericana organizó junto a Edward **Weston**.

► C. Sandburg, Steichen the Photographer, Nueva York 1929; M. Steichen Martin, The First Picture Book, Nueva York 1930; The Second Picture Book, Nueva York 1931; E. Steichen, A Life in Photography, Garden City 1963.

PHOTOGRAPHER. Steichen was born in Luxembourg, his family emigrating to the United States in 1881. He studied engraving and painting before taking up photography in 1896. His work quickly received recognition in the salons and Pictorialist publications of both America and Europe. He opened a highly successful commercial photography studio in New York in 1923, and was the best-paid advertising photographer of the twenties. His portraits and fashion photos were published in the magazines of the publishers Condé Nast, with whom Steichen was photography editor. He published photo-books and exhibited in **Film und Foto**, the North-American section of which he organised, alongside Edward **Weston**.

► C. Sandburg, Steichen the Photographer, New York 1929; M. Steichen Martin, The First Picture Book, New York 1930; The Second Picture Book, New York 1931; E. Steichen, A Life in Photography, Garden City 1963.

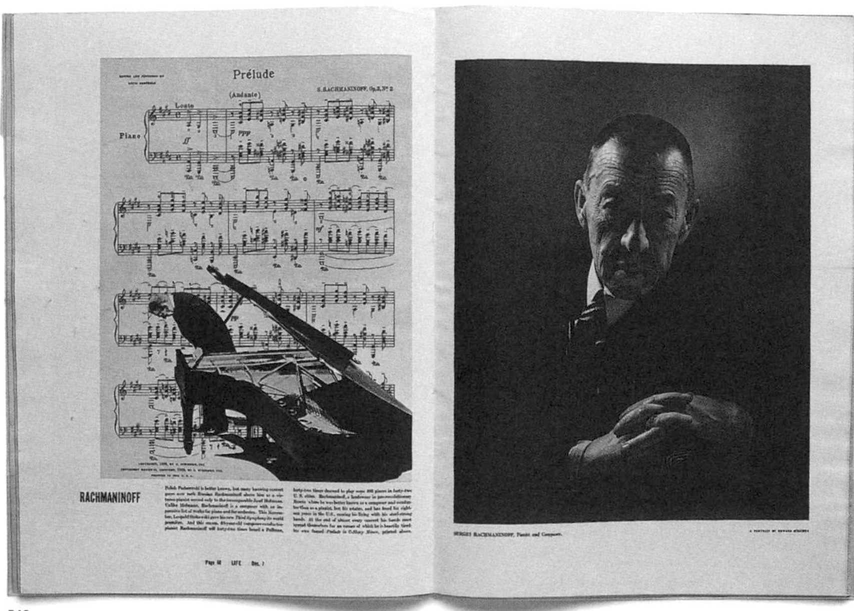

542

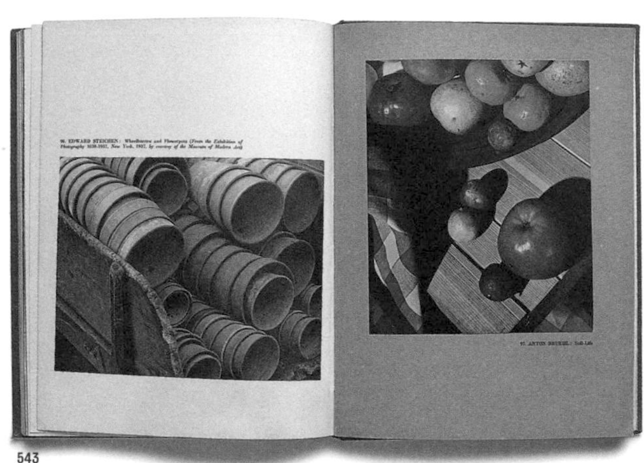

543

RALPH STEINER 1899 — 1986

FOTÓGRAFO. Nacido en Cleveland, estudió fotografía con Clarence H. White en Nueva York en 1921-22. A partir de ese año se dedicó profesionalmente a la fotografía en Nueva York. Tras conocer a Paul Strand perfeccionó su técnica y comenzó a hacer películas. Publicó fotografías de moda y publicidad en Vanity Fair. En sus mejores fotografías reunió las perspectivas de la nueva fotografía europea con temas americanos, como los rascacielos neoyorquinos. Estas fotografías urbanas, hechas a mediados de los años veinte, se publicaron en las revistas ilustradas y las antologías de la nueva fotografía, y fueron mostradas en **Film und Foto** y la galería neoyorquina de Julien Lévy, entre otras exposiciones.

► R. Steiner, Darmouth, Nueva York 1922; A Point of View, Middeltown 1978.

PHOTOGRAPHER. Born in Cleveland, Steiner studied photography at the Clarence H. White School of Photography in New York in 1921-22, after which he decided to take up photography professionally. He met Paul Strand in 1926, after which he perfected his technique and began making films. His fashion and advertising photographs were published in Vanity Fair. In his best pictures he combined perspectives of the new European photography with American subject-matter, such as New York skyscrapers. These urban photographs from the mid-twenties were published in illustrated magazines and anthologies of the new photography, and were shown in **Film und Foto** as well as in Julien Lévy's New York gallery, and other exhibitions.

► R. Steiner, Darmouth, New York 1922; A Point of View, Middletown 1978.

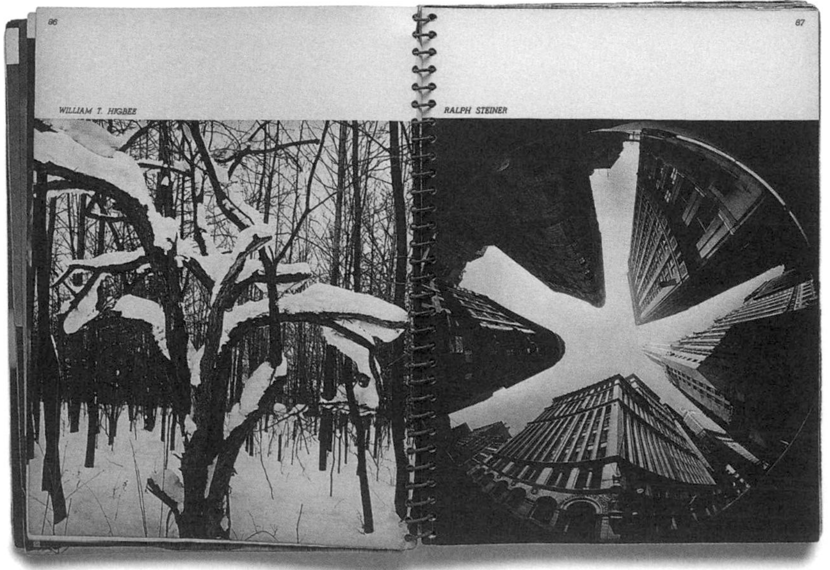

544

VARVARA STEPANOVA 1894 — 1958

DISEÑADORA, FOTOMONTADORA. Nacida en Lituania, estudió en la escuela de arte de Kazán, donde conoció a Aleksandr **Rodchenko**, su futuro marido y colaborador. Desde 1912 en Moscú, Stepanova fue fundadora del primer grupo de trabajo constructivista y profesora en la Academia de educación social entre 1921-25 y en los VJUTEMAS entre 1924-25, donde se encargaba de la enseñanza del diseño textil, que en esos años fue su principal actividad, tanto práctica como teórica. También diseñó vestuarios y escenografías teatrales y cinematográficos. Como artista plástica, Stepanova hizo sus primeros collages fotográficos en 1922, publicados en la revista Kinofot. Colaboró con Rodchenko en la actividad publicitaria y editora, diseñando carteles, libros, revistas y foto-libros en fotomontaje, a menudo firmados por los dos, como en la revista **SSSR na stroike**.

► A. Lavrentiev, Varvara Stepanova the complete work, Cambridge 1988. A. Lavrentiev, Warwara Stepanowa. Ein Leben für Konstruktivismus, Weingarten 1988.

DESIGNER, PHOTOMONTEUR. Stepanova was born in Lithuania and studied at the Kazan School of Art, where she met Aleksandr **Rodchenko**, her future husband and collaborator. In Moscow from 1912, Stepanova was founder of the first Constructivist work group. She was a teacher at the Academy of Social Education from 1921 to 1925, and in the VKHUTEMAS in Moscow in 1924-25. Here she took charge of the teaching of textile design, both the practice and the theory of which was, in those days, her main activity. She also designed theatrical costumes, and both theatre and film scenography. As a plastic artist, Stepanova created her first photographic collages in 1922, these being published in the magazine Kinofot. She collaborated with Rodchenko on advertising and editorial projects, designing posters, books, magazines and photobooks in photomontage, many of which were signed by both her and Rodchenko, as in the magazine **SSSR na stroike.**

► A Lavrentiev, Varvara Stepanova the Complete Work, Cambridge 1988; A Lavrentiev, Warwara Stepanowa. Ein Leben für Konstruktivismus, Weingarten 1988.

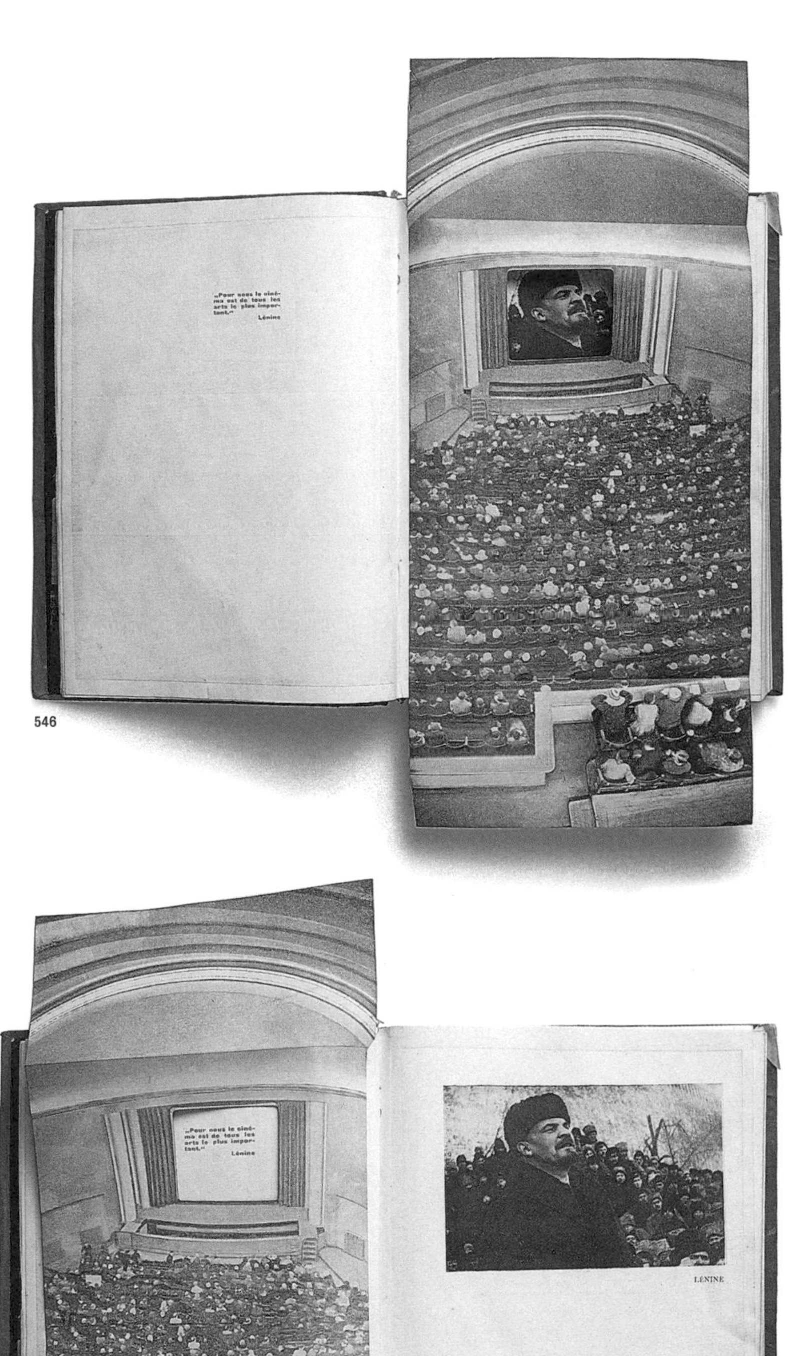

546

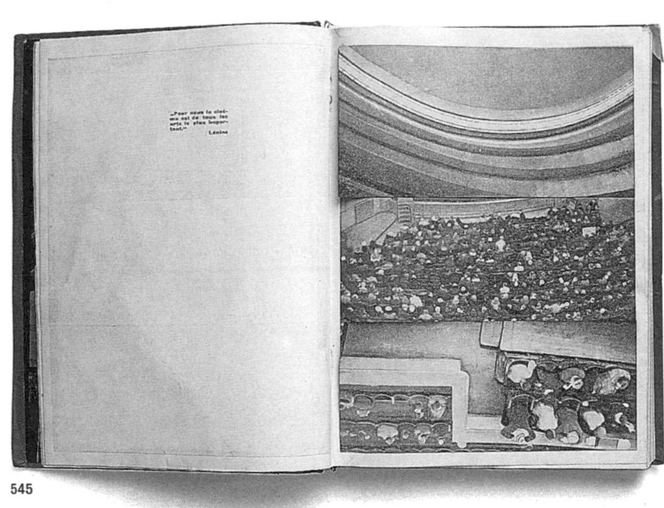

545

547

STEICHEN
542 — Life vol. 1, 3 (7 de diciembre 1936), fotografía de Edward Steichen, colección particular.
543 — Modern Photography 1937-38, fotografías de Edward Steichen y Anton Bruehl, The Studio, Londres y Nueva York 1937, MNCARS.
542 — Life vol. 1, 3 (7 December 1936). Photography by Edward Steichen. Private collection.
543 — Modern photography 1937-38. Photographs by Edward Steichen and Anton Bruehl, The Studio, London and New York 1937. MNCARS.

STEINER
544— U.S. Camera Annual 1936, fotografía de Ralph Steiner, Nueva York 1936, colección particular.
544 — U.S. Camera Annual 1936. Photography by Ralph Steiner, New York 1936. Private collection.

STEPANOVA
545/547— A. Arossef, ed., Le cinéma en URSS, montajes de Varvara Stepanova y Aleksandr Rodchenko, Moscú 1936, AHNSGC.
545/547— A. Arossef, ed., Le cinéma en URSS, montage by Varvara Stepanova and Aleksandr Rodchenko, Moscow 1936, AHNSGC.

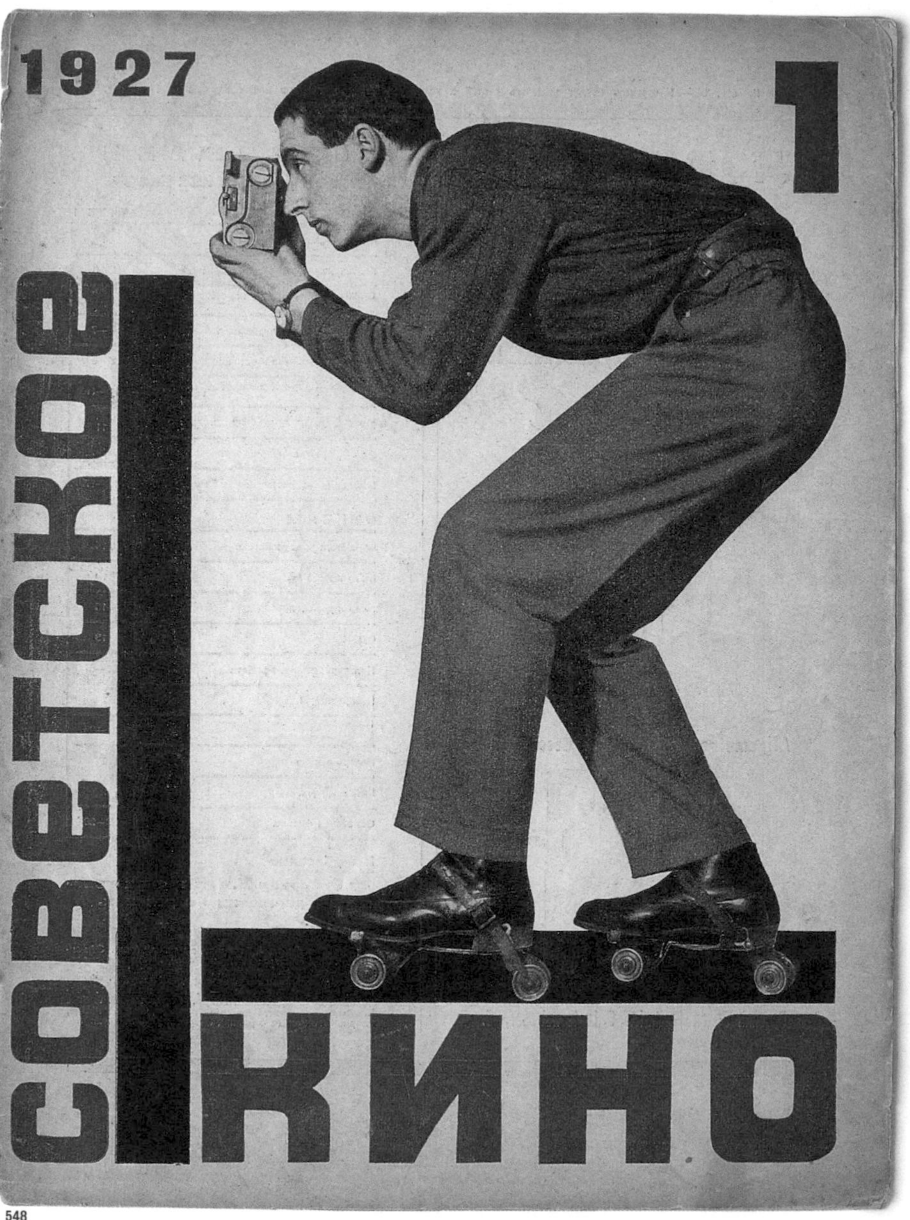

548

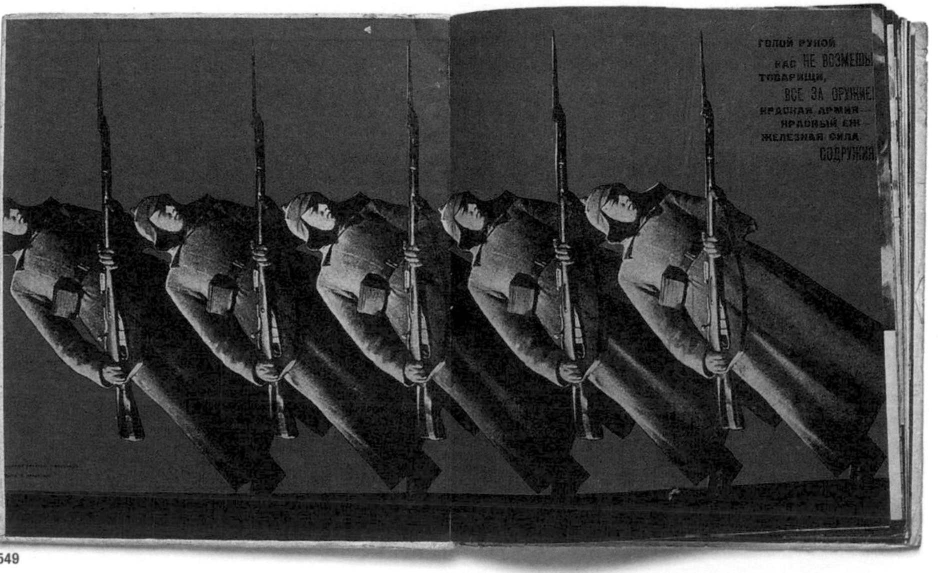

549

STEPANOVA

548 — Sovetskoe kino 1 (1927), diseño de Varvara Stepanova, IVAM.

549 — Vladimir Maiakovski, Grozni smej (Una carcajada terrible), fotomontajes de Varvara Stepanova, Gosizdat, Moscú 1932, IVAM.

548 — Sovetskoe kino 1 (1927). Design by Varvara Stepanova. IVAM.

549 — Vladimir Mayakovsky, Grozny smekh (Terrible laughter). Photomontages by Varvara Stepanova, Gosizdat, Moscow 1932. IVAM .

VLADIMIR Y GEORGI STERNBERG 1899 — 1982 / 1900 — 1933

DISEÑADORES GRÁFICOS, CARTELISTAS, ESCENÓGRAFOS. Los hermanos Sternberg trabajaron en equipo entre 1917 y 1933 con la firma 2 Sternberg 2. Tras formar parte de grupos de artistas de vanguardia y exponer con ellos, en 1923 comenzaron a diseñar carteles cinematográficos, de los que llegaron a producir más de 300 en los años siguientes. También hicieron cubiertas de libros y revistas, a menudo en fotomontaje, así como escenografías y diseño de exposiciones y fiestas de masas.

► Andrei Nakov, 2 Sternberg 2, París y Londres 1975.

GRAPHIC DESIGNERS, POST-MAKERS, STAGE DESIGNERS. The Sternberg Brothers worked together between 1917 and 1933 signing their work as 2 Sternberg 2. After participating in groups of avant-garde artists and exhibiting with them, in 1923 they started to design film-posters of which they managed to produce more than three hundred in the following years. They also made book and magazine covers, often using photomontages, as well as scenography and the design of exhibitions and mass parties.

► Andrei Nakov, 2 Sternberg 2, Paris and London 1975.

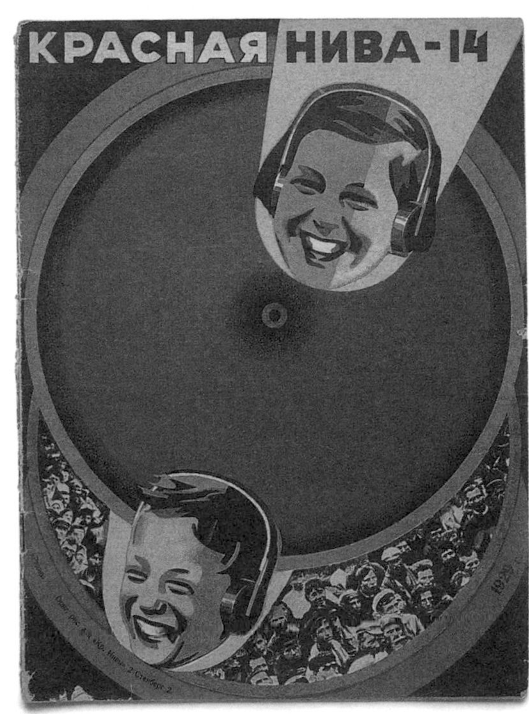

551

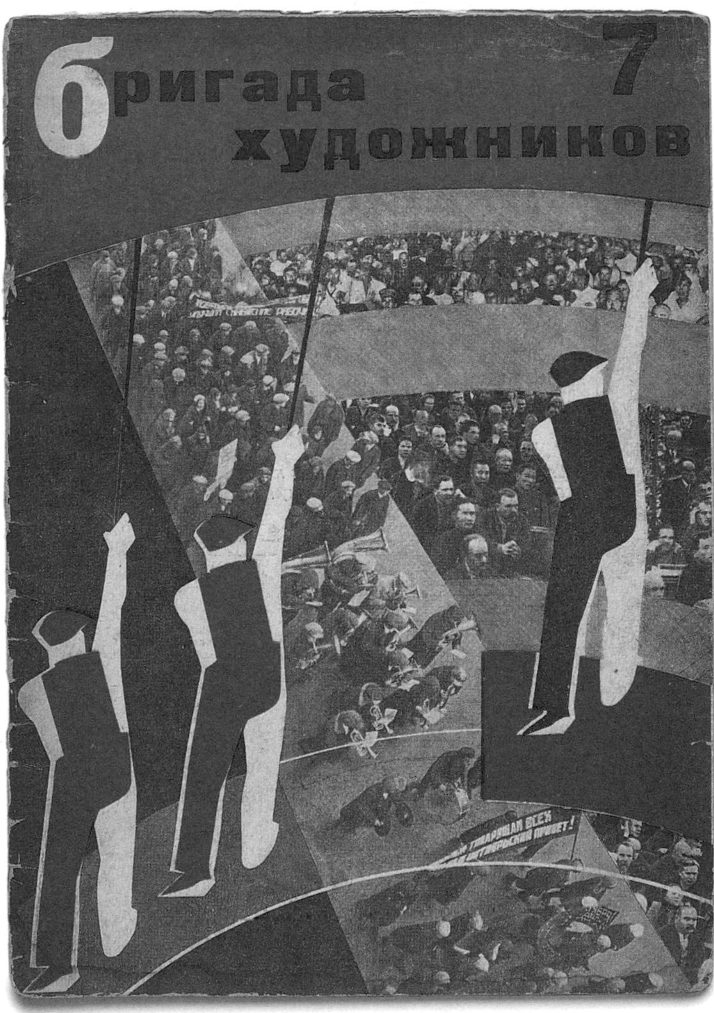

550

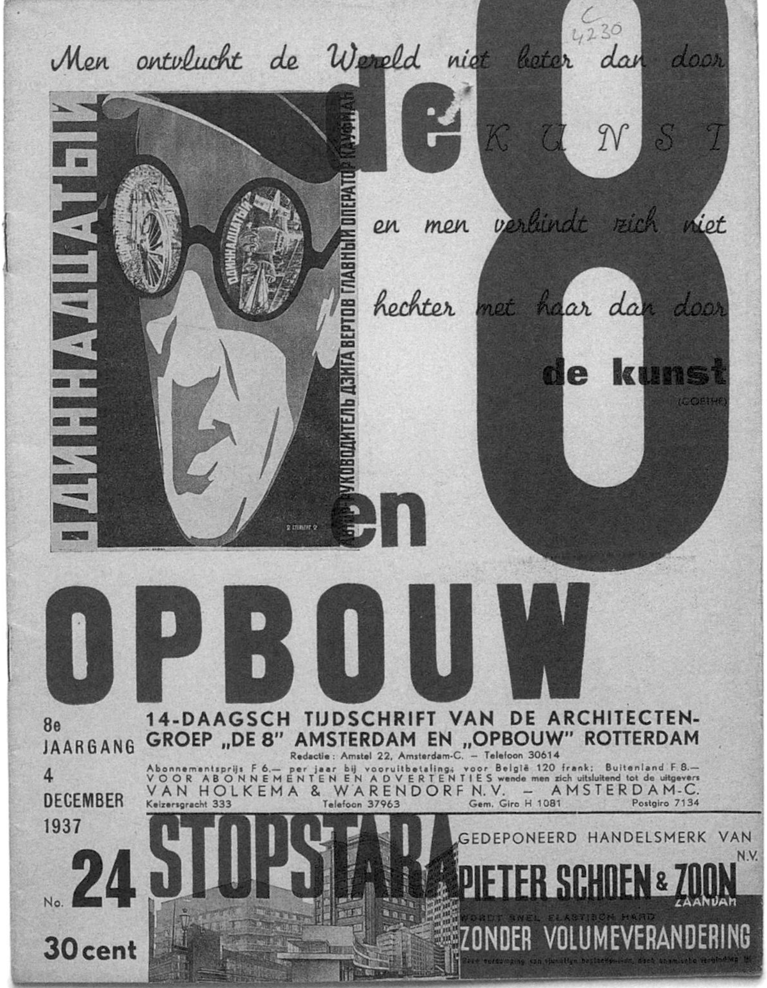

552

STERNBERG

550 — Brigada judozhnikov 7 (1931), cubierta, fotomontaje de Vladimir y Georgi Sternberg, IVAM.
551 — Krasnaia Niva 14 (1929), cubierta, fotomontaje de Vladimir y Georgi Sternberg, IVAM.
552 — De 8 en opbouw vol. 8, 24 (4 de diciembre 1937), cubierta, diseño de Paul Schuitema, cartel de Vladimir y Georgi Sternberg (1928), IVAM.

550 — Brigada khudozhnikov 7 (1931). Cover, photomontage by Vladimir and Georgi Sternberg. IVAM.
551 — Krasnaia Niva 14 (1929). Cover, photomontage by Vladimir and Georgi Sternberg. IVAM.
552 — De 8 en opbouw vol. 8, 24 (4 December 1937). Cover, design by Paul Schuitema, poster by Vladimir and Georgi Sternberg (1928). IVAM.

ALFRED STIEGLITZ 1864 — 1946

FOTÓGRAFO. Nació en Hoboken, New Jersey. Estudió en la Universidad Técnica de Berlín. A su retorno a Estados Unidos, en 1897 publicó fotograbados y empezó a trabajar en la revista del Camera Club de Nueva York, Camera Notes. Editó una lujosa revista fotográfica, Camera Work, entre 1903-17, revista en la que publicó, entre muchas otras, fotografías de Paul Strand. Además de su actividad fotográfica, dirigió las galerías de arte 291 (1905-17), The intimate Gallery (1925-29) y An American Place (1929-46), en las que también expuso fotografías. Su papel fue determinante en el paso de la fotografía pictorialista a la nueva fotografía en Estados Unidos.

▸ W. Frank y otros, America and Alfred Stieglitz, Nueva York 1934; Alfred Stieglitz Photographs and Writings, Washington 1983; Sue Davidson Lowe, Stieglitz A Memoir / Biography, Nueva York 1983.

PHOTOGRAPHER. Stieglitz was born in Hoboken, New Jersey and studied at the Technische Hochschule in Berlin. On his return to the United States in 1897 he published photogravure and began to work with the Camera Club of New York magazine, Camera Notes. He edited Camera Work, a luxury photographic magazine, between 1903 and 1917, in which he published photographs by Paul Strand, among many others. In addition to his work as a photographer, he directed the art galleries 291 (1905-17), The Intimate Gallery (1925-29) and An American Place (1929-46), in which he also exhibited photographs. His role was determinant in the passage of photography in the United States from Pictorialist to the new photography.

▸ W. Frank et al., America and Alfred Stieglitz, New York 1934; Alfred Stieglitz Photographs and Writings, Washington 1983; Sue Davidson Lowe, Stieglitz A memoir / Biography, New York 1983.

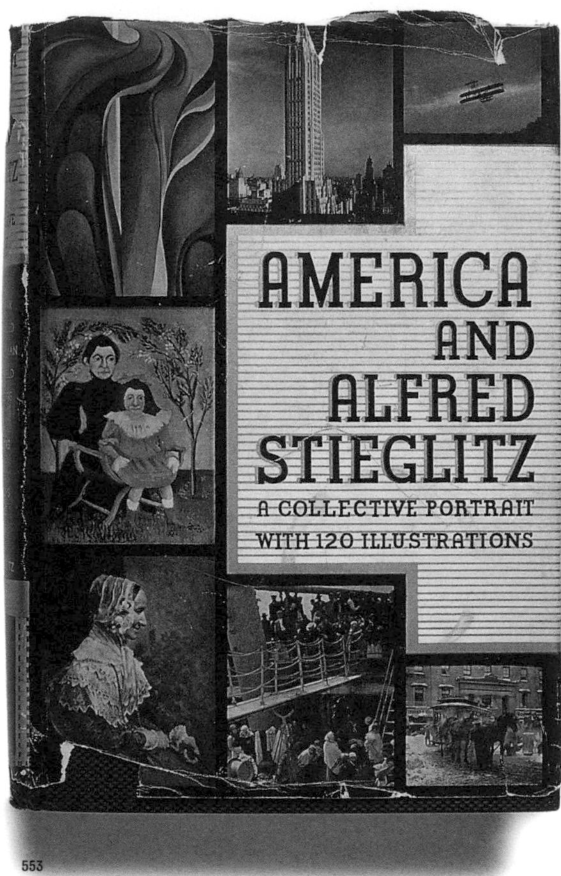

553

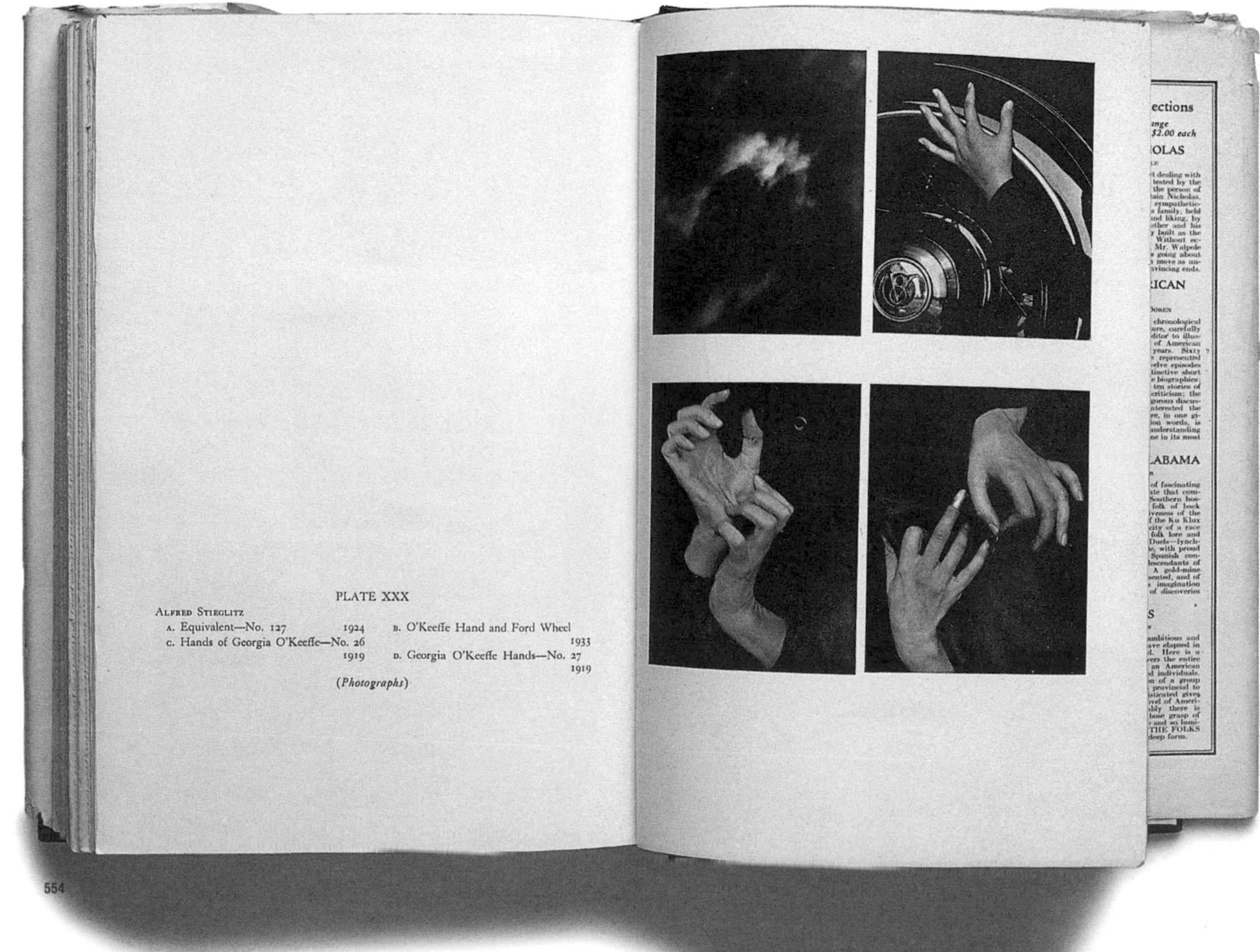

554

STIEGLITZ
553/554 — Waldo Frank, Lewis Mumford, Dorothy Norman, Paul Rosenfeld y Harold Rugg, eds, America and Alfred Stieglitz: A Collective Portrait, fotografías de Alfred Stieglitz, Doubleday, Garden City, Nueva York 1934, colección particular.

553/554 — Waldo Frank, Lewis Mumford, Dorothy Norman, Paul Rosenfeld and Harold Rugg, eds. America and Alfred Stieglitz: A Collective Portrait. Photographs by Alfred Stieglitz, Doubleday, Garden City, New York 1934. Private collection.

SASHA STONE 1895 — 1940

FOTÓGRAFO. Aleksander Serge Steinsapir nació en San Petersburgo, estudió ingeniería en Varsovia en 1911-13 y luego emigró a Nueva York, donde se hizo llamar Alexander Stone. En 1921 volvió a Europa, a Berlín, donde abrió un estudio fotográfico en 1924, el Atelier Stone, y publicó sus fotos de teatro, variedades, arquitectura y vida moderna en revistas como Gebrauchsgraphik, Die Dame, Die Form, Das Kunstblatt, Der Querschnitt, Die Wochenschau o Uhu. Hizo también fotomontajes publicitarios y cubiertas de libros, como Einbahnstrasse de Walter Benjamin (1928). Expuso en Film und Foto y Fotografie der Gegenwart (Essen 1929). En 1932 se trasladó con su esposa, Cami Stone, también fotógrafa, a Bruselas, donde publicó foto-libros y una carpeta de desnudos. Tras la invasión alemana de Bélgica en 1940 huyó hacia España para luego emigrar a Estados Unidos, pero al ser rechazado en la frontera, se suicidó. Sus fotos aparecieron en los años treinta en revistas como Bifur, Variétés o L'Art vivant.

► Berlin in Bildern, Viena y Leipzig 1929; Femmes, París 1933; 25 Nus. Femmes, Bruselas 1933; Gand, Bruselas 1936; Sasha Stone Fotografien 1925-1939, Berlín 1990.

PHOTOGRAPHER. Aleksander Serge Steinsapir was born in San Petersburg, studied engineering in Warsaw from 1911 to 1913 and then emigrated to New York, where he adopted the name Sasha Stone. He returned to Berlin in 1921 and opened a studio, Atelier Stone, in 1924. His theatre, variety, architecture, and modern life photos were published in magazines such as Gebrauchsgraphik, Die Dame, Die Form, Das Kunstblatt, Der Querschnitt, Die Wochenschau and Uhu. He also produced advertising photomontages and book covers, such as that for Einbahnstrasse, by Walter Benjamin, in 1928. His work was exhibited in Film und Foto and Fotografie der Gegenwart (Essen 1929). In 1932 he and his wife Cami Stone, also a photographer, took up residence in Brussels, where he published photo-books and a collection of nudes. Following the German invasion of Belgium in 1940 he fled to Spain, attempting to emigrate to the United States, but on being refused entry at the (Spanish) border he committed suicide. His photographs appeared in the thirties in magazines such as Bifur, Variétés, and L'Art vivant.

► Berlin in Bildern, Vienna and Leipzig 1929; Femmes, Paris 1933; 25 Nus. Femmes, Brussels 1933; Gand, Brussels 1936; Sasha Stone Fotografien 1925-1939, Berlin 1990.

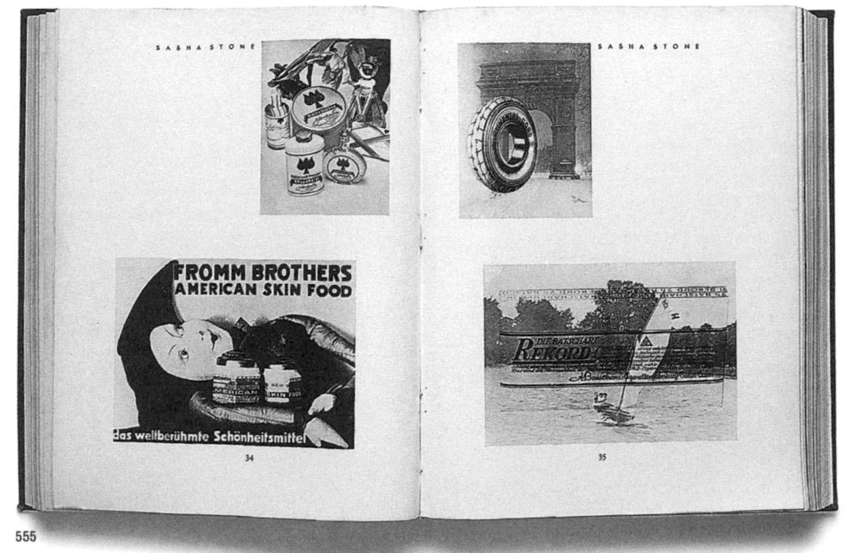

555

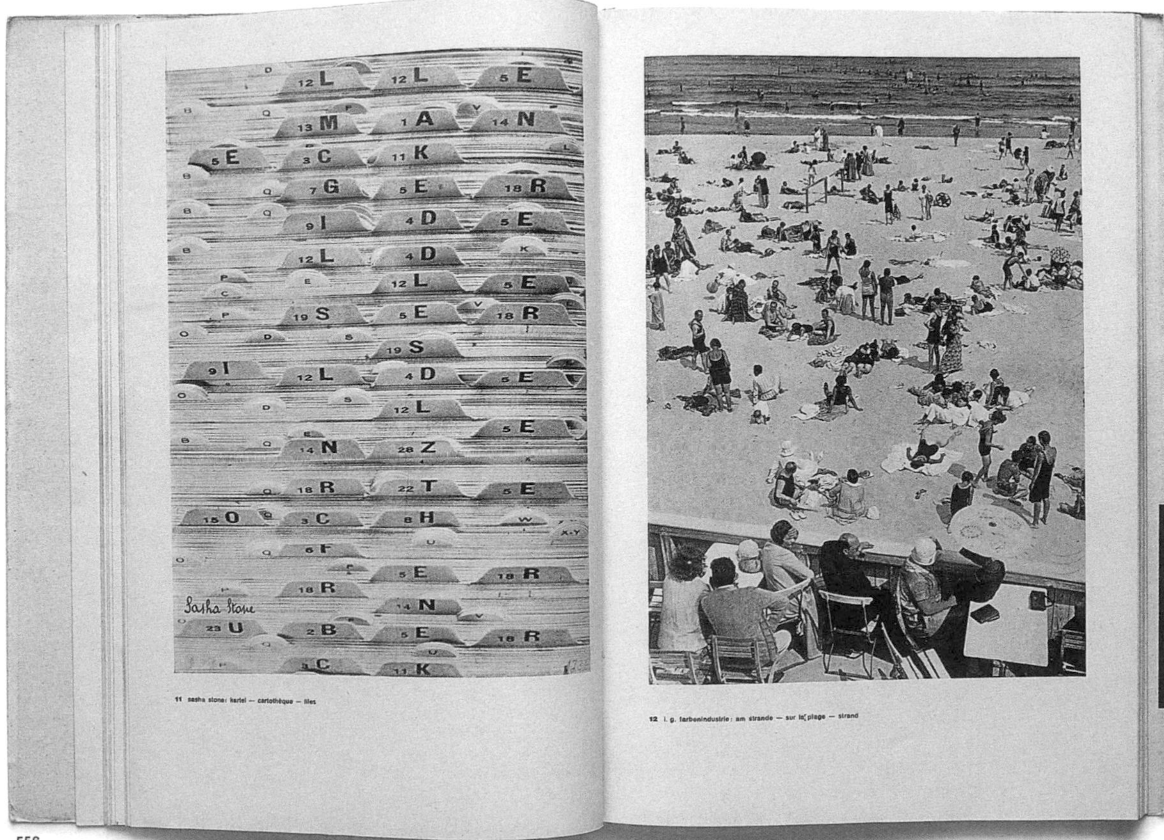

556

STONE
555 — Gebrauchsgraphik vol. 7, 6 (junio 1930), fotografías de Sasha Stone, Colección Juan Naranjo.
556 — Franz Roh y Jan Tschichold, eds., fotoauge. oeil et photo. photo eye, fotografía de Sasha Stone, Wedekind, Stuttgart 1929, IVAM.
555 — Gebrauchsgraphik vol.7, 6 (June 1930). Photographs by Sasha Stone. Juan Naranjo Collection.
556 — Franz Roh and Jan Tschichold, eds. fotoauge. oeil et photo. photo eye. Photography by Sasha Stone, Wedekind, Stuttgart 1929. IVAM.

JINDRICH STYRSKY 1899 — 1942

PINTOR, FOTÓGRAFO. Estudió en la Academia de Bellas Artes de Praga entre 1922 y 1923, año en que se adhirió a Devetsil. Entre 1925-28 vivió en París junto a la artista Toyen y se acercó al surrealismo en sus cuadros y collages, algunos fotográficos. De nuevo en Praga, animó el surrealismo checo. Realizó cubiertas en fotomontaje para libros de Vitezslav Nezval y publicaciones populares, muchas de ellas en colaboración con Toyen. A mediados de los treinta realizó dos series de fotografías urbanas.

▸ V. Nezval y K. Teige, Styrsky a Toyen, Praga 1938; Styrsky, Toyen, Heisler, cat. Centre Georges Pompidou, París 1982; Styrsky, Toyen, Artificialismus, cat. Praga 1992.

PAINTER, PHOTOGRAPHER. Styrsky studied at the Academy of Fine Arts in Prague in 1922-23, the year in which he joined Devetsil. From 1925 to 1928 he lived with the artist Toyen in Paris, where he approached Surrealism in his pictures and collages, some of which were photographic. He returned to Prague and began to enliven the Czech Surrealist movement. He created covers in photomontage for books by Vitezslav Nezval as well as for popular publications, many of them in collaboration with Toyen. In the mid-thirties he produced two series of urban photographs.

▸ V. Nezval and K. Teige, Styrsky a Toyen, Prague 1938; Styrsky, Toyen, Heisler, cat. Centre Georges Pompidou, Paris 1982; Styrsky, Toyen, Artificialismus, cat. Prague 1992.

ším zpracování: světelný zdroj — takřka úplná tma. Exposice nočních snímků nesmí sice překročiti jisté minimum, které zaručí aspoň naznačení základních obrysů předmětů ve stínech, avšak jinak může se pohybovati v ohromně širokých mezích, aniž jsou výsledky neuspokojivé.

Hlavní starostí při nočních snímcích je, předejít reflexy a přezáření. Na optiku se kladou v tomto směru značné požadavky. Objektiv, který při zaostření na ostrý světelný zdroj proti tmavému pozadí dává kruhy (jejich střed je vždycky na opačném konci úhlopříčny formátu a ve stejné vzdálenosti od středu jako obraz zdroje), se pro noční fotografii nehodí. Jinak na světelnost a citlivost materiálu neklade noční fotografie zvláštní podmínky. Délka exposice ovšem je jim úměrná. Panchromatické emulse jsou výhodnější proto, že jsou k umělému světlu pro jeho velký obsah dlouhovlnných paprsků podstatně citlivější než ortochromatické.

Základní požadavek na materiál pro noční fotografii je isolárnost. S většinou isolárního materiálu se sice vystačí za dne, nikoliv však v noci, octne-li se při dlouhé exposici v obrazovém poli ostrý světelný zdroj. I slabé světelné kruhy, které by se úplně ztratily v kresbě denního snímku, jsou vždycky rušivě znát v tmavých plochách nočního snímku a často obraz úplně znehodnotí. V poslední době uvedla do obchodu fa Gevaert film s naprosto neprůhlednou černou mezivrstvou. Je to však zatím jen 9½ mm kinofilm.

Protože tedy není v prodeji speciální materiál s přísnou isolaritou, která by vyhovovala přísným nárokům, jaké klade pouliční fotografie v noci, je třeba si pomoci. Filmy dodatečně upravovat nelze, avšak desky ano, a to snadno. Pro noční fotografii je nejlépe použít desek, ať již ortochromatických nebo panchromatických s isolační mezivrstvou, jejíž účinek se dodatečně zesílí nátěrem na skelné straně. Ta se natře černým lihovým lakem, jakého se užívá na př. na slamněné klobouky. Tento lak uschne velmi rychle. Již během několika minut lze natřené desky zakládati do kaset. Jeho výpary během osmi až čtrnácti

66

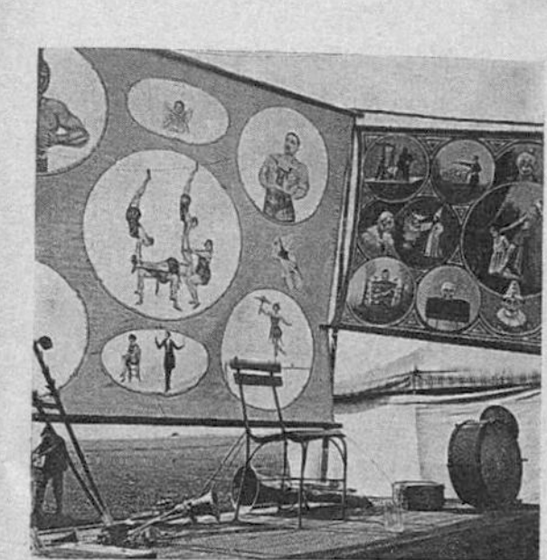

17. *J. Štyrský:* Na pouti (Poesie ve všednosti)
(Neg. 6×6 cm, f = 7.5, cl. 10, Ilford Pan, exp. [illegible] vt.).

dnů nepůsobí závoj. Před vyvoláváním je nutno lak aspoň uprostřed desky seškrabat, aby bylo možno pozorovat obraz v průhledu.

Emulse, které jsou takto opatřeny dvojí isolací, jsou zbaveny reflekčních kruhů, a to i při velmi silném přezáření, nikoli však kruhů difusních. Ty se vytvoří rozptylem světla v citlivé vrstvě v největší blízkosti světelného zdroje. Vyskytují se však jen při velmi silném přezáření. Jsou však jen zlomkem závoje proti

67

557

Vítězslav Nezval

ABECEDA RODINA HARLEKÝNŮ PAPOUŠEK NA MOTOCYKLU DEPEŠE NA KOLEČKÁCH TÝDEN V BARVÁCH PODIVUHODNÝ KOUZELNÍK EXOTICKÁ LÁSKA RAKETA MŮSA HISTORIE VOJÁKA SRDCE HRACÍCH HODIN COCKTAILLY ADÉ

Pantomima

STYRSKY

DEVĚTSIL

poesie

1924

558

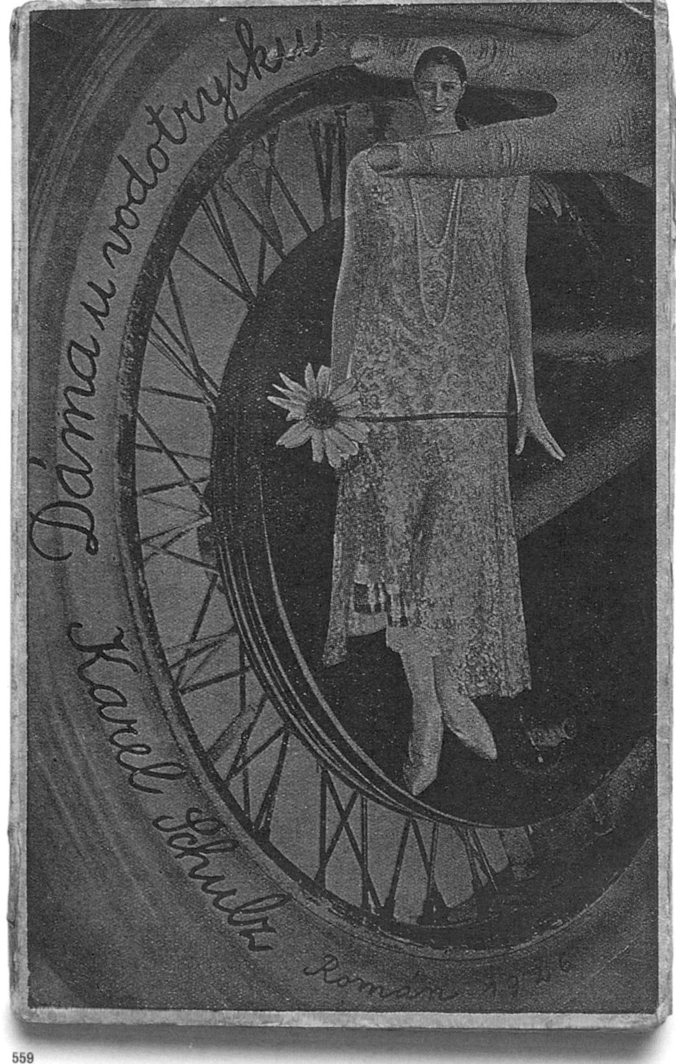

559

LADISLAV SUTNAR 1897 — 1976

DISEÑADOR GRÁFICO. Estudió en la Escuela de Artes Decorativas y en la universidad de Praga (1915-1922). Desde 1923 fue profesor de la Escuela de Artes Gráficas de Praga, que dirigió entre 1932 y 1939. Fue el director de arte de Druzstevní práce entre 1929 y 1939, cooperativa para la que produjo diseños gráficos con fotomontajes y tipo-foto en sus colecciones editoriales y en revistas como Zijeme. Además, hizo carteles, juguetes y diseño industrial (cristal, porcelana, metal). También diseñó montajes de exposiciones, como los pabellones checos de Pressa (Colonia 1928), la exposición internacional de Barcelona (1929), la exposición de arquitectura checa de Estocolmo (1931), la Triennale de Milán (1936), la exposición internacional de París (1937) o la Feria Mundial de Nueva York de 1939. Desde ese año vivió en Estados Unidos.

► L. Sutnar, Design for Point of Sale, Nueva York 1952; Package Design, Nueva York 1953; Visual Design in action, Nueva York 1961.

GRAPHIC DESIGNER. Sutnar studied in Prague, at both the School of Decorative Arts and the University (1915-1922). From 1923 he was a teacher at the School of Graphic Arts in Prague, where he was Principal between 1932 and 1939. He was artistic director of Druzstevní práce from 1929 to 1939 and produced graphic designs in photomontage and typo-photo for the co-operative in their editorial collections, as well as in magazines such as Zijeme. He also created posters, toys and industrial design (crystal, porcelain, and metal), as well as designing exhibitions, such as the Czech Pavilions in Pressa (Cologne 1928), the International Exposition in Barcelona (1929), the exhibition of Czech architecture in Stockholm (1931), the Triennale of Milan (1936), the Paris International Exhibition (1937), and the World's Fair in New York, in 1939. From this year on he lived permanently in New York.

► L. Sutnar, Design for Point of Sale, New York 1952; Package Design, New York 1953; Visual Design in Action, New York 1961.

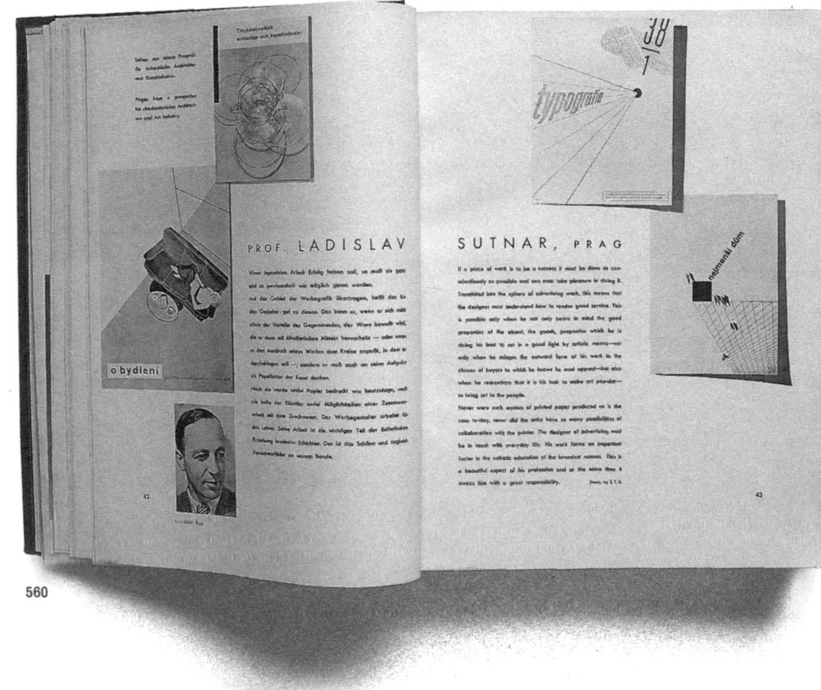

560

STYRSKY
557 — Premysl Koblic, Fotografování v plenéru krajina - architektura - portret - detail -reportáz, fotografía de Jindrich Styrsky, Odeon, Praga 1937, colección particular.
558 — Vitezslav Nezval, Pantomima. Poesie, cubierta, collage fotográfico de Jindrich Styrsky y Toyen, Ustrední studenstské kninhupectví a nakladatelství, Devetsil, Praga 1924, IVAM.
559 — Karel Schulz, Dáma u vodotrysku, cubierta, collage fotográfico de Jindrich Styrsky y Toyen, Praga 1926, IVAM.
557 — Premysl Koblic, Fotografování v plenéru krajina - architektura - portret - detail - reportáz. Photography by Jindrich Styrsky, Odeon, Prague 1937. Private collection.
558 — Vitezslav Nezval, Pantomima. Poesie. Cover, photographic collage by Jindrich Styrsky and Toyen, Ustrední studenstské kninhupectví a nakladatelství, Devetsil, Prague 1924. IVAM.
559 — Karel Schulz, Dáma u vodotrysku. Cover, photographic collage by Jindrich Styrsky and Toyen, Prague 1926. IVAM.

SUTNAR
560 — Gebrauchsgraphik vol. 10, 1 (enero 1933), diseños gráficos de Ladislav Sutnar, colección particular.
561 — George Bernard Shaw, Drobnosti vystrizky z novin. Prohlédnutí Blanco Posneta, cubierta, montaje de Ladislav Sutnar, Druzstevní práce, Praga 1933, IVAM.
562 — George Bernard Shaw, Obraceni Kapitana Brassbounda, cubierta, montaje de Ladislav Sutnar, Druzstevní práce, Praga 1932, IVAM.
560 — Gebrauchsgraphik vol.10, 1 (January 1933). Graphic designs by Ladislav Sutnar. Private collection.
561 — George Bernard Shaw, Drobnosti vystrizky z novin. Prohlédnutí Blanco Posneta. Cover, montage by Ladislav Sutnar, Druzstevní práce, Prague 1933. IVAM.
562 — George Bernard Shaw, Obraceni Kapitana Brassbounda. Cover, montage by Ladislav Sutnar, Druzstevní práce, Prague 1932. IVAM.

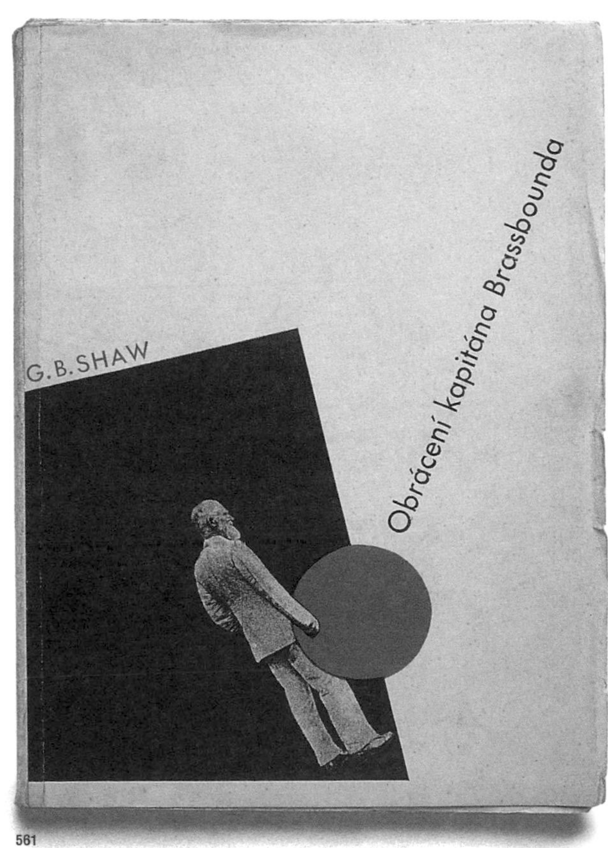

561

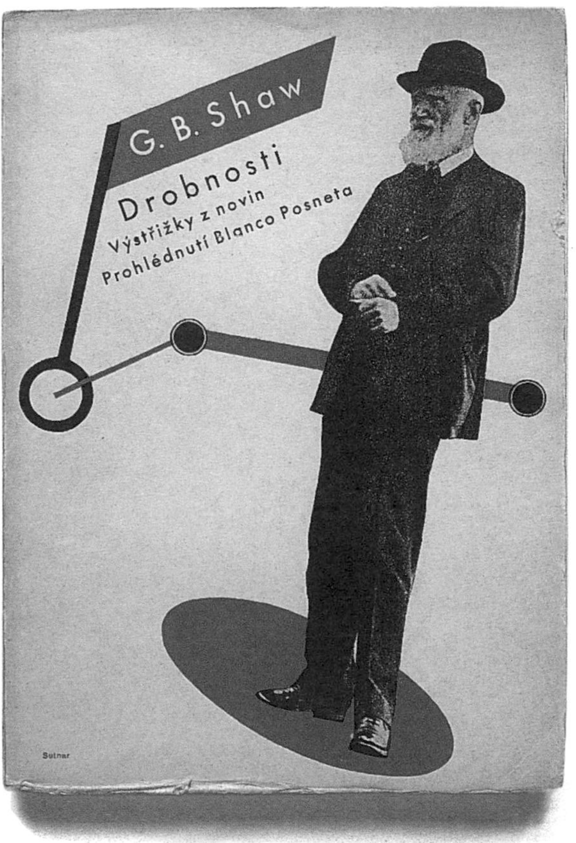

562

MAURICE TABARD 1897 — 1984

FOTÓGRAFO. Nacido en Lyón, en 1918 se afincó en Nueva York, donde estudió fotografía y pintura. De vuelta a Francia en 1928, organizó el estudio fotográfico de la fundición tipográfica Deberny & Peignot. Entre 1928 y 1938 publicó fotografías en revistas como Jazz, Bifur, Jardin des modes, Vu, Art et Médecine, Photographie, Modern Photography o Arts et métiers graphiques. Fue autor de fotografías experimentales: fotocollages, sobreimpresiones, solarizaciones. Expuso en Film und Foto y en la galería neoyorquina de Julien Lévy en 1932.

▶ Maurice Tabard, París 1987.

PHOTOGRAPHER. Tabard was born in Lyon and from 1918 lived in New York, where he studied photography and painting. On his return to France in 1928 he organised the photographic studio of the typographic foundry Deberny & Peignot. Between 1928 and 1938 his work was published in magazines such as Jazz, Bifur, Jardin des modes, Vu, Art et Médecine, Photographie, Modern Photography and Arts et métiers graphiques. He was the author of experimental photographs, creating photocollages, overprinting, and solarizations, and exhibited in Film und Foto, and in Julien Lévy's New York gallery, in 1932.

▶ Maurice Tabard, Paris 1987.

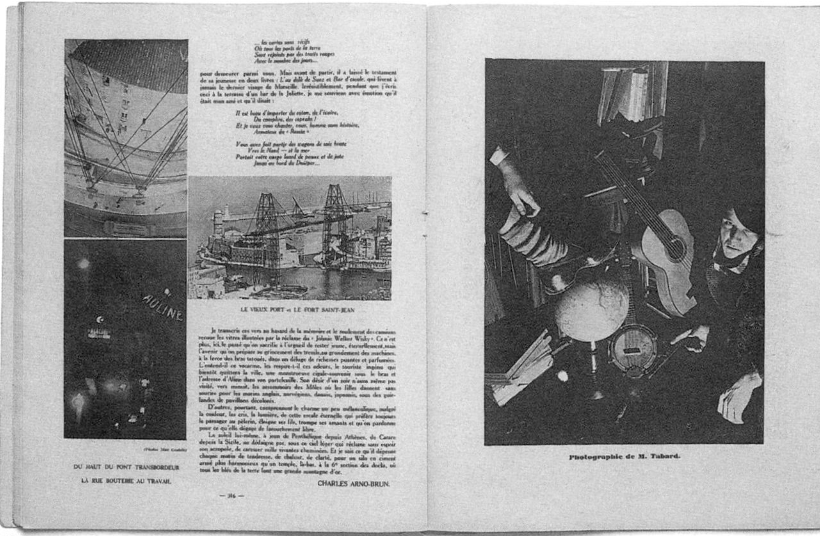

563

L'ART VIVANT

LA PHOTOGRAPHIE EST-ELLE UN ART ?

TABARD

Dans mon dernier article, la vue de certains clichés de Soujez m'avait suggéré quelques réflexions à propos des procédés de déformation en photographie.

Je crois qu'un simple coup d'œil jeté sur un paquet d'épreuves de Tabard suffit à convaincre que ce photographe, plus qu'aucun de ceux dont j'ai déjà parlé, se complaît dans l'emploi de tels procédés. Et je crois même qu'on trouverait difficilement un de ses confrères plus attaché à la recherche de toutes les combinaisons susceptibles, soit de nous présenter la réalité sous un aspect où nous sommes peu accoutumés à la considérer, soit à composer arbitrairement des tableaux d'aspect fantastique.

Tabard est un homme tout jeune, et il a pourtant vécu un assez grand nombre d'années aux Etats-Unis. Il semble que l'atmosphère commerciale et pratique de l'Amérique ait eu sur lui un effet de contrainte pénible qui, aujourd'hui, se traduit en France par un déchaînement de fantaisie frôlant peut-être parfois l'excentricité. On sent qu'il ne peut se résigner à voir les choses telles que nous les montrent les habitudes de notre vision. Prenons quelques exemples :

Voici une étude de *matières*.

Notons d'abord que sans doute ce n'est pas ici le groupement des objets et cette sorte de vie ensommeillée des choses qui a intéressé l'auteur, comme elle intéresse les peintres de ce qu'on nomme improprement natures mortes. Ce qui visiblement l'a attiré, ce sont les qualités de texture, de grain, de pâte, du cuir, du ciment, du coton, du papier gaufré. Mais pour reproduire tout cela il a eu soin de choisir son point de vue et de disposer sa mise en page de telle sorte que le papier gaufré nous donne l'illusion d'être un banc de jardin et que le cuir se présente sous la forme d'un bout de brodequin occupant un angle de l'épreuve. L'ensemble ne manque pas d'étrangeté.

Autre chose : un livre sur une chaise. Le livre est très bon garçon. Mais la chaise, vue d'en dessus, abaisse ses pieds vers le sol en un effet de raccourci qui, pour être exact, n'en est pas moins déconcertant, et l'auteur s'en réjouit.

Il s'en réjouit si bien qu'il n'a pas su se garder de rechercher des effets semblables avec des modèles vivants. Il nous montre ainsi une jeune fille assise dont la tête et le buste se raccordent à des jambes minuscules, ce qui nous donne l'impression d'une sorte de femme tronc.

Et c'est la voie ouverte à la caricature. Il y arrive avec un portrait de jeune homme dont le visage grimaçant, au-dessus d'un corps de nain, fait penser à quelque Quasimodo moderne, à une sorte de crabe humain entrevu dans un cauchemar.

Mais nous n'avons encore ici que des épreuves directes, obtenues avec une seule pose. Elles ne suffisent pas à satisfaire Tabard qui, aux effets de déformations, va ajouter toutes les fantaisies qui permettent de réaliser les surimpressions. Grâce à ce procédé auquel il ajoutera encore de violents effets de lumière, des ombres projetées découpant arbitrairement des surfaces éclairées, des coups de jour et cent autres ruses, il nous créera un monde irréel, tout plein de tabourets, de femmes nues, de têtes en croupe, de visages hallucinés, de haches dans des crânes, de baigneuses et de rats d'hôtel, à tout le moins effarant. Il lui arrivera même de découper des feuilles de papier pour les coller sur l'œil de ses modèles, ce qui doit les gêner beaucoup.

Qu'il soit ainsi influencé par les productions des surréalistes en peinture, cela ne me paraît pas douteux. L'horreur de la banalité le pousse à suivre les artistes qui se sont le plus récemment signalés par leurs effets pour sortir des chemins battus. Je ne puis dire que, tels quels, les résultats qu'il obtient me paraissent égaler la hauteur de ses aspirations. La bizarrerie n'est pas toujours l'équivalent de la beauté même quand elle touche au fantastique. Mais ce qu'il nous faut noter, dans tous ces essais, ce sont les tours de force qu'on peut contraindre un objectif, une pellicule et un papier sensible à accomplir. Et l'œuvre actuelle de Tabard, ne la considérerait-on que comme un exercice d'assouplissement de la photographie, mériterait d'être suivie avec sympathie et admirée.

D'ailleurs je me hâte d'ajouter que, mis à part, le parti pris de singularité sur lequel je viens d'insister, toutes ses épreuves sont pleines des plus belles qualités techniques en même temps que d'un sens extrêmement délicat de la couleur, du modelé, de l'expression des visages et de la composition. En sorte qu'il est évident que M. Tabard pourra très facilement nous donner les meilleures photographies qu'on puisse désirer quand il se résignera à ne plus vouloir nous étonner par des moyens un peu violents et, somme toute, assez faciles.

Je ne veux pour preuve de son très réel talent qu'une tête de jeune homme, pipe à la bouche, dont l'ombre se projette sur un mur. Peut-être le front et le haut du nez sont-ils un peu trop noirs, mais c'est là néanmoins un excellent portrait.

Il va sans dire que si l'on demandait à Tabard ce qu'il en pense, il estimerait sans doute que cette épreuve, trop simple, n'est qu'un accident dans son œuvre. Souhaitons pourtant que de tels accidents lui arrivent régulièrement.

Je n'ai encore rien dit de toute une série d'épreuves obtenues directement sur papier sensible sans le concours de l'objectif, du genre de celles dont j'ai eu l'occasion de parler dans un précédent article à propos de Man Ray. Il était naturel que l'esprit audacieux de Tabard fût tenté par ce procédé qui, à vrai dire, n'est plus qu'à demi de la photographie.

De même que les surimpressions lui permettent de faire du surréalisme, l'impression directe lui permet de faire du cubisme ou plutôt du Marcoussis. Marqueteries de lames et de manches de rasoirs, entremêlés de figures géométriques et de volumes en quelque sorte abstraits ; silhouettes négatives de fils de fer et de clous de souliers, projections de verres à boire, lettres en aluminium, se rapprochent et se superposent pour composer d'étranges tableaux. Mais bien que nous soyons ici encore dans l'arbitraire, sinon dans le fantastique, nous savons au moins qu'il ne s'agit plus que de combinaisons de valeurs et de contours soumis à notre approbation pour le seul plaisir des yeux. Etant bien entendu, d'ailleurs, que nous devrons être, en même temps, tout pénétrés intérieurement de la splendeur des éternelles vérités géométriques, ce qui va de soi, aux temps où nous sommes.

Je m'aperçois, au moment de finir, qu'ayant parlé de l'emploi fait par M. Tabard des déformations voulues, je ne suis pas revenu sur l'interprétation en photographie, dont j'avais dit un mot à la fin de mon dernier article. C'est que rien ne m'a permis de le faire. Les épreuves que nous venons de voir sont, à peu près toutes, des compositions beaucoup trop délirantes pour qu'on puisse encore leur appliquer la fameuse formule : « La nature à travers un tempérament ».

Et si, pour conclure, je suis heureux de répéter que Tabard est sans doute un des plus sensibles, des plus inventifs, et, d'une façon générale, un de nos meilleurs photographes, je dois constater que l'étude de ses œuvres n'apporte pas encore une réponse définitive à la question qui fait l'objet de notre enquête.

Jean GALLOTTI.

18

L'ART VIVANT

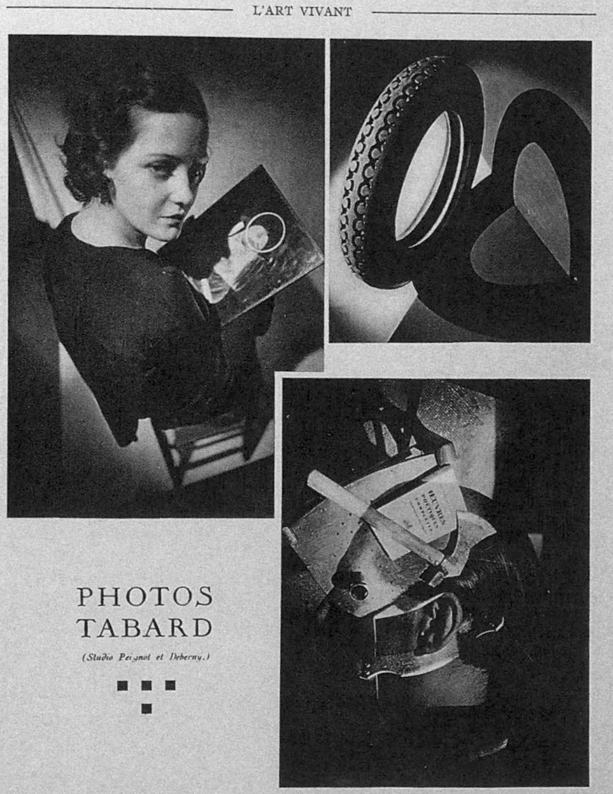

PHOTOS TABARD

(Studio Peignot et Deberny.)

19

564

TATO 1896 — 1974

FOTOMONTADOR. Guglielmo Sansoni nació en Bolonia. Su primer contacto con el futurismo fue en 1919. Al año siguiente organizó su propio funeral y renació como Tato. A mediados de la década se dedicó al fotomontaje. Escribió el texto 'La fotografía del futuro', publicado en 1930, el mismo año que firmó con Filippo Tommaso Marinetti el 'Manifiesto de la Fotografía Futurista', en el que se enumeraban las posibilidades experimentales de la fotografía. Al igual que otros futuristas, trabajó para la propaganda fascista durante los años treinta.

PHOTOMONTEUR. Guglielmo Sansoni was born in Bologna, and his first contact with Futurism was in 1919. The following year he organised his own funeral, and was 'reborn' as Tato. He took up photomontage in the mid-twenties, and wrote the text 'The Photography of the Future', published in 1930, the same year as he would sign, with Marinetti, 'The Manifesto of Futurist Photography', in which the experimental possibilities of photography were enumerated. Tato, like many other Futurists, used his work for Fascist propaganda during the thirties.

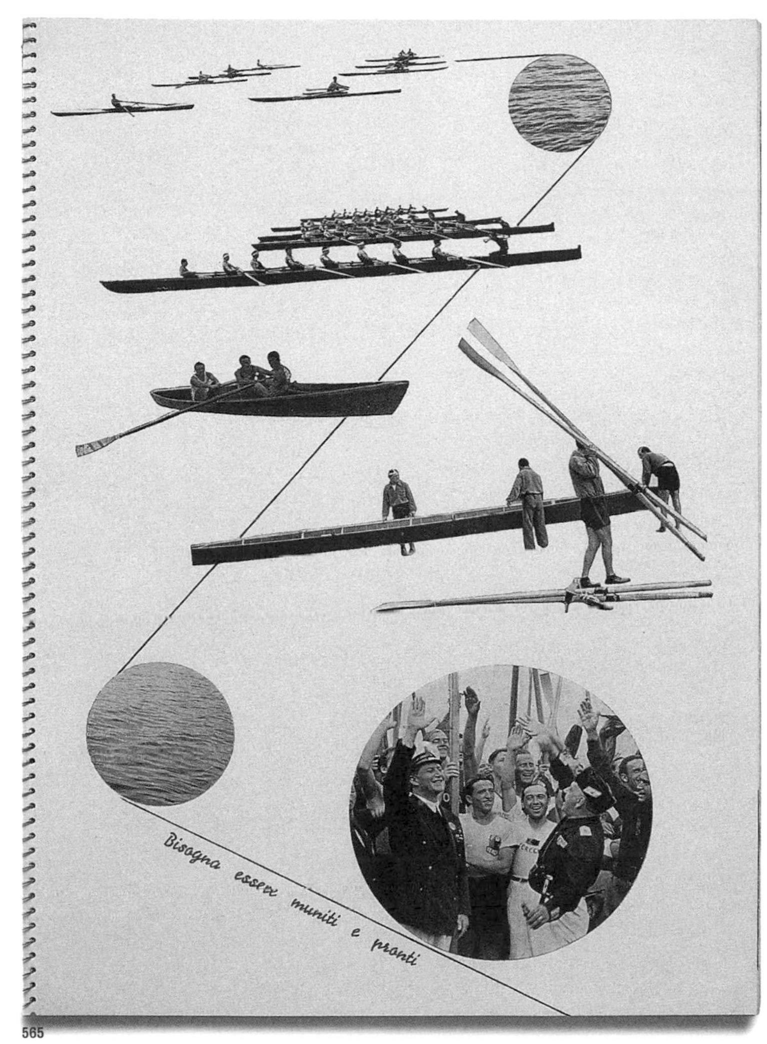

565

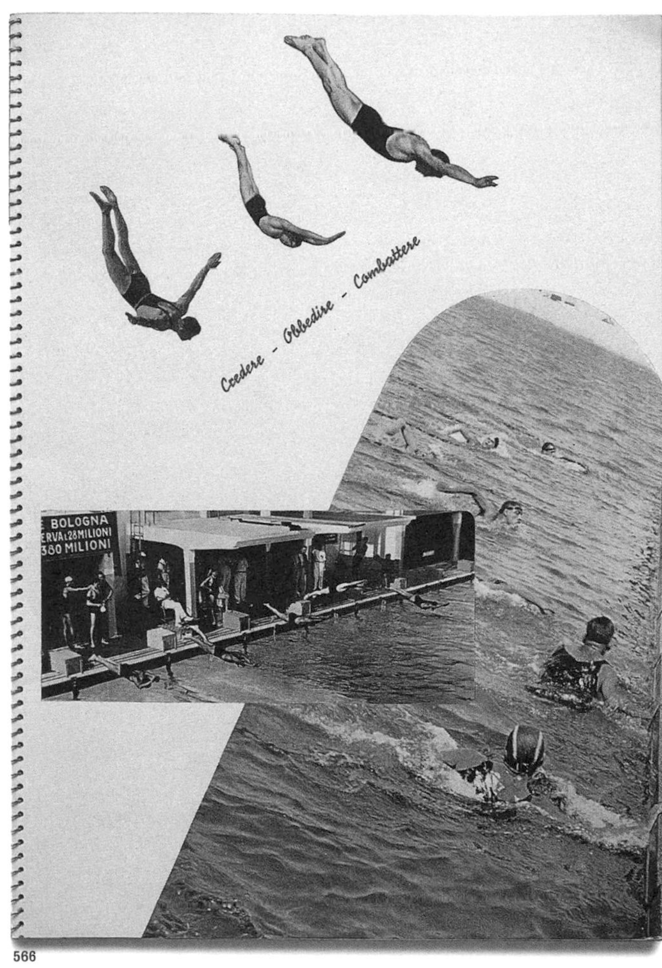

566

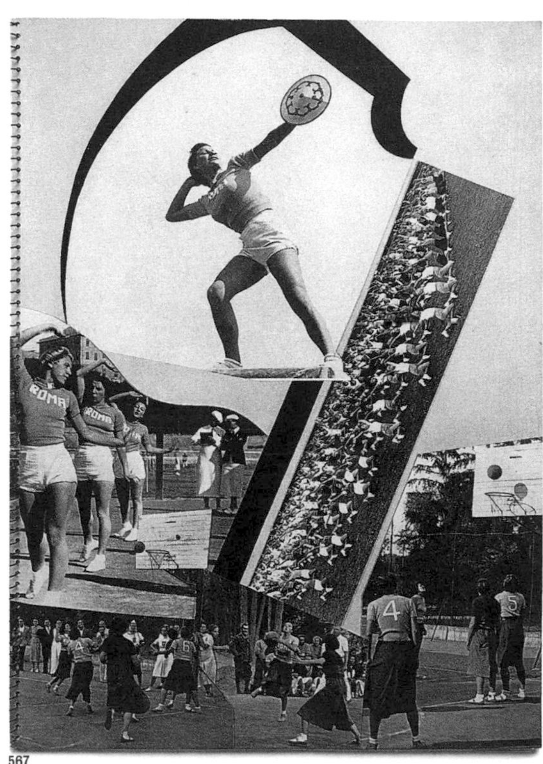

567

TABARD
563 — Jazz (15 de junio 1929), fotografías de Germaine Krull y Maurice Tabard, IVAM.
564 — L'Art vivant vol. 6, 121 (1 de enero 1930), fotografías de Maurice Tabard, Colección Juan Naranjo.
563 — Jazz (15 June 1929). Photographs by Germaine Krull and Maurice Tabard. IVAM.
564 — L'Art vivant vol. 6, 121 (1 January 1930). Photographs by Maurice Tabard. Juan Naranjo Collection.

TATO
565/567 — Prealpi vol. 11, 2 (marzo 1938), fotomontajes de Araca y Tato, colección particular.
565/567 — Prealpi vol. 11, 2 (March 1938). Photomontages by Araca and Tato. Private collection.

KAREL TEIGE 1900 — 1951

CRÍTICO, DISEÑADOR GRÁFICO, FOTOMONTADOR. Teige fue la figura central del arte checo de entreguerras, participando en todas sus organizaciones y cambios de dirección. Fue animador tanto del constructivismo y el funcionalismo (Devetsil, 1920-1931), como del arte comprometido (<u>Levá fronta</u>, 1930) o el surrealismo (<u>Skupina surrealista CSR</u>, 1934-51). Sus intereses fueron variados: crítica de arte, literatura, arquitectura, diseño gráfico, fotomontaje, collage. Junto a Jindrich **Styrsky** desarrolló en cubiertas de libros el 'poema en imágenes', una combinación de collage, fotomontaje y texto que es la principal aportación de la vanguardia checa al fotomontaje. Editó antologías como <u>Devetsil</u>, <u>Zivot I</u> o <u>Almanach Kmene</u>, así como una buena cantidad de revistas, como <u>Disk</u>, <u>Pásmo</u>, <u>Stavba</u> (revista de arquitectura que dirigió) o **ReD**, que también dirigió y diseñó. Sus fotomontajes aparecen en las cubiertas de libros de Jaroslav Seifert y Vítezslav Nezval, como <u>Abeceda</u> (Praga 1926), un ejercicio de tipo-foto. Algunas de estas cubiertas las realizó en colaboración con Otakar Mrkvicka. Fue profesor de sociología de la arquitectura en la Bauhaus.

▸ Karel Teige, <u>Film</u>, Praga 1925; <u>Nejmensí byt</u>, Praga 1932; <u>Vybor z dila I: Svet stavby a básne</u>, Praga 1966; <u>Vybor z díla I: Zápasy o smysl moderní tvorby</u>, Praga 1969. Castagnara, <u>Karel Teige 1900-1951</u>, Nueva York 1997; K. Teige, <u>Architecture and Poetry</u>, Nueva York 1998.

CRITIC, GRAPHIC DESIGNER, PHOTOMONTEUR. Teige was the central figure of inter-war Czech art, participating in all its organisations and changes of direction. He stimulated not only Constructivism and Functionalism (Devetsil 1920-1931), but also Committed Art (<u>Levá fronta</u> 1930) and Surrealism (<u>Skupina surrealista CSR</u>, 1934-51). His interests were varied: critiques of art, literature and architecture, graphic design, photomontage and collage. Together with Jindrich **Styrsky**, he developed in his designs for book covers the 'poem in pictures'. This consisted of a combination of collage, photomontage and text, and is considered one of the most important contributions to photomontage of the Czech avant-garde. He published anthologies, such as <u>Devetsil</u>, <u>Zivot I</u> and <u>Almanach Kmene</u>, as well as a good number of magazines, such as <u>Disk</u>, <u>Pasmo</u>, and <u>Stavba</u>, an architecture magazine edited by Teige, and **ReD**, which he also edited and designed. His photomontages appear on the covers of books by Jaroslav Seifert and Vitezslav Nezval, including <u>Abeceda</u> (Prague 1926), an exercise in typophoto. He produced some of these book covers in collaboration with Otakar Mrkvicka. Teige was also a teacher of the sociology of architecture, at the Bauhaus.

▸ Karel Teige, <u>Film</u>, Prague 1925; <u>Nejmensí byt</u>, Prague 1932; <u>Vybor z dila I: Svet stavby a básne</u>, Prague 1966; <u>Vybor z dila II: Zápasy o smysl moderní tvorby</u>, Prague 1969. Castagnara, <u>Karel Teige 1900-1951</u>, New York 1997; K. Teige, <u>Architecture and Poetry</u>, New York 1998.

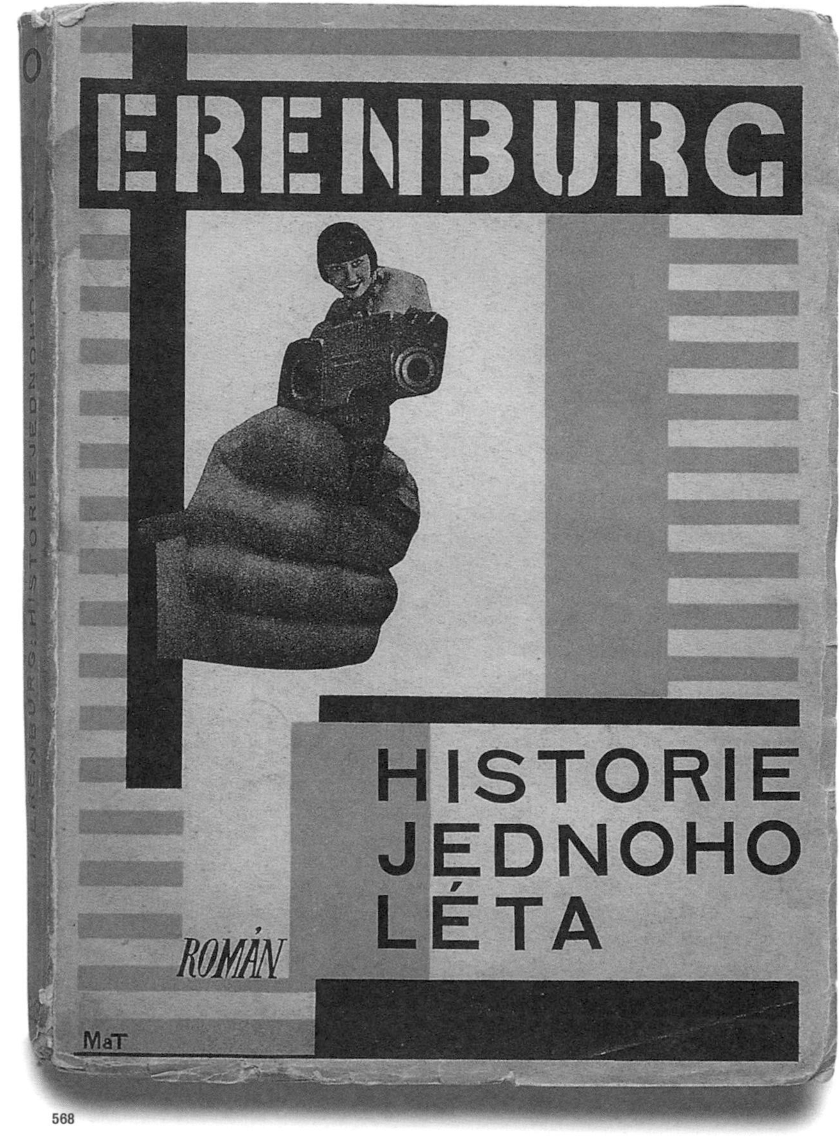

568

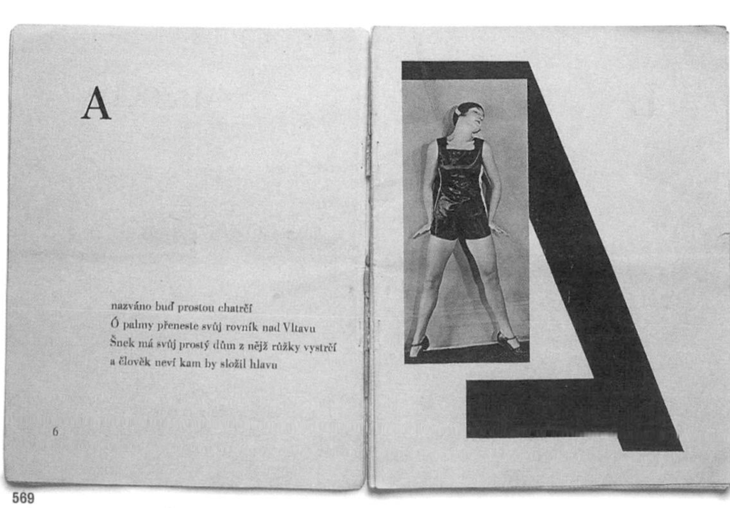

A

nazváno buď prostou chatrčí
Ó palmy přeneste svůj rovník nad Vltavu
Šnek má svůj prostý dům z nějž růžky vystrčí
a člověk neví kam by složil hlavu

6

569

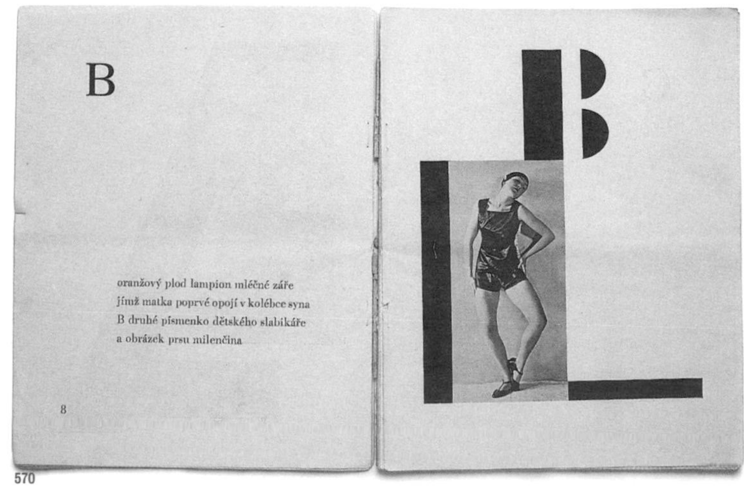

B

oranžový plod lampion mléčné záře
jímž matka poprvé opojí v kolébce syna
B druhé písmenko dětského slabikáře
a obrázek prsu milenčina

8

570

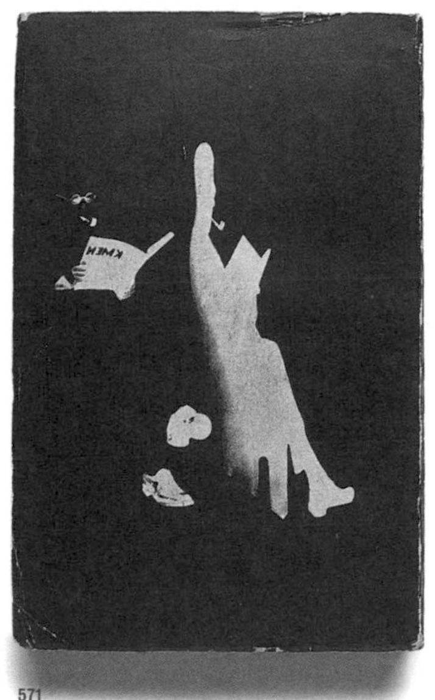

571

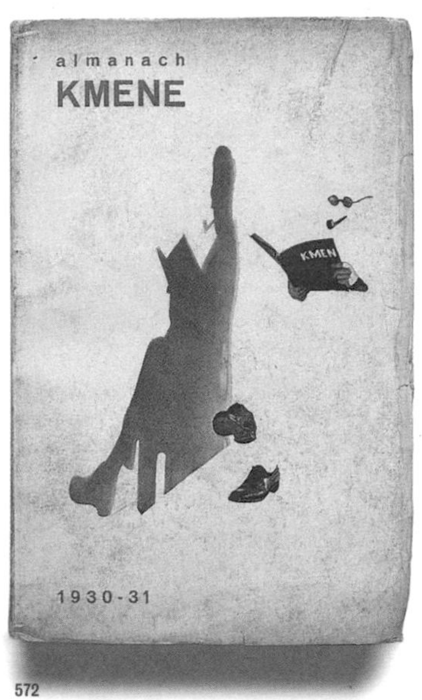

572

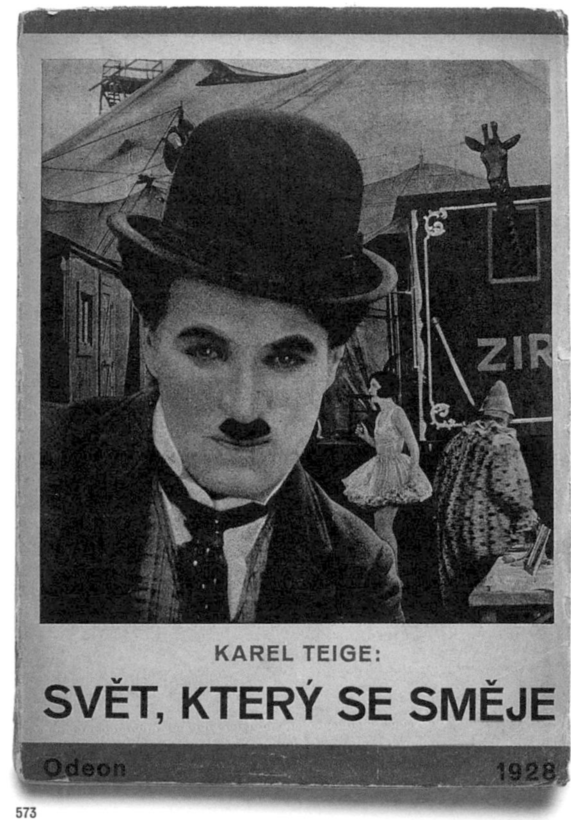

573

TEIGE

568 — Ilja Ehrenburg, Historie jednoho léta. Roman (Historia de verano. Novela), fotomontaje de Karel Teige y Otakar Mrkvicka, Jan Fromek - Odeon, Praga 1927, IVAM.

569/570 — Vítezslav Nezval, Abeceda. Tanecní komposice Milci Mayerové (Alfabeto. Composiciones coreográficas de Milca Mayerova), diseño y montajes de Karel Teige, J. Otto, Praga 1926, IVAM.

571/572 — Almanach kmene 1930-1931, Praga 1930, cubierta fotografía de Karel Teige, IVAM.

573 — Karel Teige, Svet, ktery se smeje. O humoru, klaunech a dadaistech I (Un mundo de risas. De humor, payasos y dadaístas I), fotomontaje Karel Taige, Odeon, Praga 1928, IVAM.

574 — Karel Teige, Nejmensí byt (La vivienda mínima), fotomontaje de Karel Teige, Vaclav Petr, Praga 1932, IVAM.

575 — Karel Teige, Film, collage fotográfico de Karel Teige, V. Petr, Praga 1925, IVAM.

568 — Ilja Ehrenburg, Historie jednoho léta, Roman (Story of summer. Novel). Photomontage by Karel Teige and Otakar Mrkvicka, Jan Fromek, Odeon, Prague 1927. IVAM.

569/570 — Vitezslav Nezval, Abeceda, Tanecní komposice Milci Mayerové (Alphabet. Choreographic compositions by Milca Mayerova). Design and montage by Karel Teige, J. Otto, Prague 1926. IVAM.

571/572 — Almanach kmene 1930-1931, Prague 1930. Photograph by Karel Teige. IVAM.

573 — Karel Teige, Svet, ktery se smeje. O humoru, klaunech a dadaistech I (A world of laughter. Of humour, clowns and Dadaists I). Photomontage by Karel Teige, Odeon, Prague 1928. IVAM.

574 — Karel Teige, Nejmensí byt (The minimum residence). Photomontage by Karel Teige, Vaclav Petr, Prague 1932. IVAM.

575 — Karel Teige, Film. Photographic collage by Karel Teige, V. Petr, Prague 1925. IVAM.

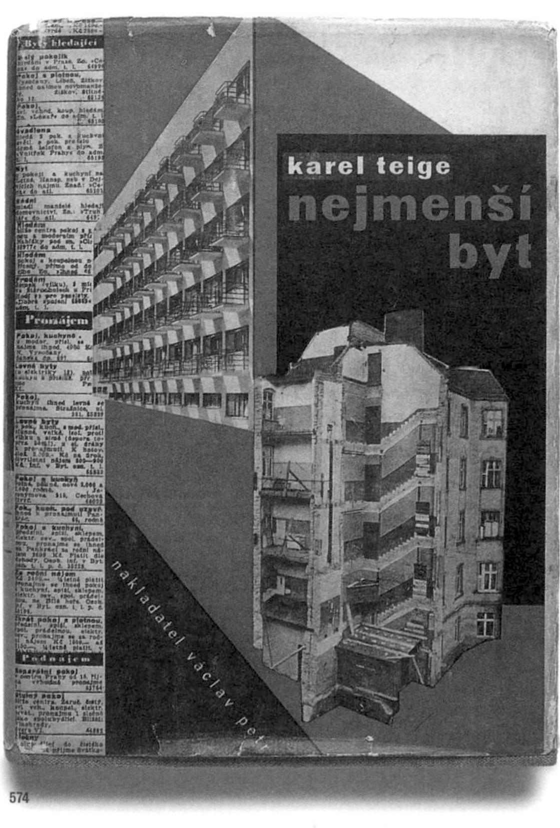

574

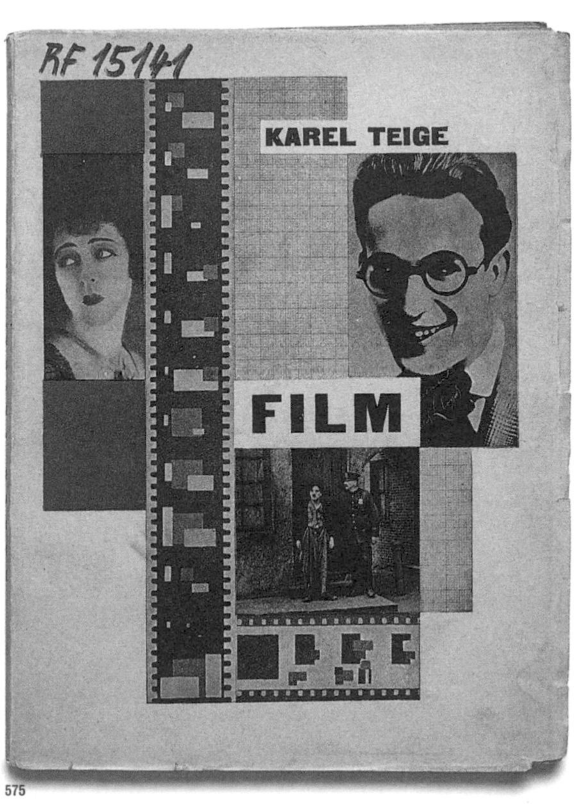

575

SOLOMON TELINGATER 1903 — 1969

DISEÑADOR GRÁFICO. Nacido en Tiflis, vivió desde 1910 en Bakú, donde se graduó en 1920. Ese año pasó a Moscú, donde estudió en los VJUTEMAS. Su actividad como artista gráfico comenzó en Bakú, donde tuvo un estudio, diseñó revistas y fue director de arte de una editorial entre 1919 y 1925. De nuevo en Moscú ese año, Telingater diseñó en fotomontaje y tipo-foto libros y revistas como Sa, Stroitelstvo Moskvi o SSSR na stroike. Expuso en Internationale Buchskunst-Ausstellung (Leipzig 1927), Poligraficheskaia vistavka (Moscú 1927), Pressa (Colonia 1928), la primera exposición de Oktiabr (Moscú 1930), grupo del que fue miembro, y L'Art du livre (París 1931). Desde 1933 a 1941 fue director artístico de Partizdat, la editorial del Partido Comunista. En 1936 publicó un libro en colaboración con Serguei Tretiakov sobre John Heartfield.

GRAPHIC DESIGNER. Born in Tiflis, Telingater lived from 1910 in Baku, where he graduated in 1920. He spent that year in Moscow, studying at the VKHUTEMAS. He first took up graphic design in Baku, where he had a studio, designed magazines and was art editor of a publishing house from 1919 to 1925. He returned to Moscow that year and designed books and magazines in photomontage and phototype, including Sa, Stroitelstvo Moskvi and SSSR na stroike. He exhibited at the Internationale Buchskunst-Ausstellung (Leipzig 1927), the Poligraficheskaia vistavka (Moscow 1927), Pressa (Cologne 1928), the first exhibition by Oktiabr (Moscow 1930), a group of which he was member, and L'Art du livre (Paris 1931). He was art editor of Partizdat, the Communist Party publishing house, from 1933 until 1941. In 1936 he published a book on John Heartfield, in collaboration with Sergei Tretiakov.

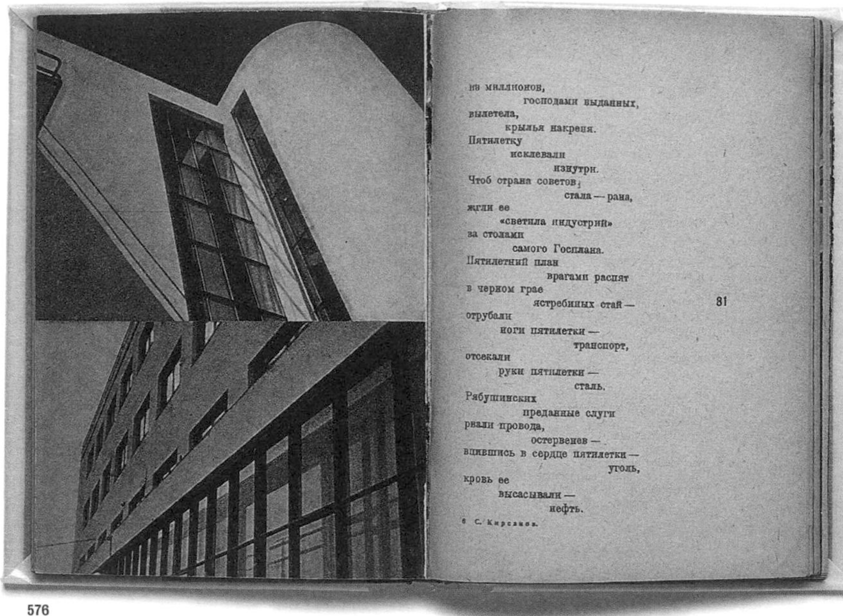

из миллионов,
господами выданных,
вылетела,
крылья накреня.
Пятилетку
исклевали
изнутри.
Чтоб страна советов,
стала — рана,
жгли ее
«светила индустрий»
за столами
самого Госплана.
Пятилетний план
врагами распят
в черном грае
ястребиных стай —
отрубали
ноги пятилетки —
транспорт,
отсекали
руки пятилетки —
сталь.
Рябушинских
преданные слуги
рвали провода,
остервенев —
впившись в сердце пятилетки —
уголь,
кровь ее
высасывали —
нефть.

6 С. Кирсанов.

81

576

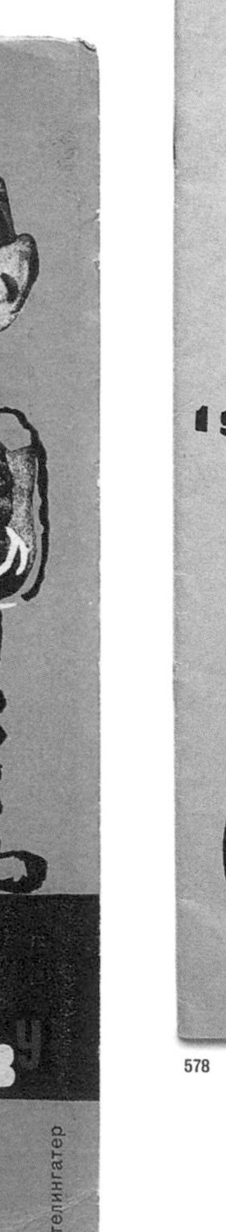

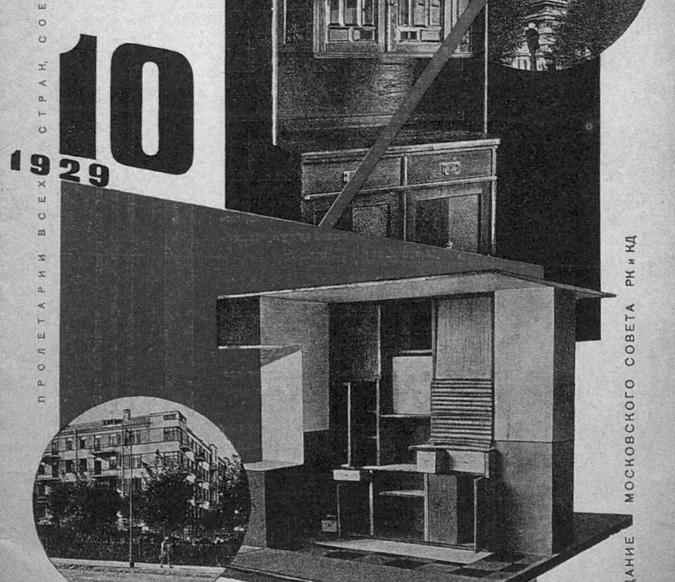

578

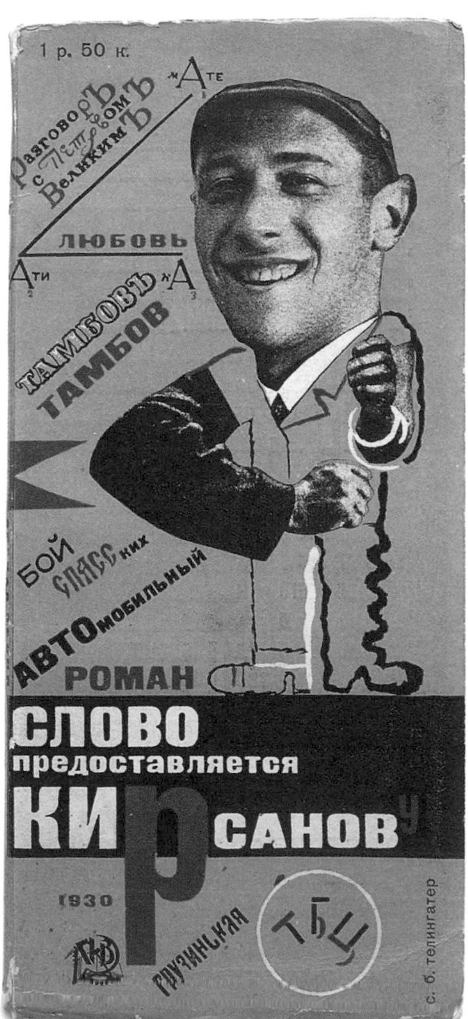

577

TELINGATER

576 — Semion Kirsanov, Piatiletka. Poema (El plan quinquenal. Poema), diseño y fotomontajes de Solomon Telingater, Moscú 1931, IVAM.
577 — Semion Kirsanov, Slovo predostavliaetsia Kirsanov (Kirsanov tiene la palabra), cubierta, diseño de Solomon Telingater, Moscú 1930, IVAM.
578 — Stroitelstvo Moskvi 10 (1929), cubierta, diseño de Solomon Telingater, IVAM.

576 — Semion Kirsanov, Piatiletka. Poema (The five year plan. A poem). Design and photomontages by Solomon Telingater, Moscow 1931. IVAM.
577 — Semion Kirsanov, Slovo predostavliaetsia Kirsanov (Kirsanov has the word). Cover, design by Solomon Telingater. Moscow 1930. IVAM.
578 — Stroitelstvo Moskvi 10 (1929). Cover, design by Solomon Telingater. IVAM.

NICOLAI TROSHIN 1897 — 1990

DISEÑADOR GRÁFICO, FOTOMONTADOR. Tras sus estudios en los VJUTEMAS se dedicó al diseño gráfico y al montaje de exposiciones, y realizó carteles e ilustraciones en los que utilizó con frecuencia la técnica del fotomontaje. En 1929 publicó un ensayo, Osnovi compositsi v fotografi (Las bases de la composición fotográfica), con una fotografía de Boris Ignatovich en la cubierta. Su principal actividad en los años treinta fue el diseño de SSSR na stroike. Colaboró con El Lissitzky a finales de la década.

GRAPHIC DESIGNER, PHOTOMONTEUR. Following his studies at the VKHUTEMAS he concentrated on graphic design and exhibitions, producing posters and illustrations in which he often used photomontage. In 1929 he published an essay, Osnovi compositsi v fotografi (The bases of photographic composition), with a photograph by Boris Ignatovich on the cover. His main area of activity in the thirties was the design of SSSR na stroike and, towards the end of the decade, he collaborated with El Lissitzky.

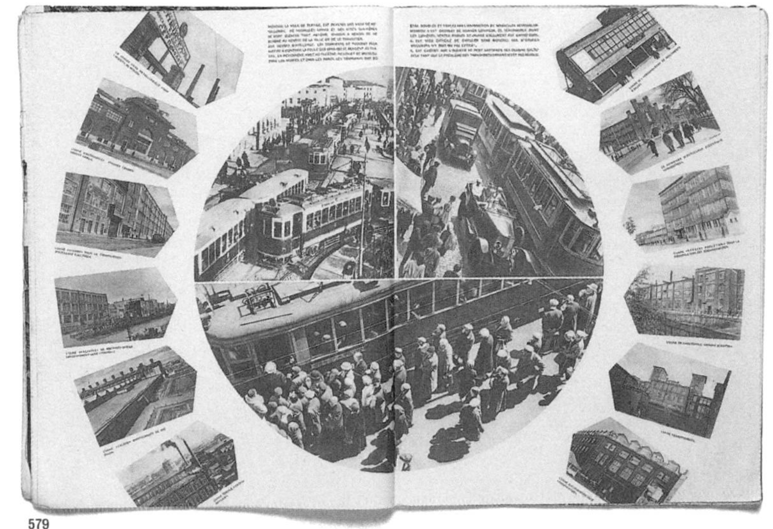

579

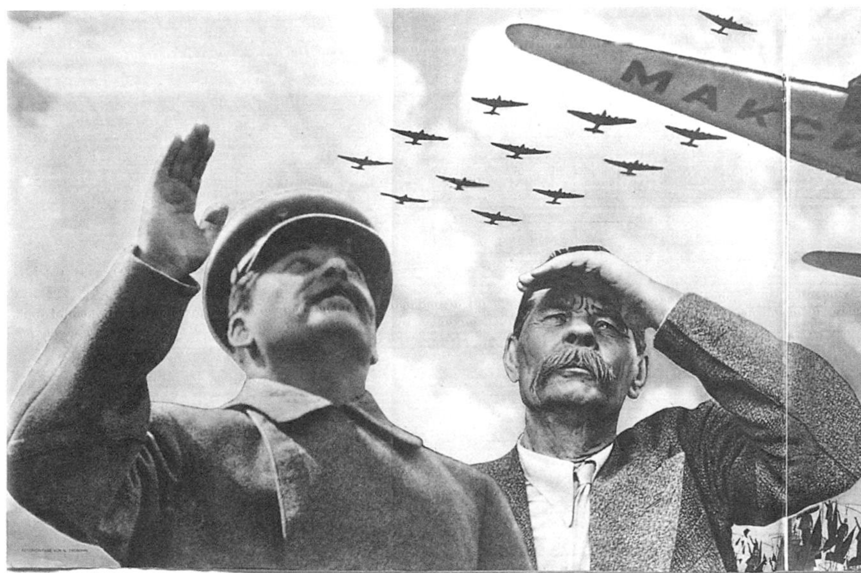

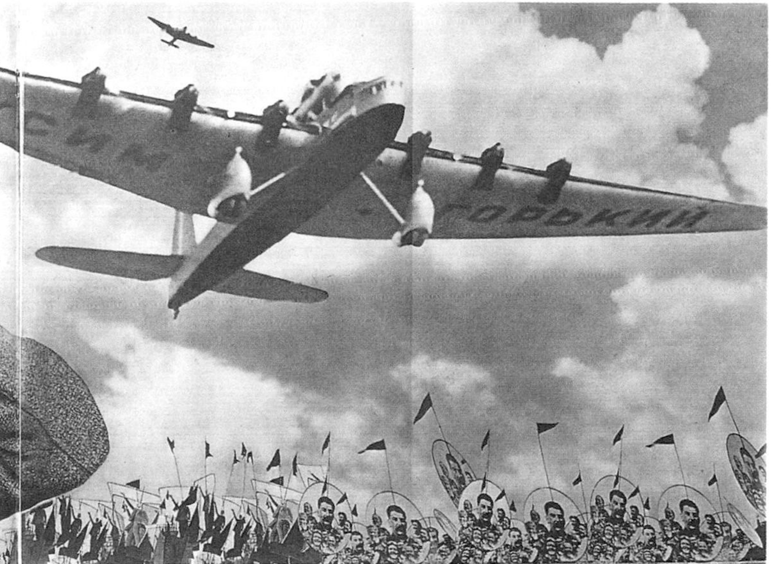

580

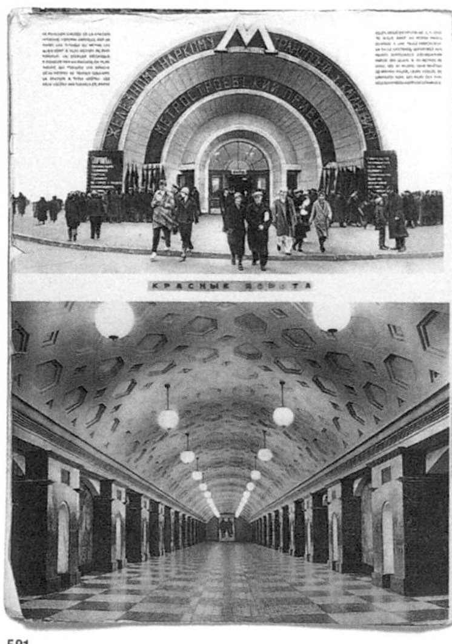

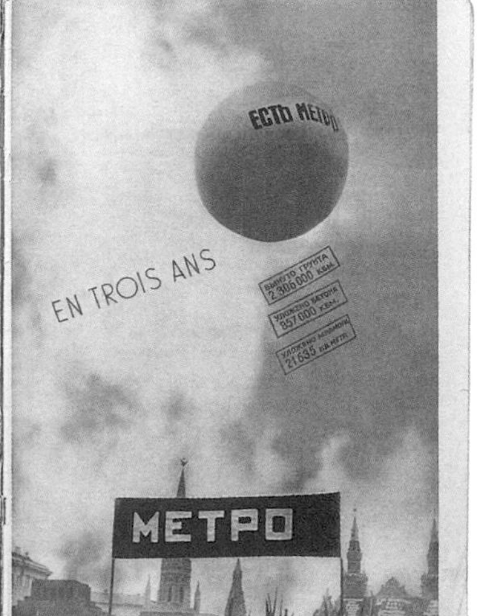

581

TROSHIN
579 — SSSR na stroike 1 (enero 1938), montaje de Nicolai Troshin, AHNSGC.
580 — UdSSR im Bau 1 (enero 1935), fotomontajes de N. Troshin, AHNSGC.
581 — URSS en construction 8 (agosto 1935), montaje de G.P. Goltz y Nicolai Troshin, AHNSGC.
579 — SSSR na stroike 1 (January 1938). Montage by N. Troshin. AHNSGC.
580 — USSR im Bau 1 (January 1935). Photomontages by Nicolai Troshin. AHNSGC.
581 — URSS en construction 8 (August 1935). Montage by G.P. Goltz and Nicolai Troshin. AHNSGC.

GEORG TRUMP 1896 — 1985

DISEÑADOR GRÁFICO. Estudió tipografía en Stuttgart entre 1919-23. Organizó en 1926 un departamento de diseño gráfico en la Ecuela de Artes Decorativas de Bielefeld y desde 1929 fue profesor de diseño en la Meisterschule für Deutschland Buchdrucker de Múnich, junto a Paul Renner y Jan Tschichold. Entre 1931 y 1934 enseñó en Berlín, de donde pasó a dirigir la escuela de Múnich antes citada. Aparte de profesor, fue diseñador publicitario y realizó carteles con la técnica tipo-foto.

► Georg Trump. Maler, Schriftkünstler, Grafiker, Múnich 1981.

GRAPHIC DESIGNER. Trump studied typography in Stuttgart from 1919 to 1923. In 1926 he organised a department of graphic design at the School of Decorative Arts in Bielefeld and, from 1929, was a design teacher at the Meisterschule für Deutschland Buchdrucker in Munich, together with Paul Renner and Jan Tschichold. He taught in Berlin between 1931 and 1934, then went on to direct the previously mentioned school in Munich. In addition to his teaching work, Trump was also an advertising designer and produced posters using the technique of typo-photo.

► Georg Trump. Maler, Schriftkünstler, Grafiker, Munich 1981.

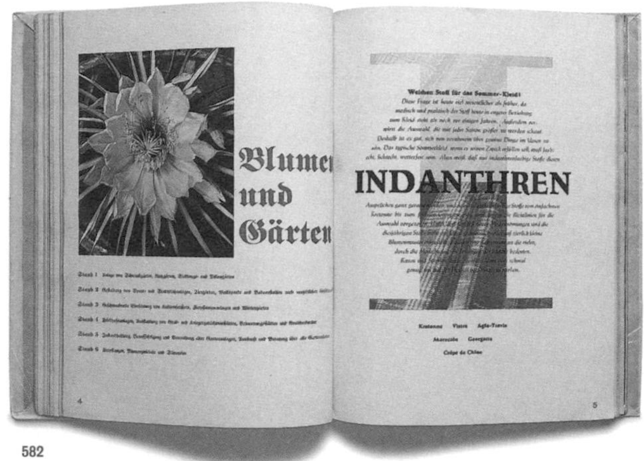

582

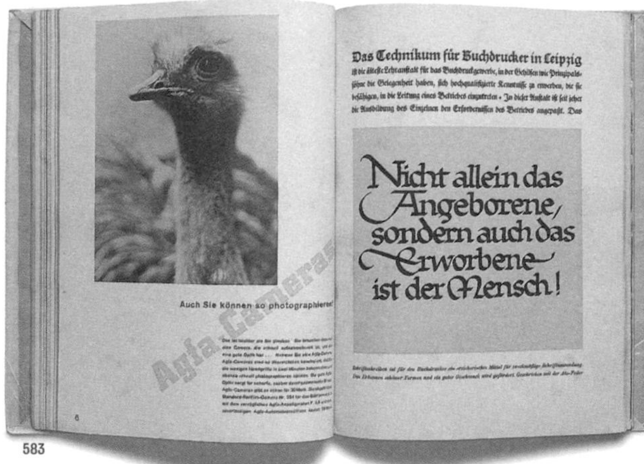

583

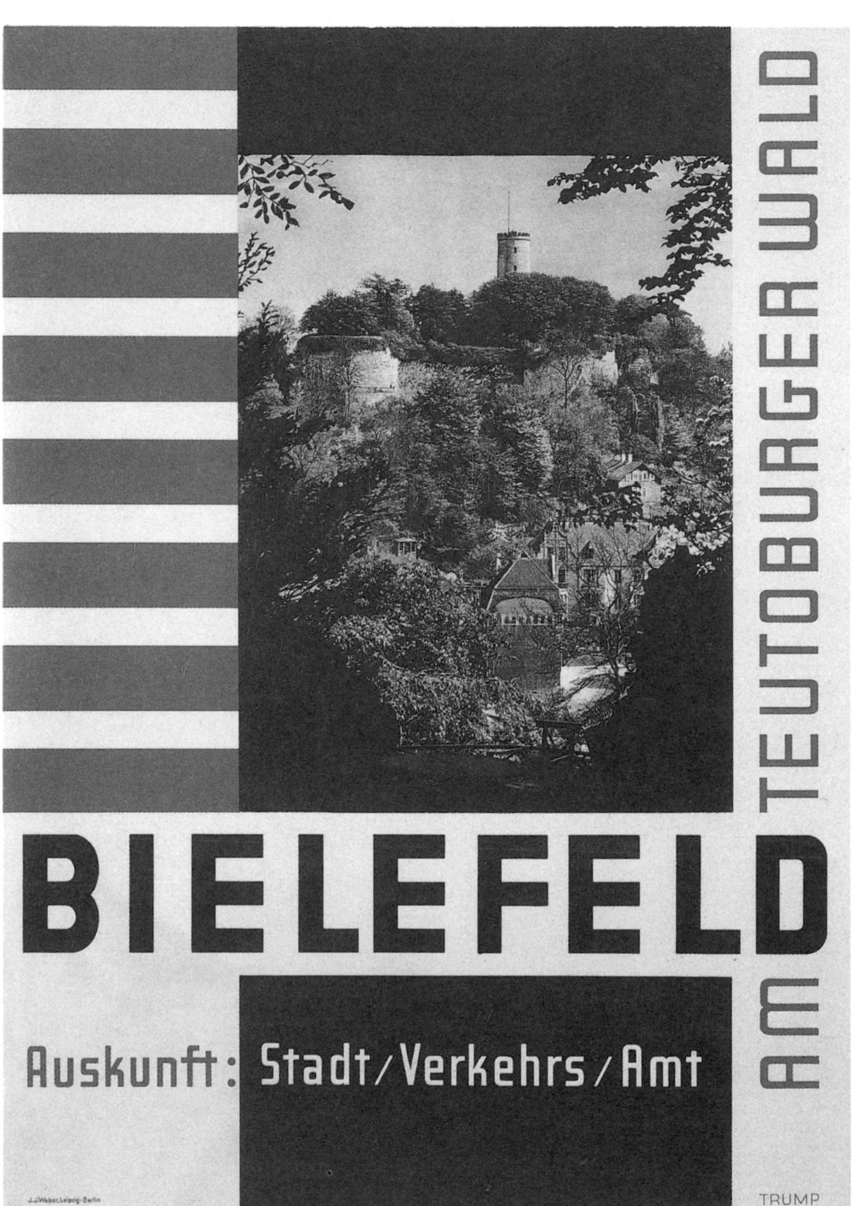

584

TRUMP

582/583 — Sass und Druck, (1936) diseños gráficos de Georg Trump, colección particular.
584 — Georg Trump, Bielefeld, cartel, huecograbado, Merrill C. Berman Collection.

582/583 — Sass und Druck. (1936). Graphic designs by Georg Trump. Private collection.
584 — Georg Trump, Bielefeld. Poster, photogravure. Merrill C. Berman Collection.

JAN TSCHICHOLD 1902 — 1974

DISEÑADOR GRÁFICO, CARTELISTA, AUTOR DE FOTOGRAMAS. Hijo de un calígrafo, Tschichold estudió artes gráficas en Leipzig entre 1919-21, ciudad en la que residió hasta 1925, año en que se trasladó a Berlín. Desde 1926 fue profesor en la Meisterschule für Deutschland Buchdrucker de Múnich, que dirigía el tipógrafo y teórico Paul Renner. El conocimiento de los trabajos de la Bauhaus y El Lissitzky le llevaron a la 'tipografía elemental', que teorizó en la revista Typographische Mitteilungen (1925) y luego en su libro más influyente, Die neue typographie (1928), con capítulos sobre fotomontaje y tipo-foto. Su aportación a la teoría del nuevo diseño gráfico continuó con otras publicaciones en los años siguientes. En 1929 publicó con Franz Roh fotoauge y, al año siguiente, diseñó una colección de libros fotográficos, 'fototek', de los que sólo se publicaron dos tomos, dedicados a László Moholy-Nagy y Aenne Biermann. Desde 1926 experimentó con los fotogramas y también realizó carteles cinematográficos en la técnica tipo-foto. Tras la llegada de los nacionalsocialistas al poder en 1933 fue detenido y expulsado de la escuela de Múnich. Se exilió en Basilea, donde publicó Typographische Gestaltung en 1935, año en el que se trasladó a Londres. En Inglaterra trabajó para la editorial Lund Humphries y diseñó el anuario tipográfico Penrose Annual (1938).

▸ Ruari McLean, Jan Tschichold: Typographer, Boston 1975; Werner Klemke, Jan Tschichold, Leben und Werk, Dresde 1977; Jan Tschichold, Schriften, Berlín 1991.

GRAPHIC DESIGNER, POSTER DESIGNER, AUTHOR OF PHOTOGRAMS. Son of a calligrapher, Tschichold studied graphic arts from 1919-21 in Leipzig, where he lived until 1925, the year in which he moved to Berlin. From 1926 he was a teacher at the Meisterschule für Deutschland Buchdrucker in Munich, which was directed at the time by the typographer and theoretician Paul Renner. Tschichold's discovery of the Bauhaus and the work of El Lissitzky led him to the concept of 'elementary typography', on which he theorised in the magazine Typographische Mitteilungen (1925) and later, in his most influential book Die neue typographie (1928). This contained chapters on photomontage and typo-photo, and would be followed by other contributions to the theory of the new graphic design in the years ahead. In 1929 he published fotoauge with Franz Roh, and the following year designed a collection of photo-books, fototek, of which only two volumes ever appeared, those dedicated to László Moholy-Nagy and Aenne Biermann. From 1926 he experimented with photograms and also designed film posters using the technique of typo-photo. On the coming to power of the National Socialists in 1933 he was detained, and dismissed from his post in the Meisterschule für Deutschland Buchdrucker in Munich. He sought exile in Basle in Switzerland, where he published Typographische Gestaltung, in 1935. That year he moved to London, where he worked for the Editors Lund Humphries, and designed the typography annual Penrose Annual (1938).

▸ Ruari McLean, Jan Tschichold: Typographer, Boston 1975; Werner Klemke, Jan Tschichold, Leben und Werk, Dresden 1977; Jan Tschichold, Schriften, Berlin 1991.

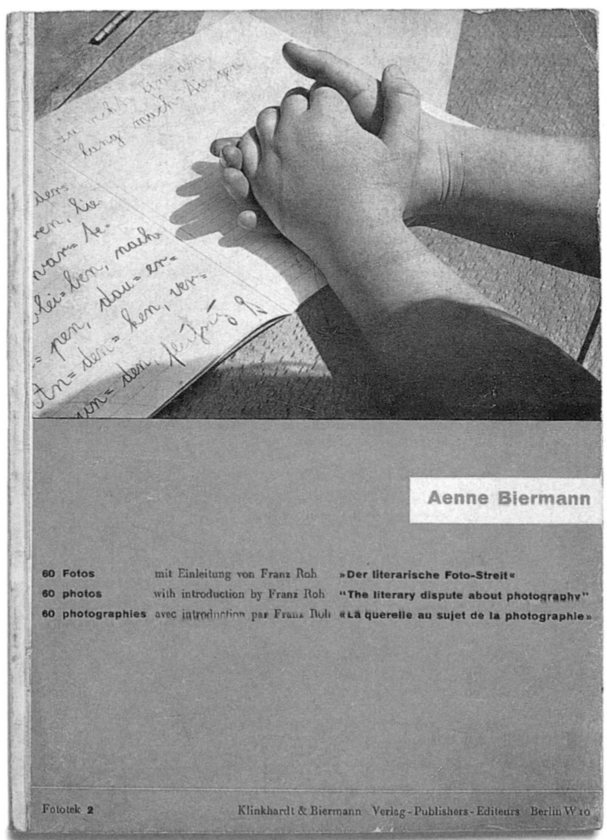

585

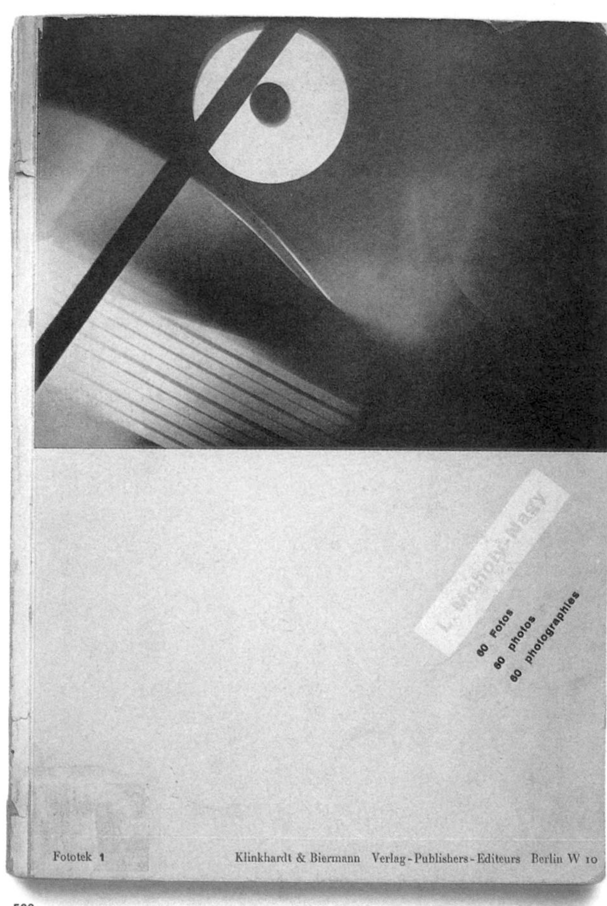

586

TSCHICHOLD

585 — Aenne Biermann, 60 Fotos. 60 Photos. 60 Photographies, cubierta, diseño de Jan Tschichold, Fototek 2, Klinkhardt & Biermann, Berlín 1930, MNCARS.

586 — László Moholy-Nagy, 60 Fotos. 60 Photos. 60 Photographies, cubierta, diseño de Jan Tschichold, Fototek 1, Klinkhardt & Biermann, Berlín 1930, IVAM.

585 — Aenne Biermann, 60 Fotos. 60 Photos. 60 Photographies. Cover, design by Jan Tschichold, Fototek 2, Klinkhardt & Biermann, Berlin 1930. MNCARS.

586 — László Moholy-Nagy, 60 Fotos. 60 Photos. 60 Photographies. Cover, design by Jan Tschichold, Fototek 1, Klinkhardt & Biermann, Berlin 1930. IVAM.

unter mitarbeit des schweizerischen photographen-verbandes

gewerbemuseum basel ausstellung

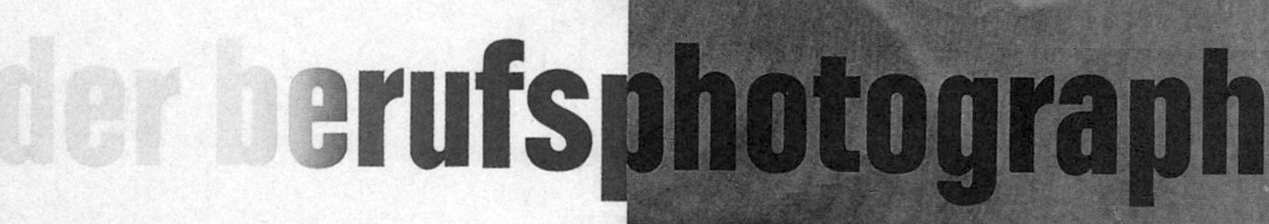

sein werkzeug — seine arbeiten

8. mai — 6. juni

werktags		14-19	
mittwochs		14-19	19-21
sonntags	10-12	14-19	
eintritt frei			

587

alle Ölmalereien, Kunst. Aber das, was Heartfield (der die Photomontage erfand), Baumeister, Burchartz, Max Ernst, Lissitzky, Moholy-Nagy, Vordemberghe-Gildewart auf diesem Gebiete geschaffen haben, verdient diesen Namen zweifellos. Das sind keine willkürlichen Zusammenstellungen mehr, sondern folgerichtig und harmonisch aufgebaute Bilder. Die zunächst zufällige Form des Einzelphotos (Grautöne, Strukturwirkung, Linienbewegungen) erhält künstlerischen Sinn durch die Komposition des Ganzen. Von der alten Kunst unterscheidet sich die Photomontage durch das Fehlen des Objekts. Sie ist nicht wie jene Beurteilung eines Tatbestandes, sondern Verwirklichung einer freien Phantasie, also eine in Wahrheit freie menschliche Schöpfung, die von der Natur unabhängig ist. Die „Logik" einer solchen Gestaltung ist die irrationale des Kunstwerks. Zu ganz übernatürlicher

MAX BURCHARTZ: Umschlagmappe für Prospekte. Grund silbern, weiße Schrift auf rotem Feld. Photomontage: Abbildungen charakteristischer Erzeugnisse der Hauptabteilungen des Bochumer Vereins. Format DIN A4.

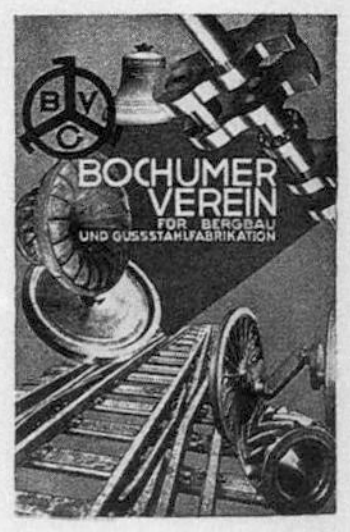

92

Wirkung gelangt die Photomontage durch den bewußten Kontrast des plastischen Photos zur toten weißen oder farbigen Fläche. Dieser unerhörte Eindruck kann mit keiner Zeichnung oder Malerei erreicht werden. Die Möglichkeiten stark kontrastierender Größen und Formen, des Kontrastes von Objekten von großer Nähe und weiter Ferne, flächigerer und plastischerer Form usw. tun das ihre, diese Kunstform außerordentlich variabel zu machen. In ihr liegen die weitesten Möglichkeiten auch für die zweckgebundene Reklame. Hier ist es naturgemäß nur vereinzelt möglich, durch Ausgleich aller Teile mit dem Ergebnis des freien Gleichgewichts ein „Kunstwerk" zu schaffen, da die Bindungen durch den notwendigen logischen Zusammenhang, die logische Größenordnung, die gegebene Schrift usf. stark hemmend wirken können. Es ist im übrigen auch nicht so sehr Aufgabe des reklameschaffenden Künstlers, freie Kunstwerke, sondern beste Reklame zu gestalten. Beides kann, muß aber nicht zusammenfallen. Mit das Beste auf dem Gebiete der Reklame-Photomontage haben John Heartfield in seinen Malik-Bucheinbänden und Max Burchartz in seinen Reklamegestaltungen für die Industrie geschaffen.

Wir bringen hier ein charakteristisches Beispiel: den Umschlag einer Mappe mit Werbeblättern von Burchartz. Die intensive und reiche Wirkung des Originals vermag unsere Abbildung leider nur anzudeuten. Weitere Beispiele der Photomontage sind in den anderen Abschnitten dieses Buchs zerstreut.

Photogramme sind Photos, die ohne Mithilfe des Apparates mittels bloßen lichtempfindlichen Papiers hergestellt werden. Diese einfache Methode ist an sich nicht neu, denn man kennt Photogramme zum Beispiel nach Blumen, die durch einfaches Auflegen des „Objekts" auf das photographische Papier hergestellt werden, schon seit langem.

Der Erfinder des gestalteten Photogramms, des Photogramms als Kunst, ist der jetzt in Paris lebende Amerikaner Man Ray. Er veröffentlichte um 1922 in der amerikanischen Zeitschrift „Broom" seine ersten Schöpfungen dieser Art. In ihnen enthüllt sich eine unwirkliche, übernatürliche Welt, die rein photographisch gebildet worden ist. Reine poetische Schöpfungen, die nichts mehr mit den gewöhnlichen Reporter- und Sachphotos gemein haben und sich zu ihnen verhalten wie die Dichtung zum Alltagsgespräch. Es wäre naiv, sollte man diese Schöpfungen als Zufallsprodukte oder als geschicktes Arrangement bezeichnen: daß sie alles andere als dies sind, kann jeder Fachmann bestätigen. Hier wurden die Möglichkeiten der autonomen Photographie (ohne Kamera) zum ersten Male rein ausgebaut: aus der Verwendung modernen Materials erwuchs das Photogramm als die moderne Formpoesie.*

* Abbildungen zweier Photogramme von Man Ray befinden sich auf den Seiten 48 und 49.

93

588

96

PAPER
INSULATED
HIGH TENSION CABLES
HIGH IONISATION VOLTAGE
LOW DIELECTRIC LOSS
NKF.
NEDERLANDSCHE
KABEL-FABRIEK
DELFT (HOLLAND)

PIET ZWART (Holland): Werbeblatt. Schwarz und rot auf weiß. Format A4.

97

589

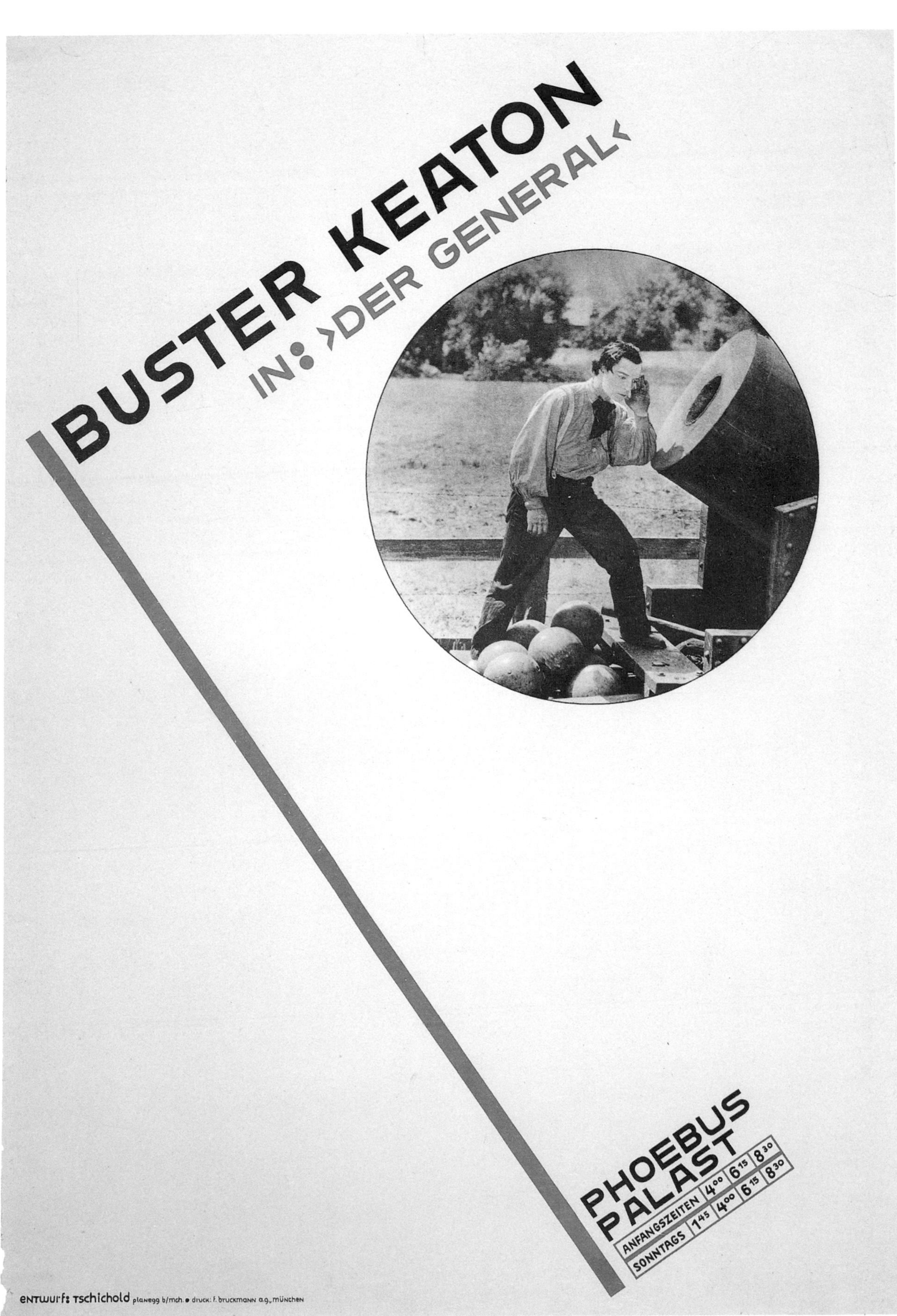

590

TSCHICHOLD
587 — Jan Tschichold, Der berufsphotograph, cartel, litografía y offset, 1938, IVAM.
588/589 — Jan Tschichold, Die neue typographie. Ein Handbuch für zeitgemäss Schaffendo, diseño de Jan Tschichold, montajes de Max Burchartz y Piet Zwart, Verlag der Bildunsverbandes der deutschen-Buchdrucker, Berlín 1928, Colección Lustig Cohen.
590 — Jan Tschichold, Buster Keaton in Der General, cartel, ca. 1927, Merrill C. Berman Collection.

587 — Jan Tschichold, Der berufsphotograph. Poster, lithograph and offset, 1938. IVAM.
588/589 — Jan Tschichold, Die neue typographie. Ein Handbuch für zeitgemäss Schaffende. Design by Jan Tschichold, montages by Max Burchartz y Piet Zwart, Verlag der Bildunsverbandes der deutschen-Buchdrucker, Berlin 1928. Lustig Cohen Collection.
590 — Jan Tschichold, Buster Keaton in Der General. Poster, ca. 1927. Merrill C. Berman Collection.

UMBO 1902 — 1980

FOTÓGRAFO. Nacido en Düsseldorf, Otto Umbehr estudió entre 1921-1923 en la Bauhaus de Weimar. En 1923 se trasladó a Berlín y al año siguiente se cambió el nombre a Umbo. Antes de dedicarse a la fotografía de reportaje trabajó en la industria cinematográfica o hizo retratos fotográficos. En 1926 abrió un estudio en Berlín. Trabajó con la agencia fotográfica DEPHOT entre 1928 y 1933. Esos años publicó fotografías en las que retrataba la vida moderna urbana en numerosas revistas alemanas (Uhu, Berliner Illustrirte Zeitung, Münchner Illustrierte Presse, Die Dame, Die Coralle, etc.), así como en antologías y anuarios de la nueva fotografía. A final de los veinte experimentó con fotomontajes, múltiples exposiciones y fue cámara de cine de Walter Ruttmann. Expuso en Film und Foto. Tras la llegada de los nacionalsocialistas al poder en Alemania, Umbo continuó en Berlín y trabajó para las revistas de la editorial Ullstein.

▶ Umbo Photographien 1925-1933, Hannover 1979.

PHOTOGRAPHER. Otto Umbehr was born in Düsseldorf and from 1921 to 1923 studied at the Bauhaus in Weimar. In 1923 he moved to Berlin and the following year changed his name to Umbo. Before taking up photojournalism he worked in the film industry and took photographic portraits. In 1926 he opened a studio in Berlin and from 1928 to 1933 worked with the photographic agency DEPHOT. During these years he took photographs in which he depicted modern urban life, which were published in numerous magazines including Uhu, Berliner Illustrirte Zeitung, Münchner Illustrierte Presse, Die Dame, and Die Coralle, as well as in anthologies and annuals of the new photography. Towards the end of the twenties he worked on experiments with photomontage and multiple exposure, and was film cameraman for Walter Ruttmann. Umbo's work was exhibited in Film und Foto. On the coming to power of the National Socialists in Germany he stayed in Berlin, and worked on magazines belonging to the publishers Ullstein.

▶ Umbo Photographien 1925-1933, Hanover 1979.

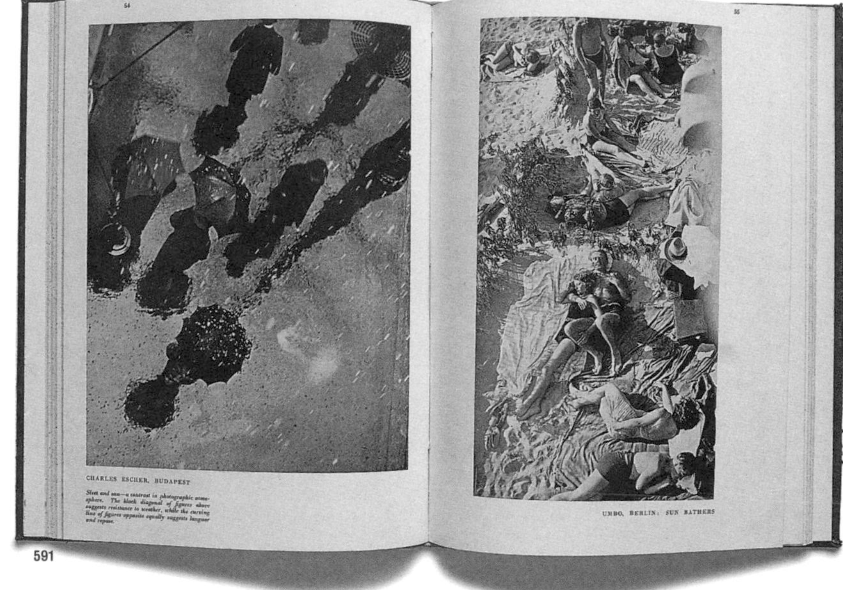

CHARLES ESCHER, BUDAPEST

Sleet and sun—a contrast in photographic atmosphere. The black diagonal of figures above suggests resistance to weather, while the curving line of figures opposite equally suggests languor and repose.

UMBO, BERLIN: SUN BATHERS

591

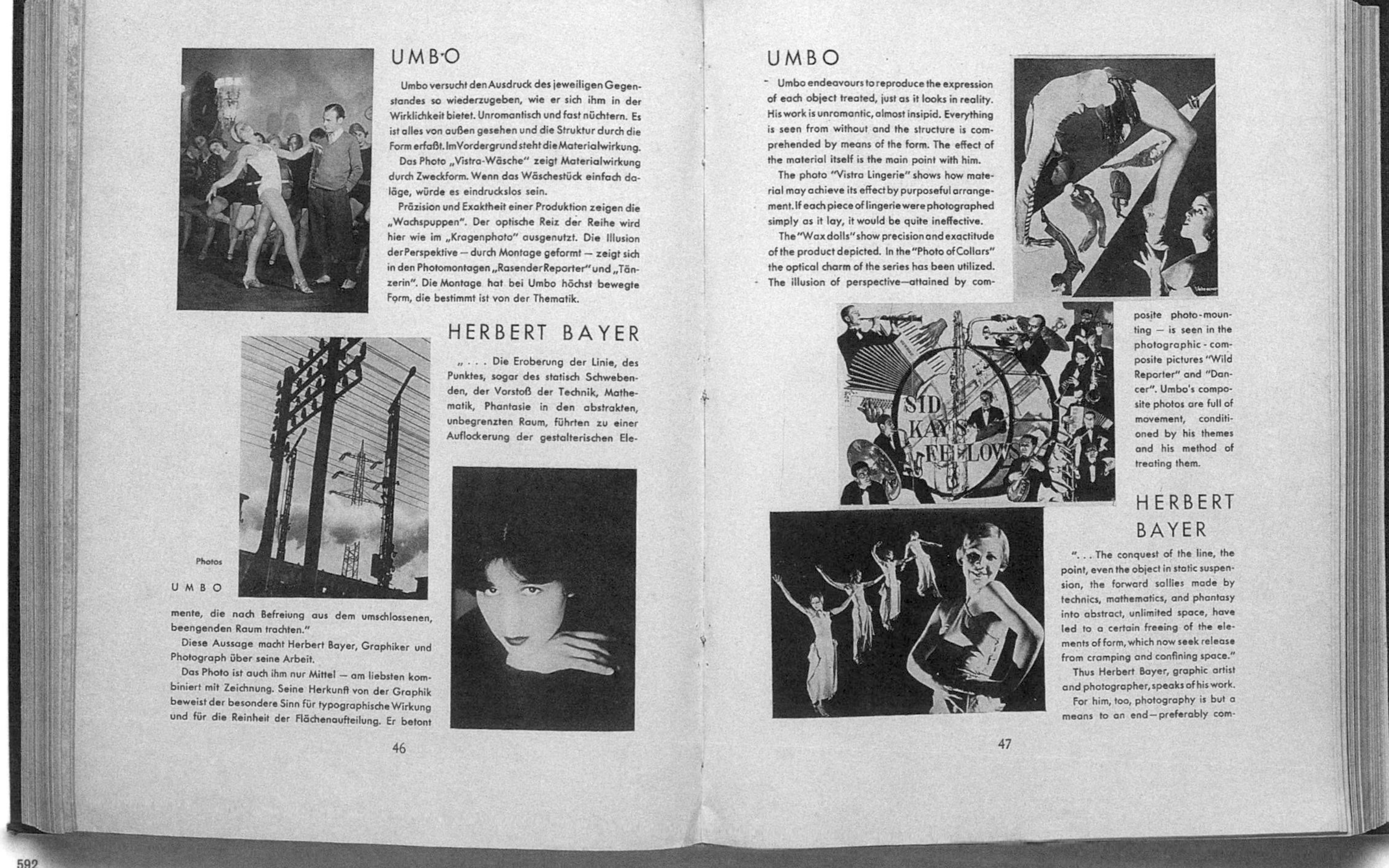

UMB·O

Umbo versucht den Ausdruck des jeweiligen Gegenstandes so wiederzugeben, wie er sich ihm in der Wirklichkeit bietet. Unromantisch und fast nüchtern. Es ist alles von außen gesehen und die Struktur durch die Form erfaßt. Im Vordergrund steht die Materialwirkung.

Das Photo „Vistra-Wäsche" zeigt Materialwirkung durch Zweckform. Wenn das Wäschestück einfach daläge, würde es eindruckslos sein.

Präzision und Exaktheit einer Produktion zeigen die „Wachspuppen". Der optische Reiz der Reihe wird hier wie im „Kragenphoto" ausgenutzt. Die Illusion der Perspektive — durch Montage geformt — zeigt sich in den Photomontagen „Rasender Reporter" und „Tänzerin". Die Montage hat bei Umbo höchst bewegte Form, die bestimmt ist von der Thematik.

HERBERT BAYER

„ . . . Die Eroberung der Linie, des Punktes, sogar des statisch Schwebenden, der Vorstoß der Technik, Mathematik, Phantasie in den abstrakten, unbegrenzten Raum, führten zu einer Auflockerung der gestalterischen Elemente, die nach Befreiung aus dem umschlossenen, beengenden Raum trachten."

Diese Aussage macht Herbert Bayer, Graphiker und Photograph über seine Arbeit.

Das Photo ist auch ihm nur Mittel — am liebsten kombiniert mit Zeichnung. Seine Herkunft von der Graphik beweist der besondere Sinn für typographische Wirkung und für die Reinheit der Flächenaufteilung. Er betont

Photos UMBO

46

UMBO

Umbo endeavours to reproduce the expression of each object treated, just as it looks in reality. His work is unromantic, almost insipid. Everything is seen from without and the structure is comprehended by means of the form. The effect of the material itself is the main point with him.

The photo "Vistra Lingerie" shows how material may achieve its effect by purposeful arrangement. If each piece of lingerie were photographed simply as it lay, it would be quite ineffective.

The "Wax dolls" show precision and exactitude of the product depicted. In the "Photo of Collars" the optical charm of the series has been utilized. The illusion of perspective—attained by composite photo-mounting — is seen in the photographic-composite pictures "Wild Reporter" and "Dancer". Umbo's composite photos are full of movement, conditioned by his themes and his method of treating them.

HERBERT BAYER

". . . The conquest of the line, the point, even the object in static suspension, the forward sallies made by technics, mathematics, and phantasy into abstract, unlimited space, have led to a certain freeing of the elements of form, which now seek release from cramping and confining space."

Thus Herbert Bayer, graphic artist and photographer, speaks of his work.

For him, too, photography is but a means to an end—preferably com-

47

592

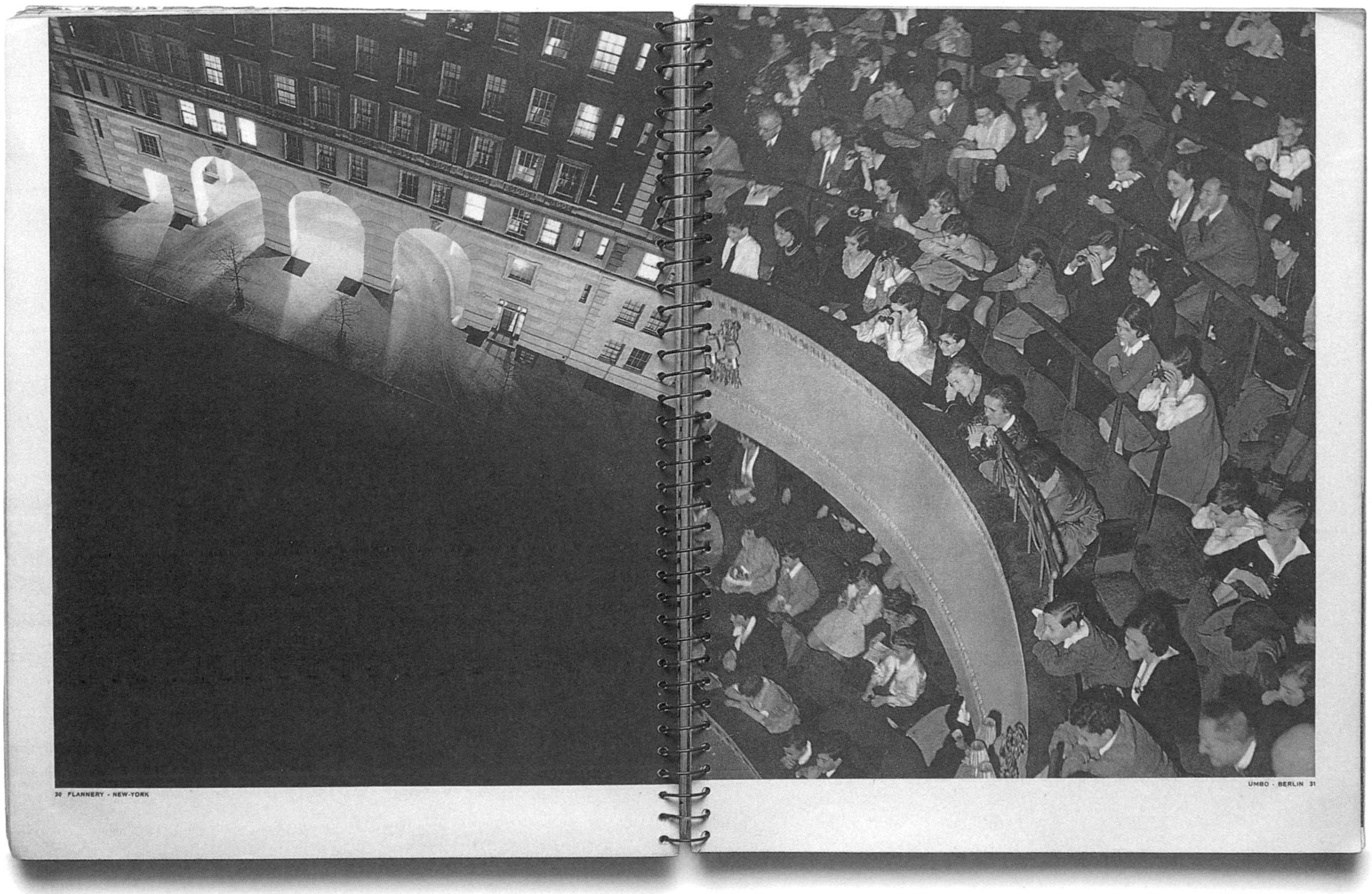

30 FLANNERY · NEW-YORK

UMBO · BERLIN 31

593

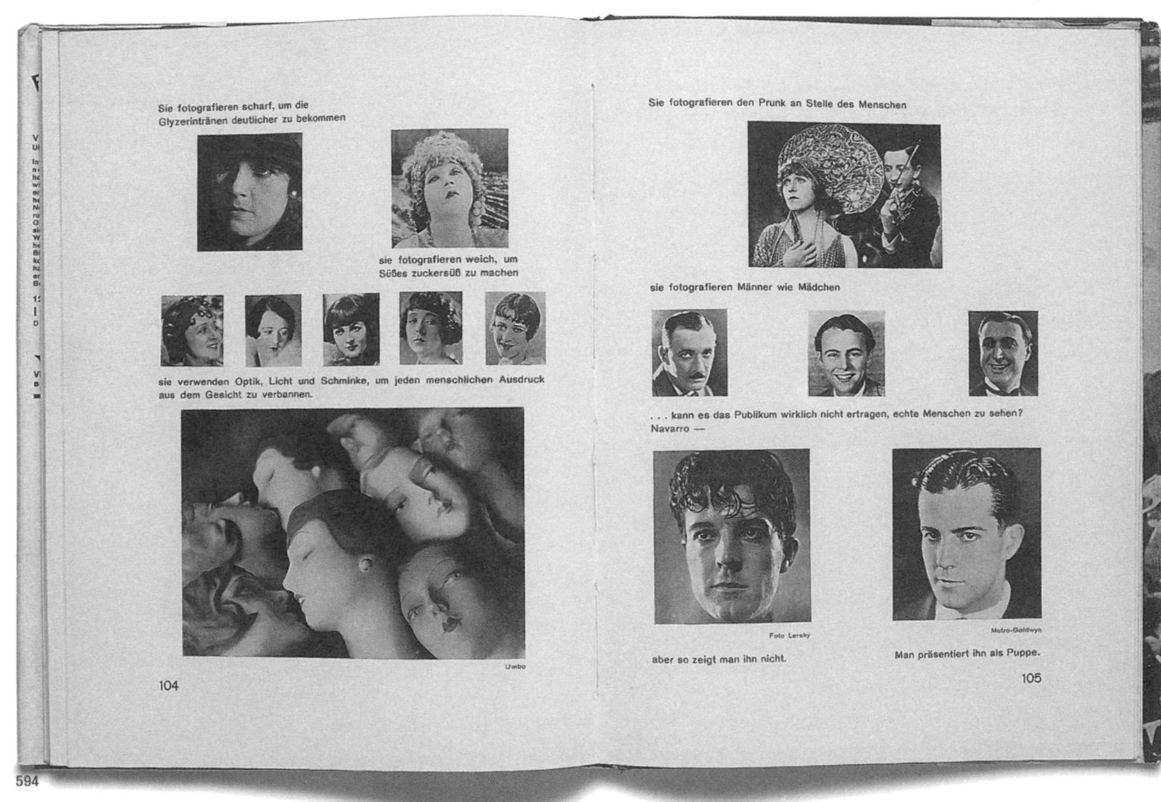
Sie fotografieren scharf, um die Glyzerintränen deutlicher zu bekommen

sie fotografieren weich, um Süßes zuckersüß zu machen

sie verwenden Optik, Licht und Schminke, um jeden menschlichen Ausdruck aus dem Gesicht zu verbannen.

Umbo

104

Sie fotografieren den Prunk an Stelle des Menschen

sie fotografieren Männer wie Mädchen

. . . kann es das Publikum wirklich nicht ertragen, echte Menschen zu sehen? Navarro —

Foto Lersky

aber so zeigt man ihn nicht.

Metro-Goldwyn

Man präsentiert ihn als Puppe.

105

594

UMBO
591 — Modern Photography 1931, fotografía de Umbo, Londres 1931, MNCARS.
592 — Gebrauchsgraphik vol. 7, 7 (julio 1930), "Die Moderne Photographie. Umbo, Herbert Bayer", fotografías de Umbo y Herbert Bayer. Colección Juan Naranjo.
593 — Photographie 1931, fotografías de Umbo y Flannery, Arts et métiers graphiques, París 1931, MNCARS.
594 — Hans Richter, Filmgegner von Heute-Filmfreunde von Morgen, fotografías de Umbo y otros, Reckendorf, Berlín 1929, IVAM.
591 — Modern Photography 1931. Photography by Umbo, London 1931. MNCARS.
592 — Gebrauchsgraphik vol. 7, 7 (July 1930), "Die Moderne Photographie. Umbo, Herbert Bayer". Photographs by Umbo and Herbert Bayer. Juan Naranjo Collection.
593 — Photographie 1931. Photographs by Umbo and Flannery, Arts et métiers graphiques, Paris 1931. MNCARS.
594 — Hans Richter, Filmgegner von Heute-Filmfreunde von Morgen. Photographs by Umbo and others, Reckendorf, Berlin 1929. IVAM.

PAUL URBAN 1901

FOTOMONTADOR, DISEÑADOR GRÁFICO. A finales de los años veinte y principios de los treinta publicó fotomontajes en libros y revistas de izquierda alemanas como Das neue Russland. También diseñó números de SSSR na stroike. Se refugió en Holanda en 1933.

▸ "Paul Urban", Gebrauchsgraphik vol. 7, 2 (febrero 1930).

PHOTOMONTEUR, GRAPHIC DESIGNER. In the late twenties and early thirties Urban published photomontage in German books and magazines of the political left, such as Das neue Russland. He also designed issues of SSSR na stroike, before seeking refuge in Holland in 1933.

▸ "Paul Urban", Gebrauchsgraphik vol.7, 2 (February 1930).

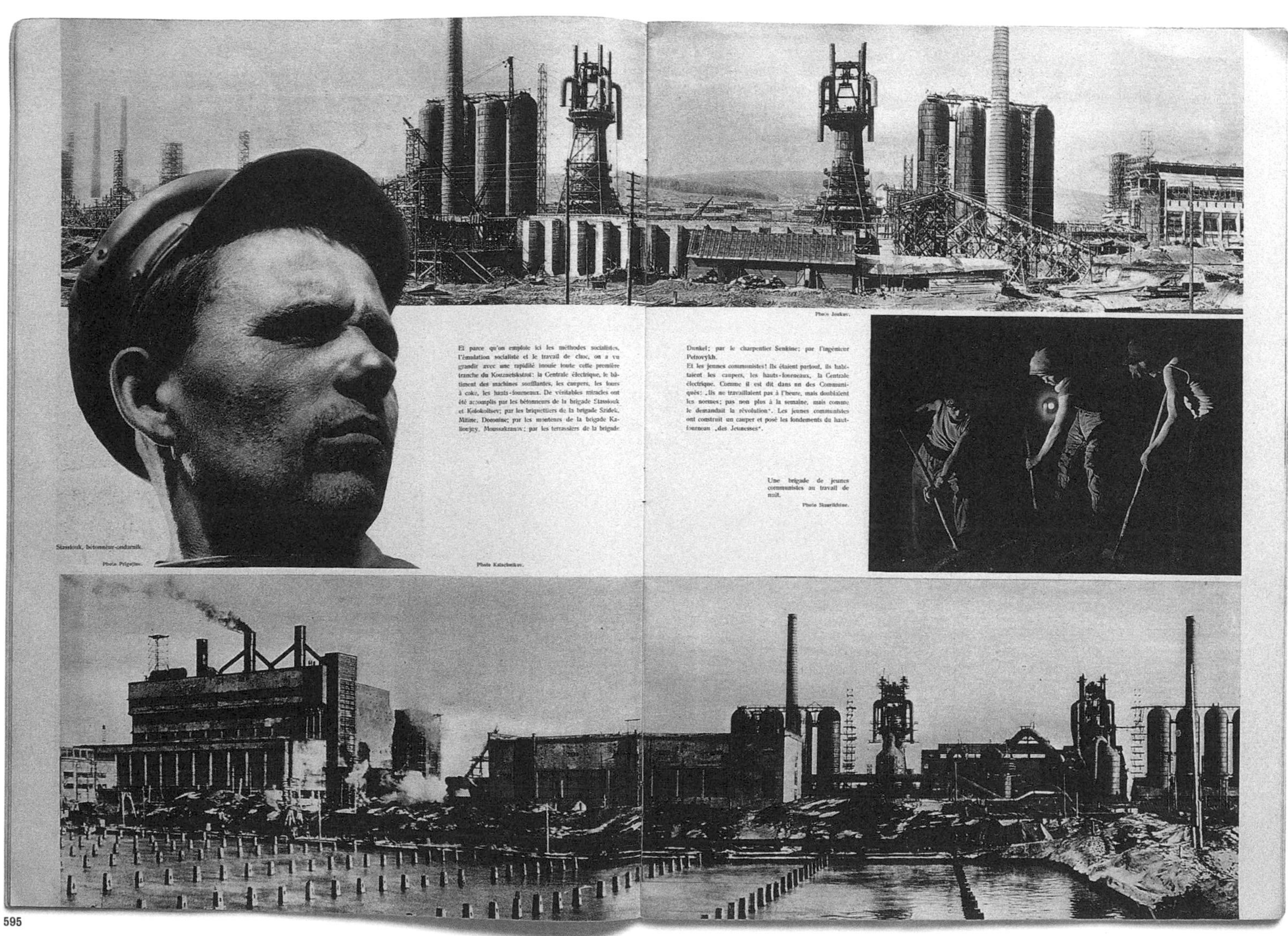

Et parce qu'on emploie ici les méthodes socialistes, l'émulation socialiste et le travail de choc, on a vu grandir avec une rapidité inouie toute cette première tranche du Kouznetskstroï: la Centrale électrique, le bâtiment des machines soufflantes, les caupers, les fours à coke, les hauts-fourneaux. De véritables miracles ont été accomplis par les bétonneurs de la brigade Stassiouk et Kolokoltsev; par les briquettiers de la brigade Szidek, Mitine, Doronine; par les monteurs de la brigade Kalioujny, Moussakranov; par les terrassiers de la brigade Dunkel; par le charpentier Senkine; par l'ingénieur Petrovykh.

Et les jeunes communistes! Ils étaient partout, ils habitaient les caupers, les hauts-fourneaux, la Centrale électrique. Comme il est dit dans un des Communiqués: „Ils ne travaillaient pas à l'heure, mais doublaient les normes; pas non plus à la semaine, mais comme le demandait la révolution". Les jeunes communistes ont construit un cauper et posé les fondements du haut-fourneau „des Jeunesses".

Stassiouk, bétonneur-oudarnik.

Photo Prigojine.

Photo Kalachnikov.

Photo Joukov.

Une brigade de jeunes communistes au travail de nuit.

Photo Skourikhine.

595

URBAN

595 — URSS en construction 4 (abril 1932), diseño de Paul Urban, IVAM.

595 — URSS en construction 4 (April 1932). Design by Paul Urban. IVAM.

URSS

Desde la revolución de 1917 la fotografía y el diseño gráfico soviéticos dependieron del poder político. En ese mismo año se creó el Comisariado del pueblo para la educación (Narkompros), un ministerio de cultura en el que había distintas secciones, entre ellas una que controlaba la industria editorial (Gosizdat) y otra la fotográfica y cinematográfica (Foto-kino). Desaparecidos los clientes particulares, los artistas no tenían más que un patrón, el Estado, que fue relativamente tolerante mientras Anatoli Lunacharski dirigió Narkompros (1917-29), sobre todo en los años de la NEP (Nueva política económica, 1921-27), la época en la que la URSS se convirtió en un laboratorio experimental del arte moderno.

La nueva fotografía comenzó con la generalización del uso del fotomontaje hacia 1923. Desde entonces artistas como Vasili Elkin, Alesei Gan, Gustav **Klucis,** Valentina **Kulagina, El Lissitzky,** Natalia **Pinus,** Liubov Popova, Aleksandr **Rodchenko,** Serguei **Senkin,** Varvara **Stepanova,** Nicolai **Troshin** y Solomon **Telingater,** entre muchos otros, usaron profusamente el fotomontaje en trabajos destinados a la industria editorial, la propaganda o el cine. Para la industria cinematográfica produjeron cientos de carteles Nicolai **Prusakov,** los hermanos **Sternberg,** Rodchenko y otros. El fotomontaje, además de hacer público el trabajo de los artistas gracias a la reproducción mecánica, tenía la ventaja de permitir la experimentación sin renunciar al significado ni a la representación, desechada en la pintura. Una eficaz labor publicitaria en el extranjero, en la que fue decisivo el papel de Lissitzky, permitió que el fotomontaje y el nuevo diseño soviéticos se conocieran fuera de la URSS desde el principio, influyendo en el desarrollo de la nueva fotografía y diseño gráfico internacionales.

A mediados de la década, teóricos de la vanguardia como Nicolai Tarabukin defendían la fotografía como sustituto de la pintura naturalista, lo que había que hacer por medio de manipulaciones técnicas y cambios de perspectivas, procedimientos que producían lo que el teórico formalista Viktor Sklovski había llamado 'ostranenie' (extrañamiento) y cuyo fin era cambiar los hábitos perceptivos y descubrir lo desconocido en lo conocido. Los fotógrafos formalistas (Dmitri Debabov, Iuri Eremin, Boris **Ignatovich,** Mijail Kaufman, Eleazar Langman, Georgii **Petrusov,** Lissitzky, Rodchenko, Arkadij Shishkin) aplicaron los métodos de 'ostranenie' en sus fotografías, que se publicaron en foto-libros y revistas de todo tipo: culturales como **Lef** y su continuación Novii lef, arquitectónicas como Sa y Stroitelstvo Mosvki, fotográficas como Sovetskoe foto, populares como **Daiesh** o propagandísticas como la lujosa **SSSR na stroike.** También había fotógrafos pictorialistas, como Serguei Ivanov-Alliluiev, Mosei Nappelbaum o Abram Sterenberg, que publicaban en la revista Fotograf. Pero los fotógrafos más numerosos eran los fotoperiodistas, que se autodenominaban 'fotógrafos proletarios' (entre ellos, Maks **Alpert,** Semion **Fridliand,** Roman Karmen, Boris Kudoiarov, Piotr Novitzki, Nicolai Petrov, Arkadij **Shaijet** y Georgii Zelma) y defendían una fotografía documental válida para la propaganda, que distribuía la agencia Soiuzfoto y se publicaba en revistas como Ogonek, 30 dnei, Smena, Prozhektor o las citadas Sovetskoe foto y SSSR na stroike. El enfrentamiento entre los fotógrafos formalistas y los proletarios, agrupados en la **ROPF,** era inevitable, a pesar de intentos de unidad como el grupo Oktiabr (1928-32), que reunió en sus exposiciones fotográficas el trabajo de todos ellos. La unidad acabó con escisiones y expulsiones, como la de Rodchenko, que había protagonizado en 1928 una dura polémica con los fotógrafos proletarios Shaijet y Fridliand en la que intervinieron también críticos como Osip Brik, Serguei Tretiakov y Boris Kushner. La disolución por decreto de todas las asociaciones artísticas en la URSS en 1932 y la adopción del realismo socialista como doctrina oficial artística acabó abruptamente con cualquier discusión.

En el terreno del diseño gráfico y el fotomontaje se produjo una situación semejante. Un grupo de diseñadores, liderado por Klucis, defendía la subordinación del arte a los fines de la propaganda política y se enfrentaba a los demás artistas con parecidas acusaciones de 'formalismo', palabra que no solía significar más que cierta semejanza con la fotografía y el diseño que se hacía fuera de la URSS, lo que llevó a Klucis a condenar incluso a John **Heartfield.** También hubo intentos de confraternización, como la revista **Brigada judozhnikov,** cerrada en 1932 por el decreto antes citado.

La represión de mediados de los años treinta terminó definitivamente con la fotografía y el diseño modernos en la URSS. Muchos artistas, como Rodchenko, tuvieron que escribir autocríticas, alabar en sus trabajos la represión y esperar rehabilitaciones humillantes. Pero tuvieron suerte, al menos si se compara su situación con los que acabaron en los campos de concentración o fueron, como Klucis, Gan, Kushner o Tretiakov, víctimas de la policía política.

USA

Development of the new photography in the United States was decisively influenced by the work of Alfred **Stieglitz** who, over a period of ten years, evolved from Pictorialist to straight photography. In 1917 he published Paul Strand's urban photographs, in Camera Work. In the early twenties Strand began taking photos with machines as subject-matter, and with these the 'Machine Age' had begun. This was the name given in the United States to the era of the aesthetics of technology, a field in which many photographers would work in the following years, including Charles **Sheeler**, Ira Martin, Laura Gilpin, Ralph **Steiner**, Margaret **Bourke-White**, Edward **Steichen** and Paul **Outerbridge**. However, while in the rest of the world the fascination for technology was identified with American urban and industrial culture, in the US itself there were many who did not believe (or soon stopped believing) in such equality between machinery and art. First Stieglitz and, later, Strand refused to admit that industrial creations could be considered high culture. Other photographers, such as Sheeler and Steiner, accepted Machinism in their commercial commissions, but rejected it in their private works. It is for this reason that the photographs published in the twenties magazines were so different from those consecrated years later by historians and museums.

Advertising became, in these years, an industry that employed numerous photographers, among them Steiner, Sheeler, Outerbridge and, above all, Steichen, who was the most successful. Less well-known now, but frequently published in the magazines of the time, were other advertising photographers such as Robert Bagby, Anton **Bruehl**, Grancel Fitz, Ruzzie Green, Lejaren à Hiller, Alfred Cheney Johnston, and Nickolas Muray, as well as the younger Ralph Bartholomew, Gordon Coster, Leslie Gill and Victor Keppler. Apart from magazines pertaining to the publishers Condé Nast (Vanity Fair, **Vogue**, and Harper's Bazaar) it was not until the thirties that the new photography began to appear in the popular illustrated publications and, occasionally, in cultural magazines such as Broom, Hound and Horn, The Dial, Creative Art, and The Little Review. The new photography was not, however, only different from that being produced commercially; apart from precision of focus, it had very little in common with the new photography that was being created in Europe either. Experimental photography and techniques like the photogram (with the exception of Emilio **Amero**), photomontage and typo-photo were almost unheard of until the late thirties. In New York, where almost all of the aforementioned photographers lived, and in California, the home of Edward **Weston**, Imogen **Cunningham** and Ansel Adams, those photographers who were not working in advertising were exploring their own lines of interest.

Towards the end of the twenties and, in particular, throughout the thirties, a number of intellectuals (Lincoln Kirstein, Alfred Barr, Carl Zigrosser, Louis Lozowicz, and Beaumont Newhall) entered the scene, founding magazines, writing articles and organising exhibitions. New photographers appeared, among them Walker **Evans** and Berenice **Abbot**, who had been living in Europe and, gradually, American photographers began to abandon their self-absorption, turning to their own society for subjects, above all following the Great Depression at the beginning of the decade. The social consequences of the Depression drove many photographers into documentary photography, a field in which Lewis W. Hine was already a leading figure. In the following years the photographers Bourke-White, John Collier, Louise Dhal-Wolfe, Jack Delano, Evans, Dorothea **Lange**, Russell Lee, Helen Levitt, Carl Mydans, Marion Post Wolcott, Arthur Rothstein, Ben Shahn, John Vachon, and **Weegee** all turned to documentaries, some of them with the **FSA**, a government propaganda agency set up in 1935. A number of photo-books and illustrated magazines, among them **Fortune** and **Life**, also featured documentary photography, increasing its popularity still more.

The emigration of photographers and designers from Europe into the United States continued to be significant well into the latter half of the decade. Many were Germans, fleeing from their country following the rise to power of the National Socialists in 1933. Among them could be found Erwin **Blumenfeld**, Andreas **Feininger**, John Gutmann, Fritz Henle, George **Hoyningen Huene**, Lotte Jacobi, André **Kertész**, Lisette Model, László **Moholy-Nagy** and Martin **Munkacsi**. The impact of their influence in publications and teaching was soon felt. European graphic designers also sought refuge in the US in the mid thirties, with the exceptions of Mehemed Fehmy Agha, who had been there since 1929, Alexei **Brodovitch** who arrived in 1930, Joseph **Binder** who did so in 1935, as did Herbert **Matter** and Xanti Schawinsky the following year. Moholy-Nagy and Gyorgy **Kepes** arrived in 1937, Herbert **Bayer** and Will Burtin in 1938, and Leo Lionni and Ladislav **Sutnar** in 1939. Together with the 'natives' Lester **Beall**, Bradbury Thompson and Paul Rand, who designed magazines such as Esquire, Apparel Arts, and Direction, they completely revolutionised North American graphic design.

USSR

Following the end of the Revolution in 1917, Soviet graphic design and photography came to depend entirely on political power. That same year the People's Commissariat for Education (Narkompros) was created. This was a Ministry of Culture with various sections, among them that which would control the publishing industry (Gosizdat) and another that would be responsible for photography and cinematography (Fotokino). The private sector clients having disappeared, there remained only one patron for artists, the State. And the State was relatively tolerant while Anatoli Lunacharsky was head of Narkompros (1917-29), above all during the years of the NEP (New economic policy, 1921-27), a period in which the USSR became the experimental laboratory of modern art.

The new photography began with a generalisation of the use of photomontage, around 1923. From that moment, artists such as Vasili Elkin, Alesei Gan, Gustav **Klutsis,** Valentina **Kulagina, El Lissitzky,** Natalia **Pinus,** Lyubov Popova, Aleksandr **Rodchenko,** Sergei **Senkin,** Varvara **Stepanova,** Nicolai **Troshin** and Solomon **Telingater,** among many others, were prolific in their use of photomontage in works destined for the publishing industry, propaganda machine, or cinema. Nicolai **Prusakov,** the **Sternberg** brothers, Rodchenko, and others produced hundreds of posters for the film industry. In addition to making the artists' work public thanks to mechanical reproduction, photomontage had the additional advantage of allowing experimentation while not renouncing meaning or representation, which had to be discarded in painting. From the very outset, a highly efficient publicity exercise abroad, in which the role of Lissitzky was decisive, spread knowledge of the new Soviet photomontage and design outside the USSR, contributing thus to the international development of the new photography and graphic design.

Around the mid-twenties, avant-garde theoreticians such as Nicolai Tarabukin defended the implantation of photography as a substitute for naturalistic painting, a process that would have to be carried out by means of technical manipulations and changes of perspective. These were procedures which produced what the Formalist theoretician Viktor Shklovsky had called 'ostranenie' (making it strange), the aim of which was to change habits of perception, and reveal the unknown in the known. The Formalist photographers (Dmitri Debabov, Iuri Eremin, Boris **Ignatovich,** Mikhail Kaufman, Eleazar Langman, Georgi **Petrusov,** Lissitzky, Rodchenko, and Arkadikh Shishkin) applied the methods of 'ostranenie' in their photographs, which were published in photo-books and magazines of every type. They included cultural magazines, such as **Lef,** and its sequel Novi Lef, architectural magazines such as Sa and Stroitelstvo Mosvki, photographic publications like Sovetskoe foto, popular periodicals, including **Daesh,** and propaganda publications such as the luxurious **SSSR na stroike.** There were also Pictorialist photographers working at this time, among them Sergei Ivanov-Alliluiev, Mosei Nappelbaum, and Abram Sterenberg, whose work was published in the magazine Fotograf. The most numerous group of photographers however, was that of the photojournalists, who called themselves 'proletariat photographers'. They included Maks **Alpert,** Semion **Fridliand,** Roman Karmen, Boris Kudoiarov, Piotr Novitzki, Nicolai Petrov, Arkadikh **Shaikhet** and Georgii Zelma, and they defended a type of documentary photography that was valid for propaganda purposes. This was distributed by the Soiuzfoto agency and published in magazines such as Ogonek, 30 dnei, Smena, Prozhektor, the previously mentioned Sovetskoe foto, and SSSR na stroike. Confrontation between the Formalist and proletariat photographers, now grouped in the **ROPF,** was of course inevitable, despite attempts by other groups such as the Oktiabr (1928-32) to unite them by exhibiting their work together. The unity would end in divisions and expulsions, such as that of Rodchenko who, in 1928, had taken part in a serious controversy with the proletariat photographers Shaikhet and Fridliand, in which critics such as Osip Brik, Sergei Tretyakov and Boris Kushner had also intervened. The dissolution by decree, in 1932, of all artistic associations in the USSR, together with the adoption of socialist realism as the official artistic doctrine, abruptly ended any further discussion.

A similar situation was produced in the areas of graphic design and photomontage. A group of designers led by Klutsis defended the subordination of art to the ends of political propaganda, and confronted other artists with accusations of 'Formalism'. The word came to mean little more than 'a certain similarity' to photography and design being created outside the USSR, a definition which would lead Klutsis to condemn even John **Heartfield.** There were also attempts at reconciliation, such as in the magazine **Brigada khudozhnikov,** closed in 1932 by the previously mentioned decree. The repression that took place during the mid-thirties sounded the death toll for modern photography and design in the USSR. Many artists, such as Rodchenko, were obliged to write self-criticism, commend the repression in their works, and expect humiliating rehabilitation. They were fortunate, however, in comparison with those whose destiny was the concentration camps or who were, like Klutsis, Gan, Kushner and Tretiakov, victims of the political police.

JOSÉ VAL DEL OMAR 1904 — 1982

FOTÓGRAFO, CINEASTA. Nacido en Granada, empezó a rodar películas en 1926. En los años treinta fue el principal fotógrafo de las 'Misiones Pedagógicas', en las que realizó un proyecto de fotografía documental sobre el medio rural, reproducido con frecuencia en revistas (Residencia, Arte) y libros de la época, pero aún por estudiar. Durante la Guerra Civil trabajó en el Ministerio de Instrucción Pública dedicado a tareas de propaganda, entre las que destacan las fotografías con las que Maricio Amster hizo los fotomontajes de la Cartilla escolar antifascista (1937), a partir de las cuales es posible atribuir a Val del Omar las excelentes fotografías de un libro de narraciones bélicas de Arturo Barea, Valor y miedo (1938).

► G. Sáenz de Buruaga y M.J. Val del Omar, Val del Omar sin fin, Granada 1992.

PHOTOGRAPHER, FILM-MAKER. Born in Granada, Val del Omar began making films in 1926. In the thirties he was principal photographer for 'Misiones Pedagógicas' in which he produced a photographic documentary project on rural life. These photographs were reproduced in numerous magazines, such as Residencia, and Arte, and books of the time, though they have yet to be appreciated in full. He worked in the Ministry of Public Instruction during the Spanish Civil War, preparing works of propaganda, among which stand out the photographs with which Mauricio Amster produced the photomontages for the Cartilla escolar antifascista (1937). On the basis of these photos it becomes possible to attribute to Val del Omar the excellent photographs that appear in a book of war stories written by Arturo Barea, entitled Valor y miedo (1938).

► G. Sáenz de Buruaga and M.J. Val del Omar, Val del Omar sin fin, Granada 1992.

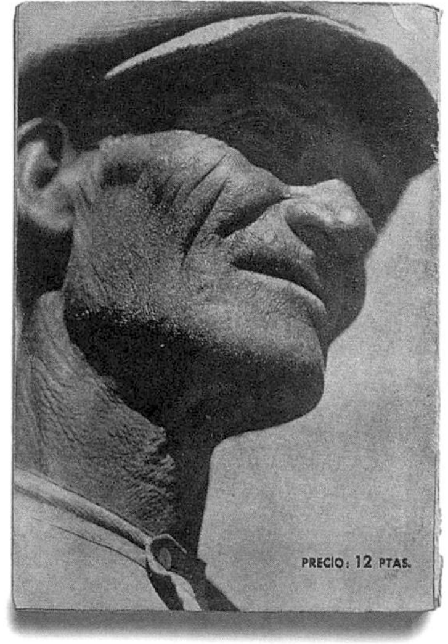

596

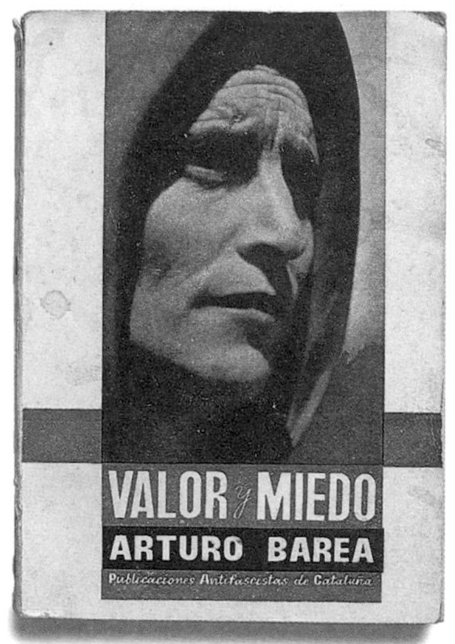

597

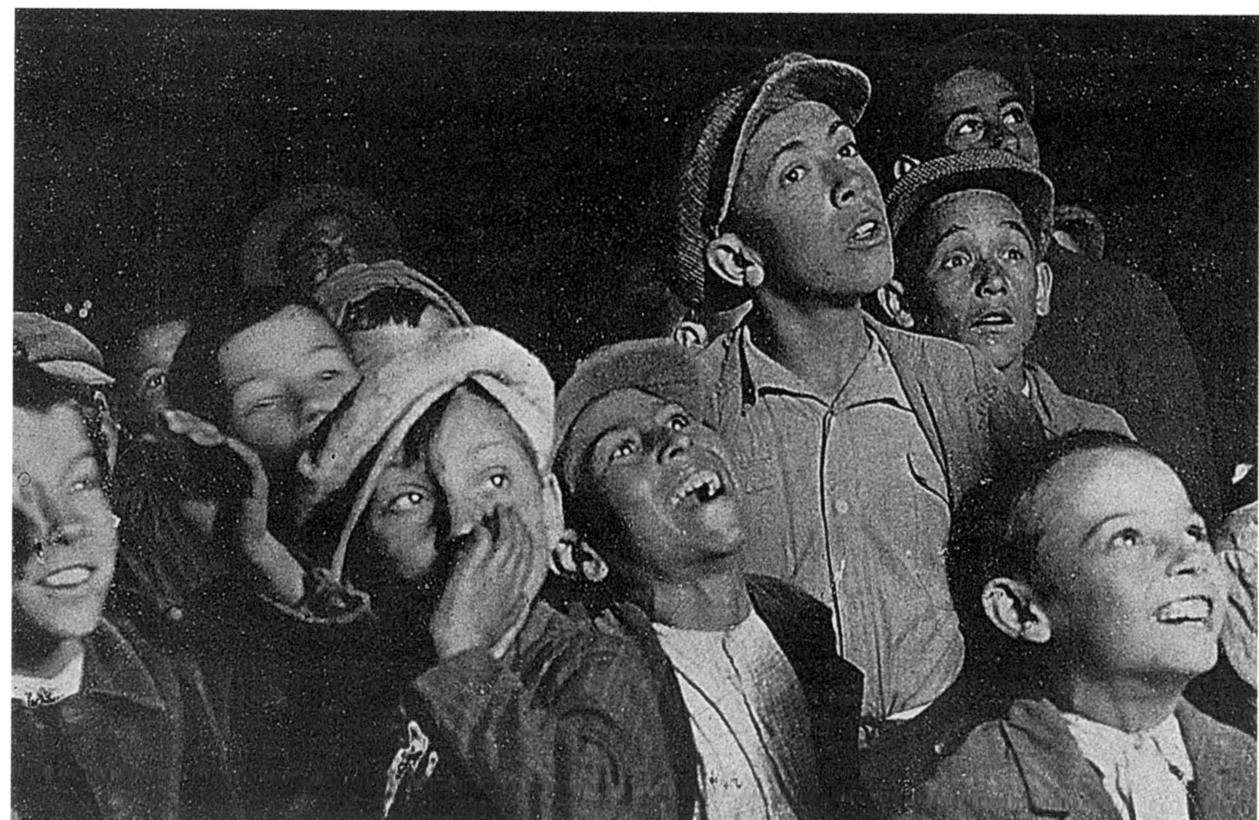

598

VAL DEL OMAR

596/597 — Arturo Barea, Valor y miedo, fotografías atribuidas a José Val del Omar, Publicacions antifeixistes de Catalunya, Barcelona 1938, AHNSGC.

598 — Manuel Abril, Los niños en el arte y en la fotografía, fotografías de 'Misiones Pedagógicas' (José Val del Omar) M. Aguilar, Madrid s.f. (ca. 1936), colección particular.

596/597 — Arturo Barea, Valor y miedo. Photographs attributed to José Val del Omar, Publicacions antifeixistes de Catalunya, Barcelona 1938. AHNSGC.

598 — Manuel Abril, Los niños en el arte y en la fotografía, photographs from 'Misiones Pedagógicas' (José Val del Omar) M. Aguilar, Madrid n.d. (approx. 1936). Private collection.

VARIÉTÉS 1928 — 1930

Dirigida por P.G. van Hecke, Variétés fue la principal publicación surrealista publicada en Bélgica y destaca por sus series de fotografías basadas en asociaciones de ideas o imágenes, con frecuencia sorprendentes. Con formato y diseño semejante a Der Querschnitt, en sus páginas publicaron Man Ray, Eli Lotar, Germaine Krull, Herbert Bayer, E.L.T. Mesens y Berenice Abbot, entre muchos otros fotógrafos.

Edited by P.G. van Hecke, Variétés was the leading Surrealist publication in Belgium, and stood out for its photos-in-series, based on an often surprising association of ideas or images. With a format and design in the style of Der Querschnitt, its pages contained photographs by Man Ray, Eli Lotar, Germaine Krull, Herbert Bayer, E.L.T. Mesens and Berenice Abbot, among many others.

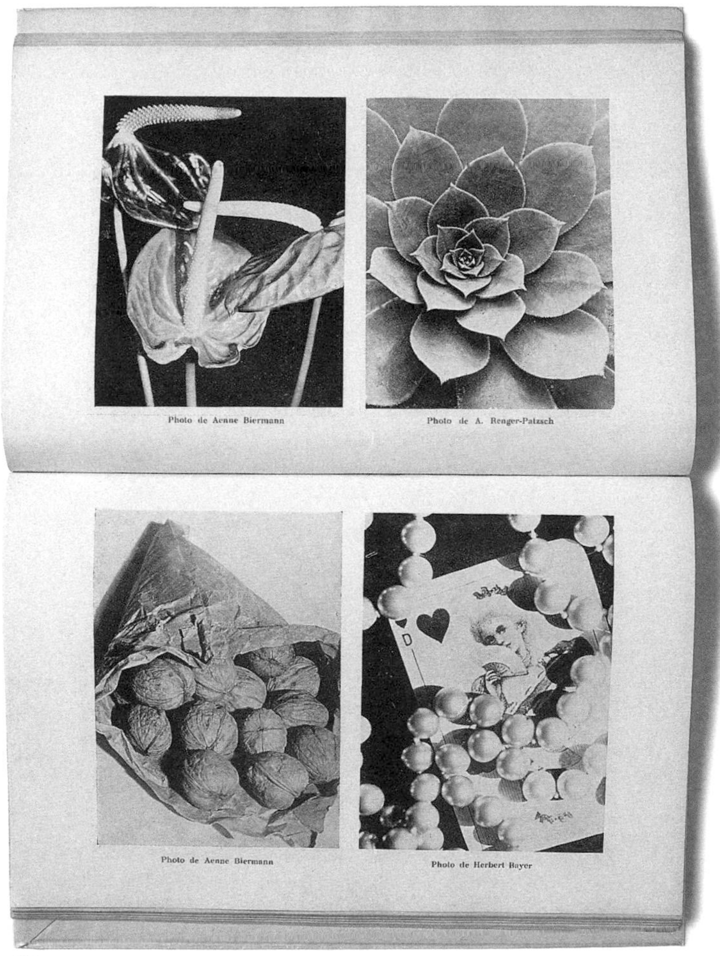

599

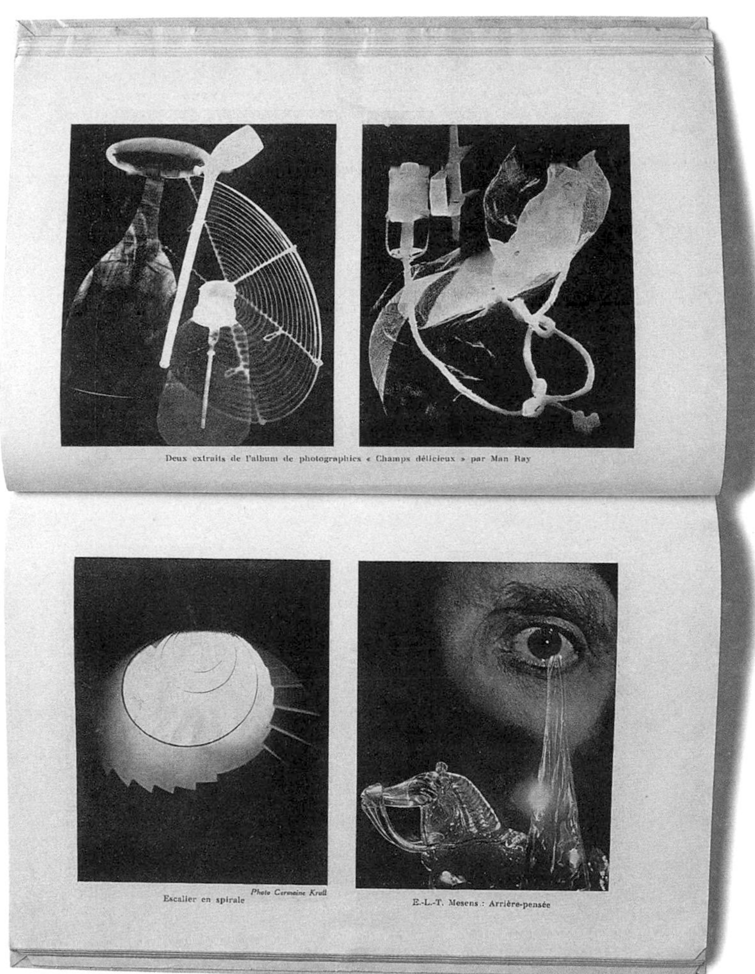

600

VARIÉTÉS

599 — Variétés 3 (15 de julio 1929), fotografías de Aenne Biermann, Albert Renger-Patzsch y Herbert Bayer, MNCARS.
600 — Variétés 9 (15 de enero 1929), fotografías de Germaine Krull, E.L.T. Mesens, Man Ray y Atelier Robertson, MNCARS.

599 — Variétés 3 (15 July 1929). Photographs by Aenne Biermann, Albert Renger-Patzsch and Herbert Bayer. MNCARS.
600 — Variétés 9 (15 January 1929). Photographs by Germaine Krull, E.L.T. Mesens, Man Ray and Atelier Robertson. MNCARS.

VOGUE Nueva York 1909

Revista de moda publicada por la editorial Condé Nast, con ediciones en Londres (desde 1916), París (desde 1920) y Berlín. La revista publicó fotografías de Cecil **Beaton**, Erwin **Blumenfeld**, Anton **Bruehl**, Francis J. **Bruguière**, Alfred Cheney Johnston, Imogen **Cunnigham**, Florence **Henri**, Horst P. Horst, George **Hoyningen-Huené**, André **Kertész**, Herbert **List**, George Platt Lynes, **Man Ray**, Herbert **Matter**, Nickolas Muray, Paul **Outerbridge**, Roger **Parry**, Roger **Schall**, Edward **Steichen** o Edward **Weston**, entre muchos otros. El principal diseñador de **Vogue** en los años treinta fue Mehemed Fehmy Agha, pero también otros como Herbert **Bayer**, que fue director artístico de la edición berlinesa.

▸ P. Devlin, Vogue Book of Fashion Photography: The First Sixty Years, Nueva York 1984; W. Parker, Art of the Vogue Covers, 1909-1940, Nueva York 1985; V. Lloyd, The Art of Vogue Photographic Covers: 50 years of Fashion and Design, Nueva York 1988.

Vogue is a fashion magazine published by Condé Nast, with editions in London (since 1916), Paris (since 1920) and Berlin. The photographers published in these editions include Cecil **Beaton**, Erwin **Blumenfeld**, Anton **Bruehl**, Francis J. **Bruguière**, Alfred Cheney Johnston, Imogen **Cunningham**, Florence **Henri**, Horst P. Horst, George **Hoyningen-Huené**, André **Kertész**, Herbert **List**, George Platt Lynes, **Man Ray**, Herbert **Matter**, Nickolas Muray, Paul **Outerbridge**, Roger **Parry**, Roger **Schall**, Edward **Steichen** and Edward **Weston**, among many others. Principal designer of the magazine in the thirties was Mehemed Fehmy Agha, but others also included Herbert **Bayer**, who was artistic editor of the Berlin edition.

▸ P. Devlin, Vogue Book of fashion Photography: The First Sixty Years, New York 1984; W. Parker, Art of the Vogue Covers: 1909-1940, New York 1985; V. Lloyd, The Art of Vogue Photographic Covers: 50 Years of Fashion and design, New York 1988.

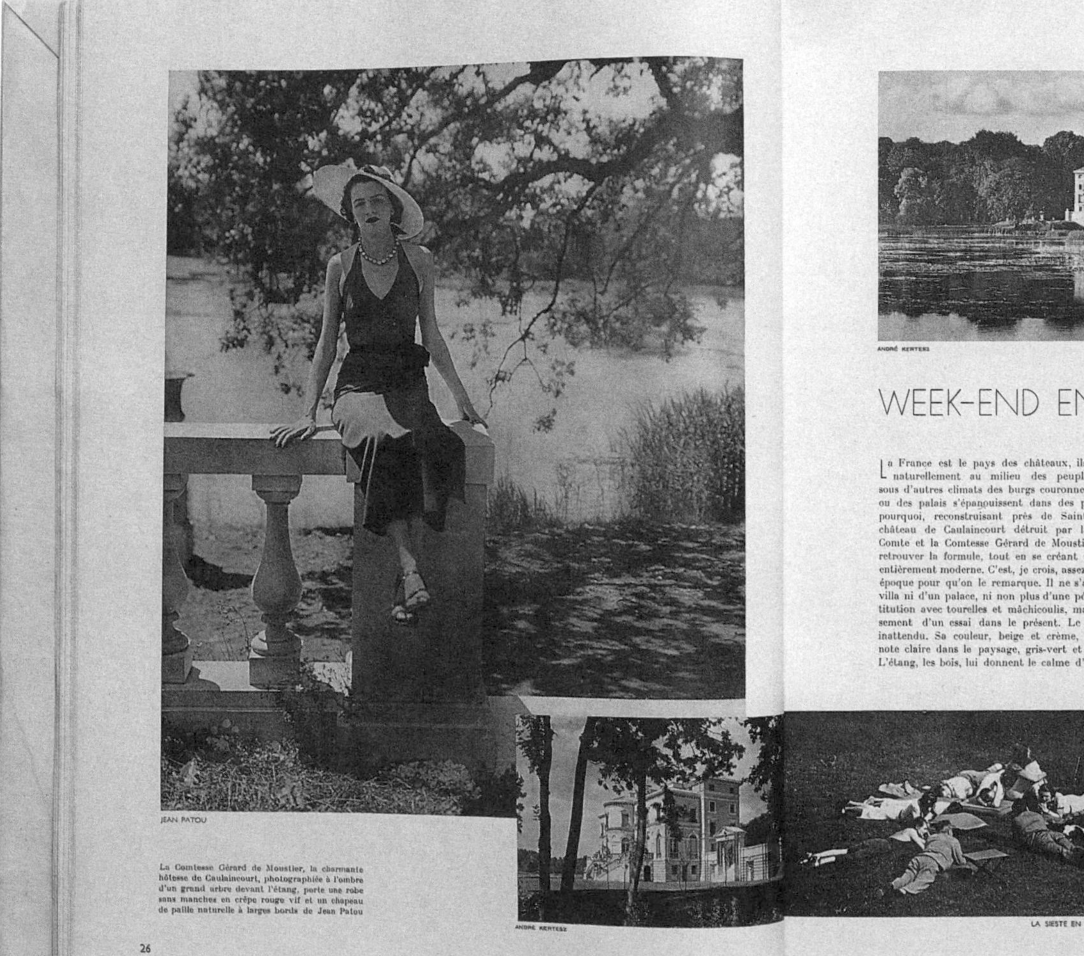

JEAN PATOU

La Comtesse Gérard de Moustier, la charmante hôtesse de Caulaincourt, photographiée à l'ombre d'un grand arbre devant l'étang, porte une robe sans manches en crêpe rouge vif et un chapeau de paille naturelle à larges bords de Jean Patou

ANDRÉ KERTESZ

26

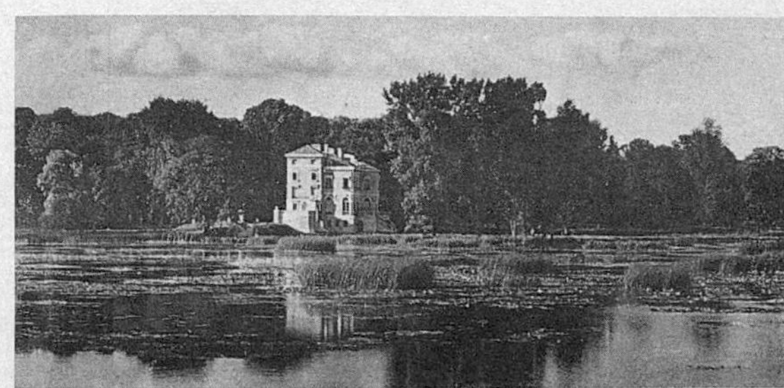

ANDRÉ KERTESZ

LE CHATEAU DE CAULAINCOURT

WEEK-END EN VERMANDOIS

La France est le pays des châteaux, ils y poussent naturellement au milieu des peupliers, comme sous d'autres climats des burgs couronnent des cimes ou des palais s'épanouissent dans des plaines. C'est pourquoi, reconstruisant près de Saint-Quentin le château de Caulaincourt détruit par la guerre, le Comte et la Comtesse Gérard de Moustier surent en retrouver la formule, tout en se créant une demeure entièrement moderne. C'est, je crois, assez rare à notre époque pour qu'on le remarque. Il ne s'agit ni d'une villa ni d'un palace, ni non plus d'une pénible reconstitution avec tourelles et mâchicoulis, mais courageusement d'un essai dans le présent. Le résultat est inattendu. Sa couleur, beige et crème, apporte une note claire dans le paysage, gris-vert et vert-de-gris. L'étang, les bois, lui donnent le calme d'un Corot, la réserve d'un Poussin. Sa silhouette suggère quelque réminiscence italienne (qui aurait plu à ces peintres) comme il y en a dans toute l'architecture française depuis la Renaissance, associant le goût classique des lignes au goût baroque de certains détails : le fronton aux colonnes noires par exemple. La construction en a été confiée à M. Beloborodoff, architecte qui se double d'un décorateur. Au fur et à mesure que montaient les pierres, naissait la décoration intérieure. Celle-ci, au lieu d'être surajoutée, fait ainsi intégralement partie de la construction.

C'est une joie d'être invité à passer le week-end dans cette maison qui tient compte d'une des exigences les plus importantes de la vie moderne : l'indépendance de chacun. Qu'on se rappelle la " vie de château " jadis : quels que fussent ses agréments, elle avait pour condition une éternelle dépendance des uns avec les autres. C'était comme ces enfilades de chambres qui se commandaient dans les vieilles demeures. Ici, on a recherché l'autonomie des différents habitants. Les enfants ont un étage à eux, avec leur salle de jeux. Chacun d'eux mène une vie en rapport avec son âge comme le prouvent ces instantanés pris un dimanche matin : Marie, l'aînée, revient de la messe. Amédée et Adrien, les deux plus jeunes, jouent avec " leur " sable. Thérèse est absorbée par la lecture de " Jean qui rit et Jean qui pleure ". Tous ensemble enfin ils partent pour la promenade dans la voiture de Cupidon (Cupidon est un âne).

Les chambres sont conçues pour la commodité des invités. Grâce à des décrochements d'étages, il y a toutes sortes d'escaliers amusants. Chaque chambre est petite, agréable à vivre, le lit forme divan, une salle de bain l'accompagne. Mais qui veut rester dans sa chambre quand on est en agréable compagnie ?

LA SIESTE EN PLEIN AIR

27

601

VOGUE

601 — Vogue (septiembre 1934), fotografías de André Kertész, colección particular.

601 — Vogue (September 1934). Photographs by André Kertész. Private collection.

VU París 1928 — 1940

Semanario ilustrado dirigido por Lucien Vogel, con Carlo Rim como redactor-jefe. Vu fue la mejor revista francesa ilustrada con fotos de los años treinta, el equivalente de las modernas revistas alemanas del momento. Aunque no era una revista radical como AIZ o Regards, Vu se fue politizando hacia la izquierda y el antifascismo, utilizando los procedimientos de AIZ, sobre todo en los fotomontajes de cubierta, muchos de ellos de Alexander Liberman, que fue director de arte de la revista. Aparte, en sus páginas publicaron muchos fotógrafos: Laure Albin-Guillot, Lucien Aigner, Robert Capa, Henri Cartier-Bresson, Gisèle Freund, André Kertész, Germaine Krull, Lucien Lorelle, Eli Lotar, Man Ray, Moï Ver, Jean Moral, Hans Namuth, Roger Parry, Georg Reisner, Erich Salomon, Roger Schall, Gotthar Schuh, Maurice Tabard, etc.

Vu was an illustrated weekly edited by Lucien Vogel with Carlo Rim as editor-in-chief. Vu was the best photographically illustrated French magazine of the thirties, on a par with the modern German publications of the time. Though it was never a radical magazine like AIZ, or Regards, Vu gradually drifted to the political left and to anti-fascism, using the procedures employed by AIZ, especially in the photomontages featured on the covers, many of them the work of Alexander Liberman who was its art editor. Many important photographers of the time were published in its pages, including Laure Albin-Guillot, Lucien Aigner, Robert Capa, Henri Cartier-Bresson, Gisèle Freund, André Kertész, Germaine Krull, Lucien Lorelle, Eli Lotar, Man Ray, Moï Ver, Jean Moral, Hans Namuth, Roger Parry, Georg Reisner, Erich Salomon, Roger Schall, Gotthard Schuh, and Maurice Tabard, among others.

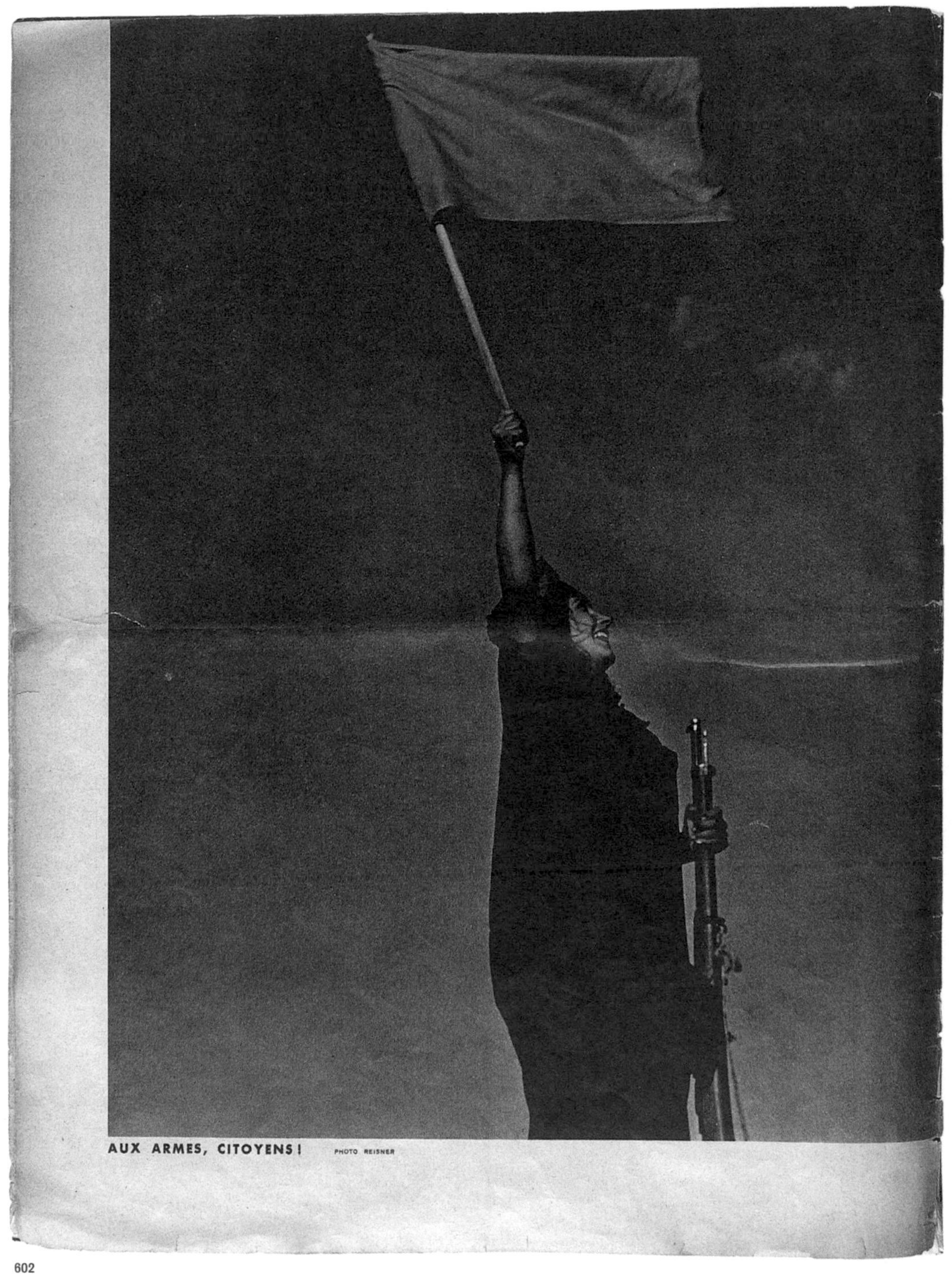

602

VOGUE

602 — Vu (29 de agosto 1936), fotografía de Hans Namuth y Georg Reisner, colección particular.

602 — Vu (29 August 1936). Photograph by Hans Namuth and Georg Reisner. Private collection.

WOLFGANG WEBER 1902 — 1985

FOTÓGRAFO. Nacido en Leipzig, estudió filosofía y etnología en las universidades de su ciudad y Múnich. Embarcado en 1926 en una expedición etnológica a África decidió convertirse en fotógrafo y abandonó sus estudios. Desde 1927 trabajó como reportero para el Berliner Illustrirte Zeitung. Publicó varios foto-libros, entre ellos uno sobre Barcelona.

► Wolfgang Weber, Abenteuer meines Lebens, Múnich, Viena y Basilea 1960; Wolfgang Weber. Reisen ohne Ende. Fotos aus den Jahren 1935-1939, cat. Historischen Archiv, Colonia 1982.

PHOTOGRAPHER. Weber was born in Leipzig, and studied philosophy and ethnology at the universities there and in Munich. Whilst on an ethnological expedition in 1926 he decided to take up photography and abandoned his studies. He worked as a reporter for the Berliner Illustrirte Zeitung from 1927, and published several photobooks, the subject of one of them being Barcelona.

► Wolfgang Weber, Abenteuer meines Lebens, Munich, Wien and Basle 1960; Wolfgang Weber. Reisen ohne Ende. Fotos aus den Jahren 1935-1939, cat. Historischen Archiv, Cologne 1982.

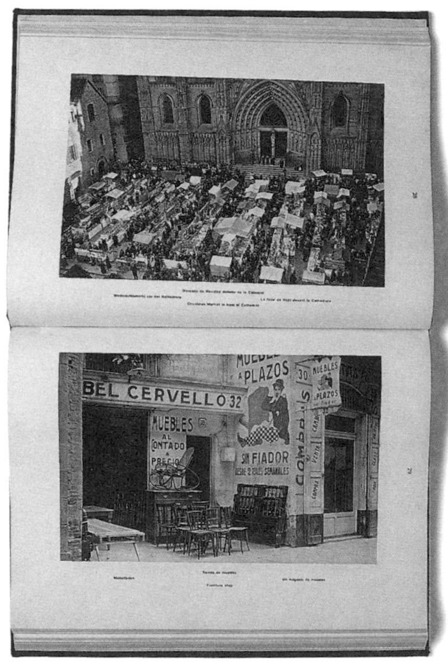

603

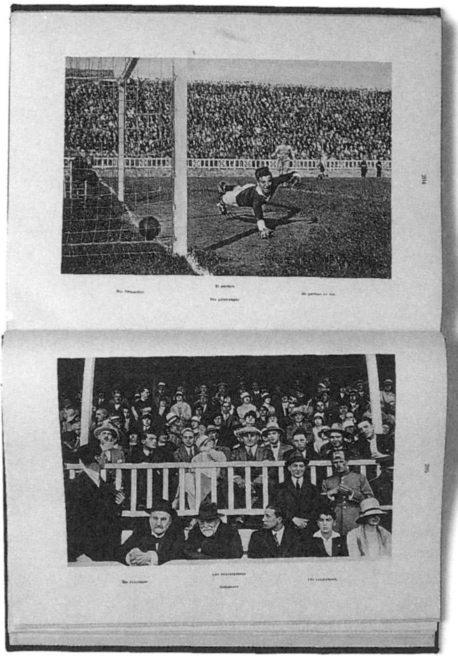

604

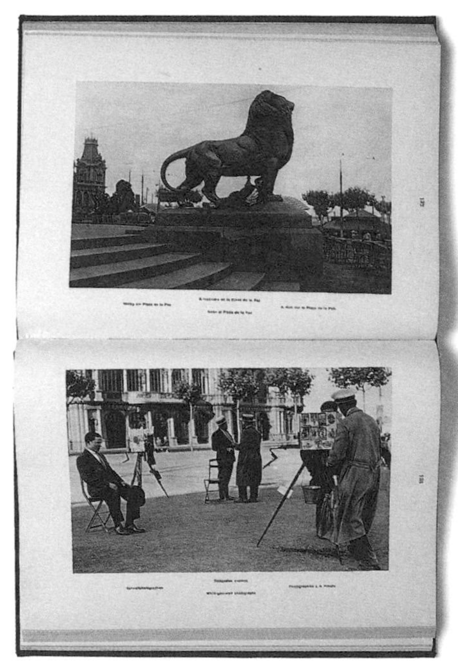

605

WEEGEE 1899 — 1968

FOTOPERIODISTA. Arthur Felig nació en Polonia y emigró en 1910 a Nueva York. Trabajó como asistente de un fotógrafo comercial y como fotógrafo de pasaportes. En 1924 colaboró con el periódico Acme Newspictures, primero como asistente de cámara y más tarde como fotoperiodista hasta 1935, año en que se independizó. Los cinco años siguientes publicó sus noticias fotográficas con el seudónimo de Weegee en los periódicos y revistas populares neoyorquinos.

► Weegee, Naked City, Nueva York 1945; Louis Stettner, ed., Weegee, Nueva York 1977.

PHOTOJOURNALIST. Arthur Felig was born in Poland and emigrated in 1910 to New York, where he worked as assistant to a commercial photographer, and as a passport photographer. In 1924 he joined the newspaper Acme Newspictures, first as camera assistant and later as a photojournalist. He turned free lance in 1935, and the following five years saw his news pictures published in most popular New York newspapers and magazines, under the pseudonym Weegee.

► Weegee, Naked City, New York 1945; Louis Stettner, ed. Weegee, New York 1977.

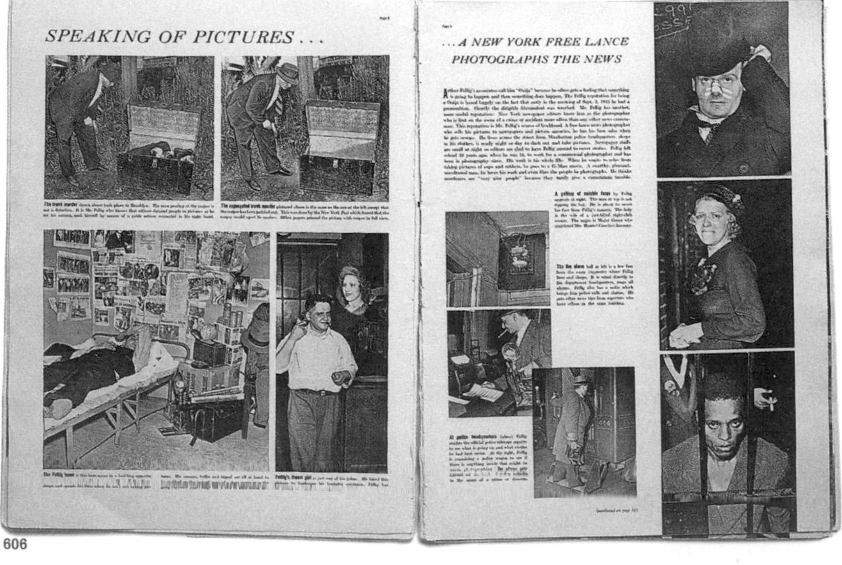

SPEAKING OF PICTURES . . .

. . . A NEW YORK FREE LANCE PHOTOGRAPHS THE NEWS

606

EDWARD WESTON 1886 — 1958

FOTÓGRAFO. Nacido en Illinois, se instaló en California en 1911. Para entonces ya era fotógrafo profesional. Su estilo pictorialista le proporcionó numerosas distinciones durante los años diez. Hacia 1919 empezó a hacer abstracciones y fotografías directas, así como a fotografiar fragmentos de objetos. Entre 1923-26 residió junto a Tina **Modotti** en México, donde perfiló su personal estilo, monumental y exacto, en el que hizo retratos, desnudos, naturalezas muertas y arte popular. A finales de los veinte fotografió en primeros planos pequeños objetos, como vegetales, conchas, árboles, rocas o nubes. Expuso en 1929 en **Film und Foto**, cuya sección norteamericana seleccionó junto a Edward **Steichen**. Ese año también abrió un estudio en Carmel, California. En 1932 organizó **f-64**, un grupo de fotógrafos que defendían la máxima exactitud fotográfica, del que formaron parte Ansel Adams, Imogen **Cunningham** y Sonya Noskowiak. Durante los años treinta perfeccionó su estilo y vio reconocido su trabajo en exposiciones y publicaciones.

▸ A. Brenner, Idols Behind Altars, Nueva York 1929; M. Armitage, The Art of Edward Weston, Nueva York 1932; Seeing California with Edward Weston, Westways, ca. 1939; Ch. Wilson, California and the West, Nueva York 1940; N. Newhall, ed, The Daybooks of Edward Weston, Nueva York 1966.

PHOTOGRAPHER. Weston was born in Illinois but moved to California in 1911. He was, by that time, already a professional photographer and his Pictorialist style won him many distinctions between 1910 and 1920. He began working with abstracts and straight photography, as well as photographing fragments of objects, around 1919. He lived with Tina **Modotti** in Mexico from 1923 to 1926, and perfected the personal, monumental and exact style in which he took portraits, nudes, still lifes and popular art. During the late twenties he started taking close-ups of small objects, such as vegetables, shells, trees, rocks and clouds. He exhibited, in 1929, in **Film und Foto**, the North American section of which he selected, with the help of Edward **Steichen**, and opened a studio in Carmel, California. In 1932 he organised the **f-64**, a group which defended the maximum photographic precision and whose membership included Ansel Adams, Imogen **Cunningham** and Sonya Noskowiak. He perfected his style during the thirties and saw his work recognised in exhibitions and publications.

▸ A. Brenner, Idols Behind Altars, New York 1929; M. Armitage, The Art of Edward Weston, New York 1932; Seeing California with Edward Weston, Westways, ca. 1939; Ch. Wilson, California and the West, New York 1940; The Daybooks of Edward Weston, New York 1966.

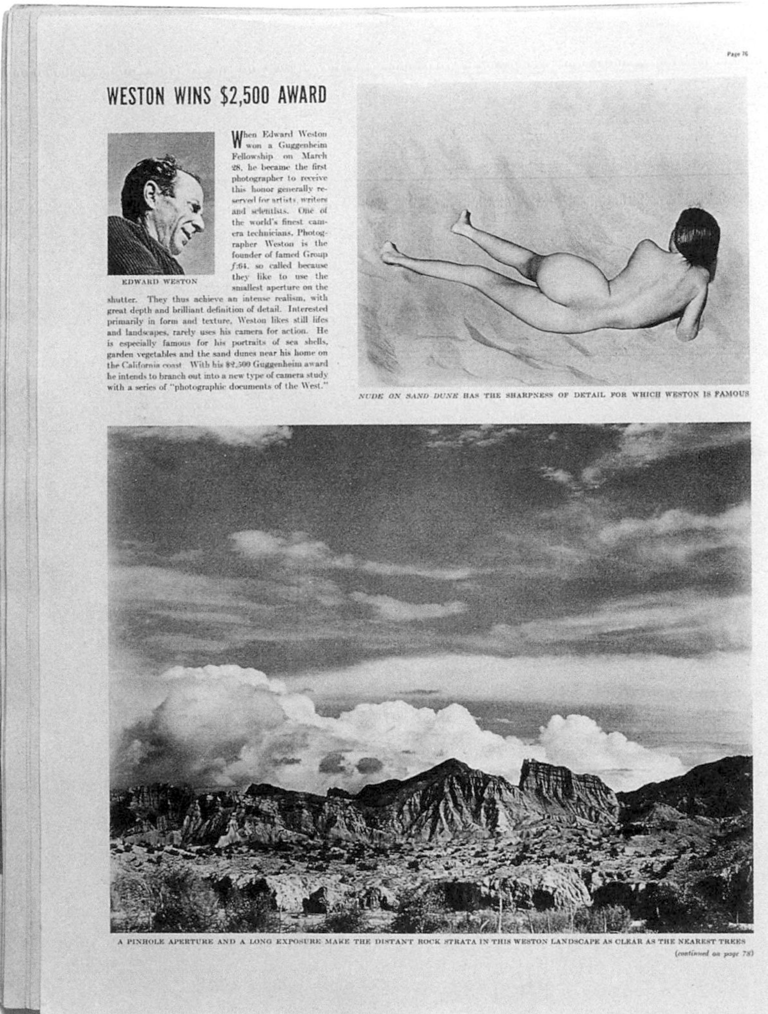

WESTON WINS $2,500 AWARD

EDWARD WESTON

When Edward Weston won a Guggenheim Fellowship on March 28, he became the first photographer to receive this honor generally reserved for artists, writers and scientists. One of the world's finest camera technicians, Photographer Weston is the founder of famed Group f:64, so called because they like to use the smallest aperture on the shutter. They thus achieve an intense realism, with great depth and brilliant definition of detail. Interested primarily in form and texture, Weston likes still lifes and landscapes, rarely uses his camera for action. He is especially famous for his portraits of sea shells, garden vegetables and the sand dunes near his home on the California coast. With his $2,500 Guggenheim award he intends to branch out into a new type of camera study with a series of "photographic documents of the West."

NUDE ON SAND DUNE HAS THE SHARPNESS OF DETAIL FOR WHICH WESTON IS FAMOUS

A PINHOLE APERTURE AND A LONG EXPOSURE MAKE THE DISTANT ROCK STRATA IN THIS WESTON LANDSCAPE AS CLEAR AS THE NEAREST TREES

(continued on page 78)

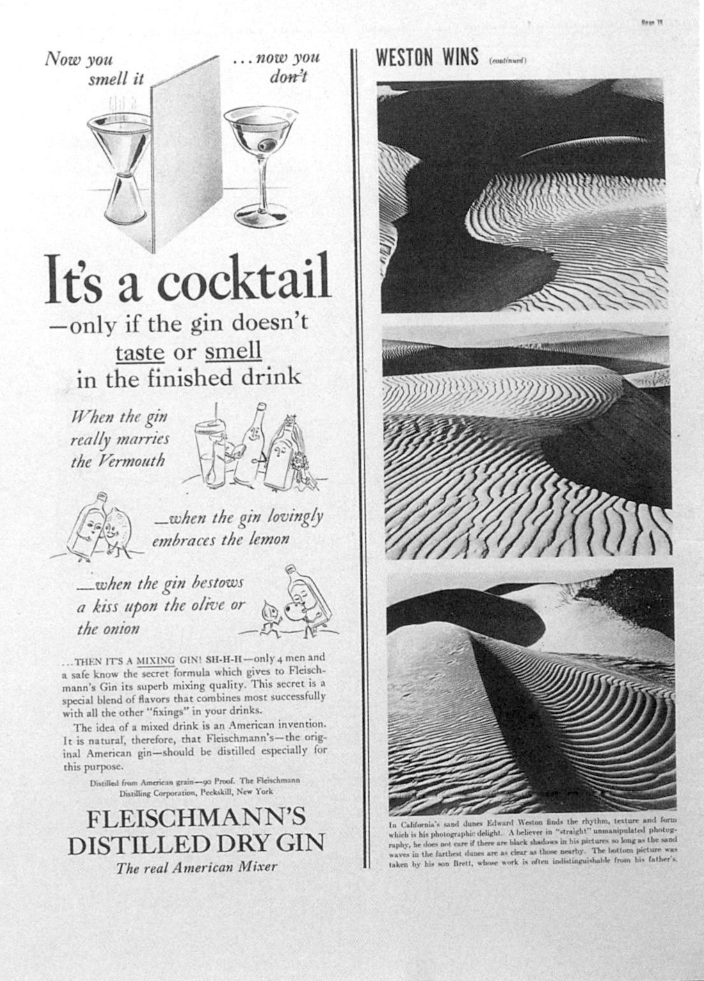

WESTON WINS (continued)

In California's sand dunes Edward Weston finds the rhythm, texture and form which is his photographic delight. A believer in "straight" unmanipulated photography, he does not care if there are black shadows in his pictures so long as the sand waves in the farthest dunes are as clear as those nearby. The bottom picture was taken by his son Brett, whose work is often indistinguishable from his father's.

607

WEBER

603/605 — Wolfgang Weber, Barcelona. Welstadt im Werden, Albertus, Berlín 1928, colección particular, Barcelona.

603/605 — Wolfgang Weber, Barcelona. Welstadt im Werden, Albertus, Berlin 1928. Private collection, Barcelona.

WEEGEE

606 — Life vol. 2, 15 (12 de abril 1937), fotografías de Weegee, colección particular.

606 — Life vol. 2, 15 (12 April 1937). Photographs by Weegee. Private collection.

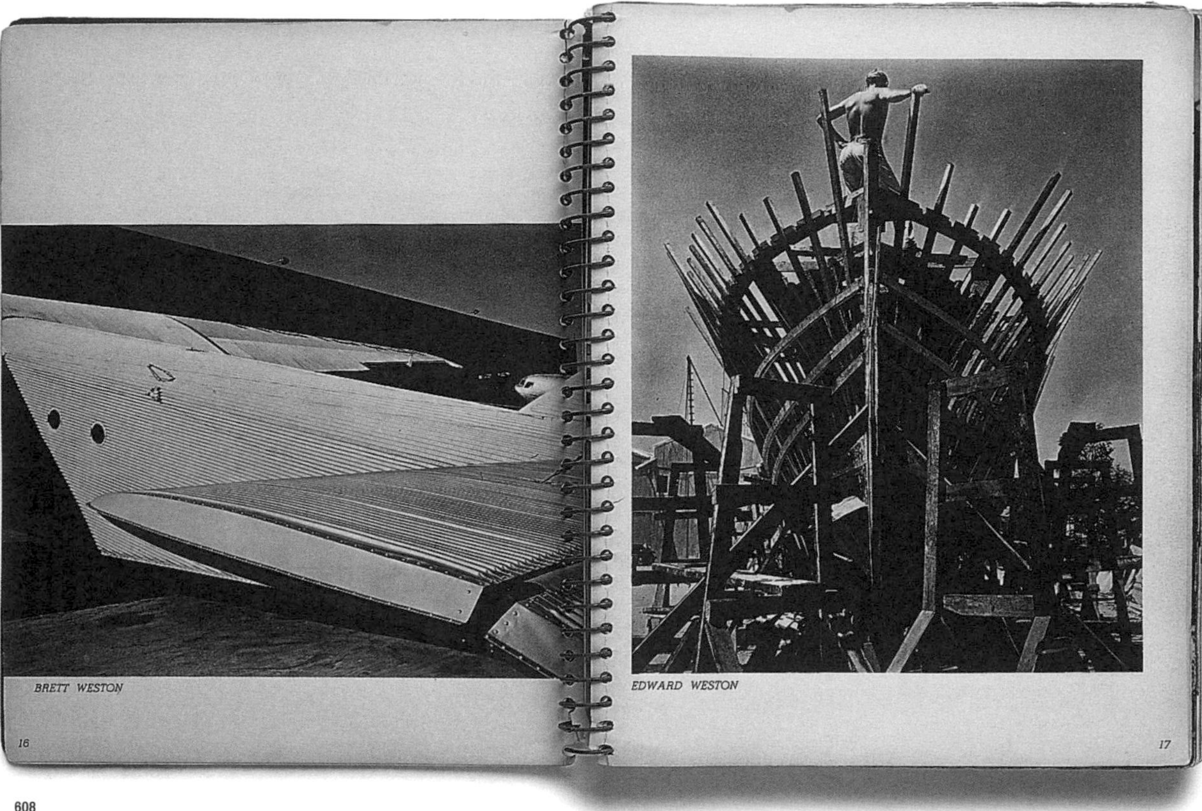

608

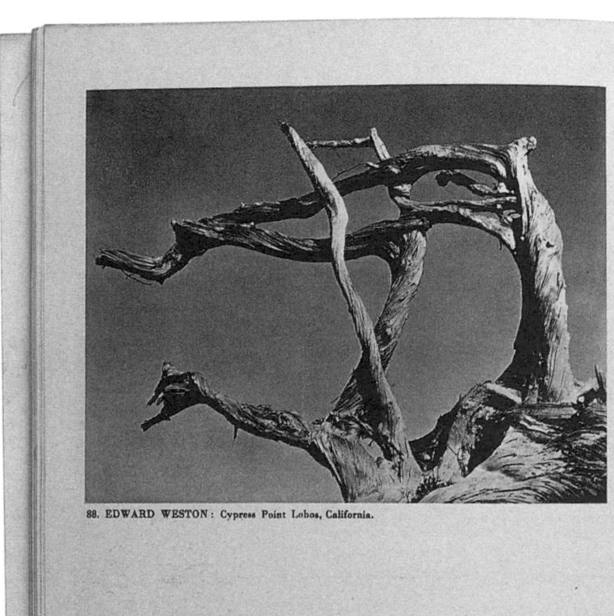

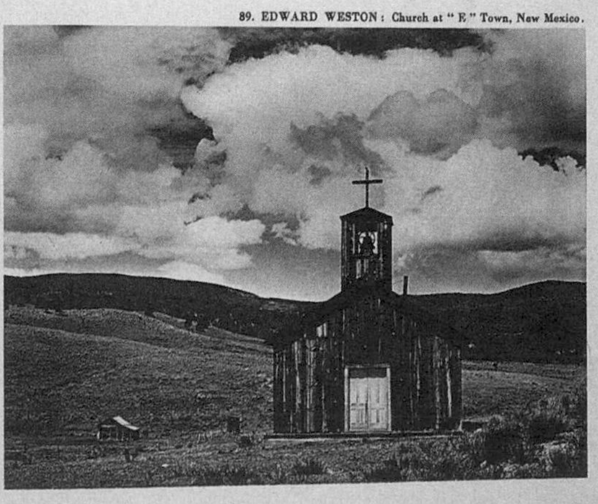

609

WESTON
607 — Life vol. 2, 15 (12 de abril 1937), fotografías de Edward Weston, colección particular.
608 — U.S. Camera 1936, fotografía de Edward Weston, Nueva York 1936, colección particular.
609 — Modern Photography 1934-35, fotografías de Edward Weston, Londres 1934, MNCARS.
610 — Anita Brenner, Idols Behind Altars, fotografías de Edward Weston y Tina Modotti, Nueva York 1929, colección particular.
611 — Richard J. Neutra, Amerika. Die Stildbung des Neuen Bauen in den Vereinigten Staaten, fotografía de Edward Weston, Neues Bauen in der Welt 2, Anton Schroll, Viena 1930, IVAM.
607 — Life vol.2, 15 (12 April 1937). Photographs by Edward Weston. Private collection.
608 — U.S. Camera 1936. Photographs by Edward Weston, New York 1936. Private collection.
609 — Modern photography 1934-35. Photographs by Edward Weston, London 1934. MNCARS.
610 — Anita Brenner, Idols Behind Altars. Photographs by Edward Weston and Tina Modotti, New York 1929. Private collection.
611 — Richard J. Neutra, Amerika. Die Stildbung des Neuen Bauen in den Vereinigten Staaten. Photography by Edward Weston, Neues Bauen in der Welt 2, Anton Schroll, Wien 1930. IVAM.

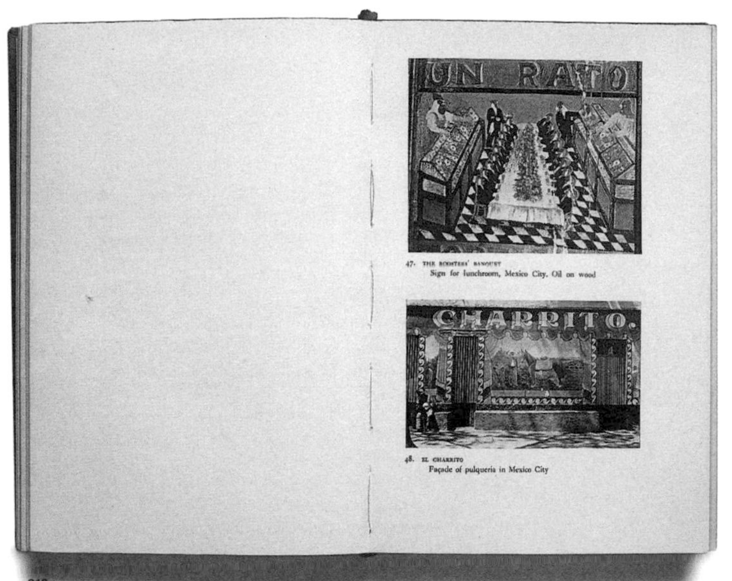
610

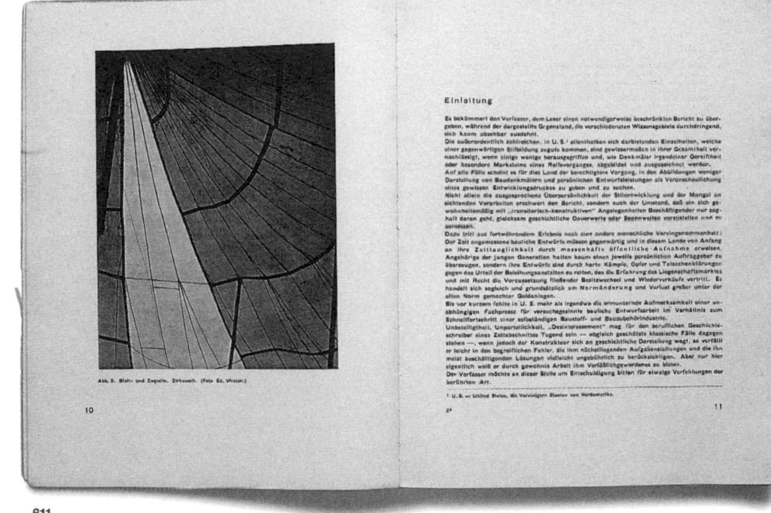
611

PAUL WOLFF 1887 — 1951

FOTÓGRAFO. Trabajó en Francfort y editó docenas de foto-libros sobre los más variados temas, con frecuencia en compañía del fotógrafo Alfred Tritschler. En su foto-libro de más éxito, Meine Erfahrungen mit der Leica (1934), varias veces reeditado, intentó demostrar a los fotógrafos aficionados que para producir fotos de calidad bastaba el conocimiento de las técnicas fotomecánicas. Su obra se expuso con el patrocinio de la firma fotográfica Leica y se publicó en revistas de todo el mundo.

► P. Wolff, Formen des Lebens, Königstein 1931; Alt Frankfurt, Francfort 1931; Skikamerad Toni, Francfort 1936; Sport Shots, Nueva York 1937; Gross-Bild or Kein-Bild?, Francfort 1938.

PHOTOGRAPHER. Wolff worked in Frankfurt and published dozens of photo-books on the widest variety of subjects, often in collaboration with photographer Alfred Tritschler. In his most successful photo-book, Meine Erfahrungen mit der Leica (1934), re-edited various times, he attempted to demonstrate to amateur photographers that all that was necessary to produce quality photographs was knowledge of photomechanical techniques. He exhibited under the sponsorship of Leica, and his work was published in magazines all over the world.

► P. Wolff, Formen des Lebens, Königstein 1931; Alt Frankfurt, Frankfurt 1931; Skikamerad Toni, Frankfurt 1936; Sports Shots, New York 1937; Gross-Bild or Kein-Bild?, Frankfurt 1938.

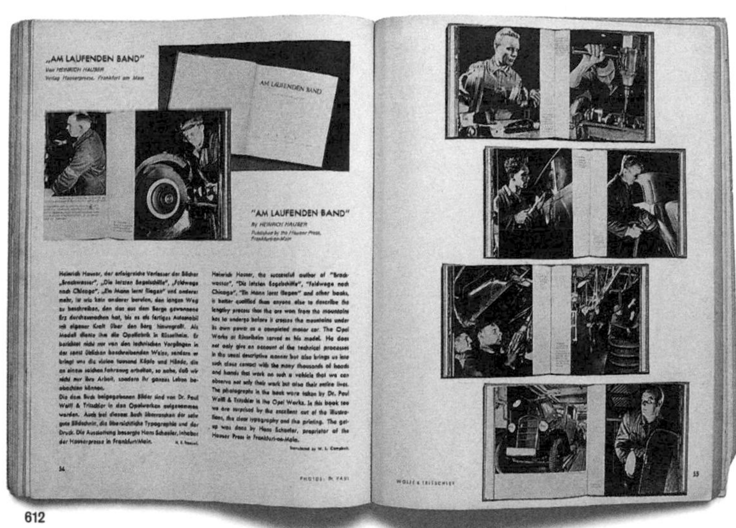
612

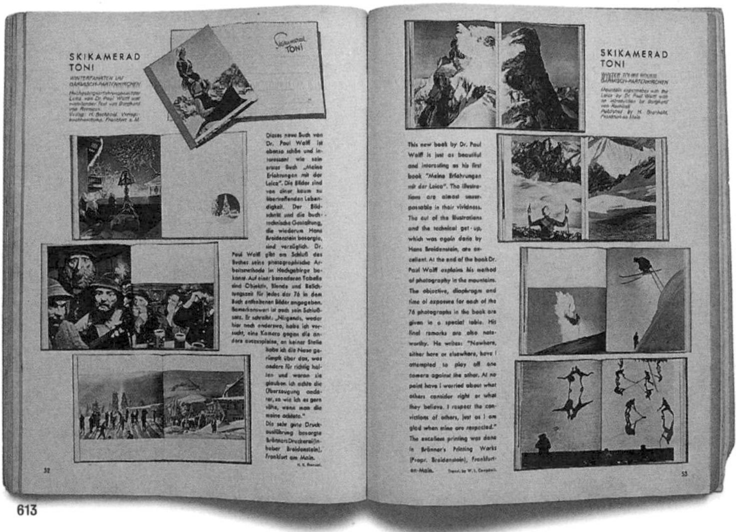
613

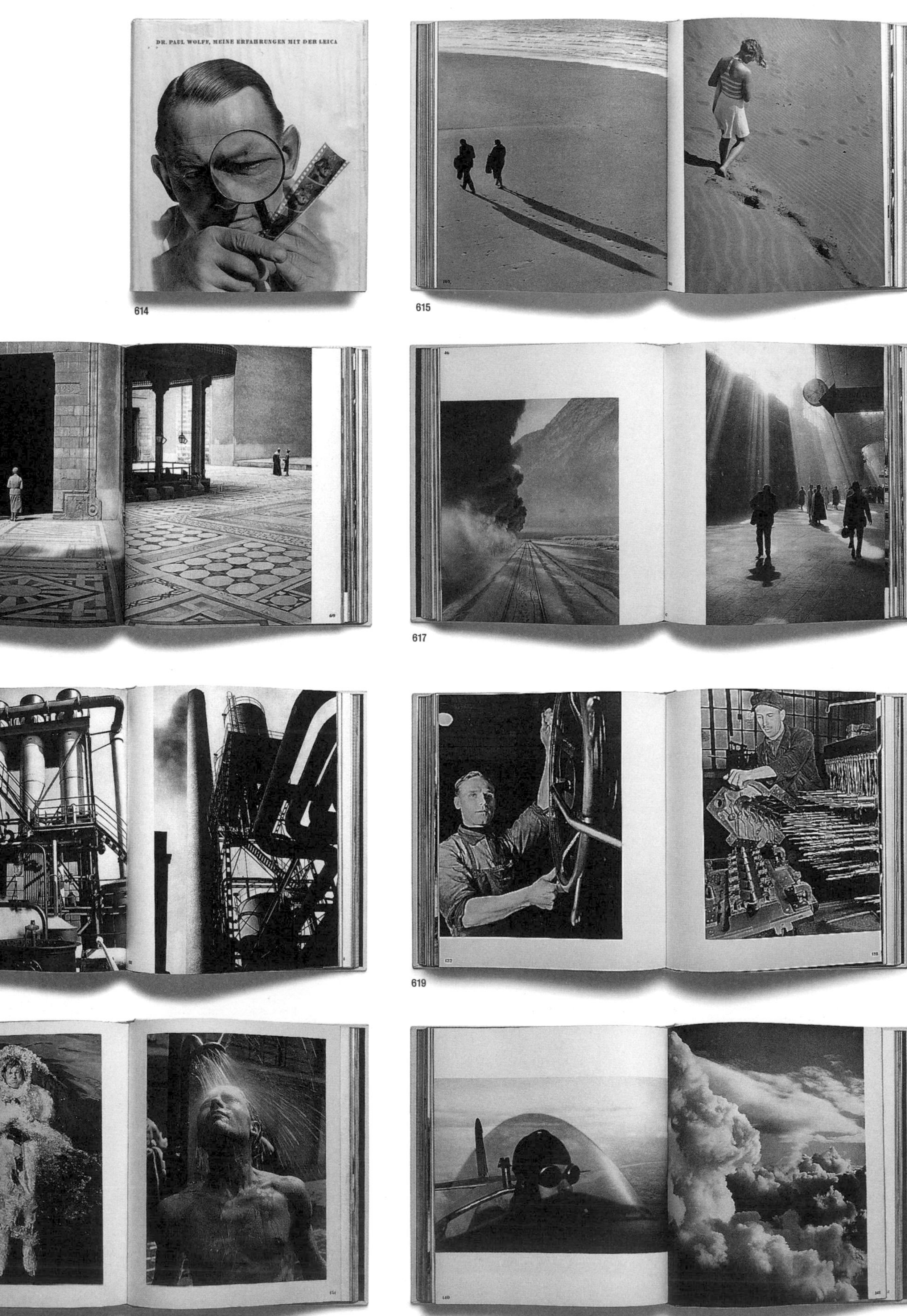

614 615 616 617 618 619 620 621

YLLA 1911 — 1955

FOTÓGRAFA. Kamilla Koffler nació en Viena y estudió escultura en Budapest (1925) y París (desde 1931). Tras trabajar en el estudio de la fotógrafa Ergy Landau, a partir de 1933 comenzó a dedicarse a la fotografía de animales. Sus fotos se publicaron en muchas revistas y foto-libros. En 1940 se trasladó a los Estados Unidos.

► Ylla's Dogs, Londres 1937; Chats par Ylla, París 1937; Grands et petits, París 1938; Animal Language, Londres 1938.

PHOTOGRAPHER. KamYlla Koffler was born in Wien and studied sculpture in Budapest (1925), and Paris (from 1931). After working in the photographer Ergy Landau's studio she started, in 1933, systematically photographing animals. Her photographs were published in numerous magazines and photo-books. She moved to the United States in 1940.

► Ylla's Dogs, London 1937; Chats par Ylla, Paris 1937; Grands et petits, Paris 1938; Animal Language, London 1938.

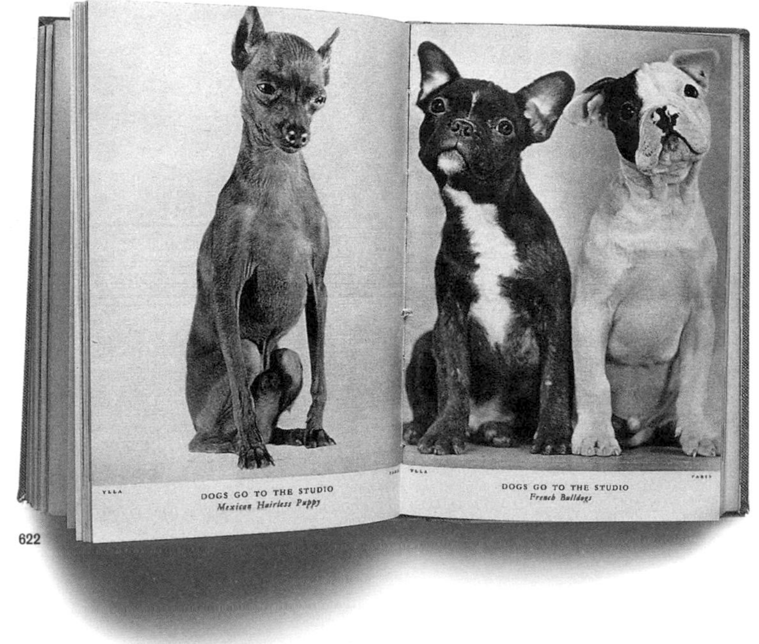

622

ZIJEME Praga 1931 — 1933

Druzstevní práce empezó en 1922 como una editorial que también vendía en su tienda, Krasná jizba, mobiliario y objetos de diseño. Zijeme fue el título de la revista de DP entre 1931-33 y desde entonces siguió publicándose con el título Magazin DP. Dedicada a la literatura, arquitectura, teatro, diseño, cine y fotografía, la revista fue diseñada por Ladislav Sutnar, quien compuso la mayoría de las cubiertas con la técnica tipo-foto. Entre los fotógrafos que publicaron en la revista se encuentra sobre todo Josef Sudek.

Druzstevní práce began in 1922 as a publishing house selling furniture and design objects in its own shop, Krasná jizba. Zijeme was the name of the DP magazine between 1931 and 1933, and thereafter continued being published as Magazin DP. Devoted to literature, architecture, theatre, design, the cinema and photography, it was designed by Ladislav Sutnar, who composed the majority of the covers with the typo-photo technique. Among the many photographers published in the magazine could be found, above all, Josef Sudek.

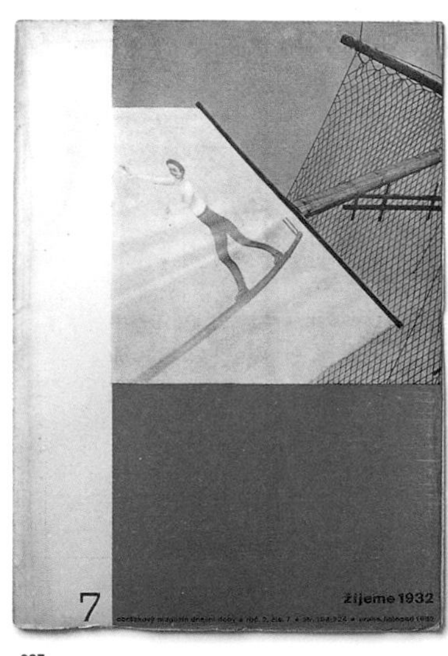

623

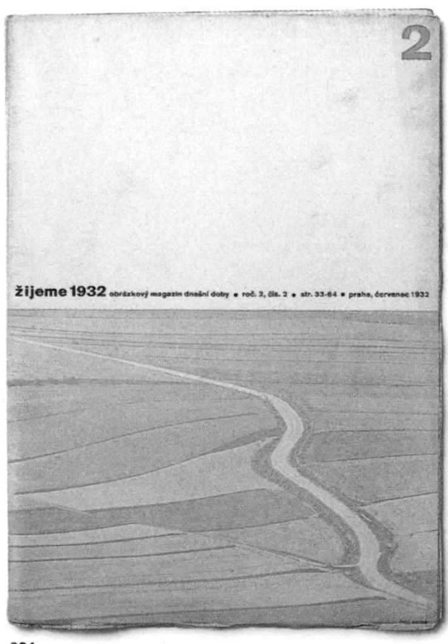

624

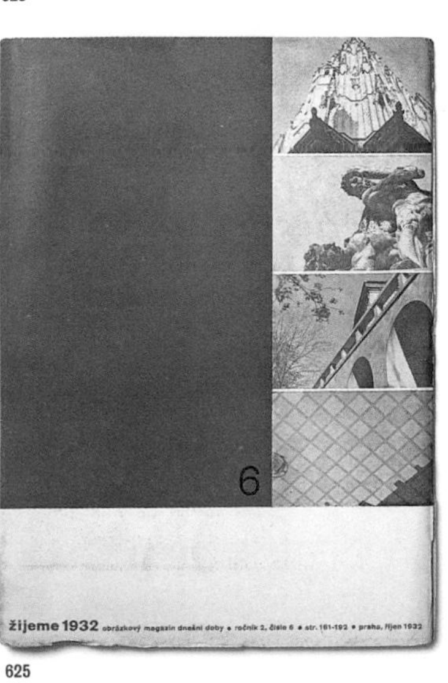

625

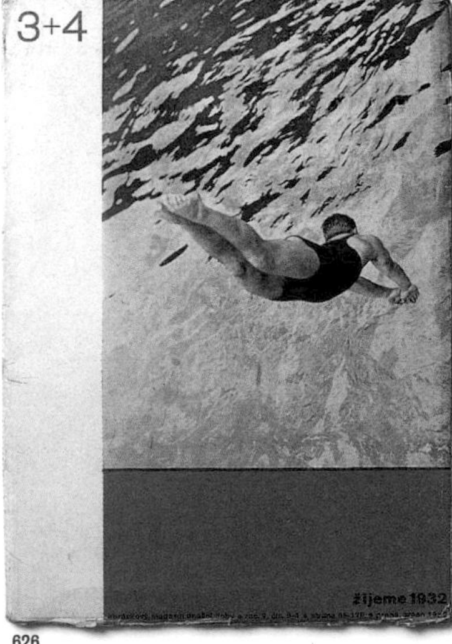

626

WOLFF

612 — Heinrich Hauser, Am lafendem Band, fotografías de Paul Wolff y Alfred Trischler, Gebrauchsgraphick vol. 13, 4 (abril 1936), colección particular.
613 — Paul Wolff, Skikamerad Toni, fotografías de Paul Wolff, Gebrauchsgraphick vol. 13, 4 (abril 1936), colección particular.
614/621 — Paul Wolff, Meine Erfahrungen mit der Leica. Ein Historischer Querschnitt aus fast 10 Jahren Leica Photographie, Bechhold, Francfort 1934, colección particular.
612 — Heinrich Hauser, Am lafendem Band Photographs by Paul Wolff and Alfred Trischler, Gebrauchsgraphick vol. 13, 4 (April 1936). Private collection.
613 — Paul Wolff, Skikamerad Toni Photographs by Paul Wolff, Gebrauchsgraphick vol. 13, 4 (April 1936). Private collection.
614/621 — Paul Wolff, Meine Erfahrungen mit der Leica. Ein Historischer Querschnitt aus fast 10 Jahren Leica Photographie. Bechhold, Frankfurt 1934. Private collection.

YLLA

622 — Lilliput vol. 3, 17 (noviembre 1938), fotografías de Ylla, colección particular.
622 — Lilliput vol. 3, 17 (November 1938). Photographs by Ylla. Private collection.

ZIJEME

623 — Zijeme 7 (noviembre 1932), cubierta, MNCARS.
624 — Zijeme 2 (julio 1932), cubierta, MNCARS.
625 — Zijeme 3 (octubre 1932), cubierta, MNCARS.
626 — Zijeme 3+4 (agosto 1932), cubierta, MNCARS.
623 — Zijeme 7 (November 1932). Cover, MNCARS.
624 — Zijeme 2 (July 1932). Cover, MNCARS.
625 — Zijeme 3 (October 1932). Cover, MNCARS.
626 — Zijeme 3+4 (August 1932). Cover, MNCARS.

PIET ZWART 1885 — 1977

DISEÑADOR GRÁFICO, FOTÓGRAFO. Estudió en la Escuela de artes y oficios de Amsterdam entre 1902-07 y en la Escuela técnica de Delft en 1913-14. Fue profesor de diseño gráfico e historia del arte en la Academia de Bellas Artes de Rotterdam entre 1919 y 1932. En 1919 contactó con los artistas de 'De Stijl' y trabajó para arquitectos como Jan Wils y H.P. Berlage (desde 1921), en cuyos estudios se dedicó al diseño gráfico. Berlage le puso en contacto en 1924 con la empresa N.V Nederlandsche Kabelfabriek (NFK), para la que trabajó hasta finales de los años veinte diseñando anuncios e impresos publicitarios en los que aplicó principios formales constructivistas y utilizó la fotografía, el fotomontaje y la tipo-foto. Una de las características más singulares de su trabajo fue el uso de los colores primarios como elementos compositivos. En 1923 conoció, a través de Kurt Schwitters, a El Lissitzky, y dos años más tarde a Paul Schuitema. Desde 1928 hasta 1940 trabajó para el servicio postal y telefónico holandés (PTT), para el que diseñó montajes de exposiciones y produjo sellos de correo en fotomontaje y folletos publicitarios. Como fotógrafo, tarea a la que se dedicaba desde mediados de los años veinte, expuso en Film und Foto, cuya sección holandesa coordinó. En 1931 fue profesor visitante en la Bauhaus. Diseñó también libros, folletos y paquetes de tabaco en fotomontaje, así como objetos domésticos para la empresa Bruynzeel, en la que trabajó en 1929-38.

► F. Muller, Piet Zwart, Nueva York 1966; K. Broos, Piet Zwart, Retrospektive Fotografie, Düsseldorf 1981; K. Broos, Piet Zwart, Amsterdam 1982; A.A. Cohen, Zwart, Piet, Typotekt, Nueva York 1980; Piet Zwart in PTT, cat. Gemeentemuseum, La Haya 1986.

GRAPHIC DESIGNER, PHOTOGRAPHER. Zwart studied at the Amsterdam School of Arts and Crafts from 1902 to 1907 and at the Delft technical school in 1913-14. He was a teacher of graphic design and history of art at the Rotterdam Academy of Fine Arts between 1919 and 1932. In 1919 he met the 'De Stijl' artists and worked for architects such as Jan Wils and H.P. Berlage (from 1921) in whose studio he produced graphic design. Berlage introduced him, in 1924, to the company N.V. Nederlandsche Kabelfabriek (NFK), for which he worked until the end of the twenties. He designed advertisements and publicity publications, in which he applied formal, Constructivist principles in his use of photography, photomontage and typo-photo. One of the most notable characteristics of his work was his use of primary colours as elements of composition. In 1923 he met El Lissitzky through Kurt Schwitters, and two years later was introduced to Paul Schuitema. He worked for PTT, the Dutch telephone and postal service, from 1928 until 1940, producing postage stamps in photomontage, as well as publicity pamphlets and the design of exhibitions. He took up photography from the mid-twenties, and exhibited in Film und Foto, the Dutch section of which he co-ordinated. He was a visiting teacher at the Bauhaus in 1931, and also designed books, pamphlets and tobacco packets using photomontage, as well as domestic objects for the Bruynzeel Company, for which he worked from 1929 to 1938.

► F. Muller, Piet Zwart, New York 1966; K. Broos, Piet Zwart, Retrospektive Fotografie, Düsseldorf 1981; K. Broos, Piet Zwart, Amsterdam 1982; A.A. Cohen, Zwart Piet, Typotekt, New York 1980; Piet Zwart in PTT, cat. Gemeentemuseum, The Hague 1986.

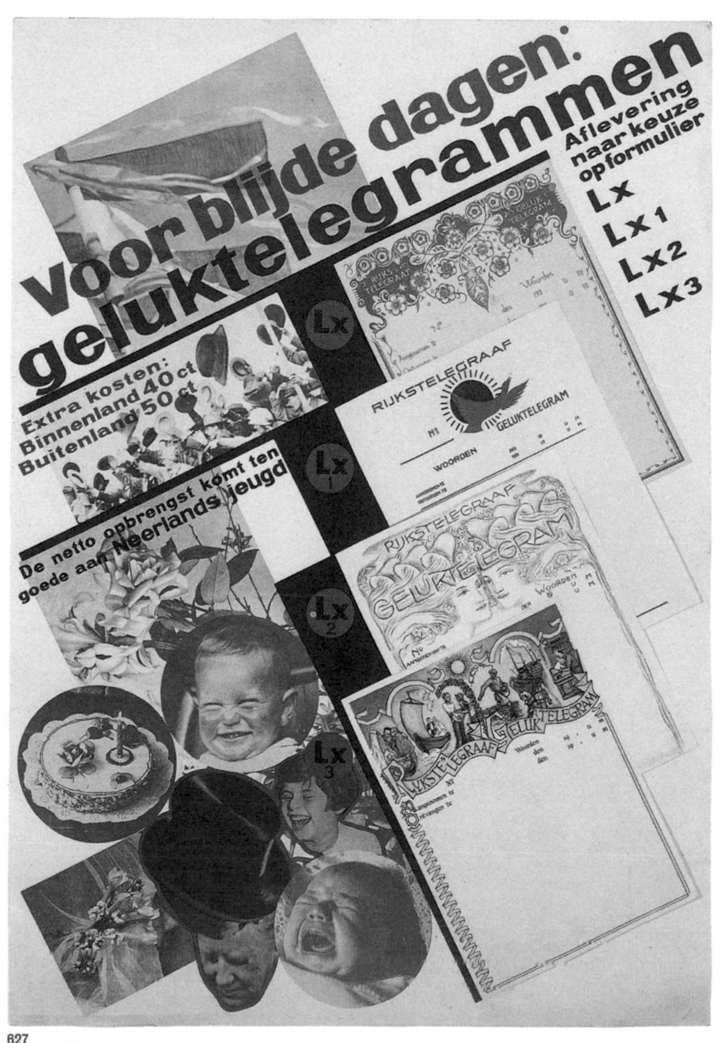

627

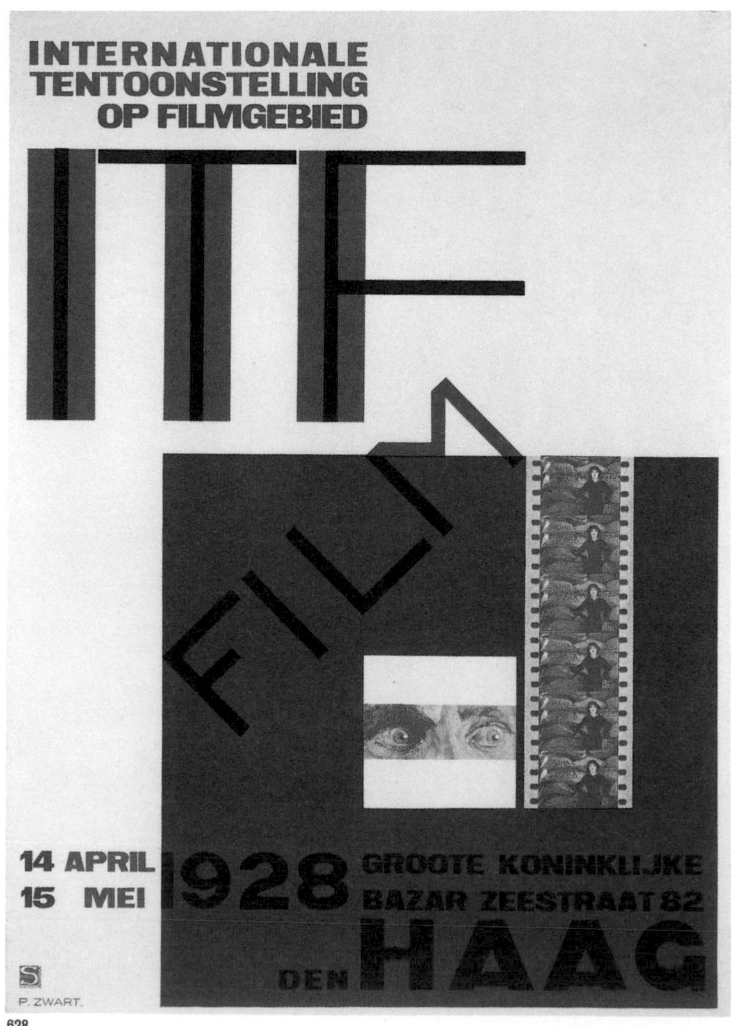

628

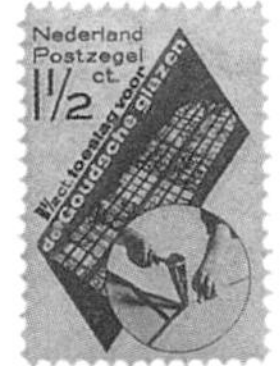
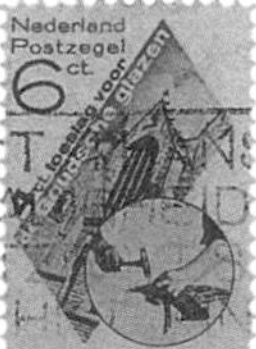
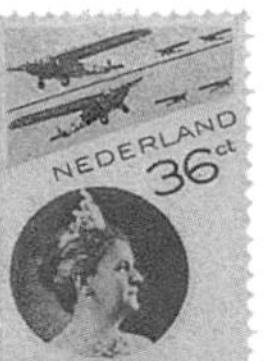
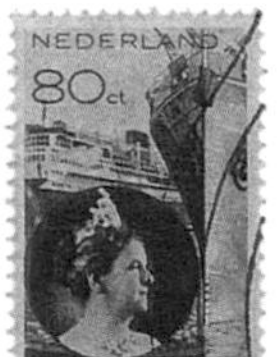
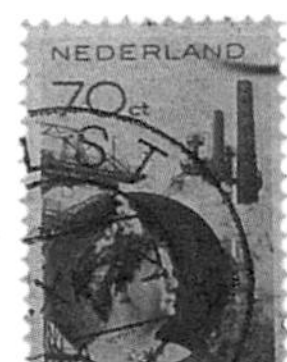

629

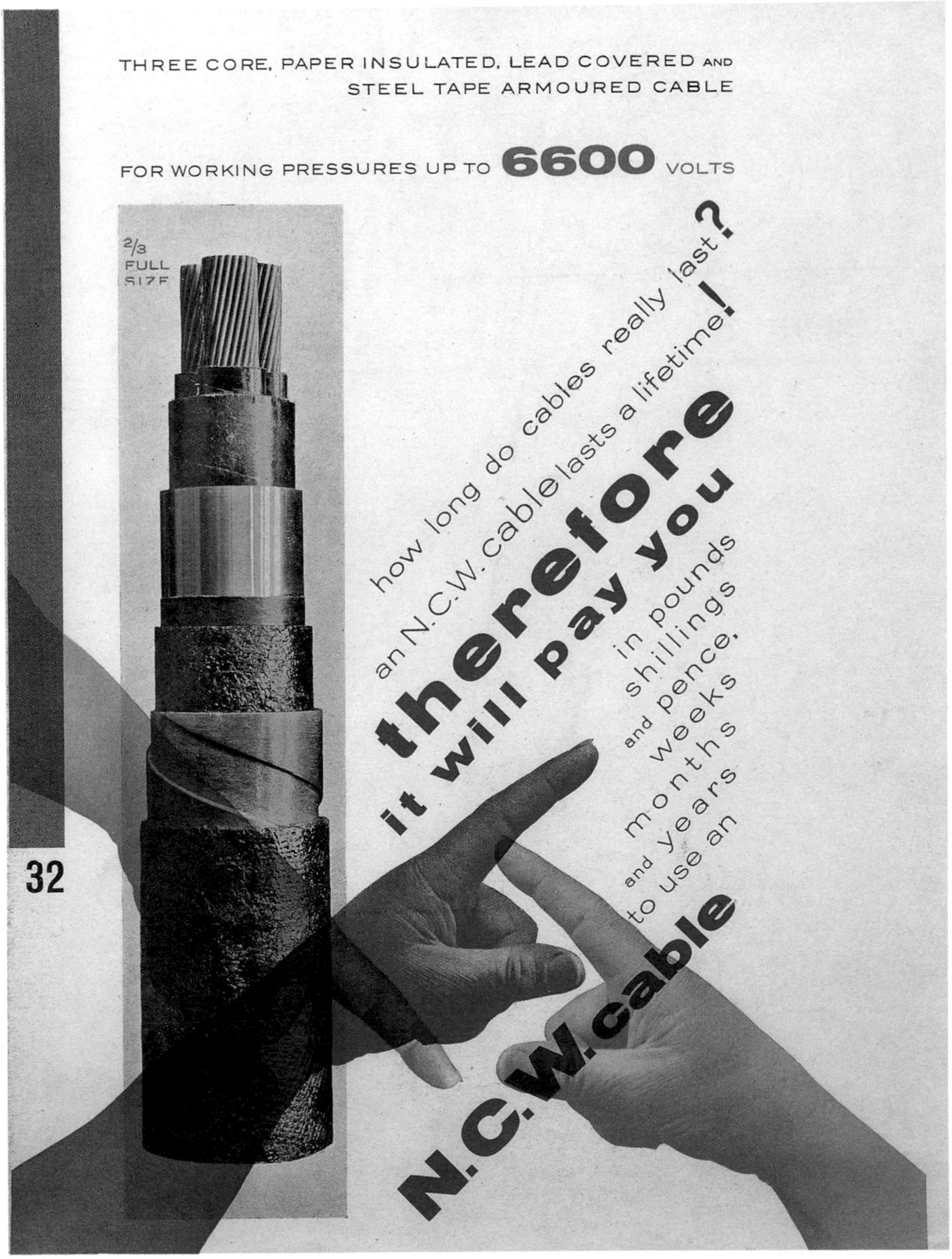

THREE CORE, PAPER INSULATED, LEAD COVERED AND
STEEL TAPE ARMOURED CABLE

FOR WORKING PRESSURES UP TO 6600 VOLTS

2/3 FULL SIZE

how long do cables really last?
an N.C.W. cable lasts a lifetime!
therefore
it will pay you
in pounds
shillings
and pence,
weeks
months
and years
to use an
N.C.W. cable

32

630

ZWART

627 — Piet Zwart, Voor blidje dagen: geluktelegrammen, cartel, offset, 1931, IVAM.
628 — Piet Zwart, Internationale tentoonstelling of filmgebieb, cartel, litografía y huecograbado, La Haya 1928, IVAM.
629 — Piet Zwart, cinco sellos de correos, PTT, Amsterdam 1930, colección particular.
630/632 — Catalogus NFK. NV Nederlandsche Kabelfabriek Delft, 1917-1928, Diseño, fotomontajes y fotografías de Piet Zwart, Delft 1928, Colección Lustig Cohen.

627 — Piet Zwart, Voor blidje dagen: geluktelegrammen. Poster, offset, 1931. IVAM.
628 — Piet Zwart, Internationale tentoonstelling of filmgebieb. Poster, lithograph and photogravure, The Hague 1928. IVAM.
629 — Piet Zwart, Five postage stamps, PTT, Amsterdam 1930. Private collection.
630/632 — Catalogus NFK. NV Nederlandsche Kabelfabriek Delft, 1917-1928. Design, photomontages and photographs by Piet Zwart, Delft 1928. Lustig Cohen Collection.

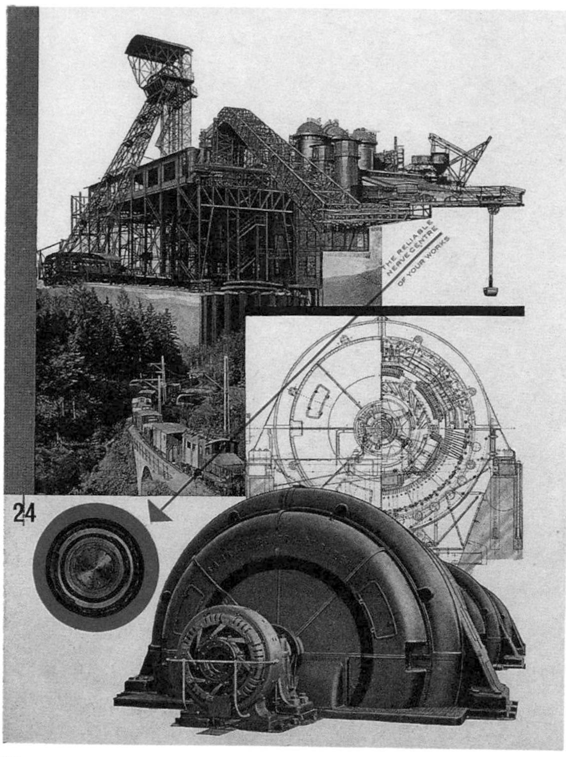

631

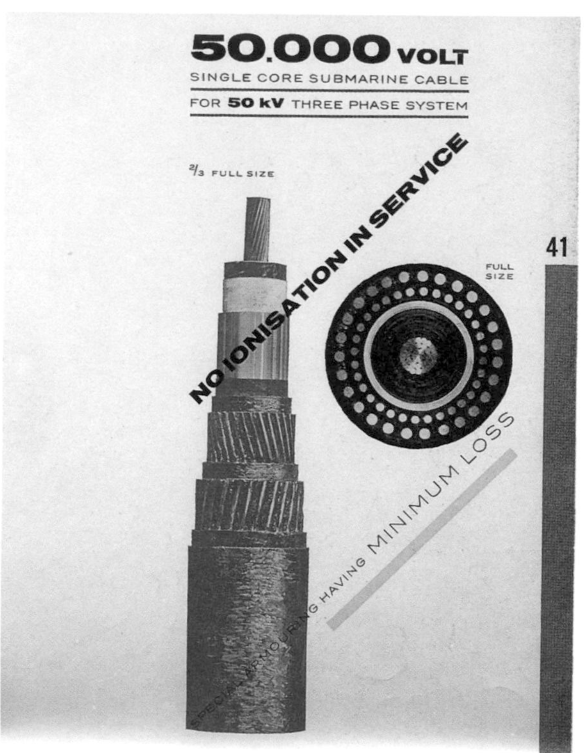

632

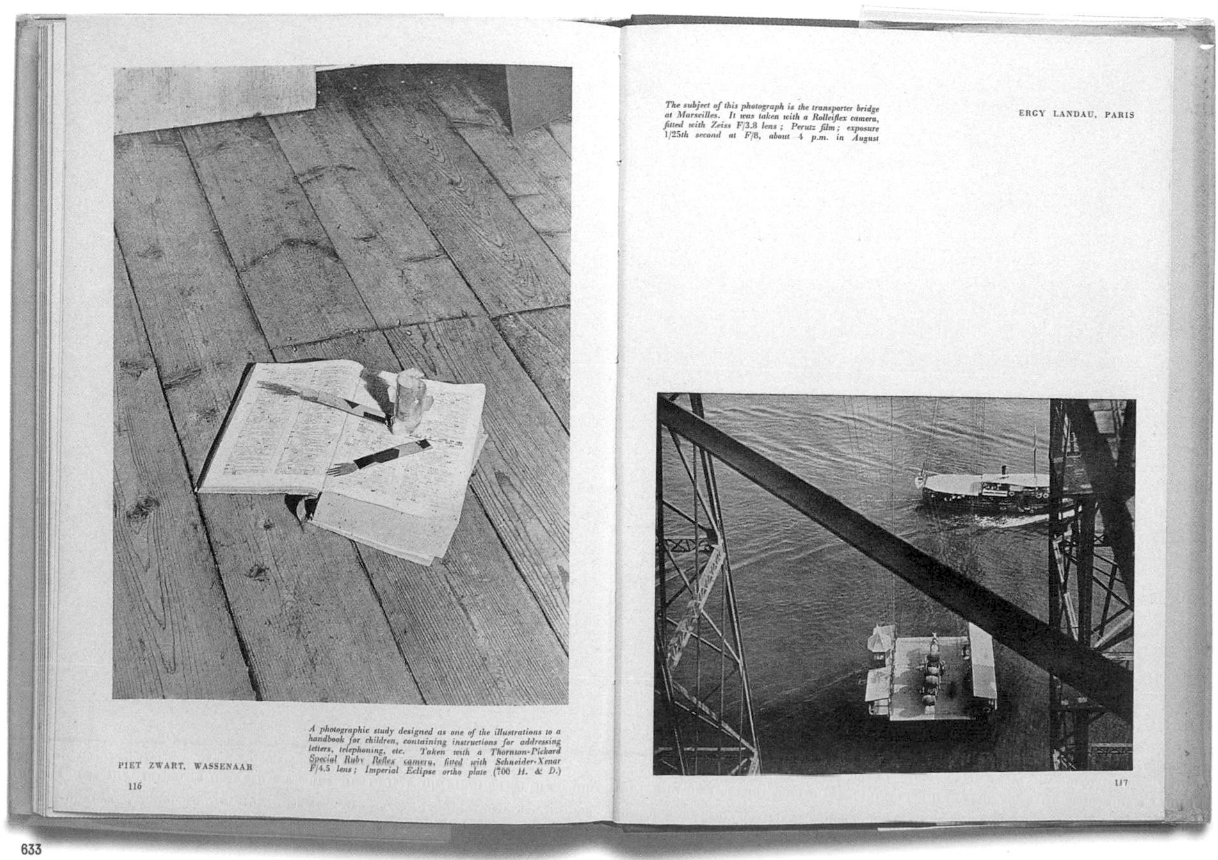

633

ZWART

633 — Modern Photography 1932, fotografías de Piet Zwart y Ergy Landau, The Studio, Londres y Nueva York 1932, MNCARS.
634 — C.J. Graadt van Roggen, Het linnen venster, Monografien over filmkunst vol. 1, fotomontaje de Piet Zwart, Rotterdam 1931, IVAM.
635 — L.J. Joordan, Dertigjaarfilm, Monografien over filmkunst vol. 2, fotomontaje de Piet Zwart, Rotterdam 1931, IVAM.
636 — Henrik Scholte, Nederlandsche filmkunst, Monografien over filmkunst vol. 3, fotomontaje de Piet Zwart, Rotterdam 1931, IVAM.
637 — Th.B.F. Hoyer, Russische filmkunst, Monografien over filmkunst vol. 4, fotomontaje de Piet Zwart, Rotterdam 1931, IVAM.
638 — Simon Koster, Duitsche filmkunst, Monografien over filmkunst vol. 5, cubierta, fotomontaje de Piet Zwart, Rotterdam 1931, IVAM.
639 — Elisabeth de Roos, Fransche filmkunst, Monografien over filmkunst vol. 6, cubierta, fotomontaje de Piet Zwart, Rotterdam 1931, IVAM.
640 — J.F. Otten, Amerikaansche filmkunst, Monografien over filmkunst vol. 7, cubierta, fotomontaje de Piet Zwart, Rotterdam 1931, IVAM.
641 — Menno Ter Braak, De absolute filmkunst, Monografien over filmkunst vol. 8, fotomontaje de Piet Zwart, Rotterdam 1931, IVAM.
642 — Constant van Wessen, De komische film, Monografien over filmkunst vol 9, fotomontaje de Piet Zwart, Rotterdam 1931, IVAM.

633 — Modern Photography 1932. Photographs by Piet Zwart and Ergy Landau, The Studio, London and New York 1932. MNCARS.
634 — C.J. Graadt van Roggen, Het linnen venster, Monografien over filmkunst vol. 1. Photomontage by Piet Zwart, Rotterdam 1931. IVAM.
635 — L.J. Joordan, Dertigjaarfilm, Monografien over filmkunst vol. 2. Photomontage by Piet Zwart, Rotterdam 1931. IVAM.
636 — Henrik Scholte, Nederlandsche filmkunst, Monografien over filmkunst vol. 3. Photomontage by Piet Zwart, Rotterdam 1931. IVAM.
637 — Th.B.F. Hoyer, Russische filmkunst, Monografien over filmkunst vol. 4. Photomontage by Piet Zwart, Rotterdam 1931 IVAM.
638 — Simon Koster, Duitsche filmkunst, Monografien over filmkunst vol. 5. Photomontage by Piet Zwart, Rotterdam 1931. IVAM.
639 — Elisabeth de Roos, Fransche filmkunst, Monografien over filmkunst vol. 6. Photomontage by Piet Zwart, Rotterdam 1931. IVAM.
640 — J.F. Otten, Amerikaansche filmkunst, Monografien over filmkunst vol. 7. Photomontage by Piet Zwart, Rotterdam 1931. IVAM.
641 — Menno Ter Braak, De absolute filmkunst, Monografien over filmkunst vol. 8. Photomontage by Piet Zwart, Rotterdam 1931. IVAM.
642 — Constant van Wessen, De komische film, Monografien over filmkunst vol. 9. Photomontage by Piet Zwart, Rotterdam 1931. IVAM.

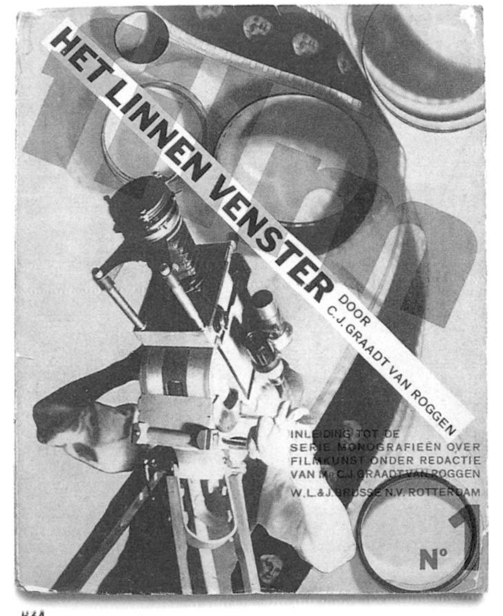

634

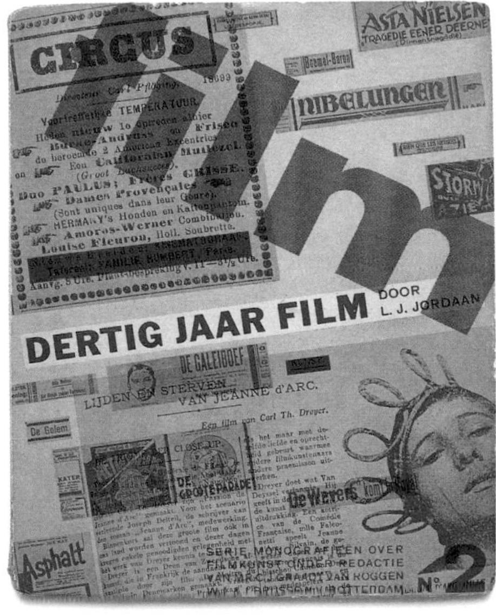

635

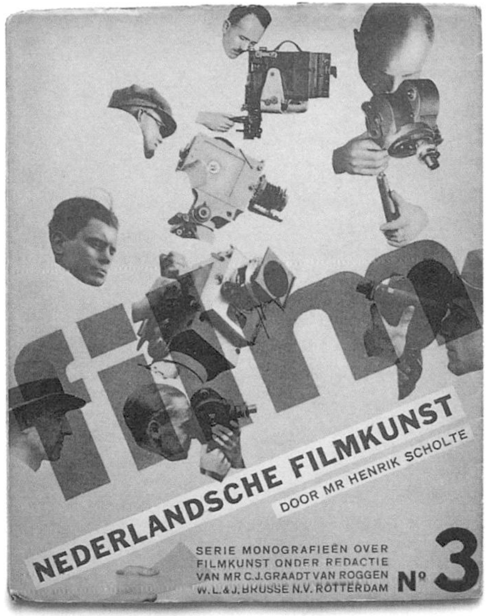

636

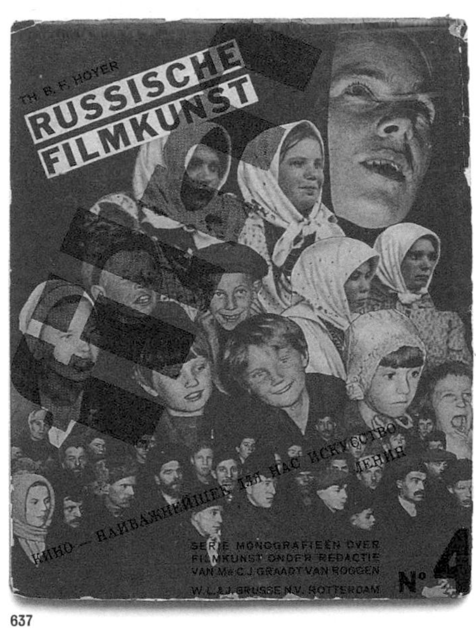

637

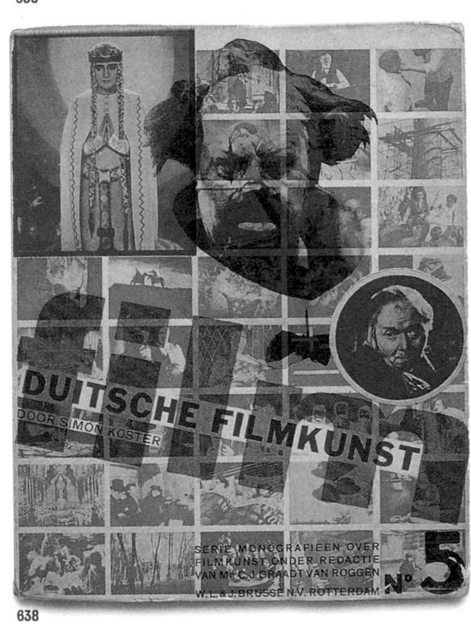

638

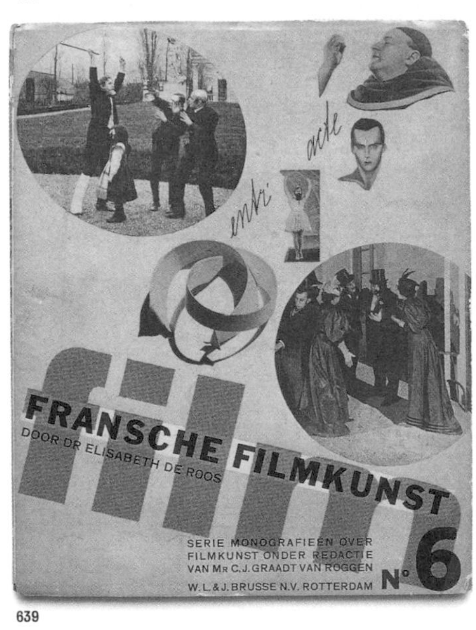

639

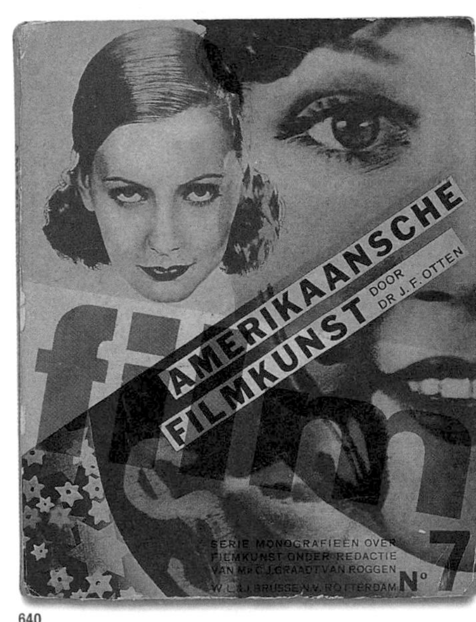

640

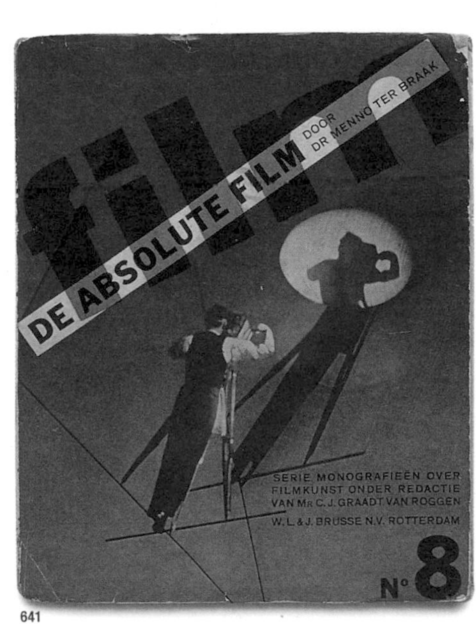

641

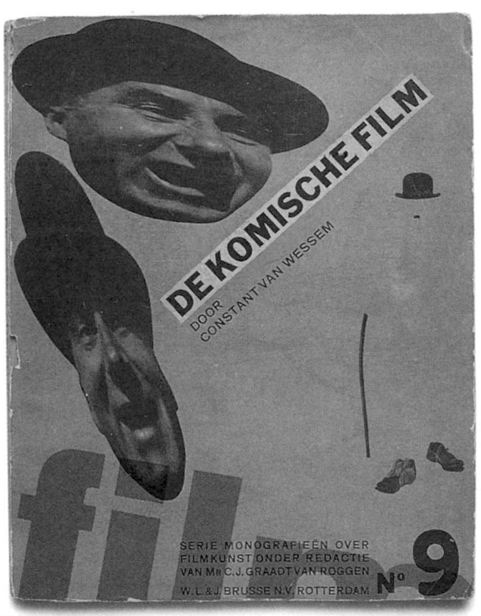

642

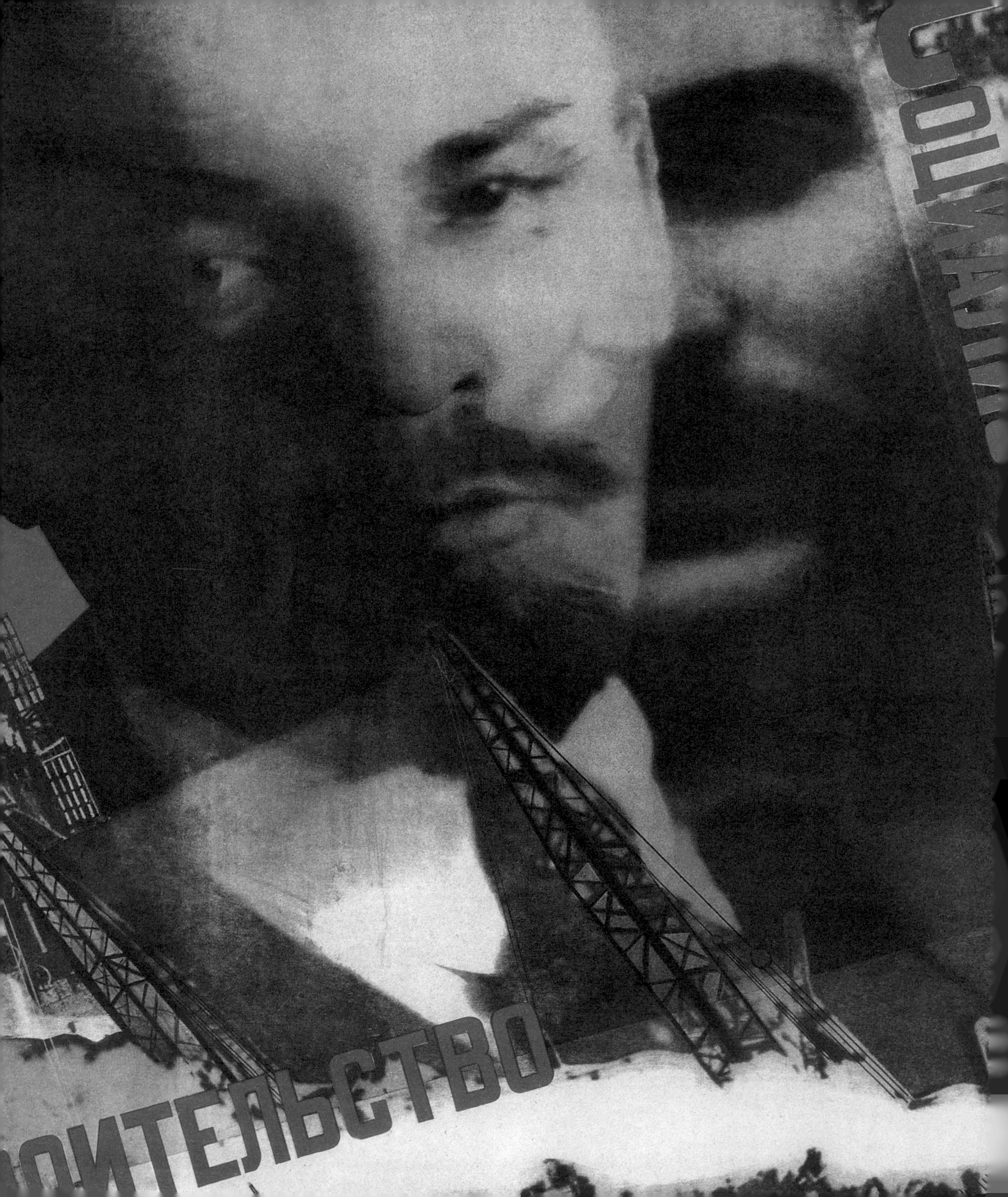
СОЦИА
ОИТЕЛЬСТВО